KB253514

문예신서
347

중국 탈의 역사

願朴光 著

洪熹 譯

東文選

중국 탈의 역사

중국 탈의 역사

中國面具史
The History of Chinese Masks
願朴光 著

ⓒ 1996, 貴州民族出版社, 中國

제3장 상고 시기의 탈

제4장 중고 시기의 탈

제5장 근고 시기의 탈

제6장 근래 이래의 탈

서 론

중국나희연구회 회장 곡육을(曲六乙)

　6-7년 전, 나는 중국 희극인의 한 사람으로 일본을 방문한 적이 있었다. 그때 일본의 유명학자 스와하루오〔諏訪春雄〕 교수는 나에게 노마세이로꾸〔野間淸六〕가 쓴 《일본가면사(日本假面史)》라는 책을 한 권 주었다. 이 책은 내용이 충실하여 일본 탈의 발전사를 이해할 수 있는 중요한 서적이라 할 수 있다. 작가는 책의 서문에서 "일본의 가면은 종류가 다양하고 제작 기술이 뛰어나 세계에서 으뜸"이라고 했다. 일본의 가면은 유구한 역사에다, 내용도 풍부하고 다채로우며, 제작도 정교하였다. 게다가 민족적 특색이 풍부하여 세계의 탈 중에서 진귀한 꽃이라 할 수 있겠다. 그러나 '세계에서 으뜸'이라는 말은 각자 자신들의 관점이 있으니 더 이상 거론하고 싶지 않다. 작가는 또 "남해 혹은 아프리카 지역의 가면은 문화가 발달하지 못했기 때문에 유치해 보인다. 인류의 지혜가 고도로 발달했던 그리스나 중국 · 자바의 가면도 일본 가면과 비교해 보면 졸렬해 보인다"고 하였다. 작가는 그 예를 들어 가면서 다음과 같이 말하고 있다. 일본에는 눈 · 코 · 입이 움직일 수 있는 가면이 많지만 "이러한 가면은 그리스 · 중국 · 자바 등지에서는 하나도 찾아볼 수 없다"[1]고 했다. 작가의 이러한 주장에 대해서는 동감하기도 어려우며, 침묵을 지킬 수도 없다. 티베트〔西藏〕 · 사천(四川) · 귀주(貴州) 등지에서는 눈 · 코 · 입이 움직일 수 있는 산왕(山王) · 진동(秦童) · 토지신(土地神) 등의 탈들이 있으므로 "하나도 찾아볼 수 없다"는 것은 말도 안 된다. 더욱이 한 나라나 민족의 탈문화를

---

1) 李春喜譯, '假面的本質 · 儺面 · 信仰性的公奉鬼面'에서 재인용, 《中華戲曲》, 제11집.

평가하면서 단지 제작 기교만을 문제 삼을 수는 없다. 중국의 탈문화는 그 원류가 아주 오래되었다. 하남〔豫〕·섬서〔陝〕·사천〔川〕 등에서 출토된 청동으로 된 상대(商代) 탈은 세계에서도 보기 드문 것들이다. 광한(廣漢)의 삼성퇴(三星堆)에서 출토된 황금으로 된 가면도 이집트·미케네(Mycenaean Civilization) 다음으로 세계에서 제일 오래된 황금가면 중 하나이다. 같은 지역에서 출토된 청동 인수(人獸) 탈은 너비가 1미터에, 높이가 64센티미터, 무게가 1백 킬로그램이나 되어 세계에서 제일 큰 탈에 속한다. 당나라 난릉왕(蘭陵王) 탈은 세상 사람들의 추앙을 받았으며, 일본으로 전해진 뒤에도 계속 변화하고 발전되어 지금은 일본화되었다. 이 탈은 중일 전통문화 교류의 진귀한 물건이라고 할 수 있다. 12세기 북송 시기에는 광서(廣西) 계림(桂林) 지역의 탈은 그 예술성으로 천하에 이름을 날렸다. 일찍이 대시인 육유(陸游, 1125-1210)는 이 천태만상의 탈에 대해 "늙고 젊고 예쁘고 못생긴 것이 하나도 서로 비슷한 것이 없으며" "중국과 외국 오랑캐에 이르기까지 모두 이를 따를 것이 없다"[2]고 하였다. 오늘날까지도 계림 지역의 탈은 매우 유명하다. 지역의 보호신인 이정(李靖)의 가면은 삼중으로 되어 있는데 이는 각각 세 가지 신(神)의 화신과 세 가지 표정을 나타내며, 구도가 교묘하고 아주 정교하게 만들어졌다. 운남성(雲南省) 이족(彝族) 지역에도 세 종류의 신을 나타내는 탈이 있는데, 수염까지 합하면 그 길이가 약 2미터로 장관을 이룬다. 티베트족 탈역시 종류도 다양하고 내용도 아주 풍부하다고 말할 수 있다. 편견을 갖지 않은 외국 학자라면 누구라도 중국에서 현지 조사와 비교 연구를 하고 나서 "졸렬해 보인다"고 결론 내릴 학자는 없을 것이다. 객관적으로 말한다면 중국 탈은 역사도 오래되었으며, 종류도 아주 다양하고 제작도 정교하며, 영향력도 크다고 이구동성으로 말하고 있다. 중국 탈은 세계 탈문화의 번영과 발전에 큰 공헌을 했다고 할 수 있다.

  실제로 예전에는 노마세이로꾸 선생과 같이 부정확한 관점을 가진 외국

---

2)《老學庵筆記》:〈老少姸陋, 無一相似者〉,〈天下及外夷, 蓋不能及〉.

학자가 적지 않았다. 그 원인은 아주 간단하다. 그것은 실물을 포함해서 당시 이들이 얻을 수 있는 중국 탈에 관한 자료가 아주 적었기 때문이다. 1991년 중국 희극인을 인솔하고 인도를 방문한 적이 있다. 당시 카라라(kalala) 수도박물관 전시실에는 인도·일본·미얀마·태국·인도네시아·자바 등 지역의 탈들을 전시하고 있었다. 인도 친구에게 왜 중국 탈은 없느냐고 묻자, 이들은 중국에 어떤 탈이 있는지도 모른다고 했다. 당시 나는 아주 난처하고 부끄러웠다. 누구를 탓하겠는가? 이는 우리 스스로가 자신의 탈문화에 관한 연구를 너무 늦게 시작했기 때문이다. '문화혁명' 이전에도 오랜 세월 동안, 중국에서는 탈을 연구한 글이 아주 적었다. 그것도 단지 표면적인 소개에 지나지 않았으며, 웬만큼 학술적 가치가 높은 논문은 거의 없었다. 외국어로 번역되어 국외에 소개된 일은 더더욱 말할 필요도 없었다.

근 10년 이래, 특히 '중국나희학연구회(中國儺戲學硏究會)'가 성립된 이래로 근본적인 변화가 생겼다. 중국 각 지역의 학자들은 나희(儺戲)와 나문화(儺文化)를 조사하고 연구하면서 각 민족과 지역의 각종 탈에 대해 폭넓고 깊이 있는 연구를 하였다. 따라서 논문들도 우후죽순처럼 각 지역의 간행물에 실렸다. 근년에는 곽정(郭淨)의 《중국면구문화(中國面具文化)》와 같은 학술적 가치가 높은 전문서적이 나왔으며, 뒤를 이어 《중국면구사(中國面具史)》가 출판되게 되었으니 더욱 기뻐할 일이다. 우리도 마침내 중국 탈의 역사에 대한 전문서적이 나오게 되었다.

일찍이 3-4년 전에 고박광(顧朴光) 선생은 탈의 역사에 관한 책을 쓰겠다고 하였다. 이 말을 듣고 너무 기뻐서, 즉시 이 분야의 공백을 메울 수 있는 작업이 될 것이라고 하면서 참고할 만한 자료들을 제공하였다. 이처럼 앞사람이 전혀 다루지 않았던 거대한 작업을 끝내려면 상당히 많은 자료를 손에 넣어야 한다. 또한 역사·민족·고고·종교·민속·희곡·미술 나아가서는 사회학·인류학 등 각 분야의 지식을 끊임없이 쌓아야 했기 때문에 4,5년 안에 끝내기는 어려울 것이라고 생각했다. 그러나 고박광 선생은 강한 의지로 각고의 노력과 연구 끝에 앞사람이 전혀 다루지 않았던 새로운 길을 개척하였으며, 4년이 안 되는 사이에 탈의 역사라는 학문 영역을 점령하였다.

고박광 선생의 본래 전공은 역사학이며, 나문화(儺文化)와 탈에 관한 학문 영역을 접한 지는 채 10년도 안 된다. 그러나 그는 예리한 사고와 넓은 시야를 갖고, 각고의 연구로 최선을 다하였으며 끊임없이 자신의 약점을 극복하고 매진하여 학문적 성과를 거두었으니, 이는 참으로 어려운 일이라 할 수 있다. 그는 1차 자료의 중요성을 잘 알고 있었기 때문에 여러 차례나 궁벽한 산촌에 들어가 현지 조사를 수행하였고, 무당·농민 배우·가면 제작 예인 등과 폭 넓게 사귀면서 많은 자료를 수집하였다. 이 저서를 쓰기 위해 몇 년 동안 생활비를 아껴가면서 휴가 때면 전국 각지를 다니며 조사하였다. 사천 광한리 삼성퇴의 상주(商周) 시기 청동 신면(神面)과 섬서(陝西) 성고현(城固縣)의 상대(商代) 청동탈, 내몽고(內蒙古)의 요대(遼代) 거란 귀족 무덤의 황금가면 등을 직접 찾아보기도 했다. 또한 북경(北京)·상해(上海) 도서관에 가서 귀중한 문헌 자료를 수없이 옮겨 적기도 하였다. 일본에서는 시골에 직접 가서 여러 가지 민간 가면극을 조사하였으며 노쿠〔能樂〕와 부가쿠〔舞樂〕로 구성된 '능왕(陵王)'의 연출도 관람하였다. 그리고 중국과 일본 탈의 비교 연구를 통해 양국의 역사적인 상호 교류와 변화를 탐색하였다. 방상씨(方相氏)와 난릉왕(蘭陵王) 등 각종 대표적 탈에 대한 고증에 있어서는 그 연원과 변화 과정을 찾으려고 노력하였다. 이와 같이 어려움을 두려워하지 않는 학문 정신이 그의 거대한 작업을 뒷받침하고 있다.

나는 이 책의 첫번째 독자가 된 것에 대해 자랑스럽게 생각한다. 이 책은 엄격하게 학술성을 지향하였으며, 뚜렷한 관점을 갖고 널리 자료를 수집하였을 뿐만 아니라, 자신의 독창적인 견해를 갖고 있다. 이 책은 탈의 기원·분류·기능·제작·변화 등에 대해 상세하게 서술하고 있다. 저자는 역사와 사실을 존중하였으며, 옛사람과 현대 학자들의 견해를 쉽게 따르지 않고, 이들의 성과를 잘 분석하면서 고금을 연결시키려고 힘썼다. 탈의 분류는 복잡한 문제로서 학자마다 서로 다른 분류 방법을 주장한다.

저자는 각종 분류 방법의 장단과 득실을 참작하고 나서, 형태에 따라 분류하면서 다른 설들을 수용하는 방법을 채택하였는데, 이 또한 이 책의 특징이자 새로운 시도라고 할 수 있다.

이 책의 또 다른 특징은 탈을 하나의 고립된 현상으로 소개한 것이 아니라, 역사 문화를 배경으로 사회와 인문 생태 환경에서부터 토템 숭배·원시 수렵·다원적 종교·민간 신앙·제사 의식·민속·예술 활동과의 규칙적인 연관을 찾고자 노력한 것이다.

글과 그림을 결합하여 상호 보완한 것도 이 책의 또 다른 특징이라 할 수 있다. 수십 가지 귀중한 채색 그림 외에도 본문에 2백88폭의 그림을 삽입하여 독자로 하여금 다양하게 시각적으로 참조할 수 있도록 하였다. 이는 독자들에게 깊은 인상과 느낌을 줄 수 있다. 이 그림들은 고박광 선생의 아들 설도(雪濤)와 딸 설연(雪蓮)이 그린 것이다. 이들은 미술학부를 졸업하였으며, 생동적이고 형상적인 그림을 그려 놓았으며 상당한 미술적 재능을 과시하였다.

《중국 탈의 역사》란 책의 출판은 학술적인 공백을 메운 큰 성과라고 할 수 있다. 이 책은 참고할 만한 성과도 별로 없었으므로, 오직 본인 스스로 개척할 수밖에 없었기 때문이다. 그러므로 우회하기도 하고 병통이 있다고 해도, 이런 점은 모든 개척자들이 면하기 어려운 것들이다. 이 책의 일부 관점은 논쟁을 불러일으킬 수도 있으나, 이것은 정상적인 현상이다. 신흥 인문학과의 전문서가 출판되면서 학계의 관점이 완전히 일치한다는 것은 불가능한 일이다. 하나의 학문이 흥성하고 장족의 발전이 있으려면 서로 다른 논점과 서로 다른 방법으로 끊임없이 토론해야만 한다. 이런 의미에서 역사에 남을 만한 저술은 모두 지혜의 결정체를 포용한 결과라고 말할 수 있다.

탈의 역사를 다룬 이 책이 완전한 정본(定本)이라고는 할 수 없지만 중국 탈이 발전해 온 윤곽을 비교적 정확하고 뚜렷하게 기술하여 높은 학술성과 자료적인 가치를 갖고 있다. 나는 이 책이 수정과 보완을 거쳐 최대한 빨리 외국어로 번역 출판되어 국외 독자들로 하여금 중국 탈이 갖고

있는 동양미술의 가치와 심미적 정신의 풍채를 이해할 수 있기 바란다. 중
국의 탈문화는 세계 그 어느 나라 민족과도 비길 수 있으며, 세계 탈문화
의 중요한 보고라고 할 수 있다.
　중국 탈의 역사는 세계 탈의 역사에서 당연히 독특한 역사적 지위를 차
지하여야 한다.

1993년 8월 22일 북경에서

머리말

1

탈은 인류에게 보편적이면서도 오랜 문화 현상으로 특수한 표의(表意)적 성격을 갖고 있는 상징 부호이다. 탈은 인류의 물질 문화와 정신 문화가 서로 결합되어 나온 것으로, 역사상 수렵·전쟁·제사·구나(驅儺)·장례·진택(鎭宅)·춤·연극 등에 널리 사용되었다. 또한 인류학·민족학·민속학·역사학·종교학 및 조각·회화·무용·연극 등 많은 학문 영역에서 연구해야 할 가치를 지니고 있다. 고고학과 민족학은 일찍이 세계 오대주의 대다수 민족(혹은 모든 민족) 모두가 탈을 만들어 낸 적이 있다는 사실을 설명해 주고 있다. 오늘날 많은 국가와 지역, 더욱이 경제와 문화가 비교적 낙후한 민족에게는 탈이 매우 유행하고 있다. 경제와 문화가 고도로 발달한 나라나 지역, 예를 들면 일본·유럽과 북아메리카 등이라 할지라도 탈은 종적을 감춘 것이 아니라 여러 가지 춤이나 연극과 민속 활동에서 아주 흔하게 나타나고 있다.

세계에서 중국은 탈의 역사가 가장 유구하고 제일 넓게 유전된 나라 중 하나이다. 고대 전적에는 탈에 관한 많은 기록이 있으며, 미술 작품 중에도 탈을 그린 그림이 많다. 고고 발굴에서도 탈이 자주 출토되고 있으며, 민간에 널리 전해지고 있는 탈도 1만여 종류를 헤아리고 있다. 세계 여러 나라 민족의 탈과 비교해 볼 때, 중국의 탈은 그 종류도 다양하고 조형도 생동적이며, 독특한 형태와 선명한 민족적 특색을 지니고 있다. 중국 탈은 세계 탈 중에서도 선두를 차지하고 있으며, 혁혁한 지위를 차지하고 있다.

일찍이 3천여 년 이전에 중국 문자에는 탈에 대한 기록이 남아 있다. 은상(殷商)의 갑골복사(甲骨卜辭) 중에는 🦏과 같은 그림이 있다. 곽말약(郭

沫若, 1892-1978년) 등은 이 그림이 방상씨(方相氏)가 귀신을 몰아내고 역병을 쫓아낼 때 썼던 '기두(魃頭)'와 관련이 있다고 한다. 이것은 아마 세계에서 가장 먼저 탈을 기록한 문자일 것이다. 그러나 이후 기나긴 세월 동안 봉건 사대부들이 탈을 '소도(小道)'와 '말기(末技)'로 간주하였기 때문에 탈문화는 줄곧 중국의 학술 연구 영역에 발을 디딜 수 없게 되었다. 이러한 상황은 근대에 와서야 약간의 변화가 생기기 시작하였다. 중화인민공화국 건국 전과 건국 초기의 일부 학자들로, 능순성(凌純聲)·예일부(芮逸夫)·유함(劉咸)·유인백(劉恩伯)·손경침(孫景琛)·성첩(盛婕) 등은 호남(湖南)·광서(廣西)·강서(江西) 성의 탈에 대해 단편적이나마 조사와 연구를 한 적이 있다. 이들의 노력은 이 분야를 개척하였다는 의미를 지니고 있었지만, 당시 역사적인 조건과 제약으로 학계에서는 별로 관심을 끌지 못했다. '문화대혁명' 기간 동안, '좌경화' 사상의 잔혹한 풍미로 탈문화는 엄중하게 파괴당할 수밖에 없었다. 기나긴 역사를 지닌 중국의 탈 예술은 개혁 개방 이후에야 온 몸에 싸여 있던 역사의 먼지를 털어내고 찬란한 광채를 발하게 되었다. 1986년 가을, 귀주 안순(安順)의 지희(地戲)[1]가 프랑스와 스페인에서 연희하게 되었으며, 연희 기간에 지희의 탈이 전시되어 국제적인 호평을 받았다. 1987년 겨울, '귀주 민족민간 나희탈 전시회'가 북경중국미술관에서 열리게 되었으며, 그때도 장안의 예

---

1) 지희는 농민속에 깊이 자리잡은 민간희극이다. 연출시에 연극무대나 묘(廟)의 무대가 필요하지 않고 촌의 공터에서 연출하기 때문에 지희라는 이름으로 불리게 되었다. 안순 지역에는 둔(屯)·보(堡)·기(旗)·영(營)·관(關)·초(哨)·장(場) 등의 지명을 가진 촌채가 있으며, 이들 촌채의 주민은 모두 한족이다. 여기의 한족은 다른 지역의 한족과는 달리 독특한 풍속 습관을 지니고 있으며, 부녀의 복식은 명확하게 명조의 유풍을 보존하고 있다. 당지 사람들은 이들을 둔보인(屯堡人)이라고 부르며, 안순의 지희는 이들과 밀접한 관계가 있다. 둔보인은 이 지역의 토착주민이 아니라 명대에 강남 일대에서 안순으로 이민 온 후예이다. 이들의 전통신앙은 나단(儺壇)의 단신(壇神)을 모시고 있으며, 지희로서 신에게 제사를 드리고 사악함을 쫓아내고 길함을 받아들였다. 지희는 매년 두 번 연출하며, 한번은 설 기간이고, 또 한번은 7월 중순에 곡물의 꽃이 필 때로 〈도미화신(跳米花神)〉이라고 한다. 안순의 지희는 당(堂)을 단위로 하며, 매 당은 연출인원 십수 명에다 북과 징을 치는 악대와 잡무인원을 더하여 모두 20여 명으로 되어 있다. 안순현이 관활하는 7개 구(區)에 42개 향진(鄕鎭)이 있으며, 모두 1백56개 당의 지희가 분포되어 있다. [역주]

술계와 학술계에 강한 반응을 일으켰다. 조우(曹禺) · 종경문(鍾敬文) · 왕조문(王朝聞) · 풍기용(馮其庸) · 여기(呂驥) · 오효방(吳曉邦) · 곡육을(曲六乙) · 화군무(華君武) · 황영옥(黃永玉) 등의 저명인사들은 전시회를 관람한 후에 모두 높은 평가를 하였다. 그후에도 몇 차례의 탈 전시회가 국내외에서 거행되었다. 따라서 탈에 대한 일부 논저와 도록도 계속 출판되었다. 그 중에 곽정(郭淨) · 엽성생(葉星生) · 곡육을(曲六乙) · 심복형(沈福馨) 등이 탈에 관한 전문적인 저서나 편저를 출판하였다.[2] 현재 중국의 탈문화에 관한 연구는 한창 열기를 띠고 있으며, '탈에 대한 열풍' 또한 전국에서 벌어지고 있다.

실제로 중국의 탈문화에 관한 연구는 아직도 초보 단계에 있다고 할 수 있으며, 그 연구의 깊이와 폭은 중국에서 오랫동안 전해 내려온 찬란한 탈문화와는 비길 수 없다. 다만 한 세대, 더 나아가서 몇 세대의 끊임없는 노력을 거쳐야만 미성숙 단계의 연구를 성숙하게 끌어올려 풍성한 열매를 맺게 할 수 있을 것이다.

2

나는 1986년부터 탈에 대한 연구를 시작하였으며, 당시 연구대상은 귀주의 나희탈에만 국한되었다. 후에 점차 시야를 넓혀 지역적으로는 더 이상 귀주 한 지역에만 국한하지 않게 되었으며, 시간적으로는 근 · 현대로부터 선사 시기까지 다루게 되었다. 연구 범위도 나희탈로부터 수렵탈 · 전쟁탈 · 장례탈 · 제사탈 · 무용탈 · 장희(藏戲)탈 · 진택탈 등으로 확대하였다. 그리고 탈문화와 복잡하게 얽혀 있는 고대 바위 그림 · 묘실의 벽

---

2) 1989년에 심복형(沈福馨)은 《안순지희(安順地戲)》(貴州人民出版社)를 출판하였으며, 1990년에는 곡육을(曲六乙)의 《나희 · 소수민족희극급기타(儺戲 · 少數民族戲劇及其他)》(中國戲劇出版社)와 《서장신무 · 희극급면구예술(西藏神舞 · 戲劇及面具藝術)》(臺灣淑馨出版社), 그리고 엽성생(葉星生)의 《서장면구예술(西藏面具藝術)》(重慶出版社)이 출판되었고, 1992년에는 곽정(郭淨)의 《중국면구예술(中國面具藝術)》(上海人民出版社)가 출판되었다. 〔역주〕

화 · 화상석(畵像石) · 진묘수(鎭墓獸)3) · 두무(兜鍪) · 순식(盾飾) · 마관(馬冠) · 당로(當盧) · 포수(鋪首) · 목우(木偶) · 검보(臉譜) 등으로 더욱더 연구를 확대하였다.4) 누적된 자료가 나날이 풍부해지면서 점차《중국 탈의 역사》를 써야겠다는 생각이 들게 되었다.

나는 이 작업의 어려움을 잘 알고 있었다. 그것은 탈문화에서 다루어야 할 지식 영역이 인류학 · 민족학 · 역사학 · 고고학 · 종교학 · 신화학 · 민속학 나아가서는 조각 · 회화 · 무용 · 연극 · 잡기 등까지도 탈문화와 분리할 수 없는 깊은 관계를 갖고 있으며, 나 자신은 이들 영역에 관한 지식이 빈약한 상태였기 때문이다. 뿐만 아니라 중국에는 아직까지 탈의 역사에 관하여 참고할 만한 아주 간략한 자료도 없었다. 그러나 나는 이러한 어려움 앞에서도 위축되지 않았다. 처녀지를 개척하려면 다른 사람이

---

3) 진묘수는 고대에 무덤에 순장하였던 괴수 형상의 도용을 말한다. 묘에서 악귀를 진압하고 사악한 기운을 몰아내는 신으로, 최초에 전국시대의 초나라 묘에서 나타나 양진(兩晉) · 남북조 및 당대에 아주 성행하였다. 일반적으로 쌍으로 되어 있으며, 머리에는 뿔이 있고 짐승 얼굴도 있으며 사람 얼굴도 있다. 머리가 하나인 것도 있고 둘인 것도 있으며, 네모 반듯한 대좌 위에 놓여 있다. 대부분 채색되어 있고 기이한 문양이 그려져 있다.〔역주〕

4) 두무(兜鍪)는 전쟁중에 얼굴을 보호하는 방어 장비로 투구를 가르킨다. 투구는 가두 탈의 계발을 받았으며, 어떤 투구의 문식은 동물 조형으로 도철과 흡사하기도 하다. 순식(盾飾)은 방패에 나오는 문식으로 방패에다 인면 수면의 괴이한 문양을 넣어 적에게 공포감을 주고 미관을 좋게 하였다. 이런 문식은 그 조형이 탈과 흡사하므로 여기에서 둘의 연원 관계가 있다고 보았다. 마관(馬冠)은 금맘(金錽)이라고도 하며, 서주에서 춘추 시기에 나타난 말머리에 달아 놓은 청동 장식으로 형태와 조형이 가면과 흡사하다. 당로(當盧)는 양이라고도 하며 말 이마를 장식해 놓은 금속 장식이다. 본서에서는 여기에 나타난 동물 형상 등으로 인하여 당로도 탈의 영향을 받아서 나왔을 것이라고 여긴다. 포수(鋪首)는 문에 달아 놓은 장식으로 수면과 둥근 고리로 만들어져 진택과 벽사의 작용도 하고 손으로 둥근 고리를 쳐 주인에게 통보할 수도 있다. 진택이나 진묘 등의 기능은 탄구와 유사하며 그 형상도 도철 형상이 많으므로 탈과의 연관성을 찾을 수 있다고 하였다. 목우(木偶)는 괴뢰라고도 하며 괴뢰희에 사용되었다. 어떤 지역의 목우희는 나희와 융합되어 독특한 극종을 만들어 내기도 했고, 목우가 탈과 혼합하여 사용되기도 하였으며, 탈이나 목우를 신령의 상징 체계로 여겼으므로 제의나 제작 방법 등의 여러 면에서 에서 탈과 유사점을 찾을 수가 있다. 검보(臉譜)는 얼굴의 형상을 변화시키는 화장수단이므로 탈과의 관계도 아주 밀접하다. 두무와 순식, 마관과 당로는 제3장 부록을 참조하고, 포수와 목우는 제4장 부록에 나왔으며, 검보는 제5장 부록에 자세히 설명하고 있다.〔역주〕

경작했던 땅보다 더욱 큰 대가를 치러야 하는 법이지만, 어려운 작업 과정에서 얻는 기쁨과 즐거움은 다른 무엇보다도 비교할 수 없다. 황무지를 개척하지 않고서야 어찌 성숙된 거작이 나타나겠는가? 이런 생각이 들자 이 책을 쓰겠다는 용기와 믿음이 굳어지게 되었다.

　이 책을 쓰기 위하여 수천만 자의 자료를 읽었고 수십만 자를 필기했으며, 각 지역을 다니면서 조사를 하였다. 귀주·사천·운남·안휘·섬서·광서·티베트·청해 등에서 서로 다른 유형과 서로 다른 풍격의 탈들을 보았을 때, 그리고 사천 광한현 삼성퇴에서 출토된 상주 시기의 거대한 청동 면상(面像), 섬서 성고현(城固縣) 소촌(蘇村)에서 출토된 상대 청동전쟁가면, 하북(河北) 만성현(滿城縣) 중산정왕(中山靖王) 유승묘(劉勝墓)에서 출토된 서한(西漢) 옥검개(玉臉蓋, 금루옥의의 일부분), 내몽고 나만치(奈曼旗) 진국공주묘(陳國公主墓)에서 출토된 요대(遼代) 황금가면을 직접 보았을 때, 받은 감동은 말로 다 형언할 수 없었다. 나는 이처럼 연원이 깊고 아름다우며 다채로운 중국의 탈문화에 긍지를 느꼈으며, 다른 사람은 이 귀중한 유산에 대해 잘 모르고 있다는 사실에 유감을 느끼게 되었다. 1990년 12월, 나는 도쿄대학〔東京大學〕 동양문화연구소의 초청을 받아 일본에 가서 향촌의 제사희극을 조사하게 되었으며, 오사카에서는 유명한 국립민족학박물관을 참관하게 되었다. 박물관에는 5대주 수십 개 나라와 지역의 탈을 전시해 놓았으나 중국의 탈은 없었다. 도쿄에서 나는 여러 서점을 다니며 서가에 장정이 아주 잘 되어 있는 탈의 역사에 관한 저서와 도록들을 많이 보았으나, 그 중에 중국학자가 편찬한 중국 탈에 관한 저서는 한 권도 없었다. 이 두 사건은 내게 깊은 인상을 남겨 주었으며, 최선을 다해 《중국 탈의 역사》를 써내어 넓고 넓은 중국 땅의 찬란한 탈문화를 세계 각국에 소개해야겠다는 결심을 하도록 만들었다.

3

　본 책에 관해서는 다음 몇 가지 설명을 필요로 한다.

① 본 책에서는 중국 탈이 발전해 온 역사를 원고(遠古)·상고(上古)·중고(中古)·근고(近古)와 근대(近代) 이래의 다섯 시기로 나누었다. 이 시기는 중국의 원시 사회, 노예 사회, 전기 봉건 사회, 후기 봉건 사회 및 근·현대와 거의 맞물리지만, 시작과 끝나는 시간이 완전히 일치되는 것은 아니라 일정한 차이가 있다. 이러한 시기 구분은 중국 탈의 역사에 비교적 부합된다고 생각한다.

② 탈〔面具〕은 일본에서는 가면(假面, 仮面)으로 불렸고, 중국도 고대에 때로는 가면이란 말로 탈을 대신하기도 했다. 본 책에서는 실제 상황을 근거로 하여 중국 탈의 형태와 제작에 따라 가두(假頭)·가면(假面)·면식(面飾)·면상(面像)·면조(面罩) 등 다섯 가지 유형으로 나눈다. 가면은 전적으로 평면으로 조각되고 입과 눈에 구멍이 뚫려 있으며 사람 얼굴에 쓰는 유형의 탈을 가리키며, 결코 탈 전체를 두루 가리키는 것은 아니다. 이것은 서로 다른 개념으로서 뒤섞일 수 없다.[5]

③ 탈은 고대에서 제일 중요한 문화 현상 중 하나이며, 역사상 다른 기물(器物)에 대해서도 큰 영향을 미쳤다. 어떤 기물들은 비록 탈과 직접적

---

5) 面具에 대한 개념의 정리는 이 책의 번역에 있어서 아주 중요한 문제이다. 현재 한국에서 출판된 논문이나 저서에서는 대부분 가면 혹은 탈이 혼용되어 쓰이고 있다. 그러나 여기서 분명하게 지적하고 있듯이 본 서의 저자는 일본에서 말하고 있는 가면을 본서에서는 면구로 쓰고 있으며, 또한 가면을 면구의 한 유형에 포함시키고 있다. 그러므로 이 책을 번역하면서 가면이란 개념으로 면구를 번역하게 되면 전체적인 의미를 포괄할 수 없게 된다. 《국어사전》에서 탈은 "종이나 나무·흙 따위로, 여러 가지 얼굴 모양을 본떠 만든 물건. 마스크" 또는 "속 뜻을 감추고 겉으로 진실인 것처럼 꾸미는 의뭉스러운 얼굴을 비유하여 이르는 말. 가면"이라고 하였다. 탈이란 사람이나 동물의 얼굴 모양을 만들어 주로 얼굴 분장에 사용하는 것으로, 우리말로는 탈, 탈박, 탈바가지, 광대, 초라니라 불려왔으나 현재는 일반적으로 '탈'이라 통칭되고 있으며, 탈은 한자로는 면(面), 면구(面具), 가수(假首), 가두(假頭), 가면(假面), 대면(代面, 大面) 등으로 표기한다. 본서는 면구를 가두(假頭)·가면(假面)·면식(面飾)·면상(面像)·면조(面罩) 등 다섯 가지 유형으로 나눈다. 이것은 탈은 분류하는 학자들의 이론적인 근거에 따라 재질이나 용도 등에 따라 여러 가지 견해가 나올 수 있다. 본서에서는 면구(面具)를 가면보다 더 상위 개념으로 보고 있으므로, 가면이란 말로 면구를 대응할 수 없으므로, 면구라는 용어를 그대로 사용하든지 혹은 다른 용어로 대체하여야만 한다. 면구는 한자어로 한국에서는 거의 쓰이지 않고 있으므로 이 책에서는 면구를 탈로 통일하여 번역하도록 한다.〔역주〕

인 연원 관계는 없지만 기능과 생김새로 볼 때 매우 비슷하다. 그러므로 본 서에서는 일정한 지면을 할애하여 이러한 기물(두무·순식·마관·당로·포수·목우·검보 등)에 대하여 소개하면서 중국 탈문화를 이해하는 데 도움이 되도록 하였다.

④ 중국 탈은 고대에 주변 각 나라들에 전해져 그 나라의 탈문화에 큰 영향을 미쳤다. 예를 들자면 일본의 기가쿠멘〔伎樂面〕·부가쿠멘〔舞樂面〕·교도멘〔行道面〕, 쓰이나멘〔追儺面〕 등은 전부 혹은 부분적으로 중국에서 기원되었으며, 오랜 시기의 변천을 거쳐 오늘날까지 보존되었다. 그러나 이러한 탈이 중국에서는 오히려 실전되었다. 중국 탈의 역사에서 부족한 부분을 보충하기 위하여 본 책에서는 일본에 보존되어 있는 중국계 탈에 대해서도 개괄적으로 논술하였다.

⑤ 본 책은 많은 양의 문헌을 참고하였으며 인용한 책이 3백여 종에 달한다. 인용된 문헌에 대해서는 주석에서 설명했을 뿐만 아니라, 책 뒷부분에 부록으로 제시하여 독자들이 참고하기 쉽도록 하였다. 본문에서 언급한 전문가와 학자들은 직접 성함만 사용하고 '선생·교수' 등 호칭은 따로 사용하지 않았는데, 이는 선배와 선생님들에 대한 불경이 아니라 편폭을 줄이기 위한 것임을 특별히 언급한다.

제1장

탈의 정의와 분류 및 기원

제1절 탈의 정의와 분류

탈은 중국 고대 문헌에서 기두(頍頭)·가면(假面)·투도(套頭)·대면(大面)·대면(代面)[1]이라고도 불렸으며, 민간에서는 검자(臉子)·면각(面殼)·귀검(鬼臉)·신두(神頭)·탄구(呑口) 등으로 부르기도 하였다. 세계 여러 나라와 지역의 탈과 비교해 볼 때, 중국 탈은 형태와 제조·재질·조형·기능·제작 방식 등에서 모두 독특한 민족 특색을 갖고 있다. 그러므로 본 책에서 말하는 탈에 대한 정의와 분류는 주로 중국을 상대로 설명하고 있기 때문에 외국의 경우에는 완전히 적용된다고 할 수 없다.

1. 정의

탈이란 무엇인가? 언뜻 보기에는 간단한 것 같지만 사실 대답하기 어려운 문제이다. 왜냐하면 어느 누구도 탈에 대한 기본적 특징을 충분히

---

1) 대면(大面), 대면(代面): 당대(唐代)에 〈난릉왕입진곡(蘭陵王入陣曲)〉을 대면(大面) 혹은 대면(代面)이라고 불렀다. 북제(北齊)의 난릉왕 고장공(高長恭)은 무용이 뛰어나고 얼굴이 준수하였다. 전쟁시에 자신의 뛰어난 용모로 인하여 적에게 두려움을 줄 수 없다고 여겼으므로, 항상 가면을 쓰고 출전하였다. 제(齊)나라 사람들이 그가 지휘하고 공격해 들어가는 자태를 모방하여 〈난릉왕입진곡(蘭陵王入陣曲)〉을 악무(樂舞)로 만들었다. 〔역주〕

개괄해 낸 사람도 없었으며, 또 사람들이 보편적으로 받아들일 수 있는 정의를 내린 적도 없었기 때문이다.[2] 전통적인 견해에 따르자면 탈은 사람의 용모를 변화시키는 하나의 화장 수단이라고 할 수 있으며, 일반적으로 얼굴에 쓰거나 혹은 머리 전체에 덮어쓴다. 이러한 특징으로 인하여 임반당(任半塘)은 탈을 '얼굴을 꾸미는 도구'라고 불렀다.[3] 그러나 실제로 사람들의 탈에 대한 이해는 이보다 훨씬 깊다. 예를 들면 어떤 학자들은 장식품이나 벽사(辟邪)를 위하여 몸에 지니고 다니는 작은 면식(面飾)까지도 탈이라 부르며, 어떤 학자들은 다른 기물의 부속물인 짐승 얼굴을 한 문고리까지도 탈에 포함시키고 있다. 또 어떤 학자들은 상서(湘西) 투쟈족(Tujia, 土家族)이 '모구스춤(茅古斯舞)'[4]을 출 때 얼굴을 가리는 데 사용하는 볏짚까지도 탈에 포함시킨다. 이것으로 보면 탈에 대한 기본적인 한계를 정하는 일이 무엇보다 필요하다. 그렇지 않으면 탈문화에 대한 깊은 연구가 이루어지기 어렵다.

탈에 대해 간단하면서도 정확한 정의를 내리기는 쉽지 않다. 그것은 각

---

2) 《現代漢語詞典》(商務印書館, 1985년)에서는 '면구(面具)'를 다음과 같이 해석하고 있다. (1) 얼굴 부위를 가리는 작용을 하기 위하여 쓰는 물건; (2) 가면. 이 해석은 면구의 중요한 특징을 개괄하지 못하고 있으며, 비교적 큰 편협성을 갖고 있다.

3) 임반당(任半塘)은 《당희농(唐戲弄)》에서 "얼굴에다 분장하는 도구는 어느 면에다 분장하든 상관없이 모두가 탈이다"라고 하였다. 上海古籍出版社, 上册, 1984년, pp.285.

4) 상서(湘西) 투쟈족의 모구스 춤은 현재 이미 현대 문명의 충격으로 점차 소실되어 가고 있다. 상서 영순현(永順縣)의 화평향(和平鄉) 봉황촌(雙鳳村)은 교통이 불편하여 아직도 본 모습을 잘 간직하고 있는 지역 중 하나이다. 이곳의 투쟈족은 매년 정월 설을 지내면서 모구스 춤을 춘다. 춤을 추기 전에 가장 좋은 제물로 조상에게 제사를 올리며, 투쟈족의 선조인 모구스가 영순(永順)에 온 이후로 황량한 이 땅을 개간하고 화전과 어렵으로 생계를 유지하면서 뿌리를 내려 투쟈족이 번성하기 시작한 은덕을 기리고 있다. 모구스 춤을 추려면 15,6인이 모두 나체에다 볏짚으로 분장하여 조상의 한 가족을 대표하도록 한다. 이들 분장은 상고 시기 선조의 원시적인 복식을 나타내며 가무와 대화를 통하여 선조들이 생활과 수렵 등의 활동을 재현하고 있다. 춤이 끝나면 분장한 짚을 모두 태워버려 원시의 몽매함을 벗어나 농업 문명으로의 진입을 상징해 주고 있다. 모구스 춤은 희극의 활화석으로 가무와 대화는 물론 완전한 스토리를 갖추고 있으며, 고정된 장면의 순서가 정해진 제사용 희극이라 할 수 있다. 전통에 의하면 모구스춤은 6일 밤을 계속 추어야 하며, 매일 서로 다른 장면을 선보인다. 지금도 이 춤을 추지 않으면 사람과 가축이 흥하지 못하고 풍수를 기약할 수 없다고 여긴다. [역주]

지역과 민족의 탈이 천태만상이며, 종류도 많고 복잡하기 때문이다. 그러나 탈의 기본적인 특징을 개괄해 내기란 그렇게 어렵지 않다. 일반적으로 탈은 대부분 다음과 같은 특징을 갖고 있다.

① 탈은 대부분이 동그랗거나 혹은 평면으로 되어 있고, 소수의 탈은 입체 형태로 되어 있으나 가운데는 비어 있어야 한다. 즉 가운데가 비어 있지 않은 입체적인 원형 조각은 모두 탈이라고 할 수 없다.

② 탈의 중심 부분은 사람의 얼굴 모양을 한 '인면(人面)'이나 짐승의 얼굴을 한 '수면(獸面)'이어야 하며, 혹은 '인면'이나 '수면'을 변형시켜 귀신의 얼굴을 만든 귀면(鬼面)이나 신의 얼굴을 한 신면(神面)이어야 한다. 중심 부분이 인면·수면·귀면·신면이 아닌 것은 모두 탈이라고 말할 수 없다.

③ 탈은 하나의 독립된 품격을 띠고 있어야 하며 다른 기물에 부속되어 있어서는 안 된다. 그러므로 다른 기물에 의존하는 것은 모두 탈이라고 부를 수 없다.

④ 탈은 사람의 종교 의식과 심미 의식을 담은 문화 코드로서 재현성·유사성·상징성 등의 특징을 갖는다. 이런 특징을 갖고 있지 않으면 탈이라고 말할 수 없다.

위의 네 가지는 중국 탈의 중요한 특징을 대체적으로 개괄한 것이다. 이것을 척도로 하여 탈인지 아닌지를 명확하게 구별할 수 있다. 예를 들면, 짐승 얼굴의 '수면' 문고리를 놓고 볼 때, 그 조형은 탈과 아주 흡사하지만 다른 기물(동기·문 및 둥근 문고리)에 부속되어 있으며, 그 자체만으로는 독립된 성격이 부족하므로 탈이라 할 수 없다. 그러나 사람들이 몸에 지니고 다니는 소형 면식(面飾)은 위의 네 가지 특징을 모두 갖고 있기 때문에 탈의 범주에 포함시킬 수 있다. 상서 투쟈족이 '모구스춤'을 출 때 얼굴을 가리는 데 사용되는 볏짚은 ①과 ②의 두 특징을 구비하지 못했기 때문에 얼굴을 가리는 '차면(遮面)'이라고는 할 수 있지만 탈이라고 부르기는 어렵다. 이 세상의 어떤 사물도 모두 절대적이라 할 수 없는 것처럼 탈에 대한 정의도 예외는 아니다. 중국 탈의 범위 속에서 일부 종류는 비록 위의 네 가지 기준에 완전히 부합되지는 않지만 오랜 시간 동안 발전해 나오는 과정에서 변이된 것도 있으므로, 구체적인 상황에 근거하여 융통성 있게 처리할 수 있어야 한다.

2. 분류

탈은 인류 역사상 찬란하고 다채로웠던 문화 현상의 하나로 국내외와 고금의 탈들은 천태만상이며 종류도 다양하다. 이러한 탈들에 대한 연구와 편의를 위해서는 탈을 과학적으로 분류해야 한다. 흔히 볼 수 있는 분류 방법에는 다음과 같은 몇 가지가 있다:

구조로 구분하면 보통탈〔普通面具〕, 반쪽탈〔反截面具〕, 이중탈〔兩層面具〕, 삼중탈〔三層面具〕, 턱을 분리할 수 있고 눈을 움직일 수 있도록 만들어진 동안단악탈〔動眼斷齶面具〕, 턱이 달려 있고 눈을 움직일 수 있게 만든 동안조악탈〔動眼吊齶面具〕 등으로 나눌 수 있다.[5] 재질로 나누어 보면 가죽탈·돌탈·자기탈·나무탈·대나무탈·동탈·철탈·금탈·은탈·옥탈·천탈·종이탈·죽순껍질탈·거북껍질탈·풀로 엮은 탈·건칠(乾漆)탈·플라스틱탈 등으로 나눈다.

조형으로 보면 크게 동물탈·귀신탈·영웅탈·세속인물탈 등으로 나누며, 종류마다 다시 약간의 종류로 세분 할 수 있다.

기능상으로 보면 수렵탈·전쟁탈·장례탈·구나(驅儺)탈·제의탈·무

______

5) 한국과 중국 탈의 구조가 모두 같지는 않으므로, 이에 대응되는 정확한 탈의 명사가 없으므로, 이 책에 나오는 용어를 번역하고 잠시 이 용어에 따라 번역하도록 한다. 일반적인 탈은 보통탈〔普通面具〕이라 하며, 입아래나 턱이 없는 탈은 반절탈〔反截面具〕이라 하고, 이중 혹은 삼중으로 된 탈은 이중(두겹)탈〔兩層面具〕, 삼중(세겹)탈〔三層面具〕이라고 한다. 턱이 없고 눈을 움직일 수 있도록 만들어진 탈을 동안단악탈〔動眼斷齶面具〕, 턱이 매달려 있고 눈을 움직일 수 있게 만든 탈은 동안조악탈〔動眼吊齶面具〕이라 하였다. 본서에서는 이런 탈의 명칭이 계속 반복되어 나오므로, 풀어쓰면 너무 길고 번잡하므로 한자 용어를 그대로 차용하여 이 책에서는 잠시 '동안단악탈'과 '동안조악탈'은 한자의 한국어 발음으로 표기하도록 한다.〔역주〕

용탈·희극탈·진택(鎭宅)탈·장식탈 등으로 나눈다.

주적(朱狄)은 탈의 조형 수법에 근거하여 근대 원시 부족의 탈을 초상형·변형형·상징형·구조형의 네 가지로 나누고 있다.[6]

곽사구(郭思九)는 탈의 사용 방식과 표현 내용에 따라 예술 공연이라는 특징을 갖춘 탈, 예술 공연이라는 특징을 갖추지 않은 탈, 민속 문화와 서로 결합된 풍속성 탈, 농경 문화와 서로 결합된 탈로 나누고 있다.[7]

잠가오(岑家梧)는 주로 탈의 기능과 그밖의 다른 요소들을 참조하여 원시 민족 탈을 수렵탈·토템탈·요마탈·의술탈·추도(追悼)탈·두개골탈·망령탈·전쟁탈·입회(入會)탈·기우(祈雨)탈·제사탈의 열한 가지로 분류하고 있다.[8]

곽정(郭淨)은 문화 유형의 공간적 분포와 전승 상황에 근거하여 중국 탈을 티베트탈·나(儺)탈·백희(百戲)탈·이족(彝族)탈·샤먼탈의 다섯 가지로 분류하고 있다.[9]

전불(錢茀)은 탈의 기능에 따라 크게 실용탈과 예술탈로 나누었고 예술탈을 다시 동태적인 공연탈과 정태적인 장식탈로 나누었다.[10]

위의 분류 방법은 기준점이 다르므로 분류에 있어 차이가 많다. 이러한 분류법은 각각 자신의 장단점을 갖고 있으므로 서로 참조하여 보완할 수 있다.

본서에서는 탈에 대해 그 구조·재질·조형·기능 등에 근거하여 세세한 분류를 하지 않겠다. 다만 거시적으로 탈의 형태와 제작에 대해 넓게 분류하고자 한다. '형태와 제작'에 따른다면 중국 탈〔面具〕은 가면(假面)·가두(假頭)·면식(面飾)·면조(面罩)·면상(面像) 등 다섯 가지로 나눌 수 있고, 앞의 두 종류는 좁은 의미에서의 전통적 탈이고, 뒤의 세 종

---

6) 朱狄《原始文化硏究》, 三聯書店 1988년, pp.505-506.
7) 郭思九, 《儺戲與面具文化》, 《民族藝術》 1991년 제3기.
8) 岑家梧, 《圖騰藝術史》, 學林出版社, 1986년, pp.65.
9) 郭淨, 《中國面具文化》, 上海人民出版社, 1992년, pp.246-247.
10) 錢茀, 《什麻是儺》, 《民族藝術》, 1992년 제2기.

류는 넓은 의미에서의 비전통적인 탈이라 할 수 있다.

(1) 가면(假面)

가면은 생활에서 자주 보는 탈로 용도가 다양하며 조형도 아주 풍부한 탈의 한 종류로, 사람들이 늘 말하는 대부분의 탈이 바로 가면이다. 가면은 보통 사람의 얼굴 크기로, 얼굴에 부착하며, 입과 눈 부분에 구멍을 뚫어놓아 말하고 노래하며 밖을 보는 데 편리하도록 만들어졌다. 어떤 가면은 이마에 쓰게 되어 있으며 오관의 대부분 혹은 전부를 드러내놓는 경우도 있다. 가면은 두 볼과 두 귀에 구멍을 뚫어 착용할 때 끈으로 뒤통수에 고정할 수 있도록 하였다. 청대 이조원(李調元, 1734-1802)의 《농보(弄譜)》〈귀면(鬼面)〉조에 따르면, "세속에서 얼굴 모양을 조각하여 입과 귀에 끈을 맨 것을 '귀면'이라고 하며, '난릉왕'에서는 이를 '가면'이라 하였다"[11]고 기록하였다. 가면의 또 다른 중요한 특징은 다음과 같다. 가면은 대부분이 평면으로 된 부조(浮雕)이며, 바깥쪽이 볼록하게 튀어나오고 안쪽이 오목하게 들어가 있어서 궁형을 이룬다. 일부는 평평하게 만들어졌는데 주로 채색화로 그리는 방법, 재료를 엮어서 만드는 방법, 오리고 뚫어서 만드는 방법 등으로 제작되었다. 가면의 재질은 매우 다양한데, 흔히 찾아볼 수 있는 것은 나무·구리·철·가죽·대나무·풀·천·종이·죽순껍질·건칠·종려나무 조각·나무껍질 등 10여 가지가 있다. 가면의 용도는 아주 다양하여 춤·연극·전쟁·구나(驅儺)·제사 및 여러 가지 민속 활동에서는 모두 가면을 사용하여 분장을 한다. 가면이 발전해 온 역사를 살펴보면 가면은 가두(假頭)가 출현한 다음에 나타난 것으로 추정된다. 그것은 가면의 제작은 보다 높은 공예 기술 수준과 예술 조형 능력을 필요로 하기 때문이다.

---

11) 《弄譜》: "世俗以刻畵一面, 系著于口耳者, 曰:〈鬼面〉,《蘭陵王》所謂之 '假面' 也."

(2) 가두(假頭)

가두는 입체형으로 가운데가 비어 있으며 머리에 덮어 쓰는 탈이다. 착용할 때 머리 전체에 덮어쓰며 눈과 입부분만 뚫려 있다. 일부는 눈 위부분에 착용하는 것들도 있는데, 이것은 말하고 노래하기 편하도록 만든 것이다. 앞에서 인용한 《농보》〈귀면〉조에 보면 "사 면이 모두 있어서 머리 전체를 덮어 쓸 수 있는 것을 '투두(套頭)'라 하며, '서경부(西京賦)'에서는 이것을 '가두'라고 말한다"[12]고 기록되었다. 역사상 가두의 출현은 다른 여러 가지 유형의 탈보다 빠르다. 원시 사회의 대다수 탈은 모두 가두 유형에 속한다. 상주(商周) 시기 방상씨가 귀신을 쫓는 데 사용한 '기두'는 바로 곰의 머리로 제작한 가두였다. 한당(漢唐)의 '백희(百戲)'[13]탈과 송대(宋代)의 '무포노(舞鮑老)'[14]에 사용된 탈은 상당 부분이 가두에 속하는 것들이었다. 송대 이후부터 탈에서 차지하던 가두의 중요한 위치는 점차 가면에 의해 대체되기 시작하였다. 그러나 티베트 불교문화권 내에서

---

12) 《弄譜》: "四面具而全納其首者, 呼曰 '套頭' '西京賦' 所云之 '假頭' 也."

13) 중국 고대에 악무와 잡기의 공연을 통틀어 백희라고 하였다. 진한 때부터 이미 있었으며, 한대에는 '각저희(角抵戲)'라고 불렀으며, 남북조에서는 '산악(散樂)'이라고 하였다. 강정(扛鼎)·심동(尋橦)·탄도(呑刀)·토화(吐火) 등의 각종 잡기와 환술도 있으며, 인물로 분장한 악무도 있고, 동물로 분장한 '어룡만연(魚龍曼延)'과 간단한 이야기를 갖춘 '동해황공(東海黃公)' 등도 포함하고 있다. 한무제 때 성행하였다. 동한 장형(張衡)의 《서경부(西京賦)》 중에 구체적으로 묘사되어 있다. 당·송시에 백희는 모두 아주 성행하였다. 맹원로(孟元老)의 《동경몽화록(東京夢華錄)》에는 북송시 변량(지금의 개봉)에서는 매번 원소절과 같은 명절이 되면 "가무백희가 줄줄이 서로 이어졌으며 노랫소리가 10여 리 안에 뒤섞였다"고 하였다. 송 마단림(馬端臨)의 《문헌통고(文獻通考)》에는 한 이래 백희의 절목과 그 발전 과정을 기록하고 있다. 원대 이후에 백희의 내용은 더욱 풍부해졌으며, 일반적으로는 각종 악무 잡기는 점차 자신의 고유명사를 사용하게 되었으며, 백희라는 단어는 점차 쓰이지 않게 되었다.〔역주〕

14) 송원의 희곡, 괴뢰희와 무대(舞隊) 중에 늘상 출연하여 사람들의 웃음을 끌어내는 인물을 포로(鮑老)라고 한다. 남송 주밀의 《무림구사》〈무대〉조에는 '대소참도포노(大小斬刀鮑老)' '교곤포노(交袞鮑老)'가 있고, 남북곡패(南北曲牌)에는 '포노최(鮑老崔)'가 있으며, 노래와 춤이 있는 공연의 일종일 것이다.〔역주〕

는 가두가 여전히 장희(藏戲)와 '참(羌姆)'에 널리 사용되고 있다. 중원 지역에서도 가두는 여전히 없어지지 않았으며, 원·명·청대의 희극 중에는 자주 뇌공두(雷公頭)·야차두(夜叉頭)·호두(虎頭)·녹두(鹿頭)처럼 머리에 뒤집어쓰는 탈이 등장한다. 초기 가두는 대다수가 동물의 머리 부분을 베껴서 만들었으며 착용할 때는 동물의 가죽과 함께 그대로 몸에 뒤집어썼다. 후에 점차 천·마분지·찰흙·대 광주리 등의 원료로 가두를 제작하기 시작했다.

(3) 면식(面飾)

면식은 장식용이나 벽사용으로 몸에 달고 다니는 소형의 탈로서 보통 가슴이나 팔, 혹은 허리에 달고 다닌다. 길이와 너비는 보통 2-8밀리미터쯤이고 윗부분 혹은 양쪽에 작은 구멍이 있어 끈으로 매기 편하게 만들어졌다. 조형은 인면과 수면으로 나눌 수 있으며 인면이 많은 편이다. 면식은 보통 돌·옥·짐승 뼈·상아 등으로 제작하며 어떤 것은 도자기·청동·황금으로도 만든다. 일찍이 사천(四川)·감숙(甘肅) 등지에서 출토된 일부 신석기시대의 면식 중 가장 오래된 것은 대략 6천 년 전으로 추정된다. 어떤 학자들은 원시인들이 몸을 보호하기 위하여 사용한 영물로서, 주인이 생전에 몸에 지니고 다니던 호신부를 죽은 후 같이 매장한 것으로 추정하고 있다. 또 일부 학자들은 무당이 주술 의식을 하면서 사용된 종교 물품으로, 무당이 죽은 후 같이 매장하여 또 다른 세상에 가서도 계속 사용할 수 있도록 한 것이라고 한다. 아프리카 베닌(Benin) 사람들은 면식에다 죽은 친지의 얼굴을 조각하여 가슴에 늘 달고 다니면서 자신의 애도와 그리움을 표시하였다. 국왕이 사용한 면식은 표범 머리형으로 조각하여 절대적인 권위를 상징하였다. 면식은 대다수가 평면으로 된 부조(浮雕)로 가면과 아주 흡사하나 둥그스름한 모양을 띠지는 않으며, 눈·입 부분은 구멍을 뚫지 않는다. 또 어떤 것들은 음각이나 선 모양으로 조각하기도 하고, 혹은 다른 방식으로 제작하기도 했다.

(4) 면조(面罩)

　면조는 죽은 사람의 얼굴에 덮는 탈로 '사면(死面)'이라고도 한다. 크기는 사람 얼굴과 비슷하거나 사람 얼굴보다 조금 크다. 세계의 많은 민족에게는 죽은 사람의 얼굴에 면조를 덮는 풍습이 있다. 그 원인은 다음과 같이 다섯 가지로 정리할 수 있다. 첫째, 망자의 떠돌아다니는 영혼이 자신의 육체를 쉽게 알아볼 수 있도록 하여, 방향을 잃고 헤매지 않도록 한다. 둘째, 후세 사람들로 하여금 망자가 생전에 지녔던 위엄을 영원히 기억하도록 한다. 셋째, 시체의 부식을 늦추어 시체를 보호하는 작용을 한다. 넷째, 망자의 영혼이 인간 세상에 남아서 나쁜 일을 하지 못하도록 한다. 다섯째, 망자의 얼굴을 보호하여 망자가 황천길로 가는 도중에 악령을 만나 해를 당하지 않도록 한다. 첫째와 둘째 원인으로 보면 면조는 보통 망자 생전의 용모 그대로 제작된다. 면조는 대부분 금·은·옥·동 등 귀중한 재질을 원료로 하며, 소수 일부는 고령토 등 염가의 재료로 제작되기도 한다. 세계에서 제일 유명한 면조는 1923년 이집트 제18왕조의 국왕이었던 투탕카멘(Tutankamen)의 묘에서 발견된 황금 면조[15]로서 오늘날까지 약 3300여 년의 역사를 지니고 있다. 또 하나의 유명한 면조는 1952년 멕시코 팔렌케(Palenque)에서 '비문의 신전(Temple de las Inscripciones)'라 불리는 피라미드에서 발견된 옥 면조로 오늘날까지 약 1200여 년의 역사를 갖고 있으며, 마야 문명 유물에 속한다. 중국은 선진(先秦)과 한대(漢代)·요대(遼代)에 면조를 보편적으로 사용하였다. 선진의 면조는 모두 옥으로 만들어졌으며, 보통 오관을 각각 나누어 제작한 후 천에다 꿰매 놓았다. 이러한 면조를 '철옥면조(綴玉面罩)'라 불렀다. 한대의 면조는 두 종류가

---

15) 보통 황금 마스크라고 쓰고 있으나, 마스크는 탈 전체를 가리키는 세계 공용어이며, 여기에서처럼 죽은 사람의 얼굴을 가리는 데 사용하는 사면(死面)이나 면조(面罩)처럼 일정한 범위를 한정시키는 용어로 사용하는 데는 맞지 않다. 한국에서도 전적으로 사면에 관한 용어가 없으므로 면조(面罩)를 그대로 사용하도록 한다. 〔역주〕

있는데 하나는 '철옥면조'이고 다른 하나는 금루(金縷)·은루·동루로
옥 조각을 꿰매어 만든 것으로서 망자의 얼굴을 가리는 검개(臉盖)라고도
불리며 옥의(玉衣)의 일부분이었다. 요대의 면조는 재질이 단일하지는 않
다. 이미 발견된 면조의 재질로는 금·은·동 세 가지가 있으며 보통 은
실 그물 망사나 동실 그물망사와 배합하여 사용하였다.

(5) 면상(面像)

면상은 신묘(神廟)·신단(神壇)·문호(門戶)·묘실(墓室) 등에 걸어 놓
거나 올려 놓는 탈로 형태나 제작은 가면과 비슷하다. 크기는 일반적으로
가면보다 크며, 어떤 것은 가면보다 열 배 이상 큰 것도 있다. 면상은 눈과
입 부분에 구멍을 내지 않는다. 그것은 면상이 사람의 얼굴에 씌우는 것
이 아니라서 밖을 내다보거나 말하기 위하여 구멍을 낼 필요가 없기 때문
이다. 조형은 인면과 수면 두 가지가 있는데 그 용도가 각각 다르다. 사
람 모양의 면상은 대부분 신묘나 혹은 신단에 올려 놓아 사람들이 제사하
고 숭배하며 기도를 드리는 우상으로 영웅·선조·신령 등이다. 이러한
면상들은 복을 내려주고 사악한 것들을 몰아내는 기능을 한다. 제일 유명
한 것은 사천 광한현의 삼성퇴에서 출토된 청동 면상이다. 어떤 면상은
묘실에 놓여 있어 '순장인' 역할을 하며, 그 기능은 노예용(奴隷俑)·부
역용(仆役俑)과 비슷하다. 상주(商周)와 서한(西漢)의 묘 속에서도 '순장
인'을 대체한 사람 형상의 면상이 발견되었다. 짐승형 면상을 '탄구(呑
口)'라 부르기도 하는데 놓아두는 장소에 따라 '진묘탄구(鎭墓呑口)'와
'진택탄구(鎭宅呑口)'로 구분된다. 단 진묘탄구는 묘실 네 면의 벽이나
관목에 걸어두며 일반적으로 청동 혹은 활석으로 제작되고, 그 기능은 무
덤 주인을 호위하여 온갖 잡귀의 침입을 막기 위한 것이다. 집안의 잡귀를
쫓는 탄구(呑口)는 '천구(天口)' '분구(噴口)' '호두패(虎頭牌)'라고도 하
며 문고리에 걸어 놓아 사기(邪氣)를 피하고 잡귀들의 침입을 막기 위한
것이다. 집안의 잡귀를 쫓는 탄구는 대부분 아주 두텁고 튼튼하게 만드는

데, 이래야만 햇빛과 비·바람 등에 견딜 수 있기 때문이다. 그 재질은 아주 다양하며, 보통 나무·천·모래·자기·조롱박·찰흙 등으로 만든다. 면상은 국내외에서 모두 유행하고 있으며 고대 이집트에서는 문고리에 걸어 놓아 귀신과 사기(邪氣)를 쫓아냈다. 유럽 중세기 궁정에서도 면상을 하나의 장식으로 걸어 놓았으며 아프리카의 일부 원시 촌락에서도 면상을 걸어 놓는 장식용 탈이라고 불렀다.

본 책의 탈에 대한 분류는 다음과 같은 도표로 나타낼 수 있다.

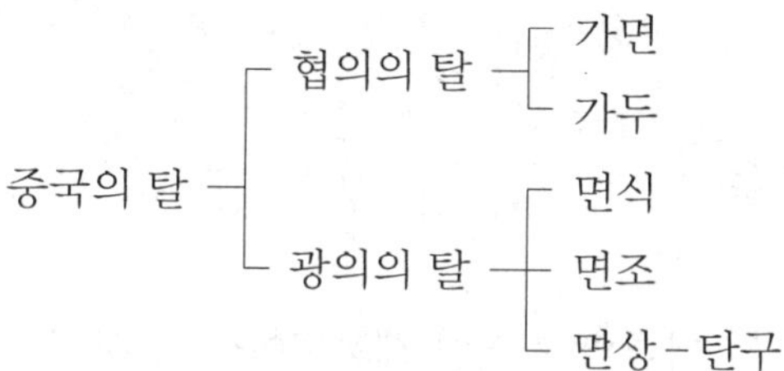

중국은 땅이 넓고 민족이 다양하기 때문에 지역과 민족에 따라 탈의 구조·재질·조형·기능 면에서 상당한 차이를 보이고 있다. 그러므로 위의 분류 방법으로는 특수한 일부 탈을 정확하게 한 범주에 포함시킬 수 없다. 예를 들면 이 책에서 말하는 '가면'은 사람의 얼굴에 쓰는 탈로서 사람의 얼굴과 크기가 비슷하다. 그러나 운남 초웅(楚雄) 이족(彝族)의 '솨대도(耍大刀)'[16]라는 민속 활동에서 사용하는 가면은 길이가 120밀리미터, 너비가 80밀리미터로서 배우가 손에 들고 공연한다. 이러한 가면은 가두·면식·면조·면상 중 어느 한 곳에 포함시킨다 해도 적합하지 않으므로, 특수한 예로서 '가면'에 귀속시킬 수밖에 없다.

---

16) 음력 6월 햇불제(火把節)에 거행하는 민속놀이로 제갈량의 남만 정벌로 촉에 귀순한 이족의 조상 맹획을 추모하기 위한 집회가 전해져 전통적인 민족 축제가 되었다. 솨대도에는 제갈량을 대표하는 백색탈과, 관우를 대표하는 홍색탈, 맹획을 대표하는 흑색탈이 등장한다. 이 탈은 높이가 120센티미터, 너비가 80센티미터로 모양이 가면과 비슷하지만 크기가 크기 때문에 얼굴에 쓸 수 없다. 다만 머리 위나 가슴으로 들어올려 춤을 추는 데 사용한다.〔역주〕

비록 앞에서 서술한 탈의 분류 방법이 어느 정도 부족한 점이 있다고는 하지만, 총체적으로 볼 때 중국 탈의 실제 상황에 부합하는 것으로 , 천태만상의 탈을 모두 포함할 수 있을 뿐만 아니라, 또한 이들을 구별해 낼 수도 있다. 극히 몇 가지 특별한 예를 제외하고는 각 탈을 모두 정확하게 분류하여 앞의 다섯 가지 종류 중의 하나에서 그 위치를 찾을 수 있다. 개별적으로 특수한 예들은 중요한 특징을 근거로 하여 다섯 가지 종류 중의 하나에 귀속시킬 수 있다.

제2절 탈의 기원

탈의 기원은 세계의 각 나라와 지역이 대동소이하다. 그러므로 본 책에서는 기원 문제를 논하면서 중국의 관련 자료를 이용했을 뿐만 아니라 국외의 자료도 많이 사용하였다. 특히 아프리카 · 북아메리카 · 오세아니아의 일부 토착 민족의 자료를 많이 사용하였다. 그것은 이러한 토착 민족이 원시 형태의 생활 풍습을 많이 보존하고 있어서, 탈의 기원을 연구하기에 유용하기 때문이다.

1. 탈의 생성 연대

현존하는 자료만으로는 탈의 생성 연대에 대한 정론을 내리기 어렵다. 지난날, 중국학자들도 이 문제에 대해 탐색한 적이 있다. 예를 들자면 왕국유(王國維, 1877-1927년)는 《고극각색고》에서 "탈이 옛날에 이미 흥하였다. 주나라 관리인 방상씨는 곰가죽을 뒤집어쓰고, 황금빛 네 눈을 달고 있으니…… 이미 여기에서 탈이 시작된 듯하다"[17]고 하였다. 상해사서 출판사에서 출판한 1979년판 《사해(辭海)》에서는 '가면(假面)' 이라는 단어에 대해 "가면은 대개 《주례》에 방상씨가 귀신을 몰아낸 것에서 기원한다"[18]고 해석하고 있다. 《사해》의 해석은 왕국유의 주장을 참고로 했을 수 있다. 그러나 왕국유는 시대적인 한계 때문에 중국 탈의 생성 연대를 적어도 몇 천 년이나 늦추었던 것이다.

세계적 범위로 볼 때, 탈의 생성은 신석기시대보다 늦지 않다. 심지어는 구석기시대까지 올라갈 수 있다. 구석기시대의 탈은 현재 추측할 수밖에 없으나 신석기시대의 탈은 실물로 고증할 수 있다.

신석기시대의 탈은 많은 나라와 지역에서 발견되고 있다. 유럽을 예로 들자면 1973년 그리스 북부 아지리(Ajili)에서 탈처럼 생긴 두상(頭像)으로 장식해 놓은 토기로 된 병과 둥근 용기를 발견하였다. 방사성동위원소연대 측정을 거쳐 대략 기원전 6000년에 제작된 것이라고 추정해 냈다. 이러한 가면형 두상은

[그림 1] 그리스 아지리(Ajili)에서 출토된 신석기시대의 탈처럼 생긴 두상(頭像)으로 장식한 토기 병과 둥근 용기.

대부분 원주체에 걸어 놓음으로써 병 목부분의 장식으로 삼았다. [그림 1]에서 볼 수 있듯이 이들 가면은 뒷면에 경사진 부분이 있어 원주체에 걸어 놓아도 쉽게 미끄러지지 않도록 되어 있다. 엄격히 말하자면 이런 가면형 두상은 비록 탈의 부분적인 특징을 지니고는 있지만 탈이라고 말하기는 어렵다. 그것은 이들이 독립적인 작품으로 존재하는 것이 아니라 병이나 둥근 용기의 부속물이기 때문이다.

구유고슬라비아 원사 지역에서 발견된 탈들은 그리스 아지리에서 출토

---

17) 《古劇角色攷》: "面具之興古矣. 周官方相氏, 掌蒙熊皮, 黃金四目……似已爲面具之始."

18) 《辭海》: "假面義起于《周禮》方相氏黃金四目以逐鬼."

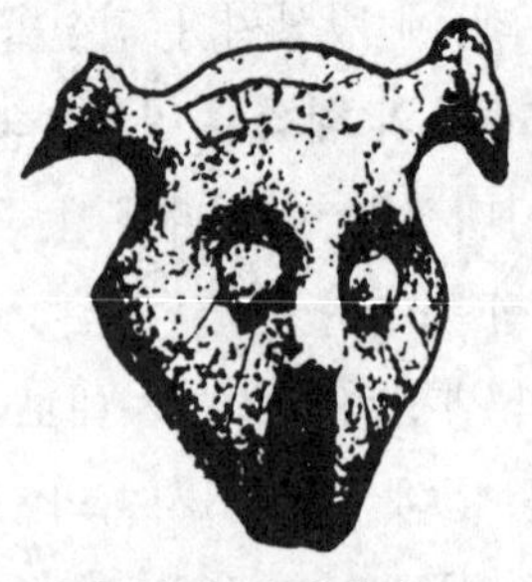

[그림 2] 유고슬라비아 원사 지역에서
출토된 토기 탈.

된 가면형 두상보다 훨씬
발전된 것이다. 그것들은
다른 물건을 장식하는 부
속물이 아니며 탈의 모든
특징을 구비하고 있다. [그
림 2]의 왼쪽 것은 프리슈
티나(Pristina)에서 출토된
토기 인형 탈로 크기는 사

람의 얼굴과 비슷하며 제작 연대는 약 기원전 3000년으로 추정된다. 이 가
면은 대체로 사실적인 수법을 채용하였으나 눈·코의 조각은 아주 과장
되었으며 조형 전반이 사람들에게 소박하고 유치한 느낌을 준다. 오른쪽 것
은 파라친(Paracin)에서 출토된 뿔이 있는 도자기 탈로서 제작 연대는 약 기
원전 4000년으로 추정되며 조형에서 사람과 돼지의 특징을 갖고 있으며,
반은 사람이고 반은 짐승인 신을 대표하였을 것이다.[19] [그림 2]처럼 사람
과 동물을 융합하는 수법은 초기 탈에서 자주 찾아볼 수 있는 현상이다.

　아시아에서 자료가 풍부한 곳은 우선 일본을 꼽을 수 있다. 일찍이 일본

에서는 조오몽시대(繩文時
代, 기원전 8000-기원전
300년)의 가면이 대량으로
출토됐다. 재질로 볼 때 고
령토와 조가비 두 가지였
으며, 전자는 '토면(土面)'
이라 부르고 후자는 '패면

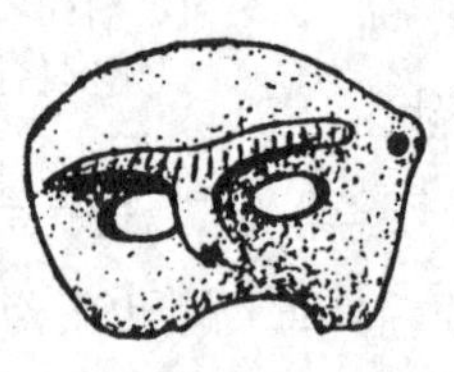

[그림 3] 일본 이와떼현[岩手縣]에서 출토된
조오몽시대의 토면(土面).

(貝面)'이라 불렀다. '토면'은 주로 일본 동부에 분포하였고, '패면'은 주
로 큐우슈유[九州] 일대에 분포하였다. [그림 3]은 이와떼현[岩手縣]에

---

19) 그리스와 구유고슬라비아의 고대 탈에 관한 상세한 상황은 朱狄의 《原始文化硏
究》 제508-513, p.참조.

서 출토된 2개의 '토면'으로, 왼쪽 것은 조잡하고 오른쪽 것은 비교적 정교하게 만들어졌다. 조오몽시대의 탈은 생김새가 괴이하고 쓰임새가 광범위하였으며 종교적 주술성이 강하다. 그 중 일부분은 사람 얼굴에 쓰는 것들이다. 아오모리현[靑森縣]에서 탈을 쓴 토우가 출토되었으며, 이것이 바로 이 점을 증명하고 있다.[20][그림 4]

[그림 4] 일본 아오모리현
〔靑森縣〕에서 출토된
조오몽시대의 토우(土偶).

　아시아 서부에 자리한 근동 지역에서 장례탈 1면이 출토되었다. 지질은 석회암이며 높이 18밀리미터에 외형은 타원형에 가깝고 조형은 아주 간결하다. 2개의 구멍을 뚫어 눈을 표시하고 있으며, 입 부분은 반달 모양으로 되어 있다. 코는 약간 올라올 정도여서 윤곽이 분명하지 않다[그림 5]. 약 기원전 7000년에 만들어진 탈은 현재 파리 성경박물관에 소장되어 있으며 세계에서 제일 오래된 탈 중 하나이다.[21]

　여기서는 아프리카 · 아메리카 · 오세아니아의 예들을 구체적으로 들지 않겠다. 그것은 이 세 대륙 대다수 지역의 역사적 발전이 아시아와 유럽에 비해 훨씬 떨어지기 때문이다. 일부 부족은 근대에 이르도록 여전히 씨족사회 단계에 머물러 있으며, 넓은 의미에서 볼 때 이런 부족에 남아 있는 탈을 원시예술의 범주에 포함시킬 수 있다. 그러나 이 경우는 앞에서 논했던 것과는 동일 개념이 아

[그림 5] 근동 지역에서
출토된 신석기시대
석조(石雕) 장례탈.

---

20) 后藤淑編,《假面》참조, 日本岩崎美術社, 1989년판.
21) 潘紹棠編,《世界彫塑全集 · 東方部分》上册, 河南美術出版社, 1989년판.

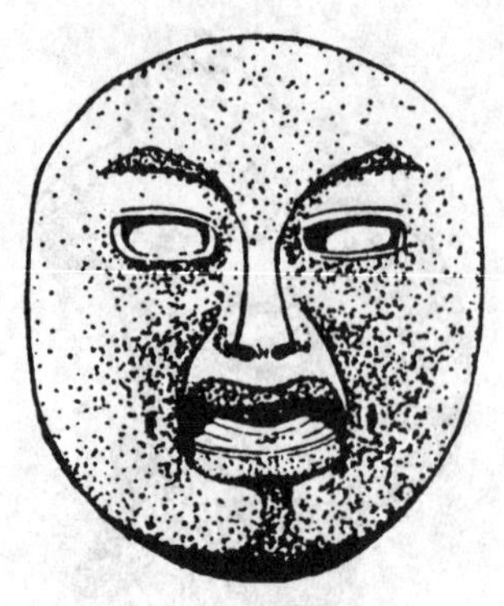

[그림 6] 멕시코 박물관
소장 아오미케족
옥조(玉雕) 장례탈.

니다. 아프리카·아메리카·오세아니아에서도 연대가 오래된 탈이 발견되었다는 것이다. 예를 들면 멕시코 박물관에 소장된 아오미케족 전성기의 장례탈은 기원전 1000년 좌우에 만들어진 것으로서 녹옥으로 조각된 것이다. 그 조형이 아메리카 호랑이와 비슷하다 하여 고고학자들은 '호랑이 탈'이라고 부른다[그림 6].

현재까지 구석기시대 탈에 대한 실물이 발견되었다는 보고는 없다. 그러나 선사시대 원시 예술이 구석기시대 탈에 대한 정보를 어느 정도 제공하고 있다. 예를 들자면 프랑스의 유명한 구석기시대 후기(보통 말하는 빙하기)의 삼형제 동굴벽화에서 탈을 쓴 몇 명의 원시인 형상을 발견했다. 삼형제 동굴은 1914년에 발견되었으며 선사 예술사학자 콩트 피에의 세 아들이 발견했다고 하여 삼형제 동굴이라고 불렀다. 동굴 깊은 곳에는 한 무리의 짐승이 그려져 있고 짐승 윗부분의 제일 선명한 곳에 반은 사람이고 반은 짐승인 형상 하나가 그려져 있다. 이 형상은 머리에 사슴뿔을 가진 탈을 쓰고 있다. 부엉이와 같은 눈에다 길고 긴 수염이 달려 있으며 손과 발에는 짐승 발굽을 끼고 있으며, 몸 뒤에는 꼬리를 끌고 있다[그림 7]. 어떤 학자들은 이 형상이 탈을 쓰고 주술 의식을 거행하는 무당이라 주장하면서 '사슴뿔 샤먼'이라고 불렀다. 그러나 최근 어떤 사람이 '사슴뿔 샤먼'을 새로 촬영하면서 그 형상이 원래 모본(摹本)과 상당한 차이가 있음을 발견했다. 즉

[그림 7] 프랑스 삼형제
동굴벽화의 '사슴뿔 샤먼.'

[그림 8] 라스코(Lascaux) 동굴벽화
‘들소와 사냥꾼.’

머리의 사슴뿔이 없어졌고 탈과 짐승 발굽도 불분명하여 탈을 쓴 샤먼이라고 인정하기는 어렵다고 하였다. 이 동물 그룹의 한 모서리에는 반은 사람이고 반은 짐승인 반인반수 형상이 2개 있다. 이들은 머리에 들소탈을 쓰고 있으며 음악의 박자에 맞추어 춤을 추고 있다. 그 중 하나는 손에 활을 들고 있으므로, 어떤 학자들은 이들을 ‘음악의 활’이라고 불렀다. 이와 유사한 그림은 프랑스의 라스코(Lascaux) 동굴, 니오(niao) 동굴, 스페인의 알타미라(Altamira) 동굴에서도 발견되었다.

[그림 8]은 라스코(Lascaux) 동굴의 벽화로서 들소 한 마리가 사냥꾼의 긴 창에 찔려 창자가 밖으로 흘러나온 그림이 그려져 있다. 그러나 소는 넘어지지 않고 성나서 꼬리를 치켜들고 있으며, 목 부분의 갈기를 세우고 뿔로 사냥꾼을 찌르고 있다. 사냥꾼은 들소에 의하여 쓰러져 있고 손 옆에는 새 모양의 물건이 떨어져 있다. 어떤 학자들은 이 새 모양이 물건이 그가 사용했던 탈일 것이라고 주장한다. [그림 9]는 알타미라(Altamira) 동굴에서 발견된 반인반수의 형상으로, 유럽의 일부 학자(예를 들면 H. 브레히어(Brehier)는 이 두 형상이 탈을 쓴 사람이라고 주장한다. 이러한 유형의 그림이 아주 많으며 너무 간단하게 그려져 있고 윤곽이 분명치 않기 때문에 알버트(Albert)와 시지와(Sijiwa)와 같은 학자들은 이들이 탈을 쓰고 있는 사람인지

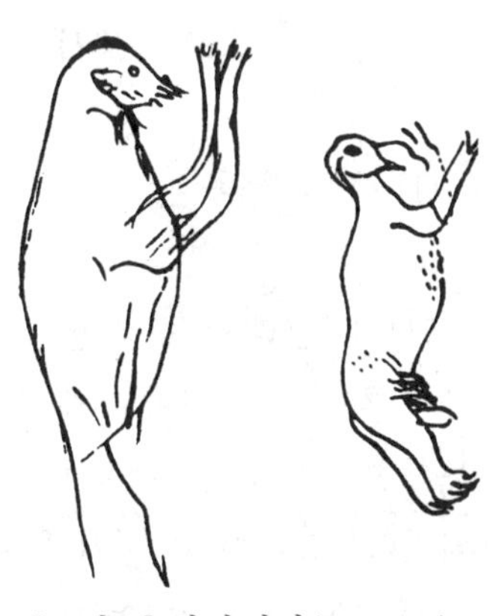

[그림 9] 알타미라(Altamira)
동굴벽화 반인반수.

여부에 대해 의문을 제기하고 있다. 추론에 의하면 당시 인류는 이미 현대형의 크로마뇽인으로 진화되었으며 탈을 제작하는 지혜와 능력을 충분히 갖고 있었다. 그러나 추정은 사실이 아니므로 이 문제는 고고학적인 자료의 증명을 거쳐야만 마지막 결론을 내릴 수 있다.

현존하는 자료에 의하면 중국에서 탈이 생겨난 것은 아무리 늦어도 신석기시대보다 늦지 않을 것이다. 이에 대해서는 다음 장에서 구체적으로 논하기로 한다.

2. 탈의 발생 원인

탈은 원시 인류의 혼돈된 사유가 물질화되어 나타난 것으로서 인류 사회가 발전되어 일정한 단계에 도달한 후의 산물이다. 원시인들은 자연을 정복하고, 공동체 성원들과 협력하면서 적과 싸워 이기고, 귀신과 소통하기 위하여 탈을 발명하였다. 탈의 기원은 단일한 것이 아니라 다원적이다. 탈은 원시 인류의 수렵 활동 · 토템 숭배 · 부족 전쟁 · 주술 의식 등과 모두 밀접한 관계를 갖고 있다. 다시 말하자면 위의 여러 가지 요소들이 탈이라는 인류 역사에서 가장 보편적이면서도 화려하고 다채로운 문화 현상인 탈을 공동으로 탄생시킨 것이다.

(1) 수렵 활동

인류는 본래 동물의 한 종류였다. 몇 백만 년이란 망망한 원시적인 환경을 거치면서 투쟁과 진화를 거듭해 왔다. 특히 도구를 발명하고 불을 사용하면서부터 인류는 직립보행을 하게 되었으며 다른 동물과 철저히 구분되었다. 고대 야만 시기에는 "사람은 적고 짐승이 많았으며 사람은 금수와 벌레와 뱀을 이기지 못하였다"[22](《한비자(韓非子) · 오두(五蠹)》)고 했다. 당시 짐승은 인류의 생존을 위협하는 무서운 존재인 반면에 또한 인류 생활의 중요한 원천이기도 했다. 고고 자료의 고증에 따르면 구석기시대 중기부터 동물은 원시 인류의 주요한 음식 대상이 되었으며 심지어 신석기시대에도 수렵은 사회경제에서 중요한 위치를 차지하였다. 중국에서는 구석기시대 중기·말기의 허가요(許家窯) 유적에서 대량의 동물 유해를 발굴하였는데, 그중 야생말의 화석만 3백여 개가 나왔다. 체코 파브로프 부근의 구석기시대 말기 유적에서는 1백여 마리의 맘모스 화석을 발견했다. 여기서 당시 수렵의 규모와 수렵이 사회경제에서 차지하는 위치를 엿볼 수 있다. 원시인들은 돌멩이·몽둥이·투창·활·올가미 등 간단한 무기(때로는 횃불이나 함정을 이용하기도 했음)로 공동체의 힘에 의지하여 멧돼지·들소·들말·붉은 사슴·영양·타조·악어·호랑이·코끼리·표범·곰·늑대·여우·코뿔소 등의 야수를 사냥하였다. 원시인들이 사용하던 무기는 아주 간단한 것이어서 수렵은 아주 위험한 일이었다. 산에 사냥을 갔다가 빈손으로 돌아오는 경우는 흔한 일이었으며, 심지어 맹수에게 물려 상처를 입거나 잡아먹히기도 했다. 스페인 리에원테의 바위 그림에는 수소 한 마리가 몸에 상처를 입은 채로 사냥꾼을 향해 덮치고 사냥꾼은 활을 들고 황급히 도망가는 모습이 그려져 있다. 이는 원시인의 수렵 활동이 매우 위험했다는 것을 사실적으로 보여주고 있다[그림 10]. 생존과 발전을 위해 원시인들은 온갖 방법을 다하여 야수를 사냥하

[그림 10] 스페인 리에원테의 동굴벽화 '수소와 사냥꾼.'

---

22) 《韓非子·五蠹》: "人民少而禽獸衆, 人民不勝禽獸蟲蛇."

는 능력을 높이고 야수의 피해를 방지하기 위해 노력했다. 수렵 활동에서 탈을 사용하여 위장하는 것은 가장 보편적이며 효과적인 수단이었다.

원시인들이 수렵 활동에서 탈을 사용하는 것은 여러 가지 의미를 담고 있다. 지금까지도 정확하게 이해하기 어려운 내용도 있지만, 다음 세 가지 는 비교적 명확하다고 할 수 있다.

첫째, 사냥감을 마비시키고 유인하기 위한 방법이다. 동물들로 하여금 같은 종류나 혹은 다른 동물로 착각하도록 하여 경계를 늦추게 하거나, 혹은 그 기회를 틈타 조심스럽게 사냥감에 접근하여 공격을 가하여 잡는 것이다.

원시인들이 어떻게 탈을 이용하여 수렵을 하였는지 정확하게 알 수 없 지만 후세에 전해지는 일부 예들로 볼 때 대체적인 상황은 이해할 수 있 다. 역사 기록에 따르면 만족(滿族)이 산해관(關)으로 들어설 때쯤 매년 가 을마다 대형으로 '초록(哨鹿)'23) 활동을 거행하였다. 우선 '사슴을 유인하 는 사람'이 나무로 만든 사슴머리를 뒤집어쓰고 몸에는 사슴 가죽을 걸 치고 숲에 숨어서 날이 밝기를 기다렸다가, 호루라기로 암사슴이 수사슴 을 부르는 소리를 낸다. 그러면 수사슴들이 그 소리를 듣고 교배하기 위 하여 다투어 달려온다. 때로는 교배할 권리를 차지하기 위하여 서로 싸우 기까지 한다. 이때 주위에 숨었던 사냥꾼들이 나와서 활로 쏘아 죽인다. 중국의 유명한 고전소설 《수호전(水滸傳)》에도 이와 유사한 묘사가 있다. 무송(武松)이 경양강(景陽崗)에서 호랑이를 때려 죽이고 보니 마른 수풀에 서 다시 '호랑이' 두 마리가 나오는 것을 보고 무송은 크게 놀랐다. 원래 그것은 호랑이를 사냥하기 위하여 호랑이 가죽을 뒤집어쓴 사냥꾼이었 다. 내몽고 초원에서는 오랜 민요가 전해지고 있는데, 이 민요의 가사는 사냥꾼이 탈을 사용하거나 분장을 하고 수렵을 하다 발생한 비극을 묘사

---

23) 중국 북방의 수렵 민족은 동물의 소리를 모사한 도구를 사용하며 이를 녹초(鹿哨) 라고 한다. 고대에는 여진인(女眞人)과 거란인(契丹人)도 수렵에 녹초를 사용했었다. 지 금은 에벤키·오로춘·허저족 등이 이를 사용한다. 대부분 자작나무로 만들며 모양이 소 뿔처럼 생겼고 사슴 우는 소리를 낼 수가 있다.〔역주〕

하고 있다. 옛날 초원에 아주 다정한 형제가 살고 있었다. 한번은 그들이 짐승 가죽을 쓰고 야수로 가장하여 사냥을 떠났다. 보다 많은 사냥물을 얻기 위하여 이 형제들은 각기 서로 다른 방향으로 떠났다. 얼마 지나지 않아 형은 큰 나무 위에 곰 한 마리가 있는 것을 보고 그 곰을 향하여 활을 쏘았다. 곰은 화살에 맞아 땅에 쓰러진 채 죽었다. 그러나 가까이 가서 보니 곰이 아니라 자기 동생이었다.[24] 이 이야기는 옛날에 사냥꾼들이 탈이나 화장으로 꾸며서 사냥하는 일이 아주 보편적이었음을 말해 주고 있다.

외국의 원시 부족들도 탈을 쓰거나 위장술을 사용하여 사냥하는 일이 아주 성행하였으며, 인류학자들은 이런 활동을 조사하여 기록으로 남기고 있다. 예를 들면 "아프리카 부시맨(Bushman)은 코끼리·하마·코뿔소를 사냥할 때 항상 영양의 머리와 가죽을 뒤집어쓰며, 아주 절묘하게 야수의 동작을 본뜨고 있다……." 북아메리카 평원 지역의 인디언은 들소를 사냥할 때 항상 "늑대의 탈을 쓰고 조심스럽게 들소에 접근하여 들소가 위험을 인식하기 전에 활을 쏘았다…… 그들은 머리부터 전신을 늑대 가죽으로 변장하고 0.5마일 정도 기어간다. 그리고는 전혀 방비하지 않고 있는 들소에게 직접 접근하여 쉽게 이들을 잡는다."[25]

남아프리카 케이프주(cape province) 허사 지역의 바위 그림에는 원시인들이 탈이나 짐승의 가죽으로 위장하고 사냥하는 모습을 잘 보여주고 있다. 그림에는 한 사냥꾼이 몸에 타조 가죽을 걸치고 손에 활을 들고 조용히 타조 무리에 접근하고 있다. 타조는 변장한 사냥꾼을 발견한 듯 각자 머리를 돌려 경계의 눈길로 바라보고 있다[그림 11]. 이와 유사한 바위 그림이 중국에도 있다.

둘째, 사냥감을 위협하여 두려움을 갖도록 하여 사냥꾼을 해치지 못하도록 한다. 이렇게 되면 사냥의 안전뿐만 아니라 성공률도 높일 수 있다.

동매감(董每戡)은 선사 인류가 '몸에 화장'을 하는 목적에 관하여 다음

---

24) 王克芬,《中國舞蹈發展史》, 上海人民出版社, 1989년판.

25) 陳訓明,《從狩獵僞裝到狩獵面具》에서 재인용,《貴州文化》1992년 제3기.

[그림 11] 남아프리카 케이프주(cape province)의 바위 그림
'타조와 위장한 사냥꾼.'

과 같이 주장하고 있다. "원시인들은 나무 위의 집이나 동굴에서 생활하였다. 괴이한 벌레나 짐승의 침입을 막기 위하여 자신을 그런 벌레나 짐승보다 더욱 괴상하고 무서운 존재로 꾸며야 했기 때문에 얼굴과 몸에 색을 칠했다. 원시인처럼 힘든 자연환경 속에서 살아나가려면 반드시 해충이나 짐승과 싸워야만 했다. 수렵이라는 노동 생산 방식은 이러한 신체 화장을 더욱 필요로 한다……."[26]

원시인들이 사냥을 하면서 사용한 탈도 동일한 목적을 갖고 있다. 보통 원시인들은 호랑이·표범·곰·늑대 등 맹수들을 사냥할 때 그런 맹수들보다 더욱 징그럽고 무서운 탈을 사용하였다. 이렇게 하는 원인은 다음 두 가지로 나눠 볼 수 있다. 첫째, 원시인들은 어떤 모습을 본뜬 초상과 원형은 "서로 삼투된다"고 생각하였다. 그들은 탈을 쓴 뒤에는 현실적인 자신이 아니라 탈이 대표하는 존재로 변한다고 믿었다. 때문에 탈의 모양이 징그럽고 무서울수록 자신의 힘도 더욱 강력하게 변한다고 여겼다. 둘째, 원시인들의 사유 방식은 소박했다. 그들은 야수도 사람과 마찬가지로 지혜가 있어 탈이 어떠한 존재를 대표하는지 식별할 수 있으며 자신보다 더욱 강한 존재이면 공포심을 갖게 된다고 생각했다. 야수들은 징그럽고 무

---

26) 董每戡, 《說劇》, 人民文學出版社, 1983년, pp.337.

서운 탈을 쓴 사냥꾼을 봤을 때 사냥꾼을 무서운 야수나 신령으로 생각하고,[27] 공격을 못하게 된다. 심지어는 도망갈 수 있는 힘까지 상실하게 된다. 이렇게 되면 사냥꾼은 아주 손쉽게 야수를 죽이거나 잡을 수 있다. 원시인들의 이러한 관념은 후세에 큰 영향을 미쳤다. 중국 민간의 방상(方相) · 종규(鍾馗) · 판관(判官) 등의 탈은 모두 눈썹을 치켜뜨고 눈은 툭 튀어 나왔으며 입 밖으로 긴 이빨이 삐져나온 모습으로 만들어졌다. 이렇게 만들지 않으면 요마와 사악한 귀신을 진압할 수 없다고 여겼으므로 이런 원리를 응용하여 탈을 만들게 되었다.

탈로 야수를 위협하는 방법은 근대까지 존재했다. 중화인민공화국 건국 전 중국 변방의 산 속에는 멧돼지 · 원숭이 등이 무리를 지어 다니면서 밤이면 숲 밖으로 나와 많은 농작물을 훼손하였다. 산사람들은 종종 모양이 괴상한 탈을 쓰고 이들을 쫓았는데, 매우 효과적이었다. 국외에도 이와 유사한 상황이 있었다. 신문 보도에 따르면, 인도 정부에서는 호랑이 자원을 보호하기 위하여 동부에 순다반(Sundar ban) 호랑이 자연보호구를 만들었다. 현지 사람들은 이 보호구역에 들어가서 물고기를 잡거나 벌목하고 꿀을 채집할 때 호랑이의 피해를 자주 받았다. 1987년만 해도 37명이 호랑이 때문에 생명을 잃었다. 인도 생태학자들은 주민들을 보호하면서 호랑이를 해치지 않을 수 있도록 시험을 하였다. 즉 보호구에 들어가는 모든 사람은 뒤통수에 괴상하게 생긴 탈을 쓰게 했다. 그것은 호랑이들이 보통 뒤에서 덮치기 때문에, 이런 탈로 호랑이를 미혹시킬 수 있었다. 그후로 호랑이가 사람을 해치는 일은 더 이상 발생하지 않았다.[28] [그림 12]는 유함(劉咸)이 1930년대 해남도(海南島) 홍모동(紅毛峒)에서 수집한 리족(黎族)의 수렵탈이다. 이 탈은 소가죽을 베어 구멍을 뚫어 만든 것으로 길이 30.5밀리미터, 너비 25.5밀리미터이다. 눈은 구멍을 뚫어 만들었고, 입

---

27) 원시인들의 관점에서 최초의 신은 야수이고, 그 다음은 반은 사람이고 반은 야수인 '반인반수'의 존재이며 나중에야 인간으로 신격화되었다.

28) "가면을 사용하여 호랑이의 해를 방비한다," 《文摘報》(光明日報社), 1991년 5월 2일.

[그림 12] 해남도(海南島)
홍모동(紅毛峒)의
리족(黎族) 수렵탈

술 밖으로 긴 이빨이 나와 있으며 코는 밑 부분을 가위로 끊지 않고 아래위로 너풀거리게 했다. 탈은 검은색 바탕에 흰색 선으로 그렸으며, 그리고 흰색 선 위에 붉은색을 약간 넣었다. 현지인들은 야수들이 이 탈을 보고 무서워할 뿐만 아니라 벽사 작용도 하고 귀신도 몰아낼 수 있다고 말했다.[29]

셋째, 살해된 동물의 영혼을 속여 죽은 동물이 자신에게 복수하는 것을 방지하기 위해서이다.

이런 생각은 원시 사회에 아주 성행했던 관념으로 만물에게 영혼이 있다는 애니미즘에 바탕을 두고 있다. 원시인들은 동물들도 사람과 마찬가지로 영혼이 있다고 믿었다. 그러나 생존을 위해 동물을 잡아 먹이로 삼는 수밖에 없었다. 그러면서 한편으로는 죄책감을 느꼈으며, 또 동물의 영혼이 와서 나쁜 짓을 하거나 복수를 할까 봐 걱정했다. 이런 화를 면하기 위하여 원시인들은 동물을 잡은 후 늘 의식을 치러 살해된 동물을 위로하며 '용서'를 빌었다. 나사오는 일찍이 아프리카 서부 원시 민족이 하마를 죽인 후 거행하는 속죄 의식을 다음과 같이 묘사하고 있다.

하마는 우선 머리를 자른 다음 사지를 베어 내고 내장을 들어낸다. 이어서 사냥꾼은 알몸으로 하마의 늑골 아래에 있는 몸에 들어가 피 속에 앉아 피와 대변의 혼합물로 자신의 온몸을 씻는다. 동시에 하마의 생령에게 자기를 죽였다고 악의를 품지 말고, 후손을 낳고 기르는 데 방해하지 말아 달라고 기도하며, 다른 하마를 시켜 자신을 공격하지 말고, 자신의 카누를 습격하여 복수하지 말라고 빌었다.

---

29) 劉咸, 《海南黎人面具考》, 《華西大學中國文化研究所集刊》 제2집.

다음의 예도 이 점을 아주 잘 설명하고 있다. 중화인민공화국 건국 전, 중국 동북 흥안령(興安嶺) 지역에 살고 있는 오로첸족(鄂倫春族, Oroqen) 사람들은 곰을 죽인 후 머리를 베어 풀로 싸고 나무 받침대에 올려 놓은 후 나이 든 사냥꾼이 젊은 사냥꾼과 함께 무릎 꿇고 곰에게 머리를 조아리면서 연기를 피우고 다음과 같이 기도하였다. "우리가 죽이려고 한 것이 아니라 어쩌다 잘못 죽인 것이니 우리에게 화를 내리지 마시고, 더욱 많은 야수를 얻을 수 있도록 도와주십시오." 기도를 끝낸 후 풀에 불을 지펴 연기로 곰의 머리를 그을리고 곰의 머리를 원래 지역에 놓아둔다. 그리고 곰의 고기를 메고 돌아와 삶아 익힌 후 모든 '오리렁(烏力楞)'[30] 사람들이 함께 먹었다. 먹고 남은 곰의 뼈는 버리지 못하고 버드나무로 엮은 판 위에 늘어놓고 사람들의 호송하에 들판으로 메고 나가서 사전에 준비해 놓은 두 그루의 잎이 무성한 나무 사이에 놓고 풍장(風葬)을 한다. 장례에 참여한 사람들은 또다시 슬픈 모양을 하고 울면서 기도를 한다.[31] 포이어바흐는 《종교의 본질》이라는 책에서 이러한 현상에 대해 "이렇게 공손하게 의식을 거행하면 동물의 혼이 자신들에게 미칠 수 있는 해를 면할 수 있다고 믿었다"고 하였다.

이와 같이 거행하는 '사죄' 의식 외에도 원시인들은 아주 유치한 방식으로 죽은 동물을 속여 자신을 해치지 못하게 했다. 예를 들면 시베리아의 퉁구스족들은 곰을 죽인 후, 사냥꾼들은 우선 그 현장을 한동안 떠났다가 얼마가 지나서야 다시 돌아온다. 우연하게 이곳을 지나게 되어 다른 사람에게 살해된 곰을 발견한 것처럼 보이기 위해서이다. 그들은 애도를 표하면서 변명하기를 "우리가 죽인 것이 아니라 야쿠트족이 죽인 것입니

---

30) 오로첸족은 17세기 중엽에 사회경제가 여전히 낙후되어 오리렁이라 불리는 부계 가족공사 단계였다. 당시에는 씨족이 여전히 존재하지만 사회의 기본적인 경제 단위는 씨족이 아니라 오리렁이었다. 하나의 오리렁은 동일한 조상의 자손들로 구성된 소가족들이 모여 이루어졌다. 내부에서는 생산 도구를 공유하며, 공동 노동을 거쳐 평균 분배의 원시공동체 생활을 하였다. 후에 생산력의 발달로 공유제가 사유제로 변하면서 오리렁도 혈연 조직에서 지연 조직으로 변화하였다.〔역주〕

31) 秋浦, 《鄂倫春社會的發展》, 上海人民出版社, 1980년, p.165.

다"라고 하거나 혹은 러시아 사람들, 혹은 기타 인접 민족이나 부족이 죽인 것이라고 변명한다. 체로키 민족은 사슴을 죽인 후 주문을 외워 죽은 사슴을 위로하면서, 한편으로는 숙영지로 돌아가는 길에 불을 놓아 사슴의 우두머리가 길을 잃어버려 집으로 따라 오지 못하게 했다. 이렇게 하면 죽은 사슴의 복수를 피할 수 있다고 생각했다. 이와 같이 원시인들은 탈을 쓰고 사냥하면 자신의 진실한 용모를 감출 수 있고, 심지어는 탈이 상징하는 호랑이, 혹은 곰과 같은 존재로 변한다고 생각했다. 사냥감은 포살된 뒤에 자신이 호랑이나 곰에게 죽음을 당했다고 여기게 되면, 그 영혼이 사냥꾼에게 복수하지 않는다고 생각했다. 현실 생활에서 일부 범인들은 범죄 활동을 할 때 자신의 진실한 얼굴을 감추기 위하여 가면을 쓰는데 이렇게 하는 동기는 원시인들이 탈을 쓰고 수렵 활동을 하는 것과 아주 흡사하다. 다만 후자는 동물의 영혼이 복수하는 것을 방지하기 위해서이고, 전자는 법률의 징벌을 벗어나기 위해서이다.

(2) 토템 숭배

토템 숭배는 자연 숭배·동식물 숭배와 조상 숭배가 서로 결합된 문화 현상이다. '토템'은 북아메리카 인디언인 알곤치엔(Algonquian) 부족 오지바인(Ojibwa)의 방언으로 '남의 친족'을 의미한다. 원시 사회에서는 매 씨족마다 모두 특정한 동식물이나 무생물을 숭배하였는데, 그들은 숭배 대상인 동식물이나 무생물이 자신의 씨족과 '친족'적 혈연 관계를 갖고 있다고 생각했다. 때문에 그것들을 자기 민족의 상징이나 조상, 수호신 또한 토템으로 삼았다.[32] 즉 동일한 토템을 숭배하는 공동체의 구성원은 동일한 토템 집단에 속하며 토템 집단 내에서는 서로 통혼하는 것을 금지하였고 외혼제[33]를 실행하였다. 원시인들은 토템물을 매우 숭배하여 평상

---

32) 씨족 토템이 가장 중요하면서 가장 기본적인 토템이다. 씨족 토템 외에도 포족(胞族) 토템, 부락 토템, 민족 토템, 성별 토템, 가정 토템과 개인 토템이 있다. 何星亮, 《中國圖騰文化》 제12장, 中國社會科學出版社, 1992년 참조.

시에는 마음대로 살해하거나 해치지 못하였다. 그렇지 않은 경우 엄격한 징벌을 받아야 했다. 규정한 시간에 토템물을 살해한다 할지라도 사후에 또한 속죄의식을 거행하여야 한다. 토템에 대한 숭배는 일정한 의식이 따르며 또한 일부 금기도 따른다.[34]

세계에서 가장 먼저 나타난 토템은 동물이었으며, 이는 5대주가 모두 별 차이가 없다. 그것은 동물과 원시인들의 생활이 밀접했기 때문이다. 포이어바흐가 말한 것처럼 "동물은 사람에게 없어서는 안 될 필요한 존재로 사람에게 있어 신적 존재라 할 수 있다." 어떤 사람이 오스트레일리아에 총 7백4개의 토템이 있다고 통계를 내었는데, 그중 동물 토템이 6백48종이고 동물이 아닌 토템은 단 56종이었다.[35] 북아메리카 인디언 각 부족의 토템은 모두 10개 이하였는데, 모건이 열거한 이로퀴우스(Iroquois) 사이나 부족의 8개 씨족 토템은 각각 늑대·곰·자라·해리·사슴·도요새·왜가리·매 등이었다. 아프리카의 고대 이집트인들의 토템은 사자·개·비비·영양·매·독수리·벌·전갈 등이었다.

중국 상고 시기에도 토템 숭배가 성행하였다. 《노령광전부(魯靈光殿賦)》에는 "복희는 몸에 비늘이 있고, 여왜는 뱀의 몸"[36]이라고 기록되어

---

33) 족외혼이라고도 한다. 원시 사회의 혼인 규칙으로 단지 본 씨족 외에서 배우자를 선택하는 혼인 형식으로 모계제나 모게제나 모두 족외혼을 하였다. 외혼제와 내혼제는 서로 관련이 있으며, 씨족으로 말하면 외혼제를 실행하는 것이고 부족으로 말하면 내혼제이다. 동성불혼의 제도는 씨존외혼제의 잔여라 할 수 있다.〔역주〕

34) 본 책의 저자는 탈의 기원과 발전 상황과 관련하여 전적으로 토템 이론에 의존하고 있다. 이는 저자가 종교 분야의 전문가가 아니어서 부득이하게 다른 학문 분야의 연구 성과에 의지할 수밖에 없는 데서 오는 결과이다. 그러나 우선적으로는 중국의 인문사회 과학의 이론 전반이 아직도 사회주의식 이론이 확고하게 구축되어 있는 상황에 기인한다. 토템이란 용어 자체는 원래 오토테만(ototeman)이라는 미국 오지바(Ojibwa) 인디언의 말에서 유래한 것으로 '나의 친척'이라는 뜻이다. 토템은 흔히 같은 씨족의 계통에 속하는 하나의 기준으로 통용되었다. 특정 동식물이 어떤 집단의 조상이라고 여기는 이론이다. 그러나 동식물을 자신들의 조상으로 생각하지 않는 씨족 집단도 많으며 이론을 일반화시키기에 무리가 있고, 종교의 발전 과정을 설명하는 데 적합지 않다는 반론이 많아 현재 토템 이론은 힘을 얻지 못하고 있다.〔역주〕

35) 陳麟書, 《宗敎學原理》, 四川大學出版社, 1986년판, pp.115.

36) 《魯靈光殿賦》: "伏羲鱗身, 女媧蛇軀."

있다. 복희와 여왜는 뱀을 토템으로 하고 있다. 《사기(史記)·보삼황본기(補三皇本紀)》에 "염제 신농씨는 사람 몸에 소의 머리"[37]라고 기록되었으니 신농씨는 소를 토템으로 하였다. 《강감(綱鑒)》에 황제는 "유웅에 나라를 세웠으므로 유웅씨라 불렀다"[38]고 기록되었으니, 황제족은 곰, 큰곰을 토템으로 하였다. 《시경·상송》에 "하늘이 현조(玄鳥)를 명하여 내려와 상(商)을 낳게 했다"[39]고 하였으니, 은나라 사람들은 새를 토템으로 삼았다. 이밖에도 이족(彝族, Yi)·바이족[白族, Bai]·누족[努族, Nu]·리수족[傈僳族, Lisu]·나시족[納西族, Naxi]·투쟈족[土家族, Tujia] 등은 모두 호랑이를 토템으로 하고, 카작족[哈薩克, Kazak]·위그루족[維吾爾, Yugur]은 늑대를 토템으로 하며, 서족[畲族, She]·요족(瑤族, Yao)은 개를 토템으로 하며, 오로첸족[鄂倫春, Oroqen]·에벤키족[鄂溫克族, Ewenki]·티베트족[藏族, Tibet]은 곰을 토템으로 하며, 무람족[仡佬族, Mulam]은 조롱박을 토템으로 하며, 창족[羌族, Qiang][40]은 흰 돌[白石]을 토템으로 한다.

토템 숭배의 외적 표현 형식은 아주 다양한데, 일반적인 것은 다음 몇 가지가 있다.

① 토템 표지를 몸의 각 부위에 그리는데, 곧 문신이다.[41] 문신은 고대

---

37) 《史記·補三皇本紀》: "炎帝神農氏…人身牛首."
38) 《綱鑒》: 黃帝…國于有熊, 故號有熊氏.
39) 《詩經·商頌》: "天命玄鳥, 降而生商."
40) 중국 내 55개 소수민족의 명칭을 한글로 표기하는 방법은 여러 곳에서 혼란을 빚고 있다. 한글 한자음으로 표기하거나 한어병음에 발음에 따라서 표기하기도 하고, 이 둘을 혼용하기도 한다. 정확한 한글 표기법을 표시하여 통일하는 것이 중국 소수민족 연구의 기본적인 틀을 확립하는 것이다. 중국 내에서는 한자 표기법과 알파벳 표기법으로 민족명을 나타내고 있다. 그러나 1980년에 〈全國民族語文科學討論會〉에서 "민족의 이름은 그 주인을 따른다"는 원칙을 세웠다. 즉 해당 민족이 자칭하고 있는 실제원음에 입각하여 민족 명칭을 표기해야 한다는 것이다. 본서에서도 이 원칙에 따라 소수민족의 명칭을 통일하고 있다. 본서를 번역하면서 위의 원칙에 따라 정한 55개 민족의 통일 표기법을 정하고 이를 따른다. 민족 명칭의 한글 표기법은 부록으로 실린 표를 참고하도록 한다. 〔역주〕
41) 문신은 또 뜨거나 염색한 부위에 따라서 다시 조제(雕題), 경면(黥面), 루비(鏤臂), 수각(綉脚) 등으로 세분할 수 있다. 다만 일반적으로는 모두 문신으로 이를 통일한다.

각 민족에 보편적으로 존재하였고 지금
까지도 일부 민족에게 이러한 관습이 남
아 있다. 감숙(甘肅) 영정반산(寧定半
山) 유적에서 6000에서 7000년 전의
채도(彩陶) 인두 장식 기물이 몇 개 출토
되었다. 사람 머리에는 가로ㆍ세로ㆍ빗
선 등 여러 가지 선이 그려져 있는데, 이
는 원시 인류의 문신 흔적이라고 한다
[그림 13]. 상주(商周) 갑골문과 종정문
(鐘鼎文)의 '문(文)'자는 그 모양이 사람

[그림 13] 감숙 영정반산(寧定半
山) 유적에서 출토한[彩陶]
인두기물 장식.

이 가슴에 꽃 모양의 무늬로 장식한 것과 흡사하며, '𢒈' 혹은 '𢽾' 라고
쓴다. 고대문헌에는 문신에 관한 기재가 적지 않다.《회남자》에는 다음
과 같이 기록하였다.

구의(九疑) 남쪽에는 땅 위의 일이 적고 물에 관한 일이 많았으므로 사람
들은 머리카락을 자르고 문신을 하여 물고기나 뱀을 본떴다.[42]

《한서(漢書)ㆍ지리지(地理志)》에는 다음과 같이 기록하였다.

월나라 땅의 (…) 임금 우는 소강 임금의 서자라고 말한다. 회계 땅에 봉
하여지니 문신하고 머리를 잘라 교룡의 해를 피했다.[43]

문신의 방법은 주로 도색(涂色)ㆍ절흔(切痕)ㆍ경문(黥紋)의 세 가지가
있다. 도색은 황토흙ㆍ붉은 흙ㆍ백토 등의 안료로 사람의 몸에 각종 무늬
를 그리는 것이다. 색칠하기는 편하지만 오래가지 못한다는 것이 단점이

---

42) 九疑之南, 陸事寡而水事衆, 于是人民斷髮文身, 以象鱗蟲.
43) 粵地 (…) 其君禹后, 帝少康之庶子云. 封于會稽, 文身斷髮, 以避蛟龍之害.

다. 절흔은 이활(劃割)이라고도 하는데 부싯돌·조가비·작은 칼로 피부를 절개한 후 상처에 흙이나 아교 같은 것을 바른다. 상처가 아물면 피부에 그림 무늬의 흔적이 남게 된다. 절흔은 시행 과정이 매우 고통스러워 강한 의지력을 가진 자라야만 그 아픔을 견뎌낼 수 있다. 경문은 자문(刺紋)이라고도 하는데, 바늘이나 가시로 피부에 여러 가지 문양을 만들어 찌른 후 횟가루·먹물·쪽을 발라 피부에 스며들게 한다. 그러면 염증을 일으킨 후 경자(黥刺)한 부위에는 짙은 남색 문식이 나타난다. 경문은 고통이 절흔보다 좀 적고 색깔이 영원히 변하지 않기 때문에 보편적으로 퍼졌다. 중국 근대에 문신하는 민족도 대다수가 이 방법을 채용하였다.

원시 민족이 문신을 하게 된 원인에 대해 학계에는 여러 가지 의견들이 있다. 이들을 종합하면 대체로 아름답게 장식을 하기 위함이라는 설·존귀함과 영광을 드러내기 위해서라는 설·남의 주의를 끌기 위한 것이라는 설·주술을 위한 것이라는 설·상징을 나타내기 위한 것이라는 다섯 가지 설이 있다.[44] 이러한 의견들은 모두 나름대로의 도리가 있으나 주술설과 상징설이 더욱 설득력이 있다. 미적 장식, 존엄과 영화의 과시, 이성에 대한 흡인력 등은 모두 문신의 원초적 계기가 아니라 문신이 일정한 단계로 발전한 후 파생된 의미이기 때문이다. 주술설과 상징설은 내포하는 의미가 모두 같은 것은 아니지만 모두 토템 숭배와 관련된다. 원시 민족이 몸에 새긴 문식(紋飾)은 대다수가 토템을 상징하는 표시였다. 이는 토템 선조의 보호를 빌기 위해서일 뿐만 아니라 자신을 다른 씨족 성원과 구별하기 위해서였다. 문일다(聞一多, 1899-1946)는 "단발과 문신을 하는 목적은 선조가 오인하여 상해를 가하는 것을 피하기 위해서이고, 동시에 또한 조상이 쉽게 보호할 수 있어 다른 사람에게 당하는 상해를 면하기 위한 것"[45]이라고 했다. 이처럼 토템의 각도로 문신을 해석하는 것이 비교적 강한 설득력을 갖고 있다.

---

44) 徐一青·張鶴仙, 《信念的活史: 文身世界》, 四川人民出版社, 1988년판, 제 p.41-65.

45) 聞一多, 《從人首蛇身像談到龍與圖騰》, 《人文科學學報》, 1942년 제2기.

문신과 탈은 도형과 기능에서 비슷하다. 때문에 일부 연구자들은 탈이 "얼굴의 문신에서 기원"했다고 하며, "문신의 의미에서 전해져 나온 것"이라고 주장한다. 이 책에서는 탈과 문신이 원류(源流) 관계에 있는 것이 아니라 이들이 동일한 근원에서 두 갈래로 발전된 지류로서 평형으로 발전해온 관계라고 생각한다. 그 동일한 근원은 다른 것이 아니라 바로 토템 숭배이다.

② 씨족의 거주지나 묘지에 커다란 토템 기둥을 세워 놓는 경우가 있다. 이러한 행위는 고대 각 지역에서 모두 성행했을 뿐만 아니라 근대 뉴질랜드의 마오리족과 북아메리카 트린지트(Tlingit)나 하이다(Haida) 등 토착 민족에서도 널리 유행되었다. 토템 기둥은 일반적으로 나무로 만들며 제일 높은 것은 50미터 이상이다. 기둥에는 동물과 사람의 도형이 조각되어 있는데 때로는 기둥 주인인 가족의 토템 기호이기도 하고, 때로는 자기 부족의 신화전설이기도 하다. 이러한 조각은 조형이 과장되고 형상적이면서 생동적이다. 미야다께다쓰오〔宮武辰夫〕는《알레스카에서 본 원시예술》이라는 책에서 현지 까마귀 부족의 추장 집 문 앞에 세운 토템 기둥에 그려진 그림이 나내내고 있는 이야기를 기술하고 있다. 아주 큰 고래 한 마리가 소녀를 아내로 맞으려고 한다. 소녀는 허락하지 않고 울면서 큰 까마귀에게 하소연을 하였다. 큰 까마귀는 꾀를 써서 고래를 죽이고 소녀를 구해낸다. 트린지트(Tlingit) 사람들의 토템 기둥에는 대개 형상이 괴상한 탈을 몇 개 조각해 놓고 있으며, 이는 토템 기둥과 탈이 내재적 연관성이 있다는 것을 나타내고 있다. 중국 고대에도 거주 지역에 토템 기둥을 세우는 관습이 있다. 1981년에 절강(浙江) 소흥(紹興) 지역에서 전국시대의 새(鳥) 토템 기둥이 세워진 동으로 만든 집 모형이 출토되었다. 이 기둥 꼭대기에는 긴 꼬리 비둘기 조각이 있는데, 고증에 따르면 고대 월(越)나라 사람들의 토템 표시라 한다. 중국 근대의 일부 소수민족 중에도 토템 기둥이 남아 있다. 예를 들면 동북 지역 허전족(赫哲族, Hezhen)이 옛날에 집 밖에 세운 '퉈뤄신간〔托羅神杆〕,' 후난성과 귀주〔湘黔〕 일대 먀오족〔苗族, Miao〕·야오족〔瑤族, Yao〕의 성대한 민속 활동에서 사용

하는 '귀간(鬼竿),' 운남(雲南) 바족[佤族, Va]이 마을 입구에 세운 '채춘(寨椿)' [그림 14], 및 징포족[景頗族, Jingpo]이 묘지에 세운 '환혼춘(還魂椿)' 등은 모두 토템 기둥에서 변화되어 내려온 것이다. 원시 민족이 거주지나 묘지에 토템 기둥을 세운 것은 자기 씨족의 표지로 사용했을 뿐만 아니라 토템 선조의 보호를 빌기 위해서였다. 일부 토템 기둥은 공적을 기록하는 기념비 작용도 겸비한다.

[그림 14] 운남 바족[佤族]의 '채장(寨粧).'

③ 토템의 가죽·털·뿔, 이빨로 가면이나 모자·옷을 만들어 토템을 본떠 가면으로 분장한다. 이러한 분장은 토템 숭배의 제일 보편적인 표현 형식의 하나로서 원시인들이 거행하는 갖가지 의식에 사용되었다. 각 씨족의 분장은 토템에 따라 다르기 때문에 먼 예전의 상황은 구체적으로 알기 어렵다. 근대 원시 부족의 예를 들면 멘니터리는 "완전한 늑대 가죽으로 옷을 만들었는데, 꼬리는 몸 뒤에 드리우고 중간에는 작은 구멍을 내어 사람의 머리를 내밀어 목에 걸 수 있게 했고 늑대의 머리는 가슴에 늘어지게 했다." 터톤(Teton) 인디언은 "까마귀 가죽으로 옷을 만들었으며, 그 꼬리털은 뒤에 세우고 머리에도 까마귀 가죽을 썼는데 두 묶음으로 묶어 이마를 강조하였다." 에스키모는 "몸에는 바다표범의 가죽, 사슴 가죽, 곰가죽으로 만들어진 옷을 입었고, 머리에는 새의 깃털을 꽂거나 채색 천으로 둘러 동물의 외형을 상징하였다." 더리커터 사람들이 "춤을 출 때 사용한 탈에는 보통 그 토템을 상징하는 무늬, 예를 들자면 산·구름·동물 등을 조각하였는데 이러한 탈이 나타내는 모양은 대다수가 환상 속의 괴물이었다"고 하니 그야말로 천태만상이라 할 수 있다.

탈을 포함한 가면 분장은 원시인들의 토템 춤에서 제일 흔하게 사용되었다. 춤은 원시 인류가 가장 먼저 창조한 예술 양식의 하나이다. 프랑스와 폴란드에서 출토한 구석기시대의 뼈 피리와 뼈 호루라기[骨哨]는 수만 년 전에 춤이 이미 생겨났음을 증명한다. 그것은 원고시대에서 음악과 춤은 검과 검집처럼 서로 의존하는 불가분의 존재였다. 생활 환경이 극도로 열악하면서도 자유로웠던 원시인에게 춤은 현대인이 상상할 수 없을 정도로 특수한 의미를 갖고 있었다. 춤은 스스로 즐기면서 생명을 발산하는 일종의 방식이었을 뿐만 아니라 어떤 공리적 목적에 도달하기 위한 수단이었다. 그로세가 말한 것처럼 "춤처럼 고도로 실제적이고 문화적인 의미를 갖는 원시 예술은 없었다." 씨족에 중대한 활동이 있을 때마다 원시인들은 모두 성대한 무도회를 열었다. 산에 올라 수렵하기 전에는 수렵춤을 췄고, 전쟁에서 승리하기 위하여 전쟁춤을 췄으며, 아기가 막 울면서 태어나면 생육춤을 췄고, 씨족 성원을 매장하면 장례춤을 췄으며, 날씨가 가물고 비가 내리지 않으면 기우춤을 췄고, 소년이 자라서 성인이 되면 성인식의 입회춤을 취야 했다. 원시 무용은 항상 토템에 대한 어떤 목적을 갖고 있었다. 예를 들면 토템 동식물의 번식을 기원하고 토템을 살해하지 못하도록 하는 금기는 물론 토템 부족의 역사를 배우도록 하고, 성인 남녀를 이끌어 입회시키는 것이다. 이러한 춤을 추는 사람은 보통 토템을 모방하여 가면으로 분장을 한다. 즉 토템물로 제작했거나 혹은 모양이 토템과 비슷한 탈을 쓰고 춤 동작도 온전히 토템이 걷는 모양, 뛰는 모양, 쫓는 모양, 나는 모양 등을 본떴다. 이와 같은 목적을 갖고 토템 모양으로 분장하고 토템의 행동을 모방하여 춤을 추는 것이 토템 춤이다. 세계에서 유명한 토템춤으로는 오스트레일리아 토착 민족의 캥거루 춤·에뮤 춤, 북아메리카 인디언의 들소춤·곰춤, 화지(火地) 섬 야흐간(Yahgan) 사람의 바다표범춤, 아프리카 원시 부족의 악어춤·영양춤 등이다.

영국 인류학자 제프리(Geoflrey)는 《아프리카의 춤》이라는 책에서 아줘 월터에서 자신이 직접 목격한 토템춤에 대해 기술하였다. 여기서는 그 뒷부분을 제시하기로 한다. 이를 통해 이러한 종류의 춤의 대체적인 상황을 이해할 수 있고 탈이 갖고 있는 중요한 작용도 이해할 수 있다.

춤을 추는 사람은 10여 명의 탈을 쓴 남자이며, 그 중 각 토템 무리마다 한 두 사람이 탈춤을 이끌고 있다. 악대는 아주 좁고 길게 구부러진 막대기로 치는 북과 피리와 비슷한 악기로 구성되었다. 가장 크고 사랑스러운 탈은 높은 품격을 갖추고 있으며, 붉은색·흰색과 검은색으로 되어 있다. 탈을 쓴 배우들은 폭이 넓은 갈색과 흑색 야자 섬유의 잠옷 바지를 입고 있어 아주 우둔해 보인다. 어지럽게 헝클어진 갈색 섬유는 탈에 고정시키고 머리로부터 어깨를 따라 허리에까지 드리웠다. 탈을 쓴 사람은 스키의 스톡과 비슷한 2개의 뾰족한 긴 몽둥이를 손에 들었는데, 이는 펄쩍 뛰는 데 사용하는 도구였다.

탈을 쓴 공연자는 순서에 따라 공연하였는데, 그가 춤을 출 때 그 토템에 속하는 씨족의 관람자들은 저도 모르게 작은 폭으로 그의 움직임에 따라 움직였다. 황새와 악어(혹은 어떤 동물이든 상관없이)는 어느 방향에서든 방자하고 오만하게 나와 주위에서 춤을 추며 몽둥이를 흔든다. 악대, 그리고 춤을 추는 사람을 조용히 뒤따르는 두령 외에 그가 가까이 다가서면 사람들은 모두 공포에 질린 모습을 하며 도망간다. 어떤 사람들도 감히 접근하지 못하기 때문에 탈을 쓰고 춤을 추는 사람은 더욱더 광란적으로 춤을 추면서 아주 기이한 곡예와 재주를 부리며 머리를 앞뒤로 흔들어댄다. 탈춤의 리더는 춤을 추는 사람들을 고무시키면서 갖가지 자태와 벙어리극의 동작을 한다. 마침내 동작이 더 이상 억제할 수 없는 지경에 다다르면 실제로 땅에 쓰러져 정신을 잃는다. 리더는 벙어리극의 동작으로 점점 야수를 찾아다니다 죽이는 시늉을 하며 그의 몽둥이를 빼앗아 악대에게 넘겨준다. 그 토템에 속하는 아이들은 모두 땅에 쓰러진 탈을 쓴 사람 옆에 가서 그의 옷에 있는 깃털을 뽑아 내버린 뒤에 축 처진 그 사람을 데리고 원래 자리로 돌아간다.

중국 원시 사회에서도 이러한 토템 무용이 아주 성행하였다. 고대 문헌에는 이에 대한 기록이 아주 많은데, 《여씨춘추(呂氏春秋)·고악편(古樂篇)》에는 이렇게 쓰고 있다.

옛날 갈천씨의 음악은 세 사람이 소꼬리를 들고 발을 구르면서 팔결을 노래했는데, 첫째는 '재민,' 둘째는 '현조,' 셋째는 '수초목,' 넷째는 '분오곡,' 다섯째는 '경천상,' 여섯째는 '달제공,' 일곱째는 '의지덕,' 여덟째는 '총금수지극'이라 일렀다.[46]

소위 '팔결(八関)'은 내용이 서로 다른 여덟 단계의 춤을 가리키는데, 공연할 때 춤을 추는 사람은 손에 소의 꼬리를 들고 노래를 부른다. '재민(載民)'은 씨족의 번영과 융성을 빌고 후사가 끊임없이 이어져 끊어지지 않기를 비는 것이다. '현조(玄鳥)'는 은상 부족의 토템인 제비를 찬송하는 것이고, '수초목(逐草木)'은 목초가 풍성하고 가축이 번성하기를 비는 것이다. '분오곡(奮五谷)'는 바람과 비가 잘 조화되어 오곡이 풍년을 이루기를 기원하는 것이고, '경천상(敬天常)'은 하늘에 대한 경건한 마음을 나타내기 위한 것이다. '달제공(達帝功)'은 씨족 혹은 부족 수령의 공적을 찬송하기 위한 것이며, '의지덕(依地德)'은 어머니와 같은 대지가 만물을 양육한 은덕에 대한 감사이다. '총금수지극(總禽獸之極)'은 각종 날짐승과 길짐승의 동작을 모방하여 금수가 대량으로 번성하여 사람들에게 풍족한 먹이를 마련할 수 있기를 기원한다. 이러한 춤 중에 일부는 아주 선명한 토템 춤으로서 당연히 토템탈이나 토템 분장을 하고 공연해야 한다. 그러나 이런 춤은 전해지지 않았기 때문에 구체적인 상황을 알 수는 없다. 다행스럽게도 원고 시기에 전해 내려오는 미술 작품이 있어 우리로 하여금 선사시대의 토템 무용에 대해 약간이나마 엿볼 수 있게 해준다.

1973년 청해성 대통현(大通縣) 상손가채(上孫家寨)에서 출토된 무도문채도분(舞蹈紋彩陶盆)은 마가요(馬家窯) 문화 유형에 속하는 것으로서 약 지금으로부터 약 4000~5000년 전의 것이다. 그릇 안쪽에는 3조로 나뉘어 춤추는 모습이 그려져 있는데, 매 조는 5명씩 서로 손잡고 동일한 박

---

46) 昔葛天氏之樂, 三人操牛尾投足以歌八関, 一曰 '載民,' 二曰 '玄鳥,' 三曰 '逐草木,' 四曰 '奮五谷,' 五曰 '敬天常,' 六曰 '達帝功,' 七曰 '依地德,' 八曰 '總禽獸之極.'

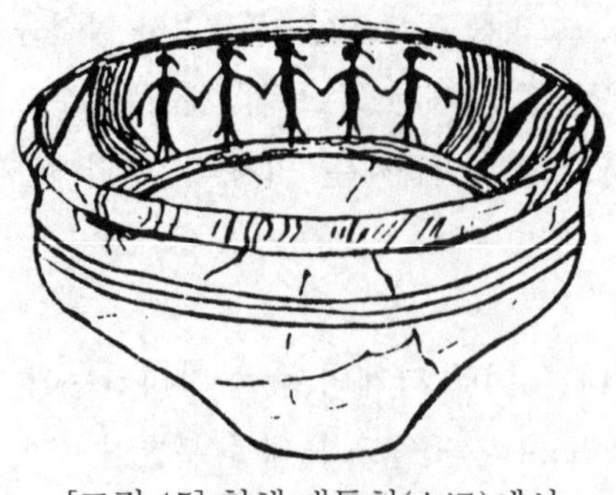

[그림 15] 청해 대통현(大通)에서
출토된 무도문채도분(舞蹈紋彩陶盆).

자에 맞추어 춤을 추는 모습이다. 춤추는 사람들의 머리 왼쪽과 하복부 오른쪽에 각각 한줄기 사선이 그려져 있다[그림 15]. 춤추는 사람의 머리에 그려진 사선에 대해 학계에서는 대체로 댕기머리라는 데 의견이 통일되고 있다. 춤추는 사람의 하복부에 그려진 사선에 대해서는 학계에 두 가지 의견이 있다. 하나는 꼬리 장식이라고 주장하며, 다른 하나는 생식기 보호대라고 주장하나 첫번째 의견이 옳다고 생각된다. 짐승의 꼬리로 장식하는 풍속은 일찍이 고대 세계 각 지역에 보편적으로 존재하였다. 예를 들자면 아프리카의 버츠와나, 남아메리카의 칠레, 유럽의 캘거리아, 아시아의 몽골, 시베리아 등 지역의 원시 바위 그림에서 모두 꼬리 장식을 한 사람의 그림을 찾아볼 수 있다. 원시인들은 자신을 자연계와 분리시킬 수 없었다. 그들은 항상 춤을 출 때(특히 토템춤을 출 때) 짐승의 꼬리·뿔·이빨 등으로 분장하였는데, 이렇게 하면 자신도 곧 분장한 동물이 된다고 여겼다. 동한의 철학가 왕충(王充)은 《논형(論衡)·자연편(自然篇)》에서 다음과 같이 말했다. '삼황(三皇) 시기에' 사람들은 "얼핏 자신을 말이라고도 생각하고, 얼핏 소라고도 생각했다. 순박한 덕이 행해졌으며 어린애 같은 몽매함 마음도 아직 생겨나지 않았다."[47] 이는 바로 혼돈된 사유의 반영이다. 무도채도분에 그려진 춤추는 사람들이 머리에 탈을 썼는지 여부는 알 수 없다. 그림이 아주 간략하여 머리 밑부분만 그려져 있고 윗부분은 모두 깎여졌기 때문에 단언할 수 없다. 다만 이들이 분장을 한 것만은 틀림없다.

중국 민간에 퍼진 일부 춤(특히 소수민족 춤)에서도 원고 시기 토템 춤의 흔적을 뚜렷하게 찾아볼 수 있다. 1979년 이래로 운남에서는 잇달아 몇 권

---

47) 乍自以爲馬, 乍自以爲牛, 純德行而矇朧之心未形成也.

의 나시족(納西族, Naxi) 《동파무보(東巴舞譜)》를 수집하였다. 무보는 일종의 '쓰쥬루쥬'(나무와 돌의 흔적이란 뜻)라 불리는 상형문자로 그려져 있으며, 73개의 나시족 원시 사회가 해체되고 계급 사회로 넘어가는 시기의 춤을 기록하고 있다. 그 중 동물 춤이 31개, 신과 귀신 춤이 42개였다. 동물 춤은 새 춤, 짐승 춤, 벌레 춤의 세 부분으로 나뉜다. 새 춤에는 대붕춤(大鵬舞), 공작춤, 백학춤, 삼광조춤 등이 있고, 짐승춤에는 백마춤, 백양춤, 야크춤, 청룡춤, 코끼리춤(大象舞), 멧돼지춤(豪豬舞), 붉은 호랑이춤(赤虎舞), 사슴춤(鹿舞) 등이 있으며, 파충류춤에는 금색신와무(金色神蛙舞) 등이 있었다. 이러한 춤을 출 때 공연자는 동물을 모방하여 걷고 엎드리며 쫓고 뛰며 뿔로 싸움하는 동작들을 따라 한다. 때로는 깃털 모자나 가면 같은 것을 쓰며 꼬리 장식도 한다. 이런 것은 토템 춤의 흔적을 선명하게 지니고 있다. 티베트족과 먼바족(門巴族, Menba)의 민간 춤에는 사슴춤, 표범춤, 돼지춤, 대붕춤, 야크춤 등이 있으며 신강 위그르족(維吾爾, Uygur)과 카작족(哈薩克, Kazak)의 민간 춤에는 말춤, 사자춤, 곰춤, 매춤, 호랑이춤 등이 있다. 이와 같은 춤을 출 때에도 나무·종이·가죽·천 등의 재료로 만든 새나 짐승의 탈을 쓰며 새와 짐승의 동작을 본떠 행동한다. 이러한 춤은 그 근원을 따지면 역시 토템 춤에서 변천된 것이다.

(3) 부족[48] 전쟁

태고시대는 초목이 숲을 이루고 황량하고 망막하였다. 원시인들은 '무

---

48) 중국 민족학계(인류학계)에서는 민족을 고대 민족, 원시 민족, 현대 민족의 세 부류로 나누고 이를 각각 부족(部族), 부락(部落), 민족(民族)의 용어로 가려 쓴다. 본 책의 저자 역시 이 분류에 따라 용어를 쓰나 경우에 따라 혼동하는 사례가 있어 번역에 주의를 요한다. 특히 부락은 영어 tribe의 중국식 번역어인데 우리나라에서는 부족으로 번역된다. 우리말에서 부락이라 하면 일반적으로 마을 정도의 개념을 갖지만 이 용어는 일제시대에 일본인 학자들이 의도적으로 조선을 폄하하기 위하여 강조해서 사용된 말이다. 일본어에서 부락이란 최하층 천민 집단이 사는 지역으로 그들을 부락민이라 부르며 현재까지도 사회적 차별이 존재한다. (역주)

리'를 지어 모여 살았으며 간단
한 도구로 대자연과 싸우면서 날
고기를 먹고 벌판과 동굴에서 어
렵게 생활하였다. 당시 원시인
무리 사이에 가끔 분규가 있었지
만 그들은 전쟁이 무엇인지 몰랐
다. 인류는 씨족공동체 사회에
들어선 후 생산력의 발전과 사유
개념이 생겨나면서 각 씨족과 부
락 사이에 늘 토지·삼림·수
원·재물·인구 등을 쟁탈하기
위하여 전쟁을 일으켰으며, 때로

[그림 16] 내몽고 음산 바위 그림
'부족 전쟁도.'

는 친족의 복수를 위해 싸우기도 했다. 엥겔스는 《가정·사유제와 국가
의 기원》이라는 책에서 "그들은 야만인이었으며, 이들에게 쟁탈은 창조
적 노동보다 더욱 쉽고 심지어는 더욱 영광스러운 일이었다"라고 했다.
내몽고 정구현(矼口縣) 살랍구(撒拉溝)에 있는 한 폭의 원시 바위 그림은
엥겔스의 이 말에 대해 사실적으로 '주석'하고 있다. 그림에는 두 부족
군대가 싸우는 모습인데, 한쪽은 활시위를 메고 적을 향해 맹렬하게 공격
해 들어가고 있으며, 다른 한쪽은 혹은 죽거나 부상을 당하여 패하고 있는
데, 그 장면이 아주 비장하다[그림 16].

　인류는 수백만 년이라는 기나긴 발전을 거쳐 부계씨족 공동체 사회 말
기에 이미 야만과 문명의 경계선에 이르게 되었고 곧 계급 사회의 대문
을 두드리게 되었다. 인류가 야만으로부터 문명으로 발을 내딛게 된 역사
과정에서 부족 전쟁은 아주 큰 추진 작용을 하였다. 약 5000여 년 전에
중국 북방에서는 몇 차례의 큰 전쟁이 일어났다. 첫번째는 공공(共工)과
치우(蚩尤)의 전쟁이었다. 공공은 염제(炎帝)족의 한 지파였고, 치우는 동
이(東夷)족의 수령이었다. "치우는 동쪽에서 서쪽으로 발전해 나가면서
공공족의 땅을 쟁탈하였다. 공공씨는 거대한 홍수를 일으켜 동이족의 이

익을 해쳤다. 쌍방은 이익이 서로 충돌되자 격렬한 전쟁을 벌였다."[49] 그 결과 치우족이 승리하였다. 두번째는 황제와 치우의 전쟁이었다. 이 전쟁은 중국 상고 시기에서 전에 없이 격렬했던 전쟁이다. 황제는 황하 상류의 부족 수령으로서 그는 염제 부족과 연합하여 치우와 탁록(涿鹿)의 들판에서 처음으로 싸웠고, 그 다음으로는 기중(冀中)의 들판에서 싸웠다. 크고 작은 52차례의 전쟁을 거쳐 황제 집단은 승리를 이루었고 치우는 패하여 살해되었다. 세번째 전쟁은 황제족과 염제족 사이의 전쟁이었다. 중요한 전투 장소는 판천(阪泉) 들판이었고, 그 결과 황제 부족이 승리를 얻어 그 세력을 점차 온 중원 지역으로 넓혀갔다. 그 후에 요(堯)·순(舜)·우(禹)와 삼묘(三苗) 부족이 장기적인 전쟁을 하였는데, '삼묘' 부족은 전쟁에서 패하여 하는 수 없이 황하 하류 남쪽에서 강회(江淮) 일대로 옮겨갔다.

황제와 치우의 전쟁에 대해 《태평어람(太平御覽)》에서는 《용어하도(龍魚河圖)》를 인용하여 다음과 같이 말하고 있다.

황제가 섭정할 때, 치우는 형제가 81명이었는데, 짐승의 몸에 사람 말을 하였고 청동으로 된 머리에 이마는 쇠로 되었다. 자갈과 모래를 먹었으며 칼·창·대노와 같은 병장기를 만들어 그 기세가 천하에 위세를 떨쳤고, 백성을 무도하게 주살하여 인자함이 없었다. 만 백성들은 황제가 천하를 위하여 일을 해주기를 바랐다. 그러나 황제의 인의로서는 치우의 만행을 제지시킬 수 없었다. 끝내는 대적하지 못하고 하늘을 바라보며 탄식하였다. 상제는 현녀를 파견하여 황제에게 병기와 신부(神符)를 주어 치우를 제압하여 굴복시키고 하고 사방을 통제하게 하였다.[50]

이 글에서 말하는 "청동으로 된 머리와 쇠로 된 이마"에 대해 학계에서

---

49) 郭沫若主編, 《中國史稿》 第1册, 人民出版社, 1976년, pp.122-123.
50) 黃帝攝政時, 有蚩尤兄弟八十一人, 幷獸身人語, 銅頭鐵額, 食沙石子, 造立兵仗刀戟大弩, 威振天下, 誅殺無道, 不仁不慈. 萬民欲令黃帝行天下事, 黃帝以仁義, 不能禁止蚩尤, 遂不敵, 乃仰天而嘆, 天遣玄女, 下援黃帝兵信神符, 制伏蚩尤, 以制四方.

는 탈을 가리킨다고도 하는데, 그 재질에 대해서는 의견이 다르다. 이자허〔李子和〕는 "토템 짐승의 형상을 갖춘 금속 탈일 가능성이 있다"[51]고 생각하고 왕수명(王樹明) 등은 "동이나 쇠만이 아니라 가죽·풀·뼈 조각 등으로 만든 보호 기능을 갖는 장식이나 탈"[52]일 것이라고 하였다. 중국의 청동기시대는 기원전 2000년 전후에 시작되었는데, 그 이전에 "기술과 경험이 누적된 기나긴 과정"이 있었다. 예를 들면 서안(西安) 반파(半坡)의 앙소(仰韶) 문화 유적에서 재질이 순수하지 않은 황동 조각을 발견했고, 감숙(甘肅) 영등(永登) 장가평(蔣家坪) 마가요(馬家窯) 문화 유적에서도 청동으로 만든 작은 칼을 발견하였다. 이와 유사한 예들은 아주 많다. 앙소문화는 치우시대보다 더 이르며, 마가요 문화와 치우시대는 대체로 같은 시기이다. 이를 참고로 '치우 형제'가 전쟁에서 사용한 금속(동) 탈은 절대 불가능한 것이 아니다. 하물며 후세에는 동으로 된 머리와 쇠이마라는 '동두철액(銅頭鐵額)'으로 금속 탈을 대표하기도 한다. 남송시대, 한세충(韓世忠)의 군대는 항상 청동탈을 쓰고 금(金)나라 군대와 교전하였다. 군에서는 이를 "한태위의 청동 이마"[53]라고 말했다. 그러나 원시 사회에서 발견되고 있는 청동기는 모두 소형의 유물들로 청동탈을 제작하려면 많은 동을 소모해야 할 뿐만 아니라 공예도 아주 복잡하다. 그러므로 '동두철액'을 금속(동 조각 따위)으로 장식한 탈이라고 하는 것이 더욱 합당하다.

황제와 염제의 전쟁에 대해 《사기(史記)·오제본기(五帝本紀)》에서는 다음과 같이 기록하고 있다:

염제가 제후들을 침략하려 하자, 제후들은 모두 훤원(황제)에게로 복속하였다. 황제는 덕을 닦고 군대를 일으켰으며, 오행의 기운을 다스리고 오

---

51) 李子和《信仰·生命·藝術的交響—中國儺文化硏究》, 貴州人民出版社, 1991년판, pp.185.
52) 王樹明·常興照·張光明《蚩尤辨證》, 《中原文物》, 1993년 제1기.
53) 庄季裕《鷄肋篇》: "韓太尉銅額……."

곡을 심어 만민을 위로하고 사방을 순시하였다. 곰·큰곰·비(羆)·휴(貅)·추(貙)와 호랑이 등의 맹수를 훈련시켜 염제와 판천의 들에서 전쟁을 하였다. 세 번 전쟁을 한 후에야 그 뜻한 바를 이룰 수 있었다.[54]

《사기》에서 말하는 황제가 거느린 곰·큰곰(황백색 곰)·비(羆)·휴(貅)·추(貙)는 호랑이처럼 생긴 맹수로 수컷은 비라 했고 암컷은 휴라 했다. '추(貙)'(《호회(虎薈)》에서는 "호랑이의 다섯발가락이 '추' 다"라고 했다)·호랑이 등은 자연계의 맹수가 아니라 이 동물을 토템으로 하는 씨족의 군대를 가리킨다. 그들은 황제 부족에 참가하여 전쟁을 할 때 머리에 토템탈을 쓰고 몸에 토템 분장을 하였다. 이로 인하여 사마천은 각 씨족의 토템을 그 씨족을 대표하는 호칭으로 삼은 것이다. 유사한 호칭은 고대 문헌에서 자주 보인다. 예를 들면 장형(張衡)의 《서경부(西京賦)》에서는 다음과 같이 기록하였다.

신선들 가무놀이 다 모아놓은 듯하며, 표범 노닐고 큰곰 춤추며, 흰호랑이 거문고 뜯고 푸른 용 퉁소를 분다.[55]

《문선(文選)》 주에서는 명확하게 "선창은 가형(假形)으로 가장하였으며, 이를 신과 같다고 말하는 것이다. 큰곰·표범·곰·호랑이는 모두 가두(假頭)"라고 밝히고 있다.[56]

원고 시기의 전쟁 탈은 보통 짐승 가죽과 같이 쉽게 부식되는 재료로 만들었기 때문에 오늘날 남아 있는 것이 없다. 후세의 전쟁 탈은 대다수가 금속으로 만들었고 사람의 머리뼈로 만든 경우도 있다. 《임해수토지》에

---

54) 炎帝欲侵凌諸侯, 諸侯咸歸軒轅. 軒轅乃修德振兵, 治五氣, 藝五種, 撫萬民, 度四方. 敎熊羆貔貅貙虎以與炎帝戰于阪泉之野, 三戰, 然後得其志.

55) 張衡, 《西京賦》: "總會仙昌, 戲豹舞羆, 白虎鼓琴, 蒼龍吹篪."

56) 總會仙昌은 고대 百戲로 藝人이 신선이나 맹수 등으로 분장하고 가무로 공연하면서 구름이 일어나고 눈이 내리거나 뇌성이 울리는 등의 효과도 함께 곁들이는 것을 말한다.〔역주〕

는 다음과 같이 기록했다.

"사람의 머리를 얻어 그 뇌는 파내어 버리고 얼굴 살을 벗기고는 개의 털로서 수염·눈썹·머리카락을 만들고 조가비로 이빨을 만들어 출전할 때 사용하였는데, 가면의 형상이었다. 오랑캐의 왕이 이것을 사용하였다."[57]

원시인들이 부족 전쟁에서 사용한 탈은 다음과 같은 작용을 했다.

첫째, 얼굴과 머리 부분에 대해 보호 작용을 하였다. 원시 인류의 무기는 처음에 나무·돌·뼈 등의 재료로 만들어졌다. 《여씨춘추(呂氏春秋)·탕병편(蕩兵篇)》에는 "치우가 나타나지 않았을 때에 사람들은 나무를 깎아 전쟁을 하였다"[58]고 하였고, 《주역(周易)·계사(繫辭)》에는 "나무를 휘어서 활을 만들었고 나무를 깎아서 화살을 만들었다"[59]고 하였다. 여기서 당시 무기가 얼마나 간단했으며, 사람에게 심각한 위협이 되기에는 어려웠다는 것을 알 수 있다. 원시 사회 말기에 이르러 전쟁은 날로 빈번해졌으며 무기도 진보하고 발전하게 되었다. 역사 기록에 따르면 "치우는 금속으로 병기를 만들었다"(《세본·작편》), "치우는 창·방패·미늘창·유모(酋矛)·이모(夷矛) 등 다섯 가지 병기를 만들었다"(《노사》 나평주)고 하였고; "치우는 금속을 녹여 병기를 만들었다"(《태백음경》), "금속을 주조하여 칼날을 만들었다"(《사물기원》)고 하였다.[60] 치우가 금속 무기를 발명했다는 것은 반드시 정확하지는 않지만 원시 사회 말기에 금속 무기를 제조했다는 사실은 대체로 믿을 만하다. 이 시기에 이르러서는 화살이 크게 개량되었으며 더욱 큰 위력을 갖게 되었다. 무기가 발전하면서 전쟁에서 사상자가 크게 증가하였다. 황제와 염제의 전쟁에서 "피가 흘러내려 절구

---

57) 《臨海水土志》: "得人頭, 砍去腦, 剝其面肉, 取犬毛染之, 以作須眉髮, 編貝齒以作口. 出戰臨鬪時用之, 如假面狀. 此是夷王所服."

58) 未有蚩尤之時, 民固剝林木以戰矣.

59) 弦木爲弧, 剡木爲矢.

60) 《世本·作篇》: "蚩尤以金作兵器."

　　《路史》羅萍注: "蚩尤作는五兵; 戈矛戟酋矛夷矛."

　　《太白陰經》: "蚩尤乃鑠金爲兵."

　　《事物起原》: "鑄金爲刃."

공이를 띄우는[血流漂杵]" 장면이 나타나게 되었다. 비록 과장된 표현이 긴 하지만 당시 전쟁의 치열함과 잔혹함을 나타내고 있다. 전쟁에서 탈(가두 혹은 가면)을 사용하면 적의 칼·창과 화살의 살상력을 감소시킬 수 있을 뿐만 아니라 머리와 얼굴에 대해 효과적인 보호 작용을 할 수 있었으며, 그 역할은 투구나 방패와 비슷했다.

둘째, 심리적으로 적을 위협하고 압도하였다. 전쟁에서 승부는 무기·장비 등 물질적 요소와 관련될 뿐만 아니라 의지·심리 등 정신적 요소와도 관련된다. 원시 주민들이 전쟁에서 가면을 사용하는 또 하나의 목적은 가면을 이용하여, 자신의 평범한 용모를 위엄을 갖추고 흉악하면서 무섭게 변화시켜, 정신적으로 적을 위협하고 압도하므로 전쟁에서 승리를 얻기 위해서였다. 이러한 목적에 도달하기 위하여 그들은 변형과 과장의 수법을 이용하여 탈을 괴이한 짐승·맹수·귀신·유령 등의 모양으로 만들고 생김새를 푸른 얼굴에 긴 이빨, 혹은 튀어나온 코에 뾰족한 뿔, 혹은 큰 눈에 큰 입 등 아주 괴이하게 만들어서 적들이 보기만 해도 두려움을 갖게 하였다. 지금 선사시대의 탈을 찾아볼 수는 없지만 후세의 전쟁 탈로 추측해 보면 모두 징그럽고 공포스러웠을 것이다. 《사기(史記)·전단열전(田單列傳)》에는 다음과 같이 기록되었다. 전국시대 제나라 장령인 전단은 불을 붙인 소를 이용하여 연나라 군대를 공격했는데, 불소 뒤에 "오색으로 얼굴을 칠한[五色塗面]" 군사가 그 뒤를 따르게 하였다. 그 결과 연나라 군대는 크게 패하고 장령 기겁(騎劫)은 피살되었다. 전단이 사용한 것은 심리 전술로서 비록 탈을 사용하지 않고 얼굴에 칠하는 방법으로 적에게 겁을 주었지만, 이 두 가지 원리는 같다고 할 수 있다.

셋째, 토템 조상의 보호를 받기 위해서이다. 앞에서 인용한 《사기·오제본기》에서 말했듯이 원시 주민들이 부족 전쟁에서 토템탈을 사용한 목적은 토템 조상의 보호를 받기 위해서였다. 그것은 원시인들의 마음속에서 탈은 신령·귀신 혹은 조상의 화신이고 우상이었으므로, 신비하고도 기이한 기능을 했다. 원시인들은 그들이 토템탈을 쓰게 되면 토템 조상의 영혼이 곧 탈에 붙어서 전쟁에서 자신들을 보호하여 안전하게 해준다

고 믿었으며, 신기하고도 비범한 힘을 준다고 믿었다. 원시인들의 이러한
사고방식은 근대 원시 부족의 풍습에서 실질적인 증거를 찾을 수 있다. 난
꼬지로〔南江二郞〕는 《원시민족가면고(原始民族假面考)》에서 "뉴브리텐
섬의 원주민들이 일상적으로 장식하는 가면은 윗부분에 새의 형상을 조각
하였다. 전쟁할 때에는 동물 형상의 가면을 썼는데 이는 토템 선조의 비호
를 빌기 위해서였다"고 하였다. 현재 전쟁에서도 일부 병사들 몸에 십자
가와 같은 호신부를 지녀 평안을 구하는데, 그 동기는 원시인들이 부족 전
쟁에서 토템탈을 사용하는 것과 같다.

　탈이 전쟁에서 갖는 역할이 많기 때문에 전쟁사에 있어 탈을 사용한 예
는 부지기수이다. 상고시대 전쟁에서의 탈의 사용은 일부 간단한 문자를
통해 분석할 수 있으나 그 구체적인 상황은 알기 어렵다. 중국 고대 역사
서에 기재된 것으로 전쟁에서 탈을 처음 사용한 사람은 동진(東晋)의 주
사(朱伺)였다. 주사는 자가 중문(仲文)이고 안육(安陸) 사람이며 젊었을 때
무예가 출중하고 용감하였다. 도간(陶侃)을 따라 전쟁에서 공을 세웠기 때
문에 광위(廣威) 장군으로 봉해지고 경릉리(竟陵史)가 되었다. 《진서 · 주
사전》에는 "하구에서의 싸움에서 주사는 쇠로 만든 탈로 자신을 보호하
였다"[61]고 기록하였다. 후에 서위(西魏) 진주자사(晉州刺史) 위효관(韋孝
寬), 북제(北齊)의 난릉왕(蘭陵王) 고장공(高長恭), 북주(北周)의 무제(武
帝) 우문옹(宇文邕), 및 송대의 주적(狄靑) · 필재우(畢再遇) · 한세충(韓世
忠) 등은 모두 전쟁에서 탈을 사용하였는데, 탈의 재질은 철과 동이었다.
예를 들면 《북제서(北齊書) · 신무기(神武紀)》에는 "위효관은 옥벽을 지키
고 성에서 쇠로 만든 가면을 쓰고 나타났다"[62]고 기록하였고, 《송사(宋
史) · 적청전(狄靑傳)》에는 "적을 만나면 머리를 풀고 청동 탈을 쓰고 적
군 가운데를 들고나는데 모두 도망하고 감히 당할 자가 없었다"[63]고 하였
는데, 그 중 난릉왕이 제일 유명했다고 기록하였다. 《구당서(舊唐書) · 음

---

61) 《晉書 · 朱伺傳》: "夏口之戰, 伺用鐵面自衛."
62) "(衛孝寬) 守玉壁, 城中出鐵面."
63) "臨敵披髮, 帶銅面具, 出入賊中, 皆披靡莫敢當."

악지(音樂志)》에는 "대면은 북제에서 나왔다. 란릉왕 장공은 재능과 무예가 있고 용모가 아름다웠기 때문에 항상 탈을 쓰고 적을 대했다"[64]고 기록하였다. 중국 최초의 전쟁탈은 섬서성 고현(固縣)에서 출토된 상대의 청동으로 만든 유물이다.

(4) 주술 의식

주술[65]은 원시종교와 서로 관련되면서도 구별되는 원시인의 관념과 신앙으로, 원시인들이 '초자연의 힘'을 이용하고 전승하는 기술과 수단이다. 고고학 자료에 따르면 구석기시대 중기 혹은 조금 더 늦은 시기에 벌써 주술의 맹아가 나타났다. 네안데르탈인(Neanderthal man)은 식물 및 인공으로 만든 물건을 사자와 같이 매장하는 관습이 있었는데, 이는 주술 관념으로 인한 것이라고 한다. 신석기시대에 와서 주술은 한 걸음 더 발전하였다. 주술의 성행은 사회적이고 역사적인 원인과 크게 관계된다. 원시사회에서는 생산력이 아주 낮았기 때문에 인류를 대자연과 비교해 보면 아주 연약하고 미약한 존재였다. 인류는 자연을 이길 수 있는 충분한 힘이 없었고 오히려 자연에 의지해야 했고 자연의 힘을 기원했다. 원시인들은 자연계에는 어디에나 존재하며 또한 이해할 수 없는 신비한 힘이 있다고 생각했다. 때문에 자연에 대해 영원한 공포와 두려움을 갖고 있었다. 다른 한편으로 자신의 생존과 발전을 위하여 그들은 '초자연적인 힘'에 영향을 주거나 이용하려고 했으며, '초자연적인 힘'으로 하여금 사람들

---

64) "代面出于北齊, 蘭陵王長恭, 才武而貌美, 常著假面而對敵."

65) 본문의 무술은 영어 magic의 번역어로 쓰인 종교인류학 용어이다. 보통 우리 일상에서는 마술로도 번역되지만 이는 주술로 번역되어야 한다. 주술은 어떤 목적을 달성하기 위하여 초자연적인 힘이나 존재를 동원할 수 있다고 믿을 때 이와 관련된 행위를 뜻한다. 중국어의 무술은 샤머니즘과 관련된 혹은 샤먼이 행하는 모종의 술수로 인식되어 magic의 우리말 번역어로는 적합지 않다. magic은 샤머니즘 외에 또는 샤먼과 무관하게 행해질 수 있기 때문이다. 초창기 타민족을 연구하던 인류학자들은 주술이 이루어지는데 동원되는 수단과 방법에 따라 이를 요술(sorcery), 마술(witchcraft) 등으로 나누기도 하였으나 그러한 분류는 현재 더 이상 통용되지 않는다. [역주]

을 위해 이바지할 수 있기를 원했다. 주술은 원시인들이 환상적인 수단으로 자연력을 제어하려는 행위로서 이러한 행위는 저주하는 말이나 의식으로 표현된다. 영국의 인류학자 프레이저(firazer)는 주술에 대해 주문과 마법의 힘을 빌려 자연계를 사람의 희망에 부합되게 하려 한다고 해석하였다. 구소련의 인종학자 아니시모프는 원시 주술 신앙과 의식은 바로 희망을 현실로 만들려고 시도하는 것이라고 하였다.

　주술의 시행 범위는 아주 넓다. 원시인들은 생활 중의 모든 불행·재난·성공·길상(吉祥) 등은 모두 귀신과 '초자연적인 힘'이 작용한 결과라고 생각했다. 수렵의 성공, 작물의 풍년, 전쟁에서의 승리, 바람과 비의 조화로움, 혹은 원수를 갚고 위하여, 금기를 해제하기 위하여, 악귀를 쫓고 역병을 면하기 위해 모두 주술 의식을 거행하였다. 의식은 주술을 아는 신비스런 '무(巫)'가 주최하였다. 그는 '초자연적인 힘'을 지닌 인간의 사자로 간주되었고 사람과 귀신 사이를 서로 통하게 만들어 주는 교량으로 간주되었다. 최초에 '무'는 씨족과 마을의 수령이 겸임하였다. 중국 전설 속의 유명한 수령이었던 황제·치우·소호(小昊)·전욱(顓頊)·제곡(帝嚳) 등은 모두 귀신과 교통할 수 있는 대무(大巫)였다. 후에 사회 분업이 발전하면서 전문적인 '무'가 나타나게 되었으며, 여자는 '무'라고 불렀고, 남자는 '격(覡)'이라고 불렀다. 《설문해자(設文解字)》에서는 "무는 축이다. 여자로서 형체가 없는 것을 섬기며 춤으로 신을 내리게 한다. 격은 심신을 정갈하게 하고 신명을 섬길 수 있는 사람"[66]이라고 했다. 갑골문에서 '무' 자는 흔히 '田'으로 썼는데, 위의 가로 획과 아래 가로획은 각각 하늘과 땅을 나타냈고 왼쪽 내린 획과 오른쪽 내린 획은 사방을 나타냈는데, 그 의미는 천지사방을 모두 통하는 것이 곧 '무'라는 것이다. 갑골문 중의 '무' 자는 '무(舞)' 자와도 서로 통했다. 그리하여 왕국유(王國維, 1877-1927년)는 《송원희곡고(宋元戲曲考)》에서 "……고대의 '무'는 실제로 가무를 직책으로 하였으며, 음악으로 신과 인간을 기쁘게 하는 사람"[67]

---

66) "巫, 祝也, 女能事無形, 以舞降神者也. 覡, 能齋肅事神明也."

이라고 말했다.[67]

　탈은 원시 인류 사회에서 여러 가지 의미를 내포하고 있었다. 즉 탈은 사용된 장소에 따라 동물·토템·조상·영웅·정령·귀신·신령…… 등을 대표하였다. 주술 의식에서 탈은 사람과 신이 교통하는 도구와 매체로서 무사가 신과 서로 통하도록 해주는 중요한 신기(神器) 중 하나였다. 신을 내리게 하는 능력이 결핍된 '무'에게 있어서 탈은 더욱 없어서는 안 되는 존재이다. 때로는 의식에 참석한 군중들까지도 탈을 썼다. '무'는 탈을 쓰면 곧 '망아(忘我)'의 경계에 들어가게 되어 신의 화신이나 대변인으로 된다. 이때 '무'는 보통 인간을 대신하여 귀신에게 그들의 희망을 전달할 뿐만 아니라 귀신을 대신하여 신의 뜻을 보통 사람들에게 전달한다. 그리고 탈이 갖고 있는 '영력'을 빌어 사악함을 몰아내고 요마를 진압하는 거대한 힘을 얻게 된다. 주술 의식에 참석하는 군중들이 탈을 쓰게 되면 신비스럽고 열광적인 분위기로 이끌려 들어가게 되며, 심지어는 스스로 두려움과 미친 듯 미혹되는 환각을 느끼게 된다. 이렇게 되면 군중들은 주술의 힘에 대해 더욱더 의심없이 신임하게 된다.

　중국 각 지역과 민족의 '무'들은 초기에 모두 탈을 보편적으로 사용하였다. 역사적 문헌과 출토된 문물들이 이 점을 증명하고 있다. 후에 세월이 흐름에 따라 일부 지역과 민족의 샤먼들은 점차 탈 대신에 기타 기물(예를 들면 신의(神衣)·신고(神鼓)·동경(銅鏡)·신편(神鞭)·사도(司刀)

---

67) "古代之巫, 實以歌舞爲職, 以樂神人者也."

68) 샤먼과 무의 차이, 혹 용어에 있어서 무와 샤먼이 혼용되기도 하고 통일되기도 한다. 우리 학계와는 달리 중국 학계에서는 무교와 살만교를 달리 설명하고 있다. 한국 학계에서는 두 용어를 일반적으로 무속, 무교, 샤머니즘 등으로 사용하며 모두 샤먼 혹은 무당을 중심으로 한 종교 현상을 가리키는 것으로 이해하는 데 큰 이견이 없다. 그러나 중국 학자들의 인식은 무교와 샤머니즘이 원시종교에 속하는 것으로 본다. 여기서 살만교란 서방의 샤머니즘 연구 전통과 결부하여 중국 북방 몇 민족의 전통 종교를 중국식으로 지칭한 것이고 남방 소수민족의 무교는 한족 고래의 무교 전통에 따라 그렇게 부른 것이다. 그래서 살만교의 종교사제를 살만(샤먼)이라 하고 무교의 종교사제를 巫 또는 巫師 등으로 부른다. 그러나 이러한 중국 학계의 개념은 유물론적 발전단계설에 따른 도식적인 종교진화론의 학설에 근거한 것이다. 북방과 남방이라는 지역성 외에 살만교와 무교 사이에 내용, 형식의 차이는 없다고 보는 것이 중국 밖의 일반적인 견해이다.〔역주〕

등)을 신과 상통하는 신기로 사용하여 탈은 점차 있어도 되고, 없어도 되는 존재가 되었다. 이러한 현상은 샤머니즘을 신봉하는 북방 민족에서 뚜렷하게 나타난다. 어떤 학자들은 이를 근거로 샤머니즘 문화가 '나면(裸面) 문화'에 속한다고 단언하는데, 이는 사실과 부합되지 않는다. 역사상 만족(滿族, Man)·몽골족〔蒙古, Mongol〕·허전족〔赫哲, Hezhen〕·시버족〔錫伯, Xibe〕·오로첸족〔鄂倫春, Oroqen〕·에벤키족〔顎溫克, Ewenki〕·다우르족〔達斡爾, Daur〕 등 민족의 샤머니즘에서도 일찍이 모두 탈을 사용한 적이 있다. 근대에 와서도 탈은 이러한 민족에서 완전히 소실되지는 않았다. 예를 들면 에벤키족의 샤먼은 사람의 병을 고칠 때 반드시 청동으로 만든 탈을 써야 했다. 굿이 끝난 후에 환자의 집에서는 샤먼의 청동탈에게 양이나 말 한 마리를 바쳐 신령에게 감사를 드려야 했다. 내몽고 과이심(科爾沁) 지역의 몽골족 샤먼은 아이가 없는 사람을 위해 애가 생기도록 굿을 하면서 '어얼버리〔額爾佰里, 나비라는 뜻〕'라 부르는 춤을 춘다. 이 춤은 6명 혹은 8명의 아이들이 아주 천진한 탈을 쓰고 역시 탈을 쓴 백발노인의 인도 하에 즐겁게 노는 춤을 춘다. 백발노인은 아이들을 보호하는 샤머니즘의 신령을 상징한다.[69] 베이징 민족문화궁에는 다우르족 샤먼이 사용했던 황동탈을 소장하고 있는데, 이는 샤머니즘 문화에서 근대까지도 탈이 성행했음을 보여주는 증거이다[그림 17].

오란걸(烏蘭杰)은 샤먼들의 탈의 쇠락에 대해 다음과 같이 분석하고 있다. 신을 즐겁게 하는 노래와 춤이 흥성하고 발달하면서 샤먼이 사용하는 탈은 더 이상 정서적으로 격앙되고 동작이 거친 춤에는 적합하지 않게 되었다. 그리하여 몽골 샤머니즘의 샤먼들은 다음과 같은 두 가지 방법으로 탈을 개조하였

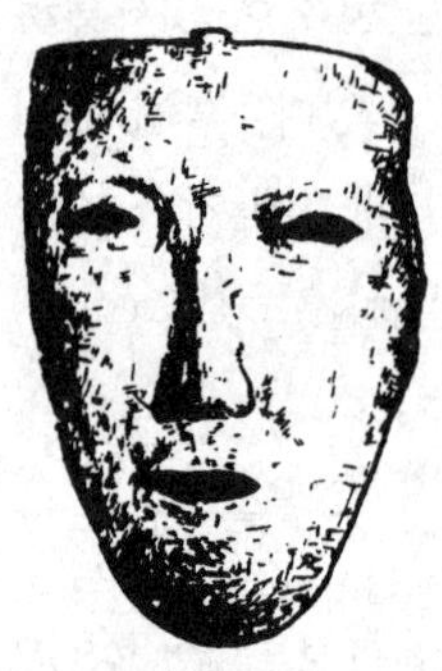

[그림 17] 다우르족 〔達斡爾, Daur〕 '샤먼'의 황동탈.

---

69) 烏蘭杰, 《蒙古儺文化漫議》, 1991년 湖南 吉首의 〈中國少數民族國際學術討論會〉 논문 참조.

다: 첫째, 나무로 깎거나 금속으로 만들었던 둔중한 탈을 가벼운 자작나무 껍질이나 가죽 탈로 바꿨으며, 뒤에는 이러한 탈을 또 이마 밑으로 늘어뜨리는 유소(流蘇)로 바꾸었다. 둘째, 본래의 탈 형상을 상징성을 갖는 장식품으로 바꾸어 신모(神帽)의 꼭대기에 고정시켜 특성이 풍부한 의미를 갖는 모자의 장식으로 변하게 되었다.[70] 백취영(白翠英)은 수렵과 목축업이 혼합되어 발전한 초원 경제 형태, 몽골 샤머니즘 자체의 특징, 민족의 성격과 심미 관습, 샤머니즘 희극의 발전, 티베트 불교의 전래 등 5개 방면으로부터 몽골 샤머니즘 탈의 쇄락 원인을 해석하고 있다.[71]

북방 샤머니즘 문화권에서 탈이 날로 쇠퇴되어 간 상황과는 반대로 중국 남쪽의 한족(漢, Han), 먀오족(苗, Miao), 이족(彝, Yi), 둥족(侗, Dong), 좡족(壯族, Zhuang), 야오족(瑤, Yao), 투쟈족(土家, Tujia), 거라오족(仡佬, Gelo), 부이족(布依, Bouyei), 무람족(仫佬, Mulam), 마오난족(毛難, Maonan), 지노족(基諾, Jino), 하니족(哈尼, Hani) 등 민족의 '무'(그들은 단공·파대·사공·비머·제마·도공·귀사 등으로 불린다)은 오늘날까지도 '무나(巫儺)' 활동에서 탈을 광범하게 사용하고 있다. 이밖에도 티베트 불교문화권 내에서도 탈은 아주 성행하고 있다. 각 지역, 각 민족의 탈은 재질·조형·제작·배역 등에서 다 똑같지는 않지만 기능은 도리어 대동소이하다. 이 탈들은 모두 선조·영웅·정령·귀혼·신령의 상징이나 우상이 되며 모두 음계와 양계를 연결시키는 신물이다.

주술에서 탈의 특수한 작용은 초기 인류의 영혼 숭배와 머리 숭배와 밀접한 관계가 있다. 원시인들에게 이 두 가지는 왕왕 확연히 분리시킬 수 없는 존재였다. 리버스(Willam Halse Rivers, 1864 -1922)가 말한 것처럼 "죽은 사람의 두개골과 골격까지도 '영혼의 힘'을 갖는 물질로 숭배하였으며 이 두 종류의 우상이 우연하게 결합하여 같이 나타나기도 한다. (…) 죽은 사람에 대한 숭배와 두개골에 대한 숭배로부터 탈 숭배 및 무용과 연

---

70) 上同.

71) 白萃英, 《蒙古薩滿面具談》, 《民族藝術》, 1992년 제3기.

극 등이 발전하게 되었다."[72] 학계에서는 일반적으로 2-3만 년 전 산정동인(山頂洞人) 시기에 중국에 벌써 영혼 숭배가 있었다고 여긴다. "산정동인은 씨족의 사자를 매장할 때 적철광 분말을 뿌리는데, 이는 분명 생명을 부르기 위한 것이다. 앙소 문화에서는 옹관을 덮는 뚜껑에 작은 구멍을 냈는데, 이는 영혼이 자유롭게 출입할 수 있도록 하기 위해서였다."[73]

영혼이라는 관념은 어떻게 생겼을까? 이에 대해 철학가들은 많은 주장을 펴고 있다. 간단히 말하면 영혼은 원시인들의 죽음에 대한 공포와 생명에 대한 추구에서 생겨났다. 모든 동물 중에서 오직 사람만이 죽음을 예견할 수 있었으며, 이는 인류가 갖고 있는 제일 심각한 본능의 하나라 할 수 있다. 인류는 동물에서 분리된 이래로 줄곧 생과 사의 문제에 속박되어 있었다. 변화시킬 수 없는 자연법칙에 따라 사람은 태어난 날부터 시작하여 시간이 흐름에 따라 죽음을 향해 한 걸음 한 걸음 가까이 나아간다. 그러나 사람의 생명에 대한 욕망이 오히려 이들로 하여금 사망을 초월하고 영생을 얻도록 갈구하게 되었다. 영혼은 바로 원시인들이 생사 문제에 대한 고통스러운 사색 끝에 상상해낸 환상적인 물체로서 영혼의 탄생은 비교적 큰 의미에서 본다면 꿈속에서 환각적인 영향을 받았다. 사람들은 꿈을 꿀 때, 늘 여러 가지 기이한 것들을 보게 되며 심지어는 세상에 존재하지 않는 사물까지도 보게 된다. 때로는 이미 죽은 사람까지도 보게 된다. 원시인들의 사고가 발전되어 주체와 객체가 분리되지 않은 혼돈 상태에 놓여 있었고, 이와 같은 복잡한 정신적 현상을 충분히 해결할 수 있는 지식이 없었기 때문에, 꿈에 본 사물이 곧 자신의 영혼이 몸을 떠난 이후에 본 것이라고 오인하게 되었다. 또 꿈속에서 본 죽은 자가 바로 그의 영혼이 와서 그와 만나는 것으로 여겼다. 엥겔스는 다음과 같이 지적하였다.

원고 시기에 사람들은 자신의 신체 구조에 대해 전혀 몰랐을 뿐만 아니

---

72) Rivers, 《事物的起源》, 四川民族出版社, 1982년판, pp.346-347.
73) 朱狄, 《藝術的起源》, 中國社會科學出版社, 1982년판, pp.133-134.

라 꿈속에 나타나는 사물의 영향을 받아 다음과 같은 관념이 생겨나게 되었다. 그들은 사유나 감각은 신체적 활동이 아니라 몸속에 깃들어 있는 독특한 존재로, 사람이 죽은 후에 육체를 떠나는 영혼의 활동이라고 생각하였다. 이때부터 사람들은 영혼과 외부 세계와의 관계를 생각하지 않을 수 없게 되었으며, 영혼은 사람이 죽은 뒤에도 육체를 떠나 여전히 살아 있기 때문에 본인이 죽는다는 데에 대해 더는 생각할 어떤 이유도 없게 되었다. 이렇게 하여 영혼 불사의 관념이 생겨났다.[74]

사람에게 영혼이 있다면 영혼이 기탁할 곳이 있어야 한다. 사람의 기관에서 제일 중요한 기능을 하고 감각이 예민한 것은 눈·귀·입·코라고 할 수 있겠다. 눈은 사물을 볼 수 있고, 귀는 소리를 들을 수 있으며, 입은 말을 할 수 있고 코는 냄새를 분별할 수 있다. 이러한 기관은 모두 머리에 집중되어 있다. 원시인들은 소박한 관찰로 영혼이 사람의 머리에 기탁한다고 생각하였다. 《황제내경소문(黃帝內經素問)》에서는 "머리는 정신의 주인"이라고 했으며, 《춘추원명포(春秋元命苞)》에서는 "머리는 신이 거주하는 곳으로 위의 둥근 모양은 하늘과 같다"[75]고 하였다. 이러한 인식으로부터 머리에 대한 숭배가 생기게 되었다. 머리 숭배는 주로 '머리공양[割顱]'과 '머리사냥[獵首]' 두 가지로 나타난다. 민족학과 고고학에서 이런 자료를 대량으로 제공하고 있다.

① 머리공양

머리공양은 원시 민족들이 본 씨족이나 본 부족의 선조, 수령이 죽은 후 그 머리를 베어 정성스레 보존하여 공양하는 것을 말한다. 머리공양 풍습의 기원은 아주 길다. 이탈리아의 중기 구석기시대 시싸이오 동굴에는

---

74) 《馬克思恩格斯選集》 제4권, p.219-220.
75) 頭者, 精神之主也.
　　頭者, 神所居, 上圓象天.

돌로 에워싼 원 가운데 초기 호모사피엔스(Homo sapiens) 머리 화석을 공양하고 있는데,[76] 이것이 이미 알려진 최초의 예이다. 중국 청해 악도유만(樂都柳灣)의 마가요 문화 묘지에서 항아리 안에 보존된 두개골이 발견되었다.[77] 섬서 보계(寶鷄) 북수령(北首岭) 앙소 문화 유적 17호 묘에서 무덤 주인의 머리가 없고 항아리로 머리를 대신한 것을 발견했다. 아마도 무덤 주인의 머리는 친족에 의해 사당이나 혹은 다른 곳에 공양되었을 것이다.[78] 운남 진녕(晉寧) 석채산(石寨山)에서도 3건의 서한시대 집에 들어 있는 청동인물 장식이 출토하였다. 집의 윗층 가운데 있는 작은 감실에는 '전인(滇人)'[79]의 부녀 머리가 공양되어 있다. 분석에 따르면 '전인' 선조의 머리로 만들어진 모형이라고 한다.[80] 이와 유사한 풍속은 근대까지도 동남아와 태평양 섬의 일부 토착 민족 중에 여전히 남아 있다.

② 머리사냥

머리사냥은 원시 민족이 기타 씨족이나 부족의 전쟁포로 머리를 베어 신에게 드리는 제물로 삼거나 혹은 사악함을 피하는 보물로 삼는 것을 말한다. 중국 호북(湖北)의 방현(房縣) 칠리하(七里河), 하북(河北)의 한단(邯鄲) 간구(澗溝), 산동(山東)의 사수(泗水) 윤가촌(尹家村) 등지의 신석기시대 말기의 묘지에서도 수장된 사람의 머리를 여러 개 발견하였는데, 이들은 원시 사회에 성행한 머리사냥 관습의 유적이라고 한다. 상주(商周) 시기 머리사냥으로 제사를 지낸 풍습은 더욱 성행하였다. 갑골문과 금문

---

76) 周國興, 《人怎樣認識自己的起源》, 上冊, 中國靑年出版社, 1977년판.
77) 靑海省文物管理處考古隊等, 《靑海柳灣》, 文物出版社, 1984년.
78) 中國社會科學院考古所, 《寶鷄北首峯》, 文物出版社, 1983년.
79) 전(滇)은 중국 고대 족명(族名)으로 전국(戰國)에서 진한(秦漢) 시기에 운남 전지(滇池) 부근에서 살았다. 그곳에서 정착 생활을 한 농업 민족으로 복월(濮越) 계통과 관계가 밀접하다. 상투를 틀고 문신 습속이 있었으며 동고(銅鼓)를 사용하고 난간식(欄干式) 집에 거주하였다. 서한(西漢) 시기에는 노예제 지방정권이 존재하였다. 〔역주〕
80) 汪寧生, 《"滇" 人的經濟生活和社會生活》, 《云南靑銅器論叢》, 文物出版社, 1981년.

에는 이에 대한 기록이 적지않게 남아 있다. 춘추전국시대 이래로 머리사
냥 풍속은 중원 지역에서 점차 폐지되게 되었다. 그러나 일부 소수민족
지역에서는 여전히 보존되었다.

"풍속에 산과 바다의 신을 섬김에 있어 술과 안주로 제사 지냈다. 전쟁에
서 사람을 죽이면 죽인 사람의 머리로 신에게 제사 지냈다. 때로는 숲이 무
성한 나무에다 작은 집을 짓거나, 혹은 해골을 나무 위에 걸어 놓고 화살로
그것을 쏘며 혹은 돌을 쌓거나 깃대에 매달아 신주로 여겼다. 왕의 거주지
는 벽 아래에 해골이 많을수록 좋다."[81](《수서·동이전》)

명나라 사람 광로(鄺露)는 《적아(赤雅)·제효조(祭梟條)》에서 "요인들
은 서로 싸우고 죽여 아름다운 수
염을 가진 자를 얻으면 그 얼굴을
베어 참대로 조롱을 만들어 그 안
에 넣고 북을 치며 제사를 지내고
다투어 복을 청했다"[82]고 하였다.
운남 진녕(晉寧) 석채산(石寨山)과
강천(江川) 이가산(李家山)에 있는
서한의 '전인(滇人)' 묘지에서 머
리사냥 풍속 문물이 약간 출토되
었다. [그림 18]은 석채산에서 출
토된 동편(銅片)인데, 그 위에 사냥
된 머리가 그려져 있다. 윗부분에

[그림 18] 운남 진녕(晉寧)
석채산(石寨山)에서 출토된
서한 각문동편(刻紋銅片).

---

81) 《隋書·東夷傳》: "俗事山海之神, 祭以酒肴, 斗戰殺人, 便將所殺人祭其神. 或
依茂樹起小屋, 或懸骷髏于樹上, 以箭射之, 或累石系幡以爲神主. 王之所居, 壁下多
聚骷髏以爲佳."
82) 鄺露, 《赤雅·祭梟條》: "僚人相鬪殺, 得美鬚者則剡其面, 籠之以竹, 鼓行而祭,
竟以邀福."

있는 인두 밑에는 7개의 가로 선이 그려져 있는데, 이는 7개의 인두를 대
표하며, 아래쪽에 있는 인두 밑에는 1개의 원과 3개의 가로 선이 그려져
있어, 이는 13개의 인두를 나타낸다. 이가산에서 출토한 동검의 손잡이
에는 오른손에 비수를 들고 왼손에 인두를 든 ‘무’의 그림이 그려져 있는
데 이것도 당시 ‘전인’의 수렵 풍습을 반영하고 있다. 현실 생활에서 볼
때, 운남 바족[佤族, Vazu]과 대만 가오산족(高山族, Gaoshanzu)의 머리사
냥풍속은 줄곧 지속되었다가 근대에 와서야 비로소 폐지되었다. 태평양
섬의 일부 토착민족들도 “적의 머리를 집의 중앙 기둥 위에 걸어” 혁혁한
전쟁의 승리를 자랑했으며 아울러 벽사에 사용했다.

　머리공양과 머리사냥은 표현 형식에 있어 비록 차이를 보이기는 하지
만 그 본질에 있어서는 별 차이가 없다. 이 두 가지는 죽은 자를 향해 산
자에게 지혜·힘·풍년·평안을 가져다줄 것을 기원하는 것이다. 다른 점
이라면 ‘머리공양’은 돌아간 친족의 머리를 사용하여 이 목적을 실행하였
으며 조상숭배의 색채를 띠고 있고, ‘머리사냥’은 적의 머리를 이용하여
야만적이고 피비린내 나는 분위기가 물씬 풍긴다는 점이다. 그러나 본질
적으로는 모두 머리숭배와 영혼 숭배를 나타낸다. 머리가 사악함을 피하
고 길조를 가져오는 신기한 기능을 하기 때문에 주술 의식에서 항상 신과
통하고 귀신을 쫓아내는 신령스런 기물로 사용되었다. 예를 들면 어차르,
머레이 섬의 멜라네시아 사람들은 선조의 머리뼈로 점을 보는 풍습이 있
는데, 이렇게 하면 도적이나 숨어 있는 적을 발견할 수 있다고 한다.[83] 어
떤 원시 민족은 머리를 탈로 만들어 각종 종교 의식에 사용하였다. 예를
들면 유카탄족은 항상 같은 민족 사자의 두개골을 반으로 잘라 턱과 이가
있는 부분만 남겨 탈로 사용하였다.[84] 시베리아의 사카치 즉 하량(阿梁)과
중국 내몽고 음산(陰山)에서 해골 모양의 바위 그림을 발견하였는데 이들
중 어떤 것은 주술 의식이 남긴 기록이고 어떤 것은 두개골 탈일 것이다.

---

83) 汪寧生, 《云南靑銅器叢考》, 《考古》 1981년 제2기.
84) 아오크라더니카프, 《원동 지역 고고학의 새로운 성취》, 《蘇聯考古文選》, 文物出
版社, 1980년.

머리공양과 머리사냥이 너무 공포스럽고 야만적이기 때문에 역사의 발전과 문명의 진보에 따라 이 풍속은 점차 도태되어 갔고 '무'들은 종교 제사에서 나무·대나무·가죽·동 등으로 만든 탈로 사람의 머리를 대신했다. 귀주 덕강현(德江縣) 투자족의 민간전설은 나당희(儺堂戲)에서 사람 머리를 사용하다가 탈을 사용하게 된 경위에 대해 생동감 있게 서술하고 있다:

아주 옛날에 투자족에서 소를 몰던 한 무리 아이들이 강가에서 목욕을 하다가 물 위에 나온 대나무 끝에 일남일녀의 머리가 걸려 있는 것을 보았다. 비록 물에 오랫동안 잠겨 있었으나 얼굴색이 여전히 불그레하고 냄새도 나지 않았다. 목동들은 기이하게 여겨 이들을 동굴에 공양하고 주위에 둘러 노래 부르고 춤추면서 만일 소들이 밭에 들어가 곡식을 뜯어 먹지 않고 소를 잃어버리지 않게 하면 과일로 공양하겠다고 하였다. 그후로 과연 소가 마음대로 달아나지 않았고 조용히 풀을 뜯었다. 그렇게 되자 목동들은 더 이상 소를 돌볼 걱정을 하지 않았다. 그 이듬해 봄에 역병이 유행하여 많은 아이들이 병에 걸렸다. 여러 약을 써보았지만 효과를 보지 못했다. 그후 산의 동굴에 있는 인두에 제사를 지내고서야 아이들의 병이 낫게 되었다. 사람들은 아주 기뻐하며 산의 동굴 앞에 향을 피우고 노래 부르고 춤추며 신의 은혜에 감사드렸다. 태상노군(太上老君)이 공중으로 지나다가 하계에 연기가 많은 것을 보고 구름을 타고 내려와 촌민으로 변장하고 도대체 무슨 일인가를 살펴보았다. 그는 사람들이 질서 없이 아무렇게나 노래하고 춤추는 것을 보고 나당희 책을 이들에게 전수해 주었다. 또 어느 가을에 황후와 세 공주가 설사병에 걸렸다. 모든 의술을 다 써보았으나 효험을 보지 못했다. 순찰하는 관리 한 명이 모산희(茅山戲)를 추어서 소몰이 아이들의 병을 고쳤다는 말을 듣고 투자인에게 청해 산 위에 있는 동굴의 인두를 갖고 황궁에 가서 공연하게 하였다. 그후 얼마 지나지 않아 황후와 세 공주의 병이 나았다. 황제는 기쁜 나머지 희단(戲壇)에 가서 도대체 어찌된 일인지 살펴보다가 그만 깜짝 놀라고 말았다. 왜냐하면 그 2개의 인두는 바로 황제가 명하여 죽인 사람의 머리였던 것이다. 황제는 급히 두 사람머리에게 "그대들에게 참으로 미안하구려. 그대들은 사람을 만든 시조(복희·여왜)이시오. 지금 그대들을 동산 성공과 남산 성모로 봉하니 이후에도 계속하여 사람들에게 복을 주시고 재해를 면해 주시오"라고 했다. 말이 끝나자마자 이 두 머리는 갑자기 한 갈래 푸른빛으로 변하여 하늘로 올라갔다. 그후 사람들은 이 두 머리를 본떠 나무로 조각하여 제단 중앙에 놓고 나무로 많은 얼굴을 조각하고 굿판을 벌이게 되었다. 이렇게 대대로 내려오면서 오늘날에 이르렀다.[85]

이 민간 이야기는 전래된 시간이 좀 늦어 명대 전후로 추정된다. 그러나 이 전설은 '탈' 숭배가 머리 숭배에서 바뀌어 왔다는 사실을 반영하고 있다. 중국 티베트족·몽골족·나시족의 라마는 오늘까지도 신을 기쁘게 할 때 여전히 모양이 징그럽고 무서운 해골 가면을 쓴다. 이는 고대 주술 의식에서 사람머리를 사용하던 흔적일 것이다. 《유양잡저(酉陽雜俎)》에서는 "기두(魌頭)는 죽은 사람의 혼기(魂氣)를 보존하는 것"[86]이라고 하였다. 가면으로써 영혼이 기탁하는 머리를 대신한 것은 역사의 진보라 할 수 있겠다.

원시인들의 제일 보편적인 주술 의식은 수렵 생활에서 거행된 것으로서 그 목적은 더욱 많은 사냥감을 얻고 사냥에 성공하기를 기원하기 위해서이다. 이러한 주술은 수렵주술이라 불렀다. 수렵주술의 제일 뚜렷한 특징은 상징적이고 허황된 연극을 사실로 여기는 것이다. 즉 "수렵 과정의 모방을 수렵 자체로 보고 의식 과정에서 야수를 '죽이는' 것이 부족의 식량을 확보하기 위한 절실한 방법으로 변화시키는 것이다."[87] 이렇게 하는 사상적 기초는 '교감주술(sympathetic magic)'의 신비한 관념이다. '교

---

85) 《儺堂戱是哪个興起來的》, 《中國民間文學三套集成 · 貴州省銅仁地區德江縣卷》.

86) 《酉陽雜俎》: "魌頭, 所以存亡者之魂氣也."

87) 오거리너웨이치, 《藝術與宗敎》, 三聯書店, 1987년, pp.43.

감주술'의 개념은 프레이저(1854-1941)가 《황금 가지》에서 제기한 것으로 그는 주술을 '유감주술(homoeopathic magic)'과 '감염주술(contagious magic)' 두 가지로 나누었다. 전자는 '유사'의 법칙에 기초했고, 후자는 '접촉'의 법칙에 기초했다. 이 두 가지는 비록 주술을 시행하는 구체적인 방법은 다르지만 모두 '교감주술'이라는 하나의 명칭에 포함시킬 수 있다.[88] "그것은 두 가지 모두 물체가 신비스런 어떤 교감을 통해 먼 거리에서도 서로 작용할 수 있다고 여기며, 우리가 볼 수 없는 한 물체를 다른 물체에까지 전송한다고 여겼기 때문이다."[89]

일부 학자들은 선사시대의 일부 동굴 벽화와 바위 그림이 바로 그림의 형식으로 암석에 보존된 교감주술의 흔적이라고 주장한다. 이러한 동굴 벽화나 바위 그림은 대부분이 사람이 드문 곳에 그려졌고 그림 위에 또 그려서 몇 층을 이룬다. 어떤 동물들은 몸에 창으로 찌른 흔적이 있고 어떤 동물은 몸에 화살이나 창, 그리고 각종 신비한 부호가 그려져 있다. 원시인들은 화살과 창으로 그림 속의 동물을 죽이면 실제 수렵 과정에서도 더욱 많은 사냥감을 얻을 수 있다고 생각하였다. 오랜 시간을 거치면서 흐릿한 그림에서 우리는 원시인들이 수렵주술 과정에 가면을 쓴 형상들을 찾아볼 수 있다. 예니세이 강 상류 해안의 협곡에 신석기시대의 바위 그림이 있다. 그림에는 사슴뿔 가면을 쓴 두 사람이 있는데 한 명은 키가 크

---

88) 20세기초의 인류학자 제임스 프레이저(James Frazer: 1854-1941)는 인간의 인지능력의 발달에 따라 주술에서 종교를 거쳐 과학의 단계로 진화한다고 제시하였다. 그의 관점은 오늘날 거의 채택되지 않는다. 왜냐하면 어떠한 사회에서든 종교 의례에는 주술적 요소, 종교적 요소, 과학적 요소가 동시에 존재하기 때문이다. 프레이저는 당시 세계 여러 민족 여러 문화에 대한 광범위한 자료를 수집하여 《황금 가지 *Golden Bough*》(1890)를 저술하였는데 이 책의 주술에 대한 분석은 유명하다. 그에 따르면 주술의 사고 원리를 분석하면 닮은 것은 닮은 것을 낳는다는 '유사의 법칙(low of similarity)'과 이전에 서로 접촉이 있었던 것은 물리적인 접촉이 사라진 후에도 계속 상호 작용을 한다는 '접촉' 또는 '감염의 법칙(low of contagion)'으로 귀결된다. 유사의 법칙에 기초한 주술을 '유감주술(homoeopathic magic)' 또는 '모방주술(imitative magic)'이라 하고 접촉 또는 감염의 법칙에 기초한 주술을 '감염주술(contagious magic)'이라 한다. 이 둘을 총칭하여 '공감주술' 또는 '교감주술(sympathetic magic)'이라 한다. 〔역주〕

89) 프레이저, 《황금 가지》, 중국민간문예출판사, 1987년, pp.21.

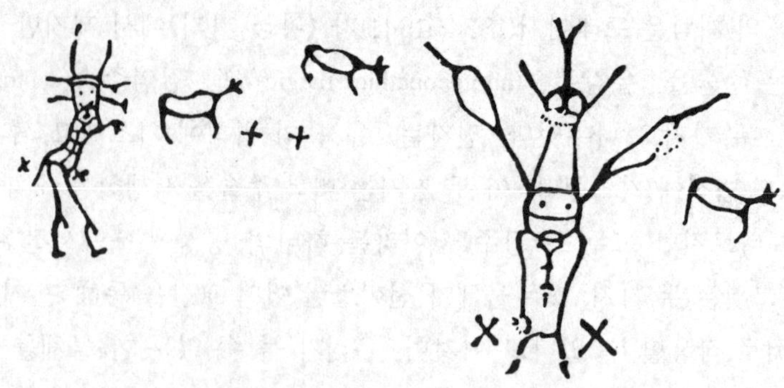

[그림 19] 러시아 예니세이강 바위 그림 '샤먼과 사슴.'

고 양팔로 껴안은 자세를 취하고 있는데 주술을 시행하는 듯하다. 다른 한 명은 몸이 마르고 작으며 발을 구부려 춤추는 모습을 하고 있는데 아마도 사냥꾼일 것이다. 그들 뒤에는 사슴 세 마리가 느릿느릿 걷고 있는데 이미 기력이 다 소진한 듯하다. 주의할 것은 그림 중에 눈에 띄는 6개의 X형 부호가 있는데 바로 이 6개 부호가 주술의 법력이 생겨나도록 하여 사슴이 신속하게 뛰어 달아나지 못하게 한 것이 아닐까?[그림 19] 이 바위 그림은 농후한 주술적 의미를 갖는다.

아프리카·아메리카·오세아니아의 원시 부족에서도 수렵주술은 근대에까지 여전히 성행하였다. 서양 민족학자들이 이에 대해 많은 기록을 남겼다. 미국의 한 인종학자는 다음과 같이 말했다. 매번 들소가 인디언 부족 만단인(Mandans)의 거주지를 이탈했을 때마다 만단인들은 '들소 춤'을 추어 주술로 소의 무리를 불러왔다.

그 춤을 출 때는 매번 한바퀴 춤은 5명 내지 15명의 인디언들이 참가하였다. 그들은 머리에 들소머리 가죽이나 뿔이 있는 탈을 썼고 손에는 칼·창이나 화살을 들었는데, 이것들은 통상 들소 사냥에 사용하는 것들이다. 이 춤은 춤추는 자들이 조마다 번갈아 가면서 등장하여 끊임없이 춘다. 때로는 그 시간이 2-3주나 계속되기도 하며 들소가 나타날 때까지 춘다. 춤은 사냥하는 장면을 그리고 있는데, 춤을 추는 자들 중에 누가 피로해 보이면 사람들은 무딘 화살촉으로 그를 쏜다. 그는 들소를 모방하여 땅에 쓰러지는 시늉을 한다. 참가자들은 그의 두 발을 잡고 밖으로 끌어내어 들소의 배를 갈라 내장을 들어내는 시늉을 한 다음 그를 놓아 주게 되며 또 누군가가 둥근 공터 위로 쓰러진다.[90]

원시인들은 수렵 주술에서 탈을 사용하였으며, 이외에 다른 주술 의식에서도 탈을 사용한다. 그러한 의식들로는 농작물과 가축이 풍성하기를 바라는 의식, 죽은 자를 애도하는 장례 의식, 역병을 쫓고 환자를 치료하는 무의(巫醫) 의식, 소년의 성년 의식에서 거행하는 계몽 의식 등이 있다. 그중 가장 특색이 있는 것은 인구가 번성하기를 바라는 생식 숭배 의식이다. 생활 조건이 열악한 원시 사회에서 사람들의 평균 수명은 아주 짧았다. 통계에 따르면 40여 개의 북경원인(北京遠人) 개체에서 14세 이하에 죽은 자가 39.5퍼센트, 30세 이전에 죽은 자가 70퍼센트였으며, 50-60세 사이에 죽은 자는 겨우 2.6퍼센트를 차지했다. 유럽 네안데르탈인의 수명도 북경원인과 비슷하다. 그 중 11세 전후에 죽은 자가 40퍼센트이고 40세를 넘어 죽은 자는 겨우 5퍼센트밖에 없었다.[91] 따라서 인구 문제는 원시 사회에서 인류 사회가 지속되고 발전할 수 있는 근간인 큰일이었다. 원시인들의 인구 번성과 자신의 생산 수요에 대한 확대는 생식 숭배가 생겨나도록 추진하였다. 그러나 이는 다만 객관적 원인이었다. 생식 숭배가 생긴 주관적 원인은 원시인들이 남녀가 교접하여 출산하는 이치를 몰랐기 때문에, 생식에 대해 신비롭고 몽매한 인식을 갖고 있었으며, 남녀의 생식기 및 성교의 역할을 단편적으로 과장하였다. 19세기 이래 고고학자들은 잇달아 독일·이탈리아·오스트리아·프랑스·우크랜드 등지에서 구석기시대 말기 작은 여성 나체 조각상들을 발견하였는데, 이러한 조각들은 유방이 아주 크고 엉덩이가 풍만하며 복부가 불룩하여 여성의 특징

---

90) 오거리너웨이치, 《藝術與宗敎》, 三聯書店, 1987년, p.44-45.
91) 賈蘭坡, 《中國猿人》, 龍門聯合書局, 1950년판, pp.131.

을 아주 분명하게 나타내고 있다. 일반적으로 이러한 조각들은 생식과 관련되는 주술에서 사용된 부적물이라고 여겨진다. 이는 일찍이 2-3만 년 전에 인류에게 생식 숭배 사상이 있었음을 증명한다.

제일 보편적인 생식 숭배는 생식기에 대한 숭배로써 여음에 대한 숭배가 먼저 있었고 그 다음이 남근에 대한 숭배였다. 이는 원시 사회가 모계제로부터 부계제로 발전한 과정을 반영하고 있다. 인류는 최초에 "다만 어머니만 알았고 아버지는 몰랐다." 따라서 여음 숭배가 자연스럽게 생기게 되었던 것이다. 《노자(老子)》에는 "현묘한 암컷의 문은 천지의 근원이라 말한다"[92]라 하였는데, 여음을 천지의 기원과 근본으로 여겼던 것이다. 서남 소수민족에 널리 유전된 홍수신화 중의 거대한 조롱박은 바로 여음의 화신이었다. 공유영(龔維英)의 고증에 따르면 황토로 사람을 만든 인류의 시조는 여왜였으므로 "제일 원시적인 면모는 곧 여성 생식기였다"[93]고 하였다. 중국 민간에도 여음 숭배 풍습이 많이 남아 있다. 예를 들면 운남 검천현(劍川縣) 석보산(石寶山) 석종사(石鍾寺)에는 여성 생식기를 닮은 여음석이 있는데 현지의 바이족〔白族, Bai〕들은 이 돌을 '아앙버'라 부른다. 부녀들이 결혼 후에 아이가 없으면 늘 그곳에 가서 향을 피우고 기도하였으며 혹은 동전으로 돌 위에 몇 획을 긋거나 혹은 돌 위에 참기름을 발랐는데, 이렇게 하면 임신하여 출산할 수 있다고 한다.

부계씨족 공동체 사회에 접어들면서 '여성의 세계에서 역사적 의미를 갖는 실패'[94]와 더불어 여음 숭배는 점차 남근 숭배로 대체되었다. 남근은 남성의 제일 선명한 특징으로서 남성 창조력의 상징이다. 고대 페니키인들은 음경을 아서(Asher)라고 불렀는데, 이는 '곧게 내려뜨린 사람' '힘 있는 사람' '개척하는 사람'를 뜻하며, 나아가 남신은 '개척의 주인' '동굴의 주인' '음문의 주인' '풍요의 신' 등으로 불렀다.[95] 섬서성 · 산서 · 하

---

92) 玄牝之門, 是謂天地根.

93) 龔維英, 《原始崇拜綱要》, 中國民間文藝出版社, 1986년판, pp.199.

94) 엥겔스, 《가정 · 사유제와 국가의 기원》, 《막스 엥겔스 선집》 제4권, 人民出版社, 1972년판, pp.52.

남·산동·감숙·호북·광서·신장 등 지역의 고대문화 유적에서도 남근과 비슷한 모양을 한 도조(陶且, 木且·石且·玉且·銅且 등)들이 출토되었는데 제일 이른 것은 앙소 문화 말기의 것으로 대다수가 용산시대(龍山時代)의 것이고 소수 일부분만 한대까지 지속되었다. 갑골문에서는 '조(祖)'자를 '𣎴' 혹은 '𣎴'로 썼는데, '저(且)'와 상통하는 것으로서 이는 남근 숭배가 부권제의 낙인을 깊숙이 찍어 놓았다는 것을 의미한다. 중국 민간에 남아 있는 남근 숭배 풍속은 여음 숭배보다 더욱 풍부하며 각 지역의 목주(木主, 선조의 위패)·보탑·묘비 등의 생김도 남근과 비슷한 것이 많으며 그 근원을 따지자면 남근 숭배의 산물이다. 안휘·난릉·선성(宣城) 일대의 시골에서는 밭 가운데에 돌사람 하나를 세우는데 '돌화상'이라 부른다. 높이는 사람과 비슷하고 대머리에 나체이고 생식기가 매우 크다. 옛 사회에서 생육하지 못하는 부녀들은 밤에 '돌화상'의 옆에서 자면서 손을 생식기 위에 놓는다. 만일 꿈에 그와 교합하였다면 아들을 낳을 징조라고 했다.[96]

성교 숭배도 생식 숭배의 보편적 표현 형식이다. 《논형(論衡)·자연(自然)》에 보면 "천지가 기를 합하면 만물이 저절로 생겨나니 부부가 기를 합하면 자녀가 저절로 생기는 것과 같다"[97]고 하였고 세상의 만물은 모두 하늘과 땅이 교합한 결과라고 주장했다. 원시인들은 직관적이고 소박하며 혼돈된 원시 사유로서 자연을 관찰하고 "사람들이 교합하면 곧 종자의 발아와 짐승의 번식을 추진한다고 믿었다."[98] 상고 시기에 중국에서는 가뭄이 들 때마다 성교를 하여 비를 기원했다. 상림(桑林)과 운림(雲夢)은 모두 남녀가 교합한 장소이다. 《회남자(淮南子)》 고유(高誘) 주에 보면, "상림은 상산의 숲으로 구름을 만들고 비를 내리게 할 수 있다"[99]고 했다. 사

---

95) O·V 웨일러, 《성숭배》, 中國文聯出版公司, 1988년판, pp.208-209.

96) 李暉, 《江淮民間的男根崇拜》, 《東南文化》, 1991년 제2기.

97) 天地合氣, 萬物自生, 猶夫婦合氣, 子自生矣.

98) 摩爾, 《宗敎的出生與成長》, 龔維英, 《原始崇拜綱要》에서 재인용, 中國民間文藝出版社, 1989년판, p.290.

[그림 20] 사천 성도에서 출토된 한대 남녀 야합화상전(畵像磚).

천 성도에서 출토된 한대 남녀의 야합을 그린 화상전(畵像磚)은 비를 기원하고 농작물의 성장을 기원하는 것과 관련된다[그림 20]. 이와 같이 사람의 교합이 자연 만물에 대해 교감을 일으킬 수 있다는 관념은 근대에도 여전히 유행되었다. 세계의 어떤 민족은 새싹이 잘 트도록 제사 지내면서 "여자를 나체로 제사상 위에 눕히고 모든 마을 사람들이 그에게 경배를 드리며 수령은 그녀의 음문에 입 맞춘다. 그 다음 각 집의 남녀는 각각 밭머리에 가서 야합을 한다. 그들은 이와 같이 여체와 여인에 대해 경배하고 남녀가 들에서 성교를 하면 곡식의 발아가 잘 된다고 생각했다. 이는 사람이 씨를 뿌리면 토지의 모체를 지나 아주 빨리 번성하게 된다."[100]

원시 인류의 성기와 성교에 대한 숭배 현상은 고대 바위 그림이 생생하게 나타나고 있다. 광서 화산(花山), 내몽고 음산(陰山), 티베트 일토현(日土縣) 임모동(任姆棟), 신강 호도벽현(呼圖壁縣)의 강로이구(康老二溝) 등지의 바위 그림에는 생식 숭배를 반영하는 작품이 많다. 그 중 어떤 그림에는 탈을 쓴 것들이 분명히 있다. 생식 숭배 의식에서 탈은 주술의 작용을 하는 외에도 부끄러움을 가리는 기능도 한다. 그것은 원시인들이 의

---

99) 桑林者, 桑山之林, 能興雲作雨也.
100) 張紫晨《中國巫術》, 上海三聯書店, 1990년판, pp.154.

식 과정에서 늘 음란한 춤을 추었고 심지어는 사람들 앞에서 교합을 하기까지 했기 때문이다. 그들은 탈을 쓰게 되면 더는 본래의 자신이 아니라 탈이 대표하는 배역이 된다. 그러므로 자신의 음란한 행위에 대해 부끄러움을 느낄 필요가 없게 된다. 이러한 관념은 비교적 늦게 생겨났으나 지금까지도 지속되고 있다. 오늘날 중국에도 생식 숭배의 내용을 갖고 있는 춤·희극·민속 활동이 있다. 예를 들면 호남 길수(吉首) 지역 투자족의 '머구스춤,' 귀주 위녕현(威寧縣) 이족의 '춰타이지〔撮泰吉〕,' 운남 쌍백현 이족의 도호절(跳虎節) 광서 융수현(融水縣) 먀오족의 '망호춤(芒蒿舞)' 등은 공연할 때 모두 탈을 쓰거나 얼굴을 가리거나 혹은 얼굴에 색칠하여 분장한다. 이렇게 하는 것은 탈, 얼굴 가리개, 얼굴에 색칠하는 방식으로 공연자의 본래 얼굴을 감추어 그들로 하여금 예에 맞지 않는 내용을 공연할 때 부끄러움을 느끼는 것을 없애기 위해서였다.

위에서 원시인들의 수렵 활동·토템 숭배·부족 전쟁과 주술 의식의 4개 방면으로부터 탈의 기원에 대해 설명하였다. 탈이 아주 먼 선사 시기에 생겼고 탈을 생성한 사회적인 생태 환경도 벌써 사라져 버렸으며 상고시대의 탈과 관계되는 의식과 금기 등도 다시 볼 수 없기 때문에 오늘날 탈의 기원에 관한 비밀을 온전히 밝히기는 쉬운 일이 아니다. 위의 설명은 다만 초보적인 탐색이라 할 수 있겠다. 다음에 몇 가지 점을 제시할 필요가 있다.

① 탈을 배태한 네 가지 요소는 세계에서 대부분 지역과 민족에 대해 말한 것이다. 고대 각 원시 민족의 생활 지리 환경이 천차만별이었고 역사 발전 과정도 서로 다르며 사회경제 형태도 각양각색이었기 때문에 탈의 기원 또한 아주 복잡한 상황을 보였다. 그러므로 본 책에서 제기한 원시인의 수렵 활동·토템 숭배·부족 전쟁·주술 의식의 4개 주요 요소 외에도 일부 지역과 민족에게는 다른 특수한 요소들이 있었을 것이라 생각한다. 뿐만 아니라 위의 네 가지 요소가 탈의 기원에 대해 일으킨 작용도 똑같은 것은 아니다. 보통 수렵 활동·토템 숭배·주술 의식의 영향이 조금 더 컸으며, 부족 전쟁의 영향은 상대적으로 적었다.

　② 탈을 배태한 네 가지 요소는 원시인들의 생활에서 긴밀히 연관되고 상호 교차되어 있으므로, 때로는 확연히 구분하기가 아주 어렵다. 예를 들면 원시인들이 토템탈을 쓰고 싸울 때, 이것은 부족 전쟁과도 관련되고 토템 숭배와도 관련된다. 또 원시인들의 주술 의식도 자주 수렵 활동과 밀접한 관계를 갖고 있으며, 수렵 활동은 늘 토템 숭배의 영향을 받았다. 주술 의식과 토템 숭배를 볼 때 서로 포함되는 관계에 있다. 그러므로 우리는 탈의 기원을 고찰할 때 이들을 서로 구별해야 할 뿐만 아니라 이들 사이의 관계도 고려해야 한다. 본 책에서 이들을 분리하여 논술한 것은 서술의 편의를 위한 것이다.

　③ 앞에 열거한 여러 사실들은 탈이 원시 인류의 생산 노동과 사회 실천에서 기원했고, 선명한 공리적 목적이 있었음을 드러내 보이고 있다. 그러나 인류의 물질 문화와 정신 문화가 서로 결합된 산물인 탈은 일찍이 선사 시기에도 일정한 심미 기능과 오락 기능을 갖고 있었다. 오늘날까지 보존된 소수의 원시시대의 탈을 보더라도 재질이나 색채·조형·공예 등 면을 매우 중시하였는데, 이는 미에 대한 중시와 추구를 잘 보여준다. 이는 원시인들이 탈을 사용한 것이 일부 공리적 목적을 실현하기 위한 것일 뿐만 아니라 자신을 더욱 위엄을 갖추거나 아름답게 분장하기 위한 것임을 설명해 준다. 그리고 원시인들이 탈을 쓰고 춤을 출 때, 그 동기가 무엇인지는 몰라도 필연적으로 오락적 성분을 갖고 있기 마련이다. 다만 탈의 심미 기능과 오락 기능이 초기에는 공리적 목적에 속했기 때문에 탈의 기원과는 직접적 관계가 없었다. 때문에 본 책에서는 간단히 언급할 뿐 더 이상의 논술은 하지 않겠다.

제2장

원고 시기의 탈
기원전 21세기

제1절 개설

'원고(遠古)'는 중국의 원시 사회 시기를 가리키는 말로, 인류가 탄생하여 하(夏)왕조가 건립되기 전까지이다. 먼 변방 소수민족지구에서는 원시 사회의 연속 시기가 더욱 길어지기도 한다.

1. 구석기시대

중국 문명은 세계에서 가장 오래된 문명 중 하나이다. 일찍이 플라이스토세(Pleistocene Epoch, 홍적세) 초기에 원시 인류는 중국의 광활한 대지에서 활동해 왔다. 1965년 운남 원모현(元謀縣)에서 발견된 2개의 고인류 이빨 화석은 자기연대학(geomagnetic chronology)을 거친 결과 지금부터 170만 년이나 되었으며, 중국에서 이미 가장 오래된 인류 화석이다. 이전에 발견된 산서 예성(芮城) 서도후(西度侯) 문화 유적과 호북 양원(陽原)의 소장량문화(小長梁文化) 유적과 원모원인(元謀猿人, Yuanmou Sinanthropus)의 시대는 대체로 서로 같다. 홍적세 중기의 고인류 유적이 이미 발견된 것은 지금부터 70만 년의 섬서성 남전원인(藍田猿人, Lantian Sinanthropus)과 50만 년 전의 북경원인(北京猿人, Sinanthropus Pekinensis)[1]

이 있다. 이밖에 산서 예성 암하(匼河), 호북 운현(鄖縣) 용골동(龍骨洞), 호북 대야석용두(大冶石龍頭), 귀주(貴州) 검서(黔西) 관음동(觀音洞), 안휘(安徽) 화현(和縣) 용담동(龍潭洞), 요녕(遼寧) 영구(營口) 금우산(金牛山) 등지에서는 모두 이 시기의 인류 화석과 석기 문화가 발견되었다. 이상 문화 유적은 고고학 분기상 구석기시대 초기에 속한다. 이때 인류는 여전히 유년시대에 속하며 체질적으로 원시성이 많이 남아 있다. 남전원인의 뇌 평균 용량은 7백80세제곱밀리미터이고 북경원인의 뇌 평균 용량은 1천59세제곱밀리미터로 모두 현대인의 뇌용량보다 아주 작다.

도구는 인류가 자연을 정복하고 자연을 개조한 중요한 수단으로 인류가 생존과 번영을 위하여 끊임없이 진화할 수 있는 보증이 된다. 도구와 불씨가 있게 되면서 인류는 최종적으로 동물 상태를 벗어나 사람으로서의 발전 과정이 시작되었다. 고고학적인 자료에서 증명되듯이 원모원인은 이미 뗀[打製]석기와 불을 사용하였으며, 북경원인 유적에서는 수만 건의 석기가 출토되었으며 기본 유형은 주먹도끼(hand axe, biface), 찍개, 긁개(scarper) 등이 있다. 그러나 초기 인류의 뗀석기는 극히 조잡하고 간단하여 대다수가 형태가 일정하게 정해지지 않았다. 사용된 불 역시 천연적인 것에 불과하며 인공으로 불을 얻을 수는 없었다. 험악한 자연 환경과 투쟁하기 위하여 원시인은 수십 명이 모여 무리를 이루면서 느슨한 사회 집단을 이루었다. 채집과 어렵으로 생계를 유지하면서 날로 음식을 먹고 들과 동굴에 사는 간단한 생활을 하였다. 양성 관계에서 최초에는 원시적인 난혼이 이루어지다가 후에 점점 서로 다른 배분 사이의 성교 관계는 배제되

---

1) 1927년 북경의 주구점(周口店) 용골산(龍骨山) 동굴 속에서 처음으로 발견되었으며, '북경집립인' '북경인' 으로도 불린다. 1927-1937년에 대량의 골격화석이 발굴되었으며, 비교적 완전한 5개의 두개골 화석이 발견되었다. 그러나 항일 전쟁 기간에 이들 화석은 미국인 수중에서 없어져 행방을 알 수가 없다. 1949년 이후에 계속 발견되어 지금까지 40개 이상의 성별과 연령이 서로 다른 화석이 발견되었으며, 그 중에서 1966년에 발견된 두개골은 현재 중국의 유일한 북경원인 두개골 화석이다. 북경원인이 생존한 지질 연대는 홍적세 중기로 후기 집립인 단계이다. 사용한 도구는 석기와 골기이나 제작이 조잡하고 용도가 그리 분화되지 않았다. 이들은 동굴에서 군거하면서 수렵으로 생계를 유지하고 불을 사용하였다. [역주]

고, 단지 동배의 형제자매 사이의 군혼[2]이 이루어지면서 인류 사회의 첫번째 조직 형식인 혈연가족을 구성하였다. 고대 문헌에는 당시의 인류를 이렇게 묘사하고 있다. "짐승과 함께 무리를 이루며 살다가 힘으로 서로 다투었다."(《관자·군신》)[3] "나무를 엮어 새 집을 만들어 무리의 해를 피하였다."(《한비자·오두》)[4] "그 백성들이 모여 무리를 이루어 살면서 어미만 알고 아비를 몰랐으며 친척·형제·부처·남녀의 구별과 상하·장유의 도가 없었다."(《여씨춘추·지군람》)[5] 이것은 인류가 동물 상태를 이탈한 후의 필연적인 발전 단계이다. 이 단계에는 인류의 지능이 여전히 아주 낮았으며, 생산 도구도 낙후되었고, 토템 관념과 무술 관념도 아직 생겨나지 않았다. 이상의 상황이 말해 주듯이 구석기시대 초기에 원시인은 여전히 탈을 제작할 수 있는 기술 수단과 사유 능력이 아직 갖추어지지 않았다.

인류 사회는 완만한 발전을 거쳐서 지금부터 2,30만년 전에서 5만 년 전에 구석기시대 중기에 진입하였으며, 지금부터 5만 년 전에서 1만 년 전에 구석기시대 말기에 진입하였다. 이 시기의 지질 연대는 대체로 홍적세 말기에 상당한다. 이때 원시 인류의 체질은 이미 호모사피엔스(Homo sapiens) 단계에 접어들었다. 호모사피엔스는 또 네안데르탈인(Neanderthal man, 古人)과 호모사피엔스(즉 新人)로 구분되고 있다. 구석기시대 중기는 네안데르탈인 단계에 해당되며, 구석기시대 말기는 대체로 호모사피엔스 단계에 해당된다. 중국에서 이미 발견된 네안데르탈인 유적은 아주 많다. 주요한 것으로는 섬서(陝西)의 대려인(大荔人, Dali Man)·광동(廣東)의 소관(韶關) 마구인(馬壩人, Maba Man)·호북(湖北)의 장양인(長陽人,

---

2) 군혼은 집단혼(group marriage)이라고도 하며 2명 이상으로 된 남자 1조(組)와 다른 1조의 여자들이 동시에 혼인 관계에 있는 혼인 형태로 '공부공처제(共夫共妻制)'라고도 한다. L. H. 모건은 1조의 형제자매와 다른 1조의 형제자매 사이, 1조의 형제와 다른 1조의 자매 사이 등의 집단혼을 난혼시대(亂婚時代)를 잇는 인류의 지배적인 혼인 형태라고 주장하였다.〔역주〕

3) 《管子·君臣》: "獸處群居, 以力相爭."

4) 《韓非子·五蠹》: "構木爲巢, 以避群害."

5) 《呂氏春秋·恃君覽》: "其民聚生群處, 知母不知父, 無親戚兄弟夫妻男女之別, 無上下長幼之道."

Changyang Man)·산서(山西) 양분(襄汾) 정촌인(丁村人, Dingcun Man)[6]·
산서 양고(陽高)의 허가요인(許家窯人, Xujiayao Man) 등이 있다. 호모사
피엔스가 발견된 유적 또한 상당히 많다. 주요한 유적으로는 하투인(河套
人, Hetao Man)·광서(廣西) 유강인(柳江人, Liujiang Man)·산서 삭현(朔
縣)의 치욕인(峙峪人, Zhiyu Man)·광서 래빈(來賓)의 기린산인(麒麟山
人, Qilinshan Man)·북경 주구점(周口店)의 산정동인(山頂洞人, Upper
Cave Man)[7] 등이 있다. 원인이 남겨 놓은 원시 체질의 특징은 네안데르탈
인의 신상에서는 명확하게 감소하고 있으며, 호모사피엔스의 신상에서는
완전히 소실되었다. 신인(neo-man)의 평균 뇌 용량은 1천4백세제곱밀리
미터로 현대인의 뇌 용량과 대체로 같다.[8]

　네안데르탈인이 뗀석기를 만드는 기술은 원인보다 장족의 진보를 하고
있으며, 돌을 쳐서 만드는 것 외에도 또 두번째 가공을 하고 있다. 그러므
로 각종 석기는 대다수가 정형화되었으며 석기의 유형 또한 더욱더 다양
해지고 있다. 화석 호모사피엔스는 뗀석기를 만드는 방법을 더욱더 개량

---

　6) 양분현(襄汾縣)의 정춘 유적으로 대표되는 구석기시대 중기의 문화로 1953년에 발견
되었다. 정춘을 중심으로 분하(汾河) 연안 약 10킬로미터에 걸쳐 하안(河岸) 단구(段丘)에
는 12개소의 유적이 흩어져 있다. 인류의 화석골로는 12-13세의 남자의 것으로 추정되는
3개의 이가 발견되었다. 이것은 북경원인과 현대인의 중간에 위치하여 네안데르탈인에
가깝고, 또 몽골로이드적 특색을 지녔다. 출토된 약 2천 점의 석기는 몸돌석기와 격지석
기로 크게 나뉘는데, 큰 것이 대부분이다. 몸돌석기에 속하는 괄석기는 북경원인의 것과
유사하지만 약간 진보하였다. 또 석회암으로 만든 석구(石球)는 동물을 잡을 때에 투석기
로 사용한 것 같다. 격지석기 중에서는 찌르개가 가장 특징적이고, 그 외에 긁개나 다변형
기(多邊形器) 등도 있다. 화석동물에는 코뿔소·코끼리·말·소·사슴·멧돼지 등이 많
다. 유물이 출토된 곳은 황토층 밑의 역층으로, 그 지층은 주구점(周口店)보다는 늦은 플
라이스토세 말기에 해당한다. 당시는 현재보다 따뜻해서 삼림과 초원이 발달하고, 사람
들은 하천가에서 수렵이나 채집 생활을 하였다. 〔역주〕
　7) 구석기시대 말기의 화석으로 북경 주구점 용골산(龍骨山) 산 정상의 동굴에서 발견
하였으므로 산정동인(山頂洞人)이라고 부른다. 방사선탄소측정연대법에 의하면 18865-
420년이다. 동굴에서는 석기와 골기외에도 염색을 한 장식품이 발견되었으며, 이는 이
미 생산력이 일정한 수준에 이르렀음을 말해 주고 있다. 산정동인은 사자에게 장식품을
함께 수장하고 사자의 주위에 적철광석의 분말을 뿌려 놓았다. 이는 산정동인에게 이미
심미 관념과 종교 신앙이 있었다는 것을 말해 주고 있다. 〔역주〕
　8) 潘菽主編,《人類的智能》, 上海科學技術出版社·三聯書店香港分店出版, pp.63.

하였으며, 이미 간접 뗀석기와 간석기, 구멍 뚫는 기술을 장악하게 되었다. 석기는 수렵과 절단·긁개 등 서로 다른 용도에 더욱 적합하게 만들었다. 화석 호모사피엔스는 또 뼈·돌·조개껍질로 장식품을 만들고 거기에 붉은색을 물들였다. 이것은 이때 인류에게 이미 미적인 관념이 있었음을 말해 주고 있다. 인공으로 불을 얻고 활과 화살을 발명한 것은 구석기 중·말기의 중요한 사건으로, 이들은 인류로 하여금 자연과의 투쟁 중에 일정한 주도권을 장악하도록 해주었다. 생산력의 발전에 따라서 인류의 혼인 형태도 점차 혈연군혼에서 족외혼[9]으로 접어들게 되었다. 구석기 말기에는 모계 혈연을 유대로 한 모권제 씨족 사회가 생겨나게 되었다. 이 기간에 토템 관념과 주술 관념은 인류 문명의 진보에 따라서 선후로 출현하게 되었다. 게다가 수렵 생산의 발전으로 객관적으로는 탈이 생겨날 수 있는 조건을 갖추게 되었다. 탈의 기원에 관한 주관적인 조건이 이때 이미 구비되었으나, 생산 기능과 지능 수준으로 분석해 본다면, 적어도 호모사피엔스 단계에 이미 탈을 제작할 능력이 있었다. 일반적으로 최초의 탈은 동물의 모피로 제작한 가두(假頭)라고 하였다. 산정동인 유적에서 한 끝에 구멍이 뚫린 뼈바늘이 출토되었으며, 길이는 8.2센티미터에 가장 굵은 곳의 직경은 3.3밀리미터로 완전히 짐승 가죽을 꿰매어 탈을 만들 수 있었다. 그러나 이상의 논술은 단지 일종의 추측일 뿐이며, 지금까지 중국에서는 호모사피엔스의 문화 유적 중에서 탈이 발견된 어떤 유적도 없을 뿐만 아니라, 유럽 오리냐크(Aurignac)-마들렌(Madeleine) 문화 동굴벽화 속의 탈에 관한 그림과 유사한 것조차 발견되지 않았다. 이로 인해 현재는 중국 구석기시대 말기에 이미 탈이 출현했다고 긍정적으로 말할 수는 없다.

---

9) 외혼제(exogamy)라고도 한다. 본 씨족외에서 배우자를 선택할 수 있는 혼인 형식이다. 내혼·외혼은 같은 사람이더라도 단위를 어떻게 잡느냐에 따라서 양쪽 표현을 다 쓸 수 있다. 즉 씨족에서는 외혼제를 한다고 하며, 혼인 관계에 있는 부락에서는 내혼제이다. 중국의 종법제도하에서 동성불혼은 씨족외혼제의 잔여이다. 외혼제를 실행하는 목적은 혈친 통혼을 배제하기 위해서이다.〔역주〕

2. 신석기시대

대략 지금부터 8000년부터 시작하여 중국은 신석기시대에 진입하였으며, 이 시기는 4000년 정도 지속된다. 중국 신석기시대 문화 유적의 분포는 아주 드넓어 황하 유역과 장강 유역을 중심으로, 동으로는 대만 ,서로는 신강, 남으로는 해남도, 북으로는 흑룡강에 이른다. 이미 발견된 유적만도 6,7천 곳이 넘는다. 그 대표적인 것으로는 신석기 전기에 속하는 배리강(裵李崗) 문화 · 자산(磁山) 문화 · 하모도(河姆渡) 문화 · 홍산(紅山) 문화 · 대문구(大汶口) 문화 · 청련강(靑蓮崗) 문화 · 마가빈(馬家濱) 문화 · 대계(大溪) 문화 등이 있으며, 이들은 모두 모계 씨족 사회가 발전되고 번영되던 단계이다. 신석기 후기에 속하는 것으로는 용산(龍山) 문화 · 제가(齊家) 문화 · 굴가령(屈家岺) 문화 · 양저(良渚) 문화 · 마가요(馬家窯) 문화 등으로 이미 부계 씨족 사회의 발전 단계에 진입하고 있다.

신석기 문화의 중요한 특징은 간석기(마제석기)의 광범위한 유행과 토기의 발명이다. 이때는 이미 채집 경제를 지나 원시 농업에 접어들었으며, 사람들은 돌 · 나무 · 뼈로 제작한 농구로 경작을 하였으며, 조 · 벼 · 기장 등의 양식 작물과 채소 · 과일 등을 심었다. 장강 하류에서는 수리 관계 유적이 발견되고 있어, 당시 사람들이 초보적인 수리 기술을 장악하고 있었다는 사실을 설명해 주고 있다. 수렵 경제 또한 이미 원시적인 목축업으로 발전하였으며, 돼지 · 개 · 양 · 소 · 말은 중요한 가축이었고, 돼지의 사육은 더욱 보편적이었다. 농업의 발전에 따라 수공업은 농업에서 분리되어 나와 독립된 생산업이 되었다. 중요한 수공업으로는 석기 제작 · 토기 제작 · 피혁 가공 · 골기 제작 · 옥기 제작 · 방직 · 양주(釀酒) 등이었다. 신석기시대 말기에는 동을 제련하는 직업도 생겨나게 되었다. 인류는 생산 활동을 하면서 과학기술의 진보를 가져오게 되었으므로, 중국 원고시대에는 중대한 발명들이 많았다. 예를 들면 전설중의 신농씨(神農氏)는 쟁기를 만들고 오곡을 심었으며, 황제(黃帝)는 배와 수레를 만들고 솥을 주조하였고, 라조(螺祖)는 백성에게 양잠을 가르쳤으며, 치우(蚩尤)는 금속으로 병기를 만들었다고 한다. 이들은 모두 창조력이 충만한 이 시기에 발명되었다. 농업·목축업과 수공업의 발전을 바탕으로 상품 교환이 끊임없이 확대되었으며, 최초에는 물물 교환 방식을 취하였다가 뒤에 오면서 원시 화폐인 조개껍질 화폐가 나오게 되었고, 해패(海貝)를 모방하여 석패(石貝)와 골패(骨貝)를 만들게 되었다.

사유관념에서는 구석기시대 중기의 원시종교[10](자연 숭배·조상 숭배·영물 숭배·토템 숭배·귀신 숭배 등을 포함)가 이미 맹아되었으며, 이때는 이미 지배적인 지위를 차지한 의식과 신앙으로 발전되어 원시인들의 생산과 생활에 거대한 영향을 끼쳤다. 신석기시대의 제사 활동은 아주 빈번하였으며 제사 의식도 명목이 아주 많았다. 신을 제사 지내던 제단과 신전은 이미 상당한 규모를 갖추었다. 각종 제기와 예기도 수량에서 사람을 놀라게 할 뿐 아니라 제작이 정미하였으며 이 중에는 탈과 관련된 기물도 있었다. 예를 들면 절강성 여조(余姚)의 하모도 문화 유적에서 쌍이도분(雙耳陶盆)이 출토되었는데 거기에는 탈이 그려져 있고, 중심 부분에는 2개의 동심원이 있으며 머리부분에는 삼첨(三尖)도안이 있다. 탈 좌우에는 각기 한 마리 새와 약간의 새 발톱 문양이 있다.[그림 21] 장경송(張勁松)은 이 그림이 나타내고 있는 것은 7000여 년 전 하모도 주민의 농사와 제사 활동인 '화혼제(禾魂祭)'와 관련이 있으며, 그 탈은 태양신 가면이라고 한다.[11] 임하(林河)는 도분 위의 탈은 나제(儺祭)에 사용되었던 나면

---

10) 원시종교(primitive religion)는 역사적인 의미에서의 원시시대 즉 문헌으로 된 역사가 없던 시대 인류의 종교를 말하나 일반적으로는 발전 단계에서 본 원시, 즉 고도의 문화적 영향을 받지 않은 미개인의 종교를 가리킨다. 공통된 특징으로는 고정된 교의(敎義)가 없고 신화와 구두 문학으로써 표현되기 때문에 신관념(神觀念)은 유동적이다. 애니미즘 또는 애니머티즘, 초자연적인 주력(呪力), 원시적 일신관의 여러 신앙이 널리 존재하고 있는 것은 사실이지만, 어느 것이 종교의 기원인가는 분명하지 않다. 원시종교의 신령 관념·숭배 의식·활동 규칙은 원시 사회 사람들의 자연관·역사관·도덕관·가치관에 모두 결정적으로 중요한 영향을 끼치고 있다. 이들의 신호와 원시 회화·조각과 가무 등은 모두 원시종교와 밀접한 관계가 있다. 현재 중국의 소수민족 중에는 아직도 많은 민족의 종교속에 원시종교 형태가 남아 있다.〔역주〕

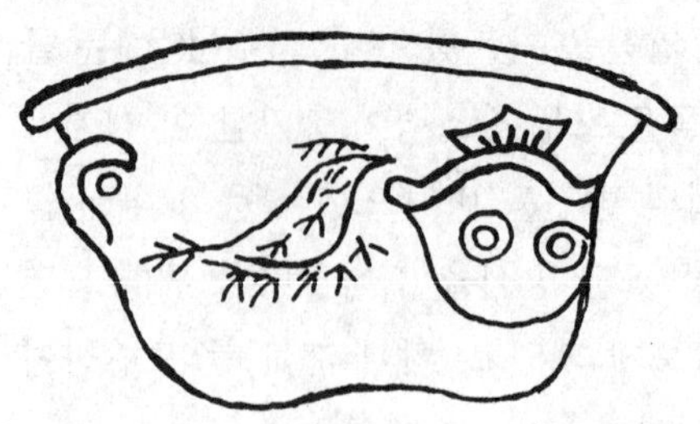

[그림 21] 절강 여조(余姚)의
하모도 문화 도분(陶盆)의 탈 형상.

(儺面)이며 새와 새발톱 도안은 원고 시기 '조경(鳥耕)'의 상징이라고 하였다.[12] 두 사람의 도분 위의 그림에 대한 해석이 일치되지는 않지만 이들은 모두 이것이 탈이 틀림없다고 한다. 탈과 관련된 같은 시기의 기물로는 서안 반파 앙소 문화 유적에서 출토된 인면

어문(人面魚紋)이 있으며, 절강성 여항(余杭) 양저 문화(良渚文化) 유적에서 출토된 옥종(玉琮)·옥관장식·옥삼차형 장식물의 인수(人獸) 복합도 상 등이 있다. 이밖에 산동 거현(莒縣) 대문구 문화 유적에서 출토된 질그릇 항아리에서도 탈의 형상이 발견되고 있다. 그 조형은 세 가지 유형으

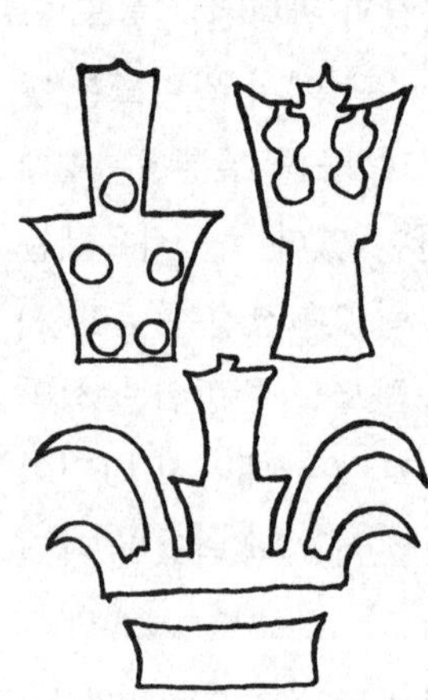

[그림 22] 산동 거현(莒
縣) 대문구 문화
도존(陶尊)의 탈 형상.

로 나눌 수 있으며 모두 질그릇 항아리의 목 부위에 새겨져 있으며 종교 제사와 관련이 있을 것이다. [그림 22] 상좌의 A형은 상하 두 부분으로 구성되었으며 상부는 윗부분이 뾰쪽한 규수형(圭首形)이고 하부는 역사다리 모양의 얼굴 윤곽을 하고 있다. 윤곽 안에는 약간의 원이 있다. [그림22] 상우(上右)는 B형으로, 조형은 A형과 유사하나 오직 하변에 잘라진 긴 목이 있다. [그림 22] 하는 C형이 되며 상하 양부분으로 되어 있으나 그림을 새긴 것이 비교적 세밀하고 규수(圭首) 좌우에 각기 2개의 깃털이 있으며 규수와 얼굴 테두리 사이에는 공백을 남

---

11) 張勁松, 〈七千年前的 '禾魂祭' 及與儺源之關係〉, 1994年 澄江, 〈中國云南儺戲 儺文化國際學術研討會〉 논문.
12) 林河, 〈'九歌' 與南方民族儺文化的比較〉, 《文藝研究》, 1990년, 제6기.

겨 놓고 있다. 왕정수(王正書)는 이들 그림의 형상과 양주 옥기 위의 신상이 서로 구조가 같으며 양저 신상의 머리에는 네모지고 위가 뾰족한 깃털 관을 쓰고 있고 얼굴에는 네모진 탈을 걸치고 있다고 한다. 이들 두상의 규수는 깃털 관의 간략화된 도형이며 역사다리꼴 모양은 '방상탈'을 표시한다고 한다.[13] 위 도안의 성질에 관하여 학술계에서는 원시문자 혹은 원시기사부호라고도 한다.

신석기시대에 생산량이 신속히 발전하면서 생산 관계와 사회 관계에 거대한 변혁이 생겨났다. 주로 사유제가 점차 원시 공유제를 대체하였고, 부권제가 점차 모권제를 대체하였으며 일부일처제가 점차 대우혼제[14]를 대체하였으며 계급 착취와 계급 압박이 점차 사람과 사람 사이의 평등 관계를 대체하게 되었다. 이런 것들은 모두 원시 사회가 이미 기나긴 역사과정을 거치면서 나날이 붕괴되어 가고 있다는 것을 예시해 준다. 신석기시대 말기에 각 부족 사이에는 빈번한 약탈 전쟁이 벌어져 직접 원시 사회의 해체를 촉진하였다. 기원전 21세기에 황하 유역의 부락 연맹 수령인 우(禹)가 전통적인 선양제(禪讓制)를 파괴하고 세습왕권제를 건립하여 중국 역사가 원시 사회에서 노예 사회로 진입하였다는 표시가 되고 있다.

중국 신석기시대에 이미 생활의 여러 영역에서 탈을 사용하였다는 것은 조금도 의문의 여지가 없다. 여러 가지 원인으로 이 시기 탈의 실물은 거의 남아 있지가 않다. 현재는 단지 소형의 면식만이 발견되고 있으며, 그 밖의 탈(가두, 가면, 면조, 면상)은 1건도 발견되지 않고 있다. 그러나 고대 문헌과 유사전의 토기, 옥기 및 바위 그림 속에 나타난 풍부한 자료로 비

---

13) 王正書〈'甲骨' '字補釋'〉,《考古與文物》, 1994년, 제3기.

14) 대우혼은 원시 사회 모계씨족 사회 시기의 결혼 형식으로, 이런 가정의 세계는 모계를 따르며 족외혼의 원칙에 따른다. 여자를 중심으로 여자는 본 씨족에 정착하며 남편은 다른 씨족에서 오며, 여자 집에서 거주하는 혼인 형식이다. 이런 혼인은 독점과 고정된 독립된 생활이 없으며, 독립된 가정 경제가 없으므로 쉽게 헤어질 수 있다. 자녀는 모계씨족의 세계로 계산하며, 여자가 가정 중의 혼인과 일체를 지배할 권리를 갖고 있다. 이는 군혼에서 일부일처제로 발전하는 과도 시기이다. 현재 중국 운남 영녕(永寧) 지구 나시족의 '아주혼(阿注婚)'은 대우혼의 일종이다. 〔역주〕

추어 보면, 중국원고 시기 탈의 발전 상황을 여전히 대략적인 윤곽이나마 그려낼 수가 있다.

　세계의 절대다수의 국가나 지역과 마찬가지로 중국원고 시기의 탈은 원시인의 수렵 활동·토템 숭배·부족 전쟁과 주술 의식에 널리 사용되었다. 당시에 가장 흔히 보이는 탈은 동물의 모피로 제작한 가두였으며 두 가지 형식이 있었다고 추측된다. 하나는 동물의 머리부분을 개조하여 만든 것으로 뒤집어쓸 때에는 모든 머리부분을 덮어쓰거나 혹은 이마 위편에 걸치도록 되어 있다. 다른 한 종류는 동물의 머리에서 꼬리까지의 완전한 모피를 한꺼번에 몸에 뒤덮는 것으로 실제로는 일종의 가형화장(假形化裝)이다. 앙소 문화 시기에 이미 마로 된 의복이 널리 유행되었으므로 마와 식물섬유 또한 가두나 탈을 제작할 수 있었다. 가면 또한 비교적 많이 사용되었던 탈의 일종으로 재료는 대개 대나무, 나무, 가죽, 흙, 풀, 거북 껍질, 죽순 껍질 등이었다. 면식의 사용도 아주 보편적이었다. 중국에서는 지금부터 4000년에서 6000년 된 면식이 출토되고 있으며 황하, 장강 유역에 모두 분포되고 있다. 이들은 옥과 돌등 단단한 재료로 제작되었으며 조형에는 '인면'과 '수면' 두 종류가 있었다. 원고 시기에 이미 '면조'와 '면상'이 전해지고 있었는지 여부에 대해서, 현재 있는 자료로는 긍정적인 결론을 내릴 수가 없다.

제2절 원고 시기 탈과 관련된 고대 문헌의 기록

　원시 사회는 지금부터 아주 요원한 시기로 수천 년 세월의 침식은 당시 거의 대부분의 탈(특히 짐승가죽, 대 혹은 나무와 식물섬유처럼 쉽게 썩을 수 있는 재료로 만들어진 탈)은 모두 훼손되어 남아 있지 않다. 오늘 우리가 볼 수 있는 선사시대의 탈은 극히 소수일 따름이다. 다행히도 고대 문헌 중에는 원고 시기 탈에 대한 기록이 많이 남아 있다. 이들이 비록 신화

의 형식으로 나오고 있으나, 글자와 행간 속에 가득 찬 안개를 걷어낸다
면 초기 탈문화 연구에 상당한 참고 가치를 지니고 있다.

1. 《습유기(拾遺記)》 등

본서 제1장에서는 《용하어도(龍魚河圖)》와 《사기(史記)》를 인용하여,
원시인이 항상 부족 전쟁에서 탈을 사용하였다는 사실을 증명하였다. 고
대 문헌에는 원시인이 토템 무용 중에 탈을 사용한 기록이 더욱더 풍부하
게 남아 있다.
《습유기 · 신농씨》

구천의 조화로운 음악을 연주하니, 많은 짐승이 어울려 춤을 추고 여덟
가지 음이 모두 화합되었다.[15]

《여씨춘추 · 중하기》

요임금이 제위에 오르고 나서 질에게 명을 내려 음악을 만들도록 하였다.
질이 이에 산림과 계곡의 소리를 본떠 노래를 만들고 사슴 가죽을 항아리
위에 씌워 이를 북으로 삼아 두드렸다. 돌과 돌을 부딪쳐 상제의 옥경에서
나는 소리를 본뜨니 여러 짐승이 어울려 춤을 추었다.[16]

《죽서기년 · 제요원년》

요께서 제위에 올라……돌과 돌을 부딪쳐 구소를 노래하니 여러 짐승들

---

15) 《拾遺記 · 神農氏》: "奏九天之和樂, 百獸率舞, 八音克諧."
16) 《呂氏春秋 · 仲夏記》: "帝堯立, 乃命質爲樂. 質乃效山林溪谷之音以歌, 乃以麋
置缶而鼓之: 乃拊石擊石, 以象上帝玉磬之音, 以致舞百獸."

도 어울려 춤을 추었다.[17]

《상서·순전》

　　임금께서 "기야, 네게 전악을 명하노라"고 말씀하시니, 기가 "예! 제가 경(磬)을 치고 두드리니, 여러 짐승들도 어울려 춤을 추었습니다"고 하였다.[18]

　　이상의 기록은 문자가 비록 다르다고는 하나 서로 같은 내용이다. 이른바 "여러 짐승이 어울려 춤을 춘다"는 말은 과거에 유가의 문인들이 성인이 세상을 다스리니, 온갖 짐승들이 모두 몰려와 경하하며, 덕에 교화되어 춤을 춘다는 의미로 해석하였다. 이는 진부하여 언급할 거리도 되지 않는다! 정확한 해석은 신농씨(神農氏)와 요(堯)·순(舜)이 거행하는 성대한 경축 대전에 소속된 각 씨족과 부락이 모두 경하드리러 왔으며, 이들은 질그릇과 돌로 만든 악기를 치고 두드리며 반주하고, 사람의 마음을 움직이는 노래를 부르면서 정신없이 토템 무용을 추었다. 춤을 출 때 온갖 짐승의 동작을 모방하여 의태적인 공연을 할 뿐만 아니라, 짐승 가죽을 걸치거나 혹은 토템탈을 쓰고 각 종 야수로 분장하고 있다.
　　토템 무용 중에 조류를 모방한 공연 또한 적지 않으며 고대 문헌에는 이와 관련된 기록은 열거할 수 없을 정도로 많다.

《죽서기년·제곡》

　　…고양씨를 대신하여 천하의 왕노릇을 하면서, 북치는 자에게 마상의 북을 치게 하고 종과 경을 치자. 봉황이 날개를 치면서 춤을 추었다.[19]

---

17)《竹書紀年·帝舜元年》: "卽帝位… 擊石拊石, 以歌九韶, 百獸率舞."
18)《尙書·舜典》: 帝曰: "夔, 命汝典樂." 夔曰: "于! 予擊石拊石, 百獸率舞."
19)《竹書紀年·帝嚳》: "…代高陽氏, 王天下, 使鼓人拊鞞鼓, 擊鐘磬, 鳳凰鼓翼而舞."

《사기 · 악서》

　사광이 거문고와 북을 한번 연주하자 검은 학이 문과 담에 몰려들었으며, 다시 연주하자 목을 빼고 울면서 날개를 펴고 춤을 추었다.[20]

《목천자전》 권5

　천자가 숲 속에서 사슴을 사냥하고 맹씨에서 술을 마시자, 이에 백학 열여덟 마리가 춤을 추었다.[21]

　이상의 봉황춤과 학춤은 새를 토템으로 삼고 있는 씨족 혹은 부락에서 조류의 표정과 태도를 모방하여 추는 춤들이다. 춤추는 사람은 공연할 때에 새의 형상으로 분장을 해야 한다. 즉 새의 깃털로 몸에 장식을 하고 새의 형체를 한 탈이나 조관(鳥冠) 같은 것 들을 쓰고 있다. [그림 23]은 산동 기남(沂南) 북채촌(北寨村) 동한 화상석의 '봉황래의(鳳凰來儀)'이다. 그림 속의 봉황은 사람이 분장하고 있으며, 유사전의 봉황무와 대동소이하다고 추측된다. 단지 화장이 이렇듯 정미하지 않았을 따름이다.

　중국 원시 사회의 무용은 극히 풍부하며 위에 기술한 조수의 토템 무용을 제외하고도 고대 문헌에 기록된 무용에는 '팔결(八闋)' '부리(扶犁)' '운문대권(云門大卷)' '구연(九淵)' '육경(六莖)' 등이 있다. '팔결'은 제1장에서 이미 소개했었다. '부리'는 또 '부지(扶持)'와 '하모(下謀)'라고 부르기도 하며, 전하는 말로는 신농씨의 신하인 형천(刑天)이 지은 것으로, 내용은 작물의 풍성한 수확을 거두고 난 뒤의 희열을 표현하고 있다고 한다. '운문대권'은 '운문'이라 부르기도 하고, 또 '승운(承云)'과 '함

---

20)《史記 · 樂書》: "師曠授琴鼓一奏, 有玄鶴集于門廊, 再奏之, 延頸而鳴, 舒翼而舞."

21)《穆天子傳》卷五: "天子射鹿于林中, 乃飮于孟氏, 爰舞白鶴二八."

[그림 23] 산동 기남(沂南) 북채촌(北寨村) 동한 화상석의
'봉황래의(鳳凰來儀).'

지(咸池)' 라고도 부른다. 손경침(孫景琛)은 "원래 황제족의 토템 무용이
었으며, 내용은 구름의 토템신에게 제사하면서 구름신이 복을 내려준 공
을 칭송하는 것이다. (…) 이후에는 황제의 공을 형상화하는 데 사용되었
다. (…) 동시에 또한 농업 생산과 밀접한 관련이 있는 함지성(咸池星)을
제사하는 데 사용되었다"[22]고 하였다. '구연'은 또 '대연(大淵)'이라고 부
르며 소호씨(少昊氏)의 악무이다.《노사·후기》에 "(소호씨)는 북을 만들
어 세우고 부경(浮磬)을 제작하여 산천의 바람을 통하도록 하였다. '대연'
의 음악을 지어 사람과 신 그리고 상하를 화합하도록 하고 이를 '구연'이
라고 말한다."[23] '육경(六莖)'은 또 '오경(五莖)'이라고도 쓰며, 전욱(顓頊)
고양씨(高陽氏)가 지은 춤으로 "음양을 조화하여 상제에게 바친다"는 목
적으로 만들어졌다. 위에 서술한 춤은 원시 선민의 농경 생활이나 혹은 선
조와 상제에게 지낸 제사를 반영하고 있으며, 공연할 때에 탈을 사용하였

<hr>

22) 孫景琛,《中國舞蹈史·先秦部分》, 文化藝術出版社, 1983, pp.36.
23)《路史·后紀》: "(少昊) 立建鼓, 制浮磬, 以通山川之風. 作 '大淵' 之樂以諧人
神, 和上下, 是曰 '九淵.' "

는지 여부는 사서에 기재되어 있지 않으므로 지금을 알기 어렵다. 그 중에 어떤 것들은 춤출 때 탈을 사용하였을 것이라고 추측한다. 왜냐면 원시인 이 춤출 때는 일반적으로 모두 화장을 하거나 탈을 썼기 때문이다.

2. 《산해경(山海經)》

세계 각 국의 원고 신화와 전설 속에는 반인반수의 신들이 많이 있으며, 이들은 사람 머리에 짐승의 몸을 하거나 혹은 짐승 머리에 사람 몸을 하고 있다. 이는 인류 초기 특유의 문화 현상으로 원시사회의 토템 숭배와 동물 숭배의 관념과 신앙을 반영하고 있다. 예를 들면 고대 이집트 달의 신인 혼스는 독수리 머리에 사람의 몸을 하고 있으며 [그림 24], 죽음의 신인 아누비스(Anubis)는 표범의 머리에 사람 몸을 하고 있고, 스핑크스는 사람 얼굴에 사자 몸을 하고 있다. 예술의 신인 아폴로는 양의 머리에 사람 몸을 하고 있으며, 목축의 신인 판은 반은 사람이고 반은 양이다. 중국 고대에도 또한 이와 유사한 신화와 전설이 적지 않다. 예를 들면 인류의 시조신인 복희(伏羲)와 여왜(女媧)

[그림 24] 이집트 달의
신 혼스 형상.

는 사람 몸에 뱀의 몸을 하고 있으며, 온갖 풀의 맛을 두루 보고 의약을 발명한 신농씨는 소의 머리에 사람 몸을 하고 있다. 노신(魯迅)에 의하여 '고대의 무서(巫書)' 라고 한 《산해경》에는 집중적으로 이런 반인반수의 신들을 기록하고 있다. 예를 들면 《오장산경(五藏山經)》 중에는 여러 산의 산신들이 나오고 있다. 새의 몸에 용의 몸, 용의 몸에 새 머리, 사람 머리에 말의 몸, 사람 머리에 뱀의 몸, 사람 머리에 새의 몸, 사람 머리에 돼지 몸, 말의 몸에 용의 머리, 용의 몸에 사람 머리, 사람 몸에 양의 뿔, 사람 머리에 호랑이 꼬리…… 등으로 줄줄이 이어지고 있다. 《해외경(海外

經)》 중에 기록된 '화신' '금신' '수신' '목신' 또한 반인반수의 형상을
하고 있다.

남방의 축융(祝融)은 짐승의 몸에 사람 얼굴을 하고 있으며 두 마리 용을
타고 있다.
서방의 욕수(蓐收)는 왼쪽 귀에 뱀이 있으며, 두 마리 용을 타고 있다.
북방의 우강(禺彊)은 사람 얼굴에 새 몸을 하고 있으며, 두 귀에 푸른 뱀
귀고리를 하고 있으며, 두 마리 푸른 뱀을 밟고 있다.
동방의 구망(句芒)은 새의 몸에 사람 얼굴을 하고 있으며 두 마리 용을 타
고 있다.[24]

이밖에도 유사한 기록이 책 속에는 아주 많이 있다.

묘민(苗民)이라고 불리는 사람이 있다. 여기에 신이 살고 있는데, 사람 머
리에 뱀의 몸을 하고 있으며, 길이는 수레 굴대와 같고 좌우에 머리가 있
다…….[25]
염장국(鹽長國)이라는 나라가 있는데, 여기에 살고 있는 사람은 새의 머
리를 하고 있으며 조민(鳥民)이라고 부른다.[26]
견융국(犬戎國)이라는 나라가 있는데 여기 있는 사람은 사람 얼굴에 짐승
몸을 하고 있으며 이름을 견융(犬戎)이라고 한다.[27]
서북해의 밖 적수(赤水)의 북쪽에는 장미산(章尾山)이 있다. 여기에 살고
있는 신은 사람 얼굴에 뱀의 몸을 하고 있으며 (…) 이를 촉룡(燭龍)이라 부

---

24) 南方祝融, 獸神人面, 乘兩龍.
　　西方蓐收, 左耳有蛇, 乘兩龍.
　　北方禺彊, 人面鳥身, 珥兩靑蛇, 踐兩靑蛇.
　　東方句芒, 鳥身人面, 乘兩龍.
25) 有人曰苗民. 有神焉, 人首蛇身, 長如轅, 左右有首…….
26) 有鹽長之國. 有人焉鳥首, 名曰鳥民.
27) 有犬戎國. 有人, 人面獸身, 名曰犬戎.

른다.[28]

서해의 남쪽 유사(流沙)의 가,
적수(赤水)의 뒤, 흑수(黑水)의
앞에 큰 산이 있으며 이를 곤륜
구(昆侖丘)라 부른다. 여기의 신
은 사람 얼굴에 호랑이 몸을 하
고 있으며, 무늬가 있고 꼬리가
있으며 군데군데 흰 곳이 있다
……. 어떤 사람이 머리에 승
(勝)을 쓰고 있으며, 호랑이 이
에 표범의 꼬리를 하고 동굴에
거처하니 이를 서왕모(西王母)라 한다.[29]

[그림 25] 《산해경》 중의 신인(神人)
환두(讙頭).

환두국(讙頭國) (…) 그 사람은 얼굴에 날개가 있고, 새 부리에다 바야흐
로 물고기를 잡고 있다. (…) 혹은 환주국(讙朱國)이라고도 한다…….[30][그
림 25]

《산해경》은 옛날에 하우(夏禹)와 백익(伯益)이 지은 것이라고 하지만 믿
을만한 것이 못 된다. 원가(袁珂)의 고증에 의하면 "이 책은 대개 전국시
대 초기에서부터 한대 초기까지로 초나라 혹은 초나라 사람이 지은 것"[31]
이라고 한다. 여기에 상당히 많은 유사전의 신화와 전설이 보존되어 있다
는 것이 학술계에서 공인되고 있다. 책 속에 나오는 반인반수의 신들은 농
후한 환상적 색채와 허구적인 성분을 띠고 있다. 그러나 이들의 형상이
얼마나 기이하고 황당무계하다고 해도, 사람의 형상에다 동물의 형체를

---

28) 西北海之外, 赤水之北, 有章尾山. 有神, 人面蛇身而赤……是謂燭龍.
29) 西海之南, 流沙之濱, 赤水之後, 黑水之前, 有大山, 名曰昆侖之丘. 有神, 人面
虎身, 有文有尾, 皆白處之…… 有人戴勝, 虎齒, 豹尾, 穴處, 名曰西王母.
30) 讙頭國 (…) 其爲人人面有翼, 鳥喙, 方捕魚 (…) 或曰讙朱國…….
31) 袁珂, 《中國神話史》, 上海文藝出版社, 1988, pp.17.

접합시켰을 뿐이며, 그 원형은 아마도 선사시대 각 씨족(혹은 부족)의 '무'
에서 왔을 것이다. 왜냐면 초기의 '무'가 토템 의식을 거행할 때, 흔히 몸
에 짐승 가죽을 걸치고 손에는 소꼬리를 들고 얼굴에는 탈을 써서 자신을
토템 동물로 화장하고서 토템을 모방한 춤을 추기 때문이다. 이런 풍속들
은 사람들에게 일종의 환각 상태를 만들어 주었다. '무'는 특수한 의미에
서 바로 토템 동물이며, 바로 씨족의 화신이고 천지를 소통시켜 주는 신
이라고 여겼다.[32] 《산해경》 중의 여러 신들이 타고 있는 용, 그리고 손에
잡거나 발로 밟거나 귀에 건 뱀은 바로 '무'의 법술을 도와 하늘과 통하
는 도구이며 조수이다.[33] 이 중에서 뱀을 귀에 걸고 있는 신의 형상은 탈
이나 혹은 머리부분의 분장과 관계가 있을 것이다.

　곽박(郭璞) 주의 《산해경》에는 "두 마리의 푸른 뱀이 귀에 걸려 있다〔珥
兩靑蛇〕"를 "뱀으로 귀를 관통하고 있다〔以蛇貫耳〕"라고 한다. 서안 반파
앙소 문화 유적에는 인면어문채도분(人面魚紋彩陶盆)이 발견되었으며,
도안에는 "물고기가 귀를 꿰뚫고 있다" 이런 기특한 형상은 여러 가지 해
석을 해주도록 하고 있다. 일설에는 반파인의 토템이라고도 하며, 일설에
는 비상하고 있는 환상적인 모습, 일설에는 '무'의 형상, 일설에는 문신
의 도안이라고 한다. 주적(朱狄)은 이것이 당시 어렵주술에 쓰는 탈의 일
종일 것이라고 하였으며, 외국 원시 민족의 탈과 대조하고 있다.[34][그림
26] 이것으로 《산해경》 중의 "뱀으로 귀를 관통하고 있다"는 신이 대개
뱀의 장식을 한 탈을 쓰고 있거나 혹은 머리부분을 뱀으로 분장한 것이라
는 사실을 유추해 볼 수 있다.

　《산해경》에 반영되고 있는 시대는 원시공동체 단계에서 시작하여 노예
제사회까지로, 모계 씨족 사회와 부계 씨족 사회를 위주로 하고 있다. 이
시기에는 토템 숭배가 아주 성행하였으므로, 이 책 속에서 묘사하고 있는

---

32) 朱伯雄主編, 《世界美術史》, 第1卷, 山東美術出版社, 1987, pp.228.
33) 張光直, 《中國靑銅器時代》 중의 '商周靑銅器上的動物紋樣' 1절, 三聯書店,
1983.
34) 朱狄, 《藝術的起源》, 中國社會科學出版社, 1982, pp.235.

[그림 26] 서안 반파 인면어문채도분(人面魚紋彩陶盆)과 근대 원시 부족의 탈.

뭍신들 대다수는 어느 정도 토템 숭배의 낙인을 찍고 있다. 중국 원고 각 씨족이 숭배하는 토템물이 서로 다르므로, 쓰는 탈을 포함한 토템 분장들도 자연히 각기 형형색색으로 이채를 띠고 있다. 신화의 과장과 허구를 거쳐서 용의 머리에 사람의 몸, 사람 얼굴에 새 부리, 사람 몸에 양의 뿔, 사람 머리에 호랑이 꼬리 등으로 조합된 반인반수의 신인 '무' 이다. 근원을 거슬러 올라가 보면 바로 토템 숭배의 반사라 할 수 있다.

이상을 종합하면 《산해경》은 중국 원고 시기 탈문화와 밀접한 관계가 있는 저작이며, 책 속에서는 괴이한 신들을 많이 묘사하고 있다. 이런 측면에서 보면 원시인의 탈과 가면화장이 얼마나 풍부하고 다채로운지를 말해 주고 있다.

제3절 선사시대 바위 그림에 나타난 탈의 형상

바위 그림은 고대 민족이 암석 위에 새기거나 그려 놓은 역사이며 이는 회화로 편찬되어진 서사시이다. 조기 인류가 공유하고 있는 일종의 예술 형식으로 바위 그림은 오대주에 두루 퍼져 있다. 불완전한 통계에 의하면 지금까지 세계에는 약 70여 국가에서 바위 그림이 발견되고 있으며, 이미 기록되어진 바위 그림의 그림은 2천만 개나 된다. 중국은 세계에서 가장 먼저 바위 그림을 기록하고 있는 국가로, 서기 5세기에 북위(北魏)의 지리학자인 역도원(酈道元, 466 혹은 472?-527)은 《수경주(水經注)》에서 중국의 절반이 넘는 지역의 바위 그림 20여 곳을 두루 기록하고 있다. 중국은 또 세계 바위 그림의 유적이 가장 풍부한 국가 중 하나이다. 현재 이미 흑룡강·내몽고·신강·티베트·청해·영하·감숙·산서·사천·귀주·운남·복건·강소·광서·광동·대만 등 성과 자치구의 1백여 개 현(기)에서 바위 그림이 발견되고 있으며, 가장 밀집된 중심 구역은 운남성과 황하 중류의 하투(河套) 지역이다.

　바위 그림 전문가의 연구에 근거하면 중국에서 이미 발견된 바위 그림은 가장 빠른 것이 구석기시대 말기의 작품으로 이들은 내몽고·감숙·청해·신강 등 성(구)에 분포되어 있으며, 그림 속에는 홍적세 말기에 이미 이 지역에서 멸종되었던 코끼리·타조·피모서(披毛犀)와 큰 뿔 사슴 등의 동물이 그려져 있으므로, 1만 년 이전에 만들어진 것이라고 추측할 수가 있다. 중국에서 신석기시대와 청동기시대의 바위 그림은 아주 많이 발견되고 있으며 분포 지역도 상당히 광범위하다. 또한 소수의 바위 그림은 근고 시기의 작품으로 단지 몇 백 년밖에 되지 않은 것도 있다. 적지 않은 지역의 바위 그림에는 모두 '인면' 형과 '수면' 형 그림이 발견되고 있으며, 이런 유형의 그림은 함축하고 있는 의미가 아주 풍부하다. 그 중에서도 일부분의 그림은 바로 탈들이다. 이밖에도 탈을 쓰고 있거나 혹은 가면으로 분장을 하고 수렵·무용·전쟁과 제사를 지내는 원시 인류의 그림들이 발견되고 있다. 중국에서 발견된 선사시대 탈의 실물이 극히 적은 상황에서, 이들 바위 그림 작품은 상고 시기 탈문화를 연구하는 데 가장 형상적이면서 진귀한 자료이다. 중국 중원 지구와 변방 소수민족 지구는 역사적인 발전이 서로 다르다. 여기에서 소개하는 어떤 바위 그림들은 비록 진한(秦漢) 시기 내지는 이보다 더욱 후기일지라도, 현지의 사회 형태로 분석해 본다면 여전히 원시 예술의 범주에 속한다고 할 수 있으며, 이 점은 특별히 설명할 필요가 있다.

1. 내몽고 음산(陰山) 바위 그림

1976년 이래 고고학자들은 내몽고자치구 음산산맥 서쪽의 낭산(狼山) 지구에서 1만 폭이 넘는 바위 그림을 발견하였다. 가장 빠른 것은 이미 1만 년 전이고 가장 늦은 것은 청대에 만들어진 것으로, 수량이 제일 많은 것은 신석기시대에서 청동기시대에 이르는 작품이다. 고증에 의하면 음산 바위 그림은 기나긴 세월 속에서 많은 부락과 민족이 공동으로 창작해 낸 것으로 선사시대의 원시 인류 외에도 그 작자는 전국시대에서 진한에 이르는 흉노인(匈奴人)도 있으며, 당조(唐朝)의 회골인(回鶻人)[35]도 있고, 서하(西夏)의 당항족(黨項族)[36]과 청대(淸代)의 몽골족도 있다. 바위 그림

───────────────

35) 고대 민족 명칭으로 회흘(回紇)이라고도 한다. 초기에는 셀렝가 강(江) 유역에서 동돌궐(東突厥) 지배를 받았으며, 744년 동돌궐을 멸망시키고 오르콘 강(江) 기슭에 도읍을 정하고 위구르 제국을 건설하였다. 제3대 모우가한(牟羽可汗: 759-780)의 치세 때 당(唐)나라 안사의 난을 진압하는 데 협력한 뒤, 당나라에 과도한 요구를 내세우면서 그 내정에 간섭하였다. 그후 제8대 보의가한(保義可汗: 808-821)까지 약 40년 동안, 동(東)투르키스탄으로 진출해온 토번(吐蕃) 및 카를루크 · 예니세이 강(江) 유역의 키르기스와 싸웠다. 그뒤 내분이 계속되면서 키르기스의 공격을 받고, 840년 제국은 붕괴하였다. 제국이 붕괴된 뒤 남쪽으로 내려온 위구르족은 당나라 군대에 의해 토벌되어 쇠퇴하였다. 한편 서쪽으로 패주한 세력 일부는 감주(甘州) · 숙주(肅州)에 정주(定住)하여, 1028년 서하(西夏)에 의해 병합될 때까지 독립을 유지하였다. 그러나 중심 세력은 천산산맥(天山山脈) 북쪽 기슭의 비슈발리크(Bishbalik: 北庭) 및 남쪽 기슭의 고창(高昌)을 거점으로 삼아, 위구르 왕국을 건설하여 동(東)투르키스탄을 지배하였다. 칭기즈칸이 일어나자, 1209년 그 밑에 복속하였다.〔역주〕

36) 고대 종족명으로 당항강(黨項羌)이라고도 한다. 고대 강인(羌人) 중에서 비교적 늦게 흥기한 일지(一支)이다. 남북조 시기에 지금의 청해(靑海) 동남부와 황하 하곡(河曲) 일대에 분포하였으며 유목에 종사하였다. 종족의 무리는 성씨로 부락을 결성하였으며 대표적인 8부중 탁발씨(拓拔氏)가 가장 강하였다. 당조에 토번의 세력에 밀려 감숙 동부 · 영하와 섬서(陝西) 서북부 일대로 점차 이주하였다. 북송(北宋)시에는 지금의 섬서 · 감숙 · 영하 · 청해 · 내몽고 · 신강 6성의 광활한 지역에 당항족(黨項族)을 주체로한 서하(西夏) 정권을 세웠다. 서하는 1227년 몽고에 의하여 멸망되었으며, 당항족은 각지에 흩어져 당지의 다른 민족들과 융합되었다.〔역주〕

[그림 27] 내몽고 음산 바위 그림의 토템 무용도.

의 회화수법은 상당히 풍부하여 쪼아그리기〔敲鑿〕·갈아그리기〔硏磨〕·선으로 그리기〔線刻〕와 칠하여 그리기〔塗繪〕 등 4종이 있다. 제재도 광범위하며 내용은 동물·수렵·방목·거기(車騎)·무용·두상(頭像)과 기타 부호등 모두 일곱 가지 유형이 있다. 더욱이 앞의 세 유형이 가장 많으며 수렵 유목 민족의 경제·문화 생활을 생생하게 드러내고 있다. 그 중에는 탈을 쓰고 있거나 가면으로 분장한 형상도 적지 않다.

[그림 27]은 등구현(磴口縣) 탁림구반(托林溝畔)의 토템 무용도이다. 높이는 73센티미터, 너비는 61센티미터로 모두 열 사람이 그려져 있다. 중간에 네 사람은 가면으로 분장한 모습으로 길고 긴 꼬리 장식을 하고 팔을 잡고 춤을 추는 사람들이다. 왼쪽의 두 사람은 새 모양으로 분장하고 팔을 흔들면서 네 사람을 향해 걸어가고 있어서 흡사 춤추는 행렬에 참여하려는 모습 같으며, 다른 한 사람은 꼬리 장식을 하고 팔짱을 끼고 마치 열렬하고 호방한 춤을 감상하고 있는 듯하다. 우측 상부에는 한 사람이 너울너울 춤을 추고 있다. 다른 두 사람은 양과 말을 쫓아서 화면 밖으로 나가고 있으며, 정면 위쪽의 한 사람은 활시위를 당겨 활을 쏘려는 형상이다. 모든 화면은 주차(主次)가 분명하며 공간 배치가 적절하여 강열한 운율감을 느끼도록 해준다. 이를 감상하는 사람들로 하여금 마치 두터운 시간의 장막을 투과하여 수천 년 전 원시인이 거행하는 토템 무도회의 즐거운 분위기와 쾌락을 느끼는 듯하다.

[그림 28]은 오랍특(烏拉特)
중기(中旗)의 화장(化裝) 수렵도
이다. 높이는 65센티미터, 너비
는 60센티미터로 가면으로 분
장한 2명의 사냥꾼을 묘사하고
있다. 우측의 사냥꾼은 몸이 장
대하며 아래위가 이어진 옷을
입고 있다. 머리에는 얼굴을 가
린 탈을 뒤집어쓰고 있고, 머리
위에는 사슴뿔로 장식하고 있으

[그림 28] 내몽고 음산 바위 그림의
화장(化裝) 수렵도.

며, 몸 뒤에는 꼬리 장식을 내려뜨리고 있다. 오른손은 팔짱을 끼고 왼팔
은 밖으로 뻗고 있어 마치 먼 곳에 있는 동물을 부르는 것 같으며, 이들
을 자기 가까이 유인하여 기회를 틈타 포살하려는 듯하다. 왼쪽의 사냥꾼
은 몸집이 왜소하며 새 모양으로 분장하고 있으며, 그는 오른쪽 사냥꾼의
엄호하에 활에 시위를 먹여 사냥감을 조준하고 있다. 이 바위 그림의 구
도는 아주 간단하지만 그 내함은 도리어 극히 풍부하다. 이는 원시수렵 생
활에 대한 진실하면서도 생동적인 기록이다.

원시인은 항상 제사 활동중에 무도회를 거행한다. [그림 29]는 등구현
격화살랍(格和撒拉) 석벽 위의 제사 무용도로, 높이는 37센티미터, 너비
는 46센티미터이다. 그림
의 왼쪽은 세 사람이 조수
형(鳥獸形)으로 분장하고
있다. 두 팔은 새의 날개를
모방하고 있으며, 꼬리 장
식을 하고 두 다리를 꼬았
다가 벌리면서 춤추는 모습
을 하고 있다. 그림의 오른
쪽에는 한 사람이 왼팔을

[그림 29] 내몽고 음산 바위 그림의 제사 무용도.

높이 흔들고 오른팔은 평평히 뻗치면서 손에는 소꼬리를 잡고 춤을 추고 있다. 그림의 상부에는 한 사람이 피살되어 있으며 머리는 잘려져 소꼬리를 잡고 있는 사람의 팔치에 굴러와 있다. 상임협(常任俠)는 청해 대통현(大通縣) 상손가채(上孫家寨)에서 출토된 무도문채도분(舞蹈紋彩陶盆)을 논술하면서 이렇게 설명하고 있다. "무용수는 뜨거운 격정을 이용하여 환락적인 노래와 춤을 추면서 신 앞에서 제물을 바치고 제사를 지내면서, 심지어는 포로로 잡은 적을 야수와 마찬가지로 처리하여 제물로 삼고 있다."[37] 이 폭의 그림에서 표현되고 있는 것은 바로 원시인이 희생물로 하늘에 제사 지내는 장면이다. 그 목적은 오신(娛神)과 미신(媚神)으로 신령의 보우를 기구하고 있다. 화면의 구도가 교묘하면서도 수법이 세련되어 있고, 비극적인 분위기가 짙게 배어 있어 보는 사람에게 거대한 충격을 주고 있다.

이상 탈이나 혹은 가면으로 분장 한 그림 외에도 음산 바위 그림 중에는 아주 많은 인면, 수면과 두개골 형상이 있다. 이들은 대다수가 절벽 높은 곳이나 계곡 깊은 곳의 지형이 험준한 곳에다 갈아서 그려 놓고 있다. 전면에는 흔히 시냇물이 굽이굽이 흘러가고 풍경이 아늑하면서 아름다운 공터가 있다. 매번 씨족이나 혹은 부락에 중대한 활동이 있으면 남녀노소는 '무'나 수령이 인솔하여 신령이 그려진 벽 앞에서 즐겁게 노래하고 신나게 춤추면서 신에게 제사를 드린다. '신령벽'에 그려진 사람들에 대한 해석은 각기 다르다. 어떤 사람은 '인면' '수면' 혹은 '고루형' 탈이라고도 하며 어떤 사람은 원시인이 숭배하던 조상이나 신령이라고도 여긴다. 개산림(蓋山林)은 "음산 바위 그림 중의 '인(수)면' 문양은 그 의미가 절대 단순한 것이 아니라, 아주 복잡한 내용들을 함축하고 있다. 그 중에는 적어도 탈·천신·조상신과 두개골 등이 있고 그밖에도 복잡한 요인들이 더 있을 것이다……."[38] 이 분석은 정확하다고 할지라도 보충해야 될 점이

---

37) 常任俠, '從彩陶盆上的原始樂舞談起,'《舞蹈》, 1978, 제3기.
38) 이상 세폭의 바위 그림에 대한 해석은 蓋山林의 《陰山岩畫》(文物出版社, 1986년 판)를 참조하였다.

[그림 30] 음산 바위 그림 속의 인면상과 수면상.

있다. 원시인의 눈 속에서 탈은 바로 조상이고 신령의 화신이다. 이로 인해 이들 '인·수면' 문양이 표현하고 있는 것은 천신과 조상신이며 그 원형 중의 어떤 것은 여전히 현실 세계의 추장이나 혹은 '무' 가 쓰던 탈에서 오고 있다.[39] [그림 30]은 음산 바위 그림 속에 있는 대표적인 '인면'과 '수면' 도상이 집중적으로 한 그림 속에 모여 있어 이들과 탈의 관계를 분명하게 살펴볼 수 있다.

2. 운남 창원(云南滄源) 바위 그림

운남성은 중국 고인류 발상지 중 하나이다. 여기에서는 유명한 원모원인(元謀猿人) 화석이 발견되었다. 홍적세 중·말기의 인류 화석 유적이 발견되었을 뿐만 아니라, 허다한 원시 바위 그림이 여기저기 흩어져 있으며, 창원 바위 그림은 이들을 대표한다고 할 수 있다.

---

39) 장영생(張榮生) 편역의 《아프리카 조각》(上海人民美術出版社, 1986) 중에 한 단락의 글로 위 관점의 주석으로 삼을 수 있다. "석기시대의 바위 그림들에는 탈의 도상이 남아 있으며, 허구적인 신을 짐승 모양으로 삼고 있다는 특징이 있다. 프랑스의 프리에는 이것이 조상 토템의 형상이라는 가설을 제시하였다."

창원 바위 그림은 1965년에 발견되었으며, 모두 10개의 바위 그림 지점이 있다. 이들은 모두 소흑하(小黑河)와 남곤하(南滾河) 사이의 가파른 절벽에 분포되어 있으며, 화면은 지표에서 최저는 2미터 최고는 근 10미터쯤이나 떨어져 있다. 바위 그림은 전부 적철광을 갈아서 분말을 만든 후에 소의 피에다가 아교 물질을 섞어서 그렸으며 화면은 자홍색을 띠고 있다. 중국에서는 적철광 분말을 사용하여 그려 놓은 원시 바위 그림이 적지 않다. 표충적인 원인으로 분석해 보면 적철광의 분포 범위가 아주 넓어서 용이하게 찾아낼 수 있으며, 암석 위에 그려 놓으면 색이 선명하여 눈에 잘 띠면서 쉽게 퇴색되지 않는다는 것이다. 심층적인 원인으로 분석해 보면 원시인은 생활의 관찰을 근거로 혈액과 생명에는 직접적인 관계가 있다는 사실을 발견하였다. 즉 영아는 모친의 출혈에 따라 탄생하며, 사람이 피를 많이 흘리면 생명을 잃게 된다. 이런 소박한 인식은 고대인의 피에 대한 숭배를 가져오게 되었다. 《황제내경소문(黃帝內經素問)·정신명신(正神明神)》에는 "혈기란 사람의 신(神)이다"라고 하였으며, 《회남자(淮南子)·정신훈(精神訓)》에는 "혈기란 사람의 정화"라고 하였다. 혈액이 홍색이기 때문에 피에 대한 숭배는 점차 변천되어 오면서 붉은색에 대한 숭배로 변하게 되었다. 원시인이 적철광을 사용하여 제작한 바위 그림은 바로 혈액 숭배의 관념이다. 소의 피를 물 대신 적철광 분말 안에 넣은 것은 안료의 접착력을 놓일 뿐만 아니라, 또한 일종의 신비한 주술 작용을 생기도록 할 수 있다. 소의 피 자체가 바로 신에게 바치는 가장 좋은 제물이기 때문이다.

창원 바위 그림에서 사용한 그림 방법은 실루엣식의 평도법(平涂法)을 위주로 하였으며, 간단한 선으로 보충하고 있다. 현재 판별할 수 있는 도상은 1천여 개이며, 인물이 가장 많고 동물이 그 다음이다. 이밖에도 집과 수목·태양·수인(手印)과 표의부호 등이 있다. 인물화 중에는 가면으로 분장한 도상들이 아주 많으며, 그 중에는 명확하게 깃털이나 깃털 모자 혹은 탈을 쓰고 있고, 갖가지 귀걸이를 하고 있다. 그림은 배열이 아주 밀집되어 있기 때문에 어떤 것은 1제곱미터의 화면 위에 4-50개의 도형이

[그림 31] 운남 창원 바위 그림 수렵 제사도.

있다. 큰 것은 불과 30여 센티미터 이고 작은 것은 단지 4,5센티미터 이므로 인물은 대개 오관을 그리지 못하고 있으며 성별과 연령을 분간할 수 없어 단지 대략적인 윤곽으로 이들이 종사한 활동을 분별해 낼 수 있을 뿐이다. 바위 그림의 작자는 '다이족선민설〔傣族先民說〕' '바족선민설〔佤族先民說〕' 등 서로 다른 견해가 있다. 고고학자들은 근년에 와 창원 바위 그림의 석회로 여러 차례 방사선 동위원소 측정을 했으며, 그 제작 연대는 지금부터 약 3000여 년 전이다.

[그림 31]은 한폭의 수렵제사도이다. 그림의 하부에는 10여 명의 사람이 그려져 있으며, 이들은 포위망을 둘러싸고 있다. 어떤 사람은 손에 방패를 들고, 어떤 사람은 화살을 먹인 시위를 잡아당기고 있으며 어떤 사람은 돌멩이를 던지고 있다. 조수의 무리들은 이들의 포위로 인하여 점점 공터 위로 쫓겨가고 있다. 왼편에는 체형이 크고, 탈을 쓰거나 혹은 귀걸이를 한 사람이 춤을 추고 있다. 아마도 주술을 시전하여 조수들을 그물 속으로 떨어지도록 유인하고 있을 것이다. 그림의 상부에 그려진 것은 표

우제사(剽牛祭祀)[40] 활동으로 세 사람은 머리에 우관을 쓰고, 몸에는 깃털겉옷을 걸친 조형인(鳥形人)이다. 다섯 마리의 소를 표우 지점으로 몰고 가고 있으며 그 중에 가장 앞에 있는 소 한 마리는 몸집이 왜소한 두 사람이 줄로 묶어 놓고 있어, 바로 도살하여 신령이나 혹은 조상에게 제사 지내려 하고 있다. 왼쪽 위에는 머리에 탈을 쓰고 머리에 깃털을 꽂고 체형이 큰 사람이 팔을 흔들면서 춤을 추고 있다. 다른 사람과는 다른 분장과 중요한 위치에 자리잡고 있는 것으로 보아 아마도 표우 의식을 주관하는 '무' 일 것이다. 전체 그림을 살펴보면 모두 10여 인이 탈이나 우관·우령(羽翎)·귀걸이를 하였거나 혹은 깃털 겉옷을 걸치고 있다. 가장 기이한 것은 화면 중앙에 있는 두 사람으로 이들은 머리와 몸이 일자로 함께 이어져 있어 뭔가를 뒤집어쓴 모습이며, 머리 위에 줄기줄기 직선이 그려져 있다. 아마도 짚이나 풀 같은 식물 줄기로 분장하였을 것이며, 포획하고자 하는 조수의 경계심을 없애려고 하는 데 그 목적이 있을 것이다. 이 수렵 제사도(이것은 결코 한번에 그려진 것이 아니고 상하 두 부분이 상대적인 독립성을 지니고 있다)가 생동적으로 표현하고 있는 것은 원시 민족이 거행하는 수렵 활동과 주술 의식 중에서 탈은 빠질 수 없는 일종의 도구라는 것이다. 만일 탈이 없으면 수렵 활동과 주술 의식은 암연하게 색을 잃어버리거나 심지어는 완전히 실패할 것이다.

[그림 32]는 한폭의 부족 전쟁도이다. 그림에는 아홉 사람이 산기슭에 서 있으며 아래는 산길의 곡선을 표시하고 있다. 우두머리는 왼손에 소뿔을 잡고 있고 오른팔은 잘라졌다. 그가 처한 위치와 갖고 있는 도구로 분

---

40) 중국 운남에 살고 있는 더룽족〔獨龍族, Derung〕은 소를 제물로 바치는 표우로 하늘에 제사를 지내고 있다. 표우제천(剽牛祭天)은 절기가 고정되지 않았으며, 일반적으로는 대부분 음력 겨울의 그믐달 사이에 지내며, 또 가족마다 스스로 점으로 택일하여 지내기도 한다. 제사기간은 통상 준비된 제물의 다소로 정해진다. 제사 기간에는 각 가족이나 촌채에서 닭과 돼지를 잡고 서로 요청하여 잔치를 베풀고 축하한다. 표우제천 의식을 거행하면서 가족장은 소를 나무 기둥에 묶어 놓고 젊은 부녀가 소의 목에 구슬 목걸이를 걸어 주며, 도살자가 칼로 소를 찌른다. 이때 광장에 모여 있는 사람들은 칼과 창을 들고 춤을 추며 하늘에 제사 지내며, 육축의 흥왕을 기원한다.〔역주〕

[그림 32] 운남 창원 바위 그림 부족 전쟁도.

석해 보면 부족의 수령인 듯하다. 손에 있는 소뿔은 공격이나 퇴각 명령을 내리는 도구일 것이다. 그 나머지 여덟 사람은 모두 오른손에 단병기를 잡고 머리위로 높이 들어올리면서 왼팔은 자연스럽게 뻗치고 있다. 이 장면은 전쟁에서 승리한 후에 산 위에서 서서 무기를 휘두르면 환호하는 장면 같기도 하고, 또는 적을 앞에 두고 한 줄로 늘어서서 손에 무기를 잡고 아래로 쳐 내려갈 준비를 하는 것 같기도 하다. 아홉 사람의 머리 위에는 모두 두 뿔 형상의 돌기물이 있으며 '짐승 뿔이나 혹은 짐승 이빨로 장식한 탈'[41]일 것이다.

[그림 33]은 창원 바위 그림 중에 대표성을 지니고 있는 그림이다. 창원 바위 그림 중에서 인물 형상은 비교적 적으며, 머리부분의 탈과 장식(우관·우령·귀걸이 등)을 분명하게 판별하기가 쉽지 않으므로, 이들을 집중적으로 비교하겠다. 왼쪽의 두 형상은 손에 모두 무기를 들고 있다. 윗사람은 왼손에 칼을 잡고 오른손에는 방패를 들고 있으며, 머리에는 양 뿔처럼 휘어진 뿔이 나 있으므로, 뿔로 장식한 탈일 가능성이 있다. 아래에 있는 사

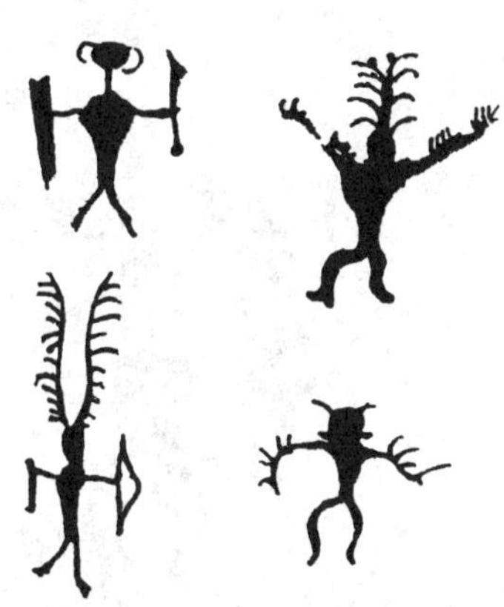

[그림 33] 창원 바위 그림 중에 탈이나 우관(羽冠)을 쓴 형상.

람은 왼손에 활을 들고 오른손에는 단병기를 잡고 있다. 머리에는 길고 긴 깃털을 꽂고 있으며 공작의 꼬리나 꿩의 꼬리 깃일 것이다. 오른편의 두

---

41) 汪寧生, 《云南滄源崖畫的發現與硏究》, 文物出版社, 1985, pp.70.

형상은 팔 부위에 깃털 장식을 하거나 혹은 깃털 겉옷을 걸치고 있다. 위에 있는 사람은 머리에 우관을 쓰고 있고, 아래에 있는 사람은 머리에 뿔 장식을 하고 있으니, 탈이나 혹은 귀걸이일 것이다. 이상의 분장은 운남 청동기와 동고(銅鼓) 문식 중에서도 흔히 볼 수 있는 것으로, 이 둘은 서로 인증될 수가 있다.

3. 운남 마율파(麻栗坡) 대왕애(大王崖) 바위 그림

마율파현은 운남성 문산(文山) 좡족먀오족자치주[壯族苗族自治州]에 속하며, 1983년 6월에 현 성의 동쪽 교외의 양각노산(羊角老山) 남단의 대왕애에서 신석기시대 말기의 바위 그림이 발견되었다. 화면은 높이가 8미터에 너비가 6미터이며 지면에서 약 3.5미터 떨어져 있고 흑·홍·백의 세 가지 색으로 그려져 있다. 현존하는 그림은 25개로 인물은 11개, 소 3마리, 기타 동물 2마리, 도안 4개, 부호 5개이다.[42]

[그림 34] 운남 마율파
대왕애 바위 그림.

대왕애 바위 그림은 화면의 폭이 장대하고 기세가 당당하다. 주 인물 둘은 높이가 약 3미터나 된다. 전신이 적나라한 나신에다, 두 팔은 안으로 약간 구부려 내리고 있고, 손바닥은 밖을 향하며, 두 다리는 팔자형으로 벌리고 있어, 춤을 추는 자태와 같다. 인물의 머리끝과 발 아래에는 수파문(水派紋)과 운뢰문(云雷紋)이 있으며, 두 손은 안쪽으로 각기 백색 띠 형태의 물건을 아

---

42) 楊天佑, 〈新發現的邱北·麻栗坡原始崖畵〉, 《云南民族學院學報》, 1984, 제1기.

래로 늘어뜨려 아래에 있는 사람, 동물과 부호를 연결하고 있다. 하단의 사람은 비교적 적으며 꼬리 장식이 하였으며, 왼쪽 상단에도 꼬리 장식을 한 소형의 인물이 있다. 바위 그림에서 주목할 것은 2명의 주체 인물의 머리에 아주 큰 탈을 쓰고 있으며, 굽은 눈썹에 둥근 눈 곧고 긴 코와 입 모양이 기이하다는 것이다[그림 34]. 화면으로 판단해 보면 이런 탈은 가면이지 가두가 아니다. 현지의 좡족 사람들은 바위 그림을 극히 숭배하고 있으며 이중 2명의 주 인물을 오랜 보호신으로 여기고 있다. 어떤 사람은 좡족의 선조 의지고(依智高)[43]의 실루엣 형상이라고 하며, 매년 음력 7월 초하루에는 모두 여기에 와 제사 드리고 있다. 이 전설은 믿을 만한 것이 못되지만, 이 두 인물은 원고 시기 원시인이 제사 지내던 천신이나 조상신이었다는 것을 증명할 수 있다. 이들이 쓰고 있는 거대한 탈은 신성의 크나큰 권위를 상징하고 있으므로 세심하게 묘사하고 있으며 특별히 두드러지게 돌출시키고 있다.

4. 운남 원강(元江) 타극(它克) 바위 그림

1985년 12월 운남성 원강현 타극향 동북 1킬로미터의 석주호(石酒壺) 암벽 하부에서 신석기시대 중 말기의 바위 그림이 발견되었다. 바위 그림은 전장 19.5미터로 일반적으로 지면에서 2미터여 떨어져 있고, 가장 높은 곳은 15미터나 된다. 현존하는 그림의 형상은 94개로 이 중에서 인물이 62개, 동물이 10개, 그밖의 형상이 22개이다. 바위 그림은 적철광

---

43) 북송시 의동(依峒, 依族 거주지의 범칭) 의족(依族, 지금의 壯族)의 수령이다. 보원(寶元) 2년(1039)에 그 부친 의전복(依全福)이 교지(交趾)에 반항하였다가 실패한 후에 모친인 아의(阿依)와 함께 뇌동(雷峒) 일대로 돌아왔다. 1041년에 대력국(大歷國)을 세우고, 1052년 옹주(邕州, 지금의 廣西 南寧)를 점거하여 대남국(大南國)을 세워 인혜황제(仁惠皇帝)로 자립하였다. 군사를 이끌고 광주(廣州)를 공격하였다가 함락하지 못하고 돌아왔으며, 송(宋)의 장수 적청(狄青)에게 패하여 대리국(大理國)으로 퇴주하였다. 1055년에 대리국왕에게 살해당하여 그 수습이 송에게 바쳐졌다. [역주]

분말과 동물의 피를 섞어서 그렸으며, 실루엣식 평도법을 사용하고 있다. 인물은 오관을 그리지 않았으며, 사지의 동태와 몸의 문식으로 서로 다른 신분을 표시하고 있는 것이 창원 바위 그림과 흡사하다.[44]

타극 바위 그림은 모두 7조로 나누어져 있으며, 제1조 외에 나머지 6조는 모두 탈이나 혹은 머리 장식을 한 인물도상이다. 그림 속에는 약간의 마름모형 인물·와인(蛙人)·뱀·도마뱀과 호로박의 도상이 있다. 마름모형 인물의 신체는 여성의 생식기와 흡사하다. 민간에서는 통상 개구리로 여성의 음부를 은유하며 뱀과 도마뱀으로 남근을 상징하고 있다. 호로박은 중국 서남지구 고대 일부 부족들의 토템으로 지금의 먀오(Mao)·야오(Yao)·둥(Dong)·리(Li)·투쟈(Tujia)·무라오(Mulao) 등 민족 중에는 여전히 원고 시기 홍수가 범람한 신화가 널리 유전되고 있다. 복희와 여왜 남매는 호로박 속에 숨어 다행히 재난을 피하였으며, 뒤에 두 사람이 결합하여 부부가 되어 인류를 번영시킨 이야기가 전해지고 있다. 문일다(聞一多, 1899-1946년)는 복희와 여왜 '두 사람은 본래 호로의 화신'[45]이라고 여긴다. 조국화(趙國華)는 원시인들이 호로를 '여성 자궁의 상징물'[46]로 보고 있다고 지적하였다. 이상의 논증에 근거하면 타극 바위 그림이 표현하고 있는 것은 당연히 고대 백월족[47]의 창세 전설과 생식 숭배·토템 숭배이다.

제1조 바위 그림에서 판별할 수 있는 그림은 8개로 탈을 쓴 형상이 없다. 제2조 바위 그림에는 모두 11개의 형상이 그려져 있으며, 이 안에는

---

44) 楊天佑, 〈云南元江它克崖畵〉, 《文物》, 1986, 제7기.

45) '伏羲考,' 《聞一多全集》, 제1책 《神話與詩》(三聯書店)에 수록되어 있다.

46) 趙國華, 《生殖崇拜文化論》, 中國社會科學出版社, 1991, pp.240.

47) 백월(百粤)이라고도 쓴다. 진한전에 월인은 장강 중하류 남부의 넓은 지역에서 생활하였으며, 부락이 많기 때문에 백월이라 하였다. 단발문신(斷髮文身)을 하고 좌임(左衽)을 하였으며 현관장(懸棺葬) 습속이 있고 간란식 주거에서 살았다. 계복(鷄卜)을 믿었으며 부분적으로는 용사(龍蛇) 토템이 있다. 주로 어렵과 농경에 종사하였으며, 농업은 벼농사를 위주로 하였다. 진한 후에 일부분은 한인과 융합되었으며, 일부는 지금의 좡·부이·둥·다이·수이·마오난·무람 등의 민족과 연원을 갖고 있다. 송 이후에는 문헌에 '백월'이란 기록이 보이지 않는다. 〔역주〕

여덟 사람의 인물이 있
다. 중간에 한 사람이 서
서 두 손을 아래로 내리
고 머리에는 깃털로 장식
을 하고 있으며, 상부에
는 한 사람이 몸을 굽히
고 있고 머리에는 탈이나
혹은 뿔 장식을 하고 있
다. 제3조의 바위 그림에
는 3개의 인물과 소뿔 하

[그림 35] 운남 원강 타극의 바위 그림(제4조).

나가 그려져 있다. 하부의 한 사람은 머리가 원형이며 중간이 비어 있고
머리에는 깃털 장식을 하고 있다. 이렇듯 속이 빈 원형의 형상은 가두를
표시하고 있을 가능성이 있으며, 유사한 형상이 광서 화산(花山) 바위 그
림 속에서 흔히 볼 수 있다. 상부에 있는 한 사람의 머리에는 뿔 상태의
장식물이나 혹은 탈이 있다. 제4조 바위 그림에는 모두 15개의 형상이 그
려져 있다. 안에는 12명의 인물이 있으며, 그 중에서 적어도 4명(2명의 마
름모형 인물을 포함)은 머리에 탈을 쓰고 있거나 깃털 장식을 하고 있다.
이밖에도 소뿔과 뱀 모양의 부호가 그려져 있다[그림 35]. 제5조 바위 그
림에는 모두 25개의 형상이 그려져 있다. 안에는 19명의 인물이 있으며
그 중에서 탈을 쓰고 있거나 혹은 깃털로 장식한 사람이 9명이다. 제6조
바위 그림에는 모두 10개의 형상이 그려져 있다. 안에는 8명의 인물이 있
으며 그 중에서 3개는 훼손되었다. 완전한 5개의 형상 중에서 하부의 한
사람은 와인(蛙人)과 관계가 있다. 다리는 굽히고 팔은 들어올리고 있으
며, 머리에는 마름모형 탈이나 장식물을 하고 있다. 상부 중간의 1인은
머리에 귀 장식이 있는 가두를 쓰고 있으며, 그 옆에는 머리에 긴 깃털로
장식을 한 사람이 하나 있고, 오른쪽 상단에는 머리에 깃털 관을 쓴 사람
이 하나 있다[그림 36]. 제7조 바위 그림에는 모두 21개의 형상이 그려져
있다. 안에는 12명의 인물이 있고 그 중 대다수가 훼손되었으나, 탈을 쓰

[그림 36] 운남 원강 타극의 바위 그림(제6조).

거나 혹은 머리 장식을 한 사람이 적어도 4인이다. 이상 7조의 바위 그림에는 모두 64개의 인물 형상이 있으며(제1조의 2인을 포함), 탈을 쓰고 있거나 머리 장식을 한 사람은 대략 25명이 되어 근 40퍼센트에 가깝다. 바위 그림 중에 일부 인물 형상들이 이미 훼손되어 분명히 판별할 수 없다는 점을 고려한다면 실제적인 비율은 50퍼센트에 접근할 수 있다. 이는 원고 시기의 탈과 머리 부위의 장식을 연구하는 데 아주 설득력을 갖춘 수치이다.

창원 바위 그림과 타극 바위 그림으로 알 수 있는 것은 원시 인류는 항상 동물의 깃과 뿔, 이빨 등으로 신체 특히 머리부분을 분장하거나, 혹은 동물의 깃털과 뿔, 이빨로 장식한 탈을 쓰고 있다. 이런 방법은 미관을 위한 것이기도 하며, 더욱이나 '교감무술'의 신비한 관념이 그렇게 만들도록 하였다. 원시인은 늘상 동물과 섞여 살면서 날짐승과 맹수의 민첩ㆍ속도와 역량에 대하여 경외하고 흠모하여 자신도 이처럼 일반 사람을 뛰어 넘는 품격을 구비할 수 있길 바랐다. '교감무술'의 관념에서 출발하여 이들은 동물의 이런 품격이 그 고기를 먹거나 그 가죽을 입거나 그 깃털ㆍ이빨ㆍ뿔 등을 거는 방식으로 사람의 신상에 전이될 수 있다고 여겼다. 프랑스 사회학자 레비브륄(Claude Lévi-Bruhl, 1857-1939)은 《원시사유》라는 책 속에서 이런 예를 아주 많이 열거하고 있다. 아비벙 사람은 항상 호랑이ㆍ수소ㆍ수사슴ㆍ멧돼지 고기를 먹으면 "자신의 체력ㆍ담량과 용기를 증가시킬 수 있다"고 여긴다. 인도 동북 각 주의 민족들은 "부엉이는 지혜의 화신으로 부엉이의 눈을 먹으면 사람이 어둠 속에서도 아주 분명히 볼 수 있다"고 여긴다. 인디안과 후이챠오인은 새의 깃털에는 신비한 성질을 갖추고 있어서, 독수리의 깃털을 꽂으면 사람들로 하여금 "독수리의 힘·민첩하고 예민한 시력·지혜 등등을 부여하게 된다"고 여긴다. 원시인이 사용하는 깃털·이빨·뿔을 사용하여 장식하는 데도 엄격한 규정이 있다. 진귀한 동물의 깃털·이빨·뿔은 지위와 권세를 상징하므로 씨족과 부족의 수령만이 사용할 수 있으며, 일반 씨족이나 부족 성원은 단지 보통 동물의 깃털·이빨·뿔을 사용할 수 있다. 이것이 바로 선사시대 바위 그림 속에서 신체가 크고 우람하면서 화면의 중심이 되는 인물의 신체 장식이나 혹은 두부장식이 왜 항상 특별히 돌출되거나 분명하게 드러나는지에 대한 이유이다.

5. 영하(寧夏) 하란산(賀蘭山) 바위 그림

하란산은 영하회족자치구(寧夏回族自治區) 서북부와 내몽고 아랍산기(阿拉善旗)와 인접해 있다. 1969년 이래로 하란산맥의 하란구(賀蘭口)·광무구(廣武溝)·회회구(回回溝)·소욕구(蘇峪口)·소서불구(小西佛溝)·대서불구(大西佛溝)·귀덕구(歸德溝)·소자구(小束溝) 등지에서 대량의 바위 그림이 발견되었다. 그림은 동물이 가장 많으며 사람과 유사한 머리 그림(인면상과 수면상)이 그 다음이고, 그밖에 소량의 제사·무용·수렵·방목과 태양도형이 있다. 제작 방법에는 갈아 그리기, 쪼아 그리기, 선으로 그리기의 세 종류가 있다. 창작 연대의 상한은 내몽고 음산 바위 그림보다 약간 늦으며, 하한은 명·청대이다.[48] 이들은 서로 다른 시대의 북방초원 유목 민족이 만든 것으로, 그 중의 일부분은 흉노 문화(匈奴文化)와 밀접한 관계가 있다. 그밖의 지역에 있는 바위 그림과 서로 비교해 보면 하란산 바위 그림의 가장 두드러진 특징은 사람의 머리와 유사한 형상이 아주 많다는 것이며, 더욱이 하란산구가 가장 풍부하다. 이

---

48) 李祥石,《寧夏賀蘭山巖畵》,《文物》, 1987년 제7기 참조.

런 유형의 형상에 대하여 학계에서는 갖가지 서로 다른 해석들을 하고 있으며 그 분기도 아주 크다.

첫째 의견은 생식무술의 각도에서 해석을 하고 있으며, 이들의 다수가 "실은 여음의 상징이다. 이른바 '인면' 내부의 형상과 '수면상'은 대다수가 남성과 여성 생식기 부호의 변체이며 이들은 도리어 흔히 사람(혹은 짐승)의 눈썹·눈·입·코의 유형으로 여겨지곤 한다."[49]

둘째 의견은 이런 유형의 형상은 무당이 만든 것이다. 이들은 "신령이 깃들어 있는 곳이며, 인신공양으로 제사 지내는 대상"이며, "원고 선민의 자연 숭배·천체 숭배와 귀신 숭배를 반영하고 있다." "무당이 신상(인면상)을 만드는 원칙은 장차 자연물을 인격화하고, 또 사람을 대상화한다."[50]

셋째 의견은 "인간의 머리와 유사한 이런 형상이 표현해 내고 있는 의미는 여러 가지이다. 이들은 자연에 대하여 선조에 대하여 영웅에 대하여 토템 및 원시종교의 숭배에 대한 의미를 포함하고 있으며, 이들 숭배와 서로 관련된 이면(勞面)·경면(黥面)·탈·문식 등의 습속을 포함하고 있다."[51]

위의 의견에서 두번째와 세번째가 더욱 실제 상황에 근사하게 부합되고 있다. 민족학과 고고학의 자료에서는 원시 사회 속에서 신령·무당 또는 선조·영웅의 형상은 흔히 탈이나 혹은 가면 분장과 떨어질 수 없는 밀접한 관계가 있다는 것을 말해 주고 있다. 하란산 바위 그림 중의 인류 두상과 유사한 형상들이 탈을 사용하였다고 단순하게 해석할 수는 없으나, 그 중의 일부분은 탈과 관계 있다는 것은 의심할 여지가 없다.

[그림 37]은 하란구에서 채집한 8개의 형상으로 서로 다른 지점에 새겨져 있다. 우측 아래는 몸에 짐승 가죽을 걸치고 가면으로 분장한 입상이고 그 나머지는 모두 인두와 유사한 형상들이다. 이들은 사실적이기도 하

---

49) 李仰松, 《內蒙古與寧夏岩畵生殖巫術析》, 《寧夏社會科學》, 1992년 제3기.

50) 蓋山林, 《賀蘭山巫師岩畵初探》, 《寧夏社會科學》, 1992년 제3기.

51) 陳育年·湯曉芳, 〈古代北方草原通道上的賀蘭山岩畵及其與匈奴文化〉, 《寧夏社會科學》, 1992년 제4기.

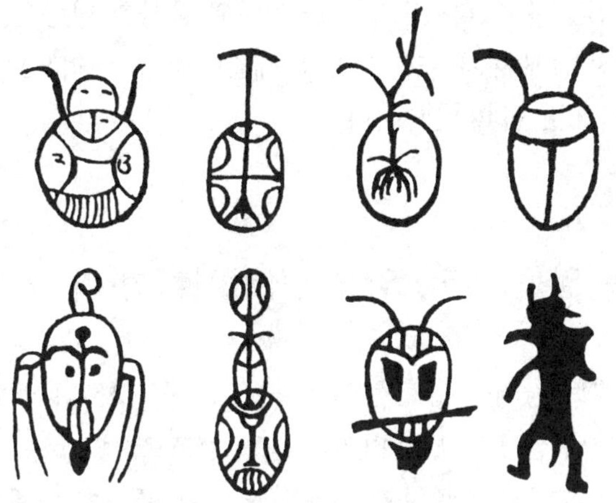

[그림 37] 영하 하란산의 유사 인수상(人首像).

며 추상적이기도 하고 복잡하기도 하며 간단하기도 하다. 어떤 것은 머리 위에 짐승 뿔이 2개 뻗어 나와 있기도 하고, 어떤 것은 얼굴 부위에 식물 섬유를 사용하여 분장하기도 한다. 문제를 설명하기 위하여 본서에서는 외국의 근대 원시 부락의 탈을 수집하여 [그림 38]과 비교해 보면, [그림 37] 중의 인두와 유사한 형상과 [그림 38]의 탈들은 놀랠 정도로 흡사하

[그림 38] 외국 근대 원시 부족의 인수상.

다는 것을 발견할 수 있다. 단지 이들 인두와 유사한 형상은 간단한 도구
로 단단한 암석 위에 새겨 놓은 것으로 제작이 아주 어려우므로 간략하게
개괄하여 나타내고 있을 따름이다.

6. 티베트 일토(日土) 임모동(任姆棟) 바위 그림

1985년 티베트 자치구 일토현(日土縣) 일송구(日松區) 임모동(任姆棟)
산에서 바위 그림 한 곳을 발견하였다. 모두 4조로 선으로 그리기와 쪼아
그리기가 서로 결합된 수법으로 만들어졌으며, 풍격에 따라서 초기 · 중
기 · 말기로 나눌 수가 있다. 제재는 아주 풍부하여 야크 · 영양 · 멧돼지 ·
사슴 · 이리 · 호랑이 · 표범 · 개 · 낙타 · 수리독수리 · 기러기 · 사람 · 물
고기 · 질그릇 · 해 · 달 · 나무 등 20여 종의 형상이 있다. 장건림(張建
林)의 고증에 의하면 임모동 바위 그림은 "당연히 토번(吐藩) 시기 이전의
작품으로 연대의 하한은 토번 초기보다 늦지 않다." 그 작자는 "당시 이
일대에서 활동했던 대양동국(大羊同國)이나 혹은 태평국(太平國)의 유목
부족일 가능성이 아주 크다"[52]고 하였다. 4조 바위 그림 중에서 가장 가
치가 있는 것은 제1조 1호 바위 그림 위의 제사 무용도이다. 화면의 높이
는 2.7미터이고, 너비는 1.4미터, 지표에서는 12미터이며 상하 2조로 나
누어져 있다. 상조의 우측 가장 높은 곳은 말 한 마리가 있고, 말의 좌하
방은 야크 한 마리가 있으며, 좌측에 한 사람이 팔짱을 끼고 서 있다. 한
사람은 양을 타고 있으며, 두 사람은 왼손에 긴 장대를 잡고 있다. 조금
아래로 좌에서부터 우로는 하현달 · 태양 · 남근 · 여음이 있다. 하조의
우측에는 머리와 꼬리가 서로 이어진 원형의 큰 물고기가 있고, 물고기
뱃속에는 열 마리의 작은 물고기가 있다. 좌상방은 새 형상의 탈을 쓴 네
사람이 춤을 추고 있다. 그 중에서 한사람은 나머지 세 사람보다 훨씬 크

---

52) 張建林, 〈日土岩畵的初步硏究〉, 《文物》 1987년 제2기.

니, 아마도 제사의 의전을 주지하는 부족의 수령이나 무당일 것이다. 춤추는 사람의 주위에는 작은 물고기 세 마리가 있고, 좌하방에는 일렬로 배열된 진흙 항아리 10개가 있다. 항아리 좌측에는 두 사람이 양위에 타고 있으며, 그 중 한 사람은 원형 머리 장식을 쓰고 있다. 그 아래

[그림 39] 티베트 일토 임모동 바위 그림.

에는 1백25마리의 양이 9줄로 나눠져 있으며, 가장 위 줄은 영양이고, 나머지 8줄은 면양이다[53][그림 39, 국부]. 이 작품은 구도가 복잡하고 내함이 풍부하다. 그림 속에는 모두 10여 종의 형상이 있고, 각 형상마다 모두 깊은 의미를 지니고 있다.

그림 속에서 가장 주목을 끄는 것은 남근·여음·태양·달 및 춤추는 사람과 물고기이다. 남근과 여음은 남성과 여성의 가장 두드러진 생리적 특징이다. 원시 선민들은 직관적인 관찰을 통하여 대를 잇고 후대를 번성시키는 것은 남·여의 성 기관이 교합된 결과라는 것을 인식하게 되었으므로 이에 대해 신화하고 경배하게 되었다. 그림 속의 남근과 여음은 남녀의 교합을 은유하고 있으며 그 목적은 사람과 가축의 흥성과 작물의 풍성한 수확을 기원하는 것이다. 고대인은 태양은 양이고 달은 음이며, 태양은 남성의 상징이고 태음(달)은 여성의 상징이다. 일월과 남근·여음이 가까이 서로 붙어 있어 남녀의 교합을 은유할 수 있을 것이다. 물고기는 민간에서 여음을 은유하고 물고기는 번식력이 극히 강하므로 다자(多子)의

---

53) 西藏文管會文物普査隊, 〈西藏日土縣古代岩畵調査簡報〉, 《文物》 1987년 제2기.

상징이 된다. 그림 속에는 모두 세 마리의 작은 물고기와 큰 물고기 한 마리가 있으며, 큰 물고기 뱃속에는 작은 물고기 열 마리가 있다. 작자의 의도는 물고기의 번식력을 차용하여 인축과 작물의 번영과 생장을 촉진하고자 의도하고 있다. 4명의 무인도(舞人圖)는 비록 아주 작기는 하지만 도리어 전 화면의 핵심이며 영혼이다. 춤추는 사람은 머리에 새 모양의 탈을 쓰고 있으며, 바위 그림의 작자가 속한 부족이 새를 토템으로 삼고 있음을 표시하고 있다. 무도자가 추고 있는 것은 음란하며 성을 도발시키는 '성교무'이다. 무술 의식 중에서 이런 춤을 추므로 신령을 기쁘게 할 수 있고, 이것으로 신령의 보호를 얻을 수 있게 된다. 이상 몇 종의 형상을 제외하고도 그림 속의 질그릇 또한 사람의 주목을 끌고 있다. 초기 인류의 생활 중에서 질그릇 속에는 술이나 양식을 담는 여러 가지 용도로 쓰이므로 그 형상에 대해서도 여러 가지 해석을 할 수가 있다. 장건림은 이들이 "신령에게 올릴 술을 담고 있다는 것을 표시하고 있다"[54]고 하였다. 화면의 내용과 결합하여 분석하면 바위 그림의 작자는 생육 무술을 통하여 양식의 풍성한 수확을 거두어 모든 창고(질그릇)가 가득 채워질 수 있기를 희망하고 있다. 바위 그림 하부의 많은 영양과 면양에 이르면 바위 그림의 작자가 목축업의 흥왕과 수렵이 성공하기를 바라는 희망을 표현해 내고 있다. 전 화면을 종합하여 보면 이것은 응당 원고 시기 어느 부족의 생육을 기원하는 성대한 무술 의식의 진실한 기록이다.

임모동 제3조 바위 그림 31호는 머리에 멧돼지형 탈을 쓴 사람이 있고, 이 사람 우측에는 사슴 한 마리와 이리 한 마리가 있다. 이로 추단해 보면 탈을 쓴 사람은 사냥꾼일 것이다.

---

54) 張建林, 〈日土岩畵的初步硏究〉, 《文物》, 1987, 제2기.

7. 신강 호도벽(呼圖壁) 강노이구(康老二溝) 바위 그림

신강 위구르 자치구 호도벽현 천산(天山) 깊은 곳의 강노이구에서 근년에 원시 사회 말기 '쇄인(塞人)'[55]이 만든 거대한 바위 그림 한 폭이 발견되었다. 바위 그림은 길이가 14미터, 높이가 9미터로 120여 제곱미터 암석 위에 음각선과 부조가 서로 결합된 수법으로 2,3백 개의 남녀 인물을 새겨 놓고 있으며, 이 중 대부분은 춤을 추고 있는 형상이다. 춤추는 사람은 크기가 서로 다르며, 대개 나체로 큰 것은 실제 사람보다 크고 작은 것은 단지 10센티미터 좌우이다. 나체 여인은 오관이 수려하고 가슴과 둔부가 풍만하며 허리가 가늘고 다리가 길다. 나체 남성은 오관이 거칠고 가슴과 둔부가 왜소하며 성기가 발기되어 있다. 그림 속에는 3조의 남녀 교합도가 있다. 그 중 1조의 남성상은 오른손을 위로 올리고 왼손으로는 음경을 잡고 서 있는 여성상의 음호를 향하고 있다. 음경은 예술적인 과장이 명확하여 길이가 거의 몸집 크기와 비슷하다. "성 기관의 신격화는 인류 번영의 욕구가 종교와 예술에서 반영된 것이며, 또한 인류가 가장 빨리 자신의 국부를 예술로 재현하고 있다. 이들은 자기 자신에 대한 혼돈스럽고 몽롱한 인식이 자연스레 하나의 구체적인 기관과 부위로 집중되고 있으며, 아울러 이들에 대하여 경배하고 있다."[56]

그밖에 2조의 교합도에서 여성상은 위로 누워 있는 자태로 두 다리를 벌리면서 위로 구부리고 있으며, 남성상은 음경을 곧바로 음호에 꽂고 있다.

---

55) 쇄종(塞種)이라고도 한다. 기원전 2세기 이전에 이리하 유역과 이사이커호 일대에 유목하던 민족이다. 언어는 동이란어에 속하며 기원전 2세기 전에 대월씨(大月氏)인이 서쪽으로 옮겨와 그 당을 침입하므로 분산되어 일부는 남하하여 인도로 들어가고, 일부는 그곳에 남아 대월씨를 공격한 오손(烏孫)인과 천산 이남 각지에 분포하였다. 서양과 인도 페르시아 역사 속에 기록된 스지타이인 살마시안인(Sarmatians) · 사카인(Sakas)은 쇄인의 서로 다른 호칭이다. 분포 범위가 넓기 때문에 중아시아 · 서아시의 많은 민족 특히 월씨 · 오손 · 토화요(吐火羅) 등의 민족과 혈연 관계가 있다. 장기간 이란과 로마 문화의 영향을 받았다. 당시 동서양 문화 교류에 촉진 작용을 하였으며 태양과 불을 숭배하였다. 〔역주〕

56) 陳醉, 《裸體藝術論》, 中國文聯出版公司, 1987, pp.33.

주의할 점은 이 2조의 교합도에 모두 탈이 출현하고 있다는 것이다. 우측 1조 그림 속의 남성상 가슴 앞에는 한 사람의 두상이 새겨져 있으며, 머리 위로 두 줄기 끈으로 매달려 있는 물건이 남성 입상의 어깨 부분과 서로 연결되어 있다. 이것은 아마도 일종의 탈이나 혹은 호신부를 가슴 앞에 걸어 놓아 보호 작용을 하고 있다. 그의 오른쪽 팔꿈치에는 또 남성 생식기 형상이 하나 매달려 있다. 왼편 1조 그림 속의 남성상은 원숭이 얼굴을 한 후면인(猴面人)으로 머리에는 뿔이 둘 달린 탈을 쓰고 있으며,[57] 오른쪽 팔꿈치 아래쪽과 둔부 후면에는 각기 남성 생식기 형상이 하나씩 있다. 이상 2개의 남성상은 모두 탈을 사용하고 있을 뿐만 아니라, 신체가 거대하여 그림 속에서 아주 눈길을 끌고 있으니, 의식을 주지하는 씨족 수령이나 무당일 것이다. 이들 팔꿈치 아래나 둔부 뒤에 걸려 있는 남성 생식기는 대나무·나무 등의 재료로 제작된 도구로 추측되며, 유사한 도구들이 지금 세계 많은 민족의 민속 활동중에 여전히 찾아볼 수가 있다. '원숭이 얼굴을 한 사람'이 갖고 있는 2개의 남성 생식기 도구와 가슴 앞에 걸려 있는 탈은 단지 이런 도구로 이로써 권력이나 지위·주술 능력의 차이를 표시하고 있을 것이다. 이들이 교합 장면에서 쓰고 있는 탈은 통신(通神)과 부끄러움을 가리는 이중 목적을 지니고 있다.

무용과 교합을 하는 인물을 제외하고도 바위 그림 속에는 말과 호랑이의 형상이 있다. 말은 자웅으로 나뉘며 숫말은 성기가 발기되어 있고 서로 머리를 마주하고 있다. 호랑이는 숫호랑이로 성 기관이 크게 돌출되어 있다. 분명히 이 사이에는 생식 숭배의 의미를 함축하고 있다.

이를 총괄하면 신강 강노이구 바위 그림은 산 암벽 위의 무수한 나체 남녀의 미친 듯한 춤과 교합 장면을 새겨 놓아, 원시 선민의 야성적인 배설과 생명의 환락을 있는 대로 다 표현하고 있다. 목적은 씨족 인구의 번영과 흥왕을 기구하는 데 있으며, 원고 시기의 생식 숭배를 진실되고도

---

57) 古麗婭, 〈新疆呼圖壁康家石門子岩雕畵的初步硏究〉, 《美術硏究》, 1990년 제3기.

[그림 40] 신강 호도벽현 강노이구의 바위 그림.

생동적으로 그려 놓고 있다[그림 40, 국부].

8. 광서(廣西) 화산(花山) 바위 그림

광서 쫭족 자치구의 좌강(左江)과 명강(明江)의 연면히 이어진 백리의 강안에는 84개의 바위 그림 지점이 분포되어 있으며, 이를 '화산 바위 그림'라 부르고 있다. 이중에서 가장 높고 크며 장려한 것은 영명현(寧明縣)의 화산 바위 그림이다. 영명의 화산 바위 그림은 토홍 안료로 강에서 높이 230미터나 되는 거대한 암벽 위에 그려 놓았다. 화면은 강물에서 가장 높은 곳은 40미터 떨어져 있고 그림의 폭은 220미터, 높이는 약 40미터로 현존하는 형상은 1천8백19개이다. 이것은 중국에서 지금까지 발견된 것 중 규모가 가장 크고 형상이 가장 많은 바위 그림이다. 바위 그림의 내용은 아주 풍부하여 춤추는 사람·교합도·두 뿔 모양의 꼭지가 있는 종·환수도·징·동고(銅鼓)·검·배·개·새 등이 있다. 그 중 춤추는 형상은 규모가 웅대하고 장면이 활기차며 자태가 다양하여 깊은 인상을 주고 있다.

화산 바위 그림의 창작 연대에 대하여 학계의 의견이 일치되지 않고 있다. 상고 시기에 만들어졌다고 하며, 진한(秦漢) 때 만들어졌다고 하고,

당대(唐代)에 만들어졌다고 하며, 심지어는 근대 천지회(天地會)가 만든 것이라고도 한다. 각종 자료를 근거로 추단하면 전국시대에서 동한 사이에 만들어졌을 가능성이 크다. 그 작자는 쫭족의 선민으로 당시 쫭족 사회는 씨족공사에서 노예 사회로 발전되어 나가던 시기였다. 바위 그림이 함축하고 있는 의미에 대해서도 학계에서는 중설이 분분하다. 어떤 사람은 회화에서 상형문자로 나가는 과도 단계의 언어부호라고도 하며, 어떤 사람은 대규모의 전쟁에서 승리하고 기념으로 만든 것이라고도 하며, 어떤 사람은 이것은 물귀신을 진압하기 위한 것이나 혹은 수신을 제사 지내기 위한 부적이라고도 하며, 어떤 사람은 쫭족 선민의 조상 숭배와 토템 숭배를 표현하고 있다고도 한다. 바위 그림의 형상으로 분석해 보면 응당 뒤 설이 맞을 것이다.

화산 바위 그림의 춤추는 사람 형상은 정신(正身)과 측신(側身)의 두 종류로 나눌 수 있다. 정면을 보고 춤추는 사람의 기본 자세는 두 팔은 평평히 뻗치고 팔꿈치를 구부려 위로 들고, 두 다리는 벌리고 무릎을 구부려 반쯤 쭈그려 앉은 자세이다. 측면을 보고 춤추는 사람의 기본 자세는 두 팔은 팔꿈치를 구부려 가슴 앞에서 뻗어내고, 두 다리는 무릎을 구부려 정보(正步)로 반쯤 쭈그려 앉는 자세이다. 정면을 보고 춤추는 사람이든 측면을 보고 춤추는 사람이든 모두가 전신 나체로 청개구리의 형상과 흡사하여, 쫭족 선민이 청개구리를 숭배했던 유풍을 반영하고 있다. 쫭족 선민이 개구리를 토템으로 삼고 있는 것은 창세 서사시인 〈마빙부뤄퉈〉 중에 반영되고 있다. 이 서사시에서는 부뤄퉈의 동생과 아들 12명이 12개 국가를 세웠으며 그 중 "한 국가는 소리가 개구리 같다"고 서술하고 있다. 쫭족 지구에 널리 전해지고 있는 '청개구리 황제' 신화에서도 쫭족 선민들이 개구리를 토템으로 삼았다는 정보를 드러내고 있다. "쫭족이 개구리 신을 공경하고 민족의 수호신으로 여기는 까닭은 농업 경제에서 결정된 것이다."[58] 일찍이 3000여 년 전에 쫭족은 이미 벼농사를 위주로 하던 선진 농업 민족이다. 쫭족 선민들은 생활 속에서 청개구리가 해충을 잡아먹을 뿐만 아니라, 그 울음소리로 날씨를 예측할 수 있다는 것을 알았으므로, 청개구리를 특별히 숭배하였다. 지금도 광서 홍수하(紅水河) 일대의 쫑민은 매년 설 기간에는 모두 마과절(螞拐節)[59]을 거행한다. 이때 쫑민들은 나팔을 불고 동고를 치며 산가(山歌)를 부르고 마과이 춤을 추면서, 청개구리의 공적을 찬송하고, 개구리신에게 복을 빌며, 농작물을 보호하여 풍성한 수확을 거둘 수 있도록 해달라고 기원한다.

화산 바위 그림은 한폭 한폭이 사람 수가 서로 다른 군무도로 이루어졌으며, 대부분 다음과 같은 구도로 구성되어 있다. 몸집이 비교적 작은 와인(蛙人) 무리들이 몸집이 큰 와신(蛙神) 하나를 에워싸고 춤을 추고 있다. 일반적으로 와신은 머리에 화령을 꼽거나 혹은 짐승 모양의 장식을 쓰고 있으며, 허리에는 환수도를 차고 손에는 비수를 들고 있으며, 표정이 위엄스럽고 태도가 오만하다. 와신 사방의 와인들은 정면 형상이든 측면 형상이든지를 막론하고 모두 뭇 별들이 달을 에워싸듯 와신을 둘러싸고 춤을 추며, 이들 중에는 명확하게 탈을 쓰고 있는 것도 있다. 모든 화면은 주

---

58) 梁庭望,〈花山崖壁畫 — 壯族上古的形象歷史〉,《中央民族學院學報》, 1988년 제2기.

59) 장어(壯語)로 caet yahgvei라고 부르며 와파절(蛙婆節)이라고도 한다. 광서 홍수하(紅水河) 연안의 속란(東蘭)·파마(巴馬)·풍산(風山)·천산현(天峨縣) 일대에서는 음력 초하루부터 정월 30일(어떤 곳에서는 정월 15일)까지 개구리신을 받들어 기년(祈年)을 하는 전통 명절이다. 큰 촌채나 혹은 몇 촌채가 연합하여 '청와파(請蛙婆)' '창와파(唱蛙婆)' '효와파(孝蛙婆)' '제와파(祭蛙婆)' '장와파(葬蛙婆)' 등의 제사를 지낸다. 모든 축제는 와신(蛙神)이 인간에게 비를 내려주어 풍성한 수확을 거둘 수 있도록 해준 공적을 찬양하는 가무 축제이다. 마과지에의 내력은 다음과 같다. 원고 시기에 속림랑(東林郎)이라는 사람이 노모가 세상을 떠나 슬픔에 싸여 있는데, 집 밖의 개구리 소리가 더욱 시끄러워 끓는 물로 청개구리를 죽여 버렸다. 이로부터 인간 세상에는 개구리 소리가 끊어지면서 비가 내리지 않고 태양만이 이글거리는 대재앙이 닥쳐왔다. 동림랑이 조상신인 부뤄타〔布洛陀〕에게 빌자, 부뤄타가 말하기를 청개구리는 천상에 있는 뇌왕의 딸(혹은 아들, 뇌왕의 화신)로 바람과 비를 내릴 수 있으며 인간의 화복을 관장한다고 하였다. 이로부터 설에는 와파신(蛙婆神)에게 제사 지내어 풍우조순(風雨調順)과 오곡풍성, 인축흥왕을 빌게 되었다. 사람들은 정월 초하루에 처음으로 발견하는 청개구리를 신성하게 받들고, 개구리를 찾은 사람은 행운과 길상이 따른다고 하며 그 해 마과지에의 제사를 주지하는 수령으로 삼는다. 보편적인 방법은 개구리를 관에다 염하여 마을의 정자에 모시고 제사 지내고 이를 장사 지내며 한 해의 풍흉을 점친다. 이 마과지에의 형식은 쫑족 선조들이 개구리를 숭배했었다는 토템의 흔적이다.

[그림 41] 광서 영명 화산애 바위 그림의 군무도.

차가 분명하며 번잡하면서도 어지럽지 않고 신비한 분위기를 띠고 있으므로 강렬한 느낌을 주고 있어, 원고 시기의 성대한 종교 제전을 힘차면서도 아주 생동적으로 표현해 내고 있다.

　[그림 41]은 영명 화산애 벽에 그려진 대표성을 띤 한 폭의 군무도이다. 그림 중심에는 머리에 짐승 형상의 장식을 쓰고 큰 몸집에 웅건한 위무를 지닌 와신이 작은 와인의 무리 속에서 학처럼 서 있다. 그의 오른쪽에는 동고가 하나 있고, 아래에는 몸집이 거대한 개가 한 마리 있다. 우하측에는 머리위에 상투를 틀고 정면을 보고 있는 와인이 둘 있고, 다시 오른쪽으로 짧은 댕기와 긴 댕기를 딴 측신 여성상이 2개 있다. 좌하측의 첫번째 사람은 탈을 쓰고 있으며, 머리 부위는 둥근 원으로 그려 있고 원안에는 점이 몇 개 있어서, "모든 형상이 마치 머리 위에 탈을 뒤집어쓰고 있는 것 같다."[60] 다시 좌로 나가면 머리에 띠를 장식한 정면 와인 형상이 있다. [그림 42]는 좌강 유역의 각 바위 그림에서 함께 모아 놓은 춤추는 사람의 형상이다. 이들은 탈을 쓰거나 혹은 우관을 쓰거나 혹은 우령을 꼽고 있거나 혹은 짐승뿔로 장식하고 있어 화산 바위 그림의 아름다움과 신비한 색채를 더해 주고 있다.

---

60) 廣西壯族自治區民族研究所編, 《廣西左江流域崖壁畵考察與研究》, 廣西民族出版社, 1987, pp.161. 화산 바위 그림 속의 탈에 대한 그림은 많은 학자들이 논급하고 있으며, 여기서는 일일이 인증하지 않겠다.

[그림 42] 화산 바위 그림 중의 탈과 머리 장식.

제4절 원고 시기의 면식

전에 기술한 것처럼 중국 원고 시기에는 단지 소형의 면식들만이 약간 남아 있으며, 가두·가면·면조·면상은 1건도 발견되지 않고 있다. 그러나 선사시대의 문화 유적지 중에서 원조형의 두상과 토기 기명에 붙어 있는 부조 '인면'이 약간 출토되고 있다. 이들은 비록 탈로 칠 수는 없지만 탈과 조형·기능·제작 공예 등에서 모두 일정한 관계가 있으므로, 원고 시기에 남겨진 탈을 논술하기 전에 먼저 이에 대한 개략적인 소개가 필요하다.

1. 원고 시기의 조소 작품

조소의 역사는 구석기시대 말기로 거슬러 올라갈 수 있다. 지금부터 2,3만 년 전에 유럽의 네안데르탈인은 현대인에게 놀람을 금치 못하게 하는 조소 작품을 창조해 냈다. 구석기시대 유적의 조소 중에서 야생말·들소·산양·순록·맘모스·곰 등의 동물 형상이 주도적인 위치를 차지하고 있으며, 이들은 수량에서나 질량에서나 모두 사람의 형상을 초과하고 있다. 동물과 원시 선민의 생존은 깊은 관련이 있기 때문에 원시인은 포획한 동물에 의해 살면서, 그 고기를 먹고 그 가죽을 입으므로, 동물에 대한 인식은 자신에 대한 인식을 초과하기 마련이다. 이 시기의 조소인상은 비록 동물 조소에 비해 손색이 있으나 아주 중요한 의미를 지니고 있다. 왜냐면 이들은 원고 인류가 자신의 형상과 역량에 대한 초보적인 인식을 구현해 내고 있기 때문이다. 조소인상은 원조(圓雕)와 부조로 나눌 수가 있으며, 미술사학자들에게 '유사전의 비너스' 라고 불리는 소형의 원조 여인 나상은 예술적 성취가 비교적 높다. 구석기시대의 조소두상은 유럽에서도 발견되고 있으나, 조소인상처럼 그리 보편적이지는 않다. 이것은 이 때의 인류는 전체적인 형상을 거칠게 대충 가공할 수는 있었으나, 국부적인 형상을 깊이 있게 새기는 것은 더욱 높은 예술적인 기교를 필요로 하기 때문에 손색이 있다. 중국에서는 아직 구석기시대의 조소 작품은 발견되지 않고 있으므로, 여기서는 단지 신석기시대부터 논술할 수밖에 없다.

　중국 신석기시대의 조소 또한 인물조소와 동물조소로 나눌 수 있다. 동물조소는 대다수가 실용성과 예술성이 하나로 융합된 작품이며, 또 소형의 독립된 조소들도 있다. 대표적인 작품은 하남(河南) 신정(新鄭) 배리강문화(裵李崗文化) 유적에서 출토된 도저두(陶猪頭), 섬서(陝西) 화현(華縣) 유자진(柳子鎭)에서 출토된 도효기개(陶梟器蓋), 산동 교현(膠縣) 삼리하(三里河)에서 출토된 도구규(陶狗鬹), 내몽고 옹우특기(翁牛特旗) 삼성타랍촌(三星他拉村)에서 발견된 옥룡, 절강 여조(余姚) 하모도(河姆渡)에서 출토된 목어(木魚), 요녕 객좌(喀左) 동산취(東山嘴)에서 출토된 터키석 올빼미 등이다. 위에 든 작품들은 용도가 각기 달라 어떤 것은 실용 기구이고, 어떤 것은 장식 용품이며, 어떤 것은 토템 부호이고, 어떤 것은 주술로 사람을 복종시키는 영물이며, 그 중 대다수가 탈과는 관계가 없다. 소수는 기능과 조형에서 선사시대의 '수형면식(獸形面飾)'과 비슷한 부분이 있다.

　이 시기의 인물조소는 개별적인 흉상·좌상과 입상을 제외하고는 절대다수가 두상이다. 이는 사회 문명의 진보에 따라서 인류는 자신에 대해 깊이 있는 인식을 하게 되며, 머리는 육양(六陽)이 모인 곳으로 사람의 지혜·역량과 미가 모두 머리부분에 집중되어 있기 때문이다. 동시에 또한 원시 조소가들의 기예가 이때 이미 크게 향상되었으며, 이미 사람의 외모와 정신에 대해 깊이 있게 그려낼 수 있게 되었다는 것을 설명해 주고 있다.

하남성 미현(密縣) 아구북강(莪溝北崗)에서 출토된 노부인의 두상은 현재 이미 알려진 것 중 가장 오래된 조소 두상이다. 진흙 바탕에 엷은 회도(灰陶)로 잔결된 높이는 4센티미터, 너비 3센티미터, 두께 2.5센티미터로 편편한 머리에 네모진 얼굴로 눈이 깊이 들어갔고 코가 넓으며, 앞이마가 평평하게 퍼져 있고, 아래뺨은 앞으로 튀어나왔으며, 기법은 유치하지만 생동적이고 핍진하다. 배리강 문화 유물에 속하며 지금부터 약 7000년이 되었다[그림 43, 상좌].

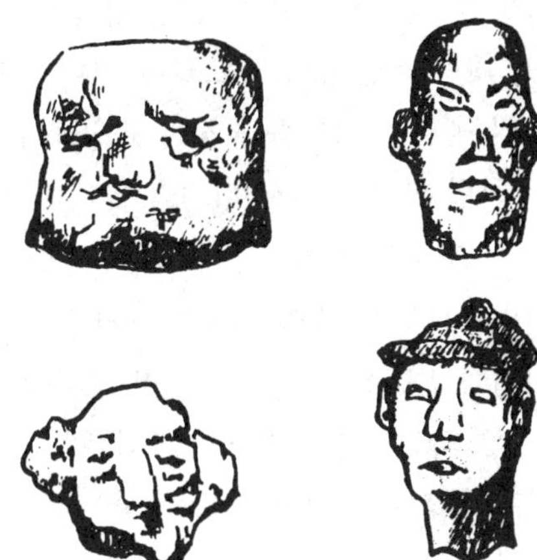

[그림 43] 중국 신석기시대의 도소(陶塑) 두상.

조금 뒤늦은 조소 두상으로는 절강성 여조현 하모도 유적에서 출토된 도소 남성 두상이 있다[그림 43, 상우]. 섬서성 서안시 반파에서는 노부인 두상이 출토되었다[그림 43, 하좌]. 감숙성 찰현(札縣) 고사두(高寺頭)에서는 도소 소녀 두상이 출토되었다[그림 43, 하우]. 섬서성 황릉(黃陵)에서는 도소 남성 두상이 출토되었고, 섬서성 서향현(西鄕縣) 하가만(何家灣)에서는 골조 두상 등이 출토되었다. 위에 기술한 작품은 개별적으로 크기가 비교적 큰 것을 제외하고 그 나머지는 단지 호두만한 크기로, 귀부분이나 머리 정수리에 일반적으로 모두 작은 구멍이 뚫려 있다. 이들 중 어떤 것은 사람 몸이나 혹은 기물 위에 매달아 벽사나 장식에 사용하는 물품이었으며, 어떤 것은 무당이 귀신을 쫓는 데 썼거나 혹은 그 밖에 주술 행위에 쓰는 도구였다. 그 기능은 원고 시기의 면식과 아주 흡사하나 단지 조소 두상은 탈에 속할 수 없으며 가운데가 찬 원조 작품도 모두 탈에 속하지 않는다.

중국 신석기시대에는 토기 재질의 부조 인면이 출토되고 있다. 섬서성 부풍현(扶風縣) 강서촌(姜西村)에서는 도소 남성 인면 1건이 출토되었다. 돋을새김〔浮雕〕수법으로 제작되었으며, 인물의 형상이 극히 생동적이다. 송곳으로 찔러 만든 두 눈은 밖을 향해 비스듬히 기울어 팔자형을 나타내고, 콧등이 곧바르고 코끝이 미미하게 구부러졌으며, 입 모서리가 위로 치켜 올라가 쓴웃음을 짓는 표정에다, 도법이 간결하면서도 숙련되어 있어 한번 본 사람들로 하여금 잊기 어렵게 만들어 주고 있다[그림 44]. 이것은 원래 모래 섞인 붉은 질그릇 항아리의 입 주둥이 아래에 붙은 장식물이었으므로 탈의 예에 넣을 수가 없다. 이처럼 토기 기명에 부속된 신석기시대의 인면상은 중국의 여러 지역에서 발견되고 있다. 그 중에서 크기가 가장 크고 제일 정미하게 제작된 것은, 1967년에 감숙성 천수현(天水縣) 자가평(柴家坪)에서 출토된 작품이다. 모래가 섞인 진흙 바탕의 홍도로, 기물의 표면에는 아주 얇은 갈색 옷이 한층 입혀져 있었으나 이미 대부분 떨어져 나갔다. 앙소 문화 반파 유형에 속하며 지금부터 약 5000년이 되었다. 잔고(殘高)는 25.5센티미터, 너비는 16센티미터로 사람 얼굴 크

[그림 44] 섬서 부풍(扶風) 강서촌(姜西村)에서 출토된 도소 인면.

[그림 45] 감숙 천수(天水) 자가평(柴家坪)에서 출토된 도소 인면.

기와 서로 비슷하다. 얼굴 부분이 풍만하고 윤택하며 이마에는 흩어진 머리카락이 융기되어 있고, 오관의 비율은 별로 정확하지 않다. 눈썹·눈·코의 위치가 너무 높고 두 눈 사이의 거리가 너무 가까우며 귀도 지나치게 크게 되어 있다. 이처럼 부족한 곳이 있음에도 불구하고 생동적이고 핍진한 가작임에는 틀림없다. 얼굴 표정을 분석해 보면 두 눈에 정신을 집중하고 입을 벌려 노래를 부르는 젊은 여성일 것

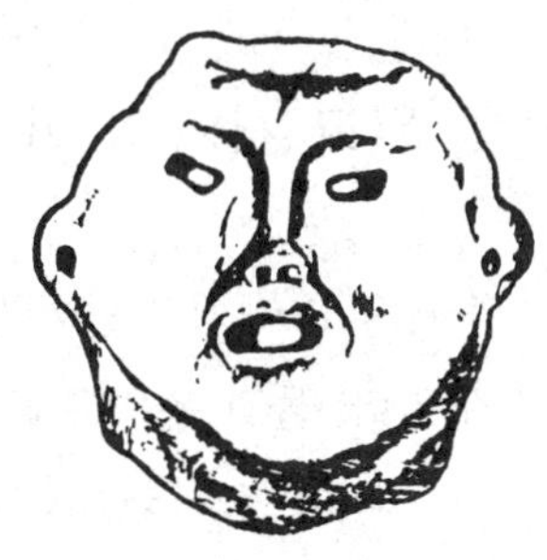

[그림 46] 섬서 보계(寶鷄) 북수령(北首嶺)에서 출토된 도소 인면.

이다. 두 귀에는 구멍이 뚫려 있으니 조개껍질이나 진주 등의 장식물을 걸기 위해서일 것이다[그림 45]. 다른 1건은 섬서성 보계시(寶鷄市) 북수령(北首嶺)에서 출토된 도소 인면도 아주 정채롭다. 이 인면은 앙소 문화 반파 유형의 말기 작품으로 높이는 9센티미터, 너비는 7.3센티미터, 두께는 1센티미터이다. 얼굴은 뺨이 풍만하고 아래턱이 둥그스름하며, 콧날이 융기되어 있고 눈썹이 활처럼 명확하다. 눈자위는 밖을 향해 치켜 올라가 불공스럽고 오만함이 드러나 있다. 눈썹과 수염은 흑색으로 그려져 있고 눈과 입이 뒷면과 뚫려서 통해져 있으며, 두 귀가 편평하고 장식물을 걸 수 있도록 구멍이 뚫려 있다. 전체적인 형상이 핍진하고 신태에 위엄이 있어 아마도 권력을 지닌 중년 남성일 가능성이 있다.[61][그림 46] 이상으로 돋을새김을 한 인면은 외형상으로 면식이나 가면 같은 유형의 탈과 아주 근접하는 것 같지만 탈의 범주에 넣을 수는 없다. 단지 이들이 종속적인 지위를 벗어나 독립된 작품이 되었을 때 비로소 풍부하고 다채로운 탈 중에 한 자리를 차지할 수 있을 것이다.

---

61) 중국 신석기시대의 조소 두상과 도소 인면에 관해서는 閻湯池의 〈黃河流域的原始彩陶藝術〉, 《美術研究》 1982년 제3기와 楊亞長의 〈精湛的原始造型藝術〉, 《美術史論》 1989년 제2기를 참조하시오.

2. 원고 시기의 면식

중국 원고 시기에 남겨진 면식은 이미 알려진 것처럼 석질과 옥질 두 종류가 있다. 돌과 옥으로 제작하는 면식은 내구성이 있고 또 미관이 세밀하다. 특히 옥은 부드럽고 윤택하며 광택이 풍부하고 이를 치면 그 소리가 청량하게 멀리 퍼지므로, 고대에 상서로운 물건으로 여기게 되었다. 그러므로 벽사와 납길(納吉)의 기능을 갖고 있음으로 원시인의 사랑을 받게 되었다. 지금까지는 아직 토기로 구운 면식이 발견되지 않고 있다. 면식은 통상 사람의 몸에 차고 다니는 것이기 때문에 토기를 만드는 질흙으로 제작하면 파손되기가 쉽고 또 미관이 별로 아름답지 않았으므로, 원시인은 질흙으로 면식을 제작하는 일이 아주 적었다. 국외에서는 상아와 수골로 제작한 면식이 발견되고 있으나, 중국에서는 이런 보도를 아직 보지 못하였다. 아래에 소개하는 대표적인 면식들은 신석기시대의 돌과 옥을 제작하는 고도의 공예 수준을 반영하고 있다.

(1) 사천 무산(巫山) 대계(大溪)에서 출토된 인면식(人面飾)

1959년 사천성 무산현 대계의 64호 묘에서 쌍면으로 된 석질 인면식 1건이 출토되었다. 대계 문화 말기의 작품으로 지금부터 대략 5000년에서 6000년쯤 되었다. 색깔은 칠흑 같고 지질은 세밀한 화산회암으로 제작되었다. 평면 타원형을 띠며 높이는 6센티미터, 너비는 3.6센티미터, 중간의 두께는 1센티미터이고 윗부분 좌우에 각기 구멍이 하나씩 뚫려 있다. 면식 중앙 부분에는 양각법으로 한 사람의 형상을 새겨 놓고 있으며, 인면은 전체 면적 중에서 작은 부분을 차지하고 있다. 정반 양면의 인상(人像)은 조형이 대체로 같으며, 콧등이 오똑하고 두 눈은 둥글고 입을 벌려 〇형을 드러내고 있으며, 극도로 슬프고 고통스러운 모습을 하고 있다. 뒷면의 인상은 얼굴 뺨이 풍만하고 윤택하며, 정면의 인상은 얼굴 뺨이 수

척하고 말랐다[그림 47]. 쌍면 면
식은 국내에서 단지 이것 하나뿐
이다. 다시 64호 묘는 아이의 묘로
이 인면식 외에도 무덤 속에서는
많은 수장품이 출토되었다. 무덤
주인은 결코 보통 아이가 아니며
그 가장은 "일반 씨족성원이 아니
라 모든 위망과 권력을 지닌 것으
로 보인다." 그래서 이처럼 정미한

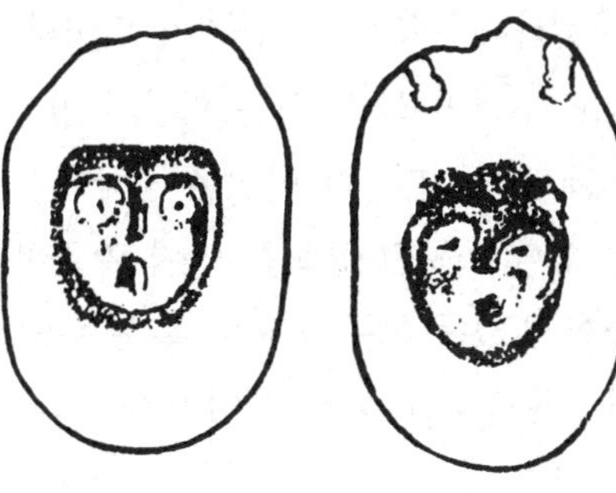

[그림 47] 사천 무산 대계에서 출토된
석질 인면식.

인면식을 수장품으로 무덤 속으로 가져갈 수 있으니, "이 아이는 씨족 중
에서 원시 음은제(蔭恩制)의 총아임을 말해 주고 있다."[62] 어떤 사람은 이
면식은 무덤 주인 생전의 '완구' 라고도 하나 불확실하다. 그것은 응당 호
신부와 같은 유형의 '영물' 로 벽사와 악을 진압하는 기능을 갖추고 있다.

(2) 산동 등현(滕縣) 강상촌(崗上村)에서 출토된 인면식

1968년 산동성 등현 강상촌에서 옥조 인면식 1건이 출토되었다. 대문
구문화 중기에 속하는 작품으로 지금부터 대략 5000년경이 된다. 면식
은 높이가 3.2센티미터, 너비가 3.9센티미터이고 평면은 대략 사다리 형
태를 띠고 있다. 옥의 가장자리에 음각법으로
인면 윤곽을 조각하고 있으며, 2개가 서로 이
어진 큰 눈은 거의 윤곽선과 접근하고 있고,
눈 중간에 한줄기 가는 선으로 눈동자를 표시
하고 있다. 코는 삼각형을 띠고 있으며, 입은
가는 선 하나로 표시하고 있어서, 표정이 조
용하면서 함축적이어서 깊은 생각에 잠겨 있

[그림 48] 산동 등현 강상촌
에서 출토된 옥질 인면식.

---

62) 李水城, 〈從大溪出土石雕人面談幾个問題〉, 《文物》, 1986년, 제3기.

는 듯하다. 뒷면에는 돌기가 튀어나왔으며 거기에 구멍이 뚫려 있다[그림 48]. 구멍이 뚫려 있는 위치가 면식 뒷면의 돌기 위에 있는 상황은 아주 드물게 보인다. 이 면식은 중국에서 지금까지 출토된 가장 빠른 옥질 인면 형식으로 그 용도는 이미 확실히 고증하기 어렵다. 다만 그 당시의 기능이 뭐였든 모두 종교나 혹은 주술적인 의미를 함축하고 있을 것이라는 사실은 조금도 의심할 여지가 없다.

(3) 감숙 영창(永昌) 원앙지(鴛鴦池)에서 출토된 인면식

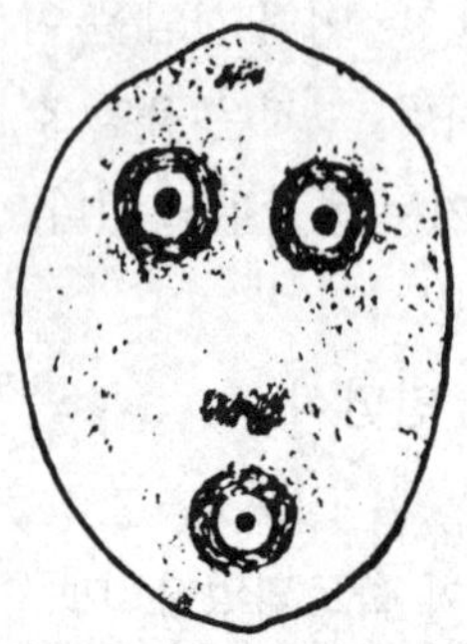

[그림 49] 감숙 영창 원앙지에서 출토된 석조 인면식.

1973년 감숙성 영창현 원앙지 51호 묘에서 석조 인면식 1건이 출토되었으며, 마가요 문화 마광(馬廣) 유형에 속하고 지금부터 4000년에서 4300년쯤 된다. 면식은 백운석으로 만들어졌으며 타원형을 띠고 있다. 높이는 3.8센티미터, 너비는 2.5센티미터이며 머리 정수리에 구멍이 뚫려 있다. 눈과 입에는 백색 골주(骨珠)를 사용하여 상감을 하였다. 접착제는 흑색아교 물질로 골주보다 넓게 발라 둥글게 흑색 윤곽선을 형성하여 눈과 입을 아주 두드러지게 드러내 보인다. 코는 흑색 아교와 같은 물질로 2개의 원점을 발라 표시하고 있다[그림 49]. 전체 기물은 유치하면서도 신비를 드러내고 있어 사람들에게 강렬한 인상을 주며, 정밀하고 특이한 제작공예는 원시 인류의 지혜와 기교를 반영하고 있다. 원앙지 51호 묘에서는 약간의 도기·석기·골기 및 4백여 개의 골주가 출토되고 있어, 묘 주인이 비교적 높은 신분의 인물이거나 혹은 무당이라고 여겨진다. 이로 인해 어떤 학자는 이 면식이 "신상일 가능성이 있으며, 또한 무당의 영물일 수도 있다"[63]고 한다.

---

63) 宋兆麟等,《中國原始社會史》, 文物出版社, 1983, pp.487.

(4) 섬서 신목현(神木縣) 석묘촌(石峁村)에서 출토된 인면식

1976년 섬서성 신목현 석묘촌 무덤에서 지금부터 약 4000여 년 되는 용
산시대의 인면식 1건이 출토되었다. 면식의 높
이는 4.5센티미터, 너비는 4센티미터로 유백색
옥에다 조각하여 만들어진 것으로, 사람의 측면
형상을 표현해 내고 있다. 머리 위는 상투를 틀
고 가는 눈에 매부리코, 입술은 약간 벌리고 있
으며, 뺨 상부에는 가는 선으로 '목(目)' 자형 문
양을 음각하고, 하부에는 원형으로 구멍이 뚫려
있으며, 귀는 머리 뒤에 조각하였다. 모든 작품
으로 보면 원조(圓雕)의 효과에 가까워 보이나

[그림 50] 섬서 신목
석묘촌에서 출토된
옥질 인면식.

원조는 아니다.[64] [그림 50] 중국에서 지금까지 알려진 원고면식으로 사람
의 측면 형상을 표현하고 있는 것은 이것 하나뿐이다. 일반적으로 사람의
측면 형상은 정면 형상에 비하여 표현하기가 더욱 어려우며, 더욱 높은
사고 능력과 예술적인 기교를 필요로 하고 있다. 그러므로 원시 조소 중에
사람의 측면 형상을 표현하는 작품이 아주 드물다. 이 면식의 용도는 앞
의 몇 개 면식과 같이 호신부나 혹은 무구(巫具) 유형에 속한다.

(5) 절강 여항(余杭) 요산(瑤山)에서 출토된 수면식(獸面飾)

중국 원고 시기의 수면식(獸面飾)이 발견되었다는 보도는 많지 않다.
1986년 절강 여항현 요산 양저 문화 제단에서 출토된 수면식 1건이 대표
작이다. 이 면식은 백옥을 사용하여 조탁하였으며, 높이는 6.2센티미터,
너비는 6.3센티미터, 두께는 0.6-1.1센티미터로 역삼각형을 띠고 있으

---

64) 楊亞長, 〈我國原始造型藝術中的瑰寶 —玉雕和石雕〉, 《美術史論》, 1987, 제3기.

[그림 51] 절강 여항 요산
출토된 옥질 수면식.

며, 하단은 둥글게 되어 있고, 수면 하나와 인면 하나로 조성되어 있다. 하부는 수면으로 타원형의 눈은 기물 표면에서 볼록 튀어나왔으며, 여러 겹의 음각선으로 눈동자를 나타내고, 코는 운문(云紋)으로 되어 있다. 아래 가장자리에서 돌기된 부위는 짐승의 주둥이 부위를 표현하는 데 사용하고 있으며, 주둥이 안에는 음선으로 4매의 송곳니를 새겨 놓고 있다. 상부의 신인(神人) 두상은 얼굴 부위가 역사다리 형으로 눈·코·입·이를 모두 음선으로 새겨 놓고 있다. 머리 위로는 우관(羽冠)이 높이 솟아 있고, 음선으로 11조의 우상문(羽狀紋)을 새겨 놓고 있으며, 목의 양측에는 타원형으로 투각하고 있다. 뒷면은 편편하고 매끈하며 가로 방향으로 4조의 작은 구멍이 있어 달 수 있도록 되어 있다. 전체 기물은 신인과 수면의 복합도상이지만, 수면 형상이 주가 되므로 수면식 유형으로 보는 것이 마땅하다[그림 51]. 요산 양저 문화 제단에는 옥종(玉琮)·옥황(玉璜)·옥월(玉鉞)·옥관상식(玉冠狀飾)·옥삼차형기(玉三叉形器) 등이 출토되고 있으며, 어떤 기물의 표면에는 역시 이와 유사한 형상이 새겨져 있다. 이런 수면과 신인의 복합 도상은 간략하게 수면신이라고 부를 수 있으며, 이것은 양저인이 숭배하는 중요한 신이다.[65] 곽정(郭淨)은 그림 속의 신은 탈을 쓴 무당이며 모든 도상은 "탈 2개의 복합 도안으로 탈을 쓴 무당과 수면이 결합된 것"[66]이라고 하였는데, 이 의견은 중시할 만한 가치가 있다.

---

65) 浙江省文物考古研究所, 〈余杭瑤山良渚文化祭壇遺址發掘簡報〉, 《文物》, 1988, 제1기.

66) 郭淨, 《中國面具文化》, 上海人民出版社, 1992, pp.76.

3. 요녕 우하량(牛河梁)에서 출토된 여신의 두상(부록)

우하량은 요녕성 서부의 능원(凌源) · 건평(建平) 두 현의 경계에 있으며, 망우하(牤牛河)의 수원이 산 동쪽 기슭에서 나왔기 때문에 이런 이름을 얻게 되었다. 1983-85년 사이에 고고학자들은 여기에서 홍산 문화 유적 10여 곳을 발견하였으며, 그 중에서 가장 중요한 발견은 우하량의 주능인 북산구(北山丘) 정상의 '여신묘' 유적이었다. 묘는 다실(多室)로 된 구조물 하나와 단실로 된 구조물로 된 2조의 건축물로 구성되어 있으며, 유적지 안에서는 5,6개의 진흙으로 빚은 사람 형상의 부서진 부분들(머리 · 어깨 · 팔 · 유방 · 손 등)과 약간의 동물 소상(塑像), 토기로 된 제기들이 출토되었다. 유명한 여신의 두상은 원형 주실의 서쪽에서 주실의 북쪽 담 가까운 곳에서 출토되었다. 여신묘 주위의 무덤군에서는 옥조저룡(玉雕猪龍) · 구운형옥패(勾云形玉佩) · 마제상옥고(馬蹄狀玉箍) 등의 대형 옥기가 출토되었다.

　여신의 두상은 머리 윗부분이 떨어져 나가고, 왼쪽 귀가 잘려 나갔으며, 아랫입술이 떨어져 나갔으나 그 나머지는 기본적으로 완전하다. 현재 높이는 22.5센티미터, 귀를 통과한 너비는 23.5센티미터로 인면과 크기가 비슷하다. 황토질의 진흙으로 빚었으며, 진흙 속에는 풀과 볏짚을 섞었으며, 불에 굽지는 않았다. 안의 재질인 진흙의 질은 비교적 거칠지만, 주물러 빚어 놓은 각 부위는 고운 진흙에다 외피는 반들반들 갈아 놓았으며, 출토시에 안면은 선홍색을 띠고 있었고, 입술은 붉은색을 칠해 놓았다. 두상의 모형은 전형적인 몽고인종의 여성으로 조형이 사실적이고 핍진하면서도 적당하게 변형되고 과장되어 있다. 뺨은 풍만하고 윤기가 있으며 관골이 솟았고, 두 눈은 비스듬히 내려뜨고 있으며, 눈썹은 드러나지 않는다. 코는 낮으면서 짧고, 귀는 작고 평평하며, 입 모서리의 근육이 움직이며 말을 하려고 하는 모습은 신비한 느낌을 흘려 주고 있다. 가장 정채로운 것은 크나큰 눈 안에다 2개의 담청색 옥편을 상감해 놓고 있으며,

[그림 52] 요녕 우하량(牛河
梁) 홍산문화의 여신두상.

이런 '점청(點睛)'의 신필은 인물의 신운과 기질을 충분히 드러내고 있으며, 두상으로 하여금 찬란한 빛을 발하도록 해주고 있다.[67][그림 52]

우하량 여신묘의 건축은 모계 씨족 사회의 번영기로 여신 숭배의 황금시대였다. 여신묘에는 이미 주실과 측실이 있고, 유적지 중에서 5,6개의 잔편 소상이 출토된 상황 등으로 분석해 보면, 당시의 여신 숭배가 점점 다신 숭배에서 주신 숭배로 나가는 원시종교 과도기의 형식을 표현해 주고 있다. 이들 많은 여신상의 문화적인 내함은 확실히 알 수는 없으나, 생식 주술과 풍수 주술과 관계 있다는 것은 확실하다. 1979년 요녕 객좌현 동산취 홍산 문화 유적지에서 2건의 소형 나체 입상이 출토되었다. 학술계에서는 보편적으로 출산을 기원하는 제의 중에 사용되었던 '지모상'이라고 여겼다. 이들과 우하량 여신상은 홍산 문화 유물에 속하며 출토 지점도 별로 멀리 떨어져 있지 않으니, 이 둘은 문화적인 의미에서 모종의 연관이 있을 것이다.

중국에서 이미 알려진 원시 사회의 조소 두상은 절대 다수가 모두 소형이며 비교적 조잡하게 만들어졌다. 우하량 여신 두상은 실제 사람 크기와 서로 같으며 이처럼 정미하게 제작된 작품은 처음으로 발견되었다. 보도에 의하면 이 두상은 원래 전신 좌상의 머리부분이었으며, 머리의 후반부는 비교적 평평하므로, 다 만든 뒤에 담 위에 붙여 놓았을 것이라고 추측한다. 이로 인하여 두상은 비록 원조수법을 채용하고 있으나, 볼수록 부조에 더욱 근접하게 보이며, 가면·면상 유형의 탈과 아주 비슷하다. 이 발견은 중국 원시 조소 예술에 대한 인식을 바꿔 놓았을 뿐만 아니라 원

---

67) 孫守道·郭大順, 〈牛河梁紅山文化女神頭像的發現與硏究〉, 《文物》, 1986, 제8기.

고시기의 탈을 연구하는 데 진귀한 자료를 제공해 주고 있다.

제5절 결론

원고 시기는 중국 탈의 맹아 시기였다 이 시기의 탈은 여전히 성숙되지 않았으나, 그것은 원시인이 직관적이고 형상적이며 혼돈한 사유로 세계를 관찰한 산물이다. 인류 유년 시대의 천진하고 단순하며 질박하고 유치한 풍채를 홀로 갖추고 있다. 이것은 당시의 낮은 생산력, 사람과 사람 사이의 평등한 관계로 결정되기 때문이다. 원고 시기의 탈은 아래와 갖은 특징을 지니고 있다.

① 원시 사회 중에서 탈은 자연과 사람이 초자연 세계와 교류할 수 있는 문화적 부호로 사용되었으며, 원시 인류의 생활 중에서 중요한 위치를 차지하고 있다. 이것을 수렵에 사용할 때면 일종의 생산 도구이고. 전쟁에 사용하면 방어 무기였으며. 제사에 사용하면 신령과 통할 수 있는 통신(通神)의 법기였고, 무용에 사용되면 일종의 화장 도구였다. (…) 탈은 이처럼 다기능적 속성을 지니고 있어서 원시 인류의 생활 속에서 빠질 수 없는 기물이 되었다. 원고 시기의 사회 분업은 아직 세밀하지 않았으므로 여전히 전문적으로 탈을 제작하는 장인이 출현하지 않았으므로, 탈의 사용자가 통상 탈의 제작자였다. 원시인은 수렵·무용·전쟁·제사·장례·입회·치병·기우 등 각종 활동에 따라서 자신의 기예에 근거하여 마음 가는 데로 탈을 제작하였다. 재료는 신변에서 손가는 데로 취할 수 있는 갖가지 물건들을 사용하였다. 탈은 당시 인류 생활 속에서 뒤의 그 어떤 시기보다 거대한 작용을 하였으며 널리 퍼져나가게 되었다.

② 원시 사회의 기본 세포는 씨족이며 한 씨족의 성원은 동일한 지역에 생활하면서 함께 노동하고 함께 소비하면서 씨족 내부의 통혼을 금지하였다. 각 씨족 사이에서는 혼인·전쟁과 우연한 상품 교환을 제외하고는

평소에 연락이나 왕래가 아주 적어 기본적으로는 단절 혹은 반단절 상태에 처해 있었다. 이처럼 봉쇄되고 고립적인 문화 생태 환경에서 양육되어 나온 탈은 그 지질·조형·각색·사용 방식·제작 공예 등에서 반드시 본 씨족의 독특한 인상과 기억을 깊이 찍어내기 마련이어서, 다른 씨족의 탈과는 서로 구별이 되었다. 다른 한편으로 원고 시기의 탈은 토템탈이 아주 많으며, 이들은 토템물의 가죽·뿔·이빨·깃털·발톱 등으로 제작되거나 혹은 그밖의 재료로 제작된다고 하지만 조형이나 문식은 토템물을 모본으로 삼고 있다. 각 씨족이 숭배하는 토템물은 같은 것이 아주 적으며, 어떤 것은 심지어 성별·가족에 따라 다르고 혹은 개인적인 토템도 있으므로, 이 또한 원고 시기의 탈이 다양한 자태와 풍모를 드러내도록 결정해 주고 있다.

③ 원시인에게 탈을 쓰는 것은 가면으로 화장하는 수단의 하나일 뿐이었다. 형체와 모양을 바꾸기 위하여 이들은 탈을 쓰면서 동시에 흔히 다른 보조 수단을 사용하여 분장을 하곤 한다. 예를 들면 탈의 머리 윗부분이나, 사방을 깃털·꽃·나뭇잎·과일·진주·조개껍질·두발·식물섬유 등으로 장식하기도 하며, 혹은 토홍·백토·황토흙·목탄을 사용하여 몸에 갖가지 도안과 문식을 그리기도 하고, 짐승가죽 전체를 몸에 뒤집어 쓰기도 하며, 특수한 복장을 입기도 하였다. 이렇게 하면 더욱더 탈의 전체적 효과를 강화시키고 돌출시킬 수 있었으며, 탈의 기능을 충분히 발휘해낼 수 있었다. 원시인은 탈에 대한 명확한 개념이 결핍되었기 때문에, 당시의 탈은 형식상으로 규범화되지 않았다. 이들은 단지 벗겨낸 짐승 머리 일수도 있고, 대략 다듬은 거북 껍질일 수도 있으며, 구멍을 파낸 종려나무 껍질일 수도 있고, 잘라낸 야자껍질일 수도 있었다. 단지 머리부분과 얼굴 부위의 형체와 모양만 변할 수 있으면 되었다. 어떤 때는 탈과 가면화장이 하나로 융합되어 둘을 구분하기가 아주 어려웠다. 이에 비추어 보면 원고 시기의 탈을 연구하면서 현재의 표준으로 저울질하는 것은 마땅치 않으며, 실제 상황에 근거하여 적당하고 느슨한 표준을 적용해야 한다.

제3장

상고 시기의 탈

기원전 21세기 — BC 221년

제1절 개설

상고(上古)는 하(夏)·상(商)·서주(西周)·춘추(春秋)와 전국(戰國)을 포함하고 있다. 시간상으로는 기본적으로 중국의 노예 사회와 서로 중첩되고 있지만, 단지 하한선이 이미 봉건 사회가 시작되는 전국시대까지 이어져 내려오고 있다.

1. 하·상·서주 시기

노예제 사회는 인류 역사상 첫번째 계급 사회이다. 노예 사회 중에서 노예주 귀족은 국가의 정권을 장악하고 노예에 대한 잔혹한 착취와 압박을 하며 노예는 노예주 귀족에 의하여 마음대로 노역과 죽임을 당하였으며 조금도 인신의 자유가 없었다. 그러나 노예 사회가 비록 피비린내 나는 폭력이 충만하였다고 하지만, 원시 사회와 비교해 본다면 인류 역사의 거대한 진보였다. 더욱더 많은 사회 분업이 가능했으므로 고대 문화의 번영을 위한 조건을 창조해 낼 수 있었기 때문이다.

하대는 중국 노예제 사회가 처음으로 시작되는 시기이다. 연대가 구원하고 사료가 없어 하대의 역사적인 면모는 지금까지도 명확하지 않다.

1970년대 말기 이래로 고고학자들은 하남(河南) 서부와 산서 남부 등지에서 하남 용산 문화(龍山文化)와 정주(鄭州) 이리강 문화(二里崗文化)의 문화 유적을 발견하였다. 하남 언사(偃師) 이리두(二里頭) 유적의 내용이 가장 전형적이므로 '이리두문화'라고 부른다. 일반적으로 이리두문화는 바로 하문화의 대표라고 불려진다. 그 유적에서 출토된 기물에는 석기·도기·옥기·골기·방기(蚌器)와 청동기로 이들 대부분은 생산 도구이며 또한 무기·주기(酒器)·악기와 장식품 등도 있으나, 각종 형태의 탈은 모두 출토되지 않았다. 하대에 비록 탈이 출토된 유적지가 없지만 고서 속에서 이와 관련된 정보가 드러나 있다. 진양(陳暘)의 《악서(樂書)》에 말하기를 "하나라의 걸 임금은 이미 예의를 저버리고 여인에게 음란하였으며, 사방에서 미인을 구하여 이를 후궁에 두었다. 배우와 난쟁이로 기이하게 극에 뛰어난 자를 집에다 모아놓고 난만의 음악을 만들었다.[1] 이른바 '난만의 음악〔爛漫之樂〕'은 바로 한대에 아주 성행한 '만연지희(曼延之戲)'[2]이다. 이것은 일종의 동물춤과 흡사하며 연출할 때에 춤추는 사람은 가면으로 화장하거나 탈을 써야 한다.[3]

하나라는 건국에서 멸망에 이르기까지 모두 400여 년의 역사를 갖고 있다. 기원전 17세기에 상탕(商湯)이 하를 멸하였으며, 600여 년 후에는 주나라가 상을 대신하였다. 주는 서주와 동주로 나누어지고, 동주는 다시 춘추와 전국으로 나누어진다.

---

1) 陳暘, 《樂書》: "夏桀旣棄禮義. 淫于婦人, 求四方美人積之后宮, 于俳優侏儒而爲奇偉戲者, 取之于房, 造爛漫之樂."

2) 고대 백희의 일종으로, 만연은 대체로 사람이 동물로 분장하여 공연을 하는 것이다. 동한 반고(班固)의 《漢書·西域傳贊》에 '어룡만연(魚龍曼延)'이라 하였으며, 안사고주(顔師古注)에 "만연은 장형(張衡)의 서경부(西京賦)에서 '거대한 짐승으로 삼백자나 되는 것이 만연'이라고 한 것이다. 어룡은 사리(舍利) 짐승으로 먼저는 마당 끝에서 노닐다가 끝나면 전각 앞으로 들어와 물과 부딪치며 비목어로 변화하여 물을 치며 뛰어 안개로 해를 가린다. 이것이 끝나면 황룡 팔장으로 변하여 물에서 나와 마당에서 놀이를 하니 햇빛에 현란하게 빛난다"고 하였다. 수대(隋代)에도 이런 내용이 있었으나, 이를 '황룡변(黃龍變)'이라고 불렀다.

3) 嘔大兵, 《中國百戲史話》, 浙江人民出版社, 1985, pp.17.

은상과 서주는 중국 노예제의 번영 시기이며, 또한 중국 탈이 유치한 단계에서 성숙해져 가는 과도기였다. 상주 시기에 고도로 발달한 청동 제조 공예와 제사를 중시하고 귀신을 믿는 사회사조는 탈의 발전에 영향과 제약을 준 양대 요소였다.

청동 예술은 중국 노예 사회에서 가장 대표성을 띤 문화이다. 전설중의 우(禹)는 '구정(九鼎)'을 주조하여 하조(夏朝)가 이미 석기시대에서 청동시대로 진입하였다는 표지로 삼았다. 은상과 서주는 청동 예술이 가장 휘황하게 발전한 시기였다. 상주 청동기는 쓰임새가 광범위하고, 종류가 번다하며, 주조가 정미하고, 기물의 형태가 장중하며, 문식이 괴이하고 흉악하다. 그것은 이 시대의 종교 관념과 심미 관념을 응결하고 있으며, 노예주 귀족의 권력과 지위의 상징이었다. 상나라와 주나라의 청동기는 생산용구·예기·병기·관기(盥器)·잡기 등 몇 가지 큰 유형으로 나눌 수 있다. 그 중에서도 예기와 병기의 사용이 가장 보편적이었고 세상에 남겨진 물건도 가장 많다. 장광직(張光直)은 이에 대해 깊이 있는 논술을 하고 있다. 《좌전》에서 말한 것처럼 진실되거나 혹은 허구적인 친족 조직에다가, 제사 의식과 전쟁은 바로 국가의 중요한 사무로 인가되었다("국가의 큰 일은 제사와 전쟁에 있다[國之大事, 在祀與戎]"). 중국 청동시대의 최대의 특징은 청동의 용도에서 제사와 전쟁은 분리할 수 없었다는 것이다. 바꾸어 말한다면 청동은 바로 정치적인 권력이었다.[4] 이 특징 또한 탈의 문화 속에서 선명하게 반영되고 있다. 왜냐면 상나라와 주나라의 탈은 절대 다수가 모두 청동으로 제작되었으며, 이들은 상고 시기 청동 문화의 중요한 부분을 구성하고 있다.

상주 시기의 탈은 사회 생활의 각 영역에서 널리 사용되었으며, 그 중에서도 더욱이 종교 제사에 가장 보편적으로 사용되었다. 상나라는 평소에 귀신을 믿고 점복을 중시했던 것으로 유명하다. 《예기(禮記)·표기(表記)》에 "은나라 사람은 신을 받들었으며, 백성을 끌고 신을 섬겼다"[5]고 하

---

4) 張光直, 《中國靑銅文化》, 三聯書店, 1983, pp.21.

였다. 신권지상의 상대(商代)에서 무격(巫覡)은 국가의 정치에서 아주 중요한 지위를 차지하였으니, 유명한 대무(大巫) 함(咸)과 현(賢)은 모두 상왕을 도와 천하를 다스렸다. 당시 국가의 대소 사무인 정벌 전쟁·천상의 기후·질병과 역병은 모두 점복을 통하여 길흉을 예측하였으며 행동거지를 결정하였다. 은허에서 출토한 대량의 갑골복사(甲骨卜辭)는 바로 상대(商代) 후기 왕실의 점복 기록이다. '무'는 '신에 관한 일'을 모두 주관하며, '무' 외에도 축(祝)·종(宗)·복(卜)·사(史) 등의 전문직 인원이 있었고,[6] 이들은 공동으로 방대한 종교 기구를 형성하며 왕권을 유지하기 위하여 봉사했다. 서주 시기에 통치자는 한편으로는 상대의 천명 사상을 계승하고, 한편으론 또 이를 수정하였다. 무왕의 동생인 주공은 하상(夏商) 이래의 노예주 귀족이 인민을 통치한 경험을 총괄하여 완전한 '주례(周禮)'를 제정하였으니, 그 핵심 사상은 하늘을 공경하고 백성을 보호하는 '경천보민(敬天保民)'이었다. 은상과 서주의 통치 사상은 어떤 차이가 존재하고 있다고는 해도, 천명을 중시하고 귀신을 공경하는 것은 일치되었다. 귀신을 즐겁게 해주고 환심을 사서, 화를 면하고 복을 구하기 위하여 통치 계급은 항상 갖가지 제사 활동을 벌였다. 예를 들면 '나제(儺祭)' '우

---

5) 殷人尊神, 率民以事神.

6) 무(巫)는 《설문(說文)》에 "여자가 무형의 것을 섬겨 신을 내릴 수 있도록 하는 자[女能事無形以降神者也]"라고 하였으며, 무의 활동에 종사하는 여자를 무(巫)라 하였으며, 남무는 격(覡)이라 하였다. 무(巫)는 무업에 종사하는 사람으로, 이들은 신비한 의식·춤·기도·저주 등으로 천지 귀신 등의 환심을 사거나 복을 내리게 하거나, 이들이 내리는 재앙을 제거하기도 한다. 고대에 최고의 권력자인 왕은 자칭 상제가 하계에 임명한 통치자이며, 대무(大巫)는 상제의 의지를 이해하고 이를 하계에 전달하는 사람이라고 하였다. 이들은 통치 계층이나 이들을 돕는 상층부로서 문자와 역대의 기록, 천문 역법과 의료 지식을 장악한 정신적인 지주 계층을 이루었다. 국가 제도가 끊임없이 발전되고 공고해지면서 신권을 대표하는 무의 세력이 점차 약화되게 되었다. 은말(殷末)에서 주대(周代)에 이르면 지식이 누적되고 생산 기술이 발전되면서 무의 직능도 점차 분화하게 된다. 무는 여전히 민간에서 유행하게 되고, 조정에서는 축(祝)·복(卜)·사(史)·의(醫) 등으로 대체하게 되었다.무당을 대체하여 제후나 왕을 대신하여 상제에게 기도하여 고하는 사람을 '축(祝)'이라고 하였다. '복(卜)'은 거북 껍질이나 시초(蓍草)로 천의를 점쳐 상제의 의도를 예측하였다. '사(史)' 혹은 '태사(太史)'는 무에서 분화되어 나와 왕과 제후의 언행은 물론 점성 역법과 축사 등을 기록하였다. [역주]

제(雩祭)’‘사제(䄅祭)’‘현제(懸祭)’‘번료(燔燎)’‘예매(瘞埋)’ 등이다. ‘나제’는 귀신을 쫓고 역병을 몰아내며 음기를 제거하는 데 사용된다. ‘우제’는 비의 신에게 제사하여 단비를 내리도록 하는 데 사용된다. ‘사제’는 농업신에게 제사하며 풍성한 수확을 기구하는 데 사용된다. ‘현제’는 산에 대한 제사에 사용되고 ‘번료’는 하늘의 제사에 사용되며, ‘예매’는 땅의 제사에 사용된다. 이상과 같은 제사 활동 중에서 의식을 주관하는 ‘무’는 흔히 탈을 사용하여 주술과 법력으로 천지의 귀신을 소통시키는 데 도움을 받는다. 이밖에도 ‘시(尸)’[7]라고 부르는 각색이 있으며 이 또한 흔히 탈을 사용하였다.

‘시’는 고대 제사 중에서 산 사람으로 하여금 다른 사람의 제사를 받는 우상 역활을 하도록 하며, 신명이 강림하여 몸에 내리도록 한다. 《예기(禮記)·교특생(郊特牲)》에 ‘시는 신상’[8]이라고 하였으며, 소식(蘇軾)은 《지림(志林)》에서 “제사에는 반드시 시가 있어야 되며 시가 없으면 제사가 아니라 장례에 지내는 전(奠)이라고 한다”[9]고 하였다. 신과 인간을 교통하는 매개체인 ‘시’는 제사중에 항상 탈·관면(冠冕)·우식(羽飾)·신의(神衣) 등으로 장식을 하고, 신령을 몸에 내리도록 맞이하여 사람에서 신으로 전환하는 과정을 완성한다.[10] 어떤 연구자는 탈이 ‘시’의 신을 상징하는 도구이며 법기라고 여기기도 하며,[11] 이는 고대 문헌과 현실 생활 속에서 그 근거를 찾을 수가 있다. 예를 들면 《예기》에 서주의 사제(蜡祭)에는 ‘시’와 ‘축’으로 고양이나 호랑이 모양으로 분장하여 공연한다 하였으니,

---

7) ‘시(尸)’는 고대에 두가지 뜻이 있다. 하나는 시체를 뜻하며, 다른 하나는 제사중에 사자의 신령을 상징하는 사람을 말한다. 고대에 선조·신령을 제사하면서 살아 있는 사람을 사자의 상징으로 삼아 제사를 지냈으며, 후에는 점차 패위를 사용하여 대체하기 시작하였다.〔역주〕

8) 尸, 神像也.

9) 蘇軾, 《志林》: “祭必有尸, 無尸曰奠.”

10) 黃强, 〈尸與‘神’的表演〉, 《中國與日本文化硏究》, 제1집, 中國大百科全書出版社, 1991.

11) 胡仲實, 〈廣西儺戲(師公戲) 起源形成與發展問題之我見〉, 《民族硏究》, 1992, 제2기.

그 화장에는 고양이나 호랑이 모양의 탈을 쓰는 것을 포함하고 있다. 또 광서의 '사공희(師公戱)'는 원래 이름을 '시공희(尸公戱)'라고 하며, 제사를 주관하는 '사공(師公)'은 고대의 '시'에서 변천되어 온 것이다.[12] '사공'은 연출 시에 일반적으로 모두 탈을 써야 된다. '입시(立尸)' 제도는 상나라와 주나라 시기에 아주 성행하였으며, '시'는 최초에 성씨가 같거나 혹은 성별이 같거나 혹은 특별한 신분을 가진 사람이 맡았으나, 뒤에 오면서는 점차 무격이 겸하게 되었다. '시'의 출현은 탈의 사용 범위를 확대하였으며, 탈의 발전에 촉진 작용을 하였다.

상나라와 주나라 시기에 종교 제사에 사용하였던 탈에는 가두 · 가면 · 면식 · 면상의 네 종류가 있다. 가두와 가면은 '무' 혹은 '시'의 머리나 얼굴에 쓰고, 면식은 법의(法衣) 위에 차거나 무구(巫具)에 상감하였으며, 면상은 신묘나 사단(社壇) 등의 제사 장소에 모시고 받들었다.

상나라와 주나라 시기의 탈은 여전히 갖가지 악무에 널리 사용되었다. 상주의 악무는 상당 부분이 종교 제사 무용에 속하며 또한 궁정 예의를 연습하거나 혹은 군사 조련을 하는 데도 사용되었다. 이밖에 노예주 귀족은 또한 악무로 자신의 음락을 채우는 도구로 삼았다. 상대에는 악무의 기풍이 극히 성하여 "항상 궁에서 춤을 추고 방에서 연희를 베풀고 노래한다"(《묵자(墨子) · 비악(非樂)》)[13]고 하였다. 애석하게도 이들 악무는 대다

---

12) '사공(師公)'은 좡족의 원시종교에다 뒤에 도교의 영향을 받아 형성된 민족종교이다. 사공에는 비교적 완전한 교규와 교의를 갖추고 있으며, 입교자는 반드시 스승을 모시고 수계를 받고 경문을 배송하며 사공무(師公舞)와 잡기 등을 익히고 3년 뒤에 출사(出師)하여 입교할 수 있다. 입교자를 사공(師公) · 시공(尸公) · 귀사(鬼師) · 귀동(鬼童) · 무사(巫士)라고 부른다. 이들은 태반이 반직업성인 농민으로 모두 남성이며 가정을 이루고 있다. 사공은 통상 5~12인으로 된 하나의 단으로 구성되어 있으며, 이를 사공반자(師公班子)라 한다. 사공반자에는 두령인 장단사공(掌壇師公)이 있으며, 사공희의 총 연출이기도 하며 모든 법사와 제사 의식을 주관한다. 사공에는 지역에 따라 여러 유파가 있으며, 매산파(梅山派)와 모산파(茅山派)가 있다. 매산파는 도교의 영향이 깊어 도사라고 부른다. 모산파가 그 다음이고, 어떤 지역에서는 심지어 도교가 어떤 것인지도 모르고 있으며, 본지 본족의 토착종교로 토사(土師)라고 부른다. 사공의 경서는 창가 형식으로 되어 있으며, 모두 5언이나 7언의 좡족 산가체(山歌體)로 되어 있다. 〔역주〕

13) 《墨子 · 非樂》: "恒舞于宮, 酣歌于室."

수가 이미 고증할 수 없으며, 오늘날 알려진 것으로는 '대확(大濩)' 등 몇 가지이다. '대확'은 또 '상림'이라고도 불리며 상대에 선왕을 제사 지내던 유명한 악무이다. 이것에 대한 내력에는 다음과 같은 전설이 전해져 내려오고 있다. 탕 임금 때 크게 가물자 탕은 비를 구하기 위하여, "흰말이 끄는 흰 수레를 타고 베옷을 입고 몸에는 흰 띠 풀을 두르고 자신의 몸으로서 제물을 삼아 상림에 기도하였다."[14] "하늘에서는 유연히 구름이 피어오르고 갑자기 비가 내리니 그 해에는 대풍이 들어 천하가 모두 즐겁고 윤택하였다. 이 해에 상림의 음악을 지었으며 이름을 '대확'이라고 한다."[15] 문화가 찬란하다고 불리던 주대에는 악무의 교화와 기능을 극히 중시하였다. 주초에는 예를 제정하고 악을 만들면서 전대의 악무를 계통적으로 정리하였으며, 이 기초 위에서 대담하게 새로운 창조를 하게 되었다. 주대에는 이른바 '육대무(六代舞)'와 '육소무(六小舞)'가 있었다. '육대무'는 '운문(雲門)' '대장(大章)' '대소(大韶)' '대하(大夏)' '대확(大濩)'과 '대무(大武)'이며, 앞의 5개는 전대의 악무에 근거하여 개편한 것이고, 《대무》는 주공이 지은 것이라고 전해지며, 그 내용은 무왕이 상을 정벌한 공적을 가송(歌頌)하고 있다. '육소무'는 '불무(帔舞)' '우무(羽舞)' '황무(皇舞)' '모무(旄舞)' '간무(干舞)'와 '인무(人舞)'로 주대 아악의 중요한 내용이었다. 통치 계급은 이들을 사용하여 국자(國子)를 가르치는 필수 과정으로 삼았다. '육소무' 또한 주대의 유명한 궁정 제사 무용이며 이들은 많은 곳에서 원시 무용의 형식을 빌려왔으며, 원고의 수렵 생활·토템 숭배와 일정한 연원 관계를 갖고 있다. '육대무'와 '육소무'를 제외하고 주대의 궁정에는 여전히 민간 가무인 '산악(散樂)'과 소수민족 가무인 '사예악(四裔樂)'이 있었다. 이 두 종류의 무용 또한 제사에 사용되었으나 주로 연회와 빈객의 접대에 사용되었다.[16] 위에 기술한 악무 중에서 무용

---

14) 《尸子》, 輯本: "乘素車白馬, 著布衣, 身嬰白茅, 以身爲牲, 禱于桑林."

15) 《通鑒大紀》: "天油然作雲, 沛然下雨, 歲則大熟, 天下歡洽, 歲作《桑林》之樂, 名曰《大濩》."

16) 孫景琛, 《中國舞蹈史·先秦部分》, 文化藝術出版社, 1983, pp.92.

수는 머리에 새 깃을 꽂거나 몸에 깃털로 된 겉옷을 걸치거나 혹은 손에 간척을 잡거나 혹은 손에 소꼬리를 잡았다. 후인들은 사용된 도구가 서로 다른 것을 근거로 문무(文舞)와 무무(武舞)로 나누었다. 문무는 기물로 우약(羽龠)을 사용하고 무무는 간척(干戚)을 사용하였다. 이 두 종류의 무용은 도구를 사용할 뿐만 아니라 어떤 것은 가면으로 분장하거나 탈을 쓰기도 하였다. 고대 전적에는 이에 대한 명확한 기록이 없으나 하대(夏代)의 '난만지악(爛漫之樂)'과 한대(漢代)의 '만연지희(曼延之戲)'가 모두 가면으로 화장하거나 탈을 써야 했으므로 상나라와 주나라의 악무(특별히 짐승을 모방한 춤이나 토템춤)도 당연히 예의가 아니었을 것이다, 몇 년 전에 하남 우현(禹縣)에서 발견된 서주 청동 가면 하나에는 아래턱과 입술이 없었다. 이런 탈을 민간에서는 '반쪽탈(半截面具)'[17]이라고 부른다. 그 조형이 사람과 호랑이의 특징을 겸하고 있으므로, 짐승을 모방한 춤이나 혹은 토템춤에 사용되었던 탈일 가능성이 아주 높다.

상나라와 주나라 시기의 탈은 흔히 전쟁에 사용되었다. 고대 문헌에는 이에 대한 언급이 없으나(아마도 당시의 전쟁중에 탈을 사용하는 것은 아주 일상적인 일이었으므로 문자를 낭비하여 기록할 필요가 없었을 것이다), 고고학에서는 상대의 전쟁 탈이 발견되고 있다. 1976년 섬서성 성고현(城固縣) 소촌(蘇村)에서 상대 후기의 전쟁 탈 23건이 발견되었다. 전부 청동으로 주조되었으며, 형상이 악독하고 공포스러워 악귀의 형상과 같았다. 갑골문 중에서 '귀'자를 '𭥉' 혹은 '𭥉'로 쓰고 있다. 어떤 연구자는 "사람이 기이한 가면을 쓰고 있는 모습 같다"[18]고 하였다. 소촌에서 출토된 전쟁탈로 비추어 보면, '귀' 자는 확실히 전쟁 탈을 썼거나 혹은 그 밖의 흉상탈을 쓰고 있는 모습에서 변해 온 것이다.

---

17) 반쪽 탈은 턱이 없어서 연기자의 입부분이 노출되므로 연희시에 창을 하거나 말하기 편하도록 만들어진 것이 확실하다. 이런 유형의 탈은 세속적인 축각(丑角) 탈에 속하며 나희 공연에서 말을 장황하게 늘어놓는다. 귀주의 '진동(秦童)탈'이나 운남 소통(昭通) 지역의 '곽삼랑(郭三郞) 탈' '묘노삼(苗老三) 탈'을 예로 들 수 있다. 〔역주〕
18) 王延林, 《常用古文字字典》, 〈鬼〉條, 上海書畵出版社, 1987.

상주 시기의 탈은 또 상례에도 사용되었다. 상주의 상례탈에는 다음과
같은 두 가지 유형이 있다.

① 면상

'인면'과 '수면' 두 가지 조형이 있으며, 모두 청동을 사용하여 만든다.
일반적으로 묘실의 4벽 혹은 관목 위에 걸거나 박아 놓으며, 그 기능은
각기 서로 다르다.

표정이 온화하고 보통 사람처럼 생긴 인형(人形) 면상은 '순장인'의 대
체물이다. 중국은 부계 씨족 사회 후기부터 살아 있는 사람을 순장하는 습
속이 생겨나게 되었으며, 노예 사회에 들어온 후에는 산 사람을 순장하는
제도가 더욱더 성행하였다. 고고자료는 상대 노예주의 무덤에는 거의 모
두 '순장인'이 있었으며, 많은 경우에는 거의 1백 명 이상도 있다. 순장 대
상도 원시 사회 말기에 남편을 따라 처첩을 순장하던 것에서, 점차 근신
에서 근시(近侍) 및 노예 등으로 확대되었다.[19] 사회의 생산력이 높아지면
서, 사람의 노동 가치도 나날이 중시되게 되었다. 게다가 노예 계급의 반
항으로 산 사람을 순장하는 야만적인 방법은 점차 없어지고, 이를 풀·
흙·나무로 제작한 '우인(偶人)'[20]으로 대신하게 되었다. 상주 무덤 속에
서 출토된 인형(人形) 면상과 '우인'의 기능은 서로 흡사하며, 이들은 모
두 무덤 주인을 받들고 다른 세계로 가서 사역하는 '노예' 혹은 '시종' 들
이다.

짐승형 면상(獸形面像)은 위엄 있고 사나운 모습으로 생김새가 마치 흉
신과 같으며, 무덤을 지키고 귀신을 쫓아내는 물건이다. 고대인은 사람이
죽은 후에 각종 귀신과 요괴가 항상 묘혈을 침입하여 사자를 놀래키고 불
안스럽게 하며, 심지어는 "그 간과 뇌를 먹는다"고 여겼다. 이리하여 무

---

19) 徐吉軍·賀云翱, 《中國喪葬禮俗》, 浙江人民出版社, 1991, pp.435.

20) 우인은 또 용(俑)이라고도 부른다. 《禮記·檀弓下》에 "孔子謂爲芻靈者, 善; 謂
爲俑者不仁" 주에 용(俑)은 우인(偶人)이라고 하였다. 중국에서 이미 알려진 가장 빠른
우인은 하남(河南) 안양(安陽) 샤오둔〔小屯〕에서 출토된 상대의 노예 도용이다.

덤 속에 진묘수(鎭墓獸)나 무사용(武士踊)처럼 형상이 흉맹하게 생긴 명기(明器)를 두거나 혹은 무덤 앞에 높고 큰 벽사(辟邪)·천록(天祿)·기린(麒麟) 등의 석수를 놓아두어 능묘를 지키도록 하며, 귀신과 요괴가 사자에게 해를 끼치지 못하도록 하였다.[21] 상주 무덤 속의 짐승형 면상의 기능은 위에 기술한 기물과 서로 유사하며 진묘탄구(鎭墓呑口)에 속한다.

② 면조(面罩)

이미 알려진 것처럼 면조에는 두 종류가 있다. 하나는 사천 광한(廣漢)의 삼성퇴(三星堆)에서 출토된 황금 면조이고, 다른 하나는 하남(河南) 삼문협(三門峽), 산서(山西) 곡옥(曲沃)과 서안 장가파(張家坡) 등지에서 출토된 것으로, 옥을 꿰어 만든 철옥면조(綴玉面罩)이다. 전자는 청동 인두조상(人頭雕像) 위에 덮었던 것이고, 후자는 사자의 얼굴 위에 덮었던 것으로 '사면(死面)'에 속한다. '사면'은 사자의 얼굴을 가리는 '개면(蓋面)'에서 발전되어 온 것이며, '개면'은 옥·도기·베·종이·나무 등으로 사자의 얼굴 부위를 가리던 일종의 습속이다. 사자의 영혼으로 하여금 걸리는 것 없이 인간 세상을 떠나 황천으로 가도록 하려는 것이며, 또한 "사자가 살아 있는 사람에게 해를 끼치지 못하도록"[22] 하기 위해서이다. 중국 원시 사회 말기에 이미 '개면'[23]이 출현하였으며, 이런 습속은 지금도 아주 많은 민족 중에서 성행하고 있다. '사면'과 '개면'의 중요한 구별은 다음과 같다. '사면'은 대개 사람 얼굴을 본뜨고 있으며, 어떤 것은 사자의 얼굴 형태에 따라서 제작하기도 한다. '개면'은 대다수가 소면

---

21) 진묘수는 나무와 도기 두 종류가 있다. 나무 진묘수는 춘추전국 시기의 초(楚) 지역에 유행했으며, 도기 진묘수는 남북조(南北朝)에서 당조(唐朝)에 이르기까지 성행하였다. 무사용은 대다수가 도질로 이 또한 남북조에서 당대까지 성행하였다. 능묘앞에 두는 석수는 한 대에 시작하였으며, 남북조 이후에 널리 유행하였다.

22) 郭淨, 《中國面具文化》, 上海人民出版社, 1992, pp.353.

23) 예를 들면 소북(蘇北)의 이동촌(二洞村)·대촌(大村)의 대문구(大汶口) 문화 유적에서 붉은 진흙 사발을 사용하여 사자의 얼굴을 가린 장례 의식이 발견되었으며, 감숙(甘肅) 수정(水靖) 대하장(大河庄)의 제가 문화(齊家文化) 유적에서 마포로 사자의 얼굴을 가린 습속이 발견되었다. 《新中國的考古發現和硏究》, 文物出版社, 1984, pp.96, 123 참조.

(素面)으로 어떤 것은 비록 '개면' 위에 갖가지 도안과 문식을 그리기도 하지만 모두 사람 얼굴 형상이 아니다. 초기의 '사면'은 대부분이 옥질이 었으며, 이는 옥에 대한 인식과 믿음에서 나온 것으로 옥이 벽사와 방부 작용이 있다고 여겼기 때문이다. 갈홍의 《포박자》에 "금옥을 아홉 구멍에 두면 죽은 사람이 썩지 않는다"[24]고 하였다. 동시에 옥은 바탕이 아름답기 때문에 상주에서는 아름다운 품행과 덕성의 상징으로 보았다. 《예기》에 는 공자의 말을 인용하여 "옛날에 군자는 옥에다 덕을 비유하였다"[25]고 하였다. 그러므로 노예주 귀족은 생전에 옥을 몸에서 떼지 않았을 뿐만 아니라 사후에도 대량의 옥기를 수장하였으며, 그 중에는 옥 면조를 사용하여 얼굴 부위를 덮었다.

2. 춘추전국 시기

춘추전국은 중국에서 노예 사회와 봉건 사회가 교체되는 시기이다. 춘추 시대는 왕실이 쇠미하고 제후가 쟁패하면서 장기적인 합병 전쟁으로 남만(南蠻)·동이(東夷)·서융(西戎)·북적(北狄)과 화하족(華夏族)의 동화와 융합이 가속화되었으며, 전국 통일을 위한 조건을 준비하고 있었다. 또 한편으로는 철기의 발명과 우경(牛耕)이 널리 보급되고 생산력이 크게 발전되면서, 노예제의 경제적인 기초가 동요되고 봉건적인 생산 관계가 신속하게 성장하게 되었다. 전국시대에 위(魏)·한(韓)·조(趙)·제(齊)·초(楚)·진(秦)·연(燕)의 7국은 선후로 변법을 시행하였다. 신구 세력의 반복되는 힘겨루기를 통하여 봉건제도가 확립되고 지주 계급이 역사의 무대에 올라오게 되었다.

이 시기에는 사상 문화 영역에서도 '예악이 붕괴' 되는 현상이 나타나게

---

24) 葛洪, 《抱朴子》: "金玉在九竅, 則死人爲不朽."
25) 《禮記》: "……夫昔者, 君子比德于玉焉."

되었다. 지난날에는 단지 천자만이 비로소 누릴 수 있었던 '팔일(八佾)'
음악이 지금은 제후나 대부가 사용하고 있었으므로, 공자가 비분강개하
여, "이를 참을 수 있다고 하면 무엇인들 참을 수 없으랴"[26]고 호통을 치
게 되었다. 악무가 점차로 '예'의 질곡 아래서 해방되어 나오면서, 비교
화적인 오락 색채가 증가되었다. '뽕나무 숲 사이와 복수가에서 유행했던
음란한 음악[桑間濮上之音]'이 조야를 풍미하고, '선왕의 음악'은 나날
이 쇠락하였다. 상주 이래로 통치적인 지위를 차지하였던 천명관은 맹렬
한 충격을 받았으며, 사람들은 '천도'에 대하여 회의하게 되어, "하늘의
도는 멀고, 사람의 도는 가깝다" "백성은 신의 주인이다"[27]라는 이성적인
소리를 외치게 되었다. 각 계급과 집단의 이익을 대표하는 지식인들은 분
분히 책을 지어 자신의 주장을 펴고 서로 논쟁을 벌이게 되어, '백가쟁명
(百家爭鳴)'의 국면을 형성하게 되었다. 이상의 갖가지 요소는 서로 다른
측면에서 탈의 발전에 영향을 끼치게 되었다.

　춘추전국 시기의 탈이 세상에 남아 있는 것은 그리 많지 않으며, 보고된
것은 더욱 적다.[28] 그 원인을 살펴보면 대체로 다음과 같다.

　① 청동 예술은 1천여 년의 휘황한 발전을 거치다가 춘추전국에는 이미
쇠락기로 접어들었으며, 중국은 이때부터 철기시대로 진입하였다. 당시
탈은 이미 청동으로 제작된 것이 아주 적었을 것이며, 나무나 대나무 등
부식되기 쉬운 재료로 만들기 시작하였으므로 지금까지 보존되기 어려웠
을 것이다.

　② 상주 시기에 탈을 가장 많이 사용했던 곳은 각종 종교 제사와 무술
활동이었다. 춘추전국에는 귀신 관념이 담화되고 이성적인 정신의 발양
되었으므로, 어느 정도 종교적인 제사와 무술 활동에 충격을 주었을 것이
다. 게다가 이 시기는 전란이 끊이지 않았으며 사회가 불안하여 탈의 유포

---

26)《論語 · 八佾》: "是可忍孰不可忍也."
27)《左傳》, 昭公十八年: "天道遠, 人道邇," 桓公六年: "夫民, 神之主也."
28) 낙양(洛陽) 중주로(中州路)의 동주묘(東周墓)와 낙양시계공장의 전국묘(戰國墓)에
서 철옥면조(綴玉面罩)가 출토되었다.《洛陽博物館》, 文物出版社, 1981.

에도 영향을 받게 되었을 것이다.

그럼에도 불구하고 탈은 춘추전국에도 결코 단절되지 않았으며 여전히 사회 생활의 여러 측면에서 광범위하게 사용되었다. 여기에서는 세 가지 예를 들겠다.

첫째, 1978년 강소(江蘇) 회음시(淮陰市) 고장(高庄)에서 일찍이 전국시대의 문양이 새겨진 동기들이 출토되었다. 그 중 1건의 동반(銅盤) 잔편에는 사냥꾼이 뱀을 잡고

[그림 53] 강소 회음(淮陰) 고장(高庄)에서 출토된 전국시대의 문양이 새겨진 동반(銅盤)의 도안.

수렵을 하는 장면이 새겨져 있으며, 사냥꾼은 분명히 새 형태의 탈을 쓰고 있었다.[그림 53]

둘째, 1950년대에 하남(河南) 신양시(信陽市) 장태관(長台關) 전국시대의 초묘(楚墓)가 발견되자 이곳에서는 칠기들이 출토되었다. 그 중 1건은 금슬(錦瑟) 위에 신화인물, '무'의 악무와 수렵 장면을 그려 놓고 있다. [그림 54]는 머리에 탈을 쓰고 활시위를 당겨 활을 쏘려는 '무'이다.

셋째, 1978년에 호북(湖北) 수현(隨縣) 뇌고둔(擂鼓墩)에서 전국 초기의

[그림 54] 하남 신양(信陽)에서 출토된 전국시대 금슬(錦瑟)의 무사(巫師) 형상.

[그림 55] 호북 수현(隨縣)에서 출토된 전국 증후을묘(曾侯乙墓) 내관위의 신수(神獸).

증후을묘(曾侯乙墓)가 발견되었다. 이곳에서는 완전하게 보존된 관목이 한 구 출토되었으며 내관 측판 위에는 탈을 쓴 방상씨와 신수(神獸) 도상이 그려져 있다. [그림 55]는 양머리 탈을 쓴 신수이다.

당시 문학 작품 속에서도 탈에 관계된 실마리를 찾아볼 수가 있다. 예를 들면 위대한 시인 굴원(屈原)의 낭만적인 색채가 가득 찬 시편《구가(九歌)》는 탈과 관계가 있다.《구가》의 원형은 선진 시기 초나라 땅의 민간에서 신에게 제사 지내던 가무로 동한의 왕일(王逸)은《초사장구(楚辭章句)》에서 이렇게 말하고 있다.

옛날 초나라 남영 땅과 원수(沅水), 상수(湘水) 사이 지방에서는 그 풍속에 귀신을 믿고 제사를 좋아했다. 제사를 지낼 적에는 반드시 음악과 가무로 여러 신들을 즐겁게 해주었다. 굴원이 쫓겨나서 그 지역에 숨어 들어갔으며 우울함과 슬픔과 괴로움으로 서글픈 생각이 끓어올랐다. 속인들이 제사 지내는 예와 가무의 음악을 보았는데, 그 말이 비루하였으므로 구가의 곡을 지어 위로는 신을 섬기는 공경을 진술하고 아래로는 자기의 억울함을 밝히면서 이를 빌려 풍간을 하였다.[29]

굴원의《구가》와 원상 사이에서 신을 제사 지내던 가무를 서로 비교해 보면, 이 둘은 문사가 문아하고 거칠다는 차이가 있으나, 가사의 내용과 표현 형식은 아주 비슷하다. 어떤 학자는 후세 초나라 땅에서 신을 제사 지내는 가무에 탈을 많이 사용했다는 상황을 근거로 다음과 같이 추측하고 있다.《구가》중의 '동황태일(東皇太一)' '운중군(云中君)' '상군(湘君)' '상부인(湘夫人)' '대사명(大司命)' '소사명(小司命)' '하백(河伯)' '산귀(山鬼)' '동군(東君)' 등은 모두 무격이 탈을 쓰고 신으로 분장한 것이라고 한다. 이 추측은 아주 설득력이 있다.

---

29) 王逸,《楚辭章句》: "昔楚國南郢之邑, 沅湘之間, 其俗信鬼而好祠, 其祠必作歌樂鼓舞以樂請神. 屈原放逐, 竄伏其域, 懷優苦毒, 愁思沸郁, 出見俗人祭祀之禮, 歌舞之樂, 其詞鄙陋, 因作九歌之曲, 上陳事神之敬, 下見已之冤結, 托之以諷諫."

2. 방상씨(方相氏) 탈

상고 시기의 탈 중에서 널리 인구에 회자하면서, 가장 복잡하고 구분하기 어려운 것으로는 방상씨가 구나(驅儺) 활동중에서 썼던 '황금사목(黃金四目)' 탈 만한 것도 없다. 자료에 의하면 방상씨 탈은 은상에서 이미 있었으며, 심지어 황제시대까지 거슬러 올라갈 수 있다고 한다. 그후 몇천 년 동안 끊이지 않고 전승되어, 지금까지도 중국의 많은 지역에서 여전히 방상씨 탈을 찾아볼 수 있다. 혹은 방상씨에서 발전된 개로장군(開路將軍)·개산만장(開山莽將) 등의 탈이 전해지기도 한다. 이 탈처럼 수천 년을 전해 내려오면서 수많은 지역에 퍼진 것도 그 유래를 찾아보기 힘들다. 그러나 역대 문헌에는 방상씨 탈에 대한 자세한 기록이 없다. 게다가 지하에서는 지금까지도 황금사목 탈이 출토되지 않았으므로, 그 형태와 지질·원형에 대해서는 제대로 알 수가 없다. 방상씨 탈은 중국 탈의 역사에서 천고의 수수께끼가 되었다. 아래에는 먼저 상고 시기의 구나 활동에 대하여 간단하게 소개한 연후에 방상씨 탈의 수수께끼를 풀어보도록 하자.

1. 나(儺)의 기원과 상고 시기의 구나

'구나(驅儺)'는 혹은 '나제(儺祭)'라고도 부르며 중국 고대에 극히 널리 유전된 문화 현상으로, 그 중요한 특징은 '탈을 쓰고 굿을 하는 것'이다. '나'의 본의에 관해《설문》에서는 "행동에 절도가 있다. 인(人)변을 따르고, 난(難)에서 소리를 취하였다"[30]라고 해석하고 있으며, 단옥재의 주에서는 "행동에 절도가 있다는 것이 이 글자의 본의이다. 역병을 쫓아낸다

---

30)《說文》: "行有節也. 從人, 難省聲."

는 글자는 본래 난(難)으로 쓰고 있으며 가차되어 ‘나’가 되면서 역병을 쫓아낸다는 글자가 되고, ‘나(儺)’의 본의가 없어지게 되었다”[31]고 하였다. 그러나 ‘난(難)’자 또한 본자(本字)가 아니며 가차자(假借字)로 귀신을 쫓고 역병을 몰아낸다는 뜻의 본자는 ‘魖’로 표시한다. 《설문·귀부(鬼部)》에 “귀신을 보고 놀라는 말”[32]이라로 하였다. 《설문통훈정성(說文通訓定聲)》에서 해석하기를 “이것은 역귀를 쫓아낸다는 글자의 정자로, 북을 치고 크게 소리치며 귀신을 본 듯이 하고 이를 쫓아내므로 ‘魖’라 부른다. 경전에서는 모두 나(儺)로서 이 글자로 삼는다”[33]고 하였다. 갑골복사 중에는 ‘나’를 ‘魖’로 쓰고 있다. ‘寇’자는 면(宀)·구(九)와 수(殳)의 세 부분으로 구성되어 있다. 위성우(于省吾)는 이에 근거하여 ‘寇’는 사람을 희생으로 삼거나 혹은 짐승을 희생으로 삼아 집을 수색하면서 역귀를 몰아내는 제의 활동이라고 해석하였다.[34]

위에 기술한 ‘나’에 관한 해석은 훈고 방법의 전통적인 관점을 채용하고 있어, 학계에서 널리 받아들여지고 있다. 근래에 어떤 학자는 민족학과 민속학의 자료에 근거하여, ‘나’의 기원에 대하여 갖가지 견해를 내놓고 있으며, 그 중요한 논점은 다음과 같다.

첫째, ‘나’의 기원은 황제 씨족의 곰 토템 숭배에 있으며, 최초에는 본래 곰 씨족의 토템 춤이었으나, 뒤에 오면서 귀신을 쫓는 일반적인 춤으로 변하게 되었다.[35]

둘째, ‘나’는 새로 백월(百越) 민족의 토템 신이다. ‘나’ 문화는 새 토템을 신봉하는 민족의 토템 문화로 이는 중국 벼재배 문화의 토템 문화이다.[36]

---

31) 段玉裁, 《說文解字注》: “行有節度. 按此字之本義也. 其驅疫字本作難, 自假儺爲驅疫字, 而儺之本義廢矣.”

32) 《說文·鬼部》: “見鬼驚詞.”

33) 《說文通訓定聲》: “此驅逐疫鬼正字, 擊鼓大呼似見鬼而逐之, 故曰. 爲經傳皆以儺爲之.”

34) 于省吾, 《甲骨文字釋林》, 中華書局, 1983, pp.48-49.

35) 孫作云, 《詩經與周代社會》, 中華書局, 1966, pp.11.

36) 林河, 〈百越民族是中國水稻文化與儺文化的創造者〉, 國際百越文化學術討論會論文.

셋째, '나'는 본래 서북의 귀융(鬼戎) 집단이 정신(晴神)이나 혹은 한발을 쫓아내어 비를 내리도록 하는 제사였으며, 원숭이 토템 신으로 분장하여 이질화된 '방상' 즉 방량(方良)을 몰아낸다.[37]

넷째, '나'는 다원 문화의 융합으로 옛날 강융(羌戎)의 호랑이 씨족이 호랑이를 토템으로 삼아 귀신을 몰아내고 역병을 쫓아내던 것으로 '나'의 기원이다.[38]

다섯째, '나'의 최초 활동은 인류 생식 활동의 유적이며, '나'의 제사는 생식 숭배이고 '나'의 원형은 수컷의 남근이다.[39]

이상의 다섯 가지 설은 해석차이가 아주 크다. 본서는 제1설을 향하고 있으나, '나'가 뒤에 오면서 중원에서 사방으로 전파되는 과정중에 각 지역과 각 민족의 문화가 서로 융합되면서 새로운 내용을 부여하였다고 여긴다.

고대 문헌 중에서 '구나' 활동에 관한 많은 기록이 있으며, 아래에 일부분의 자료를 인용하여 다시 분석해 보도록 한다.

《고금사류전서》

옛날 전욱씨에게 세 아들이 있었는데 죽어서 모두 역귀가 되었다. 하나는 강수(江水)에 살면서 익사귀가 되었고, 하나는 약수(若水)강에 살면서 망양역귀(罔兩魖鬼)가 되었으며, 하나는 궁실의 틈난 구석에 살면서 어린 아이를 잘 놀래키는 작은 귀신이 되었다. 이리하여 한해의 12월이 되면 제사를 맡은 관리에게 명하여 철에 따라 '나'를 하고 집안을 수색하여 역귀를 쫓아내었다.[40]

---

37) 蕭兵, 《儺蜡之風》, 江蘇人民出版社, 1992, p.7.
38) 唐楚臣, 〈儺 — 多元文化的融合〉, 1994年, 澄江, 〈中國云南儺戲儺文化國際學術研討會〉, 論文.
39) 譚衛寧, 〈中國古儺的原型批評〉, 張子衛主編, 《湘西儺文化之謎》, 湖南師範大學出版社, 1992, p.10.

《사물기원》

　　주관(周官)은 한 해를 마치면 방상씨에게 명하여 여러 관리를 거느리고 집안을 뒤져 역귀를 몰아내게 하였으니 이것이 '구나'의 시작이다.[41]

《예기 · 월령》

　　계춘에 '국나'를 행하게 하고, 아홉 문에 제물을 내걸고 재난을 막아 봄 기운을 마치도록 하였다. 중추에는 천자가 '나'를 행하여 가을의 기운이 통달하도록 하였다. 계동에는 관계관에게 명하여 '대나'를 행하게 하고 문 곁에 제물을 내걸며, 흙으로 만든 소를 내보내어 추운 기운을 내보낸다.[42]

《주례 · 점몽》

　　점몽은 그 세시를 파악하여 천지의 회합을 살피고 음양의 기운을 판별한다. 일월성신으로 육몽의 길흉을 점친다. 첫째는 정몽(正夢)이고, 둘째는 악몽(噩夢), 셋째는 사몽(思夢), 넷째는 오몽(寤夢), 다섯째는 희몽(喜夢)이고 여섯째는 구몽(懼夢)이다. 계동에는 왕몽을 초빙하고 길몽을 왕에게 바치면 왕은 절을 하고 이를 받는다. 이에 사방에 사맹(舍萌)을 하여 악몽을 보낸다. 이어서 마침내 '나'를 시작하도록 명하며 역귀를 몰아내도록 한다.[43]

---

40) 《古今事類全書)》: 昔顓頊氏有三子, 亡而爲疫鬼. 一居江水中爲溺鬼; 一居若水中爲罔兩魃鬼; 一居人宮室區陽中, 善惊小兒爲小鬼. 于是以歲十二月, 命祀官時儺, 以索室中而驅疫鬼焉.

41) 《事物紀原》: 周官歲終命方相氏率百隷索室驅疫以逐之, 則驅儺之始也.

42) 《禮記 · 月令》: 季春之月, 命國儺. 九門磔禳以畢春氣; 仲秋之月, 天子乃儺, 以達秋氣; 季冬之月, 命有司大儺, 旁磔, 出土牛以送寒氣.

43) 《周禮 · 占夢》: 占夢, 掌其歲時觀天地之會, 辨陰陽之氣. 以日月星辰占六夢之吉凶. 一曰正夢, 二曰噩夢, 三曰思夢, 四曰寐夢, 五曰喜夢, 六曰懼夢. 季冬, 聘王夢, 獻吉夢于王, 王拜而受之, 乃舍萌于四方, 以贈惡夢. 遂令始儺, 驅疫.

이상 문헌의 '구나'에 대한 기록은 모순되는 곳이 아주 많다. 예를 들면 '구나'의 기원에 대하여 《고금사류전서》는 전욱의 시대라고 한다. 전욱은 황제의 후예로 원시 사회 말기의 부락 수령으로, 사마천(司馬遷)은 전욱이 초(楚)의 선조인 고양씨(高陽氏)라고 한다. 그러나 《사물기원》에서는 주대에 '구나' 활동이 시작되었다고 하니, 둘은 시간 차이가 천여년이나 된다. 또 '구나'가 생겨나게 된 원인에 대하여, 《예기·월령》에서는 "봄의 기운을 끝마치고" "가을의 기운을 통달하게 하고" "추운 기운을 보내려고" 한다고 하였다.[44] 《고금사류전서》는 전욱의 세 아들이 죽은 후에 역귀가 되어 항상 나쁜 짓을 하므로 사관에게 명하여 수시로 '나'를 행함으로써 이를 몰아내었다고 하였다. 그리고 《주례·점몽》의 기재는 위의 두 설과 모두 다르다. 그곳에서는 '구나'와 점몽을 연결하여 고대의 일월성신이 회합하는 시간과 위치로서 점몽의 참고로 삼고 있으며, 매번 계동(季冬)의 세밀이 되면 무관(巫官)이 1년 중의 길몽을 기록한 책을 군왕에게 바치고, 군왕은 각 방향에 따라 예를 행하며 상서롭지 못한 꿈을 제거하고 '나'를 행하여 역귀를 몰아낸다고 하였다. 다시 '구나'의 차수에 관해서는 《고금사류전서》《사물기원》과 《주례·점몽》에는 모두 매년 계동이나 섣달에 한 차례 거행한다고 하였다. 그리고 《예기·월령》에는 도리어 매년 세 차례로 한번은 계춘에 한번은 중추에 한번은 계동에 거행한다고 하였다.

---

44) 《예기·월령》의 이 기록에 관하여, 공영달(孔穎達)은 '소(疏)'에서 다음 같이 설명하고 있다. '정의(定義)'에서 말하기를 "이 달에는 관계관에게 명하여 크게 나제를 행하고 음기를 몰아내었다. 크게라고 말하는 것은 계춘(季春)이 국가의 나이고, 중추(仲秋)가 천자의 나이므로, 이것은 곧 일반 백성에게까지 미치기 때문이다. 따라서 "크게 대나를 행하게 하고 제물을 문곁에 걸어 놓는다"고 말하는데, 곁은 사방의 문을 말하는 것으로 모두 희생을 매달아 놓고서 음기를 몰아낸다. 흙으로 만든 소를 내놓음으로써 추운 기운을 보낸다고 할 때, 내놓는다(出)는 것은 만든다(作)는 것과 같은 뜻이다. 이때는 강한 음기가 무성하고 해가 끝나는 시점이므로 음기를 제거하지 않으면 흉악하고 사악한 것이 다음 해에 더욱 사람을 괴롭힐까 두려워서이다〔'定義' 曰: 此月之時, 命有司之官大爲儺祭, 今難(儺)去陰氣, 言大者以季春爲國家之儺, 仲秋爲天子之儺, 此則下及庶人, 故云大儺旁磔者, 旁爲四方之門皆極磔其牲, 以禳除陰氣; 出土牛以送寒氣者, 出猶作也. 此時强陰氣盛, 年歲以終, 陰若不去, 凶邪恐來歲更爲人害〕.

고대 문헌에서 ‘구나’ 에 대한 기록이 모순되는 곳은 이곳만이 아니다. 왜냐하면 이상의 기록은 단지 관련 자료의 일부분이기 때문이다. 본서에서는 서로 모순되는 이들 기록에 관하여 번쇄한 고증을 하지 않을 것이며, 다만 각 학자들의 설을 종합하여 ‘구나’ 에 관한 개략적인 서술을 하겠다.

‘구나’ 는 고대에 아주 성행했던 일종의 세시 무술 의식으로 그 목적은 역귀를 쫓아내고 복을 기원하며 재앙을 물리치기 위해서이다. 그것은 대략 원시 사회 말기에 기원하여 상주에 이르면 점차 고정된 제도로 형성되었다. 주대에서는 ‘구나’ 를 ‘예’ 의 범위로 넣어 매년마다 모두 정기적으로 성대한 ‘나제’ 를 거행하였다. 그 시간은 기후가 바뀌고 음기와 양기가 교체되는 계춘 · 중추 · 계동이었다. 앞의 두 차례는 단지 천자 · 대신 · 귀족들만이 참가할 수 있었으며, 뒤에 한 차례는 비로소 일반 백성에까지 미쳤다. 평소에도 사람들은 불상스러운 화나 상사(喪事)를 당하게 되면 수시로 ‘나’ 를 거행하였다. 단지 규모가 작고 참가 인원이 적을 따름이다.《논어 · 향당》에 공자께서 한번은 마을 사람이 ‘나’ 를 행하는 광경과 마주치게 되었다. 그는 조복을 차려입고 공경하게 섬돌에 서서 이를 보았다.[45] 상고 시기에 ‘구나’ 활동이 민간에서 아주 성행하였음을 알 수 있었다. 한대 이후에 ‘나제’ 의 규모는 나날이 확대되었으며 아울러 예의 성분이 증가되었으므로 일부 문헌에서는 또 그것을 ‘나의(儺儀)’ ‘나례(儺禮)’ 라고 불렀다.[46]

---

45) 이 일은 또《예기(禮記) · 교특생(郊特牲)》에 기록되어 있으나, 다만 이 책에서는 ‘향인나(鄕人儺)’ 를 ‘향인양(鄕人禓)’ 으로 부르고 있으며, 정현(鄭玄)은 주에서 ‘양(禓)’ 은 강한 귀신이라고 하였다. 임대춘(任大椿)은《변복석례(弁服釋禮)》에서 말하기를 “《교특생》에서 향인양이라고 말한 것은 나에서 역귀를 쫓아낸다는 것을 말하며 또 ‘양(禓)’ 을 몰아내기도 한다. 그러므로 ‘양(禓)’ 은 제사의 이름이다”라고 하였다.

46) 무당이 귀신을 몰아내고 신을 공경하며, 역귀를 쫓아내고 불행을 물리쳐 재난을 없애고, 복이 들어오도록 하는 종교적인 제사 활동을 ‘나(儺)’ 또는 ‘나제(儺祭)’ ‘나의(儺儀)’ 라고 부른다. 무당이 부르는 노래와 추는 춤을 ‘나가(儺歌)’ 와 ‘나무(儺舞)’ 라고 부른다. ‘나희(儺戱)’ 란 바로 ‘나가’ 와 ‘나무’ 의 기초위에서 출현한 것이다. ‘나’ 로부터 ‘나희’ 가 생겨나기 위해서 중국은 대단히 긴 세월을 보내야만 했다〔曲六乙〈中國各民族儺戱的分類, 特徵及其 ‘活化石’ 價値〉《中國儺文化論文選》, 貴州民族出版社〕.

2. 방상씨 탈의 형태·구조와 재질

앞에서 말했듯이 산동 거현(莒縣) 대문구 문화 유적에서 출토된 질그릇 항아리 위에는 탈의 형상 3개가 발견되었으며, 왕정수(王正書)는 이들이 조기의 '⊕' 자라고 하였다.[47] '⊕' 자는 은상 갑골문 중에서도 발견되었다. 곽말약(郭沫若)은 '기(魌)'로 해석하였으며,[48] 또한 방상씨가 쓰고 있는 탈인 '기두(魌頭)'라고 하였다. '기두'의 형태·구조와 재질에 대해 갑골문에서는 논급된 말이 없으며, 가장 이른 기록은 《주례(周禮)·하관(夏官)》에 보인다.

> 방상씨는 곰가죽을 뒤집어쓰고, 황금빛을 띤 네 눈에 검은 저고리 붉은 치마를 입고 창을 들고 방패를 가지고서 백예(百隸)를 거느리고 철에 따라 '나'를 행하면서 집안을 뒤져 역귀를 몰아내었다.[49]

이 내용이 지나치게 간략하기 때문에 몇 천 년간 여러 가지 문제들이 아직도 분명하게 밝혀지지 않고 있다. 예를 들면 방상씨의 탈이 가면인가 아니면 가두인가? 사목인가 아니면 이목인가? 바탕이 금인가 아니면 동인가? 등등이다. 아래에서 이를 차례로 논하기로 하자.

(1) 형태와 구조

여기서 말하는 형태와 구조는 위에서 언급한 세 문제 중 앞의 두 문제이다.

---

47) 王正書, 〈甲骨 '⊕' 字補釋〉, 《考古與文物》, 1994, 제3기.
48) 郭沫若, 《卜辭通纂》, 科學出版社, 1982, p.131.
49) 《周禮·夏官》: "方相氏掌蒙熊皮, 黃金四目, 玄衣朱裳, 執戈揚盾, 帥百隸而時儺, 以索室毆疫."

방상씨 탈의 수수께끼를 풀려면 반드시 먼저 이것이 가면인지 가두인지를 분명하게 밝혀야 한다. 이 문제가 분명하지 않으면 그 나머지 문제들도 해결하기 어렵다. 방상씨 탈이 가면인지 가두인지는 고대 문헌에도 설이 서로 다르다. 《주례 · 하관》의 주에는 다음과 같이 설명하고 있다.

"곰가죽을 뒤집어쓴 것은 역귀를 놀라게 하려는 것으로 지금의 기두와 같다. 기두는 가두와 같은 말이다. 그 글자는 기(頍) · 기(俱)로도 쓴다. 《설문》에는 '기(頍)' 자의 주에 '축야(丑也)'라 하였다. 역귀를 몰아내는 데 기두를 쓴다"[50]고 하였다.

손이양(孫詒讓), 《주례 · 정의》

"기(魌)의 정자는 마땅히 기(頍)로 쓰며, 그 자는 또 기(俱)라고도 쓴다. 신자(愼子)가 말하기를 '왕장과 서시는 천하에서 지극히 아름다운 여인이지만 이들이 피기(皮俱)를 뒤집어쓰면 이를 보는 사람들은 모두 도망 갈 것이다'라고 하였다. 대개 주나라 때는 방상이 곰가죽을 걸치고 황금사목인 것을 피기라고 말하며, 한의 기두(魌頭)는 즉 주나라의 피기다"[51]라고 하였다.

이상의 인용문에 근거하면 방상씨 탈은 '가두'가 되어야 하며, 이런 '가두'는 곰의 머리가 달린 전체 가죽으로 제작되었으며, 형상이 추악하고 흉악하였으므로 '피기(皮俱)'라 하였다. 방상씨가 이것을 썼을 때, 벗겨낸 곰의 머리를 얼굴에 뒤집어쓰고, 곰가죽을 몸 위에 걸쳤다. 《주례 · 하

---

50) 《周禮 · 夏官》注: "冒熊皮者, 以惊疫癘之鬼, 如今魌頭也. 魌頭, 猶言假頭. 字亦作기 · 俱. 《說文》, 字注云: 〈丑也〉. 逐疫有기頭."

51) 孫詒讓, 《周禮正義》: "案魌正字當作*, 字又作俱, 愼子曰: 〈王嬙 · 西施, 天下之至姣也, 衣之以皮俱, 則見之者皆走也." 蓋周時謂方相所蒙熊皮黃金四目爲皮俱, 漢*頭, 卽周之皮俱."

관》에 "곰가죽을 뒤집어쓰다"나, 《수서(隋書)·예의지(禮儀志)》에 "곰가
죽을 얼굴에 뒤집어쓰다"는 것은 모두 이런 의미이다.

그러나 다른 문헌들의 기록을 비교해 보면 《당서(唐書)·예악지(禮樂
志)》의 내용은 이와 다르다.

> 《당서(唐書)·예악지(禮樂志)》에 '대나' 의 예는 ······한 사람이 방상씨 탈
> 에 황금의 눈 4개를 달고 곰가죽을 뒤집어쓰고, 검은 저고리에 붉은 치마
> 를 걸치고 오른손에는 방패를 들었다.[52]

글 속에는 명확하게 가면과 곰가죽(즉 피기 또는 곰 머리로 된 가두)을
구별하고 있으며, 방상씨가 곰가죽을 뒤집어 쓴 것 외에도 가면을 써야
만 했다. 이 설은 앞의 설과 서로 모순되며, 이 둘은 어느 것이 옳고 어느
것이 그른가? 본서에선 앞의 설이 주로 "곰가죽을 뒤집어쓰고〔掌蒙熊
皮〕"에 대한 해석이라고 보며, 이는 아주 크나큰 평면성을 띠고 있다. 뒤
설이 실제 상황에 부합되지만 문자가 표현해 내고 있는 것이 분명하지가
않다. 정확한 결론은 완전한 방상씨 탈은 가두와 가면 두 부분으로 만들어
졌다는 것이다. 방상씨가 '구나' 할 때 먼저 가두(즉 피기)를 머리에 뒤집
어쓰고 난 후에 다시 가두 위에 가면을 쓰거나, 혹은 단지 가두를 쓰고 이
마 부분이나 이마 아래에 가면을 쓴다. 가면은 가두와 함께 이어졌을 수도
있고, 독립되어 있을 수도 있으며, 자유롭게 쓸 수도 있고 벗을 수도 있다.
당나라 사람 단안절(段安節)은 《악부잡록(樂府雜錄)》의 〈구나〉조에서
위와 같은 추측에 유력한 증거를 제시해 주고 있다.

> 방상을 사용하는 4인은 관과 탈을 쓰고 황금으로 된 네 눈에 곰가죽 옷
> 을 걸치고 창을 쥐고 방패를 휘두르며 입으로는 '눠눠' 소리를 지르며 역

---

52) 《唐書·禮樂志》: "大儺之禮…其一人方相氏假面, 黃金四目, 蒙熊皮, 黑衣朱
裳, 右執盾."

귀를 몰아낸다.[53]

인용문에서는 분명하게 방상씨가 머리에 '관'과 '탈'을 쓰고 몸에는 '곰가죽 옷'을 입었다고 하였다. 여기에서 '관'은 결코 일반적인 관모가 아니라 곰가죽으로 만든 수관(獸冠)으로 그 형태는 옛날의 '피기'와는 다르지만, 피기에서 변천되어 온 것이 분명하다. 여기에서의 '탈'은 가면을 가리킨다. 2천여 년의 발전을 거치면서 당대의 방상씨 탈은 이미 상주의 방상씨 탈과는 달라졌으며, 곰가죽은 더 이상 한 장으로 몸에 걸치는 것이 아니라 곰가죽으로 옷을 만들어 몸에 입은 것이다. 곰의 머리는 또 더

[그림 56] 호남(湖南)
무강(武岡) 나희탈
수흑호(繁黑虎)

이상 곰가죽과 서로 이어진 것이 아니라, 그것으로 수관을 만들어 머리에 쓰도록 하였다. 후세의 '나' 탈 중에서 오히려 이런 수관의 유풍이 보존되어 있다. 예를 들면 호남(湖南) 무강(武岡)의 나희탈에 수흑호(繁黑虎)의 관모에는 큰 짐승 머리가 있다[그림 56]. 당나라 때 방상씨가 쓴 수관도 이것과 유사하다. 이상의 변화가 생겼음에도 불구하고, 기두(혹은 곰가죽옷과 수관으로 분리된 것)와 가면은 여전히 방상씨 탈의 기본적인 특징을 겸용하고 있다.

근세 이래로 곰이 나날이 적어지자, 방상씨는 '구나' 활동중에 더 이상 기두를 사용하지 않게 되었으며, 천이나 종이를 머리에 뒤집어쓰는 '투두(套頭)'가 이를 대신하게 되었다. 동매감(董每戡)은 건국 전에 자신이 보았던 방상씨 탈을 이렇게 묘사하고 있다.

---

53) 段安節, 《樂府雜錄》: "用方相四人, 戴冠及面具, 衣熊裘, 執戈揚盾, 口作儺儺之聲, 以除逐也."

  방상씨 황금사목의 '가면'은 '투두'와 함께 이어져 있었을 것이며, 머리 전체에서 턱 아래까지 뒤집어쓰지 않았을까? 과거 상해에서는 부귀한 사람의 집에서 출상하는 장례 행렬 앞에는 모두 한 손에 아(亞)자 패를 든 대신(大神)이 나가니, 이른바 '개로신(開路神)'이며 바로 방상이다. 내가 본 것은 머리에 뒤집어쓰는 탈이다.[54]

  이렇게 '머리에 뒤집어쓰는 탈'은 의심할 바 없이 고대의 기두와 가면이 합쳐져 사용되던 것에서 변천되어 온 것이다. 근대 일부 원시부락 중에서는 여전히 방상씨와 유사하게 가두나 가면으로 분장한 것을 볼 수 있다. 예를 들면 북아메리카의 만단인(Mandans)은 들소춤을 출 때, "뿔이 달린 들소 가죽으로 가면과 동시에 머리에 쓰며, 때로는 뿔·발굽·꼬리의 모든 부분이 전부 갖추어진 완전한 들소 가죽을 뒤집어쓰고 들소 모양으로 분장한다."[55] 만단인의 이런 분장은 방상씨 탈과 한 궤도에서 나왔다고 말 할 수 있다.

  방상씨 탈은 가두와 가면의 두 부분으로 만들어진 것이 명확해지면, 그것이 사목(四目)인지 아니면 이목(二目)인지도 순조롭게 풀릴 수 있다. 과거에 일부 학자들은 이 문제와 관하여 각종 가설을 제시하였다. 예를 들면 어떤 사람은 방상씨 탈이 4개의 눈이 새겨진 동 재질의 탈이라고 하며,[56] 어떤 사람은 '황금사목'은 기두의 두 눈에다 무당의 두 눈에 더해진 것이라고 한다.[57] 어떤 사람은 방상씨 탈은 사면으로 된 목각 곰머리 투두(套頭)나 혹은 4개의 눈이 뚫린 나무조각으로 만든 탈이거나 혹은 입체로 만든 곰의 머리라고 하며,[58] 어떤 사람은 '황금사목'은 황금으로 4개의 눈을 주조하여 이를 얼굴 사이에 달아 놓은 것[59]이라고 하였다. 이들

---

54) 董每戡,《說劇》, 人民文學出版社, 1983, p.340.

55) 岑家梧,《圖騰藝術史》, 學林出版社, 1986, p.44.

56) 劉錫誠,〈儺祭與藝術〉,《民間文學論壇》, 1989년, 제3기.

57) 周華斌,〈商周古面具和方相氏驅鬼〉,《中華戲曲》, 총 제6집.

58) 唐健垣,〈跳神·大儺與黃帝〉,《儺戲·中國戲曲之活火石》, 黃山書社, 1992, p.363.

학자들의 탐색 정신은 아주 귀하다고 할 수 있으나, 결론은 결코 정확하다고 할 수 없으며, 그 잘못은 다음과 같다. 이들은 모두 '황금사목' 과 곰가죽을 뒤집어썼다는 '장몽웅피(掌蒙熊皮)' 를 연결하여 분석하지 않고 있다. 단편적으로 전자만을 강조하고 후자를 소홀히 하였기 때문에, 방상씨 탈의 실제에 다가갈 수 없었다.

[그림 57] 증후을묘(曾侯乙墓)
내관의 방상씨 형상.

방상씨 탈의 '사목' 에 대한 합리적인 해석은 방상씨가 '구나' 시에 가두(기두)와 가면을 함께 1벌로 사용하였다는 것이다. 가두의 두 눈에다 가면의 두 눈을 더하면 바로 '사목' 이 된다. [그림 57]은 호북(湖北) 수현(隨縣) 뇌고돈(擂鼓墩)의 전국 조기의 증후을묘(曾侯乙墓) 내관에 채색으로 그려진 방상씨 형상으로, 머리에는 탈을 쓰고 손에는 쌍과(雙戈)를 잡고 있으며, 팔꿈치는 구부려 들고 두 발로는 화염을 밟고 있다. 탈은 가두와 가면의 두 부분으로 되어 있고, 가면의 눈 바깥의 크고 둥근 2개의 원은 곰 머리 가두의 눈이다.

방상씨 탈의 '사목' 은 표면상으로는 일종의 분장 형식에 불과하나, 그 심층에는 오히려 농후한 주술의식이 함축되어 있다. 눈은 인류에게 가장 중요한 기관의 하나이며, 민간에서 눈은 광명의 상징이고 사람의 생명과 영력이 모두 두 눈 사이에 집중되어 있다고 여긴다. 그리고 영웅과 신들의 '신목(神目)' 은 바로 더욱 신비하고 기이한 능력을 지니고 있어서, 어둠속을 꿰뚫어 보며 햇불처럼 모든 것을 밝힐 수 있을 뿐만 아니라, 귀매(鬼魅)를 식별하고 요사함을 몰아낼 수 있다고 여겼다. 고대 신화 중의 많은 영웅과 신들은 눈의 수가 일반인보다 많았다. 예를 들면 영관(靈官) · 이랑(二郞) · 산왕(山王) · 뇌신(雷神)은 삼목이고, 치우(蚩尤) · 창힐(倉

---

59) 孫詒讓,《周禮正義》卷五十九.

頊)은 사목이며, 순임금은 중동(重瞳)으로 또한 사목이고, 황제는 사면(四面)으로 팔목이다. 이렇지 않으면 그 강대한 힘을 표현해 내기에는 부족하다. '나제' 활동을 주지하는 방상씨는 사방의 역려귀괴(疫癘鬼怪)를 철저하게 쓸어내야 하므로, 그 눈의 수가 일반 사람보다 배가 되는 것은 조금도 이상할 게 없다. 민속학의 각도에서 보면 방상씨가 쓰고 있는 '사목' 탈은 눈 숭배에 대한 일종의 표현이다.

방상씨 탈의 형태에 대한 논술을 끝내기 전에 문제 하나를 분석해 낼 필요가 있다. 중국 고대에는 독립된 사목의 방상씨 탈이 유행했는지 여부이다.[60] 이 문제는 현재 '나' 학술계에 열띤 논쟁이 있으므로 반드시 일정한 편폭으로 토론해야 할 필요가 있다. 본서에서는 중국 고대에는 결코 독립된 사목의 방상 탈이 전해 내려온 적이 없다고 여기고 있으며 그 이유는 두 가지이다. 하나는 근대 이래로 중국에서 출토되었던 상ㆍ주나라에서 송ㆍ원나라 때에 이르는 탈이 백 건이 넘으며 재질로는 동ㆍ돌ㆍ옥ㆍ나무ㆍ도기ㆍ금ㆍ은 등이 있으나 이 중에는 사목 탈이 하나도 없었다. 둘째로는 중국의 일부 성(구)의 '나단(儺壇)'이나 혹은 '나반(儺班)'에는 지금까지 적지않은 명ㆍ청나라 시기의 방상씨 탈이 보존되어 있거나 혹은 그것에서 변천되어 온 개산망장ㆍ개로장군 등의 탈은 전부가 이목이지 사목이 아니다. 만일 중국 고대에 진짜로 독립된 사목 방상 탈이 유행했었다고 한다면 출토된 탈이나 전해 내려오는 탈 속에 반드시 어떤 흔적이 남아 있어야 할 것이다. 그러나 지금까지 이런 쪽의 어떤 흔적도 발견되지 않았다.

그러나 어떤 학자들은 이 문제에 대하여 긍정적인 태도를 보이고 있다. 예를 들면 조림(曹琳)은 《사목총담(四目叢談)》이란 글에서 방상씨 탈은 '상하 배열식의 구조'[61]로 존재하였다는 설을 제기하고 있다. 아울러 그의 논점을 증명하기 위하여 글 속에 네 점의 그림을 넣고 있다. 한 폭은

---

60) 하나의 탈(가면 혹은 가두)에 사목을 새겨 놓은 것을 가리키는 것이지, 2개의 탈이나 혹은 기타 방식으로 조합된 사목이 아니다. 아울러 방상씨 탈인지 아니면 다른 탈인지를 가릴 필요도 있다.

[그림 58] 강소 서주 동한 사목
포수(四目鋪首) 화상석.

[그림 59] 양저 옥기와
은상 갑골의 삼첨관.

선진의 청동이기(彝器)상의 사목기룡문식(四目夔龍文飾)이고, 세 점은 동
한 화상석 상의 사목포수(四目鋪首)이다. 청동이기와 탈은 어떤 관계도
없으니 여기에서는 잠시 논하지 않도록 하겠다. 포수는 비록 탈에 속하지
는 않으나 형태와 구조는 모두 탈의 영향을 받았으므로 여기에서는 이에
대해 간략하게 분석해 보기로 한다. 조림의 글 속에서 열거하고 있는 세
점의 포수 형상은 조형이 흡사하며, '사목'은 대개 '상하 배열식'을 나타
내고 있으며, 사람들의 주목을 끄는 것은 상층의 '이목'이 전부 삼첨관(三
尖冠)에 새겨져 있지 얼굴 부위에 새겨져 있는 것이 아니라는 것이다[그림
58]. 삼첨관은 초기 무당들에게서 흔히 볼 수 있는 분장으로 양저 옥기의
'무'(일반적으로 이들 얼굴에는 탈을 쓰고 있다)의 머리 위에 이 관을 쓰고
있다[그림 59, 상]. 대문구 유적에서 출토된 질그릇 항아리 위의 탈 형상
[그림 22] 및 상대 갑골문의 '🜲' 자 상부[그림 59, 하] 또한 모두 삼첨 형
상을 하고 있다. 만일 이들 형상을 배열해 놓으면 삼첨관과 탈에는 모종
의 내재적인 연관성이 있으며, 탈에서 변형되어 내려왔을 가능성이 크다.

---

61) 조림(曹琳)의 논문은 1994년 징강(澄江) 〈中國云南儺戲儺文化國際學術研討會〉
에서 발표된 논문이다.

이는 일종의 '기두'를 상징하는 간화된 부호라 할 수 있다. 만약 이런 추론이 틀리지 않는다면 위에 기술한 포수의 '사목'은 여전히 수면(獸面)과 '기두' 위에 나누어 속해졌을 것이다(하층의 이목은 수면에, 상층의 이목은 '기두'에 새겨졌다). 이런 구조는 앞에 든 호남 우강의 수흑호(祟黑虎) 탈과 아주 흡사하여 이 둘은 서로 인증될 수가 있다.

전불(錢弗) 또한 중국 고대에는 독립된 사목 방상 탈이 전해져 내려왔다고 한다.[62] 그 근거로는 (1) 송대 《신정삼례도(新定三禮圖)》와 명대의 《삼재도회(三才圖會)》 중의 방상씨 도상이 모두 사목이다. (2) 일본의 《정사요략(政事要略)》《공사근원(公事根源)》《왕문사백과사전(旺文社百科事典)》 등의 책 속에 나오는 방상씨 그림에는 모두 사목 가면을 쓰고 있다. (3) 한국에 독립된 사목의 방상 탈이 전해져 내려오고 있다. 이 셋은 표면상으로는 아주 설득력이 있어 보이지만 자세히 분석해 보면 모두 그렇지는 않다.

첫째, 《신정삼례도》와 《삼재도회》 중의 방상씨 그림이 비록 사목이라고는 하지만 모두 탈을 쓰지 않고 있으며, 진짜 눈 외의 '이목'은 채묵으로 얼굴 위에 그려 놓은 것으로 얼굴화장에 속한다[그림 60]. 이것은 송대 이래로 방상씨 탈의 원시적인 면모를 잃어버린 뒤에 나타난 일종의 간화된 분장 형식이다.[63] 명나라 사람 주국정(朱國禎)은 《용당소품(涌幢小品)》〈방상〉조에서 쓰기를 "근

[그림 60] 명대 《삼재도회(三才圖會)》 중의 방상씨 그림.

---

62) 전불(錢弗)의 〈中國云南儺戲儺文化國際學術硏討會〉상의 발언을 근거로 하였다.

63) 방상씨의 원시적인 분장 형식이 아주 번잡하였기 때문에 대략 한 대부터는 규모가 비교적 작은 나의(儺儀) 중에서는 가두와 가면이 분리되는 경향이 나타나기 시작하였다. 송대에 이르러 방상씨가 궁정 나속에서 소실되면서 그 본래 면목이 점차 없어지게 되었으며, 갖가지 간화된 분장 형식으로 가면과 가두가 합해져 벌로 사용되었던 완전한 분장 형식을 대체하게 되었다.

년에 여러 대신들이 출상하면 그 위의가 극히 성행하였다. 그러나 한 가지 유감스러운 일은 방상이 길을 열면서 4품 이상은 대개 사목이라 하였으나, 내가 본 것은 이목일 뿐이니, 대개 세세한 일을 처음에는 마음에 두지 않아서이다."[64] 수백 년 전에 대신의 장례중에 방상씨가 쓴 면구 또한 단지 '이목'이지 '사목'이 아니었음을 알 수 있다.

둘째, 일본의 《정사요략》《공사근원》과 《왕문사백과사전》 등 책의 방상씨 형상에는 확실히 '사목' 가면이 실려 있다[그림 61]. 그러나 이들 그림 중의 방상씨는 조형이나 동작이 완전히 서로 같으니(오직 《왕문사백과사전》에만 많아서 진자(振子)가 여덟이다), 동일한 저본의 모본임이 분명하다. 그 저본의 내력이 믿을 수 있는지에 관해서는 진일보하

[그림 61] 일본 《정사요략(政事要略)》 중의
방상씨 형상.

게 논증하여야 한다. 이로 인하여 단지 참고할 수 있을 뿐 역사라고 믿을 수는 없다. 위에 기술과는 상반되면서도 상당히 설득력이 있는 것은, 일본 각지의 신사 사원 중에 지금도 여전히 오래된 쯔이나멘[追儺面][65]이 많이 보존되어 있으나, 이 중에는 눈이 4개 달린 탈이 1건도 없다는 것이다. 일본의 고대 탈 속에 오직 건달파(乾闥婆)만 사목이나, 그것은 교도멘[行道面]이지 쯔이나멘이 아니다. 아울러 그 머리 정수리에는 여전히 기두나 혹은 수관을 사용했던 흔적이 남아 있다.

셋째, 조선 근대에 독립된 사목 방상 탈이 전해져 내려온 것은 사실이

---

64) 朱國禎《涌幢小品》: 近年諸大臣出喪, 其威儀可謂極盛; 然有一欺事, 凡方相辟
로路, 自四品以上皆四目, 以余所見止二目, 蓋細事, 初不經懷也.

65) 일본의 쯔이나[追儺] 및 쯔이나멘[追儺面]은 제4장에 자세히 나온다.

나, 다만 이를 근거로 중국 고대에도 이와 같은 유형의 탈이 유전되었다는 반증이 될 수가 없다. 조선의 '나의'는 중국에서 연원되고 있으며,[66] 중국의 나의가 조선에 전해져 들어간 후에, 현지의 '처용가무'[67]와 융합하여 형식상에서 약간의 변화가 생겨났다. 방상씨 탈과 처용가무 탈은 서로 영향을 주었을 것이다. 《조선예능사》와 《조선가면극》 두 책[68]의 소개에 의하면 1946년 5월 경주 호우총(壺杅冢) 신라 왕족의 능묘(연대는 서기 5·6세기)에서 목심(木心) 칠면(漆面) 하나가 출토되었다. 눈은 남색 유리옥으로 제작되어 있고 주위에는 금환으로 싸여있으며, 이마 위와 뿔 위에는

황금으로 된 방형 장식편이 장착되어 있으며[그림 62], 이 무덤에서는 또 쇠도끼 등의 물건이 출토되었다. 김재원(金載元)은 이 탈이 장례 중에서 사용된 방상탈이라고 하였으며, 이것은 분명하게 눈이 2개이다. 조선에서는 여전히 원초적인 소형 처용탈이 발견되었다. 큰 코에 거대한 입, 뻐드렁니에 부릅뜬 눈

[그림 62] 경주 호우총(壺杅冢)에서
출토된 신라 방상씨 가면.

---

66) 중국 나의가 한반도에 전해진 확실한 시간은 자세하지 않으나, 《고려사(高麗史)》의 기록에 근거하면 정종(靖宗) 69년(서기 1040년) 세밀에 나의를 거행했다는 기록이 있다. 이것이 문헌에 보이는 최초의 기록이다.

67) 처용가무는 한반도에 유전되고 있는 일종의 벽사가무이다. 처용의 전설은 《삼국유사(三國遺事)》 권이(卷二)에 보이며, 신라 헌종대왕(憲宗大王, 서기 9세기 하반기에 재위)이 개운포(開云浦)로 행차할 적에 동해용왕의 아들 처용을 만나 조정을 보좌하도록 하고 미녀를 하사하여 아내로 삼도록 하였다. 일시에 역신이 그 아내의 미모를 흠모하여 깊은 밤에 처용의 집에 잠입해 그 아내와 사통하였다. 처용이 밖에서 돌아오다 이를 보고는 노래와 춤을 추고 물러났다. 이때 역신은 아주 부끄러워 보통 사람의 모습으로 나타나 처용의 앞에 꿇어 말하기를 금후에 만일 공의 형용을 붙여 놓은 집을 본다면 내 그 문을 들어가지 않겠다고 하였다. 이에 그 나라 사람들은 처용상을 문 삽짝에 붙여 놓아 역병을 몰아내었다.

68) 이 두책은 모두 이두현(李杜鉉)이 지었으며, 東京大學出版會(1990년)과 서울대학 출판부(1994)에 출판되었다.

[그림 63] 유자후(柳子厚) 씨가
소장한 원초적인 처용탈.

[그림 64] 한국에서 근대에
풀로 엮어 만든 사목 방상씨 가면.

에다, 이마 위에는 눈을 상징하는 2개의 구멍이 있으나, 위치가 아주 높아 '기두'나 혹은 수관의 '이목(二目)'에서 변천되었을 것이다[그림 63]. 근대 이래로 조선의 방상씨 탈은 이를 기초로 독립된 사목 탈로 발전하였다[그림 64].[69] 이런 탈은 후인에게 '황금사목'의 원의(原意)에서 만들어진 것이라고 오해하게 하지만, 이는 방상씨 탈이 조선에서 변이된 형식으로 믿을 만한 것이 못 된다.

(2) 재질

방상씨 탈(여기에서는 전적으로 방상씨가 쓰고 있는 가면을 가리키며 기두는 포함하지 않는다)의 재질에 대해서 학술계에서는 주로 세 가지 의견이 있다. 첫째, 황금으로 제작되었다. 둘째, 청동으로 제작되었다. 셋째, 청동으로 제작되었으나 눈은 황금으로 장식하거나 혹은 황금색으로 칠하였다. 이런 의견의 차이는 여전히 '황금사목'의 서로 다른 이해에 바탕을 두고 있다. 글자에 따라 해석한다면 이 세 가지 설은 모두 말이 통할 수 있지만 첫째 설의 가능성은 별로 크지 않으며, 그 이유는 다음 두 가지이다.

첫째, 중국에서 이미 알려진 상주(商周) 탈로는 단지 사천 광한(廣漢)

---

69) 이 풀로 엮은 사목 방상 가면은 일본의 《民藝》지 제402호에 실려 있다.

삼성퇴(三星堆)에서 출토된 몇 개의 면조(面罩)가 황금을 사용하여 제작되었으며, 그 황금 면조들은 모두 청동 인두조상(人頭雕像) 위에 씌운 것으로 분명히 방상씨 탈이 아니다.

둘째,《주례》등 책의 기록에 의하면 방상씨는 원래 군대 하관(夏官) 편제 속의 군대원의 명칭으로 '천한 자의 직책'이었다. 그가 '구나' 활동 중에서 비록 주역을 맡고 있었으나 '천한 자의 직책'으로서 귀중한 황금 탈을 썼다는 것은 정리에 부합되지 않는다.

첫째와 둘째의 두 설도 모두 이치에 맞는다고 말할 수 있다. 동은 상고에 '금' 혹은 '미금(美金)'이라 불렸으며 이로 인하여 '황금사목'을 청동탈로 이해하는 것도 순리에 맞아들어간다. 사실상 오늘날 남아 있는 상주(商周)탈의 절대 다수가 모두 청동으로 제작되었으니, 방상씨가 쓰고 있던 가면도 당연히 예외가 아닐 것이다. '구나' 활동 중에서 공포와 신비스러운 분위기를 증가하고, 눈의 신성함과 영력을 돌출시키기 위하여 방상씨의 눈을 황금으로 장식하거나 혹은 황금색으로 칠하는 것은 아주 자연스러운 일이다. 앞에 인용한《악부잡록》에서 말하기를 "방상을 사용한 네 사람이 관과 탈을 쓰고 황금으로 사목을 만들었다"[70]는 것으로도 증거를 삼을 수 있다.

3. 방상씨 탈의 원형

방상씨는 또 개로신(開路神)·험도신(險道神)과 천맥장군(阡陌將軍)으로 불렸으며 그 원형에 대해서는 고대 문헌에 나오는 설들이 일치하지 않는다. 혹은 황제의 차비인 모모(嬈母)라고도 하고, 혹은 상·주나라 조정의 무신이라고도 하며, 혹은 구려(九黎) 부락의 영수이고 삼묘(三苗)의 선조인 치우(蚩尤)라고도 말한다. 당대의 학자들은 대다수가 뒤의 의견에

---

70)《樂府雜錄》: "用方相四人, 戴冠及面具, 黃金爲四目."

찬동한다. 진다(陳多)는 '고나약고(古儺略考)'라는 글 속에서 치우와 방
상씨의 관계를 상세히 고증하면서 "방상과 치우가 기실은 하나이다" "방
상의 원형은 단지 치우일 수밖에 없다"[71]고 지적하였다.

치우는 고대에 이미 신격화된 인물이기도 하고, 또 희극화되어 버린 인
물이기도 하다. 전하는 말에는 그의 모습이 추괴하며 징그럽고 공포스러
우나, 용기와 무용이 뛰어나 전쟁을 잘하였으며 금속 무기의 발명자라고
한다. 사후에 정통 문인들이 비록 힘써 치우를 헐뜯고 희극화하였으나 민
간에서는 도리어 '병주(兵主)'로 받들었다. 역사에서는 황제가 치우의 거
대한 위망을 이용하여 자기에게 봉사하도록 하였다고 기재되었으나, 그
사실은 두 가지를 말해 주고 있다. 하나는 황제의 원비(元妃)인 누조(嫘
祖)가 길에서 죽자, 황제는 방상으로 하여금 치우의 모양으로 분장하고 밤
에 영혼을 지키도록 하는 임무를 맡겼다. 다른 하나는 당시 천하가 어지럽
고 혼란스럽자 "황제가 마침내 치우의 형상을 그려 천하에 위엄을 세웠
다."[72](《용어하도(龍魚河圖)》) 어떤 사서에서는 치우와 도철(饕餮)을 연결
하고 있으니 《노사(路史)·치우전(蚩尤傳)》에서는 치우가 피살된 후에
"후대의 성인은 그 상을 청동에 새겨 탐욕을 경계하였다"[73]고 말한다.

나평(羅萍)은 주에서 이렇게 말하고 있다.

치우는 천부의 신으로 형상이 심상치 않았다. 삼대의 청동기에는 치우의
형상이 많이 나타나있으며, 탐학의 경계로 삼았다. 그 모양은 짐승의 형태
에 고깃덩이만 붙어 있다.[74]

고고자료에 의하면 일찍이 신석기시대 말기에 도철의 형상이 이미 출

---

71) 陳多, 〈古儺略考〉, 《戲曲藝術》, 1989, 제3기.
72) 《龍魚河圖》: "黃帝遂畫(化)蚩尤形象, 以威天下."
73) 《路史·蚩尤傳》: "後代聖人著其像于尊彝, 以爲貪戒."
74) 羅萍注: "蚩尤天符之神, 狀類不常, 三代彝器多著蚩尤之像, 以爲貪虐之戒, 其
狀率爲獸形, 傅以肉翅."

현하였다. 용산 문화와 양저 문화의 옥기에서 모두 초기의 도철 문양을 찾아볼 수 있다. 하대 이후에 치우(도철)가 비로소 청동기 위에 나타나게 되었으며 탐학의 경계로 삼았다. 사람들로 하여금 곤혹스럽게 만들며 풀리지 않는 문제 중 하나는 현재 우리가 볼 수 있는 도철의 형상이 짐승의 유형과 흡사하므로 또 이를 '수면문'이라 부른다는 것이다. 치우는 본래 인류인데 그 형상이 어찌하여 야수와 닮았는가? 이 의문을 풀려면 반드시 치우 부락의 토템에서부터 착수해야 한다. 《술이기(述異記)》에서 "치우신은 세상에서 말하길 사람의 몸에 소의 발굽을 가졌다"[75]고 말하였으니, 치우 부락이 소를 토템으로 하였다는 사실을 설명해 주고 있다. 다만 치우가 이끌던 구려(九黎) 부락은 결코 단일한 부락이 아니라 동방의 아주 많은 부락으로 이루어진 집단이다. 소 이외에도 기타 토템물을 숭배하였으며, 새·양·개·돼지·뱀 등이 있었으며 이에 대해서는 《산해경》 등 여러 책에 많은 기록들이 남아 있다. 치우는 고대에 중대한 임무를 한 몸에 짊어지고 있었으므로 그를 이용하여 적에게 두려움을 주거나 탐욕을 경계하기 위해서는 반드시 그 형상을 최대한 추악하고 징그러우며 괴이하고 공포스럽게 그려야만 했다. 치우는 사람의 몸으로 태어났으니 모양이 아무리 괴이하다 하여도 일반 사람과 큰 차이가 있을 수 없었다. 이로 인하여 황제와 후대의 성인은 변형과 과장의 수법으로 그의 형상을 그려내게 되었다. 그러나 변형과 과장도 근거가 없을 수는 없으므로 반드시 치우와 밀접한 관계가 있거나, 적어도 사람들로 하여금 그가 바로 치우라고 분간해 낼 수 있어야 한다. 그렇지 않으면 적을 두려움에 떨게 하거나 탐학을 경계하려는 목적을 이룰 수 없었다. 이런 상황에서 구려부락 집단의 토템 족휘를 사용하는 것은 필연적이고 가장 뛰어난 선택이었다. 최초에는 단지 방상씨로 하여금 치우 부락의 토템에 따라 분장토록 하였으나, 뒤에 오면서 구려 부락 집단의 여러 토템 중에서 가장 두드러진 특징들을 집중하여, 일종의 신비하고 괴이하며 복합적 형상인 도철을 종합해

---

75) 《述異記》: "蚩尤神, 俗云人身牛蹄."

내고 이를 치우의 화신으로 여겼다. 지금 우리가 볼수 있는 도철은 변형과 과장을 거친 짐승 머리부분의 정면 형상으로, 이런 짐승은 세상에 결코 존재하지 않으며, 소·양·돼지·개·호랑이·봉황 등 동물의 형상을 종합하여 만들어진 것이다. 그 기본 특징은 큰 눈에 거대한 입, 이마와 코의 돌기, 말려 올라간 뿔, 뻐드렁니와 날카로운 발톱 및 대칭으로 펼쳐진 고깃덩이로 된 날개 혹은 몸통이다. 서로 다른 시기, 서로 다른 지역과 서로 다른 기물의 도철 문식은 아주 많은 차이가 있으나, 그것은 아무리 변해도 원래의 바탕을 벗어나지 않고 있으며, 시종 위에 기술한 모식을 벗어난 적이 없다.

위의 기술을 종합하면 방상씨는 치우이고, 치우는 도철이며, 그리고 도철의 형상은 구려부락 집단의 여러 토템의 특징을 종합하여 만들어진 것이다. 아래 몇 폭의 그림은 이 결론에 증거를 제공해 줄 수 있다.

[그림 65]는 용산 문화의 옥분(玉錛) 위에 세겨진 도철 문식으로 이 옥분은 1963년 산동 일조현(日照縣) 양성진(兩城鎭)에서 출토되었고 지금부터 약 4천여 년이 되었다.

[그림 66]은 서주 후탁방정(厚趠方鼎)의 도철 문식으로 앞의 그림과 서로 비교해 보면 그것은 소와 양의 특징을 갖추고 있으며 앞의 그림은 봉황과 돼지의 특징이 비교적 명확하다.

[그림 67]은 강소(江蘇) 진강시(鎭江市)에서 출토된 남북조 시기의 화상전에는 아주 큰 치우의 두상이 그려져 있다. 큰 눈에 거대한 입, 입에는

[그림 65] 산동 일조(日照) 용산 문화 옥분(玉錛) 도철 문식.

[그림 66] 서주 후탁방정(厚趠方鼎)의 도철 문식.

어금니가 뻗어 나오고 머리 위에서는 사람 머리를 한 교룡 두 마리가 자라나고, 겨드랑이 양쪽에서는 고깃덩이로 된 날개가 있으며, 손은 새 발톱과 같으며, 형체와 모양이 도철과 아주 흡사하다.

끝으로 방상씨가 곰 머리 가두를 쓰는 원인에 대하여 분석해 보도록 하자. 방상씨가 "곰가죽을 뒤집어썼다"는 기록은 《주례·하관》에 가장 먼저 보이지만 '구나' 활동은 주대에 시작된 것이 아니라, 원시 사회 말기에서 기원하고 있다. 황제는 방상으로 하여금 밤에 영혼을 지키도록 하였으니 초기 '상나(喪儺)'의 일종임을 알 수가 있다. 방상씨는 '구나' 활동중에서 '곰가죽을 써야 하며' 표범 가죽을 쓰거나 호랑이 가죽을 쓰면 안된다는 말인가?

[그림 67] 강소 진강(鎭江)에서 출토된 남북조시기 화상전의 치우 형상.

표충적인 원인에서 분석해 보면 곰은 고대에 흔히 볼 수 있는 맹수로 힘이 아주 세고 서서 걸어다닐 수가 있으며, 외형이 사람과 어느 부분에서는 서로 비슷한 점이 있다. 이로 인해 원시 선민은 곰에 대해 경외의 정을 품고 있었으며, 각종 귀매(鬼魅)는 모두 곰을 두려워한다고 여겼다. 방상씨가 곰 머리 가두를 쓰는 것은 이를 빌려 자신이 역귀를 쫓아낼 수 있는 위력을 증가시키려는 생각이다.

심충적인 원인으로 분석하면 황제(黃帝)의 호는 '유웅씨(有熊氏)'로 황제의 부락은 곰을 토템으로 삼고 있다. 토템 선조의 비호를 받기 위하여 방상씨는 '구나' 활동중에서 곰가죽으로 만들어진 기두를 쓰는 것은 아주 자연스러운 일이며, 이는 원시 선민의 토템 숭배에 대한 일종의 표현이다.

만일 이상의 분석이 틀리지 않는다고 하면, 방상씨 탈의 수수께끼는 마침내 파헤쳐진 것이다. 방상씨 탈은 가면과 가두 두 부분으로 이루어졌으며, 이중의 의미를 포함하고 있다. 한편으로 방상씨가 치우 형상(실제로는 구려 부락 집단의 복합적인 토템 족휘)의 가면을 쓰는 것은 치우의 신위를 빌려 모든 귀신들을 놀라게 만들려는 희망에서이고, 다른 한편으로 그는 또 황제 부락의 토템물로 제작한 가두 또한 피기(皮倛, 가죽 탈)를 써 토템 선조의 비호를 기구하였다. 방상씨는 당시에 가장 강대한 양 대 부락의 토템을 하나로 합쳤기 때문에 중국 고대에서 가장 위엄 있고 용맹한 신무(神武)를 갖추었고 또한 전기적(傳奇的) 색채가 가장 풍부한 인물이 되었다.

제3절 상고 시기의 탈

상고 시기(주로 은상과 서주) 유적에서 나온 탈은 아주 많으며, 이미 알려진 것만도 1백여 개가 넘는다. 이들 대부분은 청동 탈이며 또 소수는 금이나 혹은 옥으로 제작되었고, 그 중에서 어떤 것은 국외로 흘러나가 박물관이나 개인이 수장하고 있다. 아래에는 상고 시기의 탈에 대하여 간단한 소개와 분석을 해보기로 한다.

1. 하남 안양에서 출토된 상대 탈

1935년 가을에 전 중앙연구원 역사언어연구소에서 하남성 안양시 은허(殷墟) 후가장(侯家庄) 서북강(西北崗) 1400호 대묘의 동쪽 묘도(墓道) 중에서 상대 후기의 청동 탈 하나를 발굴하였다. 이 탈은 정수리에서 턱까지 높이가 22센티미터, 귀를 통한 너비 24센티미터로 조형은 평범한 사람의 형상으로 수법이 사실적이고 면상이 온화하고 표정이 소박하다. 눈썹은 길게 말려 올라가고 귀는 크고 둥글며, 눈이 치켜 올라가고 납작한 코에 입술은 굳게 다물고 아래턱은 약간 뾰족하다. 눈과 입은 모두 구멍을 뚫지 않았고, 귀 부위에도 구멍을 뚫지 않았으며, 단지 정수리에 높이 3.4센티미터의 고리가 있어서 걸어 놓을 수도 있고 들을 수도 있다[그림 68]. 중국의 현존하는 상주 탈로, 조형이 이것과 서로 유사한 것은 없으며, 단지 유명한 사모무방정(司母戊方鼎)의 귀 중앙에 있는 인면 도상이 이것과 아주 흡사하다. 사모무방정 또한 안양 은허 후가장 서북강에서 출토되었으며, 상대 후기의 작품이다. 이로 추측해 보면 이들 사이에는 모종의 연관성이 있을 것이다.

이 탈의 용도에 관하여 과거 학술계에서는 두 가지 의견이 있었다. 하나는 관세실(盥洗室)의 장식품이라고 하는 것이며, 다른 하나는 군대의 작전에 쓰인 도구라 한다. 앞의 의견은 충분한 근거가

[그림 68] 하남 안양 은허에서 출토된 상대 청동 인면상.

없어서 일찍이 진몽가(陳夢家)에 의하여 부정되었다.[76] 뒤의 의견도 또한
성립되기 어려운 이유가 세 가지가 있다. 첫째, 전쟁 탈은 눈과 입이 모
두 구멍이 뚫려 있어 밖을 내다볼 수 있어야 하며 말을 하고 고함 칠 수
있어야 한다. 이 탈에는 눈과 입에 모두 구멍이 없어서 얼굴에 쓰면 눈으
로는 볼 수가 없고 입으로 말을 해도 분명히 들리지 않으므로 장님이나
귀머거리와 다를 바가 없으므로 전투를 하기에는 불편하다. 둘째, 전쟁 탈
은 일반적으로 조형이 아주 무섭고 공포스러워야 비로소 정신적으로 적
에게 두려움을 줄 수가 있다. 이 탈은 면상이 온화하고 표정이 소박하여
적을 놀라게 하는 작용을 하기 어렵다. 셋째, 전쟁 탈은 통상 끈으로 사람
얼굴에 묶을 수 있어야 하지만 이 탈은 끈을 묶을 수 있는 구멍이 없으
며, 단지 정수리에 고리만이 있으므로 전쟁 탈이라고 하기에는 여러 가
지로 맞지 않는다.

　　이 탈은 이미 장식 용품도 아니고 또 전쟁 탈도 아니면 결국 어떤 용도로
사용되었는가? 은허 후가장에서 출토된 청동 탈은 단지 이 1건이기 때문
에 이에 근거하여 결론을 내기가 아주 어렵다. 다만 동일한 지점에서 출토
된 사모무방정의 솥의 귀〔鼎耳〕 위에 있는 도안과 대조하면 문제는 순조
롭게 풀릴 수가 있다. 사모무방정의
솥의 귀에는 대칭으로 문양이 아름다
운 두 마리 맹호가 주조되어 있다. 이
들은 큰 입을 벌리고 중간에 표정이 순
박한 인면을 향해 덮쳐들고 있다[그림
69]. 전체 도안으로 분석해 보면 맹호
는 응당 노예주의 권위를 상징하고 있
으며 인면은 노예주에게 착취당하는
노예이다.[77] 이 탈의 조형이 이미 사모
무방정 솥 귀에 있는 '인면' 도상과 아

[그림 69] 사모무방정(司母戊方鼎)
'맹호박인(猛虎撲人)'의 도안.

---

76) 陳夢家, 〈殷代銅器〉, 《考古學報》, 1954, 제2기.

주 흡사하니, 여기서 표현하고 있는 것도 당연히 노예의 형상일 것이다.

위의 논술을 종합하면 다음과 같은 결론을 내릴 수 있다. 은허 후가장 서북강에서 출토된 청동 탈은 능묘에 걸어 놓았던 노예의 면상이다. 이들은 묘주를 위하여 명계에서 사역하는 '순장인'으로 그 작용은 노예용이나 혹은 시종용과 대체로 같다.

안양 은허에서는 옥조 면식들이 출토되었다. 1976년 부호묘(婦好墓)에서 출토된 담록색 옥석을 쪼아 만든 인면식 1건이 대표적이라 할 수 있다. 면식은 높이가 5.5센티미터, 가장자리 두께가 0.6센티미터로 도안화된 인면을 부조(浮雕)하고 있다. 네모진 얼굴에 큰 눈, 쩍 벌린 입에 작은 귀에 눈썹은 가늘고 길며 코는 아주 크고 머리 위에는 위로 2개의 상투를 틀어 올리고 있다. 뒷면 안쪽은 볼록 들어가 호형을 이루고 정수리 중앙부에는 비스듬히 구멍이 뚫려 있어 상감을 하거나

[그림 70] 하남 안양 은허에서 출토된 상대 옥조 인면식.

꿰매어 찰 수 있도록 되어 있다. 옥기는 전체 선이 막힘없이 시원하고 기예가 정밀하여 상대 옥조 공예의 높은 수준을 보여주고 있다[그림 70].

2. 북경 평곡(平谷)에서 출토된 상대 청동 면식

1977년 8월에 북경시 평곡현 유가하촌(劉家河村)에서 상대 중기의 무덤 하나를 발견하였다. 여기에서 동기 · 금기 · 옥기 · 도기 등 40여 건을 발굴했으며, 그 중에는 청동 '인면식' 5건이 있었다. 5건의 '인면식'은 모두 잔손(殘損)되었으며 형태가 서로 같다. 길이는 10센티미터에 너비

77) 맹호식인(猛虎食人)은 은상의 청동기에서 흔히 볼 수 있는 문식이다. 사모무방정을 제외하고도 안휘(安徽) 부남(阜南)에서 출토된 용호문동준(龍虎紋銅尊)과 하남 안양에서 출토된 '부호(婦好)' 동월(銅鉞) 등의 기물에는 모두 맹호식인의 문식이 주조되어 있다.

[그림 71] 북경 평곡 유가하촌
(劉家河村)에서 출토된
청동 인면식.

10.5센티미터, 두께 0.9센티미터로, 모습은 아주 어리석어 보이며 미소를 띠고 있다. 머리 정수리에는 2개의 구멍이 뚫려 있어 꿰매어 사용할 수 있도록 되어 있다[그림 71]. 어떤 글에서는 이들의 조형이 "안양 서북강에서 출토된 사람 탈과 흡사"[78]하다고 하였다. 이 결론은 그리 정확한 것 같지는 않다. 평곡현 유가하촌에서 출토된 '인면식'과 안양 서북강에서 출토된 '인면상'을 자세히 비교해 보면 이 둘 사이에 현저한 차이가 있다는 것을 어렵지 않게 발견할 수가 있다. 얼굴형은 전자가 둥글고 풍만한데 후자는 좁고 길면서 수척하다. 눈은 전자가 둥글고 작은 구멍이 있으며 위치가 지나치게 높은데, 후자는 가늘고 길며 구멍이 없고 위치도 비교적 적당하다. 입은 전자가 위로 치켜 올라가 미소상을 짓고 있는데 후자는 굳게 다문 고통스러운 상이다. 코는 전자가 2개의 콧구멍이 뚫려 있는데, 후자는 콧구멍에 구멍이 없다. 이상의 차이는 시대와 지역적인 요소에서 만들어진 것이다. 시대를 논하면 유가하촌에서 출토된 '인면식'은 상대 중기에 제작되었으며, 서북강에서 출토된 '인면상'은 상대 말기에 제작되었다. 지역으로 논하면 당시 북경은 상왕조의 제후국에 속해 있었으며, 안양은 상왕조의 도성이다. 시대와 지역의 차이는 필연적으로 예술적인 풍격의 차이를 가져오게 마련이다. 유가하촌에서 출토된 '인면식'의 용도에 관해서는 앞에 인용한 문장에서는 "의복의 장식일 것 같다"고 하였는데 믿을 만 하다. 보충 설명할 필요가 있는 곳은 이런 '인면식'은 일반적인 의식이 아니라 무격(巫覡)의 법의(법모) 위에 매어 놓은 장식물이다. 이들은 벽사나 귀신을 몰아내는 구귀(驅鬼)에 함께 사용할 수 있었을 뿐만 아니라, 무격과 신령의 소통을 도울 수 있으므로, 초기 종교 의식 중에서 흔히 볼

---

78) 北京文物管理處, "北京市平谷縣發現商代墓葬,"《文物》, 1977, 제11기.

수 있는 일종의 무구이다.

3. 섬서 성고(城固)에서 출토된 상대 청동 탈

성고현은 한중분지의 중부에 자리잡고 있으며, 서수하(湑水河)가 서북에서 동남을 향해 흘러 이 현 경내를 지나 현성 동쪽에서 한강(漢江)과 합류한다. 1955년에 고고학자들은 서수하 하류 양안의 소촌(蘇村)·오랑(五郎)·연화(蓮花)·여촌(呂村)에서 은상 동기 4백86건을 발굴하였으며 이 중 '인면탈'은 23건이고 '수면탈'이 25건이었다. 이밖에도 동뢰(銅罍)·동존(銅尊)·동부(銅瓿)·동정(銅鼎)·동궤(銅簋)·동월(銅鉞)·동과(銅戈)·동모(銅矛)·동부(銅斧)·동촉(銅鏃) 등이 출토되었다. 동기는 대다수가 교장(窖藏)에서 나왔으며, 그 연대를 고증해 보면 대략 무정(武丁) 전후에 상당한다.[79]

'인면탈'은 1976년 소촌에서 출토된 것으로 23건의 형태와 구조가 기본적으로 서로 같으나, 단지 얼굴형에 타원과 원형의 구분과 두 귀가 곱자형과 타원형으로 다르다. [그림 72]는 타원형으로 높이는 16.5센티미터, 너비 17.7센티미터로 눈자위가 쑥 들어갔고 눈동자가 뚫려 있으며, 코가 크고 귀가 예리하다. 쩍 벌린 거대한 입에는 12개의 이빨이 늘어서 있어서 공포스러운 귀신의 형상과 같다. 탈은 안으로 오목 들어가고 밖으로는 볼록 나왔으며 크기는 사람 얼굴만 하고, 두 귀와 이마에는 끈을 맬 수 있도록 구멍이 나 있다. 이 탈

[그림 72] 섬서 성고(城固) 소촌에서 출토된 상대 청동 전쟁 가면.

79) 唐金裕等,〈陝西城固縣出土殷商銅器整理簡報〉,《考古》, 1980, 제3기.

의 모양이 흉살맞고 표정이 공포스러우며 수량이 많은데다, 대량의 동월·동과·동모·동촉등의 병기와 함께 출토된 상황으로 분석해 보면, 이들은 조금도 의심의 여지없이 전쟁중에 사용한 가면이다. 이런 가면을 쓴 군대가 갑작스레 전장에 나타나면 적에게 정신적으로 얼마나 큰 충격을 안겨 줄 것인가!

'수면탈' 또한 소촌에서 두 차례 출토되었다. 1964년 14면이 출토되었고, 1976년에 또 11면이 출토되어 두 차례에 걸쳐 모두 25면이 출토되었다. 이 탈들은 크기가 서로 달라 높이는 15-18센티미터, 뿔 사이의 너비는 17.9-19센티미터, 아래 너비는 14-16센티미터이다. 조형은 소머리 형상으로 외형과 문식이 크게는 같으나 부분적으로 다르다. [그림 73]은 그 중의 하나로 이마와 정수리가 뾰쪽하게 튀어나왔으며, 두

[그림 73] 섬서 성고(城固) 소촌에서 출토된 상대 청동 수면 탄구.

뿔은 평평하게 뻗어 위로 미미하게 올라갔으며, 눈이 툭 튀어나오고 코가 좁고도 길다. 입은 코 아랫부분에 있는 것이 아니라 코 양쪽으로 옮겨갔으며, 입 속의 문식은 변형된 이빨이 된다. 두 귀는 아주 작으며 귀 위에는 볼록 튀어나온 구멍이 있다. 탈 뒷부분은 콧등을 중축으로 하여 좌우 양편이 130도의 둔각을 이루고 있어, 일반 가면처럼 안이 오목 들어가 호형을 나타내지 않고 있다. 눈과 입에는 구멍이 없으며, 뒷면이 둔각을 나타내고 있고, 귀가 돌출되어 구멍이 뚫린 상황으로 분석해 보면 이 '수면탈'은 결코 사람의 얼굴 위에 쓰던 가면이 아니다. 그리고 다른 기물 위에 박거나 매어 놓아 흉함을 막고 벽사에 사용된 면상이며 또 탄구(呑口)이다.

성고현은 고대에 한중(漢中)지구에 속했으며, 춘추시대에 한중은 촉(蜀) 땅이었고 전국시대에는 초(楚)나라에 속했으며, 진대에 처음으로 한중군을 설치하였다. 춘추 이전에 한중이 어디에 속했는지는 분명하지 않으며, 어떤 학자는 은상시에 강(羌) 땅에 속했으며 상대의 이족방국(異族方國)

의 하나라고 한다. 강인이 상에 의하여 무력으로 정복된 사실은 《시경(詩經)·은무(殷武)》에 보인다. "이전에 성탕 임금이 계시니, 저 저강(氐羌) 오랑캐로부터, 제사 드리러 오지 않을 수 없고, 왕으로 모시러 오지 않을 수 없네"[80]라고 하였다. 성고현이 자리한 특수한 지리적인 위치는 여기에서 출토된 청동기에 이중적인 문화적 특징을 표현해 내고 있다. 하나는 많은 청동 예기와 은허에서 출토된 같은 유형의 기물과 아주 흡사하다는 것이다. 다른 하나는 '인면탈'이나 '수면탈'을 포함한 일부 기물들이 중원 지구에서는 보이지 않는다. "일정한 지방 특색을 표현해 내고 있으며, 이로 인하여 이것이 상대 어느 방국의 문화 유적이라는 추측을 가능하게 하고 있다."[81]

4. 섬서 서안에서 출토된 상대 청동 탈

1986년 서북대학(西北大學) 역사학과 고고학 전공의 교수와 학생은 서안시 동쪽 교외 노우파(老牛坡)에서 상대 무덤들을 발굴하였다. 노우파는 서안시에서 27킬로미터 떨어진 패교구(灞橋區) 홍경향(洪慶鄕)으로 이곳에는 3백여 호 주민이 살고 있는 촌락이다. 이 촌의 '이대정(二台井)' 묘지에서 모두 45개의 무덤을 발굴하였으며, 이 중에는 상대 묘 40개가 있었다. 출토 기물에는 청동기·도기와 옥기가 있었으며, 청동기에는 정(鼎)·고(觚)·작(爵)·가(斝)·과(戈)·월(鉞)·부(斧)·착(鑿)·추(錐)·촉(鏃) 등이 포함되어 있고 이밖에도 '인면탈' 3건과 '수면탈' 3건, 소형 면식 39건이 있다.

[그림 74]의 '인면탈'은 높이가 7.8센티미터, 너비 6센티미터로 모양이 성고현에서 출토된 '인면탈'과 유사하다. 단지 두형이 짧고 넓으며, 입이

---

80) 《詩經·殷武》: "昔有成湯, 自彼氐羌, 莫敢不來亨, 莫敢不來王."
81) 《中國大百科全書·考古卷》, 中國大百科全書出版社, 1986, pp.70.

 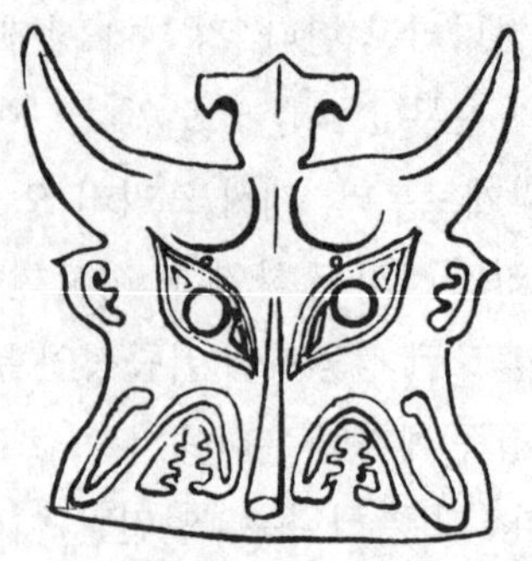

[그림 74] 섬서 서안 노우파(老牛坡)
에서 출토된 상대 청동 인면식.

[그림 75] 섬서 서안 노우파(老牛坡)
에서 출토된 상대 청동 수면 탄구.

크고 넓어서 거의 탈의 가장자리까지 닿으려 한다. 이는 아주 가지런히 배열되어 있으며, 귀는 아주 비대하며 귓볼에는 구멍이 뚫려 있다. 총체적인 조형은 성고현에서 출토된 인면탈의 공포스러움에는 미치지 못하며 더욱 소박하고 유치하다. 크기가 아주 작기 때문에 사람의 얼굴에 쓸 수는 없다. 발굴 보고에서는 이들이 "못으로 박아 고정하거나 기물에 묶어 놓은 장식품"[82]이라고 하였으니, 이에 의하면 '인면식' 유형에 넣어야 할 것이다. 다만 이런 유형의 면식은 비교적 특수하여, 면식은 통상 사람의 몸에 차는 것이나 이들은 도리어 못으로 박거나 기물 위에 매어 놓는 것이다.

[그림 75]는 '수면탈'로 높이는 17.4센티미터, 너비 18.4센티미터로 형태와 크기는 모두 성고현에서 출토된 '수면탈'과 서로 비슷하다. 다만 자세히 관찰하면 이 둘 사이에는 서로 다른 곳이 적지 않다는 것을 발견할 수 있다. 첫째, 노우파의 '수면탈'은 귀가 비교적 크고 귀 부분의 문식이 복잡한데, 성고현의 '수면탈'은 귀가 작고 귀 부분의 문식이 비교적 간단하다. 둘째, 노우파의 '수면탈' 이마 위 돌기 부분은 주조가 정미하며 형상이 짐승과 같은데, 성고현의 '수면탈'은 이마 위의 주조가 거칠며 형상이 대략 역사다리형을 보이고 있다. 노우파 '수면탈'의 용도에 대해서는 발굴보고에서도 설명을 하지 않고 있다. 이들은 성고현의 '수면탈'과 마찬가

---

82) 西北大學歷史考古專業, 〈西安老牛坡商代墓地的發掘〉, 《文物》, 1988, 제6기.

지로 모두 다른 기물에 묶어 벽사 작용을 하는 탄구에 사용되었을 것이다.

소형의 '수면식'은 일반적으로 길이가 2.5센티미터, 너비가 2.8센티미터로 조형은 도철 형상이다. 오관이 비록 작으나 분명하게 판별할 수 있으며, 정면이 돌기되고 뒷면에 고리가 있다[그림 76]. 출토시에 39면이 줄로 배열되어 있었으며 "어떤 칠기에 함께 꿰매어 놓았거나 혹은 상감해 놓은 장식물 같다." 중국의 다른 지방에서 출토된 면식은 대다수가 자잘하게 분산되어 있으나, 노우파에서처럼 한번에 이렇게 많은 면식이 출토된 것은 처음이며, 아울러 면식을 칠기의 장식물로 사용한 것도 고고학에서 아주 드문 일이다.

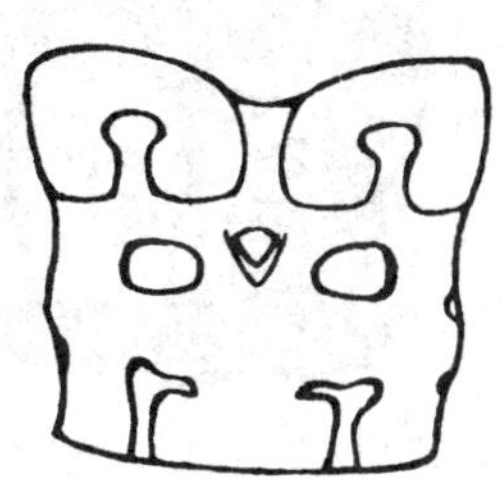

[그림 76] 섬서 서안 노우파(老牛坡)에서 출토된 상대 청동 수면식.

노우파에서 출토된 청동기 또한 이중의 문화적인 특징을 나타내 주고 있다. 이곳은 관중(關中)으로 상왕조의 세력이 미치던 지역이다. 갑골문과 사서의 기록에 의하면 무정(武丁) 시기에 무을(武乙)이 일찍이 황하와 위수 사이에서 수렵을 하다가 벼락 맞아 죽었다. 상문화의 영향으로 이곳에서 출토된 청동기 대부분이 은허 상대 묘에서 출토된 동류의 기물과는 풍격이 완전히 같다. 다만 관중지구도 필경은 상왕조의 통치 중심에서 멀리 떨어져 있고 상조의 이족 방국과 비교적 많은 관계를 맺고 있었다. 강문화의 영향을 받아 노우파에서 출토된 '인면탈'과 '수면탈'이 성고현에서 출토된 동류의 탈과 풍격이 아주 근접하고 있으니 이는 일정한 지방 특색을 표현해 내고 있다.

5. 하남(河南) 준현(浚縣)에서 출토된 서주 청동 탄구

하남 준현 신촌(辛村)은 용산 문화 말기 유적이며, 또한 서주 귀족 위강숙(衛康叔) 후예의 묘지이기도 하다. 1932-33년에 전 중앙연구원과 하남 고적연구회가 이곳에서 선후로 네 차례 발굴을 하여 용산 문화 말기의 유

[그림 77] 하남 준현(浚縣)
신촌에서 출토된
서주 청동 탄구.

적과 80여 곳의 서주 무덤을 깨끗이 정리하였으며, 대량의 청동기와 그밖의 기물이 출토되었다. 그 중에서 42호 묘에서는 3건의 서주 청동 '수면'이 출토되었으며, 조형과 크기가 모두 서로 같으며, [그림 77]은 그 중의 하나이다. 높이는 17센티미터, 위의 너비는 19.6센티미터, 아래 너비는 12.35센티미터, 두께는 0.2센티미터, 무게는 297그램이다. 조형은 도철형이며 머리에는 2개의 거대한 뿔이 있고, 뿔 위에는 3개의 가지가 뻗어 나오고 있으며 형상이 아주 흉맹하고, 배후에는 손잡이 3개가 있어 꿸 수가 있다.[83] 3건의 '수면'은 묘의 세 모퉁이에서 출토되었으며, 다른 한 모퉁이는 도굴된 갱(坑)으로 원래는 4건이었으나, 1건은 이미 도굴되었다고 추측된다. 4건의 형상이 흉악한 청동 '수면'을 묘의 네 모퉁이에 놓아둔 것은 동·서·남·북 사방을 진수(鎭守)하여 귀매가 묘혈에 들어와 사자에게 해를 끼치지 못하기 위해서이다. 이 '수면'의 조형으로 판단해 보면 이들은 진묘의 탄구 탈에 속한다.

6. 북경 방산(房山)에서 출토된 서주 청동 면상

1986년 10월 중순에서 11월 하순에 중국사회과학원 고고연구소와 북경시문물연구소 연합 고고대는 북경시 방산구 유리하(琉璃河) 1193호에서 서주 대묘를 발굴하였다. 무덤 속에는 청동기·골각기와 거북껍질·조개껍질 등이 출토되었으며, 동기 중에는 인면탈 4건과 수면탈 5건이 포함되었다.

---

83) 郭寶鈞, 《浚縣辛村》, 科學出版社, 1964.

4건의 인면탈의 조형은 대체로 같으며, 정면이 돌출되었고 관자놀이가 비교적 높으며, 눈썹이 굽었고 눈이 수려하다. 넓적한 코에 큰 입에다 콧등은 낮고 평평하며, 이는 가지런하고 입꼬리는 위로 치켜 올라가 웃는 모습을 하고 있다. 두 눈과 콧구멍은 모두 구멍이 뚫려 있고, 앞이마와 아래턱 양쪽에는 각기 한 쌍의 작은 원형 구멍이 있다. [그림 78]은 그 중의 하나로 높이는 18.5센티미터, 너비는 17.6센티미터이다.

5건의 수면탈의 조형 또한 대체로 같으며, 정면이 돌출되고 상모가 흉살맞고 둥근 눈에 가는 눈썹, 넓적한 코에 큰 입, 눈자위는 안으로 들어가고 눈가는 밖으로 튀어나왔다. 눈동자는 구멍이 뚫려 있고 콧구멍은 비교적 크며 두 귀는 작고 평평하며, 이는 톱니처럼 배열되어 있다. 앞이마와 아래턱 및 귀 부위는 각기 한 쌍의 작은 원형 구멍이 뚫려 있다. [그림 79]는 그 중의 하나로 높이는 21센티미터, 너비는 22.3센티미터이다.[84]

이상 두 종류 탈의 용도에 대하여 발굴보고서에는 설명을 하지 않고 있다. 탈의 크기·조형 및 탈의 구멍으로 분석해 보면 이들은 묘실 4벽 혹은 관목 위에 걸거나 박아 놓은 것으로 면상 유형에 속한다. 다만 사람형 면상〔人形面像〕과 짐승형 면상〔獸形面像〕의 용도는 각기 다르다. 사람형

[그림 78] 북경시 방산구
유리하(琉璃河)에서 출토된
서주 청동 인면상.

[그림 79] 북경시 방산구
유리하(琉璃河)에서 출토된
서주 청동 수면 탈구.

---

84) 〈北京琉璃河1193號大墓發掘簡報〉, 《考古》, 1990, 제1기.

면상은 무덤 주인이 명계에서 사역하는 노예나 시종이고, 짐승형 면상은
귀신을 쫓고 묘를 지키는 데 쓰이며, 탄구 유형의 탈에 속한다.

7. 산서(山西) 곡옥(曲沃)에서 출토된
　　서주 철옥면조(綴玉面罩)

　1992년 봄에서 1994년 1월에 이르기까지 북경대학 고고학과와 산서성
고고연구소가 연합하여 산서 곡옥현 천마(天馬) 곡촌(曲村) 유적의 진후
묘지(晋候墓地)를 네 차례 발굴하였다. 그 중 제2차 발굴은 I11M8호 묘에
서, 제3차 발굴은 I11M31호 묘에서, 제4차 발굴은 I11M62호묘 · 63호묘 ·
64호묘에서 하였으며, 여기에서 모두 철옥면조가 출토되었다. I11M63 ·
64호묘의 철옥면조에 대한 상세한 자료는 아직 공포되지 않았으므로, 여
기에서는 단지 그 나머지 3개의 무덤에서 출토된 철옥면조를 소개하겠다.
　철옥면조는 또 '철옥멱목(綴玉冪目)'과 '옥석복면(玉石覆面)'이라고도
부르며, '장옥(葬玉)'에 속한다. 그 작용은 사자의 얼굴 부위를 보호하며
아울러 일정한 종교적인 의의를 지니고 있다. 《예기(禮記) · 토상례(士喪
禮)》에 "멱목은 검은 비단을 사용하며 네모지며 길이는 2촌으로, 안에는
붉은색이고 가운데는 솜을 채워 넣고, 묶을 수 있게 되었다"고 하였으며,
정현(鄭玄)의 주(注)에 "멱목은 얼굴을 가리는 것이다. 정(赬)은 붉다는 것
이고, 저(著)는 여기에 솜을 채워 넣었다는 말이며, 조계(組系)는 맬 수 있
게 만들었다는 것이다"[85]라고 하였다. 이로서 알 수 있는 것은 눈 가리는
것은 정방형으로 길이와 너비는 각기 1촌 2척이고 내외 두 층으로 나뉘어
져 있으며, 외층은 검은색 비단이고 내층은 홍색 비단이며, 두 층 사이에
누에고치 솜을 집어넣는다. 네 귀퉁이에는 띠가 있어서 머리 부위에 서로

---

85) 《禮記 · 士喪禮》: "冪目用緇, 方尺二寸, 赬里, 著, 組系. 鄭玄注: 冪目,覆面者
也; 赬, 赤也; 著, 充之以絮也; 組系, 爲可結也."

맬 수 있다. 철옥멱목은 멱목 위에 미목구비(眉目口鼻) 형상의 옥 장식을 가공하여 이어 놓았다. 사자의 얼굴 부위를 옥으로 장식하는 것은 원시 사회 말기에서 기원하고 있으며, 대략 서주 중기에 이르러 철옥멱목으로 발전하기 시작하였다.

I11M8은 서주 말기의 1대 진후(晉侯)의 묘로 출토된 철옥면조는 52결의 옥석을 상하 양층으로 나누어 비단 위에 꿰매어 놓았으며 모두 갈아 빛을 나게 하여 형체를 이루었다. 상층 27결은 네 변에 8개의 옥타(玉墮)가 있고, 사각에는 각이 있고 턱이 있으며, 상부 중간에는 마름모형의 이마가 있고, 하단 중간에는 반원에 가까운 아래턱이 되며, 양측 중간은 귀가 된다. 눈썹·눈·코·입·뺨이 모두 갖추어져 있다[그림 80]. 이상의 옥 장식은 표면에 대다수가 구멍을 뚫지 않고 측면을 베어 한줄기 솔기와 뒷면에 뚫린 구멍과 서로 통하도록 하여 끈이 밖으로 드러나지 않도록 한다. 하층에는 사람·호랑이·눈·코·입 등의 장식이 있다.[86]

I11M31호 묘의 묘주는 앞의 무덤 묘주의 처로 무덤 속에서 철옥면조가

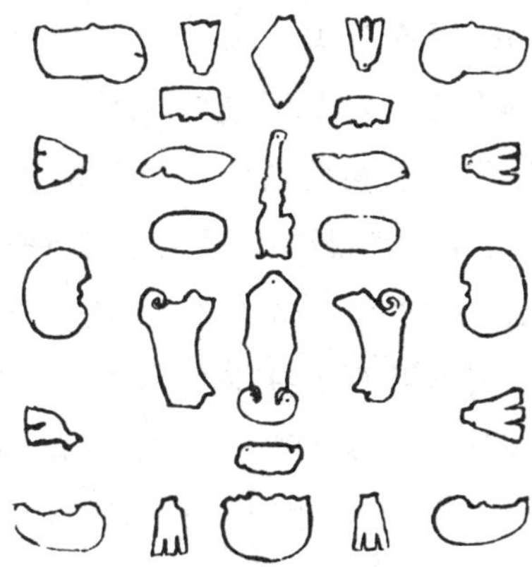

[그림 80] 산서 곡옥(曲沃)
진후묘지(晉侯墓地) I11M8에서
출토한 서주의 철옥면조(綴玉面罩).

[그림 81] 산서 곡옥(曲沃)
진후묘지(晉侯墓地) I11M31에서
출토한 서주의 철옥면조(綴玉面罩).

---

86) 〈天馬 － 曲村遺址北趙晋侯墓地第二次發掘〉,《文物》, 1994, 제1기.

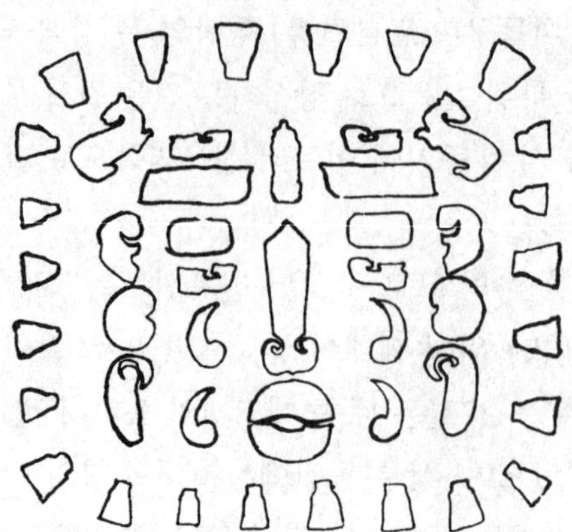

[그림 82] 산서 곡옥(曲沃) 진후묘지(晉
侯墓地) I11M62에서 출토한
서주의 철옥면조(綴玉面罩).

출토되었으며, 79건의 서로 다른 형상의 옥석편으로 조성되었다. 매 건 위에는 모두 구멍이 뚫려 있으며, 쌍 면에서 뚫거나 혹은 한 면에서 뚫는 기법을 사용하였고, 위치는 대다수가 기물가에 있으며, 혹은 정면에서 뒷면으로 구멍을 뚫거나, 혹은 측면에서 뒷면을 향해 구멍을 뚫었다. 면조 주변에는 두 종류의 이등변삼각형 석편을 빙 둘러놓았으며, 큰 것은 뽀쪽한 부분이 안으로 향하게 하고, 작은 것은 밖을 향하게 하여 서로 번갈아 배열하였다. 눈썹 장식〔眉形飾〕 2건은 돌로 된 황(璜)으로 되어 있고, 눈 장식〔目形飾〕 2건은 각을 없앤 장방형 석편으로 사이에는 각기 물고기 장식〔魚形飾〕 하나와 갈고리 장식〔鉤形飾〕 3개로 보충해 놓고 있다. 볼 장식〔面頰飾〕은 2건의 각을 없앤 방형이고, 귀 장식〔耳形飾〕 2건, 마름모형 미간 장식〔額心飾〕 1건이다. 코 장식〔鼻形飾〕 2건으로 한쪽 모서리가 떨어져 나간 방형 석편 하나는 위에 있고, 장방형 석편 하나는 아래에 있다. 반월형 입 장식〔口形飾〕 1건과 양측의 뺨 장식〔腮形飾〕 각 1건, 아래쪽에 턱·황형 장식〔頷·璜形飾〕 각 1건이다. 이밖에도 미목 사이 코 양 날개부분, 입, 턱 장식 양쪽, 귀장식 바깥쪽에 갈고리 형상의 장식 22건이 있다 [그림 81]. 면조 옥석편에는 부분적으로 문식이 있으며, 그 중에 눈썹·미간·콧잔등·뺨 등의 장식에는 조탁을 한 재료를 이용하여 만들어졌다.[87]

I11M62는 서주 말년 진후방부(晉侯邦父) 부인의 묘로 출토된 철옥면조에는 48건의 옥편을 비단 위에 꿰매어 인면형을 만들어 놓고 있다. 4주위에는 24편의 옥을 이었고, 중간에는 24편의 옥편으로 오관을 만들었다[그

---

87)〈天馬 — 曲村遺址北趙晋侯墓地第三次發掘〉,《文物》, 1994, 제8기.

림 82]. 눈썹과 눈은 벽옥으로 제작하였으며, 이마 좌우는 엎드려서 고개를 돌리고 있는 두 마리의 옥사슴이다. 옥철 외에 그밖의 옥편 위에도 모두 정미한 문식을 새겨 놓고 있다.[88]

이상 세 묘장 중에서 묘주 머리 아래로 목·어깨·가슴·배·다리·발 등의 부위에는 각기 수량이 서로 다른 옥패·옥환·옥결·옥황·옥종·옥원·옥벽·옥인·옥수……가 있으며, 이들은 흩어져 있거나 혹은 옥관·터키석·마노 구슬로 꿰어 이어진 옥패를 사용하고 있으니, 이는 서주 '장옥(葬玉)'의 유기적인 조성 부분이다.

8. 섬서 장안(長安)에서 출토된 서주 철옥면조

1983년에서 1986년에 중국사회과학원 고고연구소 풍서(灃西) 발굴대는 섬서 장안 장가파(張家坡)에서 서주 시대의 무덤 4백여 개를 발굴하였다. 여기에서 진귀한 수장품들이 대량으로 출토하였으며, 그 중에는 철옥면조 2조가 있었다.

1조는 서주 중기 정숙(井叔)의 가족 묘지에서 출토되었으며, 편호는 M157로 이 면조는 아주 불완전하여 단지 5건의 부건만이 남아 있었다. 하나는 눈모양〔眼形〕 옥기로 베틀의 북모양에 두 눈자위가 아래로 쳐졌으며 가운데에 눈동자가 있다. 하나는 눈썹 모양〔眉形〕 옥기로 초생달 모양이며 중간에는 월아형 무늬가 새겨져 있다. 하나는 코모양〔鼻形〕 옥기로 길고 조붓하며 상단에는 첨상 돌기가 있고, 표면에는 양권쌍선문(兩圈雙線紋)이 있으며 중간에는 횡속삼도쌍선문(橫束三道雙線紋)이 있다. 하나는 입 모양〔嘴形〕 옥기로 월아형으로 입을 벌린 형상으로 위에는 권운문(卷云紋)이 있다. 하나는 귀 모양〔耳形〕 옥기로 권운상(卷云狀)을 하고 있으며 위에는 박쥐형 문양이 있다. 이상의 부건은 모두 청백색 투섬석 연옥

---

88) 〈天馬 ― 曲村遺址北趙晋侯墓地第四次發掘〉, 《文物》, 1994, 제8기.

[그림 83] 섬서 장안 장가파(張家坡)에서 출토된 서주의 철옥면조.

으로 제작되었으며, 변연(邊緣)이나 혹은 양 모서리에 구멍이 있어 꿰맬 수 있도록 되어 있다.

다른 1조는 M303에서 출토되었으며 19개 부건이 현존하고 있다. 전부 청록색 혹은 황록색 사문석으로 제작되었으며 구멍은 대다수가 모두 측면에 있다. 그 중에는 각형기(角形器) 1쌍이 있으며 좌우 대칭으로 한 끝은 기룡이 돌아보는 모습이고, 한 끝은 뿔 끝을 위로 치켜올리고 있다. 미형기(眉形器) 1쌍은 좌우 대칭이며, 한쪽 끝은 권운상(卷云狀)이고, 다른 한쪽 끝은 눈썹 끝을 아래로 내리고 있다. 안형기(眼形器) 1쌍은 타원형으로 중간에 눈동자가 있다. 비량형기(鼻梁形器)·비두형기(鼻頭形器)가 각기 하나로 전자의 모양은 볏단과 같고 후자는 하단이 권운상으로 코와 같다. 치형기(齒形器) 7건으로 삼각형이며 아래위로 엇갈려 상하 이빨을 나타내고 있다. 이상 15건은 철옥면조 하나를 이룰 수 있다[그림 83]. 그밖에 4건은 형상이 각기 달라 면조에 놓인 위치를 확실히 알 수 없다. M303에는 단대(斷代)를 알 수 있는 도기와 동기가 발견되지 않았으며, 그밖의 기물로 추단한다면 이 묘의 시대는 서주 중·말기일 것이다.[89]

9. 하남 삼문협(三門峽)에서 출토된 서주 철옥면조

1990년 2월에서 5월에 하남성문물연구소와 삼문협문물공작대는 삼문협시 상촌령의 서주 말기 괵국(虢國) 묘지에서 4개의 묘장과 거마갱 1개를

---

89) 張長壽, 〈西周的葬玉〉, 《文物》, 1993, 제9기.

정리하였다. 청동기 · 옥기 · 철기 · 금기 및 기타 문물 5천2백여 건이 출토되었으며, 그 중에서 M2001호 묘에서 3천2백여 건의 문물이 출토되었다. 이 묘는 길이가 5.3미터, 너비가 3.55미터, 깊이가 11.45미터로 괵국의 국왕묘로 고증되었다. 이 묘의 장구(葬具)는 중관단곽(重棺單槨)의 곽과 관의 두껑 위에는 모두 대량의 옥기를 놓아두었으며, 관내 묘주의 두부에는 모양이 서로 다른 5조의 옥식이 있었다. 그 면부를 덮고 있는 것은 눈

[그림 84] 하남 삼문협(三門峽) 괵국(虢國) 묘지에서 출토된 서주의 철옥면조.

썹 · 눈 · 입 · 귀 등의 옥편으로 조성된 1조의 철옥면조로, 그 사방 주위에 이마 · 양 뺨 · 입술 부분 및 아랫 턱 부위에 상당하는 곳에는 수십 편의 기하 형상을 한 옥편이 산포되어 있었으며 아울러 일정한 규율에 따라 조합되어 있었다. 초보적인 정리와 복원을 거쳐 각 유형의 옥편식의 변연에 뚫린 명공(明孔)과 암공(暗孔)을 살펴보면, 실로 옥편을 사직물의 안감 재료 위에 꿰매 놓고 있다.[90][그림 84]

괵국의 국왕은 얼굴 위에 철옥면조를 덮었을 뿐만 아니라 머리에는 옥을 쓰고 몸에는 옥을 덮고 손에는 옥을 잡고 있으며 발가락 사이에는 옥을 끼고, 발아래에는 옥을 밟고 있다. 이런 장례 습속은 한대의 왕공 귀족이 옥의로 염을 한 장례 제도와 아주 흡사하다. 후자는 응당 전자의 계승과 발전일 것이다. 철옥면조는 단지 서주 중기에서 서한 초기에 유행하였을 분이며, 서한 중기 이후에는 더 이상 철옥면조가 출토되지 않으니 이는 옥의의 성행과 밀접한 관계가 있다.

---

90) 谷文雨 · 侯紅光, 〈三門峽虢國墓地出土珍貴文物〉, 《光明日報》, 1991년 1월 8일.

10. 사천 광한에서 출토된 상주의 탈

사천성 광한현 삼성퇴 유적의 발견은 중국 근년에 상주 고고의 위대한 사건이다. 이 발견은 전세계를 진동하였으며, 브리태니커 박물관의 수석 중국 고고학자인 제시카·러산은 "이들 발견은 유명한 중국의 병마용보다 더 각별하다"고 하였으며, 영국의 고고학자인 다이웨이지스는 "광한의 발견은 (…) 사람들로 하여금 동방예술에 대해 다시 새로운 평가를 내리도록 할 것이다."[91] 중국 탈의 역사 연구로 말한다면 광한 삼성퇴 유적의 발견은 더욱 중대한 의의를 지니고 있다.

삼성퇴 유적은 광한현성 서쪽으로 약 10킬로미터인 남흥진(南興鎭) 삼성촌에 자리잡고 있으며, 20세기 20년대부터 시작하여 이곳에서는 연속하여 진귀한 문물이 출토되었으므로 학계의 중시를 받아왔다. 1986년 7월부터 9월까지 사천성문물고고연구소는 이곳에서 대형 제사 갱 두 곳을 발굴하였으며, 그 연대는 상대 말기 혹은 서주 초기에 상당한다. 갱내에서는 금기·동기·옥기·석기·골기·도기 모두 1천여 건이 출토되었으며, 그 중에서 가장 사람들의 주목을 끄는 것은 몸체 높이가 172센티미터, 밑받침부터의 높이가 260센티미터인 청동 입인상(立人像), 높이 300센티미터 정도에 위에는 금수와 나뭇잎, 과실이 있는 두 그루의 청동 나무, 길이 약 140센티미터, 무게 약 500그램의 금으로 된 권장, 목 부위와 함께 이어져 있으며 실제 사람의 얼굴 크기에 상당하는 40여 개의 청동 인두상, 크기가 서로 다르고 재질이 다르며 형태가 각기 다른 약간의 탈 등이다. 가두를 제외하고도 면상·가면·면조·면식·네 종의 탈이 모두 출토되었다.[92] 다음에서는 형태에 따라 유형을 귀납하여 나누어 소개하도록 하겠다.

---

91) 陳顯丹·陳德安, 〈記廣漢三星堆遺址的發現與發掘〉, 《文物天地》, 1988년 제1기에서 재인용.

92) 〈廣漢三星堆遺址一號祭祀坑發掘簡報〉와 〈廣漢三星堆遺址二號祭祀坑發掘簡報〉를 참조, 이 두 문장은 《文物》 1987년 제10기와 1989년 제5기에 수록되어 있다.

(1) 면상

모두 15건으로 전부 2호 제
사 갱에서 출토되었으며, 조
형과 크기에 따라 세 가지 유
형으로 나눌 수 있다.

A형 3건. [그림 85]는 표본
K2②:148로, 높이 65센티미
터, 양 귀의 너비는138센티
미터, 두께 0.5-0.8센티미

[그림 85] 사천 광한 삼성퇴에서 출토된
상주의 청동 면상.

터, 무게 약 2백여 근이다. 이렇게 큰 탈은 중국에서도 없을 뿐만 아니라
세계에서도 극히 드물게 보인다. 면상은 인수(人獸)가 혼합된 조형으로 두
귀가 아주 크고 형체는 짐승의 귀와 같으며, 귀 끝이 비스듬히 위를 향해
뻗어 나갔으며, 귀 바퀴에는 거친 권운문(卷云紋)이 있다. 매부리코에 코
끝은 얼굴에서 21.5센티미터 돌출되었으며, 비익(鼻翼) 양쪽에는 운기문
(云氣紋)으로 되어 있다. 입은 크고도 납작하며 입꼬리는 귓부리까지 치켜
올라가 있다. 눈썹은 거칠고도 길며 눈썹 끝은 위로 뛰어 올라가 뒷머리
까지 뻗쳤다. 가장 기이한 것은 눈으로 두 눈은 좁고 길며 안구는 극도로
과장되어 눈자위에서 16.5센티미터나 튀어나왔고, 앞부분은 대략 마름모
형이고 중부는 둥근 팔찌와 같은 테가 있으며, 너비는 2.8센티미터로 안
구 가운데는 비어 있다. 미간에는 10.4×5.8센티미터의 네모난 구멍이 있
으며, 뺨 양쪽에는 상하로 각기 네모난 구멍이 있어서 걸어 놓거나 못으로
박아 놓을 때 사용한다. 그밖에 2건은 A형의 면상보다 약간 작으며 그 중
1건은 콧대 상방에 입체 기룡문(夔龍紋)이 있거나 혹은 운뢰문(云雷紋)이
있는데, 어떤 사람은 그것이 한떨기 구름이라고 하는데, 이는 "전설 속에
서 사람의 콧구멍과 천상의 운기가 서로 통한다"[93]고 하기 때문이다.

A형 면상에서 돌출된 거안에 대해 일부 학자들은 고촉국(古蜀國)의 선

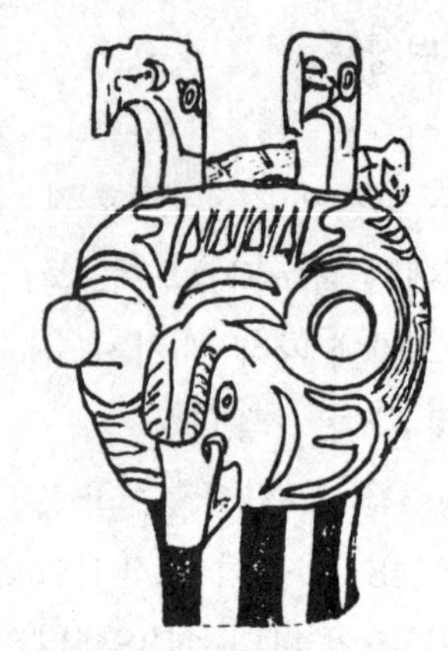

[그림 86] 귀주 도진(道眞)의
거라오족 나희탈 얼룡(孽龍).

[그림 87] 북아메리카의
커웨이창인의 쓰와허주 탈.

왕 잠총(蠶叢)의 '종목(縱目)'이라고 여기며, 아울러 《화양국지(華陽國志) · 촉지(蜀地)》에 "주나라가 기강을 잃어버리자, 촉에서 먼저 왕이라 칭하였다. 촉후 잠총은 그 눈이 세로로 되었으며 처음으로 왕을 칭하였다"[94] 고 한 기록을 인용하여 증거로 삼고 있다. 다만 어떤 사람은 '종목'이 어느 특정한 신(예를 들면 二郞 · 靈官)의 미간에 있는 세로로 된 긴 눈을 가리킨다고도 한다. 민국(民國)의 《공래현지(邛崍縣志)》에 의하면 "촉에는 고묘에 남면(藍面)신상이 많이 있으며, 얼굴에는 돌이 울퉁불퉁 쌓인 누에와 같으며, 금색으로 머리의 미간에는 세로로 된 눈이 있으니, 잠총의 상을 이은 것이다"[95]라고 하였다. A형 면상과 유사한 '종목' 탈은 나희탈 중에서도 발견되고 있다. 예를 들면 귀주 도진현(道眞縣)의 나희 중에서 얼룡(孽龍)이라 부르는 각색이 하나 있는데, 그 탈은 안구가 눈자위에서 5 센티미터 정도 돌출되었다[그림 86]. 그 근원을 찾아보면 삼성퇴의 A형

---

93) 李堅, 〈蠶叢魚鳧之謎〉, 《新民晚報》, 1990년 11월 3일.
94) 《華陽國志 · 蜀地》: "周失綱紀, 蜀先稱王. 有蜀侯蠶叢, 其目縱, 始稱王."
95) 《邛崍縣志》: "蜀中古廟多有藍面神像, 面上魂礌如蠶, 金色, 頭上額中縱目, 當即沿蠶叢之像."

[그림 88] 사천 광한 삼성퇴에서
출토된 상주의 청동 면상(B형).

[그림 89] 사천 광한 삼성퇴에서
출토된 상주의 청동 면상(C형).

탈과 어떤 연관이 있을 것이다. 북아메리카의 커웨이창인의 쓰와허주 탈의 눈도 원주상이며[그림 87], 그 내원은 동으로 만든 원통으로 먼 곳의 정보를 확정하고 잡아내어 이것과 직접 교류를 할 수 있는 초인적인 시력의 상징이라고 한다.[96]

B형 8건. [그림 88]은 표본 K2②:60으로, 앞면의 높이는 25.8센티미터, 양 귀의 너비는 52센티미터, 두께 0.3센티미터이다. 인면조형은 네모진 턱에 넓직한 얼굴, 두 귀는 A형보다 작으며 얼굴에 바짝 붙어 있어 일반인의 형상과 같으며 운문(云紋)으로 장식되어 있다. 콧대는 돌출되었고, 코끝은 앞으로 나왔고, 콧볼에는 문식이 없다. 짙은 눈썹에 큰 눈으로 안구는 밖으로 튀어나오지 않았으며, 눈썹과 눈은 흑색 안료로 그려 놓고 있다. 입은 큼직하고 납작하며 입부리가 아래로 굽어 있다. 이마 중간에는 2 2.2센티미터의 네모난 구멍이 있고, 귀 아래에는 각기 둥근 구멍 하나가 있으며, 좌우 관자놀이에 두 뺨에 4개의 네모난 구멍이 있다.

C형 4건. [그림 89]는 표본 K2②:19로, 앞 높이는 15센티미터, 양 귀의 너비는 21.8센티미터, 두께는 0.3센티미터이다. 조형은 B형의 면상과 서로 근사하나 다만 얼굴형이 마르고 길며, 아래턱이 비교적 좁고, 콧대가 뾰족하고 곧게 튀어나왔으며, 입꼬리가 위로 치켜 올라가 있으며, 귀볼 위에 구멍이 있다.

---

96) 레이웨이-스트라우스, 《面具的奧秘》, 上海文藝出版社, 1992, pp.128-131.

이상 면상의 용도에 관해 학술계의 의견이 일치되지 않고 있다. 어떤 사람은 이들이 "신의 사당 안에 있는 뭇 신들의 얼굴이며 다른 몸체와 서로 짝을 이룬다"고 하였으며, 어떤 사람은 이것이 "당시 건축물 위에 있던 장식물로 당시 건축물의 웅대함은 사람을 놀라게 만들며 건축 기술이 아주 뛰어나다는 것을 깊이 믿을 수 있다."[97] 이 3종 면상의 크기와 조형으로 분석해 보면 그 용도는 완전히 다르다. A형은 인수(人獸) 혼합의 조형으로 형상이 괴상하고 기이하며 크기가 비할 수 없이 크니, 옛 촉사람의 토템 족휘나 혹은 옛 촉나라 선왕의 면상일 것이다. 융중하고 성대한 제사 활동에 사용되며 신의 사당에 받들어 모셔졌던 주신일 것이다. B·C형은 크기가 사람의 얼굴과 비슷하며 조형이 비록 변형되고 과장되었다고는 하지만 보통 사람과 차이가 별로 크지 않으므로, 일상적으로 거행하던 제사 활동에 사용되었으며, 신의 사당 안에 모셔졌던 지위가 비교적 낮은 배신(配神)이었을 것이다.

(2) 가면

모두 9건이 전부 2호 제사 갱에서 출토되었다. [그림 90]은 표본 K2 ③:229로, 높이는 12.2센티미터, 너비 27센티미터, 두께 0.2센티미터로 조형이 괴이하고 '수면상(獸面狀)'을 하고 있다. 머리 위에는 두 쌍의 권운형 뿔이 길게 나와 있으며, 긴 눈썹에 둥근 눈, 좁은 코에 큰 입, 이빨은 꽉 다물고 있다. 이마는 뾰쪽하게 튀어나왔으며, 양 눈썹 끝의 안쪽과 양 입가 아래에 각기 둥근 구멍이 하나씩 있다.

[그림 90] 사천 광한 삼성퇴에서 출토된 상주의 청동 가면.

<hr>

97) 白建綱, 〈四川廣漢出土商周靑銅雕像群〉, 《美術》, 1987, 제2기.

'발굴보고서' 에는 "수면의 크기와 네 모서리의 구멍을 근거로 제사 시에 무당이 쓰던 탈이라고 추측된다"고 하였는데 대체로 정확하다. 다만 다음과 같이 보충할 필요가 있다. 이 가면의 눈과 입에 모두 구멍이 없으며, 이들이 비록 사람 얼굴처럼 넓다고 하지만 높이는 단지 인면의 반밖에 되

[그림 91] 사천 광한 삼성퇴에서 출토된 상주의 황금면조.

지 않는다. 이에 비추어 보면 이것은 무당이 얼굴에 쓰는 것이 아니라 이마 위에 쓰던 것이다. 장희(藏戱) 중의 어느 탈처럼 무당의 모자 위에 달아 놓았을 것이다. 만약 얼굴에 쓴다고 하면 가면 하단과 아래턱을 가지런히 맞추면 상단은 마치맞게 눈을 가리므로 무당의 눈은 칠흑처럼 어두우며 말을 해도 자세히 들을 수 없어 제사 의식을 주관하기가 아주 어렵다.

(3) 면조

모두 몇 건이 1호 제사 갱에서 출토하였다. [그림 91]은 표본 K1:283으로 높이 5센티미터, 너비 22센티미터의 인면조형으로 두 눈이 구멍이 뚫려 있고 코가 불룩 튀어나왔으며, 귀에 문식이 있고, 순금을 사용하여 피막으로 눌러 만들어진 것이다. 몇 건의 면조는 출토시에 모두 청동인두조상에 덮여 있었으며, 조상의 아래턱에서 이마까지 긴밀히 붙어 있었고, 오직 눈과 눈썹만이 공간으로 남겨 놓았다[그림 92]. 황금면조는 세계에서 여러차례 발견되었으며, 가장 유명한 것은 이집트 18왕조 국왕인 투탕카멘묘와 고대 그리스 매시니 유적의 왕실묘, 중국 요대(遼代) 진국

[그림 92] 청동 두상 위에 씌운 황금면조.

공주(陳國公主) 묘에서 출토된 황금면조이다. 그러나 이들은 모두 죽은 사람의 얼굴 위에 덮어 놓은 것으로 ‘사면(死面)’에 속한다. 삼성퇴에서처럼 청동인두조상에 씌운 황금면조는 국내외에서 모두 처음 발견된 것이다. 황금면조를 사용하여 청동인두조상에 씌운 것은 단지 장식을 위해서인지, 아니면 모종의 무술적인 의미를 함축하고 있는 것인가? 출토된 40여 개의 청동인두 조상 중에서 왜 단지 소수만이 황금마스크가 씌워져 있으며, 그 나머지는 그렇게 하지 않았는가? 이런 문제는 지금까지 여전히 하나의 수수께끼여서 깊이 있는 연구를 기다려야 할 것이다.

(4) 면식

모두 몇 개가 있다. 구체적인 수량은 아직 ‘발굴보고서’에서 공포되지 않았으며, 모두 1호 제사 갱에서 출토되었다. [그림 93] 표본 K1:20은 높이가 6.5센티미터, 너비 9.2센티미터, 두께 0.4센티미터로 조형은 인면형이다. 넓은 얼굴에 둥근 턱, 거친 눈썹에 큰 눈, 뾰쪽한 코에 납작한 입으로 미소를 짓는 형상으로, 운뢰문(云雷紋) 모양의 두 귀에는 각기 구멍이 하나씩 있다. 크기가 아주 작기 때문에 분명히 사람 얼굴에 쓰기는 불가능하다. 두 귀의 구멍으로 분석해 보면 이들은 아마 무당의 법의나 법모에 달았거나 혹은 모종의 법구에 고정되었던 장식물일 것이다.

[그림 93] 사천 광한 삼성퇴에서 출토된 상주 인면식.

　이상 네 가지 유형의 탈은 다른 지역에서는 출토되지 않았으며, 선명한 지방 특색을 띠고 있으며 조기 촉문화의 유적이다. 이들의 발견은 상주 시기 탈이 중원 일대에서 아주 유행하였을 뿐만 아니라 변경 지역에서도 광범위하게 사용되었다는 사실을 증명하고 있다. 이들 탈이 어떻게 3000여 년 전의 동기 · 금기 · 옥기 · 골기 · 도기와 함께 지하에 묻혀 있는지에 대해 학술계에서는 다음과 같은 가설을 제시하고 있다. 첫째, 이들은 천·지·산·천의 여러 신을 제사 지내는 제물을 땅속에 매입한 것이다. 둘째, 이들은 이족이 침입했을 때 멸망된 고대 국가의 물건이 매장되어진 것으로 소위 '경승승(慶勝勝)'의 매장이다. 셋째, 이들은 부장품으로 지하에 매장한 것이다. 넷째, 이들은 상고시기 파촉(巴蜀)의 전란 시에 엄몰된 재물이다. 이 네 가지 가설은 모두 일정한 도리가 있으나, 첫번째 설이 더욱 설득력을 갖고 있다.

첫째, 유적 안에서 출토된 청동인두조상은 경부(頸部)가 모두 역삼각형을 띠고 있어서 이들이 '인제(人祭)'의 대용품으로 피살된 '인간 희생물'을 상징하는 데 사용한다.

둘째, 유적지 안에서는 대량의 동물 뼈와 상아가 출토되고 있으며, 이들은 제사에 쓰인 희생의 뼈이다.

셋째, 유적지 안에서 대량의 옥벽(玉璧)·옥규(玉圭)·옥장(玉璋)·옥원(玉瑗)·옥종(玉琮)이 출토되고 있는데 이들은 모두 제사중에 상용되는 예기이다.

넷째, 유적지 안에서 출토된 청동수(靑銅樹)는 제사에 사용된 '건목(建木)'이며 대형 청동입인상(靑銅立人像)은 제사 활동을 주지하는 무당으로 그 얼굴에는 가면을 쓰고 있다.[98]

제사의 방법에 대해서 진현단(陳顯丹)은 "두 갱 안에서 출토된 각종 유물로 보면 일호갱이든 이호갱이든 제사 방법이 모두 단일한 것이 아니며, 번료(燔燎)·예매(瘞埋)·현제(懸祭) 등 종합적인 제사 방법을 채용하고 있다."[99] 그러나 일부학자들은 나제라고 여기기도 한다.

광한 삼성퇴 유적이 발굴된 시간은 그다지 길지 않으며 사람들은 두 제

---

98) 본서에서는 삼성퇴의 청동 입인상이 탈을 쓰고 있다는 것으로 여기며, 그 근거는 다음과 같다. 첫째, 입인상의 얼굴 부분의 조형과 2호 제사갱에서 출토된 B,C형 면상은 아주 흡사하다. 둘째, 입인상의 아래턱에서 뒤로 굽어 돌아간 곳과 귓뿌리에 갈고리형 장식물이 붙어 있다.

99) 陳顯丹, 〈廣漢三星堆一, 二號坑兩个問題的探討〉, 《文物》, 1989年, 第5期.

사갱내에서 출토된 대량의 기물, 특히 갖가지 서로 다른 형제와 지질의 탈에 대한 인식이 아주 일천하며, 아주 많은 문제들이 아직 자세히 밝혀지지 않고 있다. 오래지 않은 장래에 삼성퇴의 수수께끼가 전부 풀리면 그때 사람들은 중국 탈의 역사 인식에 대하여 또 한번 비약될 것이다.

11. 국내외의 서주 탈

아래에 소개하는 4건의 서주 탈은 출토 지점이 상세하지 않다. 지층학 자료로 증명할 수 없으므로 그 연대의 추단은 단지 참고로 할 뿐이다.

(1) 미국에 소장된 서주 청동 가면

미국에서 수장하고 있는 청동 가면은 현재 2건이 알려져 있다. 1건은 캘리포니아예술학원에 수장되어 있으며, 길이 26.4센티미터, 너비 32.2센티미터, 두께 0.3센티미터 원래는 케이티·파커한무가 수장하고 있었으나, 1930년에 켈커타예술학원에 기증하였다. 조형은 변형된 도철 형상으로 아주 괴이하고 과장되었으며 1쌍의 권곡회문(卷曲回紋)의 거대한 뿔이 거의 가면의 반을 차지하고 있다. 불 아래에는 두 줄기 가늘고 긴 눈썹이 있으며 눈은 대략 직사각형을 띠고 있고 안구는 뚫려 있다. 코는 짧고 두툼하며 위에는 파랑 문식이 있고 콧구멍도 뚫려 있다. 거대한 입은 중간부분에서 단열(斷裂)되었으며, 상하의 입술에는 각기 한 상의 뻐드렁니가 길게 나있으며, 귀는 명확하지 않다. 귀 부위와 아랫입술 및 뿔 위에는 모두 구멍이 뚫려 있다[그림 94]. 그 예술 풍격으로 분석해 보면 대략 서주의 물건이다.

다른 1건은 시애틀미술관에서 소장하고 있으며, 높이는 25센티미터, 너비 26센티미터로 형상은 도철과 같다. 운문권(云紋卷) 뿔에, 곧은 코 튀어나온 눈, 아래턱은 평평하고 곧으며, 이마는 뾰쪽하게 튀어나왔다. 입

[그림 94] 미국 캘리포니아예술학원에
소장하고 있는 청동 가면.

[그림 95] 미국 시애틀 박물관에
소장하고 있는 서주 청동 가면.

가장자리는 위로 치켜 올라갔다가 아래로 말렸으며, 입 속에는 두 매의 어금니가 나왔다. 귀는 짧고 작으며 위에는 문식이 있고, 눈·입·코·귀·이마의 여러 곳에 구멍이 있고 양 뺨과 뾰쪽 튀어나온 부위에 모두 4쌍의 구멍이 있다[그림 95]. 아마도 서주의 유물 같다.

　이상 2건의 청동 가면은 모두 건국 전에 미국으로 흘러들어간 것이다. 그 조형은 도철 형상으로 눈과 입에 모두 구멍이 있고, 귀·뺨·뿔 등의 부위에 있는 구멍 등의 상황으로 분석해 보면 이들은 방상씨가 '구나' 시에 쓰고 있는 가면일 것이며, 그밖에 이 탈과 피기(皮倛)를 배합하여 썼을 것이다.

(2) 하남 우현(禹縣)에서 발견된 서주 청동 가면

　1985년 4월에 하남 우현 공안국은 밀거래하려던 문화재 중에서 서주 청동 가면 1건을 적발하였다. 감정을 거친 결과 국가 1급 문물에 속하였으며 현재 문물 관리 부서에서 수장하고 있다. 가면은 수면 조형으로 크기는 대략 사람의 얼굴만하며 이마 좌우에 각기 두 뿔처럼 생긴 것이 돌출되어 있다. 코는 편평하고 두 눈은 구멍이 뚫려 있으며, 안구 윗부분에는 두 줄기 호랑이 눈썹이 짙게 튀어나와 있다. 귀는 크기가 적당하고 양 뺨과 눈 위에는 끈으로 맬 수 있는 구멍이 있다. 가장 기이한 것은 턱과 입이 없다

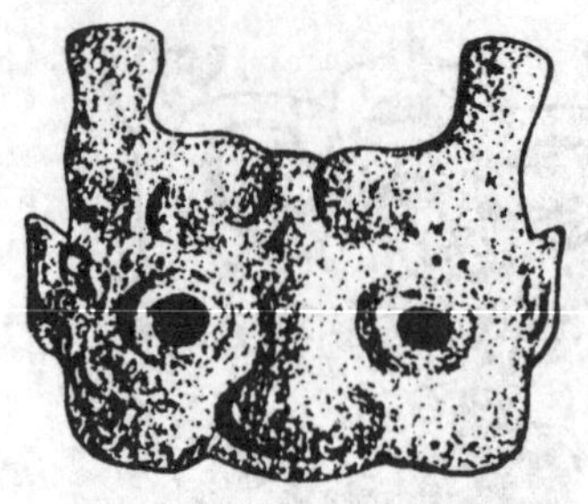

[그림 96] 하남 우현에서
몰수한 서주 청동 가면.

는 것이며, 이는 가면을 쓴 사람이 말을 하고 노래를 하기에 편하도록 하였을 것이며, 또 가면에 얼마간의 해학적인 색채를 더해 주기 위해서일 것이다.[100] [그림 96] 이와 유사한 '반쪽탈(反截面具)'이 지금도 호남〔湘〕·귀주〔黔〕·사천〔川〕·운남〔滇〕의 나희탈 중에서 흔히 찾아볼 수 있으며, 이들은 대다수가 사람들을 웃기는 배역을 맡고 있다. 이로 추측해 보면 이 탈은 민간에서 즐기던 의사짐승무(似獸舞)나 혹은 토템무 중에 사용되었던 가면일 것이다.

(3) 프랑스에 소장된 서주의 철옥면조

국외에 수장된 서주의 철옥면조로 지금 알려진 것으로는 현재 단지 1건이 있으며, 프랑스 파리에 수장되어 있는 것으로 다이디에씽의 도록에 실려 있다. 면조는 높이가 17.5센티미터, 너비 14센티미터로 황갈색을 띠고 있으며 완전한 옥을 조각하여 만들고 난 후에 16조각으로 분할하고 다시 이를 함께 합하여 놓았다. 1조각마다 뒷면에는 모두 1쌍의 경사진 각도로 서로 같은 구멍이 있다. 이것은 원래 직물 위에 꿰매어 놓았던 것으로 그 뒷면의 구멍은 꿰맬 수 있도록 만들어진 구멍이라는 사실을 추측하게 해 준다. 완전한 면조를 작은 조각으로 분할하고 난 후에 다시 이를 직물 위에 꿰매 놓은 것은 처음으로 발견되었다. 이것의 구조는 산서 곡옥(曲玉), 하남 삼문협 등지에서 출토된

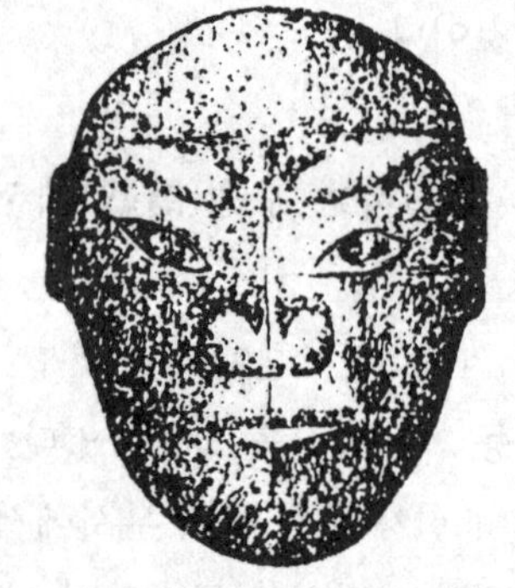

[그림 97] 프랑스 파리 모처
에 소장된 서주 철옥면조.

---

100) 颷焱, 〈西周獸面形靑銅面具〉, 《文物天地》, 1987, 제3기.

철옥면조와는 그 차이가 아주 크다. 이 둘은 평행으로 발전된 것인지 아니면 근원과 지류의 관계인지 현재로서는 분명하지 않다. 이 면조는 남성 청년의 형상으로 두 줄기 검미가 융기되었고 두 눈이 형형하게 빛나고 있다. 비익(鼻翼)이 비대하고 입술을 굳게 다물고 있으며, 귀는 뒤로 뻗어 있어 단지 윤곽만 갖추고 있으며, 표정이 엄숙하고 고통스러워 보인다[그림 97]. 이학근(李學勤)은 그 연대를 상말에서 서주로 추정하고 있으나[101] 상한이 약간 빠른 듯하다. 왜냐면 무덤에서 출토된 철옥면조(이들의 단대는 비교적 정확하다)로, 가장 빠른 것이 서주 중기의 물건이기 때문이다.

(4) 중국 역사박물관에서 소장된 춘추 철옥면조

1994년, 중국 역사박물관에서는 춘추 시기의 철옥면조 1건을 수장하였다. 이 면조는 산서 후마(侯馬)에서 출토되었다가 후에 민간으로 유산되었다고 전해지며, 브라질의 화교 수년생(隋年生)이 중금으로 주고 구매하여 중국 역사박물관에 기증하였다. 전 기물은 모두 32편으로 지질이 좋은 황옥으로 만들었다. 그 중에서 눈썹 2건은 초생달과 같으며 안으로는 둥근 고리 형상을 나타내고 밖으로는 예각을 드러내고 있으며 위에는 용무늬가 음각되었다. 눈은 2건으로 감람형에다 잠문(蠶紋)이 음각되어 있다. 코 1건으로 조붓하고 길게 생겼으며 상단은 미미하게 안으로 들어갔고, 하단은 불룩나와 둔각을 이루며, 중앙에는 모가 졌고 위에는 수면문이 음각되었다. 입 1

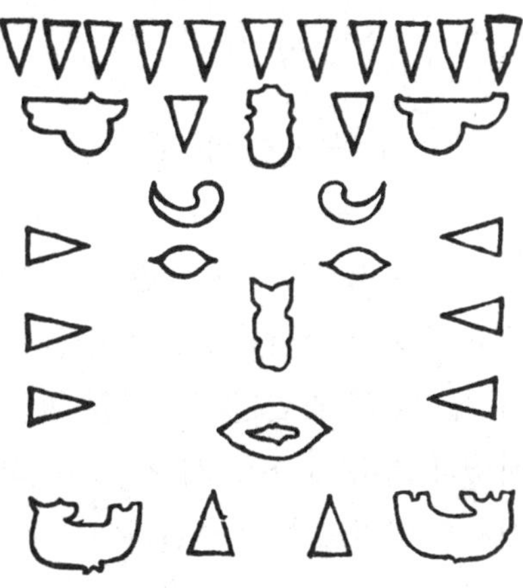

[그림 98] 중국 역사박물관에서 소장하고 있는 춘추 철옥면조.

---

101) 李學勤, 〈海外訪古續記(四)〉, 《文物天地》, 1993, 제2기.

건은 감람형으로 중간에 틈이 있어 사람의 입과 흡사하며, 위에는 대칭으로 쌍룡문이 음각되어 있다. 이마 1건은 장방형에 가깝고, 상단은 미미하게 튀어나와 둔각을 이루고 있으며, 하단은 타원형이고, 중앙에 모가 졌으며, 모난 양쪽으로 가늘고 긴 구멍이 있고, 표면에는 용봉문이 음각되었다. 턱은 2건으로 장방형에 가깝다. 하단은 타원형이고, 상단은 양 끝이 대략 평평하고 중앙이 안으로 들어갔으며, 표면에는 용봉문이 새겨져 있다. 이밖에도 삼각형 장식편 21건이 있다[그림 98]. 위의 옥식을 뒷면이 모두 소면(素面) 평판이며, 가에나 혹은 양 끝에 각기 구멍이 2개씩 있다.[102] 중국에서 이미 알려진 철옥면조는 옥의 재질이나 조각의 정미함을 놓고 보면 모두 이 기물만한 것이 없다. 이 주인은 결코 일반 사대부가 아니라 권세가 혁혁한 왕공귀족이라고 추측하도록 해준다.

제4절 부록

1. 투구(두무: 兜鍪)

투구는 또 주(冑) · 회(盔) · 수개(首鎧)와 두무(兜鍪)라고도 부르며, 고대 전쟁중에 머리와 얼굴 부위를 보호하는 일종의 방어 장비이다. 청대 사람 유정섭(兪正燮)은 "투구는 머리를 보호하고 또 얼굴을 보호한다"[103]고 하였다. 투구가 어느 시대에 기원하였는지 이미 고증하기가 어려우며, 원시사회 말기에 이미 출현하였을 것이다. 투구를 쓰는 방식은 머리 전체를 안에다 뒤집어쓰는 것이 가두와 서로 비슷하며, 단지 가두는 눈과 입만 노

---

102) 易蘇昊, 〈春秋綴玉覆面入藏記〉, 《收藏家》, 1994, 제7기.
103) 兪正燮, 《癸巳存稿》: "冑護頭頂, 亦以護面."

출하는데 투구는 이마 이하의 대부분을
밖에 노출시키는 것이 다르다. 노출 부분
이 조금 많은 것은 시야가 확 트이도록
하고 호흡이 잘되며 발음이 분명하도록
하는 것으로, 이들은 전쟁중에 아주 중요
한 것들이다. 투구의 출현은 가두 탈의
계발을 받았으며, 원고 시기의 동물 가두
에서 변화되어 나온 것으로 추측된다.

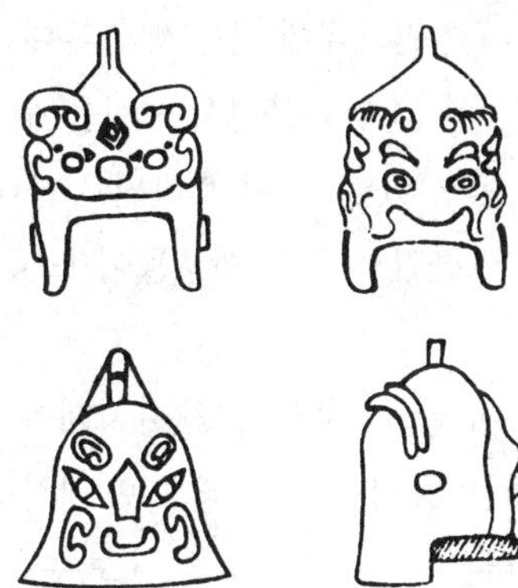

[그림 99] 하남 안양등지에서
출토된 상대 청동 두무.

현존하는 투구로 가장 빠른 것은 상대
의 유물이다. 하남 안양의 후가장(侯家
庄) 1004호 묘에서는 1백40개의 투구가 출토되었으며, 그 중에서 어떤
것은 소면이고 어떤 것은 호두부문(虎頭浮紋)이 있다. 정수리에는 깃털
장식을 꽂을 수 있는 작은 관이 있으며, 뒤에는 목덜미를 보호하는 호항
(護項)이 있고, 양 옆에는 원형으로 된 귀걸이〔珥〕가 있으며, 아래로는 뺨
을 보호하는 호사(護腮)가 늘어져 있다.[104] 전국 이후에는 동투구가 점차
소실되고, 철투구가 성행하기 시작하였다. 철투구는 동투구보다 미관은
못하지만 더욱 단단하고 튼튼하다. 또한 어떤 투구는 가죽 재질로 되어 있
는데 가볍기 때문이다. [그림 99] 위는 안양 후가장에서 출토된 동투구이
고 하는 남경박물관에 수장되어 있는 동투구로 모두 상대 유물이다. 투구
위의 문식은 동물 얼굴 조형으로 어떤 것은 도철의 형상과 서로 유사하다.

2. 방패의 문식(둔식: 盾飾)

방패는 또 간(干)·벌(伐)·노(櫓)라고도 부르며, 냉병기시대에 가장 상
용되던 일종의 방어 병기이다. 《사기·오제본기》에

---

104) 郭寶均,《中國靑銅時代》, 三聯書店, 1963, pp.129.

휜원시대에 신농씨의 후대는 힘이 쇠약해졌으므로, 제후가 서로 혼전을 벌이고 침범하면서 백성을 못살게 굴었으나, 신농씨는 이들을 정벌할 만한 힘이 없었다. 이에 헌원은 군대를 조련하고, 조공을 바치지 않는 제후를 정벌하였으므로, 제후들이 모두 귀순하여 복종하게 되었다.[105]

이 글로 일찍이 황제시대에 방패가 있었음을 알 수가 있다. 초기의 방패는 등나무나 피혁으로 제작하였고, 보순(步盾)과 거순(車盾) 두 종류로 나눌 수 있으며, 보병은 보순을 사용하고 전차에는 거순을 사용하였다. 외형은 대부분이 장방형이나 방형이며, 어떤 것은 사다리형이나 그밖에 다른 형상도 있다. 방패의 뒷면에는 자루가 있으며 손잡이[盾握]라고 부른다. 안양 은허 소둔(小屯)의 거마갱과 후가장(侯家庄) 1003호 묘에서는 모두 상대 방패의 흔적이 발견되었으며, 방패의 양변은 호랑이 문양과 둥근 문양이 그려져 있다.

대략 상대 말기부터 시작하여 방패면에는 청동방패 문식이 상감되기 시작하였다. 이렇게 하면 방패의 방어 능력을 강화시킬 수가 있고 또 방패의 미관을 보기 좋게 할 수 있다. 어떤 방패의 문양은 조형이 괴이하고 공포스러워 적에게 위협을 줄 수도 있다. 상주의 방패문양에는 인면·수면과 원형 동포(銅泡) 세 종류가 있다. [그림 100]은 섬서(陝西) 기산현(岐山縣) 하가촌(賀家村) 1호묘에서 출토된 상대의 방패문양이다. 좌는 인면으로 원형이며 직경이 11센티미터로 인면이 돌출되

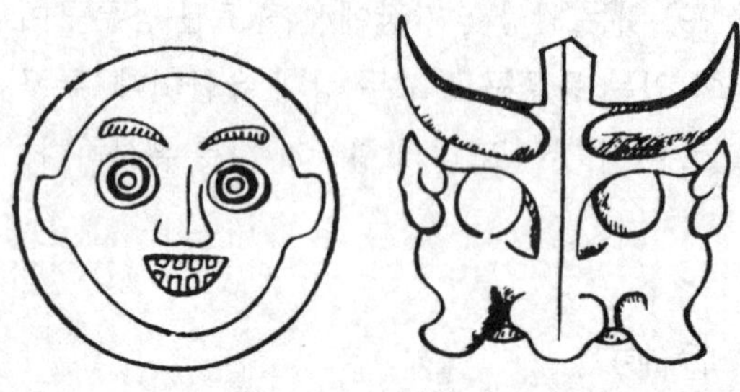

[그림 100] 섬서 기산(岐山) 하가촌에서 출토된
상대의 청동 방패 문양.

105) 《史記·五帝本紀》: "軒轅之時, 神農氏世衰. 諸侯相侵伐, 暴虐百姓, 而神農氏弗能征. 于是軒轅乃習用干戈, 以征不享, 諸侯咸來賓從."

어 부조되어 있고, 부릅뜬
눈에 이가 드러나고 눈썹이
둥글게 굽었으며, 뒷면에는
고리가 2개 있어 낄 수가 있
다. 오른쪽은 수면 방패 문
양으로 두 뿔이 거칠고 크며
눈동자가 돌출되었고 뿔 사

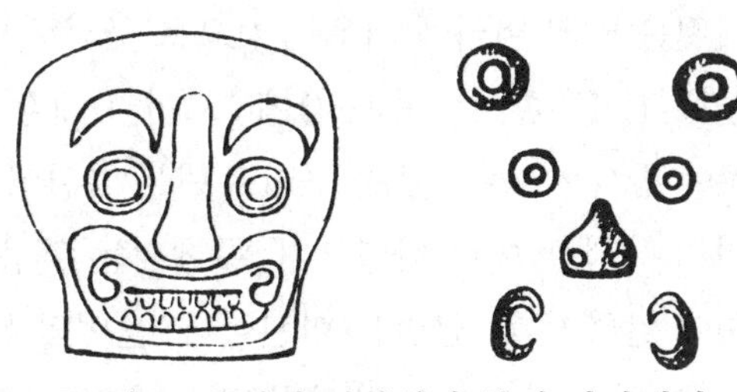

[그림 101] 섬서 기산현과 북경 방산에서
출토된 상대의 청동 방패 문양.

이의 거리는 13.5센티미터이며, 뒷면에는 고리가 2개 있다. [그림 101]의
왼쪽은 기산현 하가촌 4호묘에서 출토된 서주인면순식(西周人面盾飾)으
로 높이는 35센티미터, 너비 37.8로 짙은 눈썹과 큰 눈, 벌린 입에 이가
드러나 있어 형상이 공포스럽고 괴이하며, 위에는 4쌍의 구멍이 뚫려 있
다. 오른쪽은 북경 방산구 유리하에서 출토된 서주수면순식(西周獸面盾
飾)으로 7건의 동포로 이루어졌다. 가장 큰 환상동포(環狀銅泡)는 직경이
8.5센티미터로, 동포의 가에는 모두 대칭으로 2쌍의 작은 구멍이 있다.[106]
이상 4건의 방패 문식은 조형이 면구와 아주 흡사하여 이 둘의 연원 관계
를 분명하게 판별할 수 있다. 춘추 이후에 방패는 더 이상 청동으로 방패
에다 상감하지 않고 칠로 방패 면에다 세심하게 그려 놓아 정미하고 화려
하게 드러나 보이도록 하여 장식 효과를 증가하고 있다.

3. 마관(馬冠)

마관은 또 금맘(金鋄)이라고 부른다. 말머리 정상에 매어 놓은 것으로
청동으로 누각(鏤刻)된 수면(獸面) 장식 도구이다. 그 형태와 조형은 모두
가면과 흡사하다. 어느 의미에서는 말의 탈이라고 부를 수 있다. 맘(鋄)을
《설문》에서는 '㺇'로 쓰고 그 의미를 '머리 덮개〔腦蓋〕'라고 하였으며,

---

106) 成東, 〈先秦時期的盾〉, 《考古》, 1989, 제1기.

이것은 말의 머리에 씌우는 것으로 구리로 만들었기 때문에 '금맘'이라고 불렀다. 《후한서·여복지》에 "코끼리 재갈에 아로새긴 당노(말의 이마 뒤쪽에 장식으로 댄 청동), 구리로 만든 마관에 임금의 승여를 끄는 네모난 말머리 장식"[107]이라 하였으며, 주에서는 채옹(蔡邕)의 《독단(獨斷)》을 인용하여 말하기를 "금맘은 마관이다. 높이와 너비는 각기 5촌으로 위는 옥화(玉華)형과 같으며 말의 갈기 털 앞에 있다"[108]고 하여, 마관의 크기와 형상, 그리고 쓰는 위치에 대하여 설명하고 있다. 마관이 유행하던 시기는 아주 짧아서 처음으로 서주에서 보이다가 춘추 후기에는 더 이상 유행하지 않았다. 지금 출토된 마관은 모두 수면 조형으로 어떤 것은 전체를 하나로 합주(合鑄)하기도 하고, 어떤 것은 오관을 나누어 주조하고 다시 가죽 위에

[그림 102] 하남 준현(浚縣)과 섬서 장안에서 출토된 서주의 청동 마관.

박거나 매어 놓았다. 1930년대초에 하남(河南) 준현(浚縣) 신촌(辛村)에서 서주 마관 14건이 출토되었다. [그림 102]의 하우(下右)는 따로 나누어 주조한 마관으로 높이가 25.5센티미터, 두 뿔 사이의 거리가 33.7센티미터이다. 상우(上右) 또한 따로 주조한 마관으로 두 귀, 두 눈과 코가 1건으로 주조되었고, 입이 1건, 양 뿔이 각기 1건으로, 이를 조합된 후에 마관의 높이는 23센티미터, 너비는 22.5센티미터이다. 하좌(下左)는 합주된 마관으로 높이는 22.1센티미터, 위의 너비 27.8센티미터, 아래 너비 16.6센티미터이다. 이상 3건의 마관은 조형에 있어서 각기 특색을 지니고 있으며, 또 총체적으로는 하나의 풍격을 이루고 있다.[109] 1950년대에 섬서(陝

---

107) 《後漢書·輿服志》: "象鑣鏤錫, 金鋄方釳."
108) 蔡邕, 《獨斷》: "金鋄者, 馬冠也. 高廣各五寸, 上如玉華形, 在馬髦前."
109) 郭寶均, 《浚縣辛村》, 科學出版社, 1964.

西) 장안현 장가파 서주묘지에서 또 마관이 출토되었으며, 조형은 준현 신촌에서 출토된 것과 서로 다르나, 수면(獸面) 상하 변에 각기 3쌍의 구멍이 있으며, 못을 박거나 꿰매기 위해 사용한 것이다[그림 102, 상좌]. 1980년에 산서(山西) 홍동현(洪洞縣) 수응보촌(水凝堡村)에서 서주시기의 마관 4건이 출토되었는데, 2건은 이미 훼손되었으며, 완전한 2건은 높이가 22센티미터, 너비가 28.5센티미터로 조형은 장안현 장가파에서 출토된 것과 흡사하나, 단지 세부적으로 부분적인 차이가 있다.[110]

4. 당로(當盧)

당로는 또 양(錫)이라고도 부르며, 굴레나 락두(絡頭)에 꿰매어 놓은 것으로 말 이마 중앙을 장식한 금속장식이다. '로(盧)'는 '로(顱)'가 간화된 가차자로, 말의 두개골 중앙을 장식하고 있기 때문에 '당로(當盧(顱))'라고 불렀다. '양(錫)'은 《설문》에 "말머리 장식이다. 금(金)에서 의미를 따르고 양(陽)에서 소리를 따른다"[111]고 하였으며, 《진서·여복지》의 주에 "양은 말의 얼굴에 있으며, 당로라 부르는 것"[112]이라고 하였다.

당로는 상대에 이미 출현하였으며, 진한 양대에 가장 성행하였고, 당송 시에는 마구에 마스크를 장식하던 영향을 받아서 점차 마스크와 유사한 형상으로 변하게 되었다. 중국 각지에서 출토되는 당로의 수량은 마관보다 훨씬 많으며, 재질에는 동·금·은 등 몇 종류가 있다. [그림 103] 상좌는 하남(河南) 안양 대사공촌(大司空村)에서 출토된 상대의 당로로 동질의 원포(圓泡)로 소면에 문식이 없다. 상중은 하남 준현 신촌에서 출토된 서주의 당로로 동질이며, 중부는 원포에다 상하 양단이 돌출되어 나왔다. 위의 돌출이 아래보다 넓고 길며 양 돌출 부분에는 모두 문식이 있다. 상우

---

110) 山西省文物工作委員會等,〈山西洪洞水凝堡西周墓葬〉,《文物》, 1987년, 제2기.
111) 《說文》: "馬頭飾也. 從金陽聲."
112) 《晋書·輿服志》注: "錫在馬面, 所謂當盧者也."

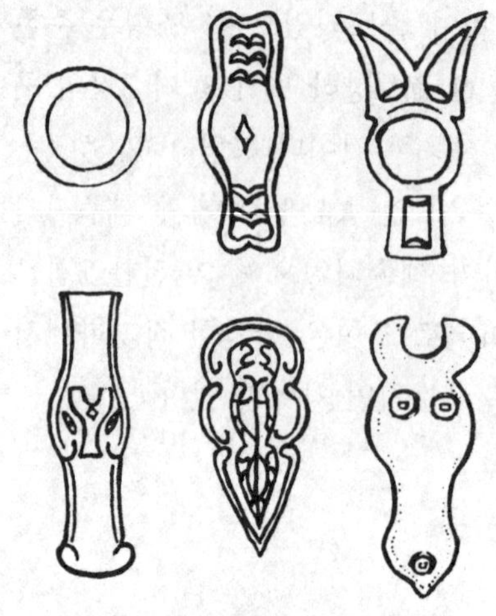

[그림 103] 상·주·진·한의
동질·금질·은질의 당로.

는 섬서 장안현 장가파에서 출토된 서주의 당로로 동질에다 길이는 18.2센티미터이며 중간은 원포이고 상단에는 양 가지로 뿔이 뻗어 나오고, 아래는 장방형 동포로 이어져 있어 전체 기물이 변형된 말머리와 흡사하다. 하좌는 산서(山西) 홍동현 수응보(水凝堡)에서 출토된 서주의 당로로 동질에 장고형이고 중부는 돌기된 수면에 길이는 16센티미터이다. 하중은 섬서 임동현(臨潼縣) 진시황릉에서 출토된 동거마의 당로로 금질에 모두 4건으로 매 필 말의 유륵(收勒)에 각기 1건씩이다. 높이는 9.8센티미터, 너비는 4.1센티미터, 두께는 0.4센티미터로 엽편상(葉片狀)을 띠고 있고, 정면에는 음선으로 권운문(卷云紋) 도안을 주조하였으며, 뒷면에는 깔개형 동탁(銅托)에 4개의 고리가 붙어 있다. 진시황릉의 동거마는 실제 거마의 1/2 모형이니, 이것으로 추산해 보면 실제 말의 당로는 높이가 약 20센티미터이다. 하우는 하남 만성현(滿城縣) 중산정왕(中山靖王) 유승(劉勝)의 묘에서 출토된 서한의 당로로 은질에다 길이는 26.8센티미터, 너비는 13센티미터로 말 얼굴 모양이며, 주변 가에는 연주문으로 장식을 하고, 가를 따라 안으로 꺾여졌으며, 그 위에 51개의 작은 구멍이 있어서 실로 꿰맬 때 쓰인다. 이상의 도상은 당로가 간단한 기하도형에서 복잡한 동물 형상으로 점차 변화해 가는 궤적을 분명하게 보여주고 있다. 당로의 기원은 탈의 영향을 받았을 것이며, 그것은 마면을 장식하고 보호하려는 이중의 뜻을 갖고 있었으므로 장기간 쇠퇴하지 않고 유행할 수 있었다.

제5절 결론

상고는 중국 탈의 성장 시기였다. 지하에서 출토된 대량의 유물은 이 시기 탈이 거대한 성취를 취득하였을 뿐만 아니라, 그 종류가 완전하고 제작이 정밀하며 유물이 많아 모두 원고시기를 초과한다는 것을 말해 주고 있다. 그 중에서 상주 탈은 감히 중국 탈의 역사상 하나의 최고봉이라 말할 수 있다. 상고 시기의 탈은 다음과 같은 특징을 지니고 있다.

① 중국의 5종 형태의 탈은 상고 시기에 이미 전부 구비되어 있으며, 가두를 제외하고도 가면·면식·면상·면조는 오늘까지 모두 유물이 남아 있다. 가두는 모피류처럼 쉽게 썩을 수 있는 재료로 만들어졌기 때문에 보존되어 내려오기가 어려웠다. 현재 상고 시기의 탈은 절대 다수가 모두 청동을 사용하여 제작되었으며, 그밖에 소량의 황금과 옥석 탈이 세상에 전해오고 있다. 청동은 당시에 귀금속에 속하여 가격이 높고 희귀하였으므로 '미금(美金)'이라 불렸으며, 권력과 지위의 상징이었다. 이로 인하여 노예주 귀족 외에 노예와 평민은 일반적으로 청동 탈을 가질 수가 없었다. 황금 탈과 옥석 탈은 더욱 노예주 귀족의 전유물이었다. 상고 시기에 나무·대나무·도기 등 재질의 탈이 유행했는지 여부에 대해서는 역사 문헌과 고고 자료가 모두 이 방면에 대한 정보를 제공해 주지 못하고 있다. 민간에 이와 같은 유형의 염가 재료로 제작된 탈이 유행하였다고 추측할 수 있으나, 이들은 단지 탈의 지류일 뿐 대아의 당에 오르기는 어려웠다. 청동 탈이 탈의 주류를 차지하는 국면은 청동시대가 끝나고 노예 사회가 붕괴될 때까지 연속되다가 비로소 변화가 있었다.

② 상고 시기는 제사와 전쟁이 국가의 첫째 가는 큰일이었다. 당시의 정치·경제와 문화가 '제사' '전쟁'과 긴밀하게 관련되지 않은 것이 없었으며, 탈도 예외는 아니었다. 일종의 특수한 '제기'와 '병기'로 상고 시기의 탈은 대량으로 제사와 전쟁에 사용되었으며, 직접 간접으로 노예제 정권을 유지하고 공고히 하기 위하여 사용되었다. 이런 성질은 그것이 필연적

으로 원고 시기 탈의 천진난만하고 소박하고 생동적인 특징을 잃어버리게 하였으며, 장엄하고 신비하며 단정하고 침중하게 변하였다. 만일 원고 시기 탈의 미학적인 특징이 주로 일종의 유치미라고 한다면 상고 시기 탈의 미학적인 특징은 주로 흉악하고 공포스러운 미라 할 수 있다. 이렇게 흉악하고 공포스러운 미는 군권과 신권의 지고무상한 위세를 상징하고 있고, 노예와 평민의 피눈물과 신음을 응축하고 있으며, 노예 사회의 잔혹하고 포악한 본질이 이 사이에서 심각하게 드러나고 있다.

③ 상고 시기에 탈의 주류를 차지하였던 청동 탈은 일반적으로 왕실과 제후가 갖고 있던 동기 주조 작방에서 생산되었으며, 제작자는 수공업 노예인 '백공(百工)'이었다. 거푸집을 사용하여 제작되었으며, 금속 재료에 열을 가하여 녹이고, 일정한 틀에 부어 식힌 다음에, 다듬고 광을 내는 공예순서를 거쳤다. 《순자·강국편》에 "거푸집이 바르면 금석이 아름답고 공예가 교묘하면 불이 고르다"[113]고 하였으니, 청동기의 제작 기술에 대한 과학적인 개괄과 총결이라 할 수 있다. 이런 일련의 공정은 여러 사람의 분업과 협력을 필요로 하며 한 사람이 홀로 완성하기는 어렵다. 물 흐르는 듯한 작업의 생산 방식은 청동 탈의 총체적인 규범화와 통일을 결정하였으므로, 공통성을 중시하고 개성을 홀시하였으며, 명확하게 규정화된 경향을 띠게 되었다. 그러므로 상주의 청동 탈은 대다수가 조형이 단조롭고 비슷하며 자유로움과 수의성이 결핍되었다. 이것은 이미 판에 박은 듯한 청동 제조 공예에서 결정된 것이며, 동시에 노예제 사회시대의 특징을 곡절하게 반영하고 있다.

---

113)《荀子·彊國篇》: "范刑正, 金錫美, 工冶巧, 火齊得."

제4장

중고 시기의 탈
BC 221년–AD 960년

제1절 개설

'중고(中古)'는 진(秦)·한(漢)·삼국(三國)·양진(兩晉)·남북조(南北朝)·수(隋)·당(唐)·오대십국(五代十國)을 포함하고 있으며, 시간상으로는 기본적으로 중국 봉건 사회 전기와 합치되고 있다. 단지 상한은 진대(秦代)부터 시작되며 전국시대부터 시작하는 것은 아니다.

1. 진한 시기

진대(秦代)는 중국 역사상 처음으로 통일된 봉건 전제주의 제국이고, 한대(漢代)는 중국 봉건 사회 전기에서 가장 번영되고 강성한 왕조 중 하나였다. 진대는 역사가 아주 짧았으나, 진에서 실행한 갖가지 제도는 후세에 심원한 영향을 끼쳤다. 한대는 평소에 무공(武功)으로 이름을 날렸으나 유교를 숭상하고 공자를 높이 받들었으며, 이는 역대 봉건 왕조에서 주류로 받아들여졌다. 진한 4백여 년의 통치는 정치적으로나 사상적으로 2천여 년에 이르는 중국 봉건 사회의 기초를 다졌으며, 땅과 물산이 풍부하고 인구가 많은 한족을 주체로 한 다민족 국가의 형성을 촉진하였다.

진한의 탈은 위로는 상주를 이어받고 아래로는 수당을 열어 놓아 중국 탈의 역사에서 중요한 위치를 차지하고 있다. 춘추전국에서는 탈의 문화가 한번 쇠락하였으나, 진한에서는 새로운 면모로 사람들 앞에 나타나게 되었다. 그것은 상주 탈이 갖춘 위엄스럽고 침중한 풍격에 반하여, 낭만적이며 기이하게 변하면서 생기가 충만하였다. 종교적인 색채가 약화되었으며 오락적인 색채가 증가되었다. 진한 시기 탈이 흥성하게 된 이중의 원인은 정국의 통일, 강성한 국력, 문화 예술의 번영이 간접적인 원인이고, 장건(張騫)의 실크로드 개척과 참위 미신·신선 방술의 유행이 직접적인 원인이다.

진한 시기에 탈이 가장 많이 사용된 영역은 나제(儺祭)와 백희(百戱)였으며, 그 다음이 상장(喪葬)과 수렵이었다. 중국은 1970년대에 섬서(陝西) 임동(臨潼) 진시황릉 무덤 동쪽에서 진대의 병마용 1천4백여 건이 출토되었으며, 1960년대에 섬서 함양(咸陽) 양가만(楊家灣)에서 서한의 기병용과 보병용 2천4백여 건이 출토되었고, 1980년대에 강소(江蘇) 서주(徐州) 사자산(獅子山)에서 서한 병마용 1천2백여 건이 출토되었으나, 모두 탈의 흔적을 발견할 수 없었으므로, 그때 전쟁 탈이 성행하지 않았다는 것을 증명할 수 있다. 진한의 나제 활동을 상주와 서로 비교해 보면 내용과 형식에 있어서 모두 많은 변화가 생겼으며, 탈도 이에 따라 변화가 생기게 되었다. 이에 대해서는 뒤에 전문적으로 논술하겠으며, 여기에서는 단지 진한의 백희탈·상장탈과 수렵탈을 소개하도록 하겠다.

'백희'는 고대의 악무와 잡기의 총칭으로, 진한 때에는 또 '각저희(角抵戱)'[1]라고 불렀다. 각저의 원시 형태는 공연자가 "둘셋씩 짝을 지어 머리에 소뿔을 쓰고 서로 들이받는 것"인 《치우희(蚩尤戱)》[2]였으며, 그것이 생겨나게 된 것은 소와 양이 싸울 때 뿔로 서로 밀쳐내는 데서 계시를 받았을

---

1) 각저(角觝)라고도 한다. 동한 반고(班固)의 《漢書·武帝紀》에 "원봉(元封) 3년 봄에 각저희를 하였다"고 하였으며 안사고주(顏師古注)에서는 응소(應劭)의 말을 인용하여 "각(角)이란 각기(角技)이다. 저(抵)란 서로 부딪쳐 밀어젖히는 것"이라고 하였다. 전해지는 말로는 전국시대에 시작되었다고 한다. 진에서는 '각저'라 불렀으며, 한대에는 각종 악무와 잡기를 가리키는 말로 쓰였다.〔역주〕

것이다. 명대 《삼재도희(三才圖會)》
중에는 《각저희》 한 폭이 있으며, 연출
자는 머리에 소머리 탈을 쓰고 있다[그
림 104]. 각저는 최초에 무공 경기와
아주 밀접한 관계가 있으나, 뒤에 오면
서 점차로 연희와 음악 성분이 증가되
었다. 《한서·형법지》에

[그림 104] 명대 《삼재도희(三才圖
會)》 중의 《각저도》.

　　춘추시대 이후로 약한 나라는 멸망
시키고 작은 나라는 병합시키면서, 강
한 몇 나라가 패웅을 겨루던 전국시대
가 되면서, 점차로 무술을 닦는 의례를 조금 보강하여 희악으로 삼아 서로
과시하는 데 사용하였다. 진나라에서는 다시 각저라고 이름을 고쳐 부르게
되었으며, 이에 선왕의 예는 음란한 음악 속에서 묻혀 버리게 되었다.[3]

　《사기(史記)·이사열전(李斯列傳)》에 한번은 이사가 일이 있어 감천궁
(甘泉宮)으로 진이세(秦二世) 호해(胡亥)를 만나러 갔는데, 이세는 각저
배우의 놀이를 보면서 이사의 접견을 거부하였다고 기록하고 있다.[4] 진
대의 각저희는 이미 아주 정교해졌으므로, 진이세가 여기에 깊이 빠져 국
사를 돌보지 않게 되었던 것이다. 《한서·무제기》에

---

　2) 任昉,《述異記》: "진한 시기에 말하기를 치우씨의 귀와 귀밑머리가 칼과 창 같으며,
머리에 뿔이 있었다. 헌원황제와 싸울 때 뿔로서 사람들을 들이받으니 사람들은 대항할
수가 없었다. 지금 기주 일대에는 《치우희》라는 음악이 있으며 그곳 백성들은 둘씩 셋씩
머리에 소뿔을 쓰고 서로 들이받았다. 한에서 각저희를 만든 것은 대개 그 제도를 이어
받은 것이다."

　3)《漢書·刑法志》: "春秋之後, 減弱吞小, 幷爲戰國, 稍增講武之禮, 以爲戲樂, 用
相夸視; 而秦更名角抵. 先王之禮, 沒于淫樂中矣."

　4)《史記·李斯列傳》: 是時二世存甘泉, 方作觳角抵優俳之觀.〔역주〕

한대에 이르러 각저희의 규모는 점차로 확대되면서 내용이 더욱 풍부해졌다. 거의 모든 기예와 악무 공연을 포함하고 있으므로, 또 '백희'라고 불렀다. 무제(武帝)는 항상 궁중에서 성대한 각저희를 공연하게 했으며, 아울러 이것으로 외국 사신을 초빙하였다. 《한서 · 무제기》에

　　원봉 삼년(기원전 108) 봄에 각저희를 하였는데, 3백 리 안에서 모두 구경하러 왔다. (…) 6년 봄에 경사의 백성이 상림의 평락관에서 각저희를 보았다.[5]

한대에서 가장 유행하던 각저에는 도로(都盧, 爬竿)[6] · 충협(冲狹, 鑽圈)[7] · 희거(戲車)[8] · 주삭(走索) · 농환(弄丸) · 척검(擲劍) · 강정(扛鼎) · 탄도(呑刀) · 토화(吐火)[9] 등의 잡기와 마술 공연이 있었다. 가면으로 분장을 하거나 탈을 쓰고 춤을 추는 《총회선창(總會仙倡)》《만연지희(曼延之戲)》《동해황공(東海黃公)》 등도 있다. 이밖에도 '대교렵(大校獵)'이라고

---

5) 《漢書 · 武帝紀》: "元封三年春, 作角抵戲, 三百里內皆(來)觀. (…) 六年春, 京師民觀角抵于上林平樂館."

6) 한 사람이 머리 위에 장대를 세우고 다른 사람이 하나에서 셋까지 장대를 타고 올라가 공연을 하는 것을 심당(尋橦)이라 하며 당송시에 아주 성행하였다. 혹은 이를 대간(戴竿) · 상간(上竿) · 입간(立竿)이라고도 한다. 현대 잡기 중에도 이런 공연이 있으며, 마당에 장대를 세워 놓고 오르는 것을 파간(爬竿)이라고 한다. 〔역주〕

7) 東漢 張衡의 《西京賦》 '冲狹燕濯'의 薛綜注에 "자리를 둘둘 말고 창으로 그 가운데를 꽂으면 기예자가 몸으로 그 가운데를 뚫고 나오는 것"이라고 하였다. 〔역주〕

8) 장형의 《서경부》에서 평락관(平樂觀)에서 연출된 각저의 묘희를 노래하면서 다음과 같이 희거를 묘사하고 있다. "그리고는 희거(戲車)가 나오는데, 긴 깃대가 꽂혀 있고, 여러 아이들 재주 피우며, 오르락내리락 하다가는, 갑자기 거꾸로 떨어지다 발꿈치가 걸리는데, 마치 끊어졌다 다시 이어지는 듯하네. 백 마리 말이 고삐를 가지런히 하고, 발 맞추어 나란히 달리고, 깃대 위에서 재주 부리는 모습 다함이 없네. 활을 당겨 서쪽 오랑캐 쏘다가는 다시 머리 돌려 북쪽 오랑캐 쏘네"(김학주, 《중국 고대의 가무희》, pp.117-118에서 인용). 〔역주〕

9) 주삭(走索)은 외줄타기로 "줄 위를 양편에서 춤추며 건너와 공중에서 만나기도 하는" 외줄타기이며, 농환이나 척검(擲劍)은 공과 칼 여러개를 공중에 던지며 가지고 노는 기예이고, 무거운 솥을 들어올리는 강정(扛鼎), 칼을 삼키고〔呑刀〕, 불을 토해내는 토화(吐火) 기예이다. 〔역주〕

[그림 105] 하남 남양의 한대 화상석 〈상인투수도(象人鬪獸圖)〉.

부르는 각저도 있었다. 상인(象人)[10]이 탈을 쓰고 곰·호랑이·외뿔소 등의 맹수와 박투를 벌린다. 그 장면은 고대 로마제국에서 짐승과 격투를 벌이는 것과 유사하다. '대교렵'에 참가하는 많은 상인들은 서역에서 왔으며, 양웅(楊雄)의 《장양부(長楊賦)》에 "망으로 둘레에 우리를 치고, 금수를 그 안에 풀어놓고, 오랑캐 산 채로 사로잡도록 한다"[11]고 하였다. [그림 105]는 남양(南陽) 한대 화상석의 〈상인투수도(象人鬪獸圖)〉로 왼쪽은 날개가 달린 호랑이가 이를 벌리고 발톱을 휘두르며 중간의 상인을 향해 덮쳐 들어가는 모습을 새겨 놓고 있으며, 오른쪽은 목을 구부린 소가 힘이 넘쳐나는 모습으로 두 뿔을 상인에게 향하고 맹렬히 받으려 하고 있다. 상인은 머리에 뿔이 있는 탈을 쓰고 적수공권으로 밀리지 않고 침착하게 호랑이·소와 힘을 겨루고 있다.

진한(秦漢) 시기에 다민족의 중앙집권 봉건국가가 세워지고 공고해지게 되었다. 그러자 중원 지역과 변경의 경제와 문화 교류가 나날이 빈번해지고 각 소수민족의 음악과 춤이 중원에 전해지게 되었다. 그래서 반고(班固)는 '사방 오랑캐〔四夷〕'의 춤에 대하여 다음과 같이 묘사하고 있다. "동이의 음악은 창〔矛〕을 잡고 춤을 추며, 서남이의 음악은 깃털을 잡고 춤을 춘다. 서이의 음악은 극(戟)을 잡고 춤을 추고, 북이의 음악은 방패〔干〕

---

10) 상인은 한대 궁정중에 일종의 전직 예인이다. 《한서(漢書)·예악지(禮樂志)》에 "상종창 30인, 상종상인 4명〔常從倡三十人, 常從象人四人〕"의 안사고(顏師古) 주(注)에 맹강(孟康)이 말하기를 '상인은 지금의 물고기·두꺼비·사자를 놀리는 자와 같다'고 하였으며, 위소(韋昭)가 말하기를 '가면을 쓴 것'이라고 하였다. 안사고는 '맹강의 설이 옳다'고 했다.

11) 楊雄, 《長楊賦》: "以网爲周阹, 縱禽獸其中, 令胡人生縛之."

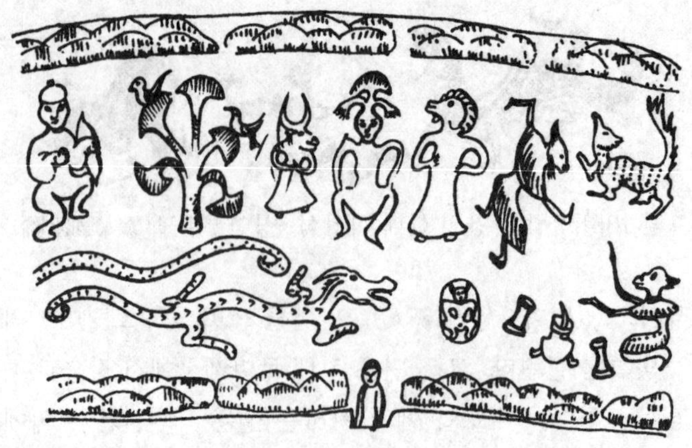

[그림 106] 내몽고 포두에서 출토된 한대 도준(陶尊)의 무용도.

를 잡고 춤을 춘다"[12]고 하였다. 장건이 서역과의 통로를 열은 뒤로 대완(大宛)·강거(康居)·대하(大夏)·구자(龜玆)·안식(安息, 지금의 이란)·신독(身毒, 지금의 인도) 등의 악무도 선후로 들어와 중국 전통의 악무 예술을 크게 풍부하게 만들었다. 위에 기술한 악무가 탈이나 혹은 가면화장을 사용하는지는 비록 문자 자료가 많지 않다고 하여도, 당시에 남겨진 미술 작품 중에서 어렵지 않게 그 대체적인 상황을 이해할 수 있다. [그림 106]은 내몽고 포두(包頭) 석만(石灣) 한대 묘에서 출토된 황유부조도준(黃釉浮雕陶樽) 위에 그려진 탈춤 그림이다. 무용수는 소머리·양머리·원숭이머리·새머리 탈을 쓰고 있으며, 도준, 즉 도자기 술동이에는 용·여우·새 등의 상서로운 신수(神獸) 도안으로 장식되어 있다. 그림 속 인물의 조형, 무용자태와 복식은 모두 북방 소수민족의 특징을 띠고 있다.[13]

진한 시기(주로 한대)에 탈은 여전히 장례에 널리 사용되었다. 이것은

---

12) 《白虎通·禮樂篇》: "東夷之樂持矛舞, 西南夷之樂持羽舞, 西夷之樂持戟舞, 北夷之樂持干舞."

13) 곽정(郭靖)은 이 그림이 표현하고 있는 것은 샤먼이 굿으로 귀신을 쫓아내고 사자를 보호하여 황천길을 평안무사하게 보내는 일을 나타내고 있다고 한다. 그의 저서 《中國面具文化》, pp.289-290 참조.

당시에 성행하였던 참위 미신·신선 방술과 밀접한 관계가 있다. 역사적으로는 진시황은 일찍이 서복(徐福)에게 동남동녀 수천 명을 이끌고 바다로 나아가 신선을 찾도록 하였으며, 한무제는 가의(賈誼)에게 선실(宣室)에서 "귀신의 근본에 대해 물었다"고 하였다. 제왕이 이러했으니 민간에서는 자연히 서로 다투어 모방했다. 사람들은 사후에 영혼은 불멸하며 여전히 다른 한 세계에서 계속 생활한다고 여겼다. 이로 인하여 "죽어서 하는 사치가 상당히 높았으며" "죽어 섬기기를 살아 있는 것같이" 하는 후장 풍속이 생겨나게 되었다. 예를 들면 한무제의 무릉(茂陵)은 현재 높이가 46.5미터, 능 아랫변의 길이가 240미터로 멀리서 보면 깎아지른 듯 높이 솟아 있는 피라미드처럼 아주 웅장하고 거대하다. 능 안에는 "금전과 재물을 많이 감추어 놓았으며, 새·짐승·물고기·금계·소·말·호랑이·표범 등 살아 있는 짐승들로 모두 1백90여 종의 물건을 모두 여기에다 묻어 놓았다."[14](《한서(漢書)·우공전(禹貢傳)》) 일반적으로 부유한 집은 묘실의 형태와 구조에 있어서 현실 생활 속의 주택을 모방하였으며, 무덤 속의 부장품은 있을 것은 다 있어서 "마치 살아 있을 때와 같았다."(《염철론(鹽鐵論)·산부족(散不足)》)

진나라 시대의 상장 탈은 지금까지 발견되지 않고 있으나, 한대의 상장 탈로 이미 알려진 것으로는 세 종류가 있다. 하나는 죽은 사람의 얼굴에 덮는 철옥면조로 강소(江蘇) 서주(徐州) 서한묘에서 출토되었으며, 다른 종류는 옥의(玉衣)에 부속되어 사자의 얼굴을 가리는 검개(臉蓋)와 머리에 씌우는 두조(頭罩)로 모두 서한과 동한의 무덤 속에서 발견되었다. 가장 유명한 것은 호북 만성(滿城)의 중산정왕(中山靖王) 유승(劉勝) 부부 묘에서 출토된 금루옥의(金縷玉衣)이다. 또 다른 종류는 묘실 네 벽이나 관목 위에 놓아두는 청동인면이나 혹은 활석탄구(滑石吞口)이다. 전자는 광서 옥림(玉林)에서 출토되었고, 후자는 호남(湖南) 서보(漵浦)와 창덕(常

---

14) 《漢書·禹貢傳》: "多藏金錢財物, 鳥獸魚鱉牛馬虎豹生禽, 凡百九十物, 盡瘞藏之."

[그림 107] 강소 양주에서 출토된 서한 목태칠의 '온명(溫明).'

德)에서 출토되었다.

한대 양주(揚州) 지역에서는 나무에다 칠을 한 '면조'가 성행하였으며, 이를 '온명(溫明)'이라고 불렀다. 사방녹정식(四方盠頂式)으로 녹정 아래에는 각기 입판(立板)과 녹정(盠頂)이 직각으로 이어지게 되어 있다. 뒤 입판 중부 및 좌우 입판 아래쪽에는 장방형이나 말굽형의 공기구멍을 만들어 놓았다. 어떤 것은 안의 윗판이나 좌우 벽에 동경(銅鏡)을 상감해 놓기도 하였다.[15][그림 107] 《한서·곽광전(霍光傳)》 복건(服虔)의 주에 '온명'을 다음과 같이 형용하고 있다.

…모양은 네모진 칠통(漆桶)과 같으며, 한 면을 열면 칠로 여기에 그려 놓고, 거울을 그 안에 넣어 놓고는 그것을 시신 위에 걸어 놓았다. 대렴을 하고 이를 덮었다.[16]

'온명'은 색을 칠하지 않은 소면(素面)으로 만들거나 혹은 채색으로 그리기도 하였다. 비록 죽은 사람의 머리부분에 놓았으나 사람 얼굴을 조형으로 만들지 않았으며, 그려진 도안도 사람 얼굴 형상이 아니므로 탈에 속한다고 할 수는 없다. 단지 특수한 일종의 '개면' 형식이라고 할 수 있다.

[그림 108] 한대 화상전 중의 탈을 쓴 사냥꾼.

---

15) 楊州博物館〈楊州平山養殖場漢墓淸理簡報〉, 《文物》, 1987, 제1기.
　　〈江蘇邗江姚庄101號西漢墓〉, 《文物》, 1988, 제2기.
16) 《漢書·霍光傳》, 服虔注: "…形如方漆桶, 開一面, 漆畵之, 以鏡置其中, 以懸尸上, 大斂幷蓋之."

진한 시기의 수렵탈은 유물로 전해오는 것이 없으나, 한나라의 화상전 (畵像磚) 중에는 탈을 쓰고 수렵을 하는 사냥꾼의 형상이 보존되어 있으므로, 당시 수렵 중에 탈을 사용한 습속이 있었다는 사실을 찾아볼 수 있다[그림 108].

2. 삼국 · 양진 · 남북조 시기

삼국 · 양진 · 남북조는 중국 역사상 대분열과 대동요의 시대였다. 한말에서 수초에 이르는 150여 년간에 서진(西晉)이 잠시 통일한 것을 제외하고 중국은 줄곧 분열과 할거 상태에 처해 있었다. 백성들은 끝없는 전란에 굶주림과 질병의 고통을 겪어야 했다. 그러나 이 시기는 중국과 이민족의 융합, 강남과 서북의 개발, 과학 기술의 발전, 중외 경제와 문화의 빈번한 교류 등으로 인하여 오랜 역사를 지닌 중국 문명에 새로운 활력을 주입하였으며, 고도로 번영하고 융성한 시대가 바로 다가오리라는 것을 예시하고 있었다.

사상과 문화면에서 살펴보면 장기적인 전란으로 인해 유학을 홀로 받들던 유학독존의 지위가 동요되어 지식인들은 허무를 숭상하고 예교를 멸시하였다. 유교와 도교가 하나로 뒤섞인 '현학(玄學)'이 생겨나게 되어, 이 시기 사상의 주류를 이루었다. 위진의 사대부는 청담(淸談)을 숭상하고 은일(隱逸)을 중히 여겼으며, 식약(食藥)과 음주가 이 시대의 풍조를 이루었다. 겉으로 보기에는 사상이 퇴폐적이고 세상일에 담담한 듯했으나, 뼈속에서는 인생에 대한 추구와 생활에 대한 미련이 충만하였다. 이는 사상의 해방과 인성에 대한 각성이 반영된 것이다. 다른 한편으로는 서한 말년에 불교가 전해졌으며, 이때는 대다수 백성들은 고난 속에서 현실을 바꿀 수 없다는 무력감에 젖어 있었으므로, 허황된 행복을 내세에 맡기려는 심리를 틈타 아주 널리 전파될 수 있었다. 당시 북위(北魏)에서는 사원이 3만여 곳에 승려가 2백여 만이라고 했으니, 참으로 놀랄 만한 숫자였다. 동한 중·후기에 형성된 도교도 이때에 장족의 발전을 하여, 불교와 정통적인 지위를 차지하려고 투쟁을 벌이고 있었다. 이상 갖가지 요소는 서로 다른 면에서 '탈문화'에 영향을 주었다.

삼국·양진·남북조의 탈은 기본적으로 진한의 전통을 계승하고 있으며, 여전히 '나제(儺祭)'와 '백희(百戱)' 탈이 위주였으나, 다만 사람들의 주목을 끄는 변화들이 있었다.

① 원고와 상고 시기에 아주 성행했던 전쟁탈이 진한에서 소실된 지 근 4반세기가 지난 후에 다시 성행하기 시작했다. 역사에는 동진의 경릉리(竟陵吏) 주사(朱伺), 서위(西魏)의 진주자사(晉州刺史) 위효관(韋孝寬), 북위(北齊) 난릉왕(蘭陵王) 고장공(高長恭), 북주(北周) 무제(武帝) 우문옹(宇文邕) 등이 모두 전쟁중에 탈을 사용하였다고 기록하고 있다. 이 현상은 당시 끊이지 않고 계속된 전쟁과 밀접한 관계가 있으며, 동시에 또한 군중에서 '나의(儺儀)가 성행했던 것과도 관련이 있다. 군중 나의는 비록 이전부터 있어왔지만 가장 먼저 상세히 기록하고 있는 것은 《위서(魏書)·예지(禮志)》이다.

고종 화평 3년 12월, 섣달에 역병을 물리치는 대나의 예가 군대에서 무위를 드러내보일 수 있어서 다시 제도로 만들었다. 보병으로 하여금 남쪽에 진을 치도록 하고, 기병은 북쪽에 진을 치도록 하였으며, 각기 종과 북을 울려 절도 있게 하였다. 그 보병은 청·적·황·흑의 옷을 입도록 하고 따로 부대로 삼아, 방패·삼지창·창·극(戟)이 순서대로 이어지며, 둘레를 돌고 바꾸고 옮기며 서로 쫓고 나가도록 하였다. 비룡등사(飛龍騰蛇)의 변화가 있었으며 함상어린(函箱魚鱗) 4문의 진을 만드니, 무릇 10여 가지 법이 있었다. 앉고 일어나고 나가고 물러나는 것이 절도에 맞지 않는 것이 없었다. 진이 끝나면 남북 두 군대는 모두 북과 나팔을 울렸으며, 모두 있는대로 크게 함성을 질렀다. 각기 말을 탄 장수 6인으로 하여금 도전하도록 하고 보병은 다시 나아가고 물러나면서 서로 막고 치면서 남쪽이 패하면 북이 이기므로 장관을 이루었다. 이후부터 항상 이를 계승하는 것을 당연하게 여겼다.[17]

이런 대규모의 군사 조련이 이미 '대나의 예'와 함께 결합되었으니, '나' 탈은 필연적으로 군대에 전해 들어갔으며, 따라서 전쟁 탈이 다시 한 번 성행하도록 촉진하였다. 이 시기의 전쟁 탈은 철로 주조되어, 상나라와 주나라의 전쟁 탈이 모두 동으로 주조된 것과는 확연히 다르다. 이는 철이 동보다 훨씬 단단하고 효과적으로 얼굴 부위를 방어할 수 있기 때문이었다.

② 상·주나라와 양한(兩漢)에서는 상장 탈이 아주 성행하였으나, 이때는 이미 더 이상 유행하지 않았다. 지금까지 삼국·양진·남북조의 묘장 속에서 옥의에 부속된 검개(臉蓋)나 두조(頭罩), 묘실 네 벽이나 관목 위에 두었던 인면·수면을 막론하고 모두 발견된 적이 없었다(사자의 얼굴 부위를 덮는 철옥면조는 일찍이 서한 중기에 소실되었다). 그 원인을 살펴보면 대략 다음의 두 가지로 볼 수 있다. 첫째, 이 시기에 계급 사이, 민족 사이, 통치 집단 사이에 끊임없는 전쟁과 살육으로 사회경제에 극심한 파괴를 가져왔다. 《위서(魏書)》와 《진서(晉書)》를 펼쳐보면 "백골이 들판을 뒤덮었으며, 백에 하나도 살아남아 있는 것이 없었다"[18] "굶어 죽은 자가 네거리에 쓰러져 있어도, 알아서 거두는 사람이 없었다"[19]는 유형의 기록을 여기저기에서 찾아볼 수 있으므로, 보는 사람들의 마음을 서늘하게 해준다. 물질적인 기초가 결핍되었기 때문에 서한 이래로부터 갈수록 성행했던 후장 풍속이 어쩔 수 없이 사라지게 되었다. 한편으로는 당시 통치 집단 중에서 뜻 있는 인사들이 역사적인 교훈을 모두 종합하여 박장(薄葬)을 하도록 주장하였다. 중국에서는 옛부터 무덤을 도굴하던 풍속이 성행하였다. 동탁(董卓)이 낙양에 들어온 후에 "여포로 하여금 여러 황제릉과 공경 이

---

17) 《魏書·禮志》: "高宗和平三年十二月, 因歲除大儺之禮, 遂耀兵示武, 更爲制. 令步兵陣于南, 騎兵陣于北, 各擊鐘鼓以爲節度, 其步兵所衣靑·赤·黃·黑, 別爲部隊, 盾矟矛戟相次, 周回轉易以相赶就. 有飛龍騰蛇之變, 爲函箱魚鱗四門之陣, 凡十餘法. 跽起前却, 莫不應節. 陣畢, 南北二軍皆鳴鼓角, 衆盡大噪, 各令騎將六人去來挑戰, 步兵更進退以相拒擊, 南敗北捷, 以爲盛觀. 自後踵以爲常."

18) 白骨蔽野, 百無一存.

19) 餓死衢路, 無人收識.

하의 무덤을 파헤쳐 그곳에 있는 진기한 보물들을 거두어 드리도록 하였다."[20] 크고 작은 군벌 또한 다투어 이를 본뜨니, 당시 사람들로 하여금 "난이 일어난 이후로 파헤쳐지지 않은 무덤이 없으니 모두 후장 때문이다"[21]라고 탄식하도록 만들었다. 그래서 위문제(魏文帝) 조조(曹操)가 솔선하여 박장을 하도록 주장하였으며, 영을 내려 사후에 "봉분을 만들지 말고 나무를 심지 마라"[22]고 하였으며, "금은주보를 묻지 마라"[23]고 하였다. 위문제(魏文帝) 조비(曹丕) 또한 미리 사후의 제도에 대하여 말하기를 "수릉은 산으로 몸을 삼고, 봉분을 만들지 말 것이며, 침전을 세우지 마라. 원읍을 조성하고 신도를 통하여… 주보로 반함(飯含)을 하지 말고 주유옥갑(珠襦玉匣)을 쓰지 마라…"[24]고 하였다. 이런 기풍이 조야에 두루 퍼졌으므로, 삼국시대부터 시작하여 옥의는 왕공과 귀족의 염복(殮服) 중에서 사라지게 되었다. 이 시기에 무덤 속에 도기로 만든 무사용과 진묘수(鎭墓獸)를 두는 것이 성행하였다[그림 109]. 남북조 시기에 제왕과 공경들의 능묘 앞에는 흔히 고대(高大)한 석조신수(石雕神獸)들이 서 있었다[25][그림 110]. 무사용과 진묘수, 능 앞의 석수는 모두 무덤을 진압하고 귀신을 쫓는 역할을 하였으며, 수면탄구의 역할과 서로 유사하였으므로, 더 이상 무덤 속에 수면탄구를 놓아두는 것은 분명히 쓸데없는 일이었다. 상주와 서

---

20) 《後漢書 · 董卓傳》: "使呂布發諸帝陵, 及公卿以下冢墓, 收其珍寶."

21) 《三國志 · 魏書 · 文郭皇后傳》: "自喪亂以來, 墳墓無不發掘, 皆由厚葬也."

22) (不封不樹) 고대의 장례에서는 흙을 쌓아 봉분을 만든 것을 봉(封)이라 하였으며, 나무를 심어 표시한 것을 수(樹)라 하였다. 문헌의 기록이나 고고학의 발굴에 의하면 은대(殷代)와 서주(西周)에서는 봉분을 하는 습속이 없었다. 이후 무덤에 흙을 쌓아 봉분을 만들고 나무를 심었는데 이는 무덤의 표시와 도굴을 방지하기 위해서였다. 《周禮》에 의하면 흙을 쌓던 높이와 나무를 심는 수량은 모두 사자의 작위의 등급에 의하여 정해졌다. 〔역주〕

23) 《三國志 · 魏書 · 武帝紀》: "不封不樹, 無藏金銀珠寶."

24) 《三國志 · 魏書 · 文帝紀》: "壽陵因山爲體, 無爲封樹, 無立寢殿, 造園邑, 通神道…飯含無以珠玉, 無施珠襦玉匣…."

25) 남북조의 석조신수에는 천록(天祿) · 기린(麒麟) · 벽사(辟邪) 등이 있으며, 뿔이 2개인 것은 천록이고 뿔이 1개인 것은 기린이고 뿔이 없는 것은 벽사이다. 천록과 기린은 제왕의 능에 사용하였으며, 벽사는 왕후의 능에 사용하였다.

[그림 109] 하북 자현(磁縣)
북제(北齊) 요준(堯峻)묘에서
출토된 도기 진묘수.

[그림 110] 강소 남경 남조(南朝)
영녕릉(永寧陵) 앞의 석기린.

한의 무덤 속에는 사람 형상의 면상(노예나 혹은 시종을 대표)을 놓아두어 명부에서 사자를 위해 일하도록 하였으며, 이에 따라서 각종 나무나 자기로 만든 시종용(侍從俑)과 복역용(仆役俑)이 대량으로 나오게 되었으나, 이 시기에 오면 이 또한 존재 가치를 잃어버리게 되었다.

③ 한대 이전에 탈 중에서 주도적인 지위를 차지한 것은 신과 영웅, 요마와 동물이었으며, 세속 인물은 탈 중에서 거의 어떤 지위도 차지하지 못하였다. 진대부터 시작하여 이런 상황에는 변화가 생겨나게 되었으며, 세속인물들의 형상이 나타나게 되었다. 예를 들면 동진 시기의 대면희(代面戲)인 《문강악(文康樂)》은 바로 여기(女伎)가 용모가 아리따운 탈을 쓰고 공연하는 것이며, 양조(梁朝)의 향인나(鄕人儺) 중의 〈호공두(胡公頭)〉라는 배역은 그 원형이 바로 서역의 소수민족이다. 이밖에 일본 기가쿠멘〔伎樂面〕[26] 중의 사자아(獅子兒)·오공(吳公)·오녀(吳女)·곤륜(昆侖)·바라문(婆羅門)·태고부(太孤父)·태고아(太孤兒)·취호왕(醉胡王)·취호종(醉胡從) 등의 각색 또한 이 시기에 만들어진 것으로, 수나라를 전후로 일본에 전해졌다.[27] 중국에서 세속 인물의 탈이 나오게 된 것

은 서역 각국의 탈춤이 전해져 들어온 것과 일정한 관계를 갖고 있으나, 본질적으로는 한대 이래의 탈문화에서 종교 색채가 점차 약화되고 오락 색채가 증가되면서 필연적으로 발전될 수밖에 없었던 결과이다. 이후에 탈속의 세속인물 형상은 나날이 많아졌으며, 당송을 거쳐 명청에 이르러 서는 마침내 신·영웅·요마·동물 탈과 어깨를 나란히 할 수 있는 지위 를 차지하게 되었다.

3. 수·당·오대십국 시기

수나라와 당나라는 중국 봉건 사회의 황금시대였다. 당나라는 태종 이세민(李世民)에서 현종 이륭기(李隆基)가 통치한 100여 년은 군사력이 강성했으며 사회경제가 번성하였다. 외국과의 왕래가 빈번하고, 국제적인 지위가 높았으며, 예술과 사상이 고무되었다. 이런 일은 전에도 없었으며 후세에도 드문 일이었다. '안록산의 난'을 거치면서 당 제국은 원기가 크게 상하여 일시에 산꼭대기에서 골짜기 밑으로 떨어져 내렸다. 서기 10세기 초에 전국은 다시 전란과 분열에 빠졌다. 중국의 봉건 사회는 여기서부터 후기에 진입하였으며, 전기에 힘차게 발전하던 왕성한 기상을 잃어버리게 되었다.

---

26) 현존하는 기가쿠멘은 호류사(法隆寺)에 전해져오는 31면, 정창원에 전해오는 164면, 도다이사〔東大寺〕에 전해진 33면, 그외의 것을 포함해 2백30면으로, 대부분이 7,8세기 것이다. 고마치카 자네〔狛近眞〕의 《교훈초(敎訓抄)》에 의하면 기악은 사원을 향해서 가장행렬을 만들어 행진하는 것이다. 사자(獅子)·오공(吳公)·가루라(迦樓羅)·바라문(婆羅門)·금강(金剛)·곤륜(昆侖)·역사(力士)·태호(太狐)·취호(醉胡)의 9종이 있다. 현존하는 기가쿠멘에도 이 9종이 있으며, 여기에 치도(治道)·사자자(獅子子)·오녀(吳女)·태호아(太狐兒)를 덧붙여 한조로 보존되는 경우가 많다. 이들 가면은 머리 뒤까지 뒤집어쓰는 큰 형태이다. 〔역주〕

27) 이중에서 오공(吳公)과 오녀(吳女)는 중국 오나라 지역의 탈춤에서 기원하였으며, 사자아(獅子兒)·곤륜(昆侖)·바라문(婆羅門)·대고부(太孤父)·태고아(太孤兒)·취호왕(醉胡王)·취호종(醉胡從)은 서역과 인도의 탈 악무에서 기원하고 있다.

수·당나라 시기(더욱이 당나라)의 탈은 전대 문화의 발판 위에서 큰 발전을 거두게 되었으며 높은 성취를 이룩했다. 이 시기의 찬란하고 다채로운 악무 희극은 탈의 발전에 직접적인 촉진 작용을 하였다. 수나라는 민간에 전해진 한족의 악무 및 변경과 외국에서 중원에 들어온 악무를 '구부악(九部樂)'이라고 정하였다. 구부악은 '청상(淸商)' '서량(西涼)' '구자(龜玆)' '천축(天竺)' '고려(高麗)' '강국(康國)' '소륵(疏勒)' '안국(安國)' '예필(禮畢)'이다. 이들 악부는 악곡을 제외하고도 무용과 백희를 포함하고 있으며, 이 중에는 탈을 쓰고 공연하는 것들도 있다. 매번 원소절 등의 명절에 경성과 각 대도시에서는 성대한 공연이 거행되었으며, 공연인 수는 1만여 명을 넘고 희극 무대는 몇 리나 연이어졌다. 수대의 시인 설도형(薛道衡, 540-609년)은 〈허급사의 시 '좋은 마음으로 공연장에서'에 운을 바꾸어 화답하다〔和許給事善心戲場轉韻〕〉라는 시에서 연출의 성황을 생동적으로 묘사하고 있다.

......
오랑캐 피리 '용두음'을 불고,
'귀자곡'에 맞추어 오랑캐 춤을 춘다.
쓰고 있는 가면은 금은으로 장식하고,
성장한 옷 옥구슬이 흔들거리네.
밤 깊어도 놀이 끝날 줄 모르고,
다투어 사람들 하기 어려운 재주 부리네.
누워서 말타고 달리며 옥 재갈 날리고,
말 위에 서서 은 안장을 돌리네.
종횡으로 검이 날아오르고,
여러 개 공 던지며 놀이도 하네.
온갖 짐승 오르락내리락 춤추고,
어지러히 여러 새들 놀이하네.
사자는 얼룩덜룩한 발 갖고 놀고,

큰 코끼리는 긴 코 내려뜨린다.
푸른 양 쪼그려 앉았다 일어나고,
백마는 원을 그리며 달린다.[28]

시 속에서는 수대의 악무백희에 흔히 금은으로 장식한 탈을 썼다는 사실을 명확하게 지적하고 있으며, 아울러 구체적으로 '백수무(百獸舞)'와 '오금희(五禽戱)' 중의 갖가지 가면 분장을 묘사하고 있다.

당나라 초기에는 수대의 '구부악'을 계승하였으며, 뒤에 당태종은 이를 조금 증감하여 '십부악(十部樂)'으로 고쳤다. 이들은 '연악(燕樂)' '청악(淸樂)' '서량악(西凉樂)' '천축악(天竺樂)' '고려악(高麗樂)' '구자악(龜玆樂)' '안국악(安國樂)' '소륵악(疏勒樂)' '강국악(康國樂)' '고창악(高昌樂)'이다. 현종 때에 궁정에서는 장기적으로 누적된 악무에 남아 있는 종목을 '좌부기(坐部技)'와 '입부기(立部技)'로 편찬하였다. 당상에 앉아 연주하는 것을 '좌부기'라 부르고, 당하에 서서 연주하는 것을 '입부기'라고 불렀다. '좌부기'는 모두 6부로, 이들은 '연악(燕樂)'('경운악(景雲樂)을 포함)·'경선악(慶善樂)' '파진악(破陳樂)' '승천악(承天樂)' '장수악(長壽樂)' '천수악(天授樂)' '조가만세악(鳥歌萬歲樂)' '용지악(龍池樂)' '소파진악(小破陳樂)'이고, '입부기'는 모두 8부로, 이들은 '안악(安樂)' '태평악(太平樂)' '파진악(破陳樂)' '경선악(慶善樂)' '대정악(大定樂)' '상원악(上元樂)' '성수악(聖壽樂)' '광성악(光聖樂)'이다. 당나라 사람들은 또 궁중과 민간에서 널리 전해진 소형의 공연 성격의 무용을 크게 '건

---

28) 羌笛龍頭吟, 胡舞龜玆曲.
　　假面飾金銀, 盛服搖珠玉.
　　宵深戱未闌, 竟爲人所歡.
　　臥馳飛玉勒, 立騎前銀鞍.
　　縱橫旣躍劍, 揮霍復跳丸.
　　抑揚百獸舞, 盤跚五禽戱.
　　狡猊弄班足, 巨象垂長鼻.
　　靑羊跪復跳, 白馬回旋駛.

무(健舞)'와 '연무(軟舞)'의 두 유형으로 나눈다. '건무'는 힘이 있고 웅건하며 리듬이 밝고 경쾌한 '검기(劍器)' '호선무(胡旋舞)' '호등무(胡騰舞)' '자지무(柘枝舞)' '황장(黃獐)' '달마지(達摩支)' 등이 있다. '연무'는 부드럽고 뛰어나게 아름다우며 절주가 느리고 완만하여, '녹요(綠腰)' '양주(凉州)' '소합향(蘇合香)' '회파악(回波樂)' '춘앵전(春鶯囀)' '단원선(團圓旋)' 등이 있다. 이밖에 당대에는 무용 속에 간단한 이야기나 스토리를 삽입하고 노래와 춤·대화를 일체화한 가무희 '발두(鉢頭)' '답요낭(踏謠娘)' '난릉왕입진곡(蘭陵王入陳曲)'이 있으며, 중앙아시아에서 들어와 물을 뿌리는 습속과 융합하여 하나가 된 군중성 가무인 '소마차(蘇摩遮)'가 있다. 당 현종이 창작했다고 전해지는 유명한 대곡(大曲) '예상우의곡(霓裳羽衣曲)'이 있고, 종교 제사 활동중에 공연하는 '무무(巫舞)'와 '아악(雅樂)' 등이 있다.[29] 당나라 때에 뭇 별들처럼 찬란한 악무 중에 문헌에서 탈을 쓴다고 명확하게 기재된 것은 단지 '예필(禮畢)' '안악' '사자무(獅子舞)' '소마차' '답요낭' '난릉왕입진곡' 등 소수 몇 종이 있으나, 실제로 당나라 때의 탈춤은 이것만이 아니다. 예를 들면 '발두'는 중국 고대 문헌에 탈을 사용한다고 기재되지 않았으나, 그 당시에 일본에 전해져 지금까지 보존되고 있는 부가쿠〔舞樂〕인 '발두

[그림 111] 일본 부가쿠〔舞樂〕 중의 '발두(撥頭).'

(撥頭)'(즉 '鉢頭')는 탈을 쓰고 공연을 하고 있다[그림 111].

수당 시기 '나의(儺儀)'의 변천과 발전은 탈에 대한 영향도 아주 거대하다. 수당에 전쟁 탈이 유행하였는지에 대한 문헌 기록이 없고, 고고학에서도 관련된 증거를 제공하지 못하고 있다. 당시에는 아마도 무덤 속에 탈

---

29) 歐陽予倩主篇,《唐代舞蹈》, 上海文化藝術出版社, 1980.

을 사용하던 것이 전처럼 흥하지 않았을 것이다. 지금까지 수당의 무덤 속에서는 현재 어떠한 장례탈의 흔적도 발견할 수 없다.

오대십국 시기의 탈은 문헌에 기재된 것이 적고, 지하에서도 실물이 출토되지 않았다. 다만 당대와 송대에 탈이 아주 성행했다는 사실로 분석해 보면, 오대십국에서 탈문화가 단절되었다고 할 수는 없으므로, 단지 이쪽 자료의 발굴을 기다릴 따름이다.

제2절 중고 시기 나의와 '나' 탈의 변천

'나' 탈은 중국의 탈 중에서 가장 중요한 유형 중의 하나이며, 상·주에서 명·청에 이르기까지, '나' 탈은 기본적으로 탈 발전의 주류를 차지했다. '나의(儺儀)'와 '나무(儺舞)' 혹은 '나희(儺戲)'의 도구로서 '나' 탈은 아주 크나큰 의부성(依附性)을 갖추고 있다. 이것의 역할·재료·형태·조형·쓰임새 등은 '나의'와 '나무' 혹은 '나희'의 변천과 발전에 제약을 받지 않을 수 없었다. 이로 인하여 어느 한 시기의 '나' 탈을 이해 하고자 하면 반드시 그 시기의 '나' 활동, '나의' '나무' 혹은 '나희'에 대하여 한 번 깊이 있는 분석을 해야 한다.

중고 시기의 '나의'는 중국 나문화사에 있어서 특수한 지위를 차지하고 있다. 예를 들면 하나의 '다리'와 같아서 상고 시기의 '구나'와 근고 시기의 '나희'를 연결시켜 주고 있다. 이 시기 '나의'의 기본적인 특징은 종교성과 제사성이 점차로 약화되면서 오락화와 희극화, 음악화의 방향으로 발전되었으며, '나(儺)'를 행하는 주연도 방상씨 1인에서 다원화된 방향으로 발전되었다. 규모도 나날이 확대되고 의식도 날로 번잡해지면서 대형화하고 의전화된 방향으로 발전되어 갔다. 중고 시기 '나의'의 이런 변화는 필연적으로 '나' 탈에 중대한 영향을 끼쳤다. 아래에서는 세 가지 면에서 중고 시기 '나의'와 '나' 탈의 변천에 대해 개술하고자 한다.

1. 궁정나의 변천

궁정나는 천자가 매년 정기적으로 계춘·중추·계동에 거행하던 대형 '나제(儺祭)' 활동이었으므로 또 국나(國儺)·대나(大儺)와 천자나(天子儺)라 불렀다.[30] 진한 시기에 '나제' 활동은 궁정나 위주였으며, 민간나는 종속적인 위치에 처하였다. 한대 궁정나의 상황은 《후한서·예의지》에 상세히 기록되어 있다.

 섣달, 납제 하루 전날이 되면 대나를 하여 역귀를 쫓는다. 그 의례는 다음과 같다. 먼저 중황문 자제에서 10세 이상 12세 이하의 아이들 1백20명을 뽑아 이를 진자(侲子)로 삼는다. 모두 붉은 두건에 검은 옷을 입히고 손에 땡땡이를 들도록 한다. 방상씨는 황금사목에 곰가죽을 뒤집어쓰고 검은 저고리에 붉은 치마를 걸치고 창을 잡고 방패를 휘두른다. 십이수는 자신에게 알맞는 옷으로 털과 뿔이 나 있는 옷을 걸친다. 중황문에서 이를 행하며, 용종과 복야가 이를 지휘하여 궁전 안에서 악귀를 쫓아낸다. 밤이 깊어져 물시계에 물이 올라오면 조신들이 모여든다. 시중·상서·어사·알자·호분·우림·낭장·집사가 모두 붉은 두건을 쓰고 대궐 섬돌에 모였다가, 수레를 타고 전전(前殿)으로 나간다. 그러면 황문령이 주청하여 "진자가 준비되었으니, 역귀를 몰아내시기 바랍니다"라고 아뢴다. 그러면 중황문의 노래를 따라, 진자가 이에 화답한다. "갑작(甲作)은 흉를 잡아먹고, 불위(胇胃)는 호랑이를 잡아먹고, 웅백(雄伯)은 도깨비를 잡아먹고, 등간(騰簡)은 불상스러운 것을 잡아먹는다. 람제(攬諸)는 허물을 잡아먹고, 백기(伯奇)는 꿈을 잡아먹고, 강량(强梁)과 조명(祖明)은 책형을 당한 사람에 기생하는 것

---

30) 《예기》 권17 '계동(季冬)' 대나(大儺)의 《소(疏)》에서 공영달이 계동의 나를 대나라고 부르는 것은 계춘(季春)은 국가의 나이고, 중추는 천자의 나인데 비하여, 이것은 아래로 서인들까지도 행하기 때문이라고 하였다. 그러므로 섣달에 행하는 대나는 궁정에서 백성까지 모두 행하였으므로 궁정나이며 국가나라고 할 수 있다. [역주]

을 잡아먹고, 위수(委隨)는 관(觀)을 먹고, 착단(錯斷)은 거(巨)를 먹고, 궁기(窮奇)와 등근(騰根)은 모두 고(蠱)를 먹는다. 십이신(十二神)으로 하여금 악흉을 쫓도록 하며, 너의 몸을 드러내게 하고 너의 등뼈를 잡아 댕기고 너의 살을 마디마디 저미고, 너의 폐와 장을 뽑아내도록 한다. 네가 빨리 도망가지 않으면 뒤에 오는 것은 양식으로 삼으리라!" 그러면 방상과 십이수가 춤을 추고 소리를 지르면서 궁궐을 앞뒤로 두루 세 번 돌고 횃불을 들고 역귀들을 단문으로 몰아낸다. 문밖에는 기사들이 횃불을 전해받고 궁궐 밖으로 나가고, 사마는 궐문 문밖의 오영기사에게 불을 전해 주고 낙수 가운데에 버리도록 한다.[31] 백관의 관부에서는 각기 나무로 짐승 얼굴을 만들어서 나인들로 하여금 일을 잘 마치게 한다. 복숭아나무와 가시나무를 문에 세우고 울률이 갈대로 꼰 줄을 든 그림을 부치고 난 다음에야 집사와 섬돌에 있던 사람들도 일을 끝내게 된다. 갈대 창과 복숭아나무 지팡이를 공경·장군·특후·제후에게 하사한다.[32]

장형(張衡, 78-139년)의 《동경부(東京賦)》에도 한대 궁정나에 대하여 생동적으로 그리고 있다.

---

31) 《후한서》 유소(劉昭)의 주에서는 "위사 천 명이 단문 밖에 있고, 다시 오영의 천기가 위사의 밖에 있다가, 삼부(三部)로 나뉘어 번갈아 가며 낙수가로 가서 세 대열로 나뉘어 귀신을 낙수 속에 잡아 쳐넣는다"고 하였다.

32) 《後漢書·禮儀志》: "先臘一日, 大儺, 謂之逐疫. 其儀: 選中黃門子弟十歲以上, 十二以下, 百二十人爲侲子, 皆赤幘皂製, 執大鼗. 方相氏黃金四目, 蒙熊皮, 玄衣朱裳, 執戈揚盾. 十二獸有衣毛角, 中黃門行之, 冗從仆射將之, 以逐惡鬼于禁中. 夜漏上水, 朝臣會, 侍中·尙書·御史·謁者·虎賁·羽林郎將, 執事皆赤幘, 陛位, 乘輿御前殿. 黃門令奏曰: "侲子備, 請逐疫." 于是中黃門倡, 侲子和曰: "甲作食*, 胇胃食虎, 雄伯食魅, 騰簡食不祥, 攬諸食咎, 伯奇食夢, 强梁·祖明共食磔死·寄生, 委隨食觀, 錯斷食巨, 窮奇·騰根共食蠱. 凡使十二神追惡凶, 赫女軀, 拉女干, 節解女肉, 抽女肺腸, 女不急去, 後者爲糧." 因作方相十二獸舞, 歡呼周遍, 前後省三過, 持炬火送疫出端門. 門外騶騎傳炬, 出宮司馬闕門, 門外五營騎士傳火棄洛水中. 百官官府各以木面獸能爲儺人師訖, 設桃梗·郁壘·葦茭畢, 執事陛者罷. 葦戟·桃杖以賜公卿·將軍·特侯·諸侯云."

이에 한해를 마치면서 대나를 행하여,

여러 역귀들을 몰아내는데,

방상씨는 도끼를 잡고,

무당과 박수 갈대 빗자루 잡고,

만명의 아이들 진자가 되어,

붉은 머리수건에 검은 옷 걸치고 나와,

복숭아가지 활에 가시나무 화살 메어,

과녁없이 마구 쏘아대며,

조약돌 비 뿌리듯 날리니,

억센 풍토병 귀신 모두 죽게 마련.

밝은 불 튀듯 별똥 떨어지듯 내달리며,

붉은 역귀 사방에서 몰아낸다.

……

도삭산에서 못된 짓하는 귀신들

울률에게 지키도록 하며,

신도는 여기에서 부장노릇하고,

갈대 새끼줄로 묶어 가고,

눈으로 모서리 구석구석 살피며,

빠뜨린 귀신 다 잡아들인다.[33]

　상ㆍ주나라 때와 비교하면 한대의 '궁정나'는 아주 큰 변화가 생겼다. 첫째, '백예(百隸)'를 120인의 '진자' 무리로 바꿨으며, 10-12세의 환관 가속이 맡도록 하였다. 붉은 두건에 검은 옷, 손에는 도고(鼗鼓)를 들고 탈을 쓰지 않는다. 둘째, 사람이 분장한 십이신수(十二神獸)가 증가되었다. 신수가 나의에 나타난 것은 결코 한대에서 시작된 것은 아니다. 호북

---

33) 《東京賦》: "爾乃卒歲大儺, 驅除群厲. 方相秉鉞, 巫覡操茢. 侲子萬童, 丹首玄制. 桃弧棘矢, 所發無臬. 飛礫雨散, 剛癉必*. 煌火馳而星流, 逐赤疫于四裔…度朔作梗, 守以郁壘; 神荼副焉, 對操索葦. 目察區陬, 司執遺鬼…."

수현의 뇌고돈(擂鼓墩)에서 출토된 전국 초기의 증후을묘 내관 위에는 창을 들고 양 머리를 한 신수(羊首神獸) 네 마리가 그려져 있다. 그러나 이때 '나의' 중에 신수가 얼마나 나오는지, 이름을 뭐라고 불렀는지는 지금 이미 알 수가 없다. 한대 십이신수의 원형에 대하여 국내외 학자들도 적지 않게 연구하였으나, 어떤 것은 비교적 명확하게 밝혀진 것도 있으나, 어떤 것은 여전히 그 면목을 자세히 알 수 없다. 소병(蕭兵)의 고증에 의하면 '갑작(甲作)'은 신격화된 원숭이이고, '불위(胇胃)'는 비비원숭이이며, '웅백(雄伯)'은 호랑이 신이고, '등간(騰簡)'은 성성이나 큰곰이다. '람제(攬諸)'는 섬여이고, '백기(伯奇)'는 '백로(伯勞)'로 '격(鵙)'이라 부르는 맹금이다. '강량(强梁)'은 호랑이 신이고, '조명(祖明)'은 주작이며, '위수(委隨)'는 안경사와 같은 종류의 신사(神蛇)이다. '착단(錯斷)'은 '도올(檮杌)'로 일종의 호랑이 모양을 한 신수일 것이다. '궁기(窮奇)'는 괴이한 개이며, '등근(騰根)'은 등사(螣蛇)이다.[34] 이상의 의견은 참고할 만하다. 십이신수는 '나의' 중에서 몸에는 가죽옷을 걸치고 몸에는 탈을 쓰고 역귀를 쫓아내는 '신주가(神咒歌)'를 부르고, 희극과 음악 성분이 농후한 '십이수무'를 공연한다. 동시에 또 '만상무(萬相舞)'를 공연한다. 공연이 끝나면 횃불을 들고 역귀를 단문 밖으로 내보낸다. 셋째, 나제 활동중에 관부의 문 위에는 신도와 울률 그리고 복숭아나무 줄기를 걸어 흉악한 귀신을 막는다.[35] 신도와 울률은 최초의 문신(門神)이다. 동해 속에 도삭산이 있으며, 위에는 큰 복숭아나무가 있고 주위를 두른 것이 삼천리이다. 그 낮은 가지 사이를 동북 귀문이라고 하며, 모든 귀신이 들고난다. 위에는 두 신이 있으니, 하나는 신도이고 하나는 울률이다. 뭍 귀신들의 검열

---

34) 蕭兵, 《儺蜡之風—長江流域宗敎戱劇文化》, 제5장 참조, 江蘇人民出版社, 1992.
35) 채옹의 《독단(獨斷)》에 "방상씨에게 명하여 (…) 늘상 한해의 12월에는 백예를 거느리고 '나'를 행하여 집안을 뒤져 역귀들을 몰아내게 하였다. 복숭아나무 활에 가시나무 화살을 들고 토고(土鼓)를 아침까지 두드리며, 붉은 알과 오곡을 뿌려 병과 재앙을 물리쳤다. 그리고 복숭아나무로 만든 도인(桃人)과 갈대로 꼬은 줄 위삭(葦索)과 이빨이 긴 호랑이를 세우는데, 신도와 울률이 귀신들을 잡아다가 이빨이 길게 나온 호랑이에게 갖다준다. (…) 그리고 신도와 울률을 그려 위삭과 함께 걸어 놓음으로써 흉함을 막았다. [역주]

을 주관하면서 인간에게 해를 끼치는 귀
신은 갈대 새끼로 묶어 호랑이 먹이로 주
었다. 이에 황제는 법으로 이를 형상화하
였다. 역귀를 쫓아내고는 복숭아나무가
지를 문 위에 세워 놓고 울률이 갈대 새끼
를 잡고 흉귀를 막는 것을 그리고, 문에
호랑이를 그려 놓아 귀신을 먹이는 것이
다.[36] 《산해경》) 한묘 중에는 항상 신도와
울률의 형상이 있으며, 대개 무사로 분장
하고 무덤 문의 양쪽을 지키면서 악귀가
침입하여 사자를 놀래키지 않도록 방비
한다[그림 112]. 넷째, 대나를 거행하는

[그림 112] 하남 남양
동한화상석의 신도와 울률.

기간에 백관의 관부는 먼저 나무로 만든 짐승 모양의 탈인 '목면수능(木面
獸能)'[37]을 준비하여 역귀를 쫓아내는 데 사용하도록 한다. 이것은 고대
문헌에서 나무 탈에 대한 첫번째 기록이다.

궁정나는 삼국·양진 시기에 한번 폐지되었다가, 남북조에 이르러 다시
성행하기 시작하였다. 《수서·예의지》에는 북제(北齊)의 궁정나는 한대와
대체로 같으나 다만 진자가 1백20명에서 2백40명으로 증가되었으며, 여
전히 탈을 쓰지 않는다. 방상씨와 십이수신의 공연은 한대보다 더욱 '연
희' 적인 맛이 풍부해졌다. 그러므로 《수서》 중에는 "방상과 12수가 춤추고
놀이를 하였다"[38]는 말이 있다. 《수서》 중에는 신도와 울률의 이름을 거론
하지 않고 있으니, 당시에 이들은 이미 궁정나에서 소실되었을 것이다.

---

36) 《山海經》: "東海中有度朔山, 上有大桃樹, 蟠屈三千里. 其卑枝間曰東北鬼門,
萬鬼出入也. 上有二神人, 一曰神荼, 一曰郁壘, 主閱領衆鬼; (鬼)之惡害人者, 執以葦
索, 而用食虎. 于是黃帝法而象之. 驅除畢, 因立桃梗于門戶上, 畫郁壘持葦索以御凶
鬼, 畫虎于門, 當食鬼也."
37) 당건원(唐健垣)은 '목면수능(木面獸能)'은 나무로 된 곰 형상의 탈이라고 한다.
〈跳神·大儺與黃帝〉, 《儺戲·中國戲曲之活化石》, 黃山書社, 1992.
38) 《隋書》: "作方相與十二獸舞戲."

수당 시기에 궁정나는 다음처럼 사람의 주목을 끌 만한 변화가 생겨났다. 첫째, 십이신수가 취소되고 수대에는 십이문사(十二間事)로 바뀌었고, 당대에는 다시 십이집사(十二執事)로 고쳐졌다. 이들은 손에 수척 길이의 삼 줄기를 잡고, 채찍을 휘둘러 날카로운 휘파람 소리를 내는 한편, 십이신수의 이름을 불러 이들로 하여금 각종 역귀를 잡아먹도록 한다. 둘째, 가면을 쓰고 가죽옷을 입은 창사(唱師)가 증가되었으나 그 직책은 기록에 보이지 않는다. 아마 노래로 역귀를 쫓아내는 '신주가(神咒歌)'로 창을 이끌었을 것이다. 셋째, 진자는 당대에 이미 탈을 썼다. 단안절(段安節)은 《악부잡록(樂府雜錄)》에서 "진자 오백은 아이가 맡아서 하며, 붉은 바지에 푸른 저고리를 입고 탈을 쓴다."39) 《신당서(新唐書)·예악지(禮樂志)》에 "나이 12세 이상에서 16세 이하의 진자를 뽑아, 가면에 붉은 두건과 바지를 입는다. 24인이 1대가 되고 6인이 1열이 된다"40)고 하였다. 이 두 책에서 진자의 사람 수가 모두 다르다고는 해도 탈을 썼다고 하는 기록은 완전히 일치하고 있다. 넷째, 당대 방상씨의 분장은 상주 이래 방상씨의 전통적인 분장과 크게 다르다. 《악부잡록》에 "방상 4인을 사용하며, 관과 탈을 쓰고 황금으로된 사목에다 곰가죽 웃옷을 입었다…"41)고 하였다. 사회의 진보에 따라 심미 관념이 변화하였으며, 상고 시기 방상씨가 뒤집어쓰던 곰가죽은 이미 '관'과 '곰가죽 웃옷'으로 나누어 만들어지고 있다. 여기서의 '관'은 상주의 곰머리 가두이며 또 '피기'에서 변천되어 온 것이 분명하다.

2. 민간나의 변천

'민간나'는 도시와 시골 백성들이 거행하던 소형의 나제 활동이므로

---

39) 段安節《樂府雜錄》: "侲子五百, 小兒爲之, 衣朱褶靑襦, 戴面具."
40) 《新唐書·禮樂志》: "選人十二以上, 十六以下爲侲子, 假面, 赤布袴褶; 二十四人爲一隊, 六人爲列."
41) 《樂府雜錄》: "用方相四人, 戴冠及面具, 黃金爲四目, 衣熊裘…."

'백성나' 혹은 '향인나(鄕人儺)'라고 부른다. 진 한시기의 민간나는 보편적으로 유행되지 않았으므로, 문헌에서는 그 기록이 아주 간략하다. 삼국·양진 시기에 궁정나는 한번 폐지되었으나, 민간나는 처음으로 크게 유행하였다. 남북조 이후에는 궁정나가 회복되었으며, 민간나는 여전히 쇠퇴하지 않고 성행하여 궁정나와 함께 충분히 우열을 다툴 수가 있었다. 이 시기의 민간나가 문헌에 기록된 것은 다음과 같다.

《의성기(宣城記)》(작자는 무명씨)

홍구(洪矩)는 오나라 때에 노릉군을 지냈는데, 뱃머리에 흙을 싣고 가고 있었다. 역귀를 몰아내는 사람이 구에게 다가와 빌었다. 구가 뱃머리를 가리키며 말하기를 "실린 것은 다른게 아니라 흙일 따름이오"라고 하였다.[42]

양(梁)·은운(殷芸)의 《소설(小說)》

손흥공은 늘상 나희의 탈을 쓰고 있었다. 역귀를 몰아내는 사람들과 함께 헌선무(桓宣武)의 집에 들어갔다. 선무는 그 응대가 비범하다고 느끼자 질문을 하여 시험을 하였다.[43]

《남사(南史)·조경종전(曹景宗傳)》

(경종)은 사람됨이 술을 즐기고 놀기를 좋아하였다. 그믐달에 집집마다 사람들을 불러 소리치면서 역귀를 몰아내도록 하자, 다른 사람의 집을 두루 돌아다니며 주식을 구걸하였다.[44]

---

42) 《宣城記》(作者佚名): "洪矩, 吳時作盧陵郡, 戴土船頭, 逐除人就矩乞. 矩指船頭云: '無所戴, 土耳.'"
43) 梁·殷芸, 《小說》: "孫興公常着戱頭, 與逐除人共至桓宣武家, 宣武覺其應對不凡, 推問乃驗也."
44) 《南史·曹景宗傳》: "(景宗) 爲人嗜酒好樂, 臘月, 于宅中使人作邪呼逐除, 遍往人家乞酒食."

양(梁)·종름(宗懍)의《형초세시기(荊楚歲時記)》

12월 8일은 납일(臘日)인데, 속담에 말하기를 '납고가 울리면 봄풀이 자라기 시작한다'고 하였다. 마을 사람들은 다같이 장구를 치면서 호공두를 쓰고 금강역사 모습을 하고 역귀를 몰아낸다.[45]

이 몇 가지 사료는 아주 간략하지만 중요한 가치가 있다. 이들은 삼국·양진·남북조 시기 민간나의 기본적인 특징을 제시하고 있기 때문이다.

(1) 당시 민간나에서 가장 흔히 볼 수 있는 형식은 가가호호 "집집마다 다니면서 역귀를 몰아내는 것〔沿門逐疫〕"이며, '나'를 행하는 사람은 가는 곳마다 항상 주식을 구걸하며 놀이로 삼았다. "집집마다 돌아다니며 역귀를 몰아내는 것"과 "주식을 구걸하는 것"은 모두 주대로 거슬러 올라갈 수가 있다.《주례》에서 "방상씨는 (…) 많은 노예를 이끌고 때에 맞춰 '나'를 하면서, 집을 뒤져 역귀를 몰아내었다"[46]고 하였으며,《논어》에서 말한 "마을 사람이 술을 마시는데 지팡이를 집은 사람이 나왔다. 이 사람이 나오니, 향인나는…"[47]이라고 하였으니 바로 이것이 그 원두가 되고 있다.

(2) 당시의 민간나 중에서 역귀를 몰아내는 주신 방상씨는 이미 소실되었으며, 이를 불교의 호법신인 금강역사가 대신하였다. 이것은 불교가 민간에 널리 전파된 결과이다. 상주 이래 역대로 끊임없는 신들(예를 들면 십이신수·울률·신도·금강역사)이 '나의' 속으로 흡수되었다. '나의'의 이런 개방성과 포용성은 완강한 생명력을 갖추도록 하였으며, 천백 년을 내려오면서도 쇠퇴하지 않은 원인이 되었다.

(3) 당시의 민간 '나대' 중에서 서역 소수민족의 원형인 '호공두(胡公頭)' 탈이 출현하였다. '호공두'의 신분에 대하여 학술계에서는 두 가지 확

---

45) 梁·宗懍,《荊楚歲時記》: "十二月八日, 諺云: '臘鼓鳴, 春草生,' 村民打細腰鼓, 戴胡公頭及作金剛·力士以逐除."

46)《周禮》: "方相氏 (…) 帥百隸而時儺, 以索室毆疫."

47)《論語》: "鄉人飲酒, 杖者出. 斯出矣, 鄉人儺…."

연히 상반된 의견이 있다. 하나는 이것이 역귀를 몰아내는 데 참여하는 배역이라고 하는 것과, 다른 하나는 이것이 쫓아내는 대상이라는 것이다. 이두 가지 의견은 모두 검토할 가치가 있다. '호공두'는 '호두(胡頭)'라고도 하며, 이것은 당시 한족이 북방과 서방의 소수민족에 대한 칭호였으며 또 서역 사람을 가리키기도 한다. 이런 칭호에는 멸시의 뜻이 담겨 있으므로, '호공두'로 귀신과 역질을 쫓아내는 데 쓴다는 것은 불가능하다. '호공두' 또한 몰아내는 대상이 된다는 것도 불가능하다. 왜냐하면 고대의 '나의'는 일반적으로 모두 몰아내는 대상을 구체화하지 않고 있다. 합리적인 해석은 '호공두'가 민간나의 무리 중에서 사람의 웃음을 이끌어 내는 배역이었으니 은운의 《소설》에서 말하는 놀이탈로 술에 취한 형상일 것이다.

수당·오대의 중원지구 민간나의 상황은 역사적 기록이 많지 않으나 다음 세 가지는 주의할 만한 가치가 있다.

나은(羅隱) 《시나(市儺)》

'나'라는 이름은 시령(時令)에 나타나고 있다. 궁궐에서 향리에 이르기까지 모두 재앙과 사악함을 몰아내고 역귀를 몰아낸다. 그러므로 도회의 악동들은 때때로 새와 짐승으로 그 형용을 만들고, 피혁으로 그 얼굴 모양을 만든다.[48]

맹교(孟郊) 《현가행(弦歌行)》

'구나'의 북소리 울리고 피리부는 소리 들리니,
삐쩍 마른 귀신의 색칠한 얼굴에 이빨만 희구나.
아무도 몰래 찍찍 짚신 끄는 소리,
맨발에 붉은 홑옷 슬프게 나간다.

---

48) 《市儺》: "儺之爲名, 著于時令矣. 自宮禁至于下俚, 皆得以逐灾邪而驅疫癘. 故都會惡少年則以是時鳥獸其形容, 皮革其面目."

　　서로 보며 웃음소리 속에 마당에 횃불 솟아오르고,

　　복숭아 활에 화살매어 쏘며 홀로 소리지른다.[49]

이탁(李倬) 《진중세시기(秦中歲時記)》

　　섣달이면 나제를 올리는데 모두 귀신 모습으로 분장을 한다. 안에는 두 노인이 있으니, 그 이름은 대개 나공(儺公)과 나모(儺母)라 한다.[50]

　　이 몇 가지 사료는 다음 사실을 설명하고 있다. 첫째, 당대의 '민간나' 중에는 항상 가죽으로 만든 새와 짐승 형상의 탈이 나타나고 있다. 《시나》에서는 그 배역에 대하여 일일이 밝히고 있지 않으나, "이때 새와 짐승으로 그 형용을 만든다"는 말로 분석을 한다면, 당연히 한대의 '십이수'와는 확연히 다르다. 이들은 더 이상 역귀를 몰아내는 신이 아니라, 단지 '도회 악동'들의 세련된 화장일 따름이다. 둘째, 당대의 민간나는 탈을 쓸 뿐만 아니라, 또 얼굴에 화장을 칠한다. 중국 고대의 나의는 확실히 탈을 쓰는 것이 위주였으나, 얼굴에 칠하는 화장도 배척하지 않았다. 전란이 일어난 시기나 혹은 궁벽한 시골에서는 탈을 제작하거나 산다는 일은 쉽지 않았으므로, 얼굴에 칠을 하면 보잘것없어도 간단하므로 탈을 대신하게 되었다. 때로는 '나(儺)'에 참가하는 사람이 많고 탈의 수량이 한정되어 있으면 탈과 얼굴화장을 병용하기도 하였다. 셋째, 당대에 섬서(陝西) 일대에는 그믐날에 '나'를 행하면서 나공과 나모의 형상으로 분장한 배역이 등장하였다. 나공과 나모는 혹은 조공(灶公)과 조파(灶婆)라고도 하며, 후에 오면서 다시 인류의 시조인 복희와 여와가 더해져, 나를 관장하는 대신(大神)이 되었다. 사천·귀주·호남 일대에는 이 두 사람을 목조 두상으로 만들어 '나단(儺壇)'의 '신안(神案)' 위에 모시고 있다. 나공과

---

49) 《弦歌行》: "驅儺擊鼓吹長笛, 瘦鬼染面惟齒白. 暗中峯峯拽茅鞁, 倮足朱襌行戚戚. 相顧笑聲冲庭燎, 桃弧射矢時獨叫."

50) 《秦中歲時記》: "歲除日進儺, 皆作鬼神狀, 內二老兒, 其名皆作儺公·儺母."

나모의 출현은 이때 민간나의가 바로 나희로 변화되어 가고 있다는 사실을 설명해 주고 있다. 비록 나희가 정식으로 형성된 것은 남·송 시대 이후이지만, 그 맹아는 당대, 심지어는 이보다 더 빠를 것이다.

수당·오대 시기에 서역 일대에서도 '구나' 활동이 성행하였다. 현존하고 있는 근 20여 수의 돈황 '아랑위(兒郎偉)'의 가사 사본은 당대 서역의 민간나를 연구하는 진귀한 자료이다. '아랑위'는 이중적인 의미를 갖고 있다. 이것은 수당·오대에 '구나'를 하는 서역 사람에 대한 명칭이기도 하고, 또한 이 시기에 널리 유행했던 서역 민간의 민속음악을 가리키는 것이기도 하다. '아랑위' 가사에는 구나·장거(障車)와 상량(上梁)이 병용되고 있으나 '구나'가 위주이다.[51] '아랑위' 구나에는 주의할 점이 두 가지 있다.

첫째, '아랑위'는 군대 생활과 관련된 내용이 적지 않다. 등문관(鄧文寬)의 고증에 의하면 현존하는 가사 중에서 9편은 모두 어느 정도 장회심(張淮深)이 감주의 회흘을 두 번 평정한 일을 가송하고 있으며, 다시 '하롱도구(河隴道衢)'의 공적을 기재하고 있다. 게다가 그 형식으로 본다면 모두 사주(沙州) 귀의군(歸義軍)이 그믐에 거행한 '구나' 의식으로 이뤄졌다.[52] 섭명생(葉明生)도 "'아랑위'는 당말에 사주자사 장회심의 귀의군이 그믐에 '구나'나 혹은 서사(誓師) 제의 중에 한 '치사(致辭)'"[53]라고 하였다. 다만 이로 인하여 '아랑위'를 '구나'와 '군나'로 동등하게 가를 수는 없다. 왜냐하면 그것은 군대 중에 유행하였을 뿐만 아니라, 민간에서도 성행했기 때문이다. 예를 들어 백(伯) 3270에는

맑은 이슬 때마쳐 내리니,
경내의 논밭 윤택해지고,
적은 종자로 만 배 수확 거두네.

---

51) 麻國鈞, 〈南北朝·唐儺匯考〉, 《戲劇》, 1991, 제1기.
52) 鄧文寬, 〈張淮深平安甘州回鶻史事鈞沈〉, 《北京大學學報》, 1986, 제5기.
53) 葉明生, 〈試論軍儺及其藝術形態〉, 《中華戲曲》, 총제6기.

집집마다 마당에 보리와 솜 가득,

모두 즐겁고 활기찬 노랫소리,

만호에 요역이 공평하다네[54]

하였으니 많은 농민들이 안정과 풍족한 생활에 대한 바람을 반영하고 있다.

둘째, '아랑위' 가사 중에 당시 중원의 나의 중에서는 보기 드문 많은 신들이 출연하고 있다. 그 중에 역귀를 쫓아내는 신들에는 종규·백택·구미호·봉래칠현…… 및 불교와 조로아스터교의 신들이다. 종규는 울률[55]로 한대에 이미 대나에 들어왔으며, 후에 궁정나의 중에서 소실되었다. 이때에 '종규'라는 이름이 서역의 민간 나의 중에 나타나고 있으며, 아울러 방상씨를 대신하여 구나의 주신이 되고 있다. 사(斯) 2055의 《제석종규구나문(除夕鐘馗驅儺文)》에 "모두 나를 종규라 부르니, 떠돌아다니는 귀신을 잡아 들인다"[56]고 하였다. 백택(白澤)은 말을 할 수 있는 전설의 신수로 황제가 순수하여 동해에 이르러 휜산(桓山)에 올라 해변에서 이를 얻었으며, 각종 정귀(精怪)를 없앨 수 있다.[57] 구미호는 하늘과 통할 수 있는 영물의 일종이다. "태평하면 나오니 상서롭게 여겼다"(《산해경》 郭璞注)》[58] 봉래칠

---

54) 伯327: "錦露應時常下, 灝潤境內疇田, 小種多收萬倍, 家家廣庭麥棉, 齊聲皆唱快活, 萬戶傜役不偏."

55) 종규의 내력에 관해서는 각종 설이 있다. 하나는 당명황(唐明皇)이 꿈속에서 귀신을 잡아 이를 먹던 신을 보고, 꿈이 깬 후에 오도자(吳道子)에게 명하여 그린 것이 종규라는 것이다. 둘째는 종규는 종규(終葵)로 원래 구나시에 사용하던 방망이였으며, 벽사의 기능이 있으므로 마침내 부회되어 신이 되었다. 셋째는 종규는 울루로 당나라 사람 주요(周繇)의 《몽무종규부(夢舞鐘馗賦)》에 "…이것은 이기(伊祁)라고 부르며, 도한 울루라 이름한다"고 하였다.

56) 斯2055 《除夕鐘馗驅儺文》: "咸稱我是鐘馗, 捉取浮游浪鬼."

57) "헌원황제가 순수하여 동해에 이르러서는 휜산에 올랐다. 해변에서 백택이라는 신령스런 짐승을 얻었는데, 말을 할 수 있었으며, 만물의 정에 통달하였다. 이에 천하의 귀신에 관한 일을 물어보자, 예부터 정기가 물로 변하고, 떠도는 혼령이 변한 것이 1만 1천 5백20종이었으며, 백택이 이를 말하였다. 황제는 이를 그림으로 그려 천하에 보여주었다." 송 장군방(張君房)의 《운급칠첨(雲笈七籤)》.〔역주〕

58) 《山海經》 郭璞注: "太平則出而爲瑞也."

현은 도교의 신으로 동해 봉래산에 살고 있다. 몰아내는 귀매(鬼魅)로는 딸
깍발이귀신(醋大之鬼), 가난뱅이귀신(貧兒之鬼), 농가귀신(田舍之鬼),
도회지귀신(市郭兒之鬼), 공장귀신(工匠之鬼), 노비귀신(奴婢之鬼), 승
려비구니귀신(僧尼之鬼), 병들어 말라죽은 귀신(瘦病之鬼), 궁한 도둑 귀
신(窮盜之鬼), 패역귀신(悖逆之鬼), 뱀에 물려 죽은 귀신(咬蛇之鬼), 화
살에 맞아 죽은 귀신(遇箭之鬼) 등이다. '아랑위'가 구나에 사용되는 것이
탈인지 아니면 얼굴화장을 하는 것인지는 문헌에 기재되지 않았으므로
이미 확실하게 고증할 수는 없다.[59]

3. '나' 탈의 변천

　중고 시기의 '나' 탈은 '궁정나' 나 '민간나'를 막론하고, 모두 이미 그 실
물을 찾아볼 수가 없다. 그러나 이 시기의 미술 작품에는 '나' 탈의 그림이
적지 않게 남아 있어서, 그 변천 상황을 대체나마 이해할 수 있도록 해준다.
　1979년 산시(陝西) 한양(咸陽)의 제3호 진궁(秦宮) 유적에서 장권식(長
卷式) 벽화가 발견되었다. 그 내용은 〈거마출행도(車馬出行圖)〉〈의장도
(儀仗圖)〉〈건축도(建築圖)〉와 〈식물도(植物圖)〉이다. 〈의장도〉에는 열한
사람을 구별해 낼 수 있었다. 갈색·녹색·홍색·백색·흑색 등의 두루마
기를 걸치고, 머리는 금수(禽獸) 모양을 하고 있다. 이욕(李浴)은 탈을 썼
을 것이라고 하며 아울러 이 그림은 궁중에서 귀신을 몰아내던 그림이라
고 추측하고 있다.[60] 만일 이 추측이 틀리지 않는다면, 이 그림이 바로 오
늘날 알려진 진대의 유일한 〈나의도〉이다. 애석하게도 이 그림은 별로 선

---

59) "아랑위가 무엇을 뜻하는지는 확실하지 않다. 어떤 학자는 대나(大儺)에서 중요한
역할을 하던 젊은이를 가리키는 말이었는데, 뒤에 가서는 귀신을 쫓을 때의 일종의 고함
소리가 변한 것이라 하고, 어떤 이는 '아랑위(兒郎偉)는 바로 위아랑(偉兒郎)이며 나의(儺
儀)에서 역귀를 쫓아내는 신령 역할을 하던 용감한 남자이다. 그래서 사람들은 그때 부르
던 노래도 아랑위라 불렀다."(김학주《중국 고대의 가무희》,명문당, pp.273)〔역주〕

60) 李浴,《中國美術史綱》, 遼寧美術出版社, 1984, p.233.

[그림 113] 산동 기남(沂南)
북채촌(北寨村)의
동한 화상석 방상씨.

명하지 않으므로 탈에 대한 깊이 있는 분석을 하기 어렵다.

한대에 '나의'를 그린 미술 작품은 비교적 많이 남아 있다. 1954년 산동 기남현(沂南縣) 북채촌(北寨村)에서 동한의 화상석묘 하나가 발견되었으며, 이 묘는 전·중·후 3개의 주실과 5개의 측실로 되어 있다. 묘문·벽면·기둥·주춧돌·두공(斗拱)·문액(門額)·석방(石枋) 등에는 정미하게 조각된 42개의 석각화상이 보존되어 있다. 그 내용은 신화인물·선금이수(仙禽異獸)·거마출행(車馬出行)·역사고사·구나타귀(驅儺打鬼)·가무백희 및 무덤 주인 생전의 생활 등이다. 그 중 전실 북벽 정중앙에는 위맹한 모습을 하고 있는 신이 하나 새겨져 있다. 둥근 눈에 큰 입, 날카롭고 예리한 뻐드렁니, 사지(四肢)에는 도검을 잡고 머리에는 활과 화살로 장식하였으며, 사타구니 아래에는 방패를 세우고 있는 방상씨를 그려 놓고 있다[그림 113]. 전실 북벽의 상방에는 횡액으로 길게 한 폭의 〈대나도〉가 새겨져 있으며 양끝은 청룡백호이고 중간은 십이수이다. 이들은 긴 팔로 발톱을 휘두르거나 손에 무기를 잡고서, 온갖 귀매를 몰아내고 있다. 이 그림은 '십이수무'를 사실그대로 그려낸 것이다. 한대 궁정나에서 몰아내는 귀신들은 단지 진자의 노래가사 속에서 나타나고 있으나 구체적인 각색은 없었다. 이들을 그림으로 표현할 필요가 있었으므로 〈대나도〉에서 나타나고 있다[그림 114, 국부].

위에 기술한 방상씨와 십이수가 차고 있는 탈은 그 얼굴에 나 있는 수염의 특징으로 보면 가죽으로 만든 기두일 것이다. 그러나 입 부분에 세밀하게 이빨이 새겨져 있으며, 어떤 탈에는 활과 화살·인두(人頭)와 두 뿔 등이 장식되어 있다는 특징으로 분석해 보면, 목각가면일 것 같다. 가죽으로 만든 기두는 이렇게 정밀하게 만들기가 어렵기 때문이다. 이들이 목제

[그림 114] 산동 기남(沂南) 북채촌(北寨村)의 동한 화상석 〈대나도〉.

가면이면서도 동물의 모피로 장식했을 것이라는 추측을 하도록 해준다. 《후한서·예의지》에 "백관의 관부에는 각기 목제로 짐승탈을 만들어 나인사(儺人師)에게 주었다"[61]라는 말이 있으니, 한대의 궁정나에는 확실히 목제 탈을 썼다는 사실을 증명해 주고 있다. 이 글에는 또 "십이수는 털과 뿔이 있는 옷을 입고 있다"[62]고 하였으니, 이중의 '모(毛)' 자는 당연히 의복에 대한 그림일 뿐 아니라 또한 탈에 대한 형용을 포함하고 있다. 그렇지 않으면 '모'와 '각(角)'(당연히 뿔이 있는 탈일 것이다)을 함께 붙여 놓을 필요가 없을 것이다.

한나라 화상석의 방상씨 형상은 하남 밀현(密縣) 타호정(打虎亭)의 동한 굉농 태수(宏農太守) 장백아(張伯雅) 무덤에서도 발견되었다. 이 방상씨와 기남현 북채촌의 방상씨와는 서로 다르다. 사지에 무기를 잡고 있지 않으며 몸에는 짐승 가죽을 걸치고 긴 팔을 휘두르면서 귀신을 때리는 형상이었다. 쓰고 있는 탈에는

[그림 115] 하남 밀현(密縣) 타호정(打虎亭)의 동한 화상석 방상씨.

---

61) 《後漢書·禮儀志》: "百官官府各以木面獸能爲儺人師訖."
62) 十二獸有衣毛角.

어떠한 부가 장식도 없으니 가죽으로 만든 기두임이 분명하다[그림 115].

한대의 나탈에 대한 그림을 여전히 묘실 벽화 속에서 찾아볼 수 있다. 1957년 하남 낙양시(洛陽市) 노성구(老城區) 서북에서 서한 말기의 무덤 하나를 발굴하였으며, 그 무덤의 묘문, 문액의 상벽, 무덤 천장의 평척(平脊), 격양(隔梁)의 상벽, 주실의 후벽 등에 모두 벽화가 가득 그려져 있다. 그 내용에는 벽사길상, 구나타귀(驅儺打鬼), 역사고사와 승룡승선(乘龍升仙) 등이며, 이 중에는 역귀를 몰아내고 귀신을 때려잡는 구나타귀가 대표적인 위치를 차지하고 있다. 묘실 후벽은 귀신을 잡는 타귀 의식의 준비도로 방상씨 넷이 귀신 넷을 쫓아내는 그림이고, 다른 하나에는 검을 찬 청년이 있으니 아마 타귀 의식의 영도자일 것이다. 4개의 방상씨 중에서 하나는 형체가 특별히 크고 머리에는 곰머리로 된 웅수가두(熊首假頭)를 쓰고 있으며, 몸에 곰가죽을 걸치고 다리를 쭈그리고 앉아 있다. 손에는 소뿔을 들고 술을 마시며 무릎 위에는 긴 극(戟)을 올려 놓고 있다. 묘실 정 중앙은 전후실 중앙의 격장(隔墻) 위로 방상씨 도무도(跳舞圖)와 방상씨가 신수를 이끌고 귀신을 몰아내는 '방상씨솔령신수구귀도(方相氏率領神獸驅鬼圖)'로 귀신을 쫓아내는 의식의 일반적인 장면이다. 묘문 위에는 신령스러운 호랑이 즉 강량(强梁)이 여발(女魃)을 먹는 그림으로 타귀(打鬼) 의식의 종결이다. 모든 그림은 연환화의 수법으로 구나타귀의 전 과정을 완전하게 표현해 내고 있다.[63]

1976년 낙양시 밀가루 공장에서도 서한 말기 무덤 〈복천추(卜千秋)〉묘가 발굴되었다. 묘실 내부에도 내용이 대체로 서로 같은 벽화가 그려져 있으나 단지 앞의 묘에 나오는 벽화가 귀신을 쫓아내는 데 중점을 두고 있다면, 이 묘의 벽화는 승천(升天)

[그림 116] 하남 낙양의 서한 복천추
(卜千秋)묘 벽화의 방상씨.

63) 孫作云, 〈洛陽西漢卜千秋墓壁畫考釋〉, 《文物》, 1977, 제6기.

에 편중되어 있다. 이 묘 후실 서쪽 벽위에는 비교적 큰 폭으로 방상씨를 하나 그려 놓고 있다. 몸에는 붉은 옷을 입고 돼지머리에 큰 귀에다, 두 눈은 앞을 바라보고 있으며 뛰어다니면서 무언가를 잡는 형상이다[그림 116]. 방상씨 아래에는 청룡과 백호가 그려져 있다. 이미 알려진 고대 미술품 중에서 돼지머리를 한 방상씨 형상은 단지 이것 하나이다. 이 그림의 발견은 민간나의 연구에 중요한 가치를 지니고 있다. 고대 나의 중에서 방상씨는 일반적으로 곰머리를 뒤집어쓴 웅수가두(熊首假頭, 그밖에 청동 가면이 이것과 서로 배합한다)를 하고 있으나, 곰은 여전히 진귀한 동물로 민간에서는 곰가죽을 얻기가 아주 어려웠으므로, 때로는 그 지방 제도에 따라 돼지머리를 사용한 저수가두(猪首假頭) 혹은 다른 동물 가두로 대체하였다. 단지 역귀를 쫓아내면 되었으므로 결코 규율에 제약을 받지는 않았다. 민간 나의의 이런 영활하고도 변통적인 방법은 사회의 중하층 사람들에게 쉽게 받아들여질 수 있었으며, 아울러 왕성한 생명력을 유지할 수 있도록 해주었다.

　한대 이후의 미술 작품에는 구나에 관한 그림이 아주 적다. 그러나 호북 (河北) 자현(磁縣)에 있는 동위(東魏)의 여여공주묘(茹茹公主墓)의 벽화는 예외이다. 여여공주묘는 1978년 9월에서 1979년 6월에 발굴되었으며, 무덤 속에는 정교한 벽화가 그려져 있다. 이중 방상씨 그림이 여러 개 있다. 널길의 북쪽 위 난간 동쪽 벽에 봉황·우인(羽人)과 방상씨가 그려져 있다. 방상씨는 기두를 쓰고 어깨부분에는 화염문으로 장식되

[그림 117] 하북(河北) 자현(磁縣) 동위(東魏) 여여공주묘(茹茹公主墓)의 벽화 방상씨.

어 있다. 손가락은 3개이고 발가락은 2개이며, 가슴과 배를 드러내는 주홍색 짧은 바지를 입고, 달려들어 귀신을 잡는 형상이다[그림 117]. 묘의 문 남쪽 벽 중앙에는 날개를 펴고 날아가려는 봉황 한 마리가 그려져 있으며, 목에는 느슨하게 띠를 차고 부리에는 서초(瑞草)를 물고 있다. 봉황

의 아래에는 연좌마니보주(蓮座摩尼寶珠)가 그려져 있다. 양쪽에는 방상씨가 하나씩 그려져 있으며, 근육이 불쑥 튀어나오고 두 팔과 발을 벌리고 있는 형상이 널길 중의 방상씨와 유사하다. 화면 사방에는 연화문이 이어져 있다. 연꽃은 불교의 성스러운 물건 중 하나로 부처와 보살의 보좌와 광배에는 연화 장식을 흔히 사용하고 있다. 방상씨와 연꽃을 함께 그린 것은 당시 '나의'가 이미 불교의 영향을 받아들였다는 사실을 표명하고 있다.

본서의 앞장에서 한 폭의 완전한 방상씨 탈이 웅수가두와 청동 가면 두 부분으로 형성되었다는 논란을 제기하였다. 다만 위 방상씨 그림은 단지 가두만 쓰고 있거나 혹은 가면만 쓰고 있으니 이 현상을 어떻게 해석할 것인가. 정확한 이해는 비록 방상씨의 원시적이고 표준적인 분장이 웅수가두와 청동 가면이 합해져 사용되었다고 하지만, 이런 분장 형식은 아주 번잡하여 사용하기가 크게 불편했다. 이로 인하여 한대부터는 가두와 가면이 분리되는 경향이 나타났다. 구체적으로 말하면 일반적인 '나의'에서 방상씨는 단지 웅수가두나 청동 가면 중 하나만을 썼지만, 성대하고 융중한 궁정나의 속에서는 이 둘을 병용하게 되었다. 이것은 한대 이래로 '나의'의 종교성과 제사성이 점차 약화되면서, 오락화와 희극화로 발전되면서 나온 필연적인 결과이다. 당대의 단성식(段成式, ?-865년)은 《유양잡조(酉陽雜俎)》[64]에서 "눈이 4개 달린 것을 방상이라 말하고 눈이 2개인 것을 기(頎)라 한다"[65]고 하였다. 과거 사람들은 이 말이 담고 있는 의미를 깊이 연구하지 않았으므로 방상이 눈이 4개 있는 독립된 하나의 탈이라고 오인하게 되었다. 사실 이것은 분명하게 다음과 같은 정보를 전달하고 있다. 완전한 방상씨 탈 하나는 가두와 가면 두 부분으로 구성되어 있다. 가두와 가면은 각기 눈이 2개씩이니, 이것을 더하면 모두 눈이 4개가 되

---

64) 《酉陽雜俎》는 단성식(段成式)이 지은 중국 당나라 때의 수필집으로, 통행본(通行本)은 전집(前集) 20권, 속집(續集) 10권으로 되어 있다. 이상한 사건, 황당무계한 이야기를 비롯하여 도서·의식(衣食)·풍습·동식물·의학·종교·인사(人事) 등 온갖 사항에 관한 것을 탁월한 문장으로 흥미있게 기술하였다. 당나라 때의 사회를 연구하는 데 귀중한 사료가 되며, 또한 고증적인 내용은 문학이나 역사 연구에서 중요한 자료이다.〔역주〕

65) 《酉陽雜俎》: "四目曰方相, 兩目曰頎."

므로, 눈이 4개 달린 것을 '방상씨'라고 하였다. 다만 방상씨는 평상시에 단지 가두(기두)만을 썼으므로 눈이 2개인 것을 '기'라고 하였다. 이것은 본서의 논지와 합치되며, 이 둘은 서로 인증될 수가 있다.

제3절 중고 시기의 탈악무(樂舞)

중고 시기에서 탈이 가장 널리 응용되었던 곳 중 하나는 악무백희이다. 이 시기에 탈을 쓰고 추는 춤과 음악이 번성할 수 있도록 촉진했던 원인은 세 가지가 있다. 첫째, 실크로드가 개통된 이후에 중앙아시아·남아시아·동남아시아 각 국가의 탈악무가 대량으로 전해졌다. 둘째, 나무·대나무·비단·면 등의 가볍고 간편한 염가의 탈이 보편적으로 유행하였다. 셋째, 탈의 종교적인 색채와 실용적인 기능이 약화되면서 오락성과 심미적인 기능이 증가되었다. 이 시기에는 '총회선창'을 비롯한 10여 종의 유명한 탈악무가 기록되어 있으나, 더욱 많은 탈악무는 갖가지 원인으로 인몰되어 알려지지 않고 있다. 다음은 중고 시기의 탈악무에 대한 간단한 소개와 분석을 하려 한다. 그 중에서 《난릉왕》(즉 《난릉왕입진곡(蘭陵王入陣曲)》)은 다음 1절에서 난릉왕 탈과 함께 논하기로 한다.

1. 《총회선창(總會仙倡)》

《총회선창》은 가무와 기예를 연출하는 한나라 때의 대형 악무로, 장형은 《서경부》 중에서 이를 생동적으로 묘사하고 있다.

화산은 높고도 높아,
뫼들은 들쑥날쑥한데,

신기한 나무와 신령스런 풀 자라고,

붉은 열매 주렁주렁 달린 산거(山車)가 있네.

신선들 가무놀이 다 모아 놓은 듯하니,

표범 노닐고 큰곰 춤추며,

흰호랑이 거문고 뜯는다.

푸른용이 통소를 불고,

아황과 여영이 앉아 목청 뽑아 노래하니,

그 소리 맑게 퍼져 굽이굽이 이어진다.

홍애는 일어서서 기악을 지휘하고,

깃과 털로 된 옷을 걸치고 있다.

악곡이 끝나기도 전에,

구름이 일고 눈이 날리니,

처음에는 풀풀 흩날리다,

뒤에는 펄펄 쏟아지네.

복도위 이층 누각으로 오르니,

돌이 구르며 우레소리 나는데,

이리저리 부딪쳐 나는 벽력 같은 소리,

바위 깨지는 듯 하늘의 위엄 나타내네……[66]

이 글의 모든 의미는 이렇다. 산봉우리 드높고, 초목이 무성한 선경에, 상인(象人)은 분장을 하거나 탈을 쓰고, 표범이나 큰 곰으로 분장하여 춤을 춘다. 또 다른 상인들은 백호와 창룡으로 분장하여, 이들을 위해 북을 치고 피리를 불며 반주를 해준다. 아황과 여영은 한 옆에 앉아 노래 부르니 노랫소리 맑게 굽이친다. 삼황(三皇) 시기의 악공인 홍애는 '몸에 우의

---

66) 《西京賦》: "華岳峨峨, 崗巒參差. 神木靈草, 朱實離離. 總會仙倡; 戲豹舞熊; 白虎鼓瑟; 蒼龍吹箎; 女娥坐而長歌, 聲淸暢而蜲蜿; 洪崖立而指麾, 被毛羽之襳襹. 度曲未終, 云起雪飛, 初若飄飄, 後遂飄飄. 復道重閣, 轉石成雷, 霹靂激而增響, 磅礚象乎天威……."

(羽衣)를 걸치고 무대에 서서 지휘를 한다. 한 곡이 끝나기도 전에 구름이 일고 눈이 날리며, 우레소리 우르렁 쾅쾅거리고…….

《총회선창》에 출연하는 배역은 모두 일곱이다. 표범·큰곰·백호·창룡·아황·여영과 홍애이다. 이 중에서 표범·큰곰·백호·창룡은 탈을 쓰고 있다.[67] 《문선》주에 "큰곰·표범·곰·호랑이는 모두 가두"[68]라고 하였으며, 아황·여영과 홍애는 가면

[그림 118] 산동 기남 북채촌의 동한 화상석 '희표(戱豹).'

으로 분장을 하고 있다. 《문선》주에 "선창은 가형(假形)으로 분장을 하고 있으며, 신과 같다"[69] 하였다. 1970년대에 절강 해녕(海寧) 장안진(長安鎭)에서 발견된 화상석 묘의 동쪽 벽 제1층에는 《총회선창》의 그림이 그려져 있다.[70] 산동 기남현 북채촌의 동한 백희 화상석 위의 〈아이가 표범을 놀리는 놀이[孩童戱豹]〉에 그려진 것이 비록 《총회선창》 중의 '표범을 놀리는 것'이 아니라고는 하지만, 단지 이 둘의 분장과 공연이 공통점이 많다는 사실은 의심할 여지가 없다[그림 118].

2. 《만연지희(曼延之戱)》

《만연지희》는 상인이 짐승의 모양을 본떠 공연하는 가면형 무용으로,

---

67) 이밖에도 8백 척 큰 짐승[巨獸百尋], 괴수들 꾸물거리며 기고[怪獸陸梁], 큰 공작 어정정정[大雀狻狻], 흰 코끼리 젖먹이고[白象行乳], 사리는 입 벌려 술 내뿜고[舍利颭颭], 두꺼비와 거북[蟾蜍與龜] 등이 있다.〔역주〕

68) 《文選》注: "熊·豹·熊·虎, 皆爲假頭."

69) 《文選》注: "仙倡, 僞作假形, 謂如神也."

70) 岳鳳霞·劉興珍, 〈浙江海寧長安鎭畵像石〉, 《文物》, 1984, 제3기.

'만연'은 길짐승·날짐승·물고기·용의 거대함을 형용하며, 또한 변화의 뜻을 내포하고 있다. 《만연지희》 중의 짐승을 흉내낸 무용의 일부는 원시 사회까지 거슬러 올라갈 수 있다. 이렇게 많은 짐승을 흉내낸 무용을 하나의 대형 악무 속에 유기적으로 조직한 것은 한대에서야 비로소 시작되었다. 《만연지희》에 출연하는 동물은 곰·호랑이·원숭이·괴수·봉황·흰 코끼리·대어·용·사리수(舍利獸)·사슴·섬여·큰 거북과 뱀 등으로, 이들은 박투를 하거나 혹은 쫓고 쫓기거나 혹은 젖을 먹이거나 혹은 모양이 바뀌고 형체가 나뉘는 기이한 환술 공연이다. 《서경부》에는 이 악무에 대하여 상세하게 묘사하고 있다.

> 팔백척이나 되는 큰 짐승,
> 만연지희를 연출하고.
> 신령스러운 산 높이 솟았고,
> 홀연히 뒤에서 나타나니,
> 곰과 호랑이 기어오르며 서로 다투고
> 원숭이들 뛰어나와 높이 기어오르네.
> 괴상한 짐승들 엉금엉금 기고,
> 큰 공작 어정어정.
> 흰코끼리 새끼를 낳는데
> 늘어진 코 휘청거리고,
> 바다고기 변하여 용이 되면서
> 이리저리 꿈틀거리네.
> 사리는 입 벌려 숨 내뿜고,
> 신선의 수레를 만들어 내니
> 네 마리 사슴이 나란히 수레 끌고,
> 영지 풀로 만든 수레 지붕엔 아홉 송이 꽃이 피고
> 두꺼비와 거북 기어나오고,
> 땅꾼은 뱀을 놀린다.

기이한 환술 홀연히 나타나고,

　모양이 변하며 형체를 나누네…….[71]

　《만연지희》의 분장은 두 가지 형식으로 추측된다. 일종은 개인 공연으로 탈을 쓰거나 혹은 가형으로 화장하는 것이다. 다른 하나는 여러 사람이 힘을 합하여 공연하는 것으로, 몇 사람이 공동으로 거대한 동물 하나를 분장하는 것으로 지금의 용춤이나 사자춤과 같은 것이다. [그림 119]는 산동 기남현 북채촌의 동한 백희 화상석의 '어룡변화(魚龍變化)'이다. 그림 속의 물고기는 대나무 조각을 엮어서 형체를 만들고 난 후에 비단이나 종이를 풀로 붙여 만든 것이다. 부드러운 재료로 만들었기 때문에 자유롭게 변화할 수 있었다.

[그림 119] 산동 기남 북채촌의
동한 화상석 '어룡변화(魚龍變化).'

3. 《동해황공(東海黃公)》

　《동해황공》은 간단한 이야기와 구성으로 된 각저희로 장형의 《서경부》에는 아주 간략하게 묘사되어 있다. 갈홍(葛洪, 250?-330년?)의 《서경잡기(西京雜記)》에는 이에 대한 기록이 비교적 상세하다.

---

71) 《西京賦》: "巨獸百尋, 是爲曼延. 神山崔巍, 欻從背見. 熊虎升而拏攫, 猿狖超而高援. 怪獸陸梁, 大雀踆踆. 白象行孕, 垂鼻轔囷. 海鱗變而成龍, 狀蜿蜿以蜿蜿. 舍利颭颭, 化爲仙車, 驪駕四鹿, 芝蓋九*. 蟾蜍與龜, 水人弄蛇. 奇幻*忽, 易貌分形……."

내가 아는 국도룡(鞠道龍)이란 환술에 뛰어난 사람이 나에게 이런 옛날 일을 말해 주었다. 동해에 사는 황공(黃公)이란 사람이 있었는데, 젊었을 적에는 술법으로 뱀을 제압하고 호랑이를 부릴 수 있었다. 허리에는 붉은 금도를 차고 붉은 비단으로 머리를 묶었다. 서서는 구름과 안개를 일으키고 앉은 자리에서 산과 강을 만들어 놓는다. 그가 노쇠해지자 기력이 쇠퇴하고 음주가 과도하여 다시는 그 술법을 행할 수가 없게 되었다. 진나라 말에 흰호랑이가 동해 지방에 나타나자, 황공이 곧 붉은 칼을 갖고 그놈을 제압하러 갔었는데, 술법이 듣지를 않아 마침내 호랑이에게 잡아 먹혔다. 장안 근처 사람들은 그것으로 놀이를 만들었으며, 한나라의 황제도 그것을 가져다가 각저지희(角抵之戲)를 만들었다.[72]

이것은 비극적인 색채를 띤 이야기이다. 동해황공은 어렸을 때 술법이 뛰어나서 능히 뱀과 호랑이를 제압할 수 있었으나, 세월이 흘러감에 따라 연로하여 기력이 쇠한 데다가 음주가 과도하여 다시 술법을 쓸 수가 없었다. 진나라 말기에 동해에 흰 호랑이가 출현하자, 황공은 몸에 지닌 붉은 칼로 앞에 나아가 이를 제압하려 하였으나, 오히려 호랑이에게 잡아 먹히고 말았다. 《동해황공》은 특정한 분장을 한 2명의 각색이 출현하고 있을 뿐 아니라, 일정한 스토리와 구성이 있다. 이로 인하여 어떤 학자

[그림 120] 산동 기남 북채촌의
동한 화상석 《동해황공(東海黃公)》.

72) 葛洪, 《西京雜記》: "余所知有鞠道優善爲幻術, 向余說古時事: 有東海黃公, 少時爲術能制蛇御虎, 佩赤金刀, 以絳繒束髮, 立興雲霧, 坐成山河. 及衰老, 氣力羸憊, 飮酒過度, 不能復行其術. 秦末有白虎見于東海, 黃公乃以赤刀往壓之. 術其不行, 遂爲虎所殺. 三輔人俗用以爲戲. 漢帝亦取以爲角抵之戲焉."

는 이것이 원시 형태의 희극에 속한다고 여긴다.[73] 이 희극의 공연자 하나는 가형으로 화장을 하였으며(백호), 하나는 붉은 비단으로 머리를 묶고 탈을 썼다(황공). 이 두 사람이 규정된 구성에 따라 경기로 공연을 하며, 최후에는 백호로 하여금 황공을 물어 죽이도록 한다.[74] 산동 임치(臨淄)의 한나라 화상석 중에 《동해황공》 작품이 그려져 있다. 머리에 탈을 쓴 황공이 왼손에 붉은 칼을 들고, 오른손에는 백호의 뒷다리를 잡고 있으며, 백호는 입을 벌리고 꼬리를 치켜올리고 머리를 돌려 황공을 노려보고 있어서 긴장된 분위기가 느껴진다[그림 120].

4. 《문강악(文康樂)》

《문강악》은 또 《문강기(文康伎)》라고도 부르며, 동진시대에 창작된 일종의 탈악무이다. 《수서·음악지》에 그 내력이 쓰여 있다.

유량이 죽자, 그의 재인이 유량을 추모하여, 그의 얼굴을 본떠 비슷하게 가면을 만들어 쓰고, 깃 일산을 들고 춤을 추면서, 그의 형용을 모방하였다. 그의 시호를 따서 이름을 붙였으므로, 《문강기》라고도 부른다.[75]

---

73) 周貽白, 《中國戲劇史講座》, 中國戲劇出版社, 1981, p.7.

74) 김학주 선생은 동해황공을 '가무희' 이며 '가면희' 였을 것으로 보고 있다. "증조의 《유설》에서는 다음과 같이 《서경잡기》를 인용하고 있다. "국도룡은 옛날의 황공이 술법을 지니어, 호랑이를 제압할 수 있었고, 또 제자리에서 구름과 비를 일으키고 앉아서 산과 강물을 변하게 할 수가 있었다. 뒤에 노쇠해지고 술을 지나치게 마셔서 술법이 신통치 않게 되어 호랑이에게 잡아 먹히고 말았다. 그래서 장안 지방에서는 그것으로 희상(戱像)을 만들었다." (…) 여기에서 우리의 눈을 끄는 것은 끝머리에 '동해황공' 을 '희상' 으로 만들었다고 말하고 있는 것이다. '희상' 은 '가면희' 의 뜻임이 분명하니, '동해황공' 은 '가무희' 인 동시에 '가면희' 였을 것이다(《중국 고대의 가무희》, 명문당, pp.127-128).〔역주〕

75) 《隋書·音樂志》: "亮卒, 其伎追思亮, 因假爲其面, 執翳以舞, 象其容, 取其諡以號之, 謂之《文康伎》."

문강의 이름은 유량(庾亮, 289-340년)으로 진(晉)나라 목명황후(穆明皇后)의 오빠였다. "용모와 자태가 준수하였으며, 담론을 잘하였다." 일찍이 동진태위(東晋太尉)를 지냈으며, 함강(咸康) 6년(서기 304년)에 유량이 죽자 시호를 '문강'이라고 하였다. 그 집안의 재인이 그를 추념하기 위하여, 그의 용모와 흡사한 탈을 쓰고, 그의 동작과 목소리를 모방하였으며, 손에는 길고 긴 깃털을 잡고 춤을 추었다. 이런 공연은 이미 어느 정도 희극적인 성질을 갖추고 있으므로, 왕국유(王國維, 1877-1927년)는 이것을 '대면희(代面戲)'[76]라고 불렀으며, 임반당(任半塘)은 이를 '가무희(歌舞戲)'[77]라고 하였다. 수대에는 '구부악'을 정하면서, 《문강악》을 최후의 1부에 놓아두고, 다시 《예필(禮畢)》이라 이름하였다.[78] 당초에서는 수대의 '구부악'을 계승하였으므로, 《예필》이 한때 유행하였다. 정관(貞觀) 11년 (서기 637년) 당태종은 《예칠》을 폐지하고, 후에 다시 《연악》과 《고창악》을 증가하여 '십부악'을 만들었다. 이로부터 《예필》은 당대의 악무 속에서 소실되었다.

《문강악》 중의 탈은 이미 유량의 재인이 그를 추모하기 위하여 제작한 것이므로 당연히 유량 생전의 용모와 아주 흡사하다. 그렇지 않으면 사자를 추모하려는 목적에 도달하기가 어렵다. 이렇게 실제 사람의 용모를 모사하여 제작한 탈이 사적에 기재된 것도 처음으로 보인다. 1958년 하남 등현(鄧縣) 학장(學庄)에서 남북조의 화상전들이 출토되었으며, 이 중에서 그림 30을 심종문(沈從文)이 《문강기》라고 하였으나, 애석하게도 화면이 작아서 그림 속의 인물이 탈을 썼는지 분별하기가 어렵다.

---

76) 王國維, 《古劇角色考 · 面具考》.

77) 任半塘, 《唐戲弄》, 作家出版社, 1958, p.104.

78) 《수서 · 음악지》에는 문강악을 '예필'이라 하면서 "구부악을 연주할 때마다 연주가 끝나면 이것을 연출하였기 때문에 예필이라고도 부르게 되었다. 그 행곡(行曲)에는 단교로(單交路)가 있고, 무곡(舞曲)에는 산화(散花)가 있다. 악기에는 적(笛) · 생(笙) · 소(簫) · 지(篪) · 영반(鈴槃) · 비(鞞) · 요고(腰鼓) 등의 7종이 있고, 삼현(三懸)이 일부를 이루고 악공 22명이 연출하였다"고 하였다. 〔역주〕

5. 《상운악(上雲樂)》

《상운악》은 종교 색채를 띤 남조(南朝) 궁정의 탈춤이며, 주로 황제의 축수 연회에서 공연하였다. 양무제(梁武帝) 때 사람 주사(周舍, 469-524 년)가 《상운악》의 무용 대본을 지었으며(《악부시집(樂府詩集)》 51권에 보임), 그 대사에 근거하면 이 춤은 서역불교의 행상 의식(行象儀式) 중의 무용단과 유사하다는 것을 알 수 있다. 등장하는 배역으로는 신선인 '노호(老胡)' '사자' '봉황' 및 많은 제자들과 '호무(胡舞)'의 출연진들이다. 다만 '노호'에는 도교의 시조인 이이(李耳)의 그림자가 들어 있으니, 시에서는 다음과 같이 묘사하고 있다.

> 서쪽의 늙은 오랑캐
> 그 이름 문강이라네.
> 우주에 노닐면서
> 삼황(三皇)을 업신여긴다.
> 서쪽으로는 해지는 몽사를 구경하고
> 동쪽으로는 해뜨는 부상에 노니네
> 남으로는 대몽의 바다에 배 띄우고,
> 북으로는 무통의 땅에 이른다.
> 옛날에는 약사를 벗하고
> 팽조와 함께 자랐다네.
> 지난날 잠시 곤륜산에 갔다가,
> 다시 요지에서 술을 드는데,
> 주나라 임금 상석에 맞이하고,
> 왕모가 불사약인 옥장(玉漿)을 내리시니…….[79]

이렇듯 불교와 도교를 하나로 융합한 현상은 당시에 불교와 도교가 서로 투쟁하면서도 침투되었다는 사실을 나타내 주고 있다.

《상운악》 중의 '사자'와 '봉황'은 가면으로 분장한 것이 분명하나, '노호'의 분장에 대해서는 학계의 의견이 일치하지 않는다. 어떤 사람은 탈을 썼다고도 하고, 어떤 사람은 탈을 쓰지 않았다고 하는데, 당연히 전자의 의견이 옳다.[80] 《상운악》 춤의 대사 중에는 '노호'의 외모를 이렇게 묘사하고 있다.

> 푸른 눈은 아련하고,
> 흰머리는 길고도 기네.
> 가는 눈썹 수염까지 내려왔고,
> 높다란 코 입 위로 처져 있네.[81]

단지 탈을 써야만 그 외모가 일반 사람과는 달리 이처럼 기이하게 나타날 수가 있다. 시에서 '입 위로 처져 있다〔垂口〕'라는 두 자로 추측해 보면 '노호'가 쓰고 있는 탈은 '턱을 매단 탈〔吊嘮〕' 혹은 '턱이 잘려나간 탈〔斷嘮〕'일 것이다. 왜냐하면 '턱을 매단 탈'이나 혹은 '턱이 잘려나간 탈'은 '입 위로 처져 있는' 예술적인 효과를 만들어 낼 수가 있다.

---

79) 西方老胡, 厥名文康, 邀遊六合, 傲誕三皇, 西觀蒙汜, 東戲扶桑. 南泛大蒙之海, 北之無通之鄉. 昔以若士爲友, 共弄彭祖扶床. 往年暫到昆侖, 復値瑤池擧觴. 周帝迎以上席, 王母贈以玉漿…….

80) 김학주 선생은 《중국 고대의 가무희》에서, "문강은 눈이 새파랗고 흰머리가 길며, 긴 눈썹에 높은 코를 가졌으니, 호인(胡人)의 얼굴 모양을 한 가면을 쓰고, 반인반선(半人半仙)의 모습으로 분장했을 것이다. 이에 따라 여러 종자들도 서역인의 복색을 하고 호인의 얼굴 모양을 한 가면을 모두 썼을 것"이라고 했다.〔역주〕

81) 靑眼瞖瞖, 白髮長長, 蛾眉臨髭, 高鼻垂口.

6. 《안악(安樂)》

《안악》은 북주(北周) 무제 우문옹(宇文邕)이 편찬한 대형 탈춤으로, 무용단의 형상이 성곽처럼 네모반듯하게 정제(整齊)되었으므로 또 이를 《성무(城舞)》라고도 부른다. 우문옹이 제(齊)나라를 평정하면서 탈을 사용하였으며, 후에 그는 이 경력을 탈춤으로 편성하여 자신의 전공(戰功)을 찬양하였다. 《구당서 · 음악지》에

> 《안악》은 후주(後周) 무제가 제나라를 평정하고 지은 것이다. 춤추는 사람은 80명으로 나무를 깎아 탈을 만들었으며, 개의 주둥이에 짐승의 귀를 달고, 금으로 장식을 하고, 실을 늘어뜨려 머리카락을 만들었으며, 화려한 짐승 가죽 모자를 썼다. 춤을 추는 자태 또한 서쪽 오랑캐의 형상을 했다.[82]

이 글은 세 가지 점에서 분석할 필요가 있다. 첫째, 안악무에 쓰던 탈이 나무로 만들어졌다고, 우문옹이 제나라를 평정하면서 쓰던 탈이 나무로 만들어졌다는 것은 아니다. 양진과 남북조의 전쟁 탈은 모두 쇠로 되었으며, 우문옹이 제나라를 평정하면서 썼던 탈도 예외가 아니다. 다만 쇠 탈을 악무에 사용하기에는 무겁고 또 미관이 좋지 않아 목제로 바꾼 것이다. 둘째, 《안악》춤 중의 탈의 조형이 비록 '개 주둥이에 짐승 귀'라고는 하지만 결코 수면이 아니라 인면이다. 어떤 연구자는 '수형가면'을 썼다고 하나 확실하지 않다. 만약 수면이라면 이 탈이 '개 주둥이에 짐승 귀'라는 것을 강조할 이유가 없을 것이다. 하물며 《안악》에서 표현하고 있는 것은 바로 우문옹이 제나라를 평정한 이야기이므로, 수면은 정리상으로도 말이 통하기 어렵다. 《안악》춤에 사용된 탈은 조형상 우문옹이 제를 평정

---

82) 《舊唐書 · 音樂志》: "《安樂》者, 周武帝平齊所作也. 舞者八十人, 刻木爲面, 狗喙獸耳, 以金飾之; 垂線爲髮, 畫襖皮帽. 舞蹈姿制, 猶作羌胡狀."

할 때 썼던 탈과 흡사할 것이다. 우문옹의 탈을 '개 주둥이에 짐승 귀'의
형상으로 만든 까닭은 얼굴 모습을 공포스럽고 사납게 바꾸어 적을 놀라
게 한 것이다. 임반당은 "《안악무》에 쓴 탈은 ……인면에다 짐승의 입과
귀를 하였다"[83]고 지적하였는데 아주 정확하다. 셋째, 《안악》무에 사용된
탈은 80면이나 되므로 중국 탈의 역사상 문자에 기재된 것으로 보면 전에
없던 기록이다. 이 기록은 당나라 때의 궁정나 중에 5백 명의 탈을 쓴 진
자가 참가했던 의식으로 깨어지게 되었다.

　수나라가 후주(後周)를 대신한 후에도 《안악》은 여전히 폐지되지 않고
유행하였다. 당대에 '입부기'와 '좌부기'를 설치하고, 《안악》을 '입부기'
의 제1부에 놓았으니, 당대 악무 중에 중요한 지위를 차지했었다는 사실
을 알 수 있다.

7. 《사자무》

　《사자무》는 탈과 가형(假形) 분장이 함께 사용되었으며, 짐승을 본뜬 일
종의 무용으로 당나라 때에 아주 유행했다. 사자놀이가 출현한 것은 삼
국시대보다 늦지 않다. 위(魏)의 맹강(孟康)은 '상인(象人)'을 해석하면서
"상인은, 지금의 물고기·두꺼비·사자를 놀리는 자와 같다"[84]고 한 말로
증거를 삼을 수가 있다. 남북조 시기에는 성대한 불사에 항상 행렬의 대오
앞에다 사자를 놓아 길을 인도하도록 하였다. 《낙양가람기》에

　　장추사에서 (…) 상아가 여섯인 흰코끼리가 석가모니를 등에 태우고 허
　공에 있다. (…) 4월 4일에는 이 코끼리가 항상 나온다. 벽사와 사자가 그
　앞에서 이끌고 있다. 칼을 삼키고, 불을 토해내면서, 한쪽에서 뛰어 오르고

83) 任半唐, 《唐戲弄》, 作家出版社, 1958, p.104.
84) 象人, 若今戲魚蝦獅子者也.

있으며, 채색 깃발과 줄타기는 말할 수 없이 괴이하다. 기이한 재주와 색
다른 복식은 도시에서 으뜸이다.[85]

벽사와 사자, 그리고 칼 삼키기〔呑刀〕, 불 토해내기〔吐火〕, 채당(彩幢),
줄타기〔上索〕 등과 병렬되어 있으니, 당시 사자(무)가 잡기의 유형에 속한
다는 것을 알 수 있다. 당대에 이르러 사자무는 비로소 예술성과 관상성
이 아주 강한 악무로 발전되었다. 당대의 사자무 종류는 아주 많으며, 그
중에는 고려에서 전해 들어온 《신라박(新羅狛)》이 있었으며, 로마에서 전
해 들어온 《불름사자(茀菻獅子)》가 있었고, 위맹한 사자 모양의 《소방비
(蘇芳菲)》가 있었으며, 한 사람이 손으로 사자 머리를 놀리던 《난단선(亂
團旋)》 등이 있었다.[86] 다만 가장 유행하였으며 제일 정채로웠던 것은 《오
방사자무(五方獅子舞)》, 즉 《태평악(太平樂)》을 꼽아야 할 것이다. 《구당
서(舊唐書)·음악지(音樂志)》에 그 내력과 분장 그리고 연출 상황을 상세
하게 묘사하고 있다.

사자와 맹금·짐승은 서남 오랑캐인 천축국과 사자국 등에서 나온다.
털을 엮어 이를 만들고 사람이 그 가운데 들어가서, 엎드리고 쳐들고 길들
여지는 형용을 하며, 두 사람이 줄을 잡고 불자를 들고 놀리는 모습을 하
고 있다. 다섯 마리 사자는 각기 그 방향의 색깔을 따르고, 1백40명이 《태
평가》를 노래하면서 발로는 춤을 춘다. 줄을 잡은 자의 복식은 곤륜(昆侖)
의 형상이다.[87]

---

85) 《洛陽伽藍記》: "長秋寺 (…) 作六牙白象負釋迦在虛空中 (…) 四月四日此象常
出. 辟邪·獅子導引其前; 呑刀·吐火, 騰驤一面;彩幢·索, 詭譎不常; 奇伎異服, 冠
于都市."

86) 任半塘, 《唐戲弄》, 作家出版社, 1958, p.245.

87) 《舊唐書·音樂志》: "獅子鷙獸, 出于西南夷天竺·獅子等國. 綴毛爲之, 人居其
中, 像其俯仰馴狎之容, 二人持繩秉拂爲習弄之狀. 五獅子各放其方色, 百四十人歌
《太平樂》, 舞以足, 持繩者服飾作昆侖象."

　이것으로 알 수 있는 것은《오방사자무》중의 사자는 사람이 털이 달린 '사자가죽'을 뒤집어쓰고 연출하는 것이며, 사자머리는 나무로 조각하였거나 또는 종이를 붙였거나, 대나무 등의 재료를 엮어서 제작하였을 것이다. 사자를 희롱하는 사람(줄을 잡고 있는 사람)이 탈을 쓰고 있는지에 관해서는 본문 속에서 언급하지 않고 있으며, 단지 '복식이 곤륜의 형상'이라고 하였다. '곤륜'은 당대 사람들의 흑인에 대한 호칭이었다. 수당 시기에 중국에서 일본으로 전해진 기악 중에 나무로 만든 곤륜의 탈이 있다. 그러므로 '복식은 곤륜의 형상'이라는 말은 곤륜의 탈을 썼다는 뜻을 내포하고 있을 것이다.

　당대 시인 백거이(白居易, 772-846년)는《양주기(凉州伎)》라는 시에서 '양주사자'의 분장에 관하여 이렇게 묘사하고 있다.

　　서량기엔, 가면 쓴 오랑캐와 가짜 사자가 나오며, 나무 깎아 머리 만들고 실 꼬아 꼬리 만들고, 금칠 한 눈에 은칠 한 이빨 달고, 털로 털면서 두 귀 흔드는 게, 서쪽 사막 건너 만리길 온 듯하네.[88]

　시 속에서 말하고 있는 '가면 쓴 오랑캐'를 어떤 학자는 얼굴에 화장으로 그린 것이며 탈이 아니라고 하는데, 이 의견은 토론해 볼 가치가 있다. 왜냐하면 동일한 구절에 '가짜 사자'라는 말이 있으며, 바로 이어진 다음 구절의 시에는 '가짜 사자'가 "나무 깎아 머리 만들고 실 꼬아 꼬리 만들고"라고 지적해 내고 있다. 이것으로 '가면 쓴 오랑캐'는 탈을 쓰고 있는 오랑캐를 가리킨다는 반증이 된다. [그림 121]은 신강 투르판 아스타나 고분에서 출토된 당대의 사자춤인 '무사용(舞獅俑)'으로 사자를 놀리는 사람은 머리에 터번을 쓰고 높은 코에 자색 수염, 발을 넓게 딛고 팔을 벌려서 사자를 희롱하고 있는데, "얼굴 모습이 맹수와 아주 흡사하니, 탈을

---

88) 白居易,《凉州伎》: "西凉伎, 假面胡人假獅子. 刻木爲頭絲作尾, 金鍍眼睛銀貼齒. 備迅毛衣擺雙耳, 如從流沙來萬里……."

[그림 121] 신강 투르판 아스타냐 고분에서 출토된 당대 '무사용(舞獅俑).'

쓰고 있는 것이 분명하다."[89] 사자는 가형으로 화장은 한두 사람이 분장한 것으로 후세의 《사자무》와 거의 차이가 없다.

8. 《소마차(蘇摩遮)》

《소마차》의 원명은 《발한호희(潑寒胡戲)》이며 또 《혼탈무(渾脫舞)》라 부른다. 이것은 물을 뿌리며 노는 축제[潑水節] 의식이 변하여 만들어진 것으로 군중성을 띤 일종의 탈춤이다. 고대에 페르시아·구자·강국·고창 등지에서는 찬 기운으로 병을 물리치고 벽사와 귀신을 쫓기 위하여, 매년 정기적으로 물 뿌리며 축제를 벌이는 발수(潑水) 활동을 거행하였다. 이때 백성들은 머리에 탈을 쓰고 맨발에 팔을 드러내고 노래하며 춤추면서 서로 쫓고 쫓기면서 시끌벅적하게 물을 뿌리는 놀이를 하였다. 일찍이 당나라 이전에 이런 풍속이 이미 중원에 전해졌다. 《주서(周書)·선제기(宣帝紀)》에 주나라의 선제가 "백관과 궁인 내외명부를 모아 기악을 크게 벌려놓고

---

89) 蔣健, 〈日本古代伎樂與唐代假面舞踊〉, 《文物天地》, 1990년, 제6기. 다만 장씨는 이 진흙 용을 '大面'이라 여겼으며, 본서에서는 이를 '弄獅人'라고 단정하였으니, 傅起鳳等著, 《中國雜技史》에 있는 삽도에 근거하고 있다.

또 오랑캐가 차가운 기운이 오도록 빌며 물 뿌리는 놀이를 하고 즐겼다"[90]
고 하였다. 당 중종(中宗) 시에 《소마차》가 일시에 성행하니, 중서령(中書
令) 장열(張說)이 일찍이 《소마차》 가사 5수를 지어 이를 노래하였다.

　　마차는 본디 바다 서쪽 오랑캐에서 왔으니,
　　유리로 된 보배 눈에 자색 수염.
　　황제의 은혜 온 우주에 퍼졌단 말 듣고,
　　와서 노래하고 춤추며 즐거운 놀이 도우니,
　　만세의 즐거움이여!
　　수놓은 옷에 붉은 천으로 머리 두르고 보배로운 화관 썼으니,
　　오랑캐 노래에 말타고 춤추어 구경거리 만들어 주네.
　　스스로 물 뿌려 음기를 이루니,
　　올해 추위와 더위 걱정하지 않아도 될 듯.
　　만세의 즐거움이여!
　　섣달 음기가 쌓여 상제의 누대에 모이니,
　　호방한 노래와 빠른 북소리로 추위 실리어 오네.
　　기름주머니로 은하수 길어다가,
　　만년배에 담아 축수를 드리오리,
　　만세의 즐거움이여![91]

---

90) 《周書 · 宣帝紀》: "集百官及宮人內外命婦, 大列伎樂, 又從胡人乞寒, 用水澆沃
爲戲樂."
91) 摩遮出自海西胡, 琉璃寶眼紫髯胡.
　　聞道皇恩遍宇宙, 來時歌舞助歡娛.
　　億歲樂!
　　綉裝帕額寶花冠, 夷歌伎舞借人看.
　　自能積水成陰氣, 不慮今年寒不寒.
　　億歲樂!
　　臘月凝陰積帝台, 豪歌擊鼓送寒來.
　　油囊取得天河水, 將祝上壽萬年杯.
　　億歲樂!

아마도 《소마차》의 공연이 거칠고 분방한데다가, 이 중에는 나체로 물을 뿌리는 장면이 있어, 중원의 풍속과 예의에 어긋났다. 그러므로 개원(開元) 원년(서기 713년) 당현종이 "외국 오랑캐에서 나와 점점 풍속에 침입하여 들어간다"[92]는 이유로 영을 내려 금지하도록 하였다.

《소마차》에서 가장 주목을 끌고 있는 특징 중 하나는 공연자가 대다수 탈을 쓰고 있다는 것이다. 당의 고승 혜림(慧琳)은 《일체경음의(一切經音義)》에서

　　《소마차》는 (…) 본래 서역의 구자국에서 나왔으며, 지금도 이 곡이 있다. 이 나라의 《대면》《발두》의 유형이다. 혹은 짐승탈을 만들기도 하고, 혹은 귀신을 본뜨며, 가면으로 갖가지 탈[93]의 형상을 만든다.[94]

고 하였다. 1903년 일본 오타니 코즈이[大谷光瑞] 탐험대의 와타나베 떼쓰노부[渡邊哲信]와 호리 요시오[掘賢雄]가 신강 고차(庫車)의 소파사고사[蘇巴寺古寺]의 유적에서 7세기의 사리함 하나를 발굴하였다. 함은 목제로 몸체는 원주체이며, 함의 뚜껑은 위가 삼각형으로 솟아 있었다. 몸체에는 한 폭의 정미한 악무도가 그려져 있으며, 무용단은 21명으로 구성되어 있었다. 어떤 사람은 소꼬리 깃발을 들고 있고, 어떤 사람은 악기를 불고 있으며, 어떤 사람은 손을 잡고 춤을 추고 있고, 어떤 사람은 곤봉을 들고 독무를 추고 있는데, 이 중에서 탈을 쓰고 춤을 추는 사람은 8명이 있다. 어떤 학자는 그 춤의 자세를 근거로 이 그림은 《소마차》일 것이라고 분석하고 있다. 여기에는 탈을 쓴 8명의 무용수가 한 그림에 집중되어 있으므로, 이를 분석하여 소개하도록 하겠다.[95][그림 122].

---

92) 《舊唐書·張說傳》: 〈外蕃所出, 漸浸成俗〉,〈自今已後, 無聞蕃漢, 卽宜禁斷〉

93) 당대 이전에 면구(面具)는 기두(魁頭)·가면(假面) 혹은 〈황금사목(黃金四目)〉을 사용하여 이를 형용하였다. '면구(面具)'라는 단어가 처음 보이는 곳은 혜림(慧琳)의 《일체경음의(一切經音義)》와 단안절(段安節)의 《악부잡록(樂府雜錄)》이다.

94) 慧琳, 《一切經音義》: "《蘇摩遮》(…) 本出西域龜玆國, 至今猶有此曲, 此國《大面》《撥頭》之類也. 或作獸面, 或象鬼神, 假作種種面具形狀……"

[그림 122] 上

[그림 122] 下 신강 고차(庫車) 당대 사리함의 '탈춤 그림.'

　위 그림의 왼쪽에는 흰색으로 그려진 사람이 탈을 쓰고 있으며, 흑색 모
자에 귀에는 황색 귀고리를 차고 있고 영준하게 생겼다. 좌2는 흰색으로
그려진 사람이 장군 투구를 쓴 탈을 쓰고 있으며, 탈에는 검은색 수염이
달려있고 위엄 있는 모습을 하고 있다. 우2는 곧추선 귀와 매부리코에 짐
승 형상을 한 검은색 탈을 쓰고 있으며, 짐승의 귀는 황색이다. 우1은 사
람 모습의 백색 탈을 쓰고 있으며, 뾰쪽한 모자가 자연스레 벗겨져 있다.
아래 그림의 좌1은 짐승 모습을 한 백색 탈을 쓰고 있으며, 짐승의 귀는
황색이고 아래턱에는 황색 수염이 있는 듯하다. 좌2는 사람 형상의 갈색
탈을 쓰고 있으며, 주머니 모양의 모자를 쓰고 있다. 우2는 짐승 형상의 황

---

95) 霍郁初, 〈龜玆舍利函樂舞圖〉, 《絲綢之路造型藝術》, 新疆人民出版社, 1985.
　　일본의 熊谷宜夫, 〈從庫車帶來的彩畵舍利容器〉, 《美術硏究》, 昭和30年, 제6책.

색 탈을 쓰고 있으며, 붉은 눈썹에 큰 입에다 왼손에는 곤봉을 들고 있고, 몸 뒤에는 긴 꼬리가 늘어져 있다. 우1은 탈을 쓴 것이 우2와 서로 비슷하며, 오른손에 곤봉을 잡고 있고, 몸 뒤에도 긴 꼬리가 있다. 이상 탈을 쓰고 있는 8명의 무용수 외에, 악무도 속에는 비스듬히 소꼬리 깃발을 꼽고 있는 사람이, 바야흐로 왼손을 사용하여 탈을 아래로 벗겨 내리고 있다. 위에 기술한 탈은 천이나 비단과 같이 부드러운 재료로 만들어진 것 같으며, 기두 유형에 속한다. 어떤 탈은 침선으로 봉제한 흔적을 분명하게 살펴볼 수가 있다.

9. 《답요낭(踏謠娘)》

《답요낭》은 또 《답요낭(踏搖娘)》 혹은 《담용낭(談容娘)》이라 부르며, 북제(혹은 수말)에 기원하여, 당대에 성행한 민간 가무희이다. 두우(杜佑)의 《통전(通典)》, 최령흠(崔令欽)의 《교방기(敎坊記)》, 단안절(段安節)의 《악부잡록(樂府雜錄)》, 위현(韋絢)의 《유빈객가화록(劉賓客嘉話錄)》과 《구당서·음악지》에 모두 기록되어 있으며, 이중에서 《교방기》에 기록된 것이 가장 상세하다.

북제에 소씨 성을 가진 사람이 있었는데 주먹코였다. 벼슬길에 나가지 않았으면서도 스스로 호를 낭중이라 하였다. 술을 좋아하여 취하도록 마시며, 매번 술에 취하면 그의 아내를 구타하였다. 그의 아내는 원망을 품고 향리에 호소하였다. 당시 사람들이 그를 희롱하여, 남자가 여자의 옷을 걸치고 더딘 걸음으로 입장하여 걸으면서 노래를 하는데, 일첩(一疊)의 노래가 끝날 때마다 옆에 있는 사람들이 일제히 한목소리로 그에게 맞추어 "답요, 화목하여라! 답요랑이 고달프니 화목하여라!"고 화창하였다. 이렇게 땅을 밟고 걸으면서 노래를 하므로 이를 답요라고 하였다. 원망하므로 고달프다고 말한 것이다. 그러다가 그 남편이 오는 대목에서는 때리고 싸우는 동작을 하

는데, 이로써 웃고 즐긴다.[96]

《답요낭》 중의 여주인공은 최초에 남자가 맡았으나, 성당 이후에는 여성이 연출하여 "전부 옛뜻을 잃었다"고 하였다. 당나라 사람 상비월(常非月)은 《영담용낭(咏談容娘)》이란 시에서 연출 상황을 생생하게 묘사하고 있다.

> 손을 들어 꽃 머리장식 매만지고
> 몸 날려 비단 자리에서 춤춘다.
> 말은 놀이마당 둥글게 돌고
> 사람들 빽빽이 몰려 놀이마당 둥글게 에워싸네.
> 노래는 한목소리로 화답하고
> 감정을 섬세한 말 통해 전해지는데
> 마음이 얼마나 큰지 모르지만
> 형용은 참으로 가련하구나.[97]

춤 속 배역의 얼굴분장에 대하여 어떤 연구자는 얼굴에 칠한 화장이라고 하지만 확실하지는 않다. 왜냐하면 《유빈객가화록(劉賓客歌話錄)》에서는 분명하게 탈을 사용하였다고 지적하였다.

수말에 하간 사람이 있었는데, 주먹코에 술에 탐닉하면서 스스로 낭중이

---

96) 《敎坊記》: "北齊有人姓蘇, 齇鼻, 實不仕, 而自號爲〈郎中〉. 嗜飮酗酒, 每醉聊毆其妻. 妻銜怨, 訴于鄕里. 時人弄之, 丈夫著婦人衣, 徐步入場行歌. 每一選, 旁人齊聲和之云:〈踏謠, 和來! 踏謠娘苦, 和來!〉以其且行且歌, 故謂之,〈踏謠〉; 以其稱冤, 故言〈苦〉. 及其夫至, 則作毆鬪之狀, 以爲笑樂……."

97) 擧手整花鈿, 翻身舞錦筵.
馬圍行處匝, 人簇看場圓.
歌聲齊聲和, 情敎細語傳.
不知心大小, 容得許多憐.

라 불렀다. 스스로 취하면 반드시 그 처를 때렸다. 처는 아름답고 노래를 잘 불렀으며, 매번 슬프고 원망하는 소리를 내면서 언제나 그의 몸을 잠시 흔들었다. 호사자는 이를 본떠 가면을 만들어 그 형상을 그려내고 답요낭이라 불렀으며, 지금은 이를 담낭이라 말한다.[98]

1960년, 신강 아스타나 336호 무덤에서 당대의 《답요낭》 남녀 진흙용이 각기 하나씩 출토되었으며, 높이는 12.8센티미터이다. 남자용은 몸에 두껍고 비대한 양 깃의 장포를 입고 있으며, 왼손은 지팡이를 집고, 오른팔은 자연스레 앞으로 흔든다. 발걸음이 비틀거리고, 머리에는 바람모자를 썼으며, 얼굴은 붉게 칠하고, 검은 수염이 살쩍까지 이어져 있으며 취태가 만만하다. 여자용은 풍모가 비교적 길며, 상반신은 반나에다 아래는 긴 치마를 걸치고 있다. 오른발은 앞

[그림 123] 신강 토로반 아스타나묘에서 출토된 당대의 《답요낭용》.

으로 내고 왼팔은 뒤로 흔들고 오른팔은 팔꿈치를 굽혀 앞으로 흔들고 있으며, 전체가 허리를 비틀며 움직이는 형상이다.[99][그림 123] 진흙용이 너무 작기 때문에 두 사람이 탈을 쓰고 있는지 판별하기가 어렵다.

---

98) 《劉賓客歌話錄》: "隋末有河間人, 鮑鼻酗酒, 自號郎中. 自醉必毆擊其妻. 妻美而善歌, 每爲悲怨之聲, 聊搖頓其身. 好事者乃爲假面, 以寫其狀, 呼爲踏謠娘, 今謂之談娘."

99) 吳震, 〈阿斯塔那336號墓所出戲弄俑五例〉, 《文物》, 1987, 제5기.

제4절 난릉왕 탈

난릉왕 탈은 중고 시기의 유명한 악무 《난릉왕》에 사용된 탈이다. 중국 탈의 역사에 있어서 그 혁혁한 명성과 중요한 지위는 족히 방상씨 탈과 비견될 만하다. 다만 《난릉왕》이 중국에서 일찍 실전되었기 때문에 오랜 기간 동안 사람들은 줄곧 난릉왕 탈에 대한 진면목을 알지 못하였다.

난릉왕 탈을 덮고 있는 자욱한 안개를 헤쳐 내려면 연구의 범위를 일본으로 확대할 필요가 있다. 일본에는 지금도 중고와 근고 시기에 만들어진 '능왕탈'을 적지 않게 보존하고 있다. '능왕탈'은 부가쿠〔舞樂〕《능왕(陵王)》에 사용된다. 《능왕》의 내력에 대하여 중국과 일본학자 사이에는 확연히 다른 두 가지 의견이 있다. 하나는 중국에서 시작되었다는 것이고, 다른 하나는 인도에서 시작되었다는 것이다. 이 두 의견은 근 1세기 동안 논쟁을 벌여 왔으며, 지금까지도 여전히 정론을 내지 못하고 있다.

다음은 먼저 중국 《난릉왕》의 내력과 중일 양국 학자의 일본 《능왕》에 대한 서로 다른 관점에 관하여 개략적인 회고와 분석을 하도록 하겠다. 그후에 다시 탈에 대한 비교를 통하여 난릉왕 탈에 대한 고증을 하도록 한다.

1. 중국 악무 《난릉왕》의 내력

중국 악무 《난릉왕》은 북제의 난릉왕 고장공의 사적에 근거하여 개편한 것이며, 그 기록은 《북제서(北齊書)·난릉무왕효근전(蘭陵武王孝瓘傳)》에 가장 먼저 보인다.

난릉의 무왕 장공은 이름을 효근이라고 하며 문양의 넷째아들이다. 누차 벼슬을 옮겨 병주자사가 되었다. 돌궐인이 진양으로 쳐들어오자, 장공이 힘을 다해 이들을 공격하였다. 망산의 패배에서 장공이 중군이 되었는데 오백

기를 몰고 다시 주나라 군대로 쳐들어가 마침내 금용성 아래까지 추격하였
다. 포위가 심히 급하였으나 성 위의 사람들이 알아보지 못하자 장공이 갑주
를 벗어 얼굴을 드러내었다. 이에 궁노수를 내려보내 이를 구하여 대첩을 거
두었다. 무사들은 모두 이를 노래로 부르니 《난릉왕입진곡》이 이것이다.[100]

글 속에서는 난릉왕이 전쟁중에 탈을 사용했다는 설명은 없으나, "투구
를 벗어 진짜 얼굴을 보여주었다고 말하고 있으니, 투구 아래에 얼굴을 가
린 것이 있다는 것을 알 수 있으며, 이것이 바로 탈이다."[101] 탈을 사용한
원인에 대해 《북제서》에서도 설명하지 않고 있다. 당대 유속(劉餗)의 《수
당가화(隋唐嘉話)》와 두우의 《통전(通典)》 등의 기록에 의하면, 난릉왕은
얼굴이 뛰어나게 아름다워 여인과 같았으므로, 적에게 위엄을 보이기 위
하여, 전쟁에서는 늘 탈을 썼다.[102] 난릉왕이 쓴 탈의 재질에 관하여 《북
제서》《수당가화》《통전》에 모두 기재되지 않았으나, 자료를 분석해 보면
당연히 쇠로 된 탈일 것이다. 당시 전쟁중에는 쇠탈을 사용하는 것이 유
행하였기 때문이다. 이는 《진서(晉書)》《남사(南史)》와 《북제서》 중에 모
두 기록되어 있다. 다만 최영흠의 《교방기》에는 서로 다른 설이 있다.

대면(大面)은 북제에서 나왔다. 난릉왕 장공은 성품이 용감하였으나 얼굴
이 부인네처럼 생겼다. 스스로 적군을 위압할 수 없다고 여기고는 나무를
깎아 가면을 만들어 가지고, 적진에 임하면 이것을 썼다. 그래서 이 연희가
이루어졌으며 또 가곡에 들어가게 되었다.[103]

---

100) 《北齊書·蘭陵武王孝瓘傳》: "蘭陵武王長恭, 一名孝瓘, 文襄第四子也. 累遷
幷州刺史. 突厥入晉陽, 長恭盡力擊之. 芒山之敗, 長恭爲中軍, 乘五百騎, 再入周軍,
遂至金墉之下, 被圍甚急, 城上人弗識, 長恭免冑示之面, 乃下弩手救之, 于是大捷,
武士共歌謠之, 爲 《蘭陵王入陳曲》 是也."

101) 任半塘, 《唐戲弄》, 作家出版社, 1958, p.502.

102) 《구당서(舊唐書)·음악지(音樂志)》에 "난릉왕 장공은 용감한 재질을 지녔지만 얼
굴이 아름다웠으므로 늘 가면을 쓰고 적과 싸웠다. 일찍이 주나라 군대를 금용성 아래에
서 친 일이 있었으며, 용감하기가 전군에서 으뜸이었다"고 하였다. [역주]

최영흠은 난릉왕이 "나무를 깎아 가면을 만들어 가지고, 적진에 임하면 이것을 썼다"고 하였으니 당연히 틀리다. 그는 난릉왕이 전쟁중에 사용한 탈과 악무 《난릉왕》 중에 교방에서 사용한 탈을 뒤섞어 하나로 말하고 있는 것이 분명하다. 전쟁중에 나무 탈을 쓰는 것은 적의 칼과 창·화살을 방어하기 어려우므로, 난릉왕은 "나무를 새겨 가면을 만들고 적진에 임하여 이를 썼을 수"는 없었을 것이다.

《난릉왕》은 북제 때에 이미 군중에 유전되었으며, 그 춤의 자태가 강건하고 호방하여, 난릉왕이 군대를 지휘하여 적을 공격하는 형용을 모사하여 만들어 냈으므로 '입진곡'이라고 불렀다. 당대 《난릉왕》은 희극과 음악 성분을 증가하여 대면가무희(代面歌舞戲)로 발전하였다. 그 연출 상황에 대하여 임반당은 여러 책의 기록을 종합하고, 거기에다 상상을 더하여 아래와 같이 묘사하고 있다.

이 극은 고장공이 무장이 되어 자색 전포를 걸치고, 금띠를 두르고, 큰 탈을 쓰고서 위맹한 형용을 연출하고 있으며, 단지 노래를 하는 데 지장이 없도록 한다. 손에는 채찍을 들고 군졸을 인솔하여, 금용성 아래에서 호통을 쳐 질타하고 있다. 군대를 지휘하여 돌진해 들어가며 주나라 군대와 용감하게 싸운다. 그리고 군졸은 《난릉왕》 곡으로 서로 노래하고 화답하니 노래는 입진곡이 되었다. 그 노랫소리와 얼굴의 형용, 춤의 자태가 서로 결합되어, 웅장하게 앙양되었다……. 연출진은 주연과 장졸 외에도 주나라 군대 약간명이 등장하고 있다.[104]

당대에는 가무희 《난릉왕》을 제외하고도 따로 연무(軟舞) 유형에 속하는 《난릉왕》이 있었다. 이 춤은 아름답고 부드러우며 서정성이 강하여, 가무희 《난릉왕》의 풍격과는 크게 다르다. 그 연출 상황은 이미 살펴볼 수가

---

103) 《敎坊記》: "大面出南齊. 蘭陵王長恭性膽勇, 而面若婦人, 自嫌不足以威敵, 乃刻木爲假面, 臨陳著之, 因此爲戲, 亦入歌曲."

104) 任半塘, 《塘戲弄》, 作家出版社, 1958, p.504.

없다.

《난릉왕》은 당대에 아주 유행하였다. 정만균(鄭萬鈞)이 지은 《대국장공주비문(代國長公主碑文)》에 무측천이 정사를 돌볼 때, 5세 된 위왕 융범(衛王隆范, 당 현종의 동생)이 일찍이 조모 앞에서 《난릉왕》을 공연하였으며, 공연 전에 경하의 말을 하고 있다. "위왕이 장내에 들어와 신성신황만세를 축원하였다." 5세 된 아이가 황궁 안에서 《난릉왕》을 공연하고 있으니, 얼마나 널리 전해졌다는 것을 알 수 있다. 당대 이후에 《난릉왕》은 인몰되어 사라지게 되었으며, 중국에서는 그 자취가 끊어지게 되었다.[105]

2. 일본의 부가쿠 《능왕》의 연원

일본 부가쿠[舞樂] 《능왕(陵王)》은 또 《나릉왕(羅陵王)》이라고도 부르며, 한 사람이 탈을 쓰고 북채를 잡고 춤을 춘다. 토요하라노 무네아키[豊源統秋]는 《체원초(體源抄)》 중에서 《통전》과 《연도보(蓮道譜)》를 인용하여, 《능왕》은 중국의 《난릉왕》에서 연원하며, 이것을 전한 사람은 9세기 중엽의 영관(伶官) 오와리노 하마누시[尾張濱主]이고 임읍(林邑, 지금의 월남)의 승려 불철(佛哲)이 이를 보충하였다고 말하였다.[106] 이 관점은 일본

---

105) 청나라 사람 탕우증(湯右曾)은 강희(康熙) 33년(서기1694년)에 예부에서 가무백희를 연습하는 것을 보고 《망식가(葬式歌)》 한 수를 썼다. 시 속에서 "가면은 혹 난릉왕을 쓰기도 하였다"는 구절이 있다. 다만 이것은 단지 난릉왕의 이야기를 차용하였을 뿐이며, 청 궁정에서 참으로 《난릉왕》을 연출한 적은 없었다.

106) 나라(奈良) 정창원(正倉院)에는 도다이사[東大寺] 대불의 개안 공양 법회 연무(演舞)에 사용되었던 복식 중에 〈나릉왕접요(羅陵王接腰)〉 1건이 소장되어 있었다. 원물에는 안에 "東寺唐古樂羅陵王接腰, 太平勝寶四年四月九日" 글자가 쓰여져 있다. 그밖에 狛益眞의 《교훈초(教訓抄)》의 기록에 의하면 당년에 동대사 대불의 개안 법회에서는 기악 사자무가 연출되었으며, 《능왕(陵王)》의 악곡을 반주로 사용하였다고 한다. 이 설명은 오와리노 하마누시[尾張濱主]보다 대략 1세기 앞서는 것으로, 《난릉왕(蘭陵王)》의 복식·악곡(혹은 그 중의 일부분)이 이미 일본에 전해졌다는 것을 설명해 주고 있다. 다만 《난릉왕》이 완전하게 일본에 전해진 것은 응당 오와리노 하마누시[尾張濱主]에게 그 공을 돌려야 할 것이다.

의 많은 학자들이 찬동하고 있다. 예를 들면 음악사가인 코나까무라 기요노리〔小中村淸矩〕와 탈의 전문가 고토 하지메〔后藤淑〕 등으로, 이들은 모두 《능왕》이 중국에서 시작되었다고 여긴다. 고토 하지메는 효고(兵庫)에 개인이 수장한 능왕 탈을 소개하면서 말하기를, "이 탈은 북제 난릉왕의 이야기를 근거로 제작한 것이다. 전하는 말에 의하면 그가 영준한 남자이기 때문에 괴이한 가면을 쓰고, 적을 물리쳐 승리를 거두었다"고 하였다.[107]

　다만 일본에도 일부 학자들은 토요하라노 무네아키의 관점에 동의하지 않으며, 이들은 《능왕》이 인도에서 시작되었으며, '임읍팔악(林邑八樂)의 하나' 라고 여겼다. 중요한 관점은 다음과 같다.

　첫째, 오쓰키 츠덴〔大槻如電〕은 1905년에 지은 《악무도설(樂舞圖說)》의 《능왕》조 아래에서, 한편으로는 난릉왕의 이야기를 채용하면서, 다른 한편으로는 또 "나릉왕은 불설에 팔대용왕의 하나인 파갈라(婆竭羅) 용왕의 상략(上略)으로 능(陵)은 용(龍)과 동음으로 마침내 와전되어 이 자가 되었다"[108]고 하였다.

　둘째, 타카쿠수 준지로〔高楠順次郎〕와 프랑스 사람 러웨이는 1929년 공저한 《법의보림(法衣寶林)》 중에 말하기를 《능왕》은 "혹 오와리노 하마누시가 당에서부터 일본에 전했다거나 혹은 불철(佛哲)이 임읍에서 일본에 수입해 왔다고 한다. 나는 뒤설이 앞설보다 근거가 있다고 여긴다. 이 춤의 실제 주제는 파갈라 용왕의 딸이 8세에 이미 정각(正覺)을 얻었다는 것이다. 이 춤의 별명은 《몰일환무악(沒日還舞樂)》이며, 이 말은 떨어지는 해를 불러온다는 뜻이다. 실제로는 용 형상의 탈을 쓴 무용수가 한 척 남짓의 작은 막대기를 들고 해를 불러오는 모습을 그리고 있다.

　셋째, 타나베 쓰네오〔田邊尙雄〕는 1929년에 출판한 《동양음악사》 중에서 능왕은 임읍팔악의 하나라고 하였다. 그리고 인도의 계일왕(戒日王)이 지은 불교가극 용왕지희(龍王之戱)에서 나왔으며, "임읍의 승려 불철이

---

107) 日本國立能樂堂編, 《先行藝能的假面》, 昭和 59년판, p.24.
108) 傅藝子, 《白川集》, 東京文求堂, 1943년판, pp.8,9,10에서부터 재인용.

이 극을 일본에 전하려고 하였으나, 언어를 번역해 낼 수 없었으므로 연출모두가 생략되었으며, 이어지지 않은 단편만이 전해져 춤의 장면을 이루고 있다. 그렇지 않으면 《보살(菩薩)》《가릉빈(迦陵頻)》《용왕》 등의 춤이 있겠는가?"[109]라고 하였다.

이상 세 가지 설 중에서 제2설은 실제로 제1설의 보충이고, 제2·3설은 모두 이 말을 천착한 것이지만 분석을 하지 않고 있을 뿐이다. 먼저 제2설로 말한다면, 《능왕》은 독무이며 무용수는 수염이 있는 용의 형상을 한 탈을 쓰고 있다. 어떻게 바갈라 용왕의 8세 된 딸이 이미 정각을 얻은 내용을 표현할 수 있겠는가? 무용수가 손에 든 북채(이른바 한 척 남짓의 작은 나무)는 일본 부가쿠 중에서 흔히 볼 수 있는 도구이며, 결코 《능왕》에서만 독특하게 쓰이는 것이 아니다. 《납증리(納曾利)》《발두》 등도 모두 북채를 잡고 춤을 춘다. 일본의 큰 사원에서는 지금도 여전히 《능왕》이 전해지고 있으

[그림 124] 일본 〈무악도〉 중의 능왕.

며,[110] 연출시에 능왕은 탈을 쓰고, 좌수는 '검지(劍指)'를, 우수는 북채를 잡고, 필률(篳篥)·징·북 소리에 맞춰, 손과 발을 휘두르고 뛰면서 앉고 일어선다. 이것은 난릉왕이 군대를 지휘하여 적진을 쳐들어간다는 뜻이 남아 있으며, 지는 해를 불러온다는 것과는 전혀 상관이 없다[그림 124]. 다시 제3설로 논하면, 계일왕은 7세기 상반기의 인도 봉건군주로 그가 지은 가극 《용왕지희》에서 표현하는 것은 금시조가 용족을 다 잡아 먹고 최후에 용왕을 먹으려고 하는데, 운승태자(云乘太子)가 자신의 몸으로 용왕

---

109) 주 56) 상동.

110) 예를 들면 나라(奈良)의 가스가대사(春日大寺)·京都東寺·오사카(大阪)의 시텐노사(四天王寺) 등에는 모두 《능왕》이 전해내려 오고 있다. 필자는 일찍이 1990년 12월에 나라(奈良) 시텐노사(春日大寺)의 《능왕》 연출을 조사한 바가 있다.

을 대신하여 새에게 먹힌다는 불교 고사이다. 불철이 비록 가사를 번역해 낼 수 없었다고 하지만, 고사의 구성은 모방할 수 있는데도 왜 단편으로 된 춤의 장면만 전해지고 있는가? 이 설 또한 분명히 성립되기가 어렵다.

중국학자의 절대 다수는 모두 《능왕》이 《난릉왕》에서 변천되어 나온 것이라고 여긴다. 부예자(傅藝子)·구양여천(毆陽予倩)·상임협(常任俠) 등이 모두 이 설을 지지하고 있으며, 오직 임반당만이 《능왕》이 인도에서 연원하였다는 의견에 치우쳐 있다. 그러나 그도 결코 이것이 정론이라고는 여기지 않으며, 《당희농》에서 조심스런 어조로 이후 더 많은 자료가 발견되어, 최종 결론을 내릴 수 있기 바란다고 하였다.

3. 난릉왕 탈의 형태와 조형

중일 양국의 학자들이 《능왕》의 연원에 대하여 많은 가설을 제시하고 있으나, 모두 설득력을 갖춘 확실한 증거를 제시하지 못하고 있다. 모든 사람들이 인정할 만한 결론을 내리려면, 반드시 다른 길을 찾아내야 하며, 탈의 비교 연구에서 착수할 필요가 있다. 역사상 중국의 탈은 일본 탈에 큰 영향을 주었으며, 탈의 형태와 구조·조형이 일단 정형화되면, 안정성이 아주 커지게 되며 무용이나 악곡처럼 쉽게 변화되지 않는다.

일본의 부가쿠멘〔舞樂面〕 내지는 모든 탈들 가운데 능왕탈은 가장 선명한 특징을 지니고 있다. 능왕탈은 다른 탈과 구별되는 두 가지 특징이 있다. 하나는 눈과 턱이 자유롭게 움직일 수 있는 동안조악계(動眼吊齶系) 탈에 속한다는 것이며, 다른 하나는 탈의 윗부분에 날개가 있는 용 한 마리가 엎드려 있다는 것이다[그림 125]. 만일 이 두

[그림 125] 일본 愛知 熱田 신궁에 소장된 가마쿠라〔鎌倉〕시대 의 능왕탈.

특징이 중국에서 왔다는 사실을 증명한다면, 《능왕》 논쟁에 일단락을 고할 수 있을 뿐만 아니라, 난릉왕 탈의 진면목도 드러날 수 있을 것이다.

(1) 형태와 구조

타나베 쓰네오〔田邊常雄〕는 《동양음악사》 속에서 《능왕》은 '인도계 가면'를 사용하였다고 지적하였으나, 그는 단지 결론만 내렸을 뿐 구체적인 분석을 하지 않고 있으므로, 사람들로 하여금 신뢰할 수 없도록 해준다. 능왕탈의 가장 선명한 특징 중 하나는 눈과 턱이 자유롭게 움직일 수 있는 '동안조악계' 탈로, 이런 탈이 인도에서는 발견되지 않고 있으나, 중국에서는 별로 드물지 않다. 예를 들면 운남·귀주의 나희 중에는 모두 '동안조악계' 탈이 전해지고 있다. 배역에는 산왕(山王)·얼용(孽龍)·진동(秦童)·토지(土地)·이랑신(二郎神)·통병원수(統兵元帥) 등이다.[111][그림 126]

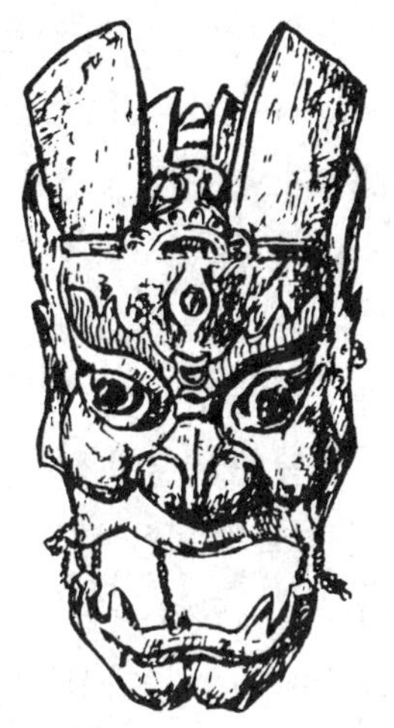

[그림 126] 운남 진웅(鎭雄) 단공희 탈 통병원수.

일본에서 이런 '동안조악계' 탈로는 능왕 외에도 납증리(納曾利)가 있으며, 채상로(采桑老)는 눈을 움직일 수 있고 턱이 분리되는 '동안단악계' 탈로 이런 유형의 탈에 넣을 수 있다. 다음에 중일 양국의 '동안조악계' 탈을 비교해 보도록 하자.

① 일본에서는 눈동자를 움직이고 턱이 매달린 '동안조악계' 탈이 이미 정형화되어 있으며, 능왕·납증리와 채상로는 반드시 '동안조악계' 탈이나 혹은 '동안단악계' 탈의 양식으로 만들어야 한다. 중국의 '동안조악계'

---

111) 운남과 귀주에서 눈동자가 움직이고 턱이 매달린 탈에는 세 종류의 형식이 있다. 첫째, 눈동자가 움직이고 또 턱이 매달려 있는 것이다. 둘째, 턱은 매달려 있으면서 눈은 움직이지 않으며, 셋째, 눈동자가 움직이고 턱이 잘려나간 탈이다. 여기에서는 눈동자가 움직이고 턱이 매달린 탈에 중점을 두어 논술하고 있다.

탈은 아직 정형화되어 있지 않으며, 산왕·얼룡·진동·토지 등의 각색에
서 어떤 것은 '동안조악계' 탈이지만, 어떤 것은 일반 탈과 다를 바 없다.

② 중일 양국에서 눈동자를 움직이게 만드는 '동안(動眼)' 유형의 탈은
다음과 같이 만든다. 먼저 눈 부분에 아주 크게 눈자위를 파내고, 좌우 양
측에 장부구멍을 내고, 안구 2개를 제작하여 철사나 혹은 대꼬치로 눈가
에 고정시킨다. 이때 긴밀도가 적당하여 눈알이 영활하게 움직일 수 있도
록 해야 한다. 다른 점은 다음과 같다. 중국은 안구가 비교적 작아서 눈자
위를 전부 가리지 않고, 동공은 대부분 검은 점으로 표시하고 구멍을 뚫지
않으며, 배우가 공연할 때면 안구와 눈자위 사이의 공간을 통하여 밖의 사
물을 볼 수 있도록 한다. 일본은 안구가 아주 커서 흔히 눈가를 엄밀하게
모두 가려 틈을 남기지 않으며, 동공에다 구멍을 뚫어 놓아, 배우는 연출
시 동공을 통하여 밖의 사물을 보게 된다.

③ 턱을 매달아 놓는 '조악(吊齶)'은 중일 양국의 제작 방법이 모두 같
다. 얼굴과 턱을 분리하여 제작한 후에 끈을 사용하여 둘을 연결시킨다.
이렇게 매달아 놓은 턱은 공연할 때에 배우의 동작을 따라 움직이면서 연
출 분위기를 증가시킨다. 다만 중국의 '조악'은 아주 거칠게 제작되었으
며 수의성이 큰 데 반하여, 일본의 '조악'은 아주 정밀하게 제작되었으며
이미 정형화되었다는 점이 다르다.

이상의 비교를 통하여 중일 양국의 '동안조악계' 탈의 제작 방법이나
예술 효과가 기본적으로는 모두 같으나, 단지 미세한 부분에서만 대략적
인 차이가 있다는 것을 말해 주고 있다.

이런 유형의 탈은 지금도 중국과 일본에서만 전해지고 있으며(또 조선
에도 있으나 다만 전용화되어 있지 않다),[112] 다른 나라에서는 찾아보기 어
렵다. 이것은 결코 우연의 일치가 아니라, 모두 동일한 근원에서 나왔기
때문이다. 동한에서 남북조 시기까지 턱을 매달아 움직이도록 한 탈이 이
미 중국에 보편적이었다는 두 가지 자료가 있다.

① 산동 기남현 북채촌 동한 화상석의 방상씨와 신수(神獸)가 쓰고 있는
탈은 아래턱 부분이 얼굴에서 분리되었으며, 동으로 된 고리나 나무 고리

하나로 둘을 연결시키고 있으니,
'조악' 탈이 분명하다[그림 127].

② 앞에서 나온 주사(周舍,
469-524년)의 《상운악(上云樂)》
무사(舞辭)에서 '높은 코 입가로
내려오고'라는 말로 '오랑캐'의
외모를 묘사하고 있다. '입가로
내려왔다'는 것은 당연히 '턱이
매달린 것이나'이나 혹은 '턱이
분리된' 탈을 썼기 때문에 생긴 것이다.

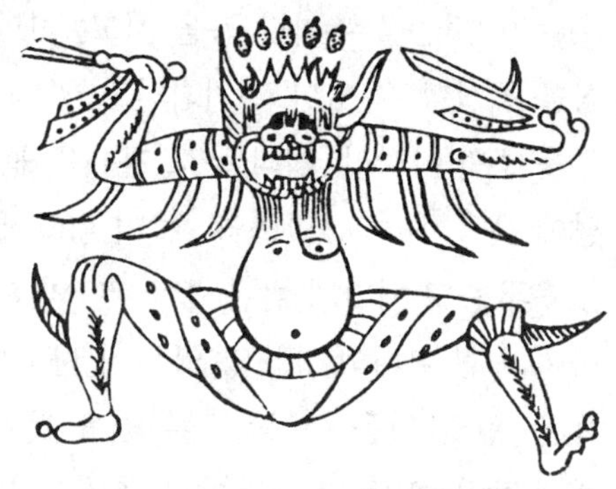

[그림 127] 산동 기남 북채촌 동한
화상석의 신수(神獸).

눈을 움직이고 턱을 매단(혹은 분리된) '동안조악' 탈의 출현은 한대에
나무로 된 탈이 널리 유행하게 된 것과 밀접한 관계가 있다. 상주 시기의
탈은 대다수가 동으로 만들었고, 제작 공예가 아주 복잡하였으므로, 당시
에는 '동안조악' 탈이 나오기란 불가능하였을 것이다. 춘추전국 이래로
청동시대가 막을 내리면서 탈의 주류는 동에서 나무로 넘어가게 되었다.
나무탈의 제작 공예는 비교적 간단하여 '동안조악' 탈이 출현할 수 있는
조건을 만들어 주게 되었다.

한대 목우희(木偶戲)의 유행은 '동안조악' 탈이 출현할 수 있는 또 다른
요소를 촉진시켜 주었다. 목우는 사람의 동작을 모방하여 놀이하도록 되
어있으며, 사실에 가까운 예술적 효과를 얻기 위하여, 사지와 오관은 반
드시 자유롭게 움직이도록 제작되어야만 했다. 역사서에 한위(漢魏)의 목

---

112) 한국의 탈은 대부분은 움직이지 않는 조형이지만, 그 중 어떤 것은 움직이는 부분
을 가진 것도 있다. 방상씨 가면의 눈알과 봉산(鳳山)의 사자 가면의 입, 산대가면극의 눈
꼽적이 가면의 양쪽 눈, 마산 오광대에서 턱까불 가면의 턱과 동래야유(東萊野遊)에서 양
반 가면의 턱, 수영야우(水營野遊)에서 수양반가면(首兩班假面)의 턱, 하회별신굿 탈놀이
에서 선비·양반·중·백정 가면의 턱, 그리고 해서 가면극에서 황주(黃州) 양반 가면의
턱 등이 그것이다. 하회의 나무 가면에는 얼굴과 턱을 따로따로 만들어 놓고, 이것을 끈
으로 연결하고 있으므로 얼굴 표정이 매우 자연스러울 뿐만 아니라 얼굴 표정을 바꾸는
데도 매우 유리하다는 장점을 지니고 있다(김용덕 《민속문화대사전》 청솔, 2004).〔역주〕

우는 이미 춤을 추거나 북을 치고, 피리를 불며 장대를 오르는 복잡한 동작을 공연할 수 있다고 기록하고 있다. 손과 발을 자유자재로 움직일 수 있을 뿐만 아니라, 입과 눈도 자유롭게 열고 닫을 수 있었다. 이런 원리를 탈에 운용하여 '동안조악' 탈이 나오게 되었다.

중국 중고 시기의 탈은 주로 '나의'와 악무에 사용되었다. 동한을 전후하여 중원 일대의 '나'와 악무에 사용되던 탈은 이미 '동안조악' 탈이나 혹은 '단악' 탈을 특징을 갖추었을 것이라고 추측된다. 왜냐하면 이런 유형의 탈이야말로 희극적이고 생동적이어서 관중들에게 웃음을 끌어낼 수 있기 때문이다. 최초에는 이들이 완비되지 않았으나, 장기간의 변화와 발전을 거치면서 점차 정형화되었으며, 그 시간도 대략 남북조에서 당대 사이일 것이다. 뒤에 '동안조악'(혹은 '단악') 탈은 멀리 바다 건너 일본으로 전해졌으며, 남으로는 운남·귀주에 유포되었으나, 중원지구에서는 이런 유형의 탈이 소실되게 되었다.

(2) 조형

탈의 윗부분에 날개가 달린 용 한 마리가 엎드려 있는 것이 능왕탈의 두드러진 특징 중 하나이다. 어떤 연구자는 이를 근거로 능왕탈을 인도계 탈로 귀납하고 있으나, 이는 평면성을 면하지 못하고 있다. 본서에서는 능왕탈의 용은 결코 인도식이 아니고 중국용에서 변화되어 나온 것이라고 여기며, 그 이유는 다음과 같다.

① 중국 고대에는 용 모양의 탈을 쓰고 공연하는 악무가 적지 않았다. 예를 들면 한대의 백희인 《총회선창》 중에는 창룡탈이 출연하며, 원대 궁정 중에도 용왕탈을 쓰고 연출하는 무용이 있었다. 근대 민간에서도 용형상의 탈이 많이 전해지고 있으며, 흔히 볼 수 있는 것으로는 세 종류가 있다. 제1종은 전체 탈이 하나의 용머리로 되었으며, 귀주 도진현(道眞縣) 나희탈 중의 얼룡과 산왕이다[그림 128]. 제2종은 용을 투구 위의 도안 장식으로 만든 것으로, 귀주 안순(安順) 지희(地戱)탈 중의 심응룡(沈應龍)

[그림 128] 귀주 도진(道眞)
거라오족 나희탈 중의 산왕.

[그림 129] 귀주 안순(安順)
지희(地戲)탈 이세민(李世民).

과 이세민(李世民) 등 무장이다[그림 129]. 제3종은 탈의 머리 위에 용 한 마리를 조각해 놓은 것으로 강서 낙안현(樂安縣)의 나무탈 중에 폐구고(閉口鼓)와 개구라(開口鑼)이다[그림 130].

② 능왕탈의 용은 머리와 고리가 완전하며 체형이 아주 크고 탈의 꼭대기에 엎드려 있으므로, 현존하는 중국의 세 가지 탈과는 모두 다르다. 중국 고대에 이와 유사한 탈이 있었을까? 그 대답은 긍정적이다. 호남과 귀주성 일대의 나희탈 중에서 선봉소저(先鋒小姐)라 부르는 각색은 탈의 위 부분에 아주 큰 봉황이 엎드려 있다[그림 131]. 용과 봉은 민간에서 줄곧 서로 대응되었으므로, 애초에 머리 윗부분에서 꼬리까지 완전하고 체형이 거대한 용탈이 봉탈과 서로 짝을 이뤘으리라고 추측된다. 다만 후에 여러 가지 원인으로 용형 탈은 중국에서 실전되었으며, 꼭대기에 거대한 봉으로 장식한 탈만이 보존되어 내려왔을 것이다.

③ 능왕탈의 용에 길게 자란 한 쌍의 날개가 있는데, 이런 용은 결코 인도에서 기원한 것이 아니며, 그 원형은 중국 고대의 '응룡(應龍)'이다. 용은 중화 민족의 토템과 상징이며, 또한 천백 년래 예술 창작의 기본 모티프 중 하나였다. 용의 형상이 가장 먼저 출현한 것은 신석기시대이다.

[그림 130] 강서 낙안(樂安)
나무탈 중의 개구라(開口儸).

[그림 131] 귀주 동인(銅仁) 투쟈족
나희탈 선봉소저(先鋒小姐).

1087년 고고학자는 하남 복양(濮陽) 서수파(西水坡) 앙소 문화 묘지에서 조개껍질을 늘어놓아 만든 무사어룡호(巫師御龍虎) 도안이 발견되었으며, 연대는 지금으로부터 6000여 년이나 된다.[113] 다만 중국의 용은 결코 원고시대부터 변하지 않았던 것이 아니라, 시대마다 서로 다른 외형적 특징을 지니고 있다. 이를 개괄하면 유사전의 용은 오히려 정형화되지 못하였으며, 선진의 용은 기룡(夔龍)이고 진한에서 수당에 이르는 용은 응룡이며, 당대 이후의 용은 황룡이다. 응룡의 중요한 특징은 등에 두 날개가 있고, 몸에 비늘이 있으며, 척추에 가시가 있다. 목이 가늘고 배가 크며, 앞이마가 튀어나오고 눈썹이 높이 불거져 나왔으며, 이가 예리하다. 몸집은 짧고 퉁퉁하며, 사지가 강건하고 독각(獨角)이거나 혹은 이빨 형상의 쌍각(雙角)이고 발은 대부분 발가락이 셋이다.[114] 진한의 와당과 화상전에는 흔히 응룡의 형상이 있다[그림 132]. 일본 고대에도 응룡이 있었으며, 이는 중국에서 전해진 것이다. 응룡의 특징을 이용하여 능왕 탈에 있는 용을 저울질해 보면 서로 합치되지 않는 곳이 거의 없다.

---

113) 〈濮陽出土六千年前的龍虎圖案〉,《中國文物報》, 1988년 1월 29일.
114) 王大有,《龍鳳文化源流》, 北京工藝美術出版社, 1988, pp.147-148.

앞의 논술을 종합하여 형태와 구
조 혹은 조형에서 분석해 보면 능왕
탈은 모두 중국계 탈에 속하며, 그
전신은 당연히 난릉왕 탈이다. 이 탈
이 일본에 전해진지 이미 천 년의 역
사가 있으므로, 기나긴 세월 속에서
일본 전통 문화의 영향을 받지 않을
수 없었다. 이로 인하여 오늘날 사람
들이 볼 수 있는 능왕 탈은 이미 난릉

[그림 132] 한대 와당 중의 응룡 도안.

왕 탈의 본 면목이 아니었다. 다만 일본 능왕 탈에는 여전히 중국 난릉왕
탈의 기본적인 특징을 보류하고 있다는 사실은 의문의 여지가 없다.

제5절 중고 시기의 탈

중고 시기의 탈은 그리 많이 남아 있지 않으며, 수량은 상고 시기에 멀
리 미치지 못한다. 그 중요한 원인은 진한에서부터 나무 탈이 점차로 청
동 탈을 대신하였기 때문이다. 나무 탈은 쉽게 부식되므로 일반적으로 천
년 이상 보존할 수가 없으며, 가격이 저렴하고 제작이 용이하기 때문에
이런 탈을 그리 애석해하지 않았으므로 보존될 기회가 적었다. 중고 시기
에 남아 있는 탈은 한대의 것이 많으며, 삼국에서 오대까지는 나무 탈 잔
편만이 남아 있을 뿐이다.

1. 광서 서림(西林)에서 출토된 서한의 청동 면상

광서는 옛날에 백월지구에 속했으며, 춘추전국 시기 광서에 활약했던

중요한 월족으로는 서구(西甌)[115]와 낙월(駱越)[116]이 있었다. 진시황이 중국을 통일한 후에, 위도휴(尉屠睢)를 파견하여 50만 대군을 이끌고 영남(嶺南)을 정벌하도록 하였다. 뒤에는 또 50만 죄인을 오령(五嶺) 이남에 수자리로 보내어, 월족과 잡거하면서 함께 살았으며, 이로부터 광서는 정식으로 중국의 판도에 들어오게 되었다. 서한 때에 영남과 내지의 경제·정치·문화의 연결이 나날이 밀접해졌으며, 한월 민족의 융합을 촉진하였다. 건국 이래에 고고학자는 광서의 30여 개 현과 시에서 한 대의 무덤 1백여 곳을 발굴하여 청동기 수천여 건을 획득하였으며, 그 중 서림현에서는 청동탈 8건이 출토되었다.

장정유(蔣廷瑜)는 《광서민족고고연구종술(廣西民族考古研究綜述)》에서 다음과 같이 기록하고 있다.

1969년 겨울에, 백색(百色)에서 서림까지 도로를 낼 때, 동관(銅棺)을 장구(葬具)로 사용한 무덤 하나가 발견되었다. 동관이 출토될 때, 지표에서 약 1.5미터 깊이였다. 관은 긴 상자형으로 길이가 200센티미터, 너비 약 60센티미터, 높이 약 68센티미터였다. 관판의 두께는 0.5-1.5센티미터이고 외표는 금으로 도금하였다. 관판의 접합부에는 리벳으로 이었으며, 관의 양 단과 양측에는 금도금·은도금을 한 동탈·동 수두(獸頭)·유운화식(流雲花飾)으로 상감하였다. 관 안에는 옥결(玉玦) 유의 옥석 장식품을 놓아두었으며, 상당히 호화로웠다. 애석한 것은 당시가 바로 동란의 시대라, 이들 재료를 제때에 수집할 수 없었으므로, 전부 훼손되어 버려졌기 때문에 더 이상

---

115) 서구(西嘔) 또는 서월(西越)이라고도 하며, 서부 월인(越人)의 통칭이다. 낙월(駱越)·남월(南越)·이월(夷越)·전월(滇越)의 각 부족을 포함하고 있다. 광서와 광동의 부분적인 지역에 분포하며, 동한 후에는 이(俚)·요(僚)로 변하였으며, 지금의 쫭족과 둥족 등 민족의 선조이다.〔역주〕

116) 또 낙월(雒越)·구락(甌駱)·낙민(雒民)·노인(路人)이라고도 한다. 어떤 사람은 어떤 사람은 서구(西甌)의 일부라고 하고, 어떤 사람은 서월(西越)의 일지라고도 한다.지금의 광동·광서·귀주 및 베트남 일대에 분포하였으며, 동한 이후에는 점차 요인(僚人)으로 변하였다.〔역주〕

연구할 방법이 없었다.[117]

　동관에 상감한 탈은 중국에서 처음으로 발견되었다. 이에 대한 연구는 중국 탈의 역사와 상장사(喪葬史)에서 아주 중요한 가치를 지니고 있다. 다만 위의 기술은 아마 착오가 있는 것 같다. 광서쫭족자치구 박물관에는 동관 위에 붙어 있던 8면의 청동 탈을 소장하고 있다. 이것들은 서림현 보타(普馱)의 서한 전기 동관묘에서 출토된 것이며, 동시에 약간의 동기 · 철기와 옥석기가 출토되었다. 출토된 시간 · 지점과 함께 출토된 옥석기 등으로 판단해 보면 장정유의 글에서 말한 그 동탈 들이 분명하다. 《광서 출토문물》이라는 책에서 이 탈 중 하나의 사진을 싣고 있다. 해설에는 "높이가 21.7센티미터, 너비 19.2센티미터, 두께 0.3센티미터이며, 연대는 서한시대이다. 동관을 장식한 것으로, 관의 네 모서리와 양측에 걸려 있었으며, 모두 8건으로, 이것은 그 중 하나이다"[118]라고 하였다.

　[그림 133]은 책에 실린 그 탈로, 조형은 일반 사람의 형상이며 왼쪽 뺨이 심하게 파손되었다. 머리 위는 평평하고, 눈이 불거져 나왔으며, 코는 짧고 뭉툭하다. 입술은 꽉 다물고 있으며, 표정이 고통스러워 보인다. 두 눈과 입에는 모두 구멍이 뚫려 있지 않고, 코 하단에 구멍이 하나 있으나, 의식적으로 만든 것이 아니라 주조 시에 자연적으로 만들어진 것이다.

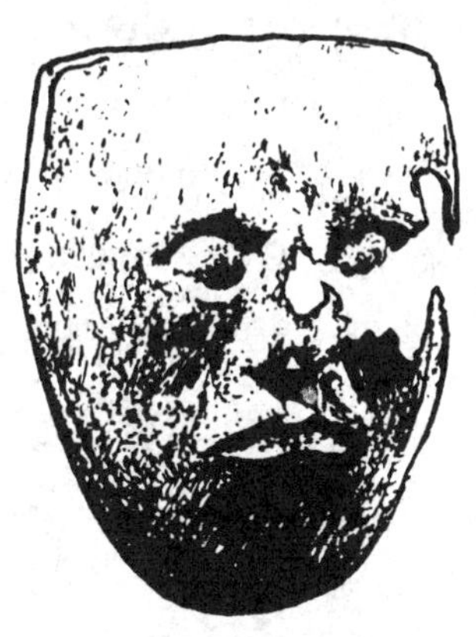

[그림 133] 강서 서림 보타(普馱)에서 출토된 서한 청동인면상.

　서림현은 한대에 구정(句町) 땅이었다. 아주 귀한 동관을 장구로 사용하고 있으며 호화로운 장식품을 수장한 것으로 분석해 본다면, 묘 주인은 구정의 통치자

---

117) 蔣文은 《民族硏究動態》 1988년 제1기에 실렸다.
118) 廣西壯族自治區文物管理委員會編, 《廣西出土文物》, 文物出版社, 1978.

였을 것이다. 동관에 걸린 8건의 동 탈은 모두 인면 조형에다 표정이 고통스러우므로, 묘주를 위해 명계에서 사역을 하기 위한 '순장인'일 것이다. 유사한 청동 면상이 상주의 무덤 속에서 출토되었으며, 춘추 이후에 중원지구에서는 이미 더 이상 유행하지 않았다. 서림 지구는 변방이고 중원과는 멀리 떨어져 있으므로, 서한에서도 여전히 무덤 속에 청동 면상을 놓아두는 습속이 남아 있었으며, 이것은 지역과 민족의 차이 때문이다.

2. 강소 서주(徐州)에서 출토된 서한의 옥면조

현재 알려진 서한의 옥면조로는 단지 강소 서주시 자방산(子房山) 3호묘와 후루산(后樓山) 서한 묘에서 출토된 2건 뿐이다.

(1) 자방산 철옥면조

자방산 3호 한묘에서 출토된 철옥면조는 23매의 옥편으로 되어 있으며, 출토 시에는 어지럽게 흩어져 있었으나, 복원을 거친 후에는 [그림 134]와 같았다. 이마 부위는 7매의 방형과 장방형, 원형의 옥편으로 구성되었다. 눈은 4매의 황형(璜形) 옥편으로 되어 있고, 귀는 2매의 황형 옥편으로 되었으며, 귀고리는 2매의 작은 옥벽(玉璧)으로 조성되었다. 코는 1매로 콧등과 콧볼이 있으며, 정중앙에는 기룡문이 장식되어 있다. 뺨은 사다리형·장방형 옥편 각 2매로 되어 있다. 입은 장방형 옥편 1매와 황형 옥편 2매로 되었다. 그 중

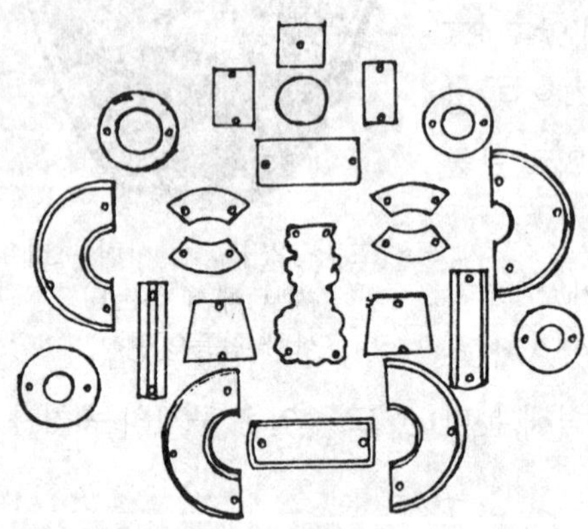

[그림 134] 강소 서주(徐州) 자방산(子房山)에서 출토된 서한의 철옥면조.

에 이마 부위 정중앙의 원형 옥편에 구멍이 뚫려 있지 않은 것을 제외하
고 그 나머지 22매의 옥편에는 모두 1개에서 4개의 구멍이 뚫려 있으며,
구멍의 직경은 일반적으로 0.3-0.35센티미터이다. 옥편은 직물 위에 꿰
매졌으며, 이 기술은 한대 이전의 철옥면조와 기본적으로 같다. 미간의 옥
편은 아마도 직물 위에 붙여 놓았으리라고 여겨진다.[119]

　　산서(山西) 곡옥·섬서(陝西) 장안·하남 삼문협 등지에서 출토된 서주
의 철옥면조와 서로 비교해 보면, 자방산의 철옥면조는 중시할 만한 가치
가 있다. 즉 이 옥편은 기본적으로 모두 다른 옥기나 혹은 못쓰게 된 기물
을 고쳐서 만든 것이다. 이런 제작은 원료의 가격을 내리기 위한 방법이
며. 한편으로는 묘 주인의 가정 경제 상황을 반영하고 있고, 동시에 철옥
면조가 서한에 이미 쇠미해져 가고 있다는 정보를 드러내고 있다.

(2) 후루산 옥면조

　　후루산 서한묘에서 출토된 옥면조는 33매의 옥편으로 조성되었으며, 이
중에서 장방형과 방형 9편, 규형(圭形) 3편, 환형(環形) 4건, 삼각형 2편,
불규칙형 4편, 잔편 1편으로 되어있다. 출토 시에 이미 어지러이 흩어져
있었으나 복원 후에는 [그림 135]와 같다. 면조의 옥편은 오열 횡대로 배
열되었으며, 이마·눈썹과 눈·코와 귀·
입과 아래턱으로 나눌 수 있다. 옥편은 비
교적 투명한 청회색 옥을 위주로 옥질은 비
교적 좋다. 두께가 모두 균일하며 대략 삼
분지 일은 벽·황 유형의 옥기와 잔기(殘
器)를 고쳐 만든 것이다. 옥편의 주변에는
간찬법(杆鑽法)으로 3-5개의 작은 구멍
을 뚫어놓아 꿸 수 있도록 하였다.[120]

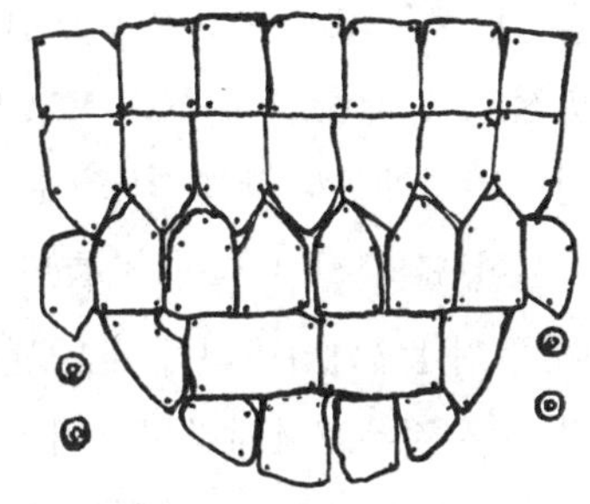

[그림 135] 강소 서주(徐州)
후루산(后樓山) 서한의 옥면조.

---

119) 李根德, 〈徐州出土西漢玉面罩的復原研究〉, 《文物》, 1993년 제4기.

후루산 서한 옥면조는 두 가지 점에서 주의할 가치가 있다. 첫째, 면조는 직물위에 꿰매어 놓은 것이 아니고, 옥편 사이를 직접 연결하여 조합하였으며, 뒷면에는 직물을 붙여 고정시켰을 것이다. 둘째, 오관은 기하형 옥편으로 구성하여 단지 대략적인 인면 형상을 갖추었으며, 그 구조와 조형은 옥의의 '옥검개(玉臉蓋)'와 아주 흡사하므로, 이들 사이에는 응당 계승 관계가 있을 것이다.

3. 호남 서포(漵浦)에서 출토된 한대의 활석 탄구

1978년 여름에서 1979년 봄에 호남성 박물관과 회화(懷化)지구 문물공작대는 서포현 마전평(馬田坪)에서 전국·서한과 신망의 무덤 119기를 발굴하였으며, 문물 1천여 건이 출토되었다. 그 중에서 9기의 서한 묘와 2기의 신망(新莽) 묘 중에서 활석으로 제작된 수면(獸面) 14건이 출토되었다. 이런 수면은 '탄구' 유형의 탈에 속하며, 상덕(常德)의 서한 묘 중에서도 발견되었다. 여기에서는 단지 서포에서 출토된 활석 탄구만 소개하겠다.

서한의 활석 탄구는 모두 12건으로 6호·23호·49호·56호·63호·78호·81호·94호·110호 묘에서 출토되었다. 이상의 무덤에서 출토된 활석탄구는 많으면 3건 적으면 1건이다. 활석 탄구 외에도 무덤 속에서는 활석으로 제작된 촛대·귀고리·주전자·함·바리·거울·쟁반·아궁이·등·박산로 등과 각종 도기·동기와 철기 등이 출토되었다.

서한 묘와 신망 묘에서 출토된 활석 탄구는 형태와 구조가 완전히 같으며 두께 1.6센티미터에서 19센티미터의 활석 판 조각으로 이루어졌다. 가장 작은 것은 7.4센티미터에 너비 8센티미터로 대부분 길이와 너비가 20센티미터 좌우이다. 이들은 대략 외형으로 보면 서로 비슷하다. 대개 뾰족한 뿔이 위로 솟아났고, 돌출된 코에 불거나온 눈, 입에는 입술 밖으로 길

---

120) 李根德, 〈徐州出土西漢玉面罩的復原研究〉, 《文物》, 1993년 제4기.

게 튀어나온 이, 아래턱이 없고, 조형과 형상이 괴이하다. 다만 자세히 관찰하면 탄구마다 각기 특징이 있어서 서로 같지가 않다.

[그림 136]은 대표적인 4건의 탄구이다. 오른쪽 아래의 탄구는 코가 길고 눈썹이 굽어 있으며, 귀가 적다. 긴 뿔은 안으로 굽어 있고, 입가로 죽 튀어나온 2개의 이를 제외하고 다른 이는 자잘하며, 귀의 위치가 비교적 높다. 왼쪽 아래의 탄구는 코가 짐승 발과 같으며, 눈썹이 날카로운 칼과 같고,

[그림 136] 호남 서포현 마전평(馬田坪) 출토된 한대 활석탄구.

의각이 평평하다. 왼쪽 아래의 탄구는 코가 꽃받침과 같으며, 눈썹이 버드나무 잎과 같고, 눈이 아주 크고 튀어나온 이빨이 예리하다.[121]

위에 기술한 탄구는 콧등 양측과 얼굴 부위나 귀 부위에 원형의 구멍을 뚫어 놓고 있으며, 구멍 안에는 여전히 쇠못 잔편이 남아 있으니, 원래 관목 위에 박아 놓았을 것이라고 추측된다. 그 작용은 귀신을 쫓고 무덤을 지키면서 사자가 침해를 받지 않도록 보호한다. 중국은 일찍이 상주 시기 무덤 속에 탄구를 방치해 두었던 습속이 있었으나, 서포처럼 몇 십기의 무덤 속에서 모두 탄구가 발견된 것은 고고학사상 일찍이 없었던 일이다. 이런 상황은 서포가 처한 지리적인 위치와 당지의 민정풍속과 밀접한 관계가 있다.

서포는 상서(湘西) 지역으로 원강(沅江)지류의 서수(激水) 변에 있다. 전국시기에 서포는 검중군(黔中郡)에 속하였으며, 파(巴)·초(楚)·진(秦)이

---

121) 湖南省博物館·懷化地區文物工作隊, 〈湖南激浦馬田坪戰國西漢墓發掘報告〉, 《湖南考古輯刊》, 제2집.

장기간 쟁탈하던 지역에 속하였고, 서한 초에 검중군은 무릉군(武陵郡)이 되었으며, 서포는 의릉현(義陵縣)에 속하였다. 비록 역사적으로는 서포 일대가 파문화와 진문화의 영향을 받았으나, 다만 문화 계통으로 구분한다면 서포는 응당 초문화권 안에 넣어야 한다는 것은 의심의 여지가 없다.

초나라 사람은 평소에 "무술과 귀신을 믿으면서 음사를 중시"한 것으로 이름이 높았다. 1975년 호북 운몽(雲夢) 수지호(睡地虎) 11호 묘에서 《일서(日書)》 1편이 출토되었다. 임하(林河)의 고증에 의하면 진조(秦朝)에 작은 벼슬아치였던 초나라 사람의 순장품으로, 여기에는 초 당 민간에서 일상적으로 귀신을 쫓던 풍속을 반영하고 있다.[122] 이 중에서 기록하고 있는 초 지역의 귀신에는 양귀(軬鬼)·상귀(狀鬼)·신구(神狗)·애귀(哀鬼)·극귀(棘鬼)·자귀(字鬼)·포귀(寠鬼)·상신(上神)·회충(會蟲)·지충(地蟲)·양귀(陽鬼)·여귀(賊鬼)·사귀(袪鬼)·흉귀(凶鬼)·폭귀(暴鬼)·도부(圖夫)·유혼(游魂)·구귀(丘鬼)·자귀(刺鬼)·걸아(傑迓)·아귀(餓鬼)·거귀(遽鬼)·애유지귀(哀乳之鬼)·지설(地薛)·요귀(夭鬼)·불행귀(不幸鬼)·원귀(爰鬼)·여귀(癘鬼) 등 몇십 종이나 된다. 초 땅에는 이미 보편적으로 귀신이나 사람이 죽은 후에 자연히 무덤 속에 귀신을 쫓고 벽사의 기능을 갖고 있는 수면탄구를 두어야만 했다.

서포에서 출토한 활석탄구는 초문화와 중원 문화의 융합되어 생겨난 산물이다. 한편으로 이것은 전통적인 도철 형상과 서로 공통점이 많으니, 예를 들면 불거진 눈, 거대한 입, 머리에 생겨난 두 뿔, 아래턱이 없는 것 등이다. 다른 한편으로 그것은 또 독특한 개성을 지니고 있다. 중요한 것으로는 안으로 굽어 들어간 두 뿔이 변하여 비스듬히 위로 향하고 있으며, 입 속에 예리한 이가 뻗어 나온 것 외에도 가지런한 이가 증가되었다. 전체적인 조형은 공포스럽고 위엄스럽던 것이 낭만적이고 괴이하게 변하여 선명한 초문화의 성격을 띠고 있다.

---

122) 林河, 《〈九歌〉與浣湘民俗》, 上海三聯書店, 1990, pp.249-250.

4. 호북 만성(滿城)에서 출토된 서한의 옥 검개(臉蓋)

옥 검개는 결코 독립된 탈이 아니라, 옥의의 한 부분으로 이미 옥의와 이어져 일체가 되면서도 또 상대적인 독립성을 지니고 있다.

옥의는 또 '옥합(玉柙, 玉匣)'과 '인시(鱗施)'라고 불렀으며, 황제와 귀족 사후에 염을 하는 수의였다. 한대에서 성행하였으며, 주진(周秦)에서 기원하였다. 주진(周秦) 시에는 옥의의 이름을 인시라고 하였으니, 《여씨춘추(呂氏春秋)·절장(節葬)》 고유주(高誘注)에 "인시는 사자의 몸에 옥으로 덮는 것으로 물고기의 비늘과 같다."[123] 한대에 이르러 '옥합(玉柙)'(옥갑, 玉匣)이라고 바꿔 부르게 되었다. 갈홍(葛洪, 250?-330?)의 《서경잡기(西京雜記)》에 "한 황제의 장사에는 모두 주유(珠襦) 옥갑으로 하며, 갑의 모양은 갑옷과 같고 금실로 이어 놓는다."[124] 서한 시기에 옥의의 등급이 아직 제도로 정해지지 않았으며, 황제 외에도 지위가 높은 왕공귀족도 〈금루옥의〉를 사용하였다. 동한에 이르러 옥의의 사용에 대해 엄격하게 규정을 하게 되었다. 《후한서·예의지》에 황제의 장례에는 '금루옥합(金縷玉柙)'으로 하고, 제후·왕·열후시봉(列侯始封)·귀인·공주는 '옥합은루(玉柙銀樓)'로 하고, 대귀인·장공주는 '동루(銅樓)'를 쓴다고 하였다.

건국 전에 중국에서는 옥의의 잔편들이 출토되었으나, 완전한 옥의가 출토된 적은 없었다. 건국 후에 고고학자들은 전국의 10여 개 성과 시의 34기 한대 묘에서 완전한 옥의 11벌, 약간의 옥두조(玉頭罩)·옥장갑(玉手套)·옥신발(玉鞋)과 대량의 옥의(玉衣) 잔편이 출토되었다. 완전한 옥의는 호북 정현(定縣) 북장(北庄) 중산간왕(中山簡王) 유언(劉焉)의 묘에서 금으로 도금한 동루옥의 2벌이 출토되었다(1959년). 호북 만성 중산정왕(中山靖王) 유승(劉勝)의 부부 묘에서 금루옥의 2벌이 출토되었다(1968년). 호북 정현

---

123) 《呂氏春秋·節葬》高誘注: "鱗施, 施玉于死者之體, 如魚鱗也."
124) 《西京雜記》: "漢帝送死皆珠襦玉匣, 匣形如鎧甲, 連以金縷."

중산목왕(中山穆王)의 유창(劉暢) 부부 묘에서 은루옥의와 동루옥의 각 1
벌씩이 출토되었다. 강소 서주 토산(土山)의 팽성왕(彭城王) 가족묘에서
은루옥의 1벌이 출토되었다(1970년). 호북 정현 중산환왕(中山環王) 묘에
서 금루옥의 1벌이 출토되었다(1973년). 안휘 박현(亳縣) 동원촌(董園村)
에서 비정후(費亭侯) 조등(曹騰) 부부 묘에서 은루옥의와 동루옥의 각 1벌
씩이 출토되었다(1974년). 광동 광주 상강산(象崗山) 제2대 남월왕의 묘에
서 사루옥의(絲縷玉衣) 1벌이 출토되었다(1983년).[125] 그 중에서 출토 시간
이 비교적 빠르고, 가장 완전하게 보존되었으며, 공예가 가장 뛰어나기로
는 호북 만성의 중산정왕 유승의 부부 묘에서 출토된 2벌의 금루옥의를
꼽을 수 있다.

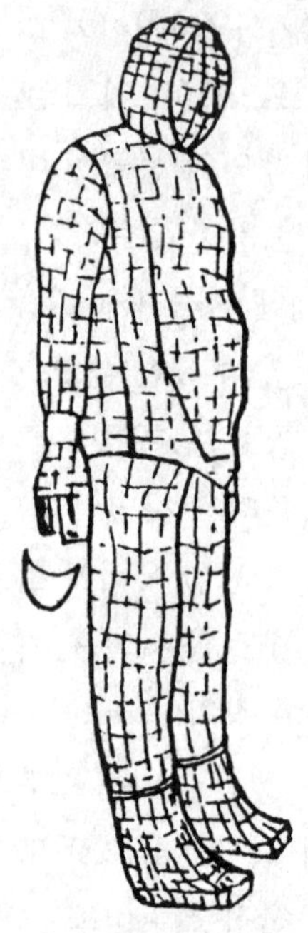

[그림 137] 호북
만성 능산에서
출토된 금루옥의.

유승과 그 처 두관(竇綰)의 묘는 1968년 6월에서 9
월에 발굴되었으며, 이 두기의 무덤은 모두 서한 중기
에 속한다. 유승은 한경제(漢景帝) 유계(劉啓)의 아들
로, 경제 3년(BC 154년) 중산왕이 되었다가 무제(武
帝) 원정(元鼎) 4년(BC 113년)에 졸하였다. 두관의 졸
년은 역사에 기록이 없으며, 대략 유승보다 약간 늦을
것이다. 유승과 두관의 묘는 만성현의 능산 위에 만들
어졌으며, 모두 암석 가운데를 파내어 만든 대형의 동
실묘(洞室墓)이다. 2벌의 금루옥의는 모두 묘의 후실
관 중에서 출토하였다. 옥의는 두부·상의·고동(褲
筒)·장갑과 신발의 다섯 부분으로 나눌 수 있다. 두
부는 또 검개(臉蓋)와 두조(頭罩) 두 부분으로 나눌 수
있다. 유승의 옥의는 전장이 1.88미터에 2천4백98편
의 옥편, 약 1100그램의 금실을 엮어서 만들어졌다
[그림 137]. 두관의 옥의는 전장 1.72미터이고 2천1백
60편의 옥편에 약 700그램의 금실을 짜서 만들어졌

---

125) 盧兆蔭, 〈再論西漢的玉衣〉, 《文物》, 1993, 제10기.

다. 여기에서는 검개와 두조를 중심으로 소
개하도록 하겠다. 검개는 모양이 가면과 같
으며, 만약 두조와 결합하면 가두와 같다.

유승 옥의의 검개는 길이 27센티미터, 너
비 20센티미터로, 126편의 옥편으로 만들
어졌다. 검개 위에는 눈과 입의 형상이 각
화(刻畵)되어 있으나 명확하지가 않다. 코
는 아주 눈길을 끌고 있으며, 코의 높이는

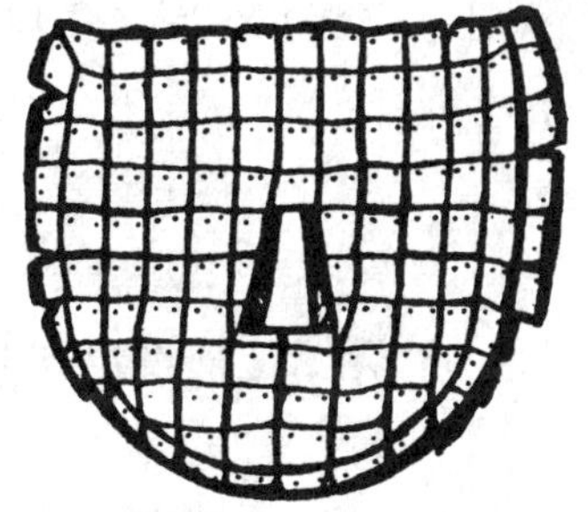

[그림 138] 유승(劉勝)
금루옥의 일부인 '옥검개.'

2센티미터이다[그림 138]. 검개 안쪽에는 풀을 칠한 황색비단이 한층 붙
어 있었으며, 부드럽고 매끄럽고 판판하게 만들어 주고, 아울러 옥편 사
이의 연결을 더욱 고정시켜 주고 있으며, 사자의 얼굴 부위가 금실이나 옥
편에 긁혀 상처를 입지 않도록 보호해 준다. 두관의 옥의 검개는 길이
22.5센티미터, 너비 18센티미터에 138편의 옥편으로 만들어졌으며, 유승
의 옥의 검개 구조와 서로 같다.

유승의 옥 두조는 길이 29센티미터, 최대 직경 23센티미터로 219편의
옥편으로 만들어졌다. 위에는 크고 아래는 작아서 모양이 풍모(風帽)와 같
다. 정수리 부분에는 직경 8센티미터의 옥편 하나로 되어 있으며, 중앙에
는 직경 3.2센티미터의 구멍이 뚫려 있다. 검개의 입과 눈에 모두 구멍이
없는 것으로 보아, 이 구멍은 아마도 사자의 영혼이 편하게 출입할 수 있
도록 쪼고 갈아서 만든 것이다. 두조 안쪽에도 풀로 붙인 비단이 있으며,
그 작용은 검개와 서로 같다. 두관의 옥의 두조는 길이 26센티미터, 최대
직경 19센티미터에 198편의 옥편으로 만들어졌으며, 그 구조는 유승의
옥의 검개와 같다.

한 벌의 옥의를 제작하려면 아주 귀한 옥석과 금을 대량으로 소비해야
만 할 뿐 아니라, 인력 소비 또한 사람을 놀라게 한다. 계산해 보면 숙련된
옥공이 1벌의 옥의를 제작하는 데는 1년여의 시간이 걸려야 한다. 이처럼
재료와 비용을 소비해야 하니, 그 가치가 자연히 한 아름이나 되는 진귀한
벽옥과 맞먹는다. 과분하게 사치했기 때문에 황초(黃初) 3년(서기 222년)

에 위문제(魏文帝)는 영을 내려 '주유옥갑'의 사용을 금지하였으며, 이후 무덤 속에서는 더 이상 옥의를 발견한 적이 없다.

5. 신강 고차(庫車)에서 출토된 중고 시기 목각 가면

본세기 초에 일본의 교토[京都] 니시홍간사[西本愿寺]의 학문승 오따니 코즈이[大谷光瑞]를 대장으로 한 탐험대는 선후로 3차례 돈황과 신강을 조사하였으며, 그 사이에 고차에서 목질 가면 하나를 발굴하였다. 가면은 심하게 파손되었으며, 단지 좌반부의 이마·뺨·눈·귀 및 귀걸이만 남아 있었고, 대략 모든 작품의 4분의 1에 상당한다. 쑥 들어간 눈, 큰 귀, 튀어나온 이마는 전형적인 서역 '호인'의 형상이다. 가면은 둥글기가 비교적 크고, 조각은 강경하고 힘이 있으며, 귀는 핍진하게 새겨졌고, 귀에는 아주 큰 귀고리가 늘어져 있다. 눈의 동자는 구멍이 뚫려 있

[그림 139] 신강 고차에서 출토된 중고 시기 목질 가면.

었으며, 단지 눈의 흰 부분만이 남아 있다. 눈썹은 짙고 길며, 이마에는 여러 줄기 주름살이 있다.[그림 139]

이 가면의 연대를 전문적으로 고증한 적이 없으나, 인물의 면상과 가면의 특징으로 분석하면, 당연히 남북조에서 당대에 이르는 유물로 보이며, 그 이유는 다음과 같다.

① 양(梁)의 종름(宗懍)의《형초세시기(荊楚歲時記)》에는 남북조의 민간 나의 중에서 서역의 호인을 원형으로 한 '호공두' 탈이 있었다. 이 가면의 조형은 명확하게 서역 호인의 특징을 갖추고 있으며, 당연히 '호공두'와 일정한 관계가 있을 것이다.

② 돈황 천불동 중 북위에
서 서위에 이르는 동굴에서
는 흔히 천궁의 보살이 음악
을 연주하거나 춤을 추는 벽
화가 그려져 있으며 이를
《천궁기악도(天宮伎樂圖)》
라 부른다. 그림의 처음과
끝에는 항상 이마가 나오고
눈이 들어갔으며, 튀어나온

[그림 140] 돈황 천불동의 북조 벽화 속의 탈.

코에 큰 귀를 한 두상이 있으며, 어떤 것은 구렛나루에 귀고리를 하고 있
어 그 조형이 이 가면과 아주 흡사하다[그림 140]. 돈황 벽화 중의 큰 두
상을 어떤 사람은 《법원주림(法苑珠林)》에 실린 《서국지(西國志)》의 〈대
두선인(大頭仙人)〉이라고 하며, 어떤 사람은 서역에서 전해 온 무용탈이
라고 여기는데[126] 응당 뒷설이 옳다.

③ 일본의 미술사학자 쿠마가이 노부오〔熊谷宣夫〕는 《고차에서 가져온
채회 사리용기》라는 글 속에서 지적하기를 이 가면은 고차에서 출토한 사
리함에 그려진 탈춤과 일정한 관계가 있으며, 쿠마가이 노부오는 이 사리
함이 7세기초의 유물이라고 하였다.

이상 세 설에 근거하면 신강 고치에서 출토된 목각 가면의 시대는 남북
조에서 당초에 이르는 것으로 보면 대체로 틀리지 않을 것이다. 이 가면
은 뒤에 오타니 코즈이 탐험대가 국외로 운반하여 조선총독부박물관에 보
존하였다. 이것이 중국에서 현재 알려진 가장 오래된 목질 탈이다.

---

126) 敦煌文物硏究所編, 《中國石窟 · 敦煌莫高窟》, 제1권, 文物出版社, 1982,
p.197.

제6절 일본에 있는 중국계 탈

일본은 평소에 탈문화가 발달되었다고 말해지고 있다. 그 다채로운 탈 중에는 토면(土面)[127] · 패면(貝面)[128] · 기가쿠멘〔伎樂面〕· 부가쿠멘〔舞樂面〕· 교도멘〔行道面〕· 쯔이나멘〔追儺面〕· 사루가쿠멘〔猿樂面〕· 노멘〔能面〕· 교겐멘〔狂言面〕· 가구라멘〔神樂面〕 등이 있다. 그 중에 기가쿠멘 · 부가쿠멘 · 교도멘과 쯔이나멘은 모두 외래계 탈에 속하며, 중국 탈과 밀접한 연원 관계가 있다. 이들 탈은 중국에서 대부분 이미 실전되었으므로, 이것을 소개하여 중고 시기(더욱이 수당)의 탈문화를 좀더 깊이 이해할 수 있도록 한다.

1. 기가쿠멘〔伎樂面〕

중국에서 일본에 가장 먼저 전해진 탈은 기가쿠멘이다. 기가쿠는 또 '오악(吳樂)' 이라고도 부르며, 행진을 하면서 공연을 하고, 간단한 줄거리가 있는 일종의 무용이다.[129] 혹은 사원의 법회에서 본존불이나 탑을 돌면서 공연하는 일종의 예능이라고도 말한다. 기가쿠는 통상 불교의 법회에서

---

127) 조몬(繩文)시대의 토면 30여 개가 발굴되었다. 아오모리현〔靑森縣〕에서 아이치현〔愛知縣〕에 이르는 일본의 동쪽 지역에서 출토되고 있다. 토면은 (1) 귀 · 코 · 입을 단독으로 만들어 가죽이나 천에 붙여 가지고 다닌 것. (2) 안공 · 콧구멍을 뚫고 양쪽에 조그만 구멍이 나 있는 가면, (3) 안공이나 콧구멍을 뚫지 않은 가면, (4) 원판상의 토판화된 소형 가면, 이렇게 네 가지 형식으로 분류된다. (1)(2)형은 얼굴 앞쪽에 쓰고, (3)형은 이마에 쓰며, (4)형은 쓰지는 않고 부적으로 지니고 다녔을 것으로 생각된다. 〔역주〕

128) 패면은 규수 구마모토현〔九州熊本縣〕 아카타패총〔阿高貝塚〕에서 출토되었다. 조개껍질에 안공과 콧구멍을 뚫은 것으로, 그 시기는 조몬 중기로 거슬러 올라간다. 한국에서도 이 패총보다 약간 오래된 부산 동삼동 패총에서 국자가리비에 눈과 입을 뚫은 것이 출토되었다. 〔역주〕

129) 野間淸六,《日本假面史》, 藝文書院, 昭和 18년.

공연된다. 《도다이사요록〔東大寺要錄〕》에 매년 4월 8일 부처탄신일과 7월 15일 우란분회에는 모두 기가쿠회를 거행한다고 하였다. 때로는 궁정에서 기가쿠를 연출하기도 하였다. 텐무천황〔天武天皇〕 슈조(朱鳥) 원년(서기 686년)에 신라의 귀빈을 영접하기 위하여 특별히 가와하라사〔川原寺〕의 기악을 궁정으로 옮겨와 공연하였다. 기가쿠의 원류는 셋이 있다. 하나는 서역의 탈춤이고, 다른 하나는 중원의 전통 '나무' 이며, 또 다른 하나는 강남의 민간 탈춤인 '기악' 이다. 《일본서기》의 기록에 의하면 기가쿠가 일본에 전해 들어온 것은 쓰이고천황〔推古天皇〕 20년(서기 612년)으로, 백제(일설에는 임읍)의 승려 미마지(味摩之)가 바다를 건너 전해졌다고 하며, 또한 문헌에는 흠명조(欽明朝, 梁·陳 시기에 상당)의 기악이 바로 일본에 전해졌다고 기록되어 있다. 이 두 가지 설은 결코 서로 모순되지 않는다. 양진 시기에 이미 소수의 기악이 일본에 전해졌으리라 추측하고 있다. 다만 기악이 비교적 완전하게 일본에 전해진 것은 수대 말년이다. 나라〔奈良〕시대(서기 708-781년)는 기가쿠의 전성기였으며, 텐뾰쇼호〔天平勝寶〕 4년(서기 752년)에 나라 도다이사〔東大寺〕의 대불개안공양법회를 거행하면서, 법회에서 성대한 기가쿠 공연을 거행하였다. 헤이안〔平安〕시대(서기 782-1192년)에 기가쿠는 쇠락하기 시작하여, 점차 부가쿠에 의하여 대체되었다. 다만 기가쿠 공연중에 사용되었던 탈은 지금까지 보존되고 있어, 기가쿠를 연구하는 중요한 자료가 되고 있다.

일본에 현존하는 기가쿠멘은 2백여 개가 넘으며, 주로 도다이사 정창원과 호류사(法隆寺)에 있다.[130] 정창원의 기가쿠멘은 나라시대의 작품이 많고, 호류사의 기가쿠멘은 대부분 아스카〔飛鳥〕시대(서기 552-707년)에 제작된 것이다. 지질은 대다수가 오동나무·녹나무·굴거리나무이며, 소수는 건칠을 사용하여 만들어졌다.[131] 어떤 탈은 뒷면에 명문이 있어, 제작 연대와 작자를 알 수 있게 해준다. 당시 유명한 탈의 예인으로는 이어

---

130) 호류사의 기가쿠멘은 후에 보물로 국가에 바쳤으며, 현재 동경국립박물관에 소장되어 있다.

성(李魚成)·기영사(基永師)·사목사(舍目師)·연균사(延均師) 등이 있다. 기가쿠멘의 특징 중 하나는 크기가 아주 크다는 것이다. 일반적으로 길이가 30센티미터, 너비 20센티미터 이상으로 머리 뒤까지 뒤집어쓰며, 아주 멀리에서도 볼 수 있기 때문에, 야외에서 공연하기에 적합하다. 두 번째 특징은 사실성이 강하다는 것이다. 대부분의 각색은 한번 보면 바로 알 수 있는 생활 속의 서역인·인도인 혹은 중국의 오나라 사람〔吳人〕이며, 단지 개별적인 배역만이 변형과 과장의 수법을 채용하고 있다. 현존하는 기가쿠멘은 14개 배역이 있다.

(1) 치도(治道)

사자무를 추던 사람에서 변천되어 나왔을 것이다. 축제 행렬중에서 대열의 가장 앞에 서서 장내를 정리하고 길을 여는 작용을 한다. '나의' 중에 나오는 개로신이나 방상씨 같은 역할을 하며, 위엄 있는 용모에, 붉은 얼굴 뾰족한 코, 쑥 들어 간 눈에 큰 귀는 서역인과 같다.

(2) 사자

즉 사자머리로 큰 코에 입은 넓적하며, 작은 귀에 눈은 불거져 나와 있다. 어떤 것은 아래턱과 혀, 두 귀가 자유롭게 움직일 수 있으며, 눈썹·윗입술과 머리에 수염과 털로 장식해 놓았다.

---

131) 현존하고 있는 기가쿠멘은 호류사에 전해져 내려오는 31면, 정창원에 전해져 내려오는 164면, 도다이사에 전해진 33면, 그 외의 것을 포함해서 230여 면이다. 대부분이 7,8세기의 것이다. 재질은 39면이 건칠(乾漆)이고 나머지는 목제다. 건칠이란 처음에 대략의 가면 형태를 흙으로 만든 후, 그 위에 두 장 혹은 네 장의 결이 거친 마포를 옻으로 겹쳐 붙이고 마른 후에 안쪽 흙을 도려낸 것이다(伊藤好英, 《일본 가면사와 가면극의 흐름》, 〈2002년 국립민속박물관 동아시아 가면극〉 발표 논문집, p.236).〔역주〕

(3) 사자아(獅子兒)

사자 날에 태어난 2명의 아이가 분장을 하고 전면에서 사자의 길을 인도한다. 형상이 천진하고 활발하며, 얼굴에 미소를 띄고 있고 양 볼에 볼우물이 있는 것도 있다.

(4) 오공(吳公)

오나라의 귀공자로 자태가 고귀하고 멋들어지면서도 초연하다. 공연 시에 피리나 부채를 손에 들고 있다. [그림 141]은 호류사에 헌납한 보물로 아스까 시대에 녹나무로 만들어졌으며, 높이는 28.8센티미터, 너비 21.2센티미터이다. 넓은 얼굴에 큰 귀, 활처럼 휜 눈썹에 큰 눈, 콧등이 단정하고 입꼬리가 위로 치켜 올라갔으며, 황동 투조(透雕)에다 금을 도금한 관을 머리에 쓰고 있다. 원래는 청록색으로 바탕을 칠하였으며, 입과 입술은 붉게 칠하고, 코 아래에는 먹으로 칠하여 수염을 표시하였다. 현재는 이미 색깔이 대부분 떨어져 나가 목재의 본색이 드러나고 있다.[132]

[그림 141] 일본 나라(奈良) 호류사에 소장된 아스카시대의 기가쿠멘 오공(吳公).

[그림 142] 일본 나라 도다이사 정창원에 소장된 기가쿠멘 오녀(吳女).

(5) 오녀(吳女)

기가쿠멘 중에서 유일한 여성으로 오공과 대응되는 배역이다. 탈의 조
형은 굽은 눈썹에 작은 눈, 단정한 코에 작은 입, 머리에는 상투 2개를
틀었으며 용모가 청수하여 당대(唐代) 강남 소녀의 형상을 하고 있다. 연
출 중에 오녀는 곤륜에 의하여 모욕을 당하여 관중의 동정을 많이 얻고
있다. [그림 142]는 도다이사 정창원이 소장한 오녀의 탈로 나라시대에
제작되었다.

(6) 곤륜(昆侖)

'곤륜노' 또는 '흑곤륜' 이라고도 부르며 남해를 항해하는 상인이 판매
하는 흑인이다. 《구당서(舊唐書) · 남만전(南蠻傳)》에 "임읍 이남의 고수
머리의 흑인을 모두 곤륜이라 부른다"[133]고 하였으며, 기가쿠 중에 곤륜은
오녀를 못살게 굴어 금강 · 역사에게 징벌을 받는다. 곤륜탈은 용모가 괴
이하고 짐승 귀에 뻐드렁이, 부릅뜬 눈으로 변형된 형상이다.

(7), (8) 금강 · 역사

모두 불법의 호법신으로 인도에서 왔으며, 기가쿠 중에서는 곤륜을 징
벌하는 배역을 맡고 있다. 금강 · 역사 탈의 조형은 아주 흡사하며, 모두
무사 분장을 하고 위맹한 형상에다 수염을 휘날리고 두 눈썹을 위로 치켜
올렸으며, 이마에 혈관이 불거져 나왔다. 일반적으로 폐구면(閉口面)은
역사이고, 개구면(開口面)은 금강이다.

---

132) 呂淸夫編譯,《東京國立博物館》, 臺灣光復書局, 1981.
133)《舊唐書 · 南蠻傳》: 林邑以南卷髮黑人通號昆侖.

(9) 가루라(迦樓羅)

인도 신화 속에 나오는 영험한 새(靈鳥)로 독충과 독사를 먹을 수 있으며, 불교의 호법신으로 천룡팔부중(天龍八部衆)의 하나이다. 탈의 조형은 작은 눈에 위로 선 눈썹, 새의 부리가 돌출되었으며, 입에는 둥근 구슬을 물고 있다. [그림 143]은 도다이사 정창원에 소장된 가루라탈로 오동나무 재질에 높이 33.8센티미터, 너비 22.8센티미터이며 나라시대에 만들어졌다.

(10) 바라문(婆羅門)

인도 승려와 학자의 형상으로 긴 코에 큰 귀, 양 미간을 꼭 모으고, 치아가 떨어져 나갔으며 이마에는 깊은 주름이 가득 패어 있다. 《교훈초(敎訓抄)》에 의하면, 바라문의 공연은 아주 우스꽝스럽고 해학적인 배역이었다. [그림 144]는 도다이사 정창원이 소장하고 있는 바라문탈로 오동나무 재질에다 길이가 32.8센티미터, 너비 34.3센티미터로 나라시대에 만들어졌다. 얼굴에는 붉은색을 칠하고 눈썹과 수염을 검은색으로 그려 놓았다. 머리 위에는 원래 모발이 붙어 있었으나 지금은 이미 떨어져 나갔다.

[그림 143] 일본 나라 도다이사 정창원에 소장된 기가쿠멘 가루라(迦樓羅).

[그림 144] 일본 나라 도다이사 정창원에 소장된 기가쿠멘 바라문(婆羅門).

(11) 태고부(太孤父)

　몸을 의탁할 곳이 없는 노인으로 머리에는 뾰쪽한 모자를 쓰고 온 얼굴에
는 주름이 가득하며 넋이 나간 표정을 하고 있다. 《교훈초》에는 태고부가
두 아이를 데리고 예불을 드리러 오며, 태고아와 함께 등장한다고 하였다.

(12) 태고아(太孤兒)

　2명의 아동이 분장하고 있으며, 사자아와 구분하기가 아주 어렵다. 일반
적으로 표정이 밝은 것이 사자아이고, 우울하고 근심어린 것이 태고아이다.

(13) 취호왕(醉胡王)

　술에 취한 오랑캐 대왕의 형상으로, 매부
리코에 깊은 눈, 불그레한 얼굴색에다 양
살쩍에는 구레나룻이 나 있으며, 머리에는
서역의 작은 모자를 쓰고 있어 구자인(龜玆
人)의 특징을 지니고 있다. 도다이사 정창
원이 소장하고 있는 취호왕 탈은 길이가 37
센티미터, 너비 22.6센티미터로 나라시대
의 유물이다. 그 과장된 형상은 두령의 위
엄을 잃지 않고 있으며, 이 중에는 술에 취
하여 기분 좋아하는 자태를 드러내고 있다.

[그림 145] 일본 나라 도다이
사 정창원에 소장된 기가쿠멘
취호왕(醉胡王).

(14) 취호종(醉胡從)

　8인이 분장하여 취호왕의 뒤를 따라 등장하여 함께 이야기가 있는 무

용을 공연하고 있다. 8인 중에 어떤 사람은 노련하고, 어떤 사람은 천진하며, 어떤 사람은 엄숙하고, 어떤 사람은 얼굴에 미소를 띄고 있어서 표정이 각기 다르다. 다만 자태가 생동적이어서 술에 취하여 왁자지껄한 서역 호인의 형상을 연출하고 있다.

이상 14명의 배역은 사자가 가두를 쓴 것 외에 그 나머지는 모두 높게 두드러진 부조형(浮雕型) 가면으로 되어 있다.

2. 부가쿠멘〔舞樂面〕

부가쿠는 지또데이조〔持統帝朝, 서기 686-697〕 이후에 해외에서 일본에 전해진 악무로 기가쿠의 뒤를 이어 일본에서 성행했던 예의(禮儀) 예능이다. 부가쿠와 기가쿠에서는 모두 탈을 사용하며, 이것이 이들의 공통점이다. 이 둘의 구별은 기가쿠가 비록 우연히 궁정에서 연출되기도 하였으나, 주요한 것은 사원 예능이었다. 그 공연은 통속적이고 대중화되었으며, 오락성이 강하였다. 간단한 줄거리가 있으며, 형식적으로는 즉흥 단막극에 근접하고 있다. 부가쿠는 사원에 국한되지 않고 항상 신사와 궁정 중에서 연출되었다. 그 표현은 전아하고 귀족화되었으며, 예술성이 강하다. 우아한 음악성 중에서 무용으로 귀족의 정신 생활을 표현해 냈다. 부가쿠의 전성기는 헤이안시대와 가마쿠라〔鎌倉〕시대(서기 1192-1333년)로 정권이 무사 계층의 손에 떨어진 후에 이런 귀족화된 무용 또한 이에 따라 쇠락하였다. 다만 기가쿠처럼 완전히 소실된 것이 아니라, 지방의 큰 사원 중에서는 각기 완강하게 한줄기 명맥을 이어내려 오고 있어, 수백 년 후의 사람들로 하여금 여전히 지난날의 풍운을 감상할 수 있도록 해주고 있다.

부가쿠에는 좌무와 우무로 구분된다. 좌무는 당악·전축악과 임읍악이고, 우무는 고려악과 발해악이며, 통상 좌우 1곡씩 짝을 이루어 공연되므로 '번무(番舞)'라고도 부른다. 좌무에는 '능왕(陵王)' '발두(撥頭)' '채상노(采桑老)' '소막자(蘇莫者)' '호음주(胡飮酒)' '환성악(還城樂)' '이

인무(二人舞)’ ‘진왕파진악(秦王破陣樂)’ 등이고, 우무에는 ‘납증리(納曾利)’ ‘신오소(新鳥蘇)’ ‘퇴숙덕(退宿德)’ ‘호덕영(胡德榮)’ ‘황인정(皇仁庭)’ ‘소리고(蘇利古)’ ‘지구(地久)’ ‘귀덕(貴德)’ 등이다. 여기에서는 단지 중국에서 일본에 전해진 악무와 그 탈만을 소개하도록 한다.

(1) 능왕(陵王)

이 춤의 내력과 탈의 특징은 전면에 이미 상세하게 논하였으므로, 여기에서는 단지 오래된 능왕 탈을 소개하도록 하겠다. [그림 146]은 나라 시대의 유물로 효고(兵庫) 개인의 수장품으로 건칠로 제작되었으며, 길이는 30센티미터로 현존하는 가장 오래된 능왕 탈이다. 1천여 년 세월의 침식을 거치면서 탈 정수리의 용 및 수염·눈썹·움직이는 눈·매달린 턱은 모두 훼손되었으나, 분명하게 능왕 탈에 속한다는 것만은 판별할 수가 있다. [그림 147]은 가마쿠라시대의 유물로 나라 히무로신사[水室神社]에 소장되어 있다. 회나무로 만들어졌으며, 높이는 29.5센티미터이다. 용이

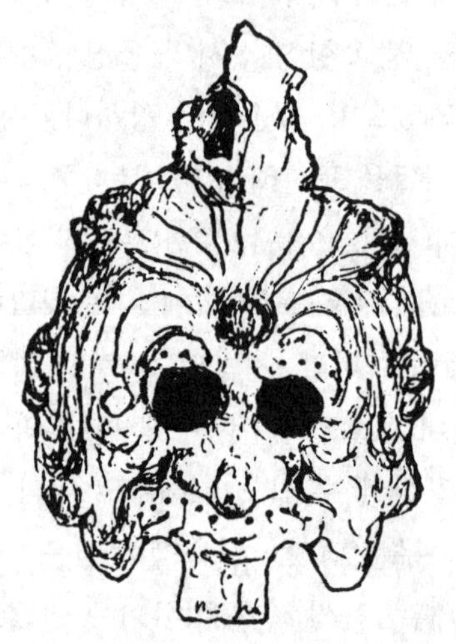

[그림 146] 일본 나라 시대의 유물로 효고(兵庫) 수장품인 부가쿠멘 ‘능왕.’

[그림 147] 일본 가마쿠라 시대의 유물로 나라의 히무로신사(水室神社) 에 소장된 부가쿠멘 ‘능왕.’

낮게 엎드려 있으며, 아주 커다란 날개는 몸 뒤에서 펼치고 있으며, 매달
린 턱이 없어진 것 외에 그 나머지는 모두 완전하게 보존되어 있다.[134]

(2) 발두(撥頭)

또 '발두(鉢頭)'라고도 하고, '발두(撥豆)'라고도 하며, 당대에 아주 유
행했던 가무희에서 나왔다. 두우의 《통전(通典)》에

'발두'는 서역에서 나왔다. 호인이 맹수에게 잡아먹히자, 그 아들이 이
짐승을 찾아내어 이를 죽이는 것이다. 이 춤에서는 이 이야기를 형상화하고
있다.[135]

단안절의 《악부잡록》에

'발두'는 옛날에 어떤 사람의 아버지가 호랑이에게 물려 죽었는데, 그는
마침내 산으로 올라가 부친의 시신을 찾아 내었다. 산에는 여덟 구비가 있
으므로, 그 악곡에도 팔첩(八疊)이 있게 되었다. 놀이를 하는 사람은 머리
를 풀어 헤치고 소복을 입고서 얼굴에는 우는 모습을 하고 있으니, 대개
상을 당한 형상이다.[136]

'발두' 두 자의 의미에 관해서는 혹은 '피두(披頭)'라고도 하고,[137] 혹은
'두식(頭飾)'을 가리킨다고도 한다.[138] '발두'가 어느 곳에서 나왔는가에

---

134) 日本國立能樂堂編, 《先行藝能的假面》, 昭和 59年, pp.1 · 2.
135) 杜佑 《通典》: "《撥頭》出西域. 胡人爲猛獸所噬, 其子求獸殺之, 爲此舞以象之."
136) 段安節 《樂府雜錄》: "《鉢頭》昔有人父爲虎所傷, 遂上山尋其父尸, 山有八折,
故曰八盤, 戲者披髮素衣, 面作啼, 蓋遭喪之狀也."
137) 蔣禮鴻, 《敦煌變文字義通釋》, 上海古籍出版社, 1981, p.105.
138) 任半塘, 《唐戲弄》, p.295.

대해서는 중국과 일본 학자들의 의견 차이가 아주 크다. 왕국유(王國維, 1877-1927년)는 《북사(北史)·서역전(西域傳)》에 '발두국(撥豆國)'이 있다는 사실에 근거하여 "'발두'는 발두국에서 나왔으며 혹 구자 등 국가를 거쳐 중국에 들어왔을 것"[139]이라고 여긴다. 시모노야(鹽谷溫)는 '서역설'에 동의하지 않으며, 왕씨의 관점을 비판하여 말하기를 "'발두무'는 일본의 문헌 중에 임읍팔악의 하나로 열거하고 있다. 이로 인하여 왕씨의 북방설은 아마 남방설보다 정확하지 못할 것"[140]이라고 하였다. 타카쿠수 준지로(高楠順次郎)는 '발두'는 인도의 서사시 《리그베다》와 《아타르바베다》 안에서 발두왕이 백마를 타고 분전하여 독룡을 물리친 이야기에서 연화되어 나온 것이라고 여긴다.[141] 이상의 여러 설은 서로 모순되지만 '발두'가 당에서 일본에 전해졌다는 것은 의심할 여지가 없다. 동경예술대학에서 소장한 〈신서고악도(信西古樂圖)〉에는 '발두'의 춤 자태가 그려져 있는데, 그림 속에서 무용수는 머리를 풀고 복면(覆面)에다 한 손은 땅에 대고 북채를 잡고 있다. 이 그림은 '당무희(唐舞戲)'라고 명시하고 있으니, 당악에서 나왔다는 확실한 증거이다. 일본의 다카시마 치하루(高島千春)의 〈무악도〉에서는 발두 탈을 그려 놓고 있다[그림 148]. [그림 149]는 나라 가스가대사(春日大寺)에서 소장하고 있는 발두 탈로 길이는 27센티미터, 너비 19.5센티미터로 에도(江戶)시대(서기 1603-1868년)에 만들어졌다. 두 눈썹을 날리면서 콧볼이 사납게 퍼져 있고, 얼굴색은 붉은데다, 눈은 도금을 하였으며, 이마가 넓고 표정이 비통하면서, 머리 위에는 모시풀로 엮은 두발이 어지럽게 흩어져 있다.

---

139) 《王國維戲曲論文集》, 中國戲劇出版社, 1984, p.9.
140) 鹽谷溫, 《元曲槪說》, 商務印書館, 1958, p.9.
141) 高楠順次郎, 《奈良朝林邑八樂考》, 蘇兵, 《儺戲之風-長江流域宗敎戲劇文化》, p.848에서 재인용.

[사진 1] 요녕 우하량에서 출토된 홍산 문화 여신두상.

[사진 2] 섬서 성고 분촌에서 출토된 상대 청동 전쟁 가면.

[사진 3] 섬서 성고 분촌에서 출토된 상대 청동 수면탄구.

[사진 4] 사천 광한 삼성퇴에서 출토된 상주 청동 면상.

[사진 5] 하남 삼문협 괵국 묘지에서 출토된 서주 철옥면조.

[사진 6] 캘리포니아 예술대학 소장 서주 청동 가면.

[사진 7] 캘리포니아 예술대학 소장 서주 청동 마관.

[사진 8] 섬서 흥평의 무릉원에서 출토된 서한의 옥 포수.

[사진 9] 호남 숙포 마갑평에서 출토된
서한의 활석 탄구.

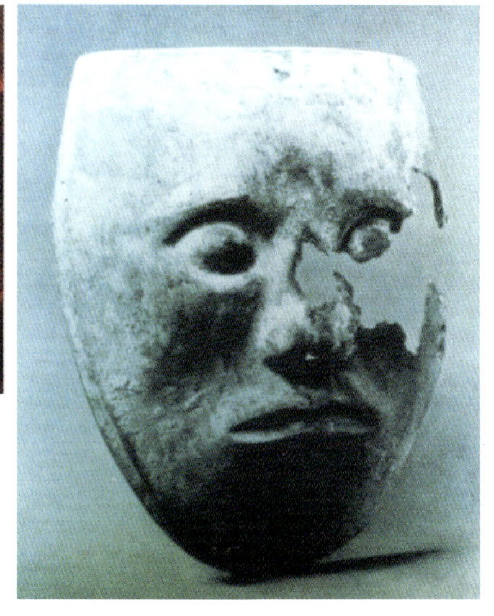

[사진 10] 광서 서림 보타에서 출토된
서한의 청동 면상.

[사진 11] 한국 경주 호우총에서 출토된 신라 방상씨 가면.

[사진 12] 나라 호류사 소장 아스카시대
기가쿠멘 오공.

[사진 13] 나라 도다이사의 나라시대의
기가쿠멘 취호왕.

[사진 14] 아이치 아스다신궁
가마쿠라시대의 부가쿠멘 발두.

[사진 15] 나라 가스가대사
가마쿠라시대 부가쿠멘 능왕.

[사진 16] 강서 만재 나희탈 구양대장군.

[사진 17] 강서 무원 나희탈 팔십대왕.

[사진 18] 강서 평향 나희탈 무판.

[사진 19] 안휘 귀지 유가의 나희탈 장룡.

[사진 20] 안휘 귀지 유가의 나희탈 장비.

[사진 21] 복건 소무의 나무 도팔마탈.

[사진 22] 사천 검각 나희탈 이랑.

[사진 23] 광서 계림 사공희 삼중탈 영공.

[사진 24] 귀주 인강 투쟈족 나희탈 진동.

[사진 25] 귀주 잠공 둥족 나희탈 개산.

[사진 26] 귀주 안순 지희탈 송제.

[사진 27] 운남 진웅 단공희 탈 얼룡.

[사진 28] 운남 진웅 단공희 탈 통병원수.

[사진 29] 호남 무강 나희탈 수흑호.

[사진 30] 호남 무강 나희탈 선봉.

[사진 31] 호남 무강 나희탈 음사공공.

[사진 32] 귀주 안순지희탈 관우.

[사진 33] 귀주 안순지희탈
계취도인.

[사진 34] 귀주 안순의 진택탄구.

[사진 35] 사천 남평 백마장인 도십이상탈.

[사진 36] 귀주 이녕 이족
취타이지탈.

[사진 37] 산서 수양 쇠귀탈.

[사진 38] 티베트 곡송현 아진사 참 고루탈.

[사진 39] 티베트 곡송현 아진사
참 호법탈.

[사진 40] 티베트 황동에다 터키석으로
상감한 모셔 놓는 탈.

[그림 148] 일본 다카시마 치하루〔高島千春〕〈무악도〉 중의 발두 탈.

[그림 149] 일본 나라 가스가대사〔春日大寺〕에서 소장하고 에도시대의 부가쿠멘 발두 탈.

(3) 채상로(采桑老)

또 '채상자(采桑子)'라고도 부르며, 당대에는 대곡(大曲)이었으나, 일본에 전해진 후에 독무로 변천되었다. 넓은 장포에 지팡이를 집은 노인이 비틀거리면서 어렵게 등장하여, 천천히 춤을 추면서 한편으로는 가볍게 노래를 읊조린다. "30에는 정이 성하고 40에는 기력이 쇠퇴해지고, 50이 되면 노쇠하며, 60에는 보행에는 적당하다. 70에는 지팡이를 집고 서며 80에는 앉아서 꿈쩍도 않고, 90에는 중병을 얻으며, 1백 세에는 틀림없이 죽는다." 인생의 짧음과 세상일이 무상함을 탄식한다. 채상로의 탈은 눈을 움직일 수 있고 턱이 분리된 '동안단악' 탈에 속한다. [그림 150]은 에도시대의 작품으로 길이는 22.6센티미터, 너비 14.9센티미터로 나라 가스가대사에 소장되어 있다. 수척하고 피로에 지친 노인의 눈빛은 무기력하며 처량한 표정에 만면에는 주름이 가득하다. 코와 턱수염이 모두 있으며, 입은 힘없이 벌리고 머리에는

[그림 150] 일본 나라 가스가대사〔春日大寺〕에서 소장하고 에도 시대의 부가쿠멘 채상로(采桑老).

검은 칠로 발라 놓았다.

(4) 소막자(蘇莫者)

즉 '소마차(蘇摩遮)' 혹은 '소막차(蘇莫遮)'로 당대(唐代)에 일본에 전해졌다. 〈신서고악도〉 중에는 그 춤이 그려져 있다[그림 151]. 향달(向達)은 일본에 전파된 상황을 소개하고 있다.

'소막차' 곡이 일본에 전해지면서 '소막자'라 불렸으며, 반사조(盤沙調) 중의 곡이다. (…) 춤을 추는 사람은 따로 복식을 갖추고 가면을 쓰고 북채를 들고 있으며 지금 그림으로도 볼 수 있다. 답무(答舞)가 있으며 이름을 '소지마리(蘇志摩利)'라고 한다. 답무자는 왼쪽에서 먼저 연주를 하고 오른쪽에서 이를 따른다고 하여 이렇게 말한다. '소지마리'는 쌍조곡(雙調曲)으로 다른 이름으로는 '정순무(庭順舞)' '장구악(長久樂)' '회정악(回庭樂)'이라고 하니 바로 신라곡이다. 무용수는 평상복에 가면을 쓰고, 도롱이와 삿갓을 쓰고 걸친다. 이 희극을 할 때, 의무자(疑舞者)는 보행을 하고 호복에 말을 탄 사람은 물이 담긴 기름 주머니를 들고 물을 뿌릴 기세이며, 무용수는 발로 춤을 추며 절조를 맞추면서 재빠르게 피하는 형상을 한다. 답무자는 도롱이와 삿갓을 걸치고 있어 물을 뿌린다는 전고를 충분히 엿볼 수 있다. 오사까 텐노사[天王寺]의 악인은 집에서 연주하여 이 곡을 전하고 있으며, 악인이 하나 등장하여 피리를 불면 무자가 피리 소리에 맞춰 춤을 춘다. 이것은 당나라 사람이 전한 것과는 이미 다르니 대략 번잡한 것은 삭제하여 간단하게 하였으며, 더 이상 준마가 뛰노는 기개가 없어졌다.[142]

[그림 151] 일본 〈신서고악도(信西古樂圖)〉 중의 소막자(蘇莫者).

‘소마차’가 일본에 전해진 후에 이미 크게 변
하였다는 것을 알 수 있다. 일본의 일부 절에서
는 지금도 여전히 ‘소마차’가 보존되어 있다.
[그림 152]는 나라 가스가대사에 소장된 소막
자 탈로 길이가 21.5센티미터, 너비 16.7센티
미터로 에도 시대에 만들어졌다. 얼굴은 원숭
이 상에다 수염과 머리카락이 아주 길게 자랐
으며, 눈은 둥근데 혀는 반쯤 빼고 있으며, 얼굴
에는 금박을 하고 이에는 은으로 칠하여 모양
이 괴이하고 공포스럽다. 타나베 쓰네오은 《동
양음악사》에서 일본에 전해지는 ‘소막자’의 전

[그림 152] 일본 나라 가
스가대사에 소장된 에도
시대의 소막자.

설 5종을 소개하고 있다. 그 중 일설은 성덕태자(聖德太子)가 이 곡을 연
주할 때, 산신이 침범하려 하였으나, 태자가 뒤를 보면서 입 속으로 “증모
아라노모내여날지(曾毛阿羅奴毛乃如奈止)!”라 외자, 산신이 물러나 피하
였다고 한다.[143] 이 탈은 당연히 산신의 형상이다.

(5) 호음주(胡飮酒)

또 ‘취호악(醉胡樂)’과 ‘연음악(宴飮樂)’이라 부르며, 호인이 술에 취한
무용을 표현하고 있다. 일인의 독무로 〈신서고악도〉에 ‘호음주’의 그림이
실려 있다. 당대 가무희 ‘답요랑’ 중의 소중랑은 면모가 추괴하고 항상 폭
주를 하면서 술에 취하면 그 처를 때렸다. 왕극분(王克芬)은 ‘호음주’가
소중랑의 각색과 관련이 있을 것이라고 여긴다.[144] [그림 153]은 가마쿠라
시대의 호음주 탈로 회나무 재질에 길이는 27센티미터이고 나라 다무케

---

142) 向達, 《唐代長安與西域文明》, 三聯書店, 1979, p.74.
143) 蘇兵, 《儺舞之風—長江流域宗敎戲劇文化》, p.862에서 인용.
144) 王克芬, 《中國舞蹈史 · 隋唐五代部分》, 文化藝術出版社, 1987, p.67.

[그림 153] 일본 나라 다무케야마신사[手向山神社]에 소장된 가마쿠라 시대의 호음주.

야마신사[手向山神社]에 소장되어 있다. 2개의 나무 재료를 중앙선을 따라 합하여 만들었으며, 일본 탈에서는 흔히 이 방법으로 제작한다. 이렇게 2개의 반쪽을 병합하여 탈을 만드는 방법이 중국에서는 아주 드물게 나타난다. 탈의 표층 채색은 이미 떨어져 내렸으며, 검은 칠을 한 바탕색이 드러나 있다. 머리카락도 대부분 빠져 단지 몇 가닥만이 남아 있으며, 그 나머지는 완전히 보존되어 있으며, 당년의 신채가 그대로 살아 있다. 호음주 탈은 전해지는 것이 아주 적으며, 이것은 옛 탈 중에 유일하게 남아 있는 유물이다.

(6) 진왕파진악(秦王破陣樂)

또 '파진악'이라고 부르며, 원래 당태종 이세민의 무공을 가송한 민간 가요 '진왕파진악'을 근거로 편찬한 것이다. 120인이 공연하며 성운이 강개하고 기세가 호방하다. 고종 때 '신공파진악(神功破陣樂)'으로 개명하였으며, 제사 시에 사용한 무무(武舞)로 64인이 공연한다. 현종 때, '파진악'을 '연악(燕樂)'의 4개 무용 중 하나로 놓았으며 4인이 연출하였다. 당 현종은 또 이를 '소파진악(小破陣樂)'으로 개편하였다. "네 사람이 춤을 추며, 금 갑주를 걸쳤다"(《구당서 · 음악지》). 문무천황(文武天皇, 서기 697-707년) 시에, 당에 파견한 사신 쿠리타 미치마로[粟田道麿]가 '파진악'을 일본에 전하였다. 《대일본서(大日本書) · 예악지(禮樂志)》에 "'진왕파진악'(…) 무용수가 4인으로 따로 장속을 하며, 금 투구에 가면을 쓰고 검을 차고 칼끝을 잡았다"[145]고 하였다. 이에 근거하면 당의 '소파진악' 일

---

145) 《大日本書 · 禮樂志》: "'秦王破陣樂'(…) 舞者四人, 別裝束, 金鎧, 假面, 佩劍, 執鉾."

것이라는 추측을 하게 해준다. '진왕파진악'
의 춤이 일본에서 이미 실전되었기 때문에, 전
해 내려오는 진왕 탈은 아주 작다. [그림 154]
는 현존하는 유일한 진왕 탈로 높이가 19.5센
티미터로 회나무에 1288년에 만들어졌으며,
오사까 스미요시대사〔住吉大寺〕에 소장되어
있다. 탈은 겉에 붉은색으로 칠하고, 두 눈은
크고 생기가 있으며, 눈썹은 짙게 굽었고, 검
은색으로 세밀하게 코밑수염과 수염을 그려
놓았다. 입은 꽉 다물고 영기가 사람을 위압하
고 있어, 당조 3백 년의 기업을 개창한 일대
영주의 형상을 생동적으로 각화하고 있다.

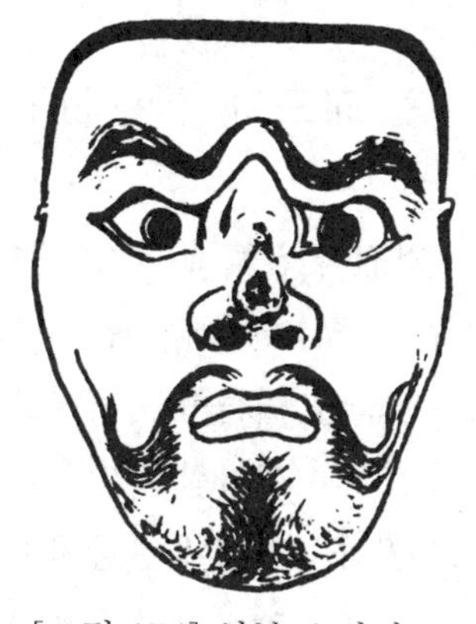

[그림 154] 일본 오사까 스
미요시대사〔住吉大寺〕에
소장된 가마쿠라〔鎌倉〕 시
대 부가쿠멘 진왕.

　당대에 일본에 전해진 악무는 이상 6종 외에도 '춘앵전(春鶯囀)' '만세
악(萬歲樂)' '하전(賀殿)' 등이 있으나 모두 연출에 탈을 사용하지 않는다.
　기가쿠멘과 서로 비교하면 부가쿠멘은 아래와 같은 특징이 있다. 첫째,
크기가 작아서 능왕 등의 개별적인 배역 외에는 일반적으로 모두 높이 30
센티미터, 너비 20센티미터 이하이다. 탈을 쓸 때 끈으로 뺨에 묶으며,
기가쿠멘처럼 뒷머리까지 덮어쓰는 것은 아니다. 둘째는 추상화와 우의화
(寓意化)의 경향이 있으며, 배역마다 모두 변형과 과장을 통하여 정형화
하는 경향이 있다. 기가쿠멘 중의 배역들은 구분하기가 아주 어려우나, 부
가쿠멘에는 이런 상황이 없다. 어떤 부가쿠멘은 특수한 기교들을 표현해
낼 수 있다. 예를 들면 능왕과 납증리의 '동안조악' 탈, 채상로의 '동안단
악' 탈, 환성악(還城樂)의 뺨이 움직이고 턱을 매달아 놓은 '동협조악(動頰
吊齶)' 탈, 호덕영(胡德榮)의 코가 움직이는 '동비(動鼻)' 탈 등이 있으나,
이런 특기가 기가쿠멘 중에는 전혀 없다.

3. 교도멘〔行道面〕

양진과 남북조 시기에는 불교가 극히 성행하여, 큰 사원마다 불교 축제일과 불사 활동중에는 항상 불상을 모시고 성대한 행렬을 거행하면서, 악무백희를 연출하였다. 《낙양가람기(洛陽伽藍記)》에는 북위 연간, 경사인 낙양에서 석가탄신일에 거행하였던 행렬의 장면에 대하여 이렇게 묘사하고 있다. "이때에는 금꽃이 햇볕에 반짝이고 보개(寶蓋)가 구름 위에 떠 있고, 번당(幡幢)이 숲을 이루며, 자욱한 향의 연기 안개와 같다. 범악과 법음은 천지를 진동하고 백희를 연출되면서 여기에서 서로를 견주었다……."146) 이렇게 거리를 도는 행렬에는 이미 '백희'가 출연하였으며, 당연히 탈을 사용하였다. 애석하게도 당시 불사에 사용하였던 탈은 벌써 실전 되었으며 심지어 배역의 명칭 또한 기록되지 않았다. 다만 일본의 사원 중에는 오래된 불사탈 즉 교도멘이 보존되어 있으며, 이들은 중국 중고 시기 불사에 사용된 탈과 밀접한 연원 관계를 갖고 있다.

일본은 불교가 동으로 전파된 종점이었다. 6세기 전반기에 불교는 중국 대륙에서 조선반도와 일본으로 전해졌다. 불교의 전파는 최초의 모노노베시〔物部氏〕를 대표로 하는 보수 세력의 반대를 받았으나, 성덕태자의 섭정시기(서기 593-622년)에 통치자가 크게 제창하여 불교는 마침내 일본에서 흥성하게 되었다. 《일본서기》의 기록에 의하면, 쓰이고천황〔推古天皇〕 32년(서기 624년)에 일본에 이미 불교 사원 46개와 승려 1천3백85명이 있었다. 불교 문화의 동점에 따라 중국의 불사(佛事) 탈도 일본에 전해졌으며, 일본의 전통 문화와 충돌과 융합을 걸쳐 마침내 독특한 특색을 갖춘 '교도멘'을 형성하였다.

교도멘은 사원법회에서 승려가 교도(行道)에 쓰던 가면이다. 이른바 '교

---

146) 《洛陽伽藍記》: "于時金花映日, 寶蓋浮云, 幡幢若林, 香烟似霧. 梵樂法音, 聒動天地. 百戲騰驤, 所在駢比……."

도'란 불사의 본존과 탑당 주위를 돌면서 예배하는 일종의 종교 의식을 가리킨다. 교도 행렬중에는 탈을 제외하고도 조상(雕像)·여여(輿舁)·산개(傘蓋)·번당(幡幢) 등이 출연하고 있다.

교도멘은 배역이 아주 많아서 흔히 볼 수 있는 것으로는 여래·보살·사자·사자자 및 팔부중(아수라·긴나라·건달파 등), 십이천(일천·월천·제석천·자재천·비사문천 등),[147] 28부중(지국천·야차천·염마천·사갈라 등)이다. 교도멘의 출행에는 고정된 순서가 있다. 전면은 사자와 사자자(獅子子)이고 이어서 가마를 든 팔부중과 십이천 등의 불교 호법신이 따르면 최후에는 보살 탈을 쓴 여러 성인이 수종한다. 라이고에[來迎會]의 대열 중에는 보살 탈이 20여 명이 넘으며 핵심이 되는 여래는 탈을 쓰거나 혹은 조상을 사용한다. 공양회의 대열 중에는 사자의 뒤를 따라 '조접(鳥蝶)'이라 불리는 동무(童舞)와 보살이 따르며, 보살은 탈을 쓴 것도 있고 탈을 쓰지 않은 것도 있다.[148] 교도멘은 또 사원의 슈쇼에[修正會][149]의 쯔이나[追儺] 활동에도 사용한다. 제석천·비사문천 등의 탈을 쓴 승려가 나와 귀신을 쫓아낸다. 슈쇼에는 사원에서 매년 정월에 오곡의 풍성과 국태민안을 비는 것으로 최초에 슈쇼에를 기록한 문헌은 간뾰[寬平] 연간(서기 889-897년)의 《도다이사요록[東大寺要錄]》에 실려 있다. 당시의 슈쇼에에는 이미 교도멘이 출연하였을 것이다.

다음은 몇 건의 대표적인 교도멘을 소개하겠다. [그림 155]는 효고[兵庫] 죠오도사[淨土寺]에 소장된 보살 탈로 높이 185센티미터이며, 가마쿠라 시대에 만들어진 것이다. 미목이 청수하고 자태가 평안하며 얼굴에

---

147) 팔부중: 천(天)·용(龍)·야차(夜叉)·아수라(阿修羅)·긴날[緊那羅]·건달파(乾闥婆)·가루라(迦樓羅)·마후라가(摩睺羅迦).

  십이천: 제석천(帝釋天)·화점(火點)·여마천(焰摩天)·나찰천(羅刹天)·수천(水天)·풍천(風天)·다문천(多聞天)·자재천(自在天)·범천(梵天)·지천(地天)·일천(日天)·월천(月天).[역주]

148) 田邊三郎助, 〈日本的假面〉, 《特別展 '日本的假面'》, 熱田神宮編, 昭和 54年.

149) 일본의 사원에서 1월 1일부터 3-7일간 국가 융성을 기원하는 법회. 일본에서는 768년부터 시작되었다.[역주]

[그림 155] 일본 효고〔兵庫〕 죠오도사
〔淨土寺〕에 소장된 가마쿠라 시대
교도멘의 보살.

[그림 156] 일본 교또국립박물관에
소장된 헤이안 시대 교도멘 제석천.

는 살색을 드러내고 입술은 붉게 칠했으며, 입술 위쪽에는 수염을 그려 놓고 있어 중국 당대 보살의 풍운과 흡사하다. [그림 156]은 교토국립박물관에 소장되어 있는 제석천으로 높이 32.5센티미터이며, 헤이안 시대 후기에 만들어졌다. 조각이 세밀하며 색채가 화려하고 표정이 온화한 보살상을 하고 있다. 뒷면에는 오오도크〔應德〕 3년(서기 1086년)에 수리했다는 명문이 있다. [그림 157]은 도쿄국립박물관에 소장되어 있는 염마천(焰魔天)으로 높이 24.5센티미터, 코길이 26.4센티미터로 가마쿠라-남북조시대에 만들어진 것이며, 큰 코끼리의 조형과 조각은 간결하고 생동적이다. [그림 158]은 교토 교오코코사〔教王護國寺〕에 소장된 아수라는 높이 30.3센티미터로 남북조시대(서기 1336-1392년)에 만들어진 것으로 입에는 이빨이 뻗어 나왔고 눈썹은 곤추세워져 분노상을 만들고 있다. 두 귀에는 각기 머리 하나씩 있고, 미간에는 눈 하나가 있으며, 형태와 구조가 귀주 나당희 탈중의 산왕(山王)과 서로 유사하다.

[그림 157] 일본 도쿄국립박물관에
소장된 가마쿠라-남북조 시대의
교도멘 염마천(焰魔天).

[그림 158] 일본 교또 교오코코사
〔敎王護國寺〕에 소장된 남북조
시대의 교도멘 아수라.

4. 쯔이나멘〔追儺面〕

일본의 나의는 중국에서 전해졌으며, 최초에는 8세기초에 출현하였으며 '대나(大儺)'라 불렀다. 《속일본기》에 기재하기를 교운(慶云) 3년(서기 706년)에 "이 해에 천하의 여러 나라에 역병이 들어 죽어나가는 백성들이 아주 많았으므로 처음으로 토우를 만들어 대나를 하였다." 그러나 《공사근원(公事根源)》에는 일본의 구나가 교운 2년에 시작되었다고 기록하였다. 일본 궁나의 상황에 대하여 서기 821년에 씌어진 《다이리시끼〔內里式〕》에는 〈12월 대나식〉조에 상세하게 기록하고 있다.

중무성(中務省)은 시종(侍從) · 내사인(內舍人) · 대사인(大舍人) 등을 이끌고 각기 복숭아 활과 갈대 화살을 든다. 음양요와 음양사는 재랑(齋郎)[150]

---

150) 齋郎은 옛날 교토의 행정 · 소송 · 조세 등의 사무를 관장했던 조직이다.

을 이끌어 제구(祭具)를 들고 있다. 방상씨 1인(대사인 중에서 장대한 자가 이를 맡는다)은 가면을 쓰고 황금사목에 검은 옷 붉은 치마, 오른손에는 과를 잡고 왼손에는 방패를 들었다. 진자 20인(관노 등이 이를 맡는다) 모두 감색 천에 붉은 옷을 입고 이마에 바르고 모두 궁궐에 들어가 나열하여 선다. 음양사는 재량을 이끌고 제사를 올리고 음양사는 꿇어앉아 주문을 읽는다(지금은 책상에 서서 이를 읽는다), 방상씨는 '눠' 소리를 지르며 과로 방패를 치면서 이처럼 세 번을 반복한다. 여러 신하가 서로 이어서 외치며 악귀를 쫓아 각기 네 문으로 나간다. 궁성문 밖에 이르면 경직(京職)이 이어 인도하며 북을 두드리고 소리를 외치면서 이를 쫓아 성곽 밖에 이르면 그친다.[151]

그 의식은 명확하게 중국 나의의 모방이나 다만 약간 서로 다른 곳이 있다. 첫째, 대나를 주지하는 사람은 음양사이지 방상씨가 아니다. 둘째, 방상씨는 황금 눈이 4개 달린 가면을 쓰고 검은 옷에 붉은 치마를 두르고 있으며, 곰가죽을 썼는지는 글 속에서 명확하게 밝히지 않고 있으니, 이미 변화가 생겼을 것이다. 셋째, '십이신수'와 '십이문사(十二間事)'가 출연하지 않는다.

서기 927년에 씌어진 《엔지시끼[延喜式]》의 기록에 의하면 헤이안 시대 중기에 일본의 구나에는 다음과 같은 변화가 생겼다. 첫째, 명칭이 대나에서 쯔이나[追儺]로 바뀌었다. 둘째, 진자가 20인에서 8인으로 감소되었다. 셋째, 방상씨는 탈을 쓴 것 외에도 '붉은 것을 걸쳐야[披赤]' 한다.

헤이안시대 이후에 일본의 궁나는 쇠미하게 되었으며 민간으로 흩어져 점차 세 가지 형식으로 변하였다. 하나는 '지샤나[寺社儺]'로 그 기본은 궁정에서 그믐날에 거행하던 쯔이나의 전통을 계승하였으며, 각지의 신사

---

151) 《內里式》十二月大儺式條: "……中務省率侍從·內舍人·大舍人等, 各持桃弓葦矢; 陰陽療陰陽師率齋郎執祭具; 方相氏一人, 著假面, 黃金四目, 玄衣朱裳, 右執戈, 左執盾; 侲子二十人, 同著紺布朱衣, 抹額, 共入殿庭列立. 陰陽師率齋郎奠祭; 陰陽師跪讀咒文, 訖, 方相氏作 '儺' 聲, 即以戈擊盾, 如此三遍. 群臣相承和呼, 以逐惡鬼, 各出四門……至宮城門外, 京職接引, 鼓噪, 逐之郭外而止."

와 사묘에 보존되었다. 둘째는 '민족크나〔民俗儺〕'로 입춘 전에 콩을 뿌리며 사악함을 몰아냈던 습속과 서로 결합하였으며 민간에서 아주 성행하였다. 셋째는 '게노나〔藝能儺〕'로 귀신을 쫓던 제의가 사람을 즐겁게 해주는 예능으로 전화되어 도하제(稲荷祭)와 슈쇼에 등의 의식 속에 출연하였다.[152]

일본 나의의 현저한 특징은 귀신의 구체적인 형상이 있어서 공포스럽고 괴이한 탈을 써야만 했다. 어떤 때는 방상씨가 또 쫓아내야 할 귀매에 들어가고 있으니, 예를 들면 《공사근원(公事根源)》 하권 12월 〈추나〉조에 "방상씨는 귀신이다. 형용이 공포스럽다"고 하였다. 《강가차제(江家次第)》 중에 전각 위의 사람은 긴 다리 안에서 복숭아 활과 갈대 화살로 방상씨라고 쓴 문자를 쏜다는 기록이 있다. 일본의 신사와 사묘 중에 보존되고 있는 고대 쯔이나멘 중에서 어떤 가면은 방상탈로 만들어졌다.[153] 노마기요로쿠〔野間淸六〕는 이런 현상을 해설하면서 "일본의 쯔이나〔大儺〕는 본래 방상씨가 가면을 쓰고 악귀를 쫓던 것이나, 어느 때 뒤집어져서 악귀로 가면을 사용하게 되었는지 모르겠다"[154]고 하였다.

비록 일본의 고적에서 방상씨가 황금 눈이 4개 달린 가면을 썼다고 하며, 어떤 것에는 여전히 삽도가 들어 있으나, 현존하는 일본의 옛 쯔이나멘은 모두 눈이 2개뿐이다. [그림 159]는 후쿠이현〔福井縣〕 사바에시〔鯖江市〕 렌게사〔蓮花寺〕의 쯔이나멘으로 길이 31센티미터, 너비23센티미터로 가마쿠라 시대의 유물이다. 머리에는 두 뿔이

[그림 159] 일본 후쿠이현〔福井縣〕 렌게사〔蓮花寺〕의 가마쿠라시대 쯔이나멘.

---

152) 翁敏華, 〈儺文化在朝鮮半島·日本列島的流變〉, 1991년 湖南 吉首에서의 《中國少數民族儺戲國際學術討論會》논문.

153) 后藤淑, 《中世假面的歷史的民俗學的研究》, 多賀出版, 昭和 62年.

154) 野間淸六, 《日本假面史》, 藝文書院, 昭和 18年.

났으며 얼굴은 붉게 칠하고 코가 아주 크며, 형상이 공포스럽다. 두 눈과 이에는 모두 금으로 칠하여 장식하였으며, 눈썹과 머리에는 원래 모발이 있었으나 지금은 이미 모두 없어졌다.[155] 1970년대 중기에 교또 헤이안 신궁〔平安神宮〕에서는 1년에 한번씩 쯔이나 의식을 회복하였으며 방상씨는 사미(四眉)·사목가면을 쓰고 있다. 이 가면은 지금 사람이 만든 것으로 단지 방상씨 탈이 현대에 와서 변화된 형식이므로 이것으로 방상씨 탈의 원시적인 면모를 논증할 만한 근거로 사용할 수는 없다.

5. 포작면(布作面)(부록)

일본의 아쓰다신궁〔熱田神宮〕이 편인(編印)한 《특별전 '일본의 가면'》(昭和 54년 출판)이란 책에는 오사까후지다〔大阪藤田〕 미술관이 소장하고 있는 남성 포작면의 사진 한 장을 싣고 있다. 도판의 문자 해설에서 그 포작면은 길이가 30센티미터로 나라 시대에 만들어졌다고 하였다. 그것은 먹으로 네모진 마포 위에 그렸으며, 두 눈과 입은 구멍이 뚫려 있어 배우가 얼굴에 쓰고 말을 하고 물건을 볼 수 있도록 하였다. 면상은 전형적인 호인으로 얼굴이 넓고 크며, 눈썹이 짙고 검으며, 입 속에는 혀가 반쯤 나와 있고, 뺨에는 구레나

[그림 160] 일본 오사까후지다〔大阪藤田〕 미술관이 소장하고 있는 에도시대 남성 포작면.

룻과 수염이 가득 나 있다[그림 160]. 동석구(董錫玖)는 《실크로드 탈춤의 동점》[156]이란 글 속에서 나라 정창원에 소장된 중국계 포작면을 소개

---

155) 后藤淑, 《日本的古面》, 木耳社, 1989, pp.161-162.

하고 있다. 동의 글에서 말하기를 정창원에는 모두 3매의 포작면이 소장되어 있으며, 그 중에 남면(男面)이 2매, 여면이 1매라고 하였다. 1983년 10월, 1년에 한번씩 거행되는 정창원 전시회에 남성 포작면 1매가 전시되었으며, "포작면으로 당중악(唐中樂)이며 동창(東倉, 정창원의 동창에 소장)이라고 표명"하고 있다. 글 속에는 포작면의 사진이 있으며, 이는 《특별전 '일본의 가면'》이란 책에 있는 사진과 대동소이하니, 동일한 시대의 작품이 분명하다. 천을 사용하여 만든 탈은 중국에서도 드물지 않다. 티베트 희극 중에도 천으로 만든 탈이 적지 않으며, 나희탈 또한 천을 사용하여 제작한 것이다. 다만 중국은 근대 이래의 천 탈은 대부분 인면이나 수면을 재단하여 만들고 있으므로, 탈의 견고함과 미관을 위하여 어떤 것은 몇 층의 천을 붙여서 포각(布殼)을 만든 연후에 다시 가공하여 제작한다. 일본에 보존되고 있는 포작면처럼 붓으로 직접 천위에 인면을 그리고, 사용시에는 천을 얼굴 위에 두르는 것은 지금 단지 운남 역문(易門)에서만 발견되고 있다. 이런 탈의 제작은 비록 간편하지만 얼굴 위에 쓰면 결코 아름답게 보이지 않으므로 대아지당(大雅之堂)에 오르기 어렵다. 당시에 널리 전해지지 않았으며, 모종의 특정한 장소에서만 사용하는 간단한 탈이라고 추측된다.

제7절 부록

1. 포수(鋪首)

포수는 또 금포(金鋪)·동려(銅蠡) 혹은 포수함환(鋪首銜環)이라고 부

---

156) 董錫玖, 〈絲綢之路面具舞的東漸〉, 《舞蹈藝術》, 제14집.

르며, 이는 고대에서 흔히 볼 수 있던 기물의 일종이다. 수면(대다수가 도철형)과 둥근 고리의 두 부분으로 만들어졌으며, 둥근 고리는 통상 짐승의 입에 물고 있거나 혹은 짐승의 코에 꿰어 있다. 포수는 여러 가지 용도를 갖추고 있으며, 그것을 대문 위에 놓아 흉함을 막고 진택(鎭宅)할 수 있으며, 손님이 방문하면 손으로 둥근 고리를 잡고 문을 쳐 주인에게 통보할 수 있다. 묘혈 속에 두면 사악함을 몰아내고 진묘(鎭墓)할 수 있어, 사자로 하여금 귀매의 침입을 받지 않도록 한다. 동기나 칠기의 기물 벽에 두어 손잡이의 작용을 하도록 한다.

상과 서주의 일부 청동기의 기물 손잡이에는 흔히 짐승 머리에 고리를 물고 있는 장식〔獸頭銜環〕이 있으며, 이들은 이미 포수의 추형을 갖추고 있다. 다만 여전히 포수라고 부를 수 없으니, 왜냐하면 포수는 "짐승 얼굴에 고리를 물고 있는 수면함환〔獸面銜環〕"이지, "짐승 머리에 고리를 물고 있는 수두함환〔獸頭銜環〕"이 아니기 때문이다. 포수가 정식으로 나타난 것은 춘추전국 시기이다. 1966년 호북 역현(易縣) 연하도(燕下都)의 노모대(老姆台) 동쪽에서 전국시대의 청동포수 1건이 출토되었다. 길이는 74.5센티미터, 너비 36.8센티미터, 무게 22킬로그램으로 수면과 둥근 고리위에는 모두 정미한 반룡유운문식(蟠龍流云文飾)이 조각되어 있다. 이렇게 큰 포수는 청동기 위에 부착될 수 없으며, 이것은 묘실문 위의 장식이라고 추측된다. 이 시기의 청동기(고궁에 소장된 수족식반리좌방반(水族飾蟠螭座方盤)) 또한 흔히 소형의 포수를 기벽이나 기물의 귀에 장식하고 있다.

서한 시기의 포수는 문호의 장식에 광범하게 사용되었다. 이광(李光)의 《평락관부(平樂觀賦)》에 "월동문을 지나 소로의 문으로 가니, 금고리의 화려한 포수를 거친다."[157] 사마상여(司馬相如)의 《장문부(長門賦)》에 "옥문을 미니 금포가 울리고, 딸랑거리는 소리 종소리 같네"[158]라고 하여 모두 생동적으로 문 위의 포수를 묘사하고 있다. 애석하게도 한대의 지면에

---

157) 李光,《平樂觀賦》: "過洞戶之輔闈, 歷金環之華鋪."
158) 司馬相如,《長門賦》: "擠玉戶以撼金鋪兮, 聲噌吰而似鐘音."

있는 집의 건축물이 지금은 이미 남아 있지 않으므로, 우리들은 문 위의 포수를 볼 수 있는 인연이 없다. 현존하는 한대의 포수는 절대다수가 무덤 속에서 출토되고 있으며, 그 중에 어떤 것은 묘문 위에 장식되었고, 어떤 것은 관목 위의 부속품이고 어떤 것은 동기나 칠기의 장식물이기도 하다. 지질은 옥·금·은·동 등 몇 종류가 있다.

한대에 옥포수와 금포수는 아주 드물다. 1975년 섬서(陝西) 서흥현(西興縣) 한무제의 무릉릉원(茂陵陵園) 외성 범위 안에서 사신문(四神紋) 옥포수 1건이 출토되었으며, 현재 무릉박물관에 소장되었다. 전체 기물은 완전한 담록색 옥을 조탁하여 만들어졌으며, 높이는 34.2센티미터, 너비 35.6센티미터, 두께 14.7센티미터, 무게 10.6킬로그램이며, 이렇게 큰 옥포수는 국내에서 단지 이것 하나뿐이다. 그 구조는 아주 기이하며 전체적으로 보면 노한 눈에 매부리코, 치아는 밖으로 나오고, 형상이 위맹한 수면으로 되어 있다. 국부로 보면 포수는 상하로 나누어 청룡·백호·주작·현무의 사신 도안이 새겨져 있다. 좌상편 모서리에 머리를 쳐들고 날아오르는 청룡이, 우상편 모서리에 다리를 뻗쳐 달리는 한 마리 백호가, 용과 호랑이 사이에는 선으로 유운문식(流雲紋飾)을 새겼다. 청룡의 아래에는 머리를 돌리고 주둥이가 굽은 주작이, 백호의 아래에는 거북이 뱀을 무는 현무가 있다. 모든 작품은 원조와 부조·선각을 서로 결합한 수법으로 사신 도안을 새긴 것이 아주 생동적이고 핍진하다[그림 161]. 포수의 뒷면은 돌기된 장방형 고리가 있으며 위에는 네모난 구멍이 있어 장부를 박을 수 있다. 구멍 안에는 양끝을 지나면서 잘려나간 금속이 잔류되어 있으니, 원래 문짝에 박았다가 남겨진 흔적일 것이다. 이 포수는 무릉릉원의 외성 범위 안에서 출토되었고 제작이 극히 정미하므

[그림 161] 섬서 홍평(西平) 무릉(茂陵)의 능원에서 출토된 서한의 옥포수.

로, 무릉 지하궁전 묘문 위의 장식품이나 혹은 벽사물로 추측된다. 뒤에
전란이나 혹은 자연재해로 인하여 지하에 묻혔을 것이다.[159] 포수의 둥근
고리는 이미 없어져 그 지질은 이미 알기가 어렵다.

　한대의 은포수는 출토된 물건이 많지 않으며, 호북 만청 유승의 묘에서
출토된 1건이 대표작이라 할 수 있다. 이 포수는 관상(棺床) 서쪽 끝에서
출토하였으며, 전체 길이 19센티미터, 너비 14.9센티미터이다. 포수 양쪽
은 두 마리의 반룡이 대칭으로 있으며, 용머리는 서로 상반된 방향으로
뻗고 있어, 수면(獸面)에서 높이 치켜 올라간 두 뿔과 같다. 장식 문양이
수면의 거의 대부분을 차지하고 있으며, 수면의 눈과 코는 아주 작게 나타
나고 있다. 하단의 둥근 고리는 대칭으로 된 쌍룡과 쌍봉으로 만들어져
있으며, 장식 문양으로 보충하고 있다. 기물의 공예는 정미하고 투조가
영롱하여 한대 포수 중의 걸작이다.

　한대의 동포수는 비교적 보편적이어서 전국 각지에서 많이 출토되며,
이들은 크기와 용도가 서로 다르며, 조형이 천태만상이다. 다만 수면이
고리를 물고 있는 기본 양식은 벗어나지 않고 있다. 사람의 주목을 끄는

[그림 162] 광주의 서한 남월왕(南越
王) 조매(趙眜)의 묘에서
출토된 동포수.

작품은 북경 풍대(豊台) 대보대(大葆
台)에서 출토된 금도금 동포수와 광
주 남월왕(南越王) 조매(趙眜)의 묘
에서 출토된 동포수 [그림 162] 등이
다. 호북 청 유승의 묘에서는 백옥과
마노·터키석으로 상감한 동포수가
출토하였으며, 이것은 다른 곳에서
는 많이 보이지 않는 것이다.

　한대의 화상석과 화상전 중에서
도 포수의 형상이 적지 않다. 이들은
대다수가 묘문 위에 새겨져 있으며,

---

159) 朱捷元,〈茂陵發現的西漢四神紋玉鋪首〉,《考古與文物》, 1986, 제3기.

독립된 고리를 물고 있는 포수도 있고, 또 주작·
청룡·백호 등의 영물과 함께 새겨 놓은 고리를
문포수도 있다[그림 163]. 주작은 봉황으로 고인
들은 이것이 묘 주인의 영혼을 호송하여 승천하
는 상서로운 동물이라 여겼다.《초사(楚辭)·석
서(惜誓)》의 왕일(王逸) 주에 "주작 신령한 새, 나
를 앞서 인도한다"160)고 하였다. 청룡과 백호는
동·서방을 지키는 신령으로 여기며, 또 가택을
진수(鎭守)하는 주신이기도 하다.《논형》에 "집안
에는 주신이 열 둘 있으며, 청룡과 백호를 12위
에 배열한다. 용호의 사나운 신은 하늘의 바른 귀
신이니 비시(飛尸)와 유흉(流凶)이 어찌 감히 망
령되이 모일 수 있으랴."161)《풍속통의(風俗通
義)》에 "호랑이는 양물로 백수의 어른이며, 사나
운 희생을 공격할 수 있고 도깨비를 먹는다"162)고

[그림 163] 한대 화상전
중의 주장 포수 도안.

하였다. 주작·청룡·백호 등과 포수를 함께 묘문 위에 새겨 놓아서 이들
영물의 도움을 받거나 혹은 사자의 영혼을 인도하여 승천하거나 혹은 묘
실을 진수하고 흉함을 막고 벽사를 할 수 있다. 비록 포수 자신에도 흉함
을 막고 벽사를 할 수 있는 기능이 있으나, 청룡과 백호 등을 더하면 귀매
가 더욱더 침범해 올 수 없다.

　한대 이후에 포수는 일종의 장식과 벽사의 물건으로 줄곧 민간에 유행
하여 종래 중단된 적이 없었다. 다만 후세의 포수는 기본적으로 한대의 양
식을 이탈한 적이 없어서 창의성이 결핍되어, 사람을 놀랠 만한 뛰어난 작
품이 없다. 여기에서 제기해야 할 가치가 있는 것으로는 어떤 포수의 수면

---

160)《楚辭·惜誓》, 王逸注: "朱雀神鳥, 爲我先導."
　　161)《論衡》: "宅中主神十二焉, 靑龍·白虎列十二位. 龍虎猛神, 天之正鬼也, 飛
尸·流凶, 安敢妄集."
　　162)《風俗通義》: 虎者陽物, 百獸之長, 能擊鷙牲食魍魅者也.

은 도철에서 초도(椒圖)로 변하였다는 것이다. 초도는 용의 별종에 속하며 성질이 게으른 것을 좋아하므로, 포수로 제작하여 문 위를 장식하고 있다. 또한 소수의 포수는 사자 얼굴 조형을 하기도 한다.

2. 목우(木偶)

목우는 또 괴리(傀儡)라고도 부르며, 목우희(즉 괴뢰희)를 연출하는 중요한 도구이다. 목우는 최초에 연극에 사용되던 것이 아니고, 상장에 사용하였다. 그 전신은 '희생물인 사람〔人牲〕'의 대체물인 용(俑)[163]이었다. 초기의 용은 모두 아주 간단하게 만들어졌으나, 뒤에 오면서 영활하게 움직일 수 있는 목용(木俑)으로 발전하였다. 이런 목용(木偶)은 처음에 단지 상례 중에서 뛰고 연극을 하면서, 방상씨가 빌미를 물리치고 귀신을 쫓는 동작을 모방하였으므로 '상가의 음악〔喪家之樂〕'이라고 불렸다. 그러다가 한나라 말기에 이르러 처음으로 경사의 오락 활동으로 사용되었다. 두우(杜佑)의 《통전》에는

굴뢰자(窟儡子)는 또 괴뢰자(傀磊子)라고 부른다. 목우인을 만들어 연극을 하였고, 가무를 잘하였으며 본래는 상가의 음악이었다. 한말에 이르러 처음으로 경사스러운 날에 사용되었다. 북제의 고위가 더욱이나 이를 좋아하여 마을과 시장에서 성행하게 되었다.[164]

---

163) 용은 고대에 순장을 대신하여 무덤에 묻었던 인형으로 "공자께서 말씀하시기를 허수아비를 만드는 것은 좋지만, 용을 만드는 자는 인하지 못하니, 거의 사람을 쓰는 것과 같기 때문이다"(《예기 · 단궁》)라고 하였으며, 정현(鄭玄)은 주에서 "용은 인형이다. 얼굴과 눈이 있고 기계로 작동하여 산 사람과 비슷하다"고 하였다. 이처럼 무덤에 함께 묻던 명기에서 발전하여 괴뢰와 목우로 발전하였다.〔역주〕

164) 杜佑,《通典》: "窟儡子亦曰傀磊子, 作偶人以戲, 善歌舞, 本喪家樂也. 漢末始用于嘉會, 北齊高緯尤所好, 閭市盛行焉."

라고 하였다. 1979년 산동 내서현(萊西縣) 원리공사(院里公社)에서 사람과 크기가 비슷한 서한의 목우가 출토되었다. 전체는 13단의 목조로 만들어 졌으며 관절이 활동하여 영활하게 앉고, 서고, 꿇어앉는 등의 동작을 연출할 수 있었다. 동시에 길이가 11.5센티미터되는 은 조각이 출토되었으며, 이는 목우인의 손발을 조종하는 데 사용되었을 것이다. 이것의 발견은 늦어도 서한에 이미 자유롭게 활동할 수 있는 목우가 있었다는 사실을 설명해 준다.

수당 이전에 목우는 일반적으로 단편적인 가무백희만을 공연할 수 있었으며, 주로 궁정·귀족과 관부에서 향용하였으며, 비록 이미 목우희의 추형을 갖추었으나, 여전히 진정한 목우희라고 부를 수는 없었다. 그러나 당시에 목우희 제작은 이미 상당한 수준에 도달하였다. 《위서·두기전》에서는 삼국 시기의 부풍(扶風) 사람 마균(馬鈞)이 수력의 격발을 이용하여 "목인으로 하여금 북 치고 피리 불며, 산악을 만들 수 있었다. 목인으로 하여금 구슬받기, 칼 던지기, 담 올라가기, 물구나무서기를 할 수 있도록 하였다"165)고 하니, 참으로 기교가 교묘하고 뛰어나다 할 수 있다.

수당 시기의 목우희는 나날이 발전되고 성숙해졌으며, 이런 점은 두 가지 측면에서 살펴볼 수 있다. 하나는 당시의 목우희가 이미 비교적 복잡한 이야기를 연출해 낼 수 있었으며, 독립되어 관람할 수 있는 예술적 가치를 갖추고 있었다. 《대업습유기(大業拾遺記)》에는 수양제(隋陽帝)가 여러 신하들과 함께 곡수(曲水)에서 수상목우(水上木偶)를 관람하였는데, 연출된 종목은 모두 '칠십이세(七十二勢)'였다고 기록하고 있다. 그 중에는 '주처참교(周處斬蛟)' '허유세이(許由洗耳)' '거령개산(巨靈開山)' '굴원우어부(屈原遇漁夫)' '유비과단계(劉備過檀溪)' '추호처부수(秋胡妻赴水)' 등의 이야기가 있었다. 《봉씨견문기(封氏見聞記)》에 기재하기를 당 대력(大歷) 연간에 태원절도사(太原節度使) 신운경(辛云京)의 장례에서 일찍

---

165) 《魏書·杜夔傳》: "令木人擊鼓吹簫, 作山岳, 使木人跳丸·擲劍·緣垣·倒立."

이 목우로 '위지공(尉遲公)' '홍문연(鴻門宴)' 등을 연출하였다고 한다.
두번째는 당시의 목우희가 민간에서 아주 널리 유행하여 평민백성이 좋아
하는 예술로 받아들여졌다. 《북몽쇄언(北夢瑣言)》에는 "당나라의 최시중
안잠이 서천을 진압하고 택사당 앞에서 자주 괴뢰자를 연출하였다. 군인
과 백성이 집으로 들어와 이를 보니 하나도 금지하지 않았다"[166]고 기록하
였다. 편벽하고 멀리 떨어진 천서(川西)에서도 당대에 이미 목우희가 전
해졌다는 것을 설명해 주고 있다. 《집이록(集異錄)》의 기록에서도 이 문제
를 잘 설명해 주고 있다. "현종은 투계를 좋아하자 귀족과 외척이 모두 이
를 숭상하였다. 가난한 사람은 혹 나무 닭을 가지고 놀았다.[167] 가난한 사
람은 목우로 투계를 공연하였으니 당시 목우희의 보급이 어찌했는지 생
각해 보면 알 수가 있다.
　수당시기에 목우의 제작은 전대의 기초 위에서 또 일보 전진하였다. 장
작(張鷟)의 《조야금재(朝野金載)》에 다음과 같은 2개의 일문이 기록되어
있다.

　장작대신 양무겸은 아주 생각이 교묘하였다. 항상 항주 시내에 나무로
조각하여 승려를 만들고 손에는 그릇을 하나 들려 스스로 구걸을 하도록
하였다. 그릇 속에 돈이 가득 차면 열쇠가 홀연히 작동하면서 자연히 소리
가 났다. 보시를 하러 돌아다니자 시장에 사람들이 모두 구경을 나와, 그
소리를 듣고자 하였으므로 시주자가 하루에 수천이나 되었다.[168]
　침주자사 왕건은 나무로 수달을 조각하여 물속에 가라앉혀 물고기를 잡
아서 머리를 내밀도록 하였다. 수달의 입에 미끼를 넣고 기관을 돌리면, 돌
추가 수달을 가라앉도록 하였다. 물고기가 미끼를 취하면 기관이 발동하고

---

166) 《北夢瑣言》: "唐崔侍中安潛鎭西川, 頻于宅使堂前弄傀儡子, 軍人百姓, 穿宅
觀看, 一無禁止.
167) 《集異錄》: "玄宗好鬪鷄, 貴臣外戚皆尙之. 貧者或弄木鷄."
168) 張鷟, 《朝野金載》: "將作大臣楊務廉甚有巧思, 常于杭州市內刻木作僧, 手執
一碗, 自能行乞. 碗中錢滿, 關鍵忽發, 自然作聲. 行布施, 市人竟觀, 欲其作聲, 施者
日盈數千."

입이 합하면서 물고기를 물면 돌이 떨어지면서 떠오르게 된다.[169]

그 묘사는 아마도 과장되었을 것이나 어느 정도는 당대 목우의 제작이 얼마나 정교하고 절륜하였는지를 말해 주고 있다.

목우희는 송대에 번영의 시기로 접어들었으니, 그 주요한 표지는 다음과 같다. 관중이 급격히 늘어나 많은 예인을 배출하였으며, 각기 희반을 조직하여 기예를 행하니 종류가 번다하였다.[170] 우선 이 시기의 대도시에는 모두 백희와 잡극을 연출하던 장소 '구란(勾欄)'과 오락장소가 집중된 '와사(瓦舍)'가 있었다. 《동경몽화록》에 의하면 북송의 경성인 개봉(開封)에는 아주 많은 와사가 있었으며 그 중에 가장 큰 와사에는 크고 작은 구란 50여 채가 있어 수천 명을 받아들일 수 있었다. 구란과 와사에는 사람이 공연하기도 하였으며, 또 목우희를 연출하기도 하였으니, 관중이 수천명에 달하여 공연장은 항상 만원이었다. 그 다음에 송대의 목우희는 종류가 풍부하고 다채로와 기록된 것만도 모두 5종이 있다. 《무림구사(武林舊事)》 권6 〈제색기예인(諸色技藝人)〉조에 이렇게 기록하고 있다.

괴뢰는 현사(懸絲) · 장두(杖頭) · 약발(藥發) · 육괴뢰(肉傀儡) · 수괴뢰(水傀儡)가 있다.

현사괴뢰(懸絲傀儡)는 인형에 줄이 달려 있으며, 이 줄로 인형의 동작을 조정하는 괴뢰이다. 장두괴뢰(杖頭傀儡)는 즉 막대에 인형을 만들어 놓고 밑에서 사람들이 막대로 괴뢰의 동작을 조종한다. 약발괴뢰(藥發傀儡)는 화약을 동력으로 삼아 공연하는 괴뢰이다. 육괴뢰(肉傀儡)는 어른이 아이를 들어올려 공연하는 괴뢰이다. 수괴뢰(水傀儡)는 물의 힘을 이용하여 움직이는 괴뢰이다. 이상 오종의 괴뢰 중에서 약발괴뢰 · 육괴뢰 · 수괴뢰

---

169) 張鷟, 《朝野金載》: "郴州刺史王琚, 刻木爲獺, 沈于水中, 取魚引首而出. 蓋獺口中安餌爲轉關, 以石縋之則沈. 魚取其餌, 關則發. 口合則銜魚. 石發則浮出."
170) 丁言昭, 《中國木偶史》, 學林出版社, 1991, p.25.

는 이미 실전되었으며, 현사괴뢰와 장두괴뢰는 표현력이 강하고 특색이 많아 당시 깊이 환영을 받았을 뿐만 아니라 후세 목우희의 주류를 이루었다. 그 다음에 송대에는 기예가 뛰어나고 이름이 널리 알려진 목우의 예인들이 쏟아져 나왔다. 예를 들면 현사괴뢰에 정심한 노금선(盧金線)·진중희(陳中喜)가 있었고, 장두괴뢰에 정통한 임소삼(任小三)·장소부사(張小仆射)가 있었으며, 수괴뢰에 정심한 요우선(姚遇仙)·유소부사(劉小仆射)가 있었고, 육괴뢰에 정통한 장봉희(張逢喜)·장봉귀(張逢貴)가 있었으며, 약발괴뢰에 정통한 장진묘(張臻妙)·이외녕(李外寧) 등이 있었다. 이들은 혹 도시에 모여 있거나 혹은 향촌을 떠돌아다니기도 하고 대오를 결성하여 행회(行會) 성질의 극단으로 연출하기도 하였다. 목우로 연출한 것으로는 연분(烟粉)·영괴(靈怪)·철기(鐵騎)·공안(公案)·사서(史書)와 역대 임금이나 재상·장군과 관계 있는 고사와 화본(話本)을 연출하기도 하였다. 그 대본은 강사서(講史書)나 잡극 또는 애사(崖詞)와 비슷하였다.[171](오자목(吳自牧)《몽양록(夢梁錄)》)

　송대 목우희의 연출 상황은 당시 미술 작품 중에도 반영되어 있다. 1976년 하남 제원현(濟源縣) 훈장촌(勛掌村)에서 2건의 삼채자침(三彩瓷枕)이 출토되었다. [그림 164]는 그 중의 하나로 길이 48.5-48.8센티미터, 너비 18-18센티미터로 위에는《영희현선괴뢰도(嬰戲懸線傀儡圖)》가 그려져 있다. 그림 속 우측에는 한 아이가 의자 위에 앉아 있으며, 푸른 옷에 흰 바지를 입고 머리는 2개의 상투를 틀고 오른손에 작은 나무막대를 들고 있으며 막대 위에는 실로 목우 노옹을 매달고 있다. 중간에는 검은 옷에 흰

---

171) 연분이란 남녀간의 연애 얘기이고, 영괴는 귀신이나 괴물 얘기, 철기는 전쟁 얘기, 공안은 재판 이야기이며, 강사서는 이 시대에 유행했던 얘기꾼들의 얘기책이며, 잡극은 송대의 가무극(歌舞劇)이고, 애사는 우리나라 판소리와 비슷한 강창(講唱) 계통의 민간희이다. 따라서 목우희는 순전히 노래와 춤이 중심이 되는 가무희와 비슷한 성격의 것도 있었지만 상당히 구체적인 얘기를 연출해서 인형극화한 것도 있음을 알 수 있다. 이런 괴뢰희는 그뒤 명·청을 이어 지금까지도 중국 민간에 계승되고 있다. 완전한 희극화는 잡극보다도 괴뢰희가 앞서고 있어 손해제(孫楷第) 같은 사람은《괴뢰희고원(傀儡戲考原)》에서 "중국의 희극은 괴뢰희부터 나왔다"고까지 주장하고 있다. 〔역주〕

[그림 164] 하남 제원(濟源)에서 출토된 송대
《영희현선괴뢰도(嬰戲懸線傀儡圖)》 자침(瓷枕).

바지를 입은 아이가 피리를 불며 춤을 추고 있다. 왼쪽에는 녹의에 노란 바지를 입은 아이가 땅바닥에 앉아 채를 사용하여 징을 치고 있다. [그림 165]는 또 다른 삼채자침으로 위에는 《영희장두괴뢰도(嬰戲杖頭傀儡圖)》가 그려져 있다. 화면은 원형으로 몸에 짧은치마를 걸친 아이가 땅바닥에 앉아 왼손으로는 땅을 집고 오른손으로는 장두괴뢰를 잡고 있다.[172] 이상 2개의 자침에 그려진 그림은 비록 모두 아이가 괴뢰를 갖고 노는 것으로 정식 목우희 연출은 아니지만, 송대의 제선 목우와 장두목우의 대체적인 풍모를 이해할 수 있도록 해준다.

원·명·청 3대의 목우희는 또 새로운 발전이 있었으며, 특별히 동남연해의 각성에서는 각종 유파가 앞다투어 서로 기염을 토하였으며 목우 예술을 최고봉으로 끌어올렸다. 그 중 복건(福建) 천주(泉州)의 제선목우, 용계(龍溪)의 포대목우는 더욱 출신입화에 도달하

[그림 165] 하남 제원(濟源)에서 출토된 송대 《영희장두괴뢰도(嬰戲杖頭傀儡圖)》.

---

172) 衛平復, 〈兩件宋三彩瓷〉, 《文物》, 1981, 제1기.

여 사람들로 하여금 탄복할 만한 경지에 이르렀다. 어떤 지역의 목우희는
또 나희와 융합하여 독특한 특색을 갖춘 희극의 종류를 형성하였다. 예를
들면 사천의 재동양희(梓潼陽戲)는 '천희(天戲)'와 '지희(地戲)'로 구성
되었으며, 천희는 제선목우를 연출하고 지희의 예인은 탈을 쓰고 연출하
였다. 사천 광원사전향(廣元射箭鄕) 제양희는 '문장(文場)'과 '무장(武
場)'으로 나눠졌으며, 문장은 제선목우를 연출하고 무장은 예인이 탈을
쓰고 연출하였다. 이밖에도 민서(閩西) 객가인(客家人) 중에는 탈을 쓰고
연출하는 목우회가 있었으며, 뒤로 전해지다가 명청에 이르러서는 매 희
반마다 24개 목우와 24개 탈로 이루어졌다. 탈은 단지 일촌 크기로 오관
의 조각이 일사분란하여 일반 탈과 큰 구별이 없었다.[173] 목우가 흔히 탈
과 혼합하여 사용된 까닭은 이들을 민간에선 모두 신령의 상징과 체제로
보았기 때문이다. 민간 목우희반은 매번 연출하기 전에 모두 향을 사르고
목우에게 엄숙하게 제사를 지낸다.

목우와 탈은 제작에 있어서 서로 비슷한 점이 아주 많다. 목우 제작 수
준의 고저는 목우희 연출의 성패와 직접 관계가 있었으며, 목우 제작 중에
서 가장 중요한 것은 목우머리[木偶頭]의 제작이다. 목우머리는 크기가
아주 작으며 제선 목우머리는 길이가 약 3촌이고 포대 목우머리는 길이가
약 1촌이다. 이렇게 작은 목우머리에 충(忠) · 간(奸) · 현(賢) · 우(愚)의 각
종 품격을 그려내고 이들에게 희노애락의 갖가지 표정을 부여하는 것은
결코 쉬운 일이 아니었다. 민간의 목우 조각 예인은 대대로 누적되어 온
경험과 탐색을 걸치면서 목우머리의 조각 기술을 풍부하게 쌓았다. 이들
은 서로 다른 인물의 신분과 성격을 근거로 희곡의 항당(行當)에 비추어
목우머리의 조형을 생(生) · 단(旦) · 정(淨) · 축(丑) · 잡(雜)의 오대 유형
으로 나누고, 매 유형마다 또 아래에 소 유형으로 나누어 총수는 3백 종을
초과했다. 두형(頭形)을 분류하고 다시 두상마다 얼굴 · 눈 · 눈썹 · 코 · 입

---

173) 섭명생(葉明生) 씨가 필자에게 복건 상항현(上杭縣) 백사향(白砂鄕)의 고강목우희
(高腔木偶戲)에 사용되었던 탈의 사진을 주었으나, 애석하게도 사진이 아주 작아 인쇄할
수 없었다.

의 5개 부위로 분해하였으며, 매 부위마다 모두 약간씩 서로 다른 기본 양식을 두었다. 예를 들면 얼굴에는 길쭉한 말상 얼굴, 네모진 얼굴, 보름 달 얼굴, 계란형 얼굴, 호박씨 얼굴 등이 있고, 눈에는 메뚜기눈, 퉁방울 눈, 삼각눈, 봉황눈, 쥐눈 등이 있으며, 눈썹에는 막대눈썹, 칼눈썹, 빗자 루눈썹, 올챙이눈썹, 버들잎눈썹 등이 있으며, 코에는 벌렁코, 사자코, 들 창코, 마늘코, 매부리코 등이 있고, 입에는 예쁘게 웃는 분홍색 입, 앵두 입, 살구씨입, 잉어입, 돼지입 등이 있다.[174] 조각할 때 예인은 이런 양식 을 영활하게 운용하고 교묘하게 조합하여야만 비로소 형신(形神)이 겸비 한 예술적인 효과를 얻을 수 있었다. 목우머리는 일반적으로 녹나무를 원 료로 삼았으며, 전후로 개배(開胚)·정형(定型)·세조(細雕)·표지(裱 紙)·마광(磨光)·보극(輔隙)·쇄니(刷泥)·상분(上粉)·개검(開臉)·개 사(蓋蠟) 등 열 가지 공정을 거쳐야만 했다. 잘 만들어진 목우머리는 조형 이 정확하고 성격이 뚜렷해야 하며, 조각이 세밀하고 채색이 선명해야 한 다. 어떤 특정한 배역, 예를 들면 토지·법해(法海)·저팔계는 흔히 눈· 입·귀·뺨이 모두 활동할 수가 있어서 눈이 움직이고 턱을 매달 수 있 는 탈보다 더욱더 교묘하였다. 근대 이래로 유명한 목우 조각 예인들이 쏟아져 나왔다. 예를 들면 천주(泉州)의 황량사(黃良師)·황재사(黃才 師)·강가주(江加走), 장주(漳州)의 서년송(徐年松) 등이며 이 중에서 특 히 강가주가 가장 유명하다. 그는 일생 동안 2백80여 종의 성격이 서로 다르고 신태가 각기 다른 목우 두상을 창조해 냈으며, 목우 조각 기술의 발전을 극히 높은 수준으로 올려 놓아 '목우의 아버지'라 불린다.

중국에서 지금 연대가 가장 빠른 목우머리는 명대의 작품이 전해지고 있다. 중국 민간미술박물관에 소장된 제선 목우두 한 벌에는 관음·연등 고불(燃燈古佛)·이랑신(二郎神)·영관대제(靈官大帝)·모천왕(茅天 王)·왕양이장(王楊二將)·관우·손오공·천리안·순풍이(順風耳)·토

---

174) 洪永宏,〈掌中奇人古今談〉, 陳瑞統編,《泉州木偶藝術》, p.132, 鷺江出版社, 1986.

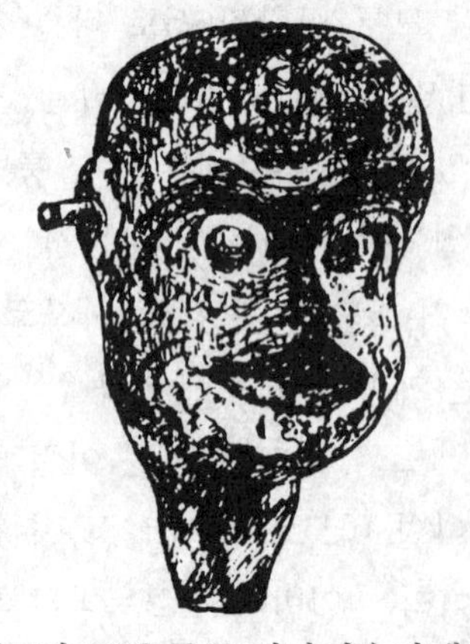

[그림 166] 중국 민간민술관에서
소장한 명대 목우머리 손오공.

[그림 167] 중국 민간민술관에서
소장한 명대 목우머리 순풍이.

지공·왕걸로(王乞老)·진십사랑(陳十四郞)·단각(旦角) 등의 각색이 있다. 이것은 민동북(閩東北)의 작은 산촌에서 수집한 것이다. 이 목우머리는 목질이 노화되었고 색채가 암담하며 조영이 고박하고 원시적이면서도, 품격이 순후하고 간결하여 이촌송(李寸松)은 이를 명대 유물로 단정하고 있는데 믿을 만하다.[175] [그림 166]은 손오공으로 앞이마가 불록 튀어나왔고 두 눈에 생기가 있으며, 뾰족한 입에 불거져 나온 코는 장난스러운 모양으로 두 귀에는 대나무가 박혀 있어 끈을 당길 때 사용되도록 한다. [그림 167]은 순풍이로 머리에는 두 뿔이 나 있고 피부와 근육은 울퉁불퉁하며, 형상이 위맹하고 신기가 충만하였다. 눈과 아래턱은 움직일 수 있도록 되어 있으므로, 눈을 움직이고 턱을 분리할 수 있는 '동안단악형' 목우머리에 속한다.

___

175) 李寸松, 〈小中見大的木偶頭〉, 《民間美術》 총간 제5집.

제8절 결론

　중고 시기는 중국 탈이 성숙한 시기였다. 그 중에서 수당 시기 탈의 발전은 특별히 사람들의 주목을 끌고 있으며, 중국 탈의 역사에서 두번째로 높은 성취를 이루고 있다. 중고 시기에 남아 있는 탈의 실물은 비록 적지만, 이 시기의 역사 문헌과 미술 작품 속에는 탈에 관한 많은 자료들이 있으며, 이 속에서 변화와 발전 상황을 분명하게 알 수가 있다. 중고 시기의 탈은 다음과 같은 특징을 지니고 있다.

　① 중고는 중국 역사에서 사상이 아주 개방되고 자유로운 시대이며, 또한 외국과의 경제·문화 교류가 아주 빈번했던 시대이다. 한당 제국은 판도를 확대하고 실크로드를 개척하여 중앙아시아·남아시아·동아시아·동남아 각국 및 변경의 각 소수민족 탈춤이 분분히 중원에 전해 들어와, 중국 전통의 탈문화에 신선한 혈액을 주입하였다. 외래 탈문화와 전통 탈문화가 서로 충격하고 융합하면서 필연적으로 탈의 지질, 형태와 구조, 각색, 조형, 쓰임새 등에서 크고 작은 변화가 생겼다. 당연히 경제 문화의 교류는 종래 모두 쌍방향으로 진행되어 왔으나, 중국의 탈은 이 시기에도 일본·조선과 서역 각국에 전해졌으며, 이들 국가의 탈문화에 서로 다른 영향을 주었다. 불교와 도교의 광범위한 전파는 이 시기 탈문화에 영향을 준 또 하나의 중요한 요소이다. 이 둘을 비교하면 이 시기에 불교가 탈에 끼친 영향이 더욱 컸다.

　② 나무·대나무·천·비단 등 염가의 재질로 만든 탈이 성행하여, 중고 시기 탈의 발전에 결정적인 영향을 주었다. 원고 시기에 탈의 지질은 아주 난잡하였다. 원시인은 자연 환경에 따라서 주위에서 쉽게 찾을 수 있는 물건을 이용하여 탈을 제작하였다. 상고 시기에 탈을 제작하는 재료는 주로 청동·곰가죽과 옥석이었다. 이 세 가지 물건은 모두 아주 진귀하기 때문에 노예와 평민은 일반적으로 가질 수 없는 물건이었으므로, 탈은 소수의 노예주 귀족들이 농단하던 기물이었다. 진한에서 혹은 그보다

더 빨리 나무·대나무·천·비단 등의 염가의 재료가 청동·곰가죽과 옥
석을 대체하여 탈을 제작하는 중요한 원료가 되었다. 탈의 발전사에 있어
서 이것은 혁명적인 의미를 지닌 전환점으로 상고 시기 탈이 소수 노예주
귀족에게 이바지하던 국면을 타파하였으며, 탈의 보급과 발전에 아주 큰
추진력을 주게 되었다. 중고 시기의 탈은 종교화·귀족화·양식화에서
세속화·대중화·개성화 방향으로 바뀌게 된 것은 재료가 더욱 새로워
진 것과 직접적인 관련이 있다.

③ 중고 시기는 탈의 기능에서 질적인 변화가 생기게 되었다. 이것은
탈이 성숙할 수 있도록 나아갈 수 있는 중요한 지표였다. 일반적으로 원고
시기 사람들이 썼던 탈은 결코 다른 사람들에게 보여주고 감상하도록 만
든 것이 아니고 어떤 특정한 공리 목적을 이루기 위하여 만든 것이다. 생
활이 극도로 간결했던 원시 선민들은 탈이 일종의 화장 도구였다고 말하
기보다는 차라리 생존 도구의 일종이라고 말할 수 있다. 상고 시기의 이
런 상황은 국부적인 변화가 생겼으며, 당시 노예주 귀족은 여악(女樂)과
창우(倡優)를 길러 때로는 탈춤을 연출하도록 하고 이를 즐기기도 하여,
탈에 새로운 문화적인 내함을 부여하였다. 다만 그때에 사람을 즐겁게 하
기위한 탈춤은 여전히 아주 적었으며, 게다가 전문적으로 탈을 쓰고 공연
을 하던 악인(樂人)도 출현하지 않았으므로, 탈의 기능면에서의 전환은
아주 완만하였다. 중고 시기 탈은 광범하게 악무백희에 사용되었으며, 아
울러 전문적으로 탈을 쓰고 공연하던 '상인(象人)'이 출현하게 되었다.
이 후에 탈은 심미적인 기능이 상승하기 시작하여 중요한 위치를 차지하
게 되었으며, 실용적인 기능은 점차 하강하여 부차적인 지위를 차지하게
되었다. 당연히 이런 기능의 전환은 결코 한번에 이루어진 것이 아니라,
그 사이에 기나긴 과정을 거치면서 근고 시기에 이르러서야 비로소 완성
을 고하게 되었다. 아울러 근고 시기에도 여전히 실용적인 기능을 일정하
게 보류하고 있었으나, 이를 심미적인 기능과 비교해 보면 점차 그 빛을
잃어가게 되었다는 것은 분명하다.

제5장

근고 시기의 탈

서기 960년-1911년

제1절 개설

'근고'는 송·원·명·청을 포함하며 시간상으로는 중국의 봉건 사회 후기와 평행을 이룬다. 이 중에서도 양송(북송과 남송) 시기는 북방에서 선후로 요·서하와 금의 소수민족 정권이 굴기하고 있다.

1. 송원 시기

양송(북송: 960-1127년, 남송: 1127-1279년)은 중국 봉건 사회가 흥성하다가 쇠퇴해 가는 전환점이다. 3백여 년의 통치 속에서 국가는 점점 가난해지고 약해져 가면서 내우외환이 끊이지 않았으나, 한편으로는 상품 경제가 고도로 번창하고 문화 예술이 극히 번성하여 선명한 대조를 이루고 있다. 원대(1206-1368년)는 중국 역사상 소수민족이 건립한 봉건 제국으로 전에 없이 방대한 판도를 이루었다. 전쟁을 일삼아 온 호전적인 몽고 귀족의 군대는 무력과 폭력 통치로 사회경제에 엄중한 파괴를 가져왔으나, 객관적으로는 도리어 민족 융합을 가져오고 활발한 대외 경제와 문화 교류를 촉진하였다.

송원 시기, 사상 영역에서 가장 두드러진 현상은 유교·도교·불교의 삼교가 합류하는 것이다. 송대 이전에 유교·도교·불교의 관계는 주로 서로 배척과 투쟁이었다. 화이지변(華夷之辨)에서 출발하여, 유교와 도교는 자주 연맹을 결성하여 도교를 위주로 불교에 공격을 가하였다. 남북조와 당대에서는 모두 불교를 금하던 금불(禁佛)과 멸불(滅佛) 사건이 있었다. 생존과 발전을 위하여 불교는 그 전도 과정 속에서 유교와 도교의 일부 사상과 교의를 흡수하면서 마침내 점차 외래 종교에서 중국 특색을 지닌 종교로 전화되었다. 이와 동시에 불교의 사상과 교의의 일정 부분도 유교와 도교 속으로 스며들어 갔다. 송대 이후에는 유교·도교·불교의 삼교가 점차 합류하는 추세였다. 유교의 충효절의와 윤리강상, 도교의 소재구복을 비는 제의나 주문과 부적, 귀신에 대한 미신, 불교의 인과응보와 생사윤회가 합류하고, 서로 보충하면서 봉건 통치 계층이 백성의 사상을 속박하는 포승줄과 족쇄로 사용하였다. 유교·도교·불교의 합류로 철학에서는 '이학(理學)'이 출현하게 되었다. 민간에서는 무교와 융합하여 유교·도교·불교·무교의 신들이 연합하여 방대하고 잡다한 신들의 계보를 만들었으며, 세속의 제단에서 평화스럽게 공존하고 있었다. 이런 상황은 탈의 발전에 거대하고 심원한 영향을 끼쳤다.

송원 시기(더욱이 양송)는 탈문화가 극히 번성하였으며, 그 현상은 주로 다음과 같다.

① 송대에 궁정나의에서 사용되었던 탈은 그 수량과 배역이 어느 때보다 많았으며, 상주 이래 어떤 왕조도 이를 따라갈 수 없었다. 맹원노(孟元老)는 《동경몽화록》 중에서 북송 때 궁정나의를 생생하게 묘사하고 있다.

설달 그믐날이 되면 궁궐에는 대나의를 행하였으며, 황성에서 전례를 집전하는 친사관(親事官)을 썼다. 여러 반원들은 가면을 쓰고 채색의 수가 놓인 옷을 입고 금빛 창과 용기(龍旗)를 들었다. 교방사(敎坊使) 맹경초(孟景初)는 신체가 건장하고 우람하며 금동으로 도금한 청동 갑옷과 투구를 걸치고 장군으로 분장하였다. 진전장군 두 사람도 갑옷을 입고 문신으로 분장한다. 교방의 남하탄(南河炭)은 몸이 뚱뚱하고 모습이 추악하였으며 판관으로 분장하였다. 또 종규·소매·토지·조앙신과 같은 부류로 분장한 사람이 모두 1천여 명이나 되었다. 궁궐에서 불상스러운 것을 몰아낸 뒤에 남훈문 밖으로 나와 용만을 도는데 이를 역귀를 쫓는 행사인 '매수(埋祟)'라고 한다.[1]

이 문자는 상주 이래 구나의 주 배역이었던 방상씨가 이미 송대의 나의 중에서 소실되면서(이후에 방상씨는 단지 장례 의식 속에나 출현한다), 한대에서 당대에 이르기까지 중단된 적이 없었던 진자(侲子) 대오가 북송에서는 더 이상 존재하지 않게 되었다는 것을 말해 주고 있다. 서로 다른 배역으로 분장한 1천여 명의 '구나(驅儺)' 대오가 이를 대신하며, 이들이 쓴 탈도 형태가 각기 달라, 장군·문신·판관·종규·소매·토지·조앙신〔灶神〕 등의 배역이다. 이것은 당대 5백 명의 진자가 모두 동일한 유형의 탈을 쓴 것과는 확연히 다르다. 이에 대해 육유(陸游)의《노학암필기(老學庵筆記)》로서 방증을 삼을 수 있다.

정화 연간(1111-1117년)의 대나에 계림부에서 탈을 바치도록 명을 내렸다. 한 죽이라 말하여 처음에는 너무 적어서 의아해했다. 알고 보니 한 죽은 팔백 매였으며 늙고 젊고 예쁘고 못생기고 하여 하나도 서로 같은 것이 없어서 그제서야 크게 놀랐다.[2]

남송 시에 대나의 규모 또한 북송보다 떨어지지 않았으며, 탈도 육정육갑·신병·오방귀사 등의 각색이 증가되어 더욱더 풍부하고 다채롭게 만들어 주고 있다.[3] 원대 이후에 궁정나는 점점 쇠미해졌으며, 명청 시대에

---

1) 孟元老,《東京夢華錄》: 至除日, 禁中呈大儺儀, 幷用皇城親事官, 諸班直戴假面, 繡畫色衣, 執金槍龍旗. 敎坊孟景初身品魁偉, 貫全副金鍍銅甲, 裝將軍; 用鎭殿將軍二人, 亦介冑, 裝門神; 敎坊南河炭丑惡魁肥, 裝判官; 鐘馗·小妹·土地·灶神之類. 共千余人. 自禁中驅祟出南薰門外, 轉龍灣, 謂之 '埋祟.'

2) 陸游,《老學庵筆記》: 政和中大儺, 下桂府進面具. 比進到, 稱一副, 初訝其少; 乃是以八百枚爲一副, 老少姸陋, 無一相似者, 乃大惊.

3) 吳自牧,《夢梁錄》.

궁중에서도 여전히 귀신과 역신을 쫓는 의식을 거행했다고 하지만, 그 성세는 여전히 전만 못하였으며 형식 또한 많이 변화되었다. 단지 "고인이 귀신을 몰아내고 액막이를 하던 뜻을 대신하였다"[4]고 하였을 따름이다.

② 송원 시기의 탈춤은 수당의 기초 위에 다시 아주 큰 발전이 있었다. 송대의 탈춤은 '무포노(舞鮑老)'라 부르며, 또 목우의 괴뢰(傀儡)와 같은 이름으로, '괴뢰' 혹은 '육괴뢰(肉傀儡)'라고도 부른다. 무용수는 가면을 쓰거나 가두를 쓰고, 귀신·동물 혹은 세속 인물로 분장을 하며, 명절이나 각종 경사나 민속 활동중에서 공연한다. 그 춤 자태는 대다수가 우스꽝스럽고 생동적이어서 사람에게 웃음을 자아내게 만든다. 《수호전》 제33회는 송강이 원소절에 청풍진(靑風鎭)에서 등 구경하는 장면을 묘사하고 있다.

징소리가 울리는 곳에 모든 사람이 갈채를 보내고 있었다. 송강이 이를 보러 갔을 때는 사람들이 무포노를 하고 있었다. (…) 몸을 뒤틀고 포노를 추는 모습이 너무 촌스러워 송강은 이를 보고 하하 대소하였다.[5]

송대 무포노의 명목(名目)은 《서호노인번승록(西湖老人繁勝錄)》 중에 상세히 기록되어 있다. 그 중에 단지 복건의 포노사(鮑老一社) 한 곳에만 3백여 명이 있었으며, 사천 포노사 한 곳에도 1백여 명이 있었다고 한다. 주밀(周密) 《무림구사(武林舊事)》의 〈원석무대(元夕舞隊)〉조에도 '대소 전붕괴뢰(大小全棚傀儡) 70여 항목이 있으며, 이 중 이대구(李大口)·장호검(長狐臉)·대감아(大憨兒)·조단(粗旦)·마파자(麻婆子)·쾌할삼랑(快活三郎)·쾌할삼낭(快活三娘)·할판관(瞎判官)·묘아상공(猫兒相公) 등은 모두 세속적인 골계 형상이었다. 《동경몽화록》은 송대 백희 중의 귀신 탈에 관하여 핍진하게 묘사하고 있다.

---

4) 代古人儺祓之意.

5) 《水滸傳》: 鑼聲響處, 衆人喝采. 宋江看時, 劫是一伙舞鮑老的. (…) 那跳鮑老的身軀扭得村村勢勢的, 宋江看了呵呵大笑.

홀연히 벽력 같은 소리가 들리니, 이를 폭장이라고 한다……. 헝클어진 머리에다 가면을 쓰고 뻐드렁니가 삐져나온 입으로 불을 토해내는 귀신 형상을 한 자가 등장하였다……. 맨발에 큰 동 징을 끌고 몸의 움직임에 따라 나아갔다 들어갔다 하면서 춤을 추는데 이를 '포라(抱鑼)'라 한다……. 또 폭장 소리가 한번 울리면 악부에선 '배신월만곡'을 연주한다. 얼굴은 청록색으로 칠하고, 금빛 눈망울의 탈을 썼으며, 표범가죽에 수놓은 넓은 비단 띠 같은 것으로 장식한 사람이 나오니, 이를 '경귀(硬鬼)'라고 부른다……. 또 폭장이 한번 울리면 긴 수염이 달린 가면에 녹색 장포로 몸을 싸고 장화를 신은 종규처럼 생긴 사람이 옆에 꽹과리를 든 한 사람과 어울려 서로 부르며 춤을 추니, 이를 '무판(舞判)'이라 부른다…….[6]

원대의 민간 탈은 악무사에 기록이 없어 그 상세한 내용을 알 수 없다. 《원사(元史)·예악지(禮樂志)》에 의하면 궁정의 탈춤은 원단에 공연하는 '악음왕대(樂音王隊)'와 천수절에 공연하는 '수성대(壽星隊)'가 있었다고 한다. '악음왕대' 중의 예인은 청색탈〔靑面具〕·공작왕탈〔孔雀王面具〕·비사신상탈〔毗沙神像面具〕과 용왕탈을 쓰며, '수성대' 중에도 청색탈을 쓴 출연자가 등장하고 있다.[7]

③ 송원 시기는 여전히 탈이 널리 희극에 사용되었다. 이것은 탈의 기능에 있어서 역사적인 의미를 지닌 전환점이 된다. 탈은 태어나면서부터

---

6) 《東京夢華錄》: ……忽作一聲如霹靂, 謂之爆杖……. 有假面披髮, 口吐狼牙煙火, 如鬼神狀者上場……. 跣足携大銅鑼, 隨身步舞而進退, 謂之 '抱鑼';……. 又一聲爆杖, 樂部動 '拜新月慢曲,' 有面塗青綠, 戴面具金睛, 飾以豹皮錦繡看帶之類, 謂之 '硬鬼'; 又爆杖一聲, 有假面長髯展裏綠袍靴筒如鐘馗者, 旁一人以小鑼相招和舞步, 謂之 '舞判'…….

7) 《원사(元史)·예악지(禮樂志)》원단에 사용하던 악음왕대에서 '차삼대(次三隊)는 남자 세 사람이 붉은 머리가 달린 파란색 탈을 쓰고 나와 춤을 추었고' '차사대(次四隊)는 남자 한 사람이 공작명왕상의 탈을 쓰고' '비사신상의 탈을 쓴 종자 2명을 데리고 나왔으며' '차오대(次五隊)는 남자 5명이 오량관(五梁冠)에 용왕탈을 쓰고 나왔으며' '차육대(次六隊)는 남자 5명이 비천(飛天)과 야차(夜叉)의 형상을 하고 춤추며 나왔으며' '차칠대(次七隊)는 아공 8명이 패왕관(覇王冠)에 푸른 탈을 쓰고 나와' 음악을 연주하였다. 〔역주〕

‘분장’의 기능을 갖고 있었다. 초기의 탈(수렵탈·토템탈·전쟁탈·무술탈 등)은 동물·토템·조상과 신령의 화신이었으며, 통상적으로 단지 분장한 각색의 외형적인 특징을 각화시키는 데 중점을 두었다. 그러나 희극(특별히 성숙된 희극) 중에서 탈은 ‘각색의 전환’을 실현해야 하는 임무를 맡았을 뿐만 아니라, 심미적인 각도에서 인물의 성격·기품·심리 등의 심층적인 내면 세계를 들추어 내보여야만 한다. 바꾸어 말하면 초기 탈은 일종의 유형화된 상징 부호이며, 희극탈은 일종의 개성화된 심미 도구이다.

　그리스·인도와 비하면 중국의 희극은 비교적 늦게 성숙되었다. 흔히 중국 희극의 맹아는 한대의 각저희라고 여기며, 《동해황공》은 바로 원시적인 희극 형태를 갖춘 작품이라고 한다. 당대에 이르러 두 사람이 골계와 풍자를 목적으로 공연하는 참군희,[8] 가무로 간단한 이야기와 줄거리를 표현하는 가무희가 출현하였다. 다만 각저희든 아니면 참군희, 가무희든 모두 희극의 꼴을 갖춘 ‘고극(古劇)’의 형태로 존재하였으며, 여전히 성숙한 희극이라고 할 수는 없다. 송원 시기에 송잡극(宋雜劇)·금원본(金院本)·남희문(南戲文)과 원잡극(元雜劇)의 출현은 중국 희극을 비로소 성숙한 단계로 진입시키고 있다. 송잡극의 탄생과는 조금 늦게 ‘나희’ 또한 오랜 ‘나의(儺儀)’ 중에서 껍질을 벗고 나왔으며, 이 시기에 가장 널리 유

---

8) 원래는 ‘농참군(弄參軍)’이라고 부르며, 당송 시기에 유행했던 일종의 공연 형식이다. 진한의 배옹에 연원을 두고 있으나, 구체적인 형성 시기는 동한, 후조, 당 등의 설이 있다. 최초에는 절목의 이름이었으나, 뒤에 공연 형식으로 발전되었다. 주로 참군과 창골이라는 두 각색이 등장하여 골계적인 대화나 동작을 통하여 사람들의 웃음을 이끌어 내며, 때로는 조정과 사회 현상을 풍자하기도 한다. 송 때에는 또 잡극이라 부르기도 하였으며, 각색도 증가되었다. 당 범려(范攄)의 《운계우의(雲溪友議)》에 “배우 주계남(周系南)과 계숭(季崇) 및 그의 처 유채춘(劉採春)이 회전(淮甸)으로부터 왔는데, 육참군(陸參軍) 놀이를 잘하였고, 노랫소리가 구름 위로 치솟았다”고 하였으니, 당시 참군희에는 여자 배우도 참가하여 노래하고 있다. 당대 이상은(李商隱)의 〈교아시(驕兒詩)〉에 보면 “문득 다시 참군 흉내를 내고, 소리 따라 창골(蒼鶻)을 부른다.” 도종의(陶宗儀)는 《경철록(輟耕錄)》권 25에서 “부정(副淨)을 옛날에는 참군이라 불렀다”고 하였으므로, 송잡극과 금원본의 부정은 일반적으로 참군에서 변천되어 온 것이라고 여기며, 부말(副末)은 창골에서 변한 것이라고 한다. 당대에는 참군장(參軍樁)이라는 각색도 있었다. 당 조린(趙璘)의 《인화록(因話錄)》에 “숙종 때 궁중에서 잔치를 할적에 여자 배우가 가관희(假官戲) 놀이를 하였는데, 그 중 녹색옷을 입고 죽간을 들고 있는 사람을 참군장이라 불렀다”고 하였다.〔역주〕

행된 극의 종류 중 하나가 되었다. 나희는 뒤에 자세히 논하도록 하고 여기서는 송원잡극과 탈의 관계를 말해보도록 한다.

송원잡극은 이미 비교적 완비된 각색항당[9]의 체계를 갖고 있으며, 각종 항당은 혹 무대화장을 사용하여 도면을 하거나 탈을 쓰기도 한다. 탈을 희극화장에 사용한 것은 한대의 각저희와 당대의 가무희 중에 이미 있었으나, 조기의 희극탈은 종류도 적고 보편적으로 사용되지도 않았다.[10] 송원잡극이 출현한 후에야 비로소 탈을 상용하게 되었으며 심지어는 희극에서 빠질 수 없는 화장 수단이 되었다. 송원 잡극 중에 탈은 대다수가 신마귀괴(神魔鬼怪)와 번관(番官) 일류의 각색이며, 극중의 악무 부분에도 세속 인물들의 탈이 나오고 있다. 남송시대 사천 부릉(涪陵)의 고승 염도륭(冉道隆)[11]은 동으로 일본에 건너 간 후에, 그가 일찍이 고향에서 잡극 연출을 본 일을 기억하여 시를 쓰고 있다.[12]

> 사천 잡극이 극장에서 연출되니
> 신과 귀신의 탈 얼마나 많은지
> 밤 깊어 등불 밝힌 극장 거리에
> 난간에 기대어 웃는 사람 없으리.[13]

---

9) 전통적인 희곡은 인물의 성별과 성격, 신분 등의 구분에 따라 서로 다른 유형으로 구분 하는 것을 '각색' 이라고 한다. 출연자는 각색의 전문화와 분업에 따라 '항당' 으로 분류한다. '각색' 과 '항당' 은 흔히 연이어 함께 쓰이고 있다. 예를 들면 여성 인물을 '단각(旦脚)' 이라고 부르며, 여성으로 분장한 사람을 '단항(旦行)' 이라고 부른다. 극종에 따라 각색항당의 명칭도 서로 다르고 수목도 다르지만, 대다수는 생(生), 단(旦), 정(淨), 축(丑)의 중요한 4개의 각색항당이 있다. 어떤 각색항당은 더욱더 세밀하게 분업화되어 있기도 하다. 예를 들면 생을 노생(老生), 소생(小生), 무생(武生)으로 나누고, 정(속칭 大花臉)을 동추화검(銅錘花臉), 가자화검(架子花臉) 등으로 나눈다. 〔역주〕

10) 예를 들면 당대에 십분 성행한 참군희는 일반적으로 모두 탈을 사용하지 않는다.

11) 속가의 성이 염(冉)이고 이름은 난계(蘭溪)이며 자가 도륭이다. 남송 가정 6년(1213년)에 사천 부주(涪州)에서 출생하였다. 어릴 때 출가하여 1246년 33세에 일본으로 건너가 33년간 일본에서 생활하면서 불법을 홍양하여 일본 선종의 개산조가 되었다. 1278년 일본에서 병으로 서거하였다. 대각선사로 봉해졌다. 〔역주〕

12) 원시는 高楠順次郎 등이 편찬한 《大日本佛敎全書》, 제95책, 1933년 東京有雅堂에 실려 있다.

변방 먼 곳의 사천에서도 잡극을 연출하면서 이처럼 흔히 탈을 사용하였으니, 중원지구에서는 얼마나 성행했을는지 알 수 있다. 원잡극 '십이과(十二科)' 14) 중에는 '신두귀면(神頭鬼面)' 일과가 있으며, 극중에 귀신·동물 유형의 각색은 대다수가 가두나 혹은 가면을 쓴다. 이런 유형의 극목에는 《간전노매원가채주(看錢奴買怨家債主)》《진계경오도죽엽단(陳季卿悟道竹葉丹)》《채순봉모(蔡順奉母)》 등이 있다.

④ 송대 탈은 궁정나의와 악무·희극에 사용된 것 외에도, 민간에서는 여러 가지 용도로 쓰였다. 하나는 탄구로 문 위에 걸어 놓아 귀신을 몰아내고 집을 늘려주었으며, 두번째는 '구나'의 도구였으며, 세번째는 아이들이 놀이에 장난감으로 쓰였다. 이것은 진원정(陳元靚)의 《세시광기(歲時廣記)》 중에 명확하게 기재되어 있다.

> 그믐날에 탈을 만드는데, 혹은 귀신을 만들기도 하고, 혹은 남녀의 형상을 만들기도 한다. 혹은 문미에 걸기도 하고 '구나'를 하는 자가 그 얼굴을 가리기도 하며, 혹은 어린아이가 놀이로 쓰기도 한다.15)

중국에서 문 위에 탄구를 걸던 습속이 어느 때 기원되었는지 확실히 고증하기 어려우나, 한대보다 늦지 않을 것이라고 추측된다. 이것은 아래의 예로 증명할 수 있다. 사천 거현(渠縣) 연가루(燕家樓)에 있는 동한 심부군(沈府君)의 석궐(石闕)은 정반 양면으로 되어 있으며, 괴수의 두상 하나

---

13) 戲出一棚川雜劇, 神頭鬼面幾多般.
　　夜深燈火闌珊甚, 應是無人笑倚欄.

14) 명 주권(朱權)의 《태화정음보(太和正音譜)》에서는 원잡극을 12과로 분류하고 있다. 그 세목은 신선도화(神仙道化), 은거악도(隱居樂道, 원주에는 또 林泉丘壑이라고도 한다), 피포병홀(披袍秉笏, 즉 君臣雜劇), 충신열사(忠臣烈士), 효의염절(孝義簾節), 질간매참(叱奸■讒), 축신고자(逐臣孤子), 발도간봉(鈸刀赶棒, 脫膊雜劇), 풍화설월(風花雪月), 비환이합(悲歡離合), 연화분대(烟花粉黛, 즉 花旦雜劇), 신두귀면(神頭鬼面, 즉 神佛雜劇)이다.〔역주〕

15) 《歲時廣記》: 除日作面具, 或作鬼神, 或作兒女形, 或施于門楣, 驅儺者以其蔽其面, 或小兒以爲戲.

씩이 조각되어 있다. 조형은 지금 사천과 귀주 일대에서 전해지고 있는 탄구와 비슷하다[그림 168]. 이것은 민간의 진택탄구에서 변천된 것으로 추측된다. 고대의 석궐 건축은 흔히 양택의 양식을 본뜨고 있으며, 죽은 사람의 세계는 산 사람 세계의 모본이 된다. 송대의 탄구는 실물로 보전되어 내려온 것이 없으므로 어떤 모양이었는지 알기가 어려우나, 다만 현존하는 송탑(宋塔) 위

[그림 168] 사천 거현(渠縣) 연가루(燕家樓)의 동한 심부군(沈府君) 석궐(石闕)에 있는 괴수의 두상.

의 짐승 얼굴 조각에 근거하여 그 대체적인 풍모를 엿볼 수가 있다. 이들 짐승의 얼굴 조각은 사악한 것을 몰아내고 탑을 보호하는 물건으로 그 기능은 진택탄구와 서로 유사하다.

송대 민간나의에 사용된 탈도 실물로 보존되어 내려 것이 없으나, 문헌 중에는 비교적 기록이 많이 남아 있다. 《몽양록(夢梁錄)》〈십이월(十二月)〉조에 이런 기록이 있다.

이 달에 들어서면 시내 거리에는 가난한 거지 너덧이 한 무리가 되어 신귀(神鬼)·판관(判官)·종규(鐘馗)·소매(小妹) 등의 모양으로 분장하고, 북을 치고 징을 울리면서 집집마다 돌아다니며 돈을 구걸한다. 민간에서는 이를 '타야호'[16]라 부르는데 역시 구나의 뜻이 들어 있다.[17]

그 각색은 송대의 궁정나 탈과 대다수가 같으나, 단지 수량은 훨씬 적었을 것이고, 조각도 궁정의 나탈처럼 정교하지 않았을 것이다. 송대의

---

16) 조언위(趙彦衛)의 《운록만초(雲麓漫鈔)》에 '세속에서는 한 해가 저물 때 마을 사람들이 어울려 '나'를 행하였는데, 민간에서는 그것을 타야호라고 불렀다〔世俗歲將除, 鄕人相率爲儺, 俚語謂之打野胡〕'고 하였다. 〔역주〕

17) 《夢梁錄》〈十二月〉: 自入此月, 街市有貧丐者三五人爲一隊, 裝神鬼·判官·鐘馗·小妹等形, 敲鑼擊鼓, 沿門乞錢, 俗呼爲 '打夜胡,' 亦驅儺之意也.

아동탈은 현존하는 송대의 그림 속에서도 볼 수 있으니, 소한신(蘇漢臣)의 《오서도(五瑞圖)》와 《영희도(嬰戲圖)》 중에는 모두 탈을 쓴 아동의 형상이 나오고 있다.

탈은 송대에도 여전히 '군나'와 전쟁에 사용되었다. '나'는 상고 시기에 무사(武事)와 밀접한 관계를 갖고 있다. 《주례》에 '구나'의 주연인 방상씨가 원래는 군대 하관(夏官) 편제안의 군오(軍伍) 직책이라 말하였으며, 정현은 《주례·춘관》의 주에서 '나는 병기를 잡고 난을 물리치는 것'[18]이라고 하였다. 이것으로 '나의 원시적인 형태는 병무(兵舞)·군무(軍舞)·무사(武事)의 춤'[19]이었음을 알 수 있다. 북위 고종시에 '대나의 예〔大儺之禮〕'는 연병 포진과 결합하여, 정기적으로 군대 안에서 조련으로 사용하였다. 당말 사주(沙州)의 귀의군이 세밀에 '아랑위구나(兒郎偉驅儺)' 활동을 거행하였으며, 장사의 공적을 가송하고 부대의 위엄을 선양하였으니, 이 안에는 이미 '군나' 색채가 농후하게 포함되어 있다. 민간나와 궁정나의 역귀를 몰아내던 형식과 구별되던 '군나'는 대략 송대에 와서야 최종적으로 형성되었다. 남송 주거비(周去非)는 《영외대답(岺外代答)》에 이렇게 말하고 있다.

계림의 나대는 평화로웠던 때부터 이름이 경사에 알려졌으며, '정강제군나'라고 불렸다.[20]

이것은 고대 문헌에서 처음으로 '군나'라는 단어를 사용한 것이다.[21] 애

---

18) 儺謂執兵以有儺却也.

19) 葉明生, 〈試論軍儺及其藝術形態〉, 《中華戲曲》, 총 제6집.

20) 《岺外代答》: 桂林舞隊, 自承平時名聞京師, 曰 "靜江諸軍儺."

21) 吳爾泰, 〈果眞有个 '軍儺' 嗎 — 與廣修明同志商權〉《民間文學論壇》 1993년 제1기)의 글 속에서는 '정간제군나(靜江諸軍儺)'는 '정강군제나(靜江軍諸儺)'의 속칭으로, 그것은 '향인나'에 속하며 '군나'가 아니라고 하였다. 오이태의 글은 역사상으로 궁정나와 향인나와 함께 발전했던 군나를 부정하고 있다. 오씨의 관점은 이목을 새롭게 하고 있어 깊이 있게 연구할 가치가 있다. '군나'의 문제는 비교적 복잡하여 일시에 정론을 얻을 수 없으므로, 본서에서는 잠시 구설을 따른다.

석하게도 주거비의 '정강제군나'에 대한 기록은 지나치게 간략하여 후인
들은 그 내용과 형식을 깊이 알 수가 없다.

《송사》와 장작(庄綽)의 《계륵편(鷄肋編)》 등의 기록에 의하면 송대의 명
장 적청(狄靑)·필염우(畢冉遇)와 한세충(韓世忠)이 모두 전쟁중에 탈을
사용하였다. 이것은 양진·남북조 이후 전쟁 탈이 또 한번 유행한 것이다.

⑤ 양송 시기에 중국 북방에서 굴기한 3개의 소수민족이 요(遼, 907-
1125년)·서하(西夏, 1038-1227년)·금(金, 1115-1234년)을 세웠으며,
여기에서도 탈이 성행하였다. 요대의 탈은 주로 상장에 사용하였다. 문유
간(文惟簡)의 《노정사실(虜廷事實)》에서 이렇게 말하고 있다.

> 북쪽 사람의 상장례는 대략 서로 다르다……. 오직 거란만이 특히 이와
> 다르다. 그 부귀한 집에서는 사람이 죽으면 칼로 배를 가르고 위장을 꺼내
> 이를 씻는다. 향약과 소금 명반으로 채우고 오색 실로 이를 꿰맨다. 또 뾰
> 쪽한 갈대 대롱으로 피부를 찔러, 그 기름과 피를 모두 뽑아낸다. 금은으로
> 탈을 만들고 동 실 망사로 그 수족을 씌운다.[22]

근대 이래로 요녕·내몽고·호북 등의 요묘(遼墓) 중에서는 약간의 탈
과 그물망이 출토되었다. 탈의 지질은 금·은·동 3종류이고 그물망의 재
질은 동과 은 두 종류이다. 이밖에 요대의 거란인은 현실 생활 속에서도
탈을 사용하였다. 즉 샤먼은 탈을 강신의 법기로 삼았다. 1972년 요녕성
조양시(朝陽市) 전창호촌(前窓戶村)의 요묘에서는 금으로 도금한 은제 허
리띠 장식인 대구(帶鉤)가 출토되었다. 4개의 정방형으로 되어 있으며,
정면에는 모두 놀이하는 아이들의 도안이 주조되어 있다. 세번째 허리띠
의 정면에는 3명의 아이가 있으며, 그 중 하나는 오른손에 군대에서 명령
전달의 증거로 사용한 화살 모양의 깃발인 영전(令箭)을 잡고 얼굴에 가

---

22) 《虜廷事實》: 北人喪葬之禮, 蓋有不同……. 惟契丹一種特有異焉. 其富貴之家,
人有亡者, 以刃破腹, 取其腸胃滌之, 實香藥鹽礬, 五朵縫之; 又以尖葦筒刺于皮膚,
瀝其膏血且盡. 以金銀爲面具, 銅絲絡其手足.

[그림 169] 요녕 조양(朝陽)
전창호촌(前窓戶村)에서
출토된 요대 은대구(帶鉤) 중
의 희동(戲童) 도안.

면을 쓰고 있으며, 무릎을 굽혀 뛰어오르는 모습을 하고 있다[그림 169]. 두효범(杜曉帆)은 이 아이가 놀이를 하는 것이 아니라 "바야흐로 샤먼이 굿을 하면서 신 내리는 기예를 배우는 것"[23]이라고 하였다.

서하와 금대에 남겨진 탈의 자료는 요대처럼 풍부하지 않다. 근년에 들어와 영하(寧夏) 하란현(賀蘭縣) 굉불탑(宏佛塔)에서 발견된 2건의 부처님의 면상(面像)과 2건의 역사 면상은 지금까지 알려진 유일한 서하 탈의 자료이다. 금대의 탈 자료로 이미 알려진 것은 4점이 있다. 하나는 하남 초작시(焦作市) 서풍봉촌(西馮封村)에서 출토한 가두무용(假頭舞俑)으로 모두 8건이다. 다른 하나는 섬서 천양현(千陽縣) 조해묘(趙海墓)에서 출토한 탄구로 모두 3건이다. 그밖에 두 점은 하남 초작시 추경묘(鄒瓊墓) 석관의 선각과 하남 수무현(修武縣) 석관의 선각으로, 두 폭의 작품은 서로 비슷하다. 모두 음각 선으로 대곡무도도(大曲舞蹈圖) 한 폭을 새겨 놓고 있으며, 그림 속의 두 무용수는 모두 가면을 쓰고 있다.

⑥ 송대는 탈이 갖가지 용도로 사용되었으며, 아주 많은 수량을 필요로 하였다. 이로 인해 전문적으로 탈 제작을 직업으로 삼는 예인이 출현하였으며, 탈은 공개적으로 팔리는 상품이 되었다. 홍매(洪邁)의 《이견지(夷堅志)》에 "군에 들어서니, 먼지 날리는 시장에서 작은 북을 흔들면서 희극 탈 파는 사람을 만날 수 있었다"[24]고 하여, 당시 탈을 판매하는 것이 아주 보편적이었음을 볼 수 있다. 대북 고궁박물원에는 송인(宋人)의 《화랑도축(貨郎圖軸)》 한 폭이 소장되어 있으며, 물건을 파는 사람이 몇 명의

---

23) 杜曉帆, 〈契丹族葬俗中的面具·网絡與薩滿敎的關係〉, 《民族硏究》, 1986, 제7기.

24) 入郡, 適逢塵市有搖小鼓而售戲面具者.

아이들에게 갖가지 장난감과 잡화를 팔고 있다. 그 장사치는 등롱 · 꽃바
구니 · 호로 · 악기 · 작은 우산 · 목우(木偶) 등의 물건을 어깨에 메고 있
으며, 가장 아래에 매달려 있는 5개의 인형 가면이 사람의 눈길을 잡아끌
고 있다.[25] 송대에 탈을 만들어 파는 곳은 아주 많았으나, 계림에서 제작
한 탈이 가장 유명하며 가격도 가장 비쌌다. 아래의 사료는 이에 대해 명
확하게 기록하고 있다. 주거비《영외대답》에

……계림 사람은 가면을 잘 만들었으며, 좋은 것은 만전의 값어치가 있
다.[26]

범성대(范成大),《계림우형지(桂海虞衡志)》에

계림 사람이 만든 목각 인면은 공장이 극히 교묘하여 한 장에 혹은 만전
의 가치를 지니고 있다.[27]

육유(陸游),《노학암필기(老學庵筆記)》에

……지금 계림부에서 이것을 만드는 자는 모두 치부하였으며, 천하와 외
국오랑캐가 모두 이에 미칠 수가 없었다.[28]

탈 한 장의 가치가 만전이라고 하는 것은 송대 탈의 공예 수준이 높았다
는 것을 반영해 주고 있으며, 그렇지 않으면 이런 비싼 값으로 팔을 수가
없었을 것이다. 다른 한편으로는 당시 사람들이 탈을 애호하고 진귀하게
여긴다는 것을 알 수 있으니, 그렇지 않으면 탈의 제작이 아무리 정교하

---

25) 이 그림은《故宮書畫圖錄》(三)에 수록되어 있다(臺北故宮博物院編輯出版).
26)《峇外代答》: ……桂人善制戲面, 佳者, 一値萬錢.
27)《桂海虞衡志》: 桂林人以木刻人面, 窮極工巧, 一枚或値萬錢.
28)《老學庵筆記》: ……至今桂府作此者皆致富, 天下及外夷皆不能及.

다, 해도 만전을 내고 이를 사지 않았을 것이다. 육유(陸游, 1125-1210)가 계림의 탈을 "천하와 외국 오랑캐가 모두 미칠 수 없다"고 한 본의는 계림 탈이 천하의 으뜸이라는 것을 과찬한 것이나. 송대에 외국 탈이 유행했다는 사실도 반영해 주고 있다. 외국 탈의 유입이 송대 탈의 번영에 적극적인 추진 작용을 하였다는 사실은 의심할 여지가 없다.

2. 명청 시기

명청은 중국 봉건 사회의 몰락 시기이다. 명청 양대는 중앙집권을 강화하기 위해 크게 힘썼으며, 혹독한 사상 통치를 실행하였다. 그 사이에 명대의 영락(永樂, 1403-1424년)과 청대의 강희(康熙, 1662-1722년)·건륭(乾隆, 1736-1795년) 연간에는 강성하고 번영한 세상이 출현하였으나, 이는 단지 봉건 전제 제도가 사망하기 전의 회광반조일 따름이었다. 명대 중기 이후에 강남의 일부 도시에서는 자본주의의 맹아가 출현하였으나, 발전이 아주 완만하였으며, 평형을 이루지 못하였다. 중국 봉건 사회가 나날이 쇠망해 갈 즈음에, 유럽에서는 자본주의 계급 혁명이 폭발하였다. 1840년 서방의 열강은 군함과 대포로 관문을 닫고 스스로를 지키던 청 정부의 대문을 열어 젖혔으며, 이로부터 중국은 점차 반식민지 반봉건 사회로 전락하게 되었다.

명청의 탈은 기본적으로 송원의 전통을 계승하였으며, 총체적으로는 전대의 국면을 돌파한 적이 없으나, 사람들이 주목할 만한 변화들도 생겨났다.

① 명청 시기의 상품 경제는 송대의 기초 위에서 더욱 큰 발전을 하였으며, 시민 계급의 역량은 더한층 성장하였으며, 이에 따라 시민 문예의 번영에 비옥한 토양을 제공해 주었다. 시민 문예의 대표는 희곡·소설과 강창문학이었다. 이들은 대다수가 시정 소시민의 생활을 제재로 삼고 있으며, 혹은 애정에 충실한 기녀를 가송하기도 하고 혹은 여자를 농락하고

버리는 문인을 채찍질하기도 하고, 혹은 잔학한 탐관오리를 폭로하기도 하고, 혹은 청정한 계율을 지키지 않는 화상을 풍자하기도 하였다……. 포옹노인(抱翁老人)의 《금고기관(今古奇觀)》 서(序)에서는 "인정세태의 갈등을 아주 잘 그렸으며, 비환과 이합을 지나치게 잘 그렸다"고 하였다. 이 사조는 탈문화에도 거대한 영향을 주었으며, 이는 당시의 희극과 악무 중에 표현되었다. 할아비·할미·촌부·서생·농부·철장·심부름꾼·거지·비녀·서동 등의 세속적인 인물의 형상이 이미 정정당당하게 탈의 인물 계보에 들어오게 되었으며, 아울러 귀신탈·영웅탈·동물탈과 함께 대등한 지위를 얻을 수 있었다.

② 명청 시기는 중원과 동남 연해의 탈문화가 나날이 쇠락해져 갔으나, 변경지구 특히 서남·서북·동북의 각 성의 탈문화는 도리어 갑작스레 발전하여 강렬한 대조를 이루고 있다. 전국으로 보면 명청 탈은 명확하게 두 줄기 호선으로 분포하고 있다. 한 선은 티베트를 원두로 청해·사천·운남·감숙·산서·하북·내몽고·흑룡강 등의 성으로 폭사되었으며, 주로 티베트탈이 성행하였다. 다른 한 선은 사천을 기점으로 귀주·운남·호북·호남·광서·강서·안휘·복건 등의 성으로 뻗어나갔으며 주로 '나' 탈이 성행하였다. 그러나 이런 구분은 대체적이며 실제 상황은 이에 비해 훨씬 복잡했다.[29] 이상의 현상을 만든 원인은 여러 가지이며, 그 중에서 궁정나의 쇠미와 검보[30] 예술의 흥성, 북으로 전파한 티베트 불교, 남

---

29) 현재 파악하고 있는 자료에 의하면 전국 절대다수의 성(구)과 민족에서는 명청 시기에 모두 탈이 유전되고 있었다.

30) 전통적인 희극에서 인물의 얼굴 부위에 화장을 하는 보식(譜式)이다. 인물의 얼굴 피부색, 기관과 근육 살결을 과장하고 변형시킨다. 또 어떤 상징성이 있는 도형을 그리기도 한다. 예를 들면 포공(包公)의 이마에는 초생달이나 음양어(陰陽魚)를 그린다. 검보는 일반적으로 도안형을 나타내며, 색채의 대비가 강렬하며 고유명사와 규정된 보식을 갖고 있다. 서도 다른 보식은 인물의 연령과 성격, 그밖의 특징등을 나타낸다. 통상 흰색은 간사함을 드러내고, 검은색은 거칠면서 곧으며, 붉은색은 충용을 표시한다. 검보는 정축의 항당에만 사용된다. 주로 정각(正角)으로 출연하는 자에게 쓰이며, 다양한 대화검(大花臉)이 생겨났다. 축각(丑角)의 골계화장은 그것을 통하여 관중들을 즐겁게 할 목적이기 때문에 비교적 자유스럽다.〔역주〕

으로 전진한 나문화 등등은 모두 어느 정도 명청 탈의 발전과 나아갈 방향에 영향을 주었다.

③ 명청 시기의 탈은 일반 민중의 눈 속에 여전히 신의 화신으로 여겨졌다. 청대 당훈방(唐訓方)은 《이어징실(里語徵實)》에서 이런 이야기를 기록하고 있다.

> 순치 때, 금릉의 왕씨(王四)는 탈[鬼臉]을 판매하였다. 도중에 비를 만나 탈[臉子]이 젖자, 장씨 성의 집에 하룻밤 묵기를 청하였다. 장씨는 딸이 병이 났기 때문에 객을 받아들이지 않았으므로, 마침내 처마 밑 계단에서 잠을 자게 되었다. 밤이 어두워지자, 불을 피워 몸을 녹이면서, 탈[鬼臉]을 하나 머리에 쓰고 양손과 양 무릎에도 하나씩 올려 놓았다. 홀연히 검은 사내가 다가오는 것을 보고 그에게 호통을 치자, 그 사내가 꿇어앉으며 말하기를 "나는 물고기의 정령으로 이 집의 못 속에 살고 있습니다. 장씨의 딸과 사통하고 돌아오는 길에, 뜻하지 않게 신을 범하게 되었습니다!"고 하였다. 왕씨가 이를 꾸짖어 물리치고, 다음날 주인에게 이 사실을 말하니, 과연 딸에게 병이 있었다. 마침내 못의 물을 퍼내고 검은 잉어 3백 근(舠: 열냥쯤) 짜리를 잡았다. 이를 잡아먹자 딸의 병이 좋아졌다.[31]

그러나 한편으로는 사회의 진보와 인류의 인식 능력이 높아지면서 탈의 신성한 지위는 이미 흔들리기 시작하였다. 청대 시인 정관(程琯)은 〈면귀(面鬼)〉라는 시에서 이렇게 쓰고 있다.

> 연지와 분 어찌 더러운 걸 싫어할까?
> 무단히도 꾸미고 장식을 한다.

---

31) 順治時, 金陵王四販賣鬼臉, 途中雨濕臉子, 借宿庄姓. 庄因女病, 不容, 遂臥階級. 暮昧, 焚薪以炙, 頭戴一只, 兩手兩膝共四. 忽大黑漢至, 叱之, 黑跪曰: "我乃魚精, 家在魚塘中, 與庄女私回來. 不料有犯尊神!" 王叱之去, 次日具告主人, 述語果病. 遂干塘, 獲黑鯉三百舠, 啖之, 女好.

세치 혓바닥 잘도 숨기지만

한 쌍 눈동자 잘라 버리기 어렵다.

웃음 파느라 얼굴 특히나 두껍고

부끄러움 감추려고 낯짝은 덮을 수 있지.

참뜻이 적다고 싫어하지 마라.

색과 형상은 본래 공한 것이라니.[32]

이 시는 '면귀'의 연출에 대하여 풍자하는 의미가 많으며, 불공스러운 말도 많으니, 이 중에서 탈문화가 바야흐로 쇠락해 간다는 정보를 드러내고 있다.

명청 시기에 탈을 가장 많이 사용한 영역은 희극이었다. 그 중에서도 특히 나희와 장희가 으뜸이다. 나희탈과 장희탈은 뒤에서 전적으로 논술하도록 하고, 여기에서는 단지 그밖의 희극 탈을 소개하도록 한다.

목련희(目連戱)는 목련이 모친을 구한다는 제재로 혼을 부르는 소혼(召魂), 귀신을 쫓아내는 간귀(赶鬼), 망자의 혼을 인도하는 초도(超度), 그리고 기복(祈福)이 일체화된 종교희극이다. 인도의 불경 《우란분경(盂蘭盆經)》에서 재료를 취하였으며, 당대의 변문(變文)에는 이 고사에 대해 상세히 기술하고 있다. 전해지는 말로는 남야(南耶) 왕사성 사람 부라복(傅羅卜)이 출가하여 승려가 되어 부처님을 스승으로 모셨으며, 이름을 목련이라 하였다. 그는 정과를 이룬 후에 천궁에서 부친을 보았으나, 오직 모친 청제부인을 만나지 못하였다. 부처님이 그에게 말하기를 청제부인은 생전에 죄업이 깊고 중하여 이미 지옥으로 떨어졌다고 하였다. 목련은 부처님의 힘을 빌려 아비지옥으로 들어가 고통을 받고 있는 모친과 서로 만나게 되었다. 그는 모친을 대신하여 지옥으로 들어가고자 하였으나 받아들

---

32) 脂粉何嫌汚, 無端作態工.
   長韜三寸舌, 難剪一雙瞳
   賣笑顔偏厚, 藏羞面可蒙.
   莫嫌眞意少, 色相本來空.

여지지 않자, 부처님께 도움을 청하였다. 부처님이 말씀하시기를 매년 7월 15일에 우란분[33]을 만들어 선을 행하고 제사를 지내며 널리 공덕을 베풀라고 하였다. 목련은 부처님의 말씀에 따라 일을 처리하여 모친으로 하여금 배불리 먹을 수 있도록 하였다. 뒤에 또 개에게 투태한 모친을 불탑 앞으로 인도하여 칠일 밤낮을 참회하고 재계하도록 하여 마침내 모친이 사람의 형상을 회복하도록 하였으며, 이로부터 불법에 귀의하도록 하였다.[34] 중국에서 우란분재를 지낸 것은 양무제 대동 4년(서기 538년)이었으며, 이후로는 역대로 이어져 내려왔다. 목련구모의 고사가 무대에 옮겨 올라오게 된 것은 송대에 비롯되었다. 《동경몽화록》에

구사(構肆)의 악인은 칠석을 지나면서 곧 《목련구모》의 잡극을 연출하면서 15일에 이르면 관중이 배로 증가하였다.[35]

고 하였다. 상연 시간은 8일로 관중의 열렬한 환영을 받았으니, 송대의 목련희는 이미 비교적 복잡한 구성과 상당히 방대한 규모를 갖추었음을 알 수 있다.

명청 시기의 목련희는 민간에서 아주 성행하였다. 점차 목련구모의 이야기를 위주로 연출하였으며, 아울러 그밖의 극목을 포함한 대형종교 제사희극이 되었다. "전체 극은 비록 목련구모 이야기로 처음부터 끝까지 관철하고 있으나, 여전히 극본과 유리된 허다한 잡희들이 끼어들어 가고 있다. 예를 들면 골계 · 격투기〔相扑〕· 조괴뢰(調傀儡) · 퇴나한(堆羅漢) · 무술 · 잡기 · 연화락(蓮花落) · 십불친(十不親) · 농사(弄蛇) · 배풍(背瘋) · 고악부(古樂府) · 불사(佛事) · 도장(道場) · 아잡극(啞雜劇) 등등

---

33) 우란분(盂蘭盆)은 범어 Ullambanadml 해석으로 거꾸로 매달린 고통을 풀어 준다는 뜻이다. 온갖 맛을 갖춘 동이로 삼보를 공양하여, 거꾸로 매달린 아귀의 고통을 구해 준다는 것이다.〔역주〕

34) 鄭振鐸, 《中國俗文學史》, 상책 참조, 제6장, 上海書店, 1984.

35) 《東京夢華錄》: 構肆樂人自過七夕, 便搬《木連救母》雜劇, 直至十五日止, 觀者增倍.

이다."36) 희중에는 권선효행과 인과응보의 설교가 충만되어 있으며, 그 내용은 불교가 위주이나, 유교·도교·무교의 인소가 끼어들어가 있다. 과거에는 불교의 우란분회이든 아니면 도교의 지옥에 갇힌 귀혼을 풀어 주려는 나천대초(羅天大醮)든 모두 목련희를 연출해야만 했으며, 망령의 초도와 재역(災疫)을 물리치고 풍년을 기원하며 백성을 즐겁게 해야 했다.37) 시간은 적으면 열흘이나 반달이고 많으면 한 달이 넘는다. 매번 대희(大戱)의 북과 징을 울리면 사람들은 노인과 어린이를 이끌고 서로 다투어 몰려들어 장면이 극히 시끌법적하다. 목련희 중에는 대량의 귀신이 출현하며 위로는 부타·옥황·관음에 이르고 아래로는 염라·귀졸·야차로 등급이 삼엄한 귀신 세계를 이루고 있다. 연출 분위기를 증가하기 위하여 극 속의 우두(牛頭)·마면(馬面)·귀졸·야차·금강·역사 등은 모두 공포스럽고 흉맹스러운 탈을 쓰고 등불 빛·연기와 불, 갖가지 특기와 배합하여 극히 강렬한 효과를 내었다. 장대(張岱)의《도암몽억(陶庵夢憶)》은 명대의 목련희 연출을 다음과 같이 기술하고 있다.

---

36) 陸千秋, 〈目連戱四題〉, 《文藝硏究》, 1990, 제5기.

37) 11세기 북송의 개봉에서는 우란분회가 성황을 이루었다. 《동경몽화록》에 "7월 15일 중원절(中元節)에는 먼저 수일 동안 시정(市井)에서 명기(冥器)를 팔았다…….《존승목련경(尊勝目蓮經)》을 인쇄하여 팔았으며, 또 대나무를 잘라 높이 3–5척 정도되는 세 발을 만들고 위에는 등받침 비슷하게 엮어 놓고, 이를 우란분이라고 하면서, 여기에다 옷과 명전(冥錢)을 걸고 태웠다.구사(構肆)의 악인은 칠석을 지나면서 곧《목련구모》의 잡극을 연출하면서 15일에 이르면 관중이 배로 증가하였다"고 하였으며, 불교의 명절이었던 우란분희는 목련희의 토양을 벗어나 대형의 종교극화되었고, 목련희는 우란분회의 희극으로 형상화되었다. 또 당대부터 도교가 우란분회에 침투되었다. 송대에 이르면 도교·불교·유교가 어느 정도 흡수하고 침투하여 삼교합일의 추세를 보이고 있었다. 도교는 동한 말년에 천(天)·지(地)·수(水) 삼관(三官)을 제사 지내는 습속이 있었으며, 당대 초에 이미 삼원일(三元日)을 제정하였다. 그 중 중원은 바로 7월 15일이며, 삼관의 하나인 지관대제(地官大帝)의 탄신일이다. 도교 신도들은 이날 경을 읽고 귀혼을 제도하여 지옥에 갇혀 있는 귀신들을 해탈시키려고 하였다. 7월 15일 중원절의 활동은 갈수록 홍성하여 종교·민속·예술의 문화 활동이 한자리에 어우러지게 되었으며, 유교의 신종추원(愼終追遠), 의 경조(敬祖), 불교에서 조상을 초도하는 우란분희, 도교에서 지옥에 갇힌 귀혼을 풀어 주려는 나천대초(羅天大醮)가 모두 목련희속에서 통일되게 되었다(曲六乙의 〈目蓮戱的衍變與儺文化的滲透〉 참고,《文藝硏究》, 1992).〔역주〕

여온숙(余蘊叔)은 연무장에다 큰 대를 세우고 휘주(徽州) 정양희자(旌陽
戲子)를 선택하니, 날래고 용맹하여 능히 서로 치고 질타할 수 있는 자가
30,40명이나 되었으므로 이들에게 《목련》을 연출하게 하였다. 삼일 밤낮
을 연출하니……. 무릇 천지의 신지와 우두마면(牛頭馬面), 귀모상문(鬼母
喪門), 야차나찰(夜叉羅刹)이 다 있고, 단단하게 제련한 솥과 칼산은 얼음
처럼 차갑고, 검이 나무처럼 빽빽히 늘어서 있으며, 철성에는 혈해가 흐르
니, 마치 오도자(吳道子)의 '지옥변상(地獄變相)'을 보는 것만 같았다. 이를
위해 허비한 종이만해도 만전이었다. 사람들은 마음속으로 두려움에 떨도
록 하며 등불 아래에는 모두 귀색이 가득하였다. 극에 나오는 투수로는 '초
오방악귀(招五方惡鬼)' '유씨도붕(劉氏逃棚)' 등의 극이 있었으며, 만인이
일제히 함성을 질러댔다. 웅태수는 해적이 졸지에 쳐들어 온 것으로 여기
고 깜짝놀라 일어나, 아문의 관리를 보내어 사정을 알아 오도록 하였다. 온
숙이 스스로 나아가 이를 고하니 이에 편안하였다.[38]

참으로 있는 그대로 생생하고 핍진하게 묘사하고 있다. 몇백 년 후에 이
를 읽어봐도 여전히 사람의 모골을 송연하게 만들어 주어 마치 그 속에
내가 있는 것만 같다.

단순히 목련희뿐만이 아니라 명청 시기에는 각종 성강(聲腔)과 극종(劇
種)이 출현하였으며, 또한 거의 모두 탈을 사용하였다. 민간 희반에서 갖
추고 있는 탈은 그리 많지 않으며 흔히 볼 수 있는 것으로는 토지면(土地
面)·금강면(金剛面)·천왕면(天王面)·괴성면(魁星面)·여귀면(女鬼
面)·가관검(加官臉)·조예검(皂隷臉)·뇌공검(雷公臉)·서시검(西施臉)
과 우두(牛頭)·마면(馬面)·사자(獅子) 등 10여 종이다. 이는 민간 희반

---

38) 《陶庵夢憶》: 余蘊叔演武場搭一大臺, 選徽州旌陽戲子, 剽輕精悍, 能相扑跌打
者三四十人, 搬演 《目連》, 凡三日三夜……. 凡天神地祇, 牛頭馬面, 鬼母喪門, 夜叉
羅刹, 鋸煉鼎鑊, 刀山寒氷, 劍樹森羅, 鐵城血澥, 一似吳道子 《地獄變相》, 爲之費紙
扎者萬錢. 人心惴惴, 燈下面皆鬼色. 戲中套數, 如 '招五方惡鬼' '劉氏逃棚' 等劇,
萬人齊聲吶喊. 熊太守謂是海寇卒至, 驚起, 差衙官使問. 蘊叔自往復之, 乃安.

이 여러 유형의 관중들이 좋아하는 것을 만족시키기 위하여 많은 극목을 준비해야 했다. 극목이 많으면 각색이 많아지게 되며, 각색마다 모두 탈 하나씩 갖추어야 했으나, 경제 조건이 따르지 않았으므로 '항두(行頭)'로 하여금 지나치게 빈궁하도록 만들어 희반의 행동에 불편을 가져다주었다. 또 다른 원인은 검보 예술이 나날이 성숙해지면서, 탈이 부족에서 오는 결함을 메울 수 있었다. 민간 희반과 선명한 대조를 이루는 것은 이 시기 궁정 연극에서 사용되는 탈의 수량이 전에 없이 크게 늘어났다. 조익(趙翼)의 《첨폭잡기(簷曝雜記)》는 청 건륭 연간(乾隆, 1736-1795년)에 열하(熱河)의 승덕행궁(承德行宮)에서 10일 동안 연출했던 대희(大戲)를 기록하고 있다. 《서유기》《봉신전》 등을 연출하면서 소설 속에 나오는 신선·귀신의 유형을 모두 다 사용되었다. 게다가 허황된 이야기가 터무니없이 이어졌으며, 많은 사람이 들고나면서 변화가 괴이하여 크게 볼만하였다. 때로 귀신이 모두 모이면 탈이 천백이 넘는데, 하나도 서로 같은 것이 없었다. 궁정에서 연출하는 것은 경제적으로 걱정할 필요가 없었으므로, 항두는 빈궁을 걱정하지 않고 웅대한 장면에다 기이한 변화를 줄 수 있었다. 이로 인하여 탈은 자연히 천백이 넘게 되었다. 광서 19년(서기 1893년)의 은상일기(恩賞日記) 당안 중에는 상소문이 기록되어 있는데 어떻게 경사를 벌이고 은상을 내릴지에 대해 기록하고 있다. 자희태후(慈禧太后) 육순 수연시에 준비한 수희투두(壽戲套頭) 탈은 모두 2백30개나 되었으니, 그 상세한 물품단자는 다음과 같다.

수성투두(壽星套頭) 1백20개, 28조투두(28祖套頭) 20개, 시종귀투두(侍從鬼套頭) 8개, 뇌공투두(雷公套頭) 10개, 미륵투두(彌勒套頭) 2개, 대두화상유취투두(大頭和尙柳翠套頭) 4개, 아수라투두(阿修羅套頭) 4개, 금시조투두(金翅鳥套頭) 2개, 무상귀투두(無常鬼套頭) 2개, 악주투두(岳主套頭) 20개, 대두귀투두(大頭鬼套頭) 2개, 고루귀투두(骷髏鬼套頭) 8개, 송생낭군투두(送生郎君套頭) 2개, 나한투두(羅漢套頭) 18개, 이매망양투두(魑魅魍魎套頭) 8개.

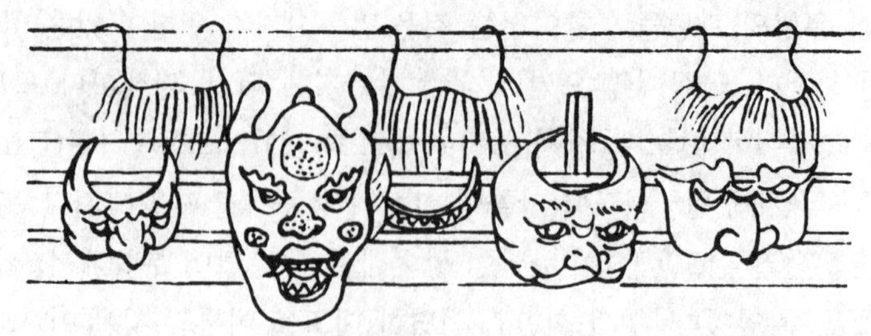

[그림 170] 민족음악연구소 소장품 《강희경수도(康熙慶壽圖)》의 탈.

이들 투두의 각색은 주로 신불·나한·귀매·동물 종류로 민간 희반의 탈과 대체로 비슷하다. 이중에는 명확하게 무용탈에 속하는 것도 있으며, 결코 연극에는 쓰이지 않는다. 당시의 연극 속에는 흔히 무용 공연이 끼어 들어가 있으므로 희극탈과 무용탈이 함께 섞여있으며, 모두 수희(壽戲)탈에 나열되어 있다. 민족음악연구소에서 소장하고 있는 한 폭의 〈강희경수도(康熙慶壽圖)〉 그림 속의 무대 뒤 선반 위에 탈과 염구(髯口) 등이 걸려 있다. 탈은 모두 가면으로 온전한 탈과 반쪽탈 두 종류로 조형은 모두 아주 괴이하며 이중에서 청궁(淸宮) 희극탈의 대체적인 풍모를 살펴볼 수가 있다[그림 170].

무용탈은 명청 양대에 상당히 광범하게 유전되었다. 이 시기의 탈춤은 대체로 민간 탈춤과 궁정 탈춤·사원 탈춤의 세 종류로 나눌 수 있다. 민간 탈춤에서 가장 널리 유포되었으며, 극목이 제일 풍부한 것은 '나무'이다. '나무'는 '나제'에서 '나희'로 변천되는 중간 고리이며, 이는 '나제'와 연결되기도 하고 구별되기도 한다. 일찍이 주대에 방상씨는 과를 잡고 방패를 휘두르면서 백예를 이끌고 실내에서 역귀를 몰아냈다. 대상(大喪)시에는 무덤 속의 사방모서리를 찌르면서 귀매를 몰아냈으니, 이 사이에는 이미 '나무'의 성분이 포함되어 있다. 다만 성숙한 '나무'는 한대에 비로소 출현하고 있으며, 가장 유명한 것은 '십이수무'이다. 그러나 이는 궁정나무이지 민간 나무가 아니다. 민간나무로 가장 먼저 문자로 기재된 것은 남북조의 형초나무(荊楚儺舞)이며, 출연 인물에는 금강·역사·호공두 등이 있다. 북송 이래로 '천민(丐戶)'들이 매번 그믐달이 되면[39] 북과 징을 울리면서 '나무'를 추고 집집마다 돌아다니며 구걸을 하였다. 이를 '타야호(打夜胡)' 혹은 '타야가(打野呵)'라고 불렀다. 다만 타야호는 규모가 작으며(일반적으로 3-5인)이고, 극목이 또 적으며(분장자는 단지 판관·종규·소매 등의 각색이다), 게다가 연출자가 모두 거지나 혹은 가난한 사람들로 큰 영향을 줄 수 없었으며, 그 예술 또한 비교적 높은 층차로 올라설 수 없었다. 명청 시기에는 궁정나는 쇠락하여 끝을 맺고 있었으며, 민간나는 장족의 진보가 있었다. 이는 민간 나무가 장기적으로 발전해 온 결과이며, 또한 궁정나무가 민간에 흩어진 것과 서로 밀접한 관련이 있다. 당시 전국 대부분의 지역에서는 '나무'가 분포되어 있으며, 그 중에서 강서·안휘·광서·호남·호북·복건·귀주·사천·운남·산서·섬서 등의 성에 더욱 풍부하게 남아 있다. 각 지역은 '나무'의 연출 상황이 서로 달랐으며, 대체로 두 가지 유형을 나타내고 있다. 하나는 명절과 경사스런 날에 공연하는 것으로 일반적으로 촌사나 혹은 가족을 단위로 하며, 연출자는 모두 보통 백성들로 구사납길(驅邪納吉)과 오인오신(娛人娛神)이 목적이었다. 다른 한 유형은 원주(愿主) 집에서 공연하는 것으로 일반적으로 나단(儺壇)이나 나반(儺班)을 단위로 하며, 연출자는 대부분 전문적인 무당으로 병을 치료하고 귀신을 쫓아내거나 신에게 감사를 드리는 데 있다. 앞의 유형은 청 건륭(乾隆, 1736-1795년)《건창부지(建昌府志)》에서 말하기를 "……새봄에 토우(土牛)를 본다……. 다시 죽마(竹馬)·대나(大儺)·화합(和合)·사자 종류의 희극이 있으며, 옷과 채색 옷을 걸치고 탈을 쓰고 춤을 춘다……. 민간에 두루 춤추고 돌아다나면서 10여 일이 지나야 그친다"[40]고 하였다. 뒤의 유형은 명 경태(景泰)의《계림군지》

---

39) 타민(惰民)이라고도 하면 천민을 말한다. 송대의 무장 초광찬(焦光瓚)이 금나라에 부하를 인솔하고 항복하였는데, 후에 이들 자손을 강소성과 정갈의 각지에 이주시켜 천한 직업밖에 가질 수 없도록 하였다.〔역주〕

40)《建昌府志》: ……新春觀土牛……. 復有竹馬·大儺·和合·獅子之類戲衣彩衣, 戴面具而舞……. 遍舞于民間, 旬有余日乃已.

에 "질병이 있으면, 약을 복용하는 사람은 적으며, 전적으로 굿판을 벌리는데 명을 받은 무당 십수 명이 있으며, 이를 무사(巫師)라고 말한다. 제물을 잡고 술로 제사 지내며 북을 치고 피리를 불면서 가면으로 여러 신으로 분장하여 노래하고 춤춘다……"[41]고 하였다. 이 시기의 '나무'는 수량이든 질량이든 전대와 비교하여 모두 거대한 비약이 있었으며, 몇백년 세월의 창상을 지나면서 어떤 것은 이미 '나희'로 변천되었고 어떤 것은 완전하게 지금까지 보존되어 있다. 현재 우리가 볼수 있는 강서나무에는 '개산(開山)' '뇌공(雷公)' '나공나파(儺公儺婆)' '괴성점두(魁星點斗)'가 있고 안휘나무에는 '산무(傘舞)' '무회회(舞回回)' '타적조(打赤鳥)' '무고노전(舞古老錢)'이 있으며, 복건나무에는 '도미륵(跳彌勒)' '도번승(跳幡僧)' '도오신(跳五神)'이 있고, 광서나무에는 '삼원무(三元舞)' '풍사무(馮四舞)' '반고무(盤古舞)' 등이 있으며 대체로 여전히 명청 나무의 풍모를 보존하고 있다.

나무를 제외하고도 명청 시기의 민간 탈춤은 오히려 적지 않으니 한족의 '대두화상무(大頭和尙舞)' '사무(獅舞)'와 소수민족의 갖가지 짐승을 본뜬 의수무(擬獸舞)가 있으며, 그 중에서 대두화상무가 가장 널리 전해졌다. 대두화상은 중국 사람들이 아주 좋아하는 골계 각색이었다. 송대 민간무 중에는 이미 '쇄대두(耍大頭)'의 명목이 있다. 명청의 '대두화상무'에는 두 종류의 공연 형식이 있다. 하나는 줄거리가 없으며 1명이나 혹은 수 명의 연출자가 대두화상 투두를 쓰고 춤을 춘다. 다른 하나는 월명화상(月明和尙)이 유취(柳翠)를 제도한 이야기이다. 전해지는 말로는 유취는 전세에 옥통화상(玉通和尙)이었으나 타락하여 유취로 환생하고 악적(樂籍)에 떨어져 기녀가 되었다. 후에 전생에 같은 화상이었던 옥청(즉 명월)과 대불사 안에서 만난다. 월명은 현신하여 설법하고 전생의 인과를 들추어 보여주니 유취가 즉시 대오하였다(청(淸) 육차운(陸次云), 《호연잡기

---

41)《桂林郡志》: 凡有疾病, 少服藥, 專事跳鬼, 命巫十數, 謂之巫師. 殺牲酬酒, 擊鼓吹笛, 以假面具雜扮諸神歌舞……

(湖堧雜記)》). 이 춤의 공연은 묵극과 유사하며 두 사람이 탈을 쓰고 관중이 웃고 떠드는 가운데 서로 웃기고 조소하다가 끝에는 월명화상이 유취를 올라타고 나간다. 청인 황모(黃模)의 시에 "봄날에 유취를 보니, 가는 곳마다 월명일세. 웃으면서 가사로 춤추니, 가벼이 하늘하늘 날리네"[42]고 하여 이 춤을 생동적으로 그리고 있다. 이밖에 이들 지역의 '사자무〔獅舞〕' 중에는 항상 대두화상이 등장하고 있다.

명청 시기의 궁정 무용은 전대처럼 다채롭지 못하였으며, 궁정 탈춤은 더욱 희소해졌다. 기록에 보이는 것으로는 단지 '양열무(揚熱舞)'와 '조선국배(朝鮮國俳)' 등 몇 종류뿐이었다. 왜냐하면 이 시기 "궁정의 중요한 오락은 희곡이었다. 예의와 연악 무용은 단지 겉치레로 전례 의식의 공식 행사에나 추어졌을 따름이다."[43] 별로 많지 않은 궁중 탈춤 속에서 '양열무'는 아주 특색이 있다. 이 춤은 청궁의 '대무(對舞)'에 속한다. 청대 궁정무용은 양 대류로 나누어진다. 제사에 사용되는 것을 '일무(佾舞)'라 하고 연회에 사용되는 것을 '대무'라 한다. 《청사고(淸史稿) · 악지(樂志)》에는 이런 기록이 있다.

양열무에는 탈을 쓴 사람 32인을 사용하며 노란 채색 옷을 입은 자가 반이고 검은 양피를 걸친 자가 반이다. 도약하고 넘어져 구르면서 기이한 짐승을 본뜬다. 짝수로 말을 탄 8사람이 갑주와 궁시를 갖추고 양익으로 나누어 북쪽으로 절하고 일어난다. 서로 돌면서 쫓고 쫓기는 것이 팔기와 같다. 한 짐승이 활을 맞으면, 뭇짐승들이 두려움에 떨어 엎드리니, 무공이 이루어진 것 같다.[44]

---

42) 則看春柳翠　行處月明多　笑著袈裟舞, 輕作裊娜馱.
43) 王克芬,《中國舞踊史 · 明淸部分》, 文化藝術出版社, 1984, p.156.
44)《淸史稿 · 樂志》: '揚熱舞' 用戴面具三十二人, 衣黃畫布者半, 衣黑羊皮者半. 跳躍倒擲, 象異獸. 騎禺馬者八人, 介冑弓矢, 分兩翼上, 北面一叩, 興. 周旋馳逐, 象八旗. 一獸受矢, 群獸懾伏, 象武成.

[그림 171] 청대 궁정 무용 '양열무.'

이것으로 '양열무'가 여진족의 수렵과 유목 생활에서 왔다는 것을 알수 있으며 이는 청조 통치자가 무력을 드러내어 공을 경하하는 '상공지무(象功之舞)'이다[그림 171].

명청의 사원 탈춤은 주로 티베트불교 문화권 안에 있는 신무(神舞) '참'이다.

명청 시기 탈로 비교적 많이 만들어진 것은 '탄구'로 민간에서 문 위에 걸어 놓아 귀신을 몰아내고 진택(鎭宅)하였으며, 벽사(辟邪) 작용을 하였다. 티베트의 사원 중에는 걸어 놓는 탈이 있으며, 법왕·금강·승인·고

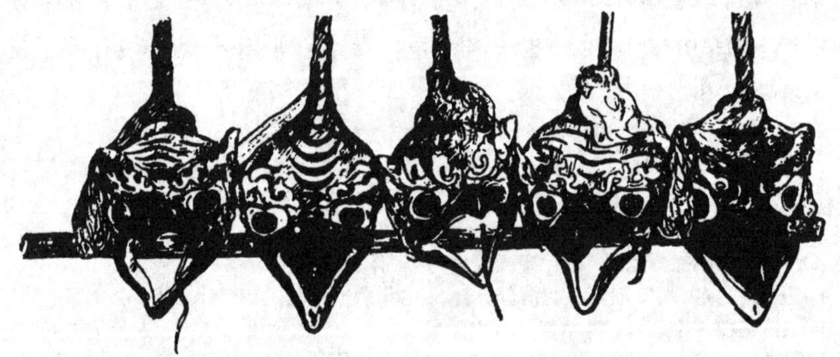

[그림 172] 티베트 시가체 백거사(白居寺)에 걸어 놓은 호법탈.

루·조수 등의 각색으로 모두 불법을 호위하는 신령이다. 이를 신전 안에 걸어 놓으면 흉한 것을 막아 주고 사원을 보호하는 기능이 있을 뿐 아니라, 백성들이 공양하고 예배드릴 수 있다. 이렇게 걸어 놓는 탈은 탄구와 아주 흡사하나 종교 색채가 더욱더 농후하다. 이들은 흔히 10여 개씩 대들보 기둥에 걸려 있어 아주 장관을 이룬다. [그림 172]는 시가체 백거사(白居寺)에 걸어 놓는 탈로 '금강궐(金剛橛)' 중의 조류 부중(部衆)이다.

제2절 나희와 나희탈

나희는 중국 희극 중에서 방대한 체계를 지니고 있으며, 분포 범위가 극히 광범위할 뿐만 아니라 유형도 아주 다양하다. 사람들마다 나희를 구분하는 표준이 일치하지 않으며, 이에 대한 연구도 비교적 늦고, 깊이 있는 조사와 발굴 작업이 이루어지지 못하였으므로, 중국에 얼마나 많은 종류의 나희가 있는지에 관해서는 아직도 정론을 내리지 못하고 있다. 현재 학술계에서 승인하고 있는 나희의 유형은 약 20-30개이며, 이 중에서 비교적 특징이 선명한 것으로는 나당희(명칭이 서로 다르나 형식이 서로 비슷한 단공희·나원희·경단희 등을 포함한다)·지희·관삭희·제양희·사공희·동자희·변인희(춰타이지)·선고나희·나고잡희 등이다. 이들은 호남·귀주·사천·운남·안휘·강서·광서·복건·강소·호북·산서·섬서 등의 성에 살고 있는 한족·둥족·먀오족·좡족·야오족·이족·투쟈족·부이족·무람족·마오난족 등의 민족 중에 분포되어 있다. 단지 위에서 논하고 있는 것들은 오늘날까지도 여전히 민간에 전해지고 있는 나희의 일부분이라는 것이다. 여전히 발굴되지 않은 나희들도 있을 것이며, 역사상 한번 유행했다가 뒤에 실전된 나희도 적지 않을 것이다.

1. 나희의 정의

나희란 무엇인가? 이것은 분명하게 말하기도 어렵지만 그래도 반드시 명료하게 말해야만 하는 문제이기도 하다. 과거 학술계에서는 나희에 대하여 대체로 통일된 인식이 부족하였으므로, 흔히 희극과 악무를 나희와 혼동하여 왔다. 예를 들면 어떤 학자는 송대의 '목련희,' 염도륭의 《대각선사어록》 중에서 읊고 있는 '천잡극' 및 《동경몽화록》 중에 기재된 '포라' '경귀' 등을 모두 나희의 범주에 넣고 있다. 이것은 바로 나희의 정의가 지나치게 광범하기 때문이었다.

중국의 각 지역과 민족의 나희는 사회·경제·문화·풍속 등의 차이에 따라 서로 다른 형태와 풍격을 나타내고 있으므로, 한 가지 정의로 이를 개괄해 내기란 아주 어려운 문제이다. 다만 나희의 질적인 규율성은 다음과 같은 공통적인 특징을 구비하고 있어야 한다.

① 나희는 일반적으로 나제 활동에서 변천되고 탈태되어 내려온 것으로, 민간종교(주로 도교와 무교이고 그 다음이 불교)와 밀접한 관계를 갖고 있다. 연행중에는 대부분 나제 활동이 끼어들고 있으며, 그 목적은 역귀를 쫓아내고 길하고 상스러운 것을 맞아들이는 데 있다. 개별적인 나희의 종류(예를 들면 귀주의 '춰타이지〔撮泰吉〕')는 나제와 직접적인 연원 관계가 없으나, 다만 역귀를 몰아내고 복을 받아들인다는 내용을 포함하고 있다.[45]

② 나희는 탈을 쓰고 연출하는 탈놀이의 일종이다. 그러나 탈놀이라고 하여도 반드시 모두 나희는 아니다. 초기 나희의 주요 각색은 모두 탈을 써야 했으며, 근대에 비록 일부 지역의 나희들이 도면화장으로 바꾸기도 했으나, 대부분의 나희는 여전히 탈을 그 기본적인 특징으로 삼고 있다.

---

45) 학술계에서는 일반적으로 '춰타이지'를 나희로 넣고 있으나, 그것은 나제 활동에서 탈태된 나당희 등과는 비교적 큰 차별이 있으므로, 단지 '아나희(亞儺戱)' 혹은 '전나희(前儺戱)'로 볼 수 있다.

③ 나희 연출 시간과 장소에는 엄격한 규정이 있다. 그것은 설 전후나 어떤 특정한 명절(중원절·중양절)에 연출한다. 사기를 누르거나 신에게 감사를 드리거나, 장례를 치루는 집에서 요청하여 연출하기도 하지만 평소에는 연출하지 않는다.

이상 세 가지 표준을 사용하여 각종 희극·악무와 대조하면 나희에 속하는지 여부를 일목요연하게 알 수 있다. 예를 들면 목련희는 중요한 각색이 탈을 쓰지 않으며, 단지 귀졸·야차와 같은 부차적인 각색만이 탈을 쓰고 있다. 게다가 현재 목련희가 나제 활동에서 변천되고 탈태되어 내려온 것인지를 증명할 수 있는 증거가 없으므로(역사상 나희와 목련희가 서로 침투되고 융합되었다고는 해도), 나희에 속하지는 않는다. 또 '포라' '경귀' 등은 비록 탈을 쓰고 연출하고 있으나, 《동경몽화록》의 기재로 알 수 있듯이 이들은 '제군(諸軍)'이 황제의 어가를 맞이하여 보진루(寶津樓)에 오르도록 하고 연출하는 많은 극목의 하나이며, 공연중에 결코 나제 활동이 끼어들어가지 않는다. 아울러 극목 자체도 단지 춤만 추고 창을 하지 않으므로 '백희'라고 할 수 있을 뿐 나희에 속하지는 않는다. 위에 기술한 세 가지 표준과 염도륭이 읊은 '천잡극'을 대조해 보면 단지 탈을 쓴다는 것만 부합될 분 그 나머지 두 가지 조건은 시속에서 명확하게 드러나지 않고 있다. 거기에다 시 속에서는 이미 그것을 '천잡극'에 속한다고 밝히고 있으므로 이를 나희에 놓는 것은 마땅하지가 않다.

2. 나희 형성 시간

학술계에서는 나희 형성 시간에 대한 분기가 아주 크다. 중요한 설로는 '북송설' '명대설' '원명 사이 설'의 세 가지 의견이 있다. 그밖에도 일부 학자들은 굴원의 《구가》와 한대의 '십이수무'가 이미 나희의 '추형'을 갖추었다고 한다. 여기에서 말하는 '추형'이란 성숙되지 않은 나희이므로 여기에서는 토론하지 않도록 한다.

　이상 세 가지 의견에서 '북송설'의 영향이 가장 크지만 열거하고 있는 이유가 충분하지 않다. 이 설을 지지하는 사람들의 대다수는 목련희 혹은 '포라' '경귀' 유형의 백희를 나희로 보고 있으며, 이런 관점이 성립하기 어렵다는 것은 이미 앞에서 말한 것과 같다. 이론상으로 분석하면 북송의 문화 분위기와 사회사조는 확실히 나희가 출현할 수 있는 가능성을 제공해 주고 있으며, 이는 주로 송잡극과 금원본의 성숙, 궁정나와 민간나의 번영 및 유교·도교·불교 삼교의 합류로 표현되고 있다. 그러나 출현이 가능하다고 하는 것은 이미 출현하였다는 것과는 다르며, 송대 사람의 저작 중에 '나'에 대한 기록이 아주 풍부하다고는 하나, 북송에 이미 확실히 나희가 있었다는 사실을 증명할 만한 사료는 하나도 없다. 아마 장래 이런 사료가 발굴될지도 모른다. 아마 당시에는 단지 나희가 생겨날 조건만을 갖추고 있었을지도 모른다. 나희의 탄생에는 여전히 어떤 계기가 필요하며, 비교적 긴 잉태 과정을 필요로 한다.

　'원명 사이 설'과 '명대설'도 실제 상황에는 명확하게 부합되지 않는다. 이 두 종류의 의견은 나희 형성 시간을 적어도 뒤로 백 년(원명 사이 설)에서 2,3백 년(명대설)이나 후퇴시키고 있다.

　현재 이미 알려진 사료에 의하면 나희 형성 시간의 하한은 13세기 중엽보다는 늦지 않다. 남송 시인 유당(劉鏜)의 칠언고시 〈관나(觀儺)〉에는 이에 대한 유력한 증거를 제시하고 있다. 〈관나〉는 《강서시징(江西詩徵)》에 실려 있다. 여대희(余大喜)의 고증에 의하면 유당의 자는 추록(秋麓)으로 강서 남풍 사람이다. 남송 영종(寧宗) 가정(嘉定) 경신년(서기 1220년)에 태어났다.[46] 유당은 박학다재하였으며, 벼슬길에 나아가지 않고 은거하였다. 저서에는 《성문언행록(聖門言行錄)》《논어시습기(論語時習記)》《산계애영집(山鷄愛影集)》이 있다. 원대의 읍인(邑人) 증원백(曾元伯)은 그 시를 좋아하여, "이 시가 전하지 못할까 애석하여 돈을 내어 이를 새겼다"(청 건륭 《남풍현지·일사》)고 하였다. 《관나》를 초록해 보도록 한다.

---

46) 余大喜, 〈贛儺二題〉, 1992년 3월 '中國廣西儺戲國際學術討論會' 논문 참조.

찬 구름 높이 떠 하늘 서편은 음산한데,

화당(畵堂)의 외로운 그림자 붉은 주렴 너머로 깊다.

북소리 깊고 관악기 소리 그윽하며,

귀신의 변화가 희극에 이바지한다.

금 웅덩이 옥 웅덩이에 물 흘러들면서,

눈앞은 재빠르게 이미 인간 세상 아니로다.

야차는 봉두난발에 쇠로된 뼈마디를 하고,

붉은 옷 새파란 얼굴에 눈에는 불이 솟아난다.

귀신은 형체없이 처음으로 광대를 물리치고,

꿇어앉은 양과 서 있는 돼지 서로 맴맴 꿀꿀 울어 재낀다.

붉은 치마의 예쁜 여인 파초선으로 가리고,

녹색 갓 끈의 수염난 늙은이는 부들칼 쥐고 있다.

근육을 뒤집고 차고 싸우는 어깨 너르고,

턱을 들어 혀를 내미는 입술은 말랐다.

고개를 흔들며 사방을 둘러보니 백 가지 횃불이 튀고,

몸을 움츠리는 천 가지 자태에 수많은 문양들 걸려 있다.

푸른 적삼 춤추다가 갑자기 두려워 어쩔 줄 모르는데,

채색 구름 장막을 걷어 올리니 깃발 빽빽이 늘어섰다.

자주색에 금실로 수놓은 옷의 염라대왕 홀로 책상에 앉아 있고,

말 얼굴을 한 판관과 소머리를 한 판관이 양쪽으로 나뉘어 섰다.

화복은 하늘로부터 비롯된 게 아니라고 말할 수 있어도,

몸소 살아가다 보니 우매함과 현명함을 가린다.

납가새로 위엄을 갖추니 작은 귀신 굴복하고,

길고 많은 깃발로 소리 높이니 크게 결발한 여인 흐느낀다.

흰 얼굴의 사자는 긴 대나무 창 들고,

수색하고 체포하여 남김 없다고 스스로 자랑한다.

소모자 쓰고 두루마리 끼고 앉아 검열해 보고,

범 갑옷에 창을 어깨에 메니 번갯불이 번쩍한다.

다섯 방향에서 대오를 점검하니 혼란스럽고,

무슨 물건인지 노파가 원숭이 묶어 태운다.

종남의 진사는 헤진 바지에다 장화를 신고,

술을 좋아하여 귀신이 보고 있는지도 모른다.

수염을 뻗치고 눈은 부릅뜨고 일어나 덩실덩실 춤추니,

사악한 것 많고 바른 것은 하나이니 장차 어이될까.

머리카락 풀어 헤치고 비결을 하나 날리니,

바람과 구름이 거두어지며 북소리 피리소리 그쳤다.

밤이 깊어 사방에 앉으니 참혹하여 즐겁지 않고,

주인은 손님을 보내고 손은 슬픔을 다했네.[47]

　이 시는 '나'를 행하는 시간·장소·악기·복식·도구·각색·공연·분위기 등을 모두 핍진하게 묘사하고 있다.[48] 시속에서는 명확하게 '극희(劇戲)'를 연출한다고 지적해 내고 있으니, 바로 나희라는 것을 알 수 있다.

---

47) 寒云岑岑天西陰, 畵堂獨影紅簾深.
　　鼓聲淵淵管聲脆, 鬼神變化供劇戲.
　　金洼玉注始淙潺, 眼前倏已非人間.
　　夜叉蓬頭鐵骨朵, 赭衣藍面眼迸火.
　　魑蜮罔象初俳伶, 跪羊立豕相嘎嚶.
　　紅裳姹女掩蕉扇, 綠綬髥翁握蒲劍.
　　翻筋踢鬪臂膊寬, 張頤吐舌唇吻干.
　　搖頭四顧百炬躍, 歙身千態萬輥索.
　　靑衫舞蹈忽屛營, 采雲揭帳森麾旌.
　　紫云金章獨據案, 馬髯牛權兩披判.
　　能言禍福不由天, 躬履率越分愚賢.
　　蒺藜奮威小鬼服, ■繆揚聲大鬌哭.
　　白面使者竹筱槍, 自夸搜捕無遺藏.
　　牛冠箝卷試閱檢, 虎冑肩戟光睒閃.
　　五方點隊亂紛紜, 何物老嫗繃猶熏.
　　終南進士破輥絝, 嗜酒不悟鬼看觀.
　　奮髯瞠目起婆娑, 衆邪一正將那何.
　　披髮將畢飛一訣, 風卷云收鼓簫歇.
　　夜闌四坐慘不怡, 主人送客客盡悲.

그곳에는 설백(說白)·가창·반주·무용·무타(武打)·분장과 정절이 있다. 이런 상황으로 분석해 보면,《동경몽화록》과《몽양록》등에서 묘사하고 있는 궁정나와 민간나에 비교하여 크게 진일보한 것이며, 이미 '나의'와 '나무'의 범주를 돌파하여, 나희의 층차로 상승하고 있다. 시구는 잣수의 제한을 받기 때문에 작자는 상연하는 극목을 일일이 열거하지 않고 있다. 그러나 시의에 근거하여 추측해 보면 나희라고 긍정할 수 있는 것으로는 단지 〈판관구부(判官勾簿)〉〈장천사착귀미(張天師着鬼迷)〉와 〈종규희소귀(鐘馗戲小鬼)〉[49]일 것이며, 그 나머지는 대다수가 이야기와 구성이 결핍된 '나무'일 것이다. 이는 나희가 형성되기 시작되면서 상영했던 극목은 아주 제한되었으며, 대다수가 궁정나의와 집집마다 돌아다니며 역병을 몰아내는 판관·종규 등의 각색에서 변천되어 온 것이다. 이들에는 여전히 '나제'와 '나무'에서 나희로 향하는 과도적인 흔적이 잔존되어 있다.

나희의 성숙은 대략 원말 명초에서 명대 중기 이후이며, 나희의 연출은 이미 상당히 보편적이었고, 상연되는 극목 또한 더욱 풍부하고 다채로웠다. 아래의 두 자료로 이를 증명할 수 있다.

첫째,《금병매사화(金瓶梅詞話)》제63·65회에 이병아(李瓶兒)가 죽은

---

48) 이 시는 여대희(余大喜)가 발굴하여 상세하게 분석하고 있으므로, 이를 정리해 보도록 한다. 이 시는 48구 336자로 되어 있으며, 4단으로 나눌 수 있는데, 본문에서는 앞의 38구를 인용하고 있으며, 뒷부분을 생략하고 있다. 1단은 1-6구로 환경과 분위기에 대한 묘사이고, 2단은 7-18구로 가면을 쓰고 이상한 복장을 한 요마와 사귀들이 나와 군마가 난무하면서 인간에게 온갖 해를 끼치고 있다. 3단은 17-36구로 염라·판관·구부(勾簿)·종규와 소매가 사악한 귀신을 진압하고 있다. 4단은 37-48구로 작자가 나희를 본 느낌과 연상을 쓰고 있다. 연기에 등장하는 인물은 봉두난발을 하고 뼈가 쇠로된 야차, 꿇어 앉아 있는 양탈쓴 귀신, 서 있는 돼지 탈쓴 귀신, 파초선을 든 붉은 옷의 미녀, 부들검을 잡고 녹색 갓끈을 늘어뜨린 수염난 늙은이, 자색과 금색으로 수논 곤룡포를 걸친 염라대왕, 말 가면을 쓴 판관, 소 머리로 장식한 판관, 납가새를 들고 휘두르는 소귀, 놀래서 어쩔줄 모르는 할미, 헤진 바지와 장화를 신은 종규 등등이 아주 자세하다. 갖가지 인물들이 분장하여 나오고, 스토리와 구성이 있으며, 춤으로 연출하고 악기로 반주를 맞춘다. 백(白)으로 대사를 말하고 창으로 노래하고 있으니, 유당이 읊고 있는 광경은 엄연한 나희라는 것을 알 수 있다(余大喜,〈研究儺戲産生的珍貴史料: 劉鏜 '觀儺' 淺析〉참조, 貴州民族學院學報, 1992).〔역주〕

49) 이 3개의 극은 '자운금장' '백면사자' '종남진사' 등의 시구에서 찾아볼 수 있다.

후에 서문경(西門慶)은 성대한 장례를 거행하였으며, 그 중에는 '나'와 나희에 대하여 상세하게 묘사하고 있으며, 제65회에는 이렇게 쓰고 있다.

11일 낮에 먼저 가랑(歌郎)이 징과 북을 나란히 하고 지조(地弔)를 하는데, 영전 앞에서 참령(參靈)하고, 〈오귀뇨판(五鬼鬧判)〉〈장천사착귀미(張天師着鬼迷)〉〈종규희소귀(鍾馗戲小鬼)〉〈노자과함관(老子過函關)〉〈육적뇨미륵(六賊鬧彌勒)〉〈설리매(雪里梅)〉〈장주몽호접(庄周夢胡蝶)〉〈천왕항지수화풍(天王降地水火風)〉〈동빈비검참황룡(洞賓飛劍斬黃龍)〉〈조태조천리송경랑(趙太祖千里送京娘)〉의 각종 백희를 연출하여 조문하였다. 지조가 끝나면 당객(堂客)은 모두 주렴 안에서 보고 있다가, 참령을 하고 돌아간다.[50]

'지조(地弔)'는 명대 민간 나제 의식의 별칭으로 '지조'에서 연출하는 극목은 당연히 나희임을 의심할 여지가 없다. 글 속에서 열거한 〈노자과함관〉〈장주몽호접〉〈조태조천리송경랑〉 등의 극목은 모두 역사 고사에서 제재를 취하였으며, 종교 색채가 아주 약화되었다. 단지 나제 속에서 연출하고 있으므로 비로소 나희 속으로 들어가게 된 것이다. 이런 유형의 극목은 다른 극종(劇種)에서 이식되어 온 것으로, 나제와는 직접적인 연원관계가 없으며, 비교적 강한 세속 의식을 표현해 내고 있다.

둘째, 명대의 유명한 희극가 서복조(徐復祚, 1560-1629년)는 희곡의 이론 저작인 《화당각총담(花當閣叢談)》을 지었으며, 그 중에 '나(儺)'란 제목의 문장 속에 당시의 나희에 광경을 생동적으로 묘사하고 있다.

가장 가소로운 것은 '고나(古儺)'에 두 노인이 나오는데 이를 나옹과 나모라고 불렀다. 지금은 다시 조공(灶公)과 조파(灶婆)가 되었으며, 아내로

---

50) 《金瓶梅詞話》: 十一日白日, 先是歌郎幷鑼鼓地吊來靈前參靈, 吊〈五鬼鬧判〉〈張天師着鬼迷〉〈鍾馗戲小鬼〉〈老子過函〉〈六賊鬧彌勒〉〈雪里梅〉〈庄周夢胡蝶〉〈天王降地水火風〉〈洞賓飛劍斬黃龍〉〈趙太祖千里送京娘〉, 各樣百戲吊罷, 堂客都在簾內觀看, 參罷靈去了.

맞이하여 결혼하는 장면을 연출하는 데 백방으로 조롱하고 업신여기고 있으니, 조앙신이 이를 본다면 배를 끌어안고 웃을 만한 가치도 없다. 그러나 취할 만한 것도 있다. 여러 귀신이 흉악한 모습으로 날뛰면서 각기 한 모퉁이를 차지하면서 포악한 짓들을 하고 있다. 뒤에 세상에서 천사라고 불리는 장진인(張眞人)이 나와서 단에 올라가 법술을 부리며, 보법으로 귀신을 누르려 하고 경을 외고 부적을 그리고 수결을 취하면서 이들에게 겁을 주려 하지만 여러 귀신들은 더욱더 방자하게 날뛴다. 진인은 계책이 다하고 나자 자신의 술법으로 말미암아 가물가물 술 취하여 꿈을 꾸는 듯이 되어 죽으려는 듯이 보였다. 조금 뒤에 종규가 나오자 여러 귀신들은 그를 보자마자 머리를 감싸쥐고 사방으로 도망치며 죽음을 면하려고 하였다. 종규는 이 귀신들을 하나하나 잡아들이자 진인이 비로소 깨어났다. 이것으로 진인이 술수가 없으니 중요할 것이 없다는 것을 알 수가 있다…….[51]

유휘(劉輝)의 분석에 의하면 이 글 속에서 묘사하고 있는 나희는 바로 《금병매사화》 속에 실린 〈오귀뇨판〉〈장천사착귀미〉〈종규희소귀〉이다.[52]

위에 인용한 두 책 중 《금병매사화》에서 묘사하고 있는 것은 명 가정(嘉靖, 1522-1566년) 연간의 사회 현실이고, 《화당각총담》에 기재된 것은 명 만력(萬曆, 1573-1619년) 전후의 민간 습속이다.[53] 이 둘을 서로 참조하면 명대 중기에 나희는 이미 보편적으로 유행하고 있음을 알 수 있다.

---

51) 最可笑者, 古儺有二老人, 謂之儺翁儺母, 今則更而爲灶公灶婆, 演其迎妻結婚之狀, 百端侮狎, 東廚君見之, 當不值一捧腹. 然亦有可取者, 作群鬼狰獰跳梁, 各据一隅, 以逞其凶悍. 后張眞人卽世所稱天師出, 登壇作法, 步罡書符捏訣, 冀以懾之, 以群鬼愈肆, 眞人計窮, 旋爲所凭附, 昏昏若酒夢欲死. 須臾, 鐘馗出, 群鬼一見辟易, 抱頭四竄, 乞死不暇, 馗一一收之, 而眞人始甦, 是則可見今眞人之無術, 不足重也…….

52) 劉輝, 〈徐復祚與儺戲〉, 《中國與日本文化研究》 제1집, 中國大百科全書出版社, 1991, p.211.

53) 서복조는 명 가정 39년(서기 1560년)에 태어나 숭정 2년(서기 1629년)에 조하였으니, 그의 청장년시대는 바로 만력 시기에 해당한다. 《화당각총담》 卷首에 "이 권에서 기록된 것은 대개 시속에서 숭상하는 바이며, 가까이로는 이목을 거의 차지하고 있다"고 하였다. 이로써 이 책에 기재하고 있는 것은 만력 전후의 풍속이라고 추단할 수 있다.

위의 기술을 종합하면 나희는 대체로 남송에 형성되었으며, 원말 명초에 성장하였고, 명대 중기 이후에 널리 유행하였다.

3. 나희탈의 기본적인 특징

탈은 나희를 다른 극과 구별하는 중요한 특징 중의 하나이다. 조기의 나희는 모두 탈을 쓰고 연출하고 있다. 장기간의 유전과 변천을 거치면서 오늘날 일부 나희는 더 이상 탈을 사용하지 않고 도면(涂面)이나 혹은 정면(淨面)으로 바뀌었다. 예를 들면 강소 남통(南通)의 동자희·산서 곡옥(曲沃)의 선고나희(扇鼓儺戲)들인데, 그래도 대부분의 나희는 여전히 탈을 계속 사용하고 있다. 여기에서 나희탈의 기본적인 특징을 기술하고, 각 극종에 나타나는 나희탈의 독특한 풍모에 대해서는 다음 장에서 논술하도록 하겠다.

① 나희탈의 지질은 지역과 품류에 따라 다르며, 이미 알려진 것으로는, 나무·대나무·종이·천·동·소가죽·죽순껍질 등의 여러 종류가 있다. 어떤 편벽한 산간 지구에서는 콩비지에다 돼지 피와 석회를 섞어서 만든 탈이 있다고 하는데 애석하게도 아직 보지 못하였다. 이상의 각종 나희탈 중에서 나무로 된 탈이 가장 널리 전해지고 있다. 나무는 재료를 쉽게 찾을 수가 있고, 제작이 편하며, 외관이 미려하고, 가격이 저렴한데다가, 내구성이 있어 오래 사용할 수 있다는 장점이 있다. 나희탈의 형태는 대부분이 모두 가면이며, 가두는 아주 적은데, 이는 주로 그 지질에 의하여 결정되고 있다. 목재는 가면을 제작하기에 적합하며, 가두를 만들기는 마땅치가 않다. 동시에 또 가면은 가두보다 적고 가볍기 때문에 사용하고 보관하기가 편하다.

② 나희는 종교 문화와 희극 문화가 서로 융합하여 생겨난 산물로 나당 중의 각종 도구는 모두 신비한 종교적인 함의를 부여하고 있으며, 탈 또한 예외가 아니다. 나희 예인의 마음속에서 탈은 신령의 상징이며 체재

이므로, 탈을 제작하고 사용하며 수장할 때 모두 일정한 제사 의식을 거행하여야만 한다. 탈을 제작한 후에는 '개광(開光)' 의식을 거행하고, 탈을 꺼낼 때는 '개상(開箱)' 의식을 거행하며, 탈을 수장할 때는 '봉상(封箱)' 의식을 거행한다. 이밖에도 갖가지 금기가 있으니, 예를 들면 여인은 탈에 접촉할 수 없으며, 더욱이 탈을 쓸 수 없다. 남자는 탈을 사용하기 수일 전에는 동방을 금지하며, 탈을 쓴 후에는 신령이 이미 몸에 붙었다는 것을 의미하므로 마음대로 말하거나 행동해서는 안 된다.

③ 나희탈은 일반적으로 12면 혹은 24면 혹은 36면 혹은 72면이 일당(一堂)이나, 다만 이 수에 구애받지는 않는다. 각색은 대체로 귀신·세속 인물과 동물의 세 유형으로 나눌 수 있으며, 귀신탈의 수량이 가장 많다. 나희 중의 귀신 계통은 아주 복잡하며 이중에는 이미 도교 ·불교·무교의 귀신이 있으며, 또 전설 중의 성현과 역사상의 영웅 및 당지의 토속신이 있어 민간 종교 신앙의 특징인 다원화를 나타내고 있다. 이 방대한 귀신 무리 속에서 도교와 무교의 신이 차지하고 있는 위치는 가장 두드러진다. 나희를 연출하는 취지는 귀신과 역병을 쫓고, 복을 빌며 신에게 제사 드리는 것으로, 도교와 무교에서 부적을 그리고 주문을 외우며, 수결을 하고 미래의 화복을 점치던 수단들은 나희의 정신과 서로 합치되고 있다.

제3절 '참'과 '참'탈

'참〔羌姆〕'은 또 '창무〔昌木〕'와 '챵무〔槍木〕'라고도 하며, 티베트어 참(vcham)의 중국어 음역으로 사원안의 춤이라는 뜻이다. 이것은 티베트의 삼예사〔桑耶寺, bsamyas〕에서 기원하며, 뒤에 오면서 점차 티베트 전체와 청해·내몽고·흑룡강·감숙·운남·사천·산서·하북·북경 등의 성(구)시의 라마 사원에 전파되었다. 몽골 라마교에서는 이를 '차마(査瑪)'라 부르며, 한족 지구의 라마사원에서 '참'은 또 '도포찰(跳布扎)'과

‘도포답(跳布踏)’이라 부르고, 한족은 이를 ‘타귀(打鬼)’ ‘도신(跳神)’과 ‘도귀(跳鬼)’라 부른다.[54]

　문화의 연원으로 논하면 ‘참’은 주로 불교와 본교(苯敎)의 영향을 받았으나, 그 연출이 나희와 아주 흡사하기 때문에 어떤 학자들은 이를 나의 범주로 넣고 있다. 곡륙을(曲六乙)은 중국의 나를 ‘백성나’ ‘궁정나’ ‘군나’ ‘사원나’의 네 가지 유형으로 나누고 있다.[55] 그 중의 ‘사원나’는 바로 ‘참’을 가리키고 있다. 이런 구분에 어떤 사람은 이의를 제시하면서, ‘나’와 ‘참’은 서로 다른 문화 서열에 속한다고 한다.[56] 본서에서 ‘나’는 그 본질에 있어서, 인류가 조기에 공유하고 있던 일종의 문화 현상으로 그 핵심적인 의미는 탈을 쓰고 역귀를 몰아내며, 계절성을 지니고 있다는 세 가지 점에 있다고 여긴다. 세계의 아주 많은 국가와 민족에는 모두 ‘나’와 유사한 활동과 의식이 있으나,[57] 단지 ‘나’라고 부르지 않을 따름이다. ‘참’은 비록 내지의 ‘나’와 직접적인 연원 관계는 없지만 연출의 목적·시간과 형식은 모두 ‘나’와 공통점이 아주 많이 있다. 예를 들면 우리가 방상씨의 귀신을 쫓는 활동에서 탈태되어 나온 ‘나’를 유일한 ‘나’의 모식이라고 하지 않는다면, ‘참’을 ‘사원나’로 구분하는 것은 아주 조리가 있고 분명한 일이다. 어떤 사람은 ‘참’이 넓은 의미에서 ‘나’에 속하며, 전통적이고 협의적인 ‘나’와는 구별이 있다고 말하기도 한다. 청 건가(乾嘉) 시기의 시인 이약허(李若虛)는 〈서초잡시(西招雜詩)〉 중에 신으로 분장하여 춤을 추면서 역신을 몰아내는 티베트의 의식을 그리고 있다.

　　온 집이 시끌시끌하며 고동소리 울리고,

　　사문의 부처 형상 너울너울 춤춘다.

---

54) 高歷霆, 〈喇嘛敎寺院舞蹈 ‘羌姆’ 探源〉, 《舞蹈論叢》, 1985, 제4집.
55) 曲六乙, 《儺戲·少數民族戲劇及其它》, 中國戲劇出版社, 1990, pp.17-18.
56) 錢茀, 〈什麽是儺?〉, 1991년 10월 湖南 吉首의 《中國少數民族儺戲國際學術討論會》 논문.
57) (독일) 魯道夫·布朗德爾, 〈儺 — 人類早期文化的共生現象嗎?〉, 《中華戲曲》, 총 제12집.

십년에 다시 서장의 고향길 밟으니,

범패 소리 속에 '대나'를 본다'[58]

고 하여, 근대 사람들이 이미 '참'을 '나'로 보았다는 사실을 설명해 주고 있다.

1. '참'의 연원과 전파

'참'은 티베트의 독특한 지리·역사·종교·문화가 양육한 사원의 탈춤으로 세계의 지붕 위에 피어난 한 떨기 예술의 꽃이다. 그것은 서기 8세기에 탄생하였으며, 티베트 본토의 원시 종교와 외래 종교가 서로 투쟁하고 결합되어 나온 산물이다.

서기 6세기에 송첸감포〔松贊干布, 569-650년〕의 조부인 다푸네찬〔達布聶贊〕이 티베트의 산남지구에서 흥성하여 토번 왕조를 세웠다. 당시 티베트 고원에서 통치적 위치를 차지한 종교는 샤머니즘과 유사한 원시 종교 '본교(苯敎)'였다. '본교'는 또 '분파교(苯波敎)'라고도 한다. '본교'는 오래된 자연 숭배와 귀신 숭배에서 기원하였으며, 천지·산림·수택의 귀신 정령과 자연물을 숭배하고, 제사·도신(跳神)·점복·액막이 등을 중시하였다. '본교'는 우주를 '삼계'로 나누었으며, 최고층은 천신 육형제와 그 가족이 살고 있는 곳이고, 중간층은 인류가 거주하며, 인간의 통치자인 찬푸는 천신의 아들로 천신의 위탁을 받아 세상의 만민을 통치하였다. 최하층은 각종 정령과 마귀가 살고 있다. '본교'의 무사를 '분파(苯波)'라고 부르며, 이들은 신의 대리인으로 위로는 천신과 통할 수 있고, 정령과 마귀를 부릴 수 있다. '분파'는 종교의 대권을 장악하고, 수구적

---

58) 萬口喧騰響法螺, 沙門梵面舞婆娑.
　　 十年又踏氈鄉路, 梵唄聲中看大儺.

인 귀족집단과 결탁하여 국가의 정권에 관여하였다. 티베트문 역사서인 《포돈교사(布頓教史)》《왕통세계명감(王統世系明鑒)》 등의 기록에 의하면, 네츠찬푸[聶墀贊普]에서 라뛰뤄르녠찬[拉脫脫日年贊] 사이 26대는 모두 본교사가 국정을 보호하고 유지하였다.

'본교' 세력의 팽창은 토번왕권에 엄중한 위협을 가하였다. 이로 인하여 7세기 상반기에 불교가 티베트에 전해지자 토번왕실은 불교를 극도로 환영하게 되었다. 8세기에 티송데첸[赤松德贊, 742-796년]이 집정하면서, 크게 불교를 전파하면서 오래된 본교를 대신하려고 하였다. 불교의 전파는 소수 수구 귀족을 대표로 하는 본교 세력의 강렬한 반대에 부딪치게 되었다. 불법을 홍양하고, 본교 세력의 진공을 저지하기 위하여, 티송데첸은 인도에서 불교 밀종 금강승주어에 뛰어난 위대한 고승 파드마삼바바[蓮花生, Padmasambhava]를 초빙해 왔다. 파드마삼바바는 본교의 궤의(軌儀)를 수용하여 불교에 받아들이는 책략을 써서, 티베트 각 계층을 끌어들였다. 본교 중의 많은 천신지지(天神地祇)와 산요귀졸(山妖鬼卒)은 불교의 호법신 행렬로 흡수되었으며, 불교의 신들 중 한 자리를 차지하게 되었다. 서기 779년에 파드마삼바바와 산타락쉬타[寂護, 약 705-762년]의 지도 아래 티베트에서는 처음으로 불·법·승 삼보가 완전히 갖추어진 삼예사[桑耶寺]가 세워지게 되었다. 티송데첸은 사원에서 7명의 귀족 청년을 제도하도록 명령하고, 이들을 7명의 깨달은 사람이라는 뜻으로 '칠각사(七覺士)'라 불렀다. 불교의 전파는 결코 순탄한 일이 아니었다. 본교세력과 장기간에 걸친 투쟁을 거쳐 마침내 티베트 고원에 뿌리를 내리고, 티베트화된 불교인 라마교를 형성하게 되었다.

라마교는 인도 불교 중의 '밀종' 교파에서 변하여 나온 것이다. 밀종은 '밀교'라고도 부르며, 제자에게 비밀리에 구전을 통하여 법을 전하고, 교의가 아주 신비하였으므로 이런 이름을 갖게 되었다. 정통 불교는 이와 상대적이어서 '현교(顯教)'라고 부른다. 현교와 밀교의 구별은 다음과 같다. 첫째, 받드는 신들이 서로 다르다. 현교는 석가모니를 부처의 응신(應身)으로 받들고, 밀종은 대일여래를 부처의 법신으로 받든다. 둘째, 전교 방식이 다르다. 현교는 철학과 신학으로 어떠한 사람이든지 포교하고 변론할 수 있으나, 밀교는 궤범사(軌范師)의 수기(授記)를 거쳐 구전 방식으로 비밀리에 전해진다. 셋째, 현교의 예술 형상은 대부분이 선정형(善靜型)으로 친근하므로 쉽게 알 수 있으나, 밀종의 예술 형상은 대다수가 공포스러운 형상으로 괴이하고 허황되어 알기 어렵다. 라마교는 인도 밀교의 교의를 받아들임과 동시에 본교의 신과 의식을 흡수하고 융합하여, 인도밀종과는 구별되면서, 중원 불교와도 다른 독특한 교파인 '장밀(藏密)'을 형성하였다.

티베트의 불교와 본교의 투쟁 역사를 개략적으로 회고해 보고, 다시 '참'과 그 탈을 논술하면 비교적 쉽게 외재적인 형식과 심층적인 내함을 파악할 수 있다.

멀리 불교가 전해지기 전에 티베트에서는 탈춤이 성행하였다. 초기의 탈춤은 본교와 밀접한 관련이 있었다. 사서에서는 송첸감포가 문자와 법률을 제정한 후에 성대한 경축 의식을 거행하였으며, 이 의식에서 '가면을 쓰고, 사자·호랑이·소·표범으로 분장하고' 춤을 추었다는 기록이 실려 있다. 이런 춤은 토템 숭배의 성격을 띤 의수무(擬獸舞)로 그것은 흔히 본교 무당의 기도 의식 속에서 공연되었다. 불교가 티베트에 전해지면서 일부 의식 속에는 이런 의수 탈춤이 차용되곤 하였다. 뒤에 파드마삼바바가 그것을 인도 불교의 밀종인 유가부(瑜珈部)·무상유가부(無上瑜珈部) 안의 금강무와 결합하여, 불교 제사 의식 속에 공연하는 신무(神舞)인 '참'으로 발전시켰다. 귀신을 몰아내고 마귀를 진압하는 주술의 일종인 '참'은 삼예사의 개광 의식에서 만들어졌다. 《오부유교(五部遺敎)》에 삼예사 낙성을 경축하는 개광법회에서 "파드마삼바바는 악마를 항복시키기 위한 궤의(軌儀)에서 솔선하여 일종의 무용을 응용하였다"고 하였다. 파드마삼바바가 '참'을 편찬한 이유는 불법을 흥행하고, 본교 세력에게 타격을 가하기 위해서였다. 이로 인하여 인도불교의 밀종 안에 있는 많은 신들이 모두 '참' 안으로 편입되었으며, 본교 신들은 단지 '참' 속에서 하등이 부차적인 각색을 맡게 되었다.

9세기 중엽에 토번 왕조가 붕괴되자 이후 수백 년간 티베트는 장기적인 분열과 할거 국면에 돌입하였으며, 노예제에서 봉건제로 넘어가는 과도기에 처하였다. 이런 정치적 변화에 따라 라마교 내부에서도 수십 개의 교파와 교파의 지계가 형성되었으며, 그 중 중요한 것으로는 닝마파〔寧瑪派, Nyingma〕·사카파〔薩迦派, Sakya〕·카규파〔噶擧派, Kagyu〕·카담파〔噶當派〕 등이 있다. 각 교파는 모두 자신의 사원을 세웠으며, 독립적인 사원 경제 체계를 형성하게 되었으므로 '참'의 전승과 발전에 필요한 조건을 갖추게 되었다. 13세기 원조의 통치 시기에 티베트는 중국 판도 안에 귀속되었다. 원 세조 쿠빌라이〔忽必烈, 1215-1294년〕는 라마교를 이용하여, 원조와 티베트의 통치를 공고히 하였으며, 사카파〔薩迦派, 홍교〕의 5대조사인 파스파〔八思巴: Pagspa, 1235-1280년〕를 국사로 삼아 중원의 법주(法主)를 맡게 하고, 천하의 교문(敎門)을 통일하게 하였다. 15세기초에 총카파〔宗喀巴: Tsonkhapa, 1357-1419년〕는 겔룩파〔格魯派: Gelug, 황교〕를 창립하였으며, 그 제자인 스쟈예푸〔釋迦也夫〕도 북경으로 조공을 와 명의 영락제(永樂帝, 1360-1424년)에게 '서천불자대국사(西天佛子大國師)'로 봉해졌다. 중앙정권과 티베트 지방 실력파의 지지를 받고서 겔룩파는 신속하게 전 티베트으로 전파되어 '종교합일'을 형성하였으며, 정치·경제적인 실력을 갖춘 사원 집단이 되었다. 이후 점차 몽고와 중국 지역으로 영향을 확대하게 되었다. 청초에 통치 계층은 변경 지역을 안정시키고 정권을 공고하기 위하여, 명대보다 더욱 크게 라마교를 제창하였으며, 라마를 융숭하게 우대하였다. 서기 1652년에 5세 달라이라마가 북경으로 와 순치 황제를 만나고, '서천대선자재불소령천하석교보통와적라달라달뢰라마(西天大善自在佛所領天下釋敎普通瓦赤喇怛喇達賴喇嘛)'라는 칙봉을 받고, 금책과 금인을 하사받았다. 순치(順治, 1638-1661년), 강희(康熙, 1654-1722년), 옹정(雍正, 1678년-1735년), 건륭(乾隆, 1711-1799년)의 사조는 막남(莫南)의 몽고·열하·귀수(歸綏)·북경 등지에 많은 라마사원을 새로 건립하였으며, 그 중 북경에만 30여 곳이 세워졌다. 라마교가 널리 전파되면서 '참' 또한 티베트에서 전국의 10여 개 성으로 전파되어 중국에서 가장 유명한 사원의 탈춤이 되었다.

2. '참' 탈의 제작과 분류

'참'을 추는 것은 통상 절기에 따라 행해지며, 각 사원에 따라 연출 시간이 다르다. 대다수는 티베트력 정월·6월·7월과 10월에 행해지며, 평소에는 전쟁과 영수의 서거 등 중대한 사건이 발생하기 전에는 마음대로 연출할 수 없다. 참가 인원수도 고정되어 있지 않으며, 대형은 1백 인 이상이고, 소형은 20여 명 정도 된다. 출연자는 본 사원의 라마를 위주로 하며, 수가 부족하면 이웃 사원에서 빌려올 수 있으나, 세속 사람들은 연출에 참가할 수 없다. 연출 순서는 각 지역이 대동소이하며, 처음과 끝은 부처님을 모셔오고 귀신을 보내는 의식이고, 중간은 무용이다. 연출이 시작되면 라마들은 갖가지 귀신과 동물 탈을 쓰고(소수는 탈을 쓰지 않기도 한다), 몸에는 오색 주단 옷을 걸치고, 손에 금강저·삼차극·금강궐·인두골 및 철테·활과 화살 등의 도구를 잡고, 나팔·양피 북·날라리·소라고동·동령·발 등의 악기 반주에 맞추어 독무 혹은 대무·군무를 추어, 관중으로 하여금 신비하고 괴이한 경계 속으로 끌고 들어간다. '참'의 무용자태는 변화가 풍부하며, 웅건하고 분방하기도 하고, 위맹하고 사납기도 하며, 가볍고 부드럽기도 하며, 골계와 유머가 있기도 하다. 기본 동작은 한발 착지, 돌기, 도약이 있으며, 다리 모양에는 한 발로 차올리기, 앞으로 끌어당기기, 옆으로 당기기, 뒤로 치켜 올리는 동작 등이 있고, 무보(舞步)에는 건너뛰기, 한발 뛰기, 다리를 꼬고 쭈그리기, 두 발로 서서 허리 흔들기, 좌우 꼬기, 제자리 뛰기, 두 발로 앉아 뛰며 돌기 등이 있다. 이런 퇴형(腿形)과 무보는 티베트족의 '러바〔熱巴〕' 북춤과 '귀장〔鍋庄〕'[59] 중에 흔히 볼 수 있는 것으로, 티베트 무용이 여기에 영향을 끼쳤음을 말해주고 있다.

'참'에서 탈은 가장 중요하고 두드러진 특징 중 하나이다. 탈이 없다면

'참'은 존재할 수도 없으며, 적어도 대부분의 매력을 잃어버리게 된다. 다른 탈과 비교하면, 참의 탈은 크기가 아주 크고, 형태가 기특하며, 조형이 괴이하고, 색채가 화려하여, 선명한 민족 특색·종교 특색·지역 특색을 띠고 있다. '참'은 티베트 예술사에서 일대 기관(奇觀)이며, 중국 탈 중 한 알의 명주라 할 수 있다.

[그림 173] 티베트 산남 삼예사의 상야신무(桑耶神舞) 동탈.

'참' 탈의 재질에는 가죽·나무·동·진흙·유포(油布) 등이 있다. 처음에는 가죽과 나무 탈이 유행했었으나, 지금은 아주 적게 사용된다. 동탈은 얇은 동판을 두드려서 만든 것으로 위에는 정밀한 도안으로 장식하였다. 지금은 거의 전해지지 않으며, 소수의 사원에만 남아 있다. [그림 173]은 삼예사의 동탈로 두 눈과 입에 3개의 큰 구멍이 뚫려 있고, 눈썹과 귀·이가 없으며, 조형이 세련되고 수법이 과장되었다. '참' 탈 중에 가장 흔하게 볼 수 있고, 대표성을 지닌 것으로는 진흙과 기름먹인 무명으로 만든 작품으로 섭성생(葉星生)은 그 제작 방법에 대하여 상세하게 소개하고 있다.

① 진흙탈의 제작 방법: 먼저 좋은 진흙과 소량의 가는 모래나 혹은 느릅나무 껍질분말, 티베트 펄프, 향료를 고르게 배합하여 반죽하고, 공심(空心)의 모형을 빚어낸다. 그런 후에 모형 위에다 아교풀을 사용하여 3-5층의 면사포를 붙이고, 마른 후에 다시 펄프나 면화 혹은 융단으로 오관을 만들며, 다시 모형 위에다 진흙을 한 차례 바르기도 한다. 끝으로 색을 칠하고 니스를 입히며 갖가지 장식을 한다. 탈의 내부에는 대나무나 나무

---

59) 러바나 궈장 춤은 티베트 만간 무용이다. 러바는 설·창·춤·희극과 잡기가 모두 들어있다. 11세기에 유랑승 미라러바가 만들었다고 하여 이런 이름을 갖게 되었다. 궈장은 남녀가 서로 손을 잡고 둥글게 원을 그리거나 서로 마주 보고 줄을 지어 한 사람이 창을 하면 일제히 창을 하면서 춤을 춘다. 티베트·사천·운남의 티베트족이 사는 곳에 널리 퍼져 있다.〔역주〕

조각 · 가죽 끈으로 고정한다.

② 유포탈의 제작 방법: 먼저 진흙 · 나무 · 석고 등으로 모형을 제작한다. 그 뒤에 여러 층의 얇은 천이나 티베트 종이를 아교풀로 붙인다. 마르기를 기다렸다가 이를 떼어내고, 수정하면서 오관을 빚거나 새겨 놓는다. 끝으로 착색을 하고, 니스를 입힌 뒤에 갖가지 장식을 한다.[60]

조형으로 말하면, '참' 탈은 대체로 흉상(凶相)탈 · 선상(善相)탈 · 동물탈 등 세 가지 유형으로 나눌 수 있다. 흉상탈에서 가장 사람의 주목을 끌고 있는 것은 각종 호법신으로 위맹한 분노상이며, 이런 유형의 탈은 대자호법(大自護法) · 대흑천신(大黑天神) · 마두명왕(馬頭明王) · 포외금강(佈畏金剛) · 길상천녀(吉祥天女) · 법왕명비(法王明妃) 등이며, 이들은 대부분이 부처나 보살의 화신이거나 자성신(自性身)이다. 대흑천은 현파신(灝婆神)의 화신으로 회멸의 신이고, 고행의 신이며, 무용의 신이다. 또 마두명왕은 자비로운 관음의 자성신으로 전신인 마하가라[瑪哈噶拉]는 대자재천의 화신

[그림 174] 티베트 라사 포다라 궁의 호법귀왕(護法鬼王) 탈.

이다. 이들은 '악을 복종시키는 기세와 선을 보호하는 공' 이 있는 신으로 조형은 대개 3개의 둥근 눈에 화염과 같은 두 눈썹을 하고, 입을 벌려 이를 드러내며, 혀를 말아 올리고 있다. 머리에는 고루나 뱀, 혹은 꽃 덩쿨로 장식한 극분노상이다.[그림 174] 그 형상이 이처럼 사납고, 위맹하며, 신비로워 일체의 귀괴와 요마를 항복하고, 불법을 수호하는 사람이 된다. 《한장사집(漢藏史集)》에서 노래하는 것과 같다.

지혜를 드러내어 사견의 적을 제압하고,

---

60) 葉星生,《西藏面具藝術》, 重慶出版社, 1990年.

위맹한 비단 끈으로 흉악한 도적 목메어 죽이며,

화신을 사용하여 청정한 법계의 문을 여니,

분노명왕부동호주에게 경배드리리!

'참'의 흉상탈 중에 고루 또한 아주 특색이 있다. 고루신을 티베트어로는 '두다〔獨達〕'라고 하며, 전설에는 원래 본교의 악귀였으나, 파드마삼바바가 눈을 녹여 호수를 만들고, 호수물을 끓여 고루로 변하게 하였다. 그리고 항복을 받은 본교의 신을 '참'의 행렬에 편입시켜 놓았다.[61] 그는 천장대의 보호신이며, 귀신의 혼령을 인도하여 길을 가리켜 주는 정령이며 길상의 신이다.[62] 고루신 탈은 아주 큰 백색의 인두골로 머리 위에는 3개 혹은 5개의 작은 고루로 장식되어있다. 귀 부분에

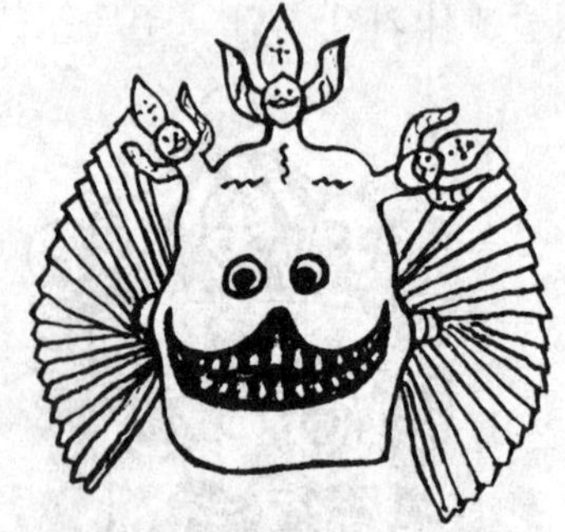

[그림 175] 티베트 착맥현(錯麥縣) 모각사(毛覺寺) 신무의 고루 탈.

는 부채형태로 접어 놓은 채색 종이나 천으로 장식하였다[그림 175]. 고루탈은 원고시대도 드물지 않았으며, 음산암각화에도 적지 않은 고루탈 그림이 있다. 그러나 뒤에 오면서 고루는 유가 문화 중에 사망과 재앙의 상징이었으므로, 점차 중원의 탈 속에서 배척되었다. 오늘날 그것은 유독 '참' 속에만 남아 있으며, 티베트 불교 문화의 독특한 산물이다. '참' 중에는 산요귀·귀왕·마녀와 같은 각색이 있으며, 이 또한 흉상탈에 속한다. 이들은 본래 억울하게 죽은 원혼이나 죄악으로 유령이 된 악귀였으나, 뒤에 불교에 의하여 항복되어 본존의 시종·노복이나 등급이 비교적 낮은 호법이 되었다. 이런 유형의 탈은 현실 생활 속의 인물을 원형으로 삼고, 여기에 과장을 더하여 만들어졌다. 이들은 이마에 법안을 그려 놓

---

61) 티베트 차스룬사〔扎什倫寺〕의 고루춤.〔역주〕

62) 李翊灼, 《西藏佛敎史》, 上海中華書局, 1933年.

거나, 입에 버드렁니가 삐져나와 있거나, 혹은
미간을 찌푸려 분노상을 하고 있으며, 추하고
흉악한 느낌을 준다[그림 176].

선상탈은 대부분이 세속 인물로 수성(壽星)·
화상·아동·유학승(游學僧) 등이며, 면상이
평화로운 신들이다. 이런 유형의 탈은 '참' 중
에서 지위가 별로 높지 않고 특색이 없다.

동물탈 또한 '참' 탈 중에 가장 특이한 부분이
며, 그 각색이 풍부하고 기이한 상상력과 생동
적인 조형으로 인하여, 중국의 탈 중에서는 많

[그림 176] 티베트 르커쯔
사카사의 사카파무[薩迦
巴姆] 탈.

이 보이지 않는다. 동물탈은 대체로 날짐승·길짐승·어류 등 세 가지 유
형으로 나눌 수 있다. 날짐승에는 독수리·물수리·까치·까마귀·오디
새·공작·봉황 등이 있고, 길짐승에는 소·양·말·사슴·사자·호랑
이·코끼리·표범·곰·이리·여우·돼지·개·원숭이·노루·고양
이·쥐 등이 있으며, 어류에는 악어와 바다고등 등이 있다. 라마교의 교
의 중에 이들 동물들은 결코 자연계 속의 날짐승·길짐승·어류·갑각류
가 아니라 밀종의 본존(本尊) 신변에 있는 시종과 호법으로 '금강궐' 중
의 대중과 문지기이다. 이들은 신기막측하고 변화무쌍하며, 밀종의 많은
신들이 모두 여기서 변화하여 만들어졌다. '참'의 동물탈은 사실적이거나
혹은 과장되어 있으며, 모두 갖가지 동물의 신태를 살아 있는 듯이 생생
하게 표현해 내고 있다. 그 중에서 가장 정채 있는 것은 소와 사슴탈이다.
소와 야크는 티베트 고원에서 가장 흔하게 볼 수 있는 가축 중의 일부로
초기 본교에서 숭배하던 신령이었다. 전설에 의하면 파드마삼바바가 선
부(鄯部, 토번)에 온 후, "선부의 신이 흰 야크로 변하여 산 위에 서서 입
과 콧구멍으로 바람과 눈을 뿜어냈으나, 법사는 단번에 금강저를 사용하
여, 그 입을 꿰매 버렸다. 이 소가 완전히 항복한 후에 심혈을 토해내면서
불법을 보호하겠다고 맹세하였다."[63] 사슴 또한 티베트 고원에서 흔히 볼
수 있는 동물로, '참' 중에서 마왕의 화신으로 출연하다가 최후에는 불

[그림 177] 티베트 라사 포다라궁의
물소 탈.

[그림 178] 티베트 라사 포다라궁의
꽃사슴 탈.

법에 의하여 정복된다. [그림 177, 그림 178]은 포다라궁의 물소탈과 꽃
사슴탈로 이 중에서 '참' 동물탈의 신채를 살펴볼 수 있다.

'참' 탈에는 가면이 소수이고, 거의 대부분이 가두이다. 이것을 쓰면 뒤
통수까지 전부 덥히고, 그 뒤로는 오색 비단 끈을 드리운다. 오색은 오방
의 신을 대표하며, 백색은 와족불(窩族佛)을 대표하고, 황색은 붕룡향불
(崩龍向佛)을 대표하며, 홍색은 미륵불을 대표하며, 남색은 진구불(陳究
佛)을 대표하고, 녹색은 피락불(皮洛佛)을 대표한다.[64] 탈은 직경이 일반
적으로 40센티미터 정도 되고, 중량은 10근 정도 된다. 가장 큰 것은 1미
터 이상에 30여 근이 넘는 것도 있으며, 탈 중간에 횡으로 나무막대기를
끼워 놓아, 출연자가 춤을 출 때 나무막대기를 물고, 탈의 평행을 유지하
면서 흔들리지 않도록 고정시킨다. '참' 공연중에 누군가 쓴 탈이 가장 무
겁고, 아주 자연스럽게 춤을 추면, 그 사람은 기예가 뛰어나다고 존경을
받게 된다.[65] 군중의 이런 평가와 평가 표준은 '참' 탈이 대형화로 발전해

---

63)《蓮花生傳》, 霍夫曼의《西藏的宗敎》(李有義譯), 中國科學院民族硏究所, 1965년
판에서 인용.

64) 楊德鈞, 〈云南藏族舞蹈〉(上),《舞蹈論叢》, 1984年, 第2輯.

65) 烏國政, 李寶祥, 〈內蒙古地區寺廟藝術 '査瑪' 探析〉, 1991년 10월 호남의 길수
에서 열린 〈중국 소수민족 나희 국제 학술 토론회〉의 논문.

나가도록 하는 중요한 요인이 되었다. 세계 각지의 종교탈처럼 '참' 탈 또한 일종의 신물로 간주되어, 사악한 것을 물리치고 마귀를 진압할 수 있는 법력을 갖추고 있다고 여겨진다. 그 연대가 오래되면 오래될수록 법력 또한 커지게 된다. 연출 기간을 제외하면 평소에 탈은 항상 경건하게 사원 안에서 받들어지며, 마음대로 쓰거나 움직일 수 없다. 일부 지방에서는 '참' 공연이 끝나면, 호법신으로 분장한 출연자는 탈을 벗고, 얼굴에 먹으로 몇 개의 점을 찍는데, 이를 '사나(沙納)'라고 부르며, 이것은 신성을 떨쳐내고, 사람의 얼굴을 회복한다는 뜻이다. 현존하는 '참' 탈에서 가장 오래된 것은 명대 이전의 것이며, 내몽고자치구 박물관에 수장된 소머리 탈로 지금 이미 350여 년의 역사를 지니고 있다.[66] 티베트 일부 '참' 탈 중에 어떤 것은 연대가 더욱 오래된 것도 있다.

제4절 장희(藏戱)와 장희탈

장희는 티베트 지구에 전해지고 있는 종교 탈놀이로, 티베트 외에 청해·감숙·사천 등지의 티베트족이 거주하는 지역에서 모두 전해지고 있다. 이들 지역의 티베트 지구는 역사·문화·풍속 등의 차이로 인하여, 장희의 발전이 고르지 못하며, 어떤 연구자는 그것을 6개의 극으로 나누고 있다. 즉 더거희〔德格戱〕·백면구희·장극(藏劇, 티베트 남면구희)·창두희〔昌都戱〕·안둬희〔安多戱〕·무야희〔木雅戱〕·쟈룽희〔嘉戎戱〕이다.[67] 그 중에서 백면구장희(白面具藏戱)가 가장 오래되었으며, 남면구장희(藍面具藏戱)가 가장 성숙되었다. 이 책에서는 이 2개의 장희극을 위주

---

66) 李軍, 〈莫南蒙古 '査瑪' 硏究〉, 1991년 10월 호남의 길수에서 열린 〈중국 소수민족 나희 국제 학술 토론회〉의 논문.

67) 劉志群, 〈藏戱與藏區的儺文化〉, 《中國儺文化論文選》, 貴州民族出版社, 1989年 10月.

로 서술하도록 한다.

장희는 불교와 본교의 영향을 아주 깊이 받았으며, 일부 학자들은 그것
이 나문화와 밀접한 관련이 있다고 여긴다. 학계에서는 그 성격에 대하여
의견이 서로 다르며 이를 세 가지 설로 개괄할 수 있다. 첫째, 장희는 나
희에 속하지 않으며, 불교 서열에 놓아야만 한다.[68] 둘째, 장희는 나희에
속하지 않으나 '나'의 요소를 포함하고 있다.[69] 셋째, 장희는 전체적으로
나희에 속하지 않는다고 할 수 있으나, 그 개별적인 극목은 나희에 놓을
수도 있다.[70] 이런 세 가지 의견이 누가 맞고 그른지는 깊이 있는 조사와
연구를 필요로 한다.

1. 장희의 형성과 발전

장희의 기원에 관하여 학계에서는 두 가지 확연히 서로 다른 관점이 있
다. 하나는 그것이 '참'에서 연원하였다는 것이고, 다른 하나는 민간의 설
창과 가무에서 발전되어 왔다고 하는 것이다. 이 두 관점은 각기 한 단면
만을 잡고 있으며 평면적이다. 정확한 것은 조기의 '참'과 티베트의 민간
설창·가무가 모두 서로 다른 면에서 장희의 형성에 제각기 영향을 끼쳤
다는 것이다. 혹자는 이들 모두 장희를 잉태하고 길러낸 근원 중 하나라
고 말한다. 그러나 장희는 결코 자연적으로 형성된 것이 아니다. 그 출현
은 카규파(噶擧派)의 승려인 탕둥지에부(唐東杰布)와 직접적이고도 밀접
한 관계가 있다. 이 점에서 장희와 나희는 완전히 서로 다르며, 도리어 일
본의 능악과 아주 흡사하다. 알다시피 능악은 14세기에 형성되었으며, 그
기원은 가무에 뛰어난 사로가쿠의 노(猿樂能)이다. 다만 무로마치시대

----

68) 이런 관점을 가진 학자는 전불(錢茀) 등이 있다.
69) 이런 관점을 가진 학자에는 곡육을(曲六乙) 등이 있다. 곡씨는 원래 장희가 나희 계
통중의 품종이라고 주장했었으나, 원래 원래의 관점을 수정하고 있다.
70) 이런 관점을 가진 학자에는 유지군(劉志群)과 유개(劉凱) 등이 있다.

〔室町, 1336-1573년〕의 유명한 희극가인 세아미〔世阿彌〕의 거대한 공헌이 없었다면, 오늘날의 능악도 없었을 것이다. 14세기를 전후로 티베트에 이미 장희가 태어날 조건을 갖추고 있었다고는 하지만, 만일 탕둥지에부의 거대한 공헌이 없었다면 오늘날의 장희도 없었을 것이다.

티베트는 예부터 가무의 고향이었다. 《라다크왕통세계〔拉達克王統世系〕》에 일찍이 기원전 1세기의 티베트왕 더샤오친〔德曉勤〕시대에 가무가 아주 성행하였으며, 서기 7세기에서 8세기의 송첸감포와 티송데첸시대에 민간가무와 백예(百藝)가 충분히 발전할 수 있었다. 쌍지에쟈춰〔桑結嘉措〕의 장의(藏醫) 저작인 《아색(亞色)》에 말하기를 삼예사의 낙성 의식에서 백성들은 '쥐〔卓〕' '루〔魯〕' '시엔〔鮮〕' 등의 오락 활동을 하였다. '쥐'는 북춤으로 공연자는 흰 산양가죽 탈을 쓴다. '루'는 가창이고, '씨엔'은 무언극과 유사한 무용으로 '참'의 전신이었을 가능성이 있다. 11세기를 전후로 티베트의 가무·설창·잡기 등은 이미 일종의 종합 예술로 발전하였으며, 초보적으로 희극의 요소를 구비하였다. 《사카세계사〔薩迦世系史〕》 중에 이런 사료가 있다. 서기 1034년에 후장 '쥐' 땅의 곤씨(昆氏) 가족이 거행한 묘희에서 "백기·잡예 중에 여러 명의 무당과, 자재녀(自在女) 20여 명이 나오는데, 탈을 쓰고, 손에 병기를 들었으며, 그밖에 길게 댕기를 드리운 여자들이 북을 치고, 이를 따라 춤을 추어 아주 장관이었다"고 하였다. 이것은 당시에 백기·잡예·무용이 항상 함께 연출되었으며, 남녀 혼합무가 출현하였다는 것을 설명해 주고 있다. 이 시기에 민간의 설창 예술 또한 아주 큰 발전이 있었으며, 《게사르왕전〔格薩爾王傳〕》과 같은 장편의 영웅 서사시가 나오게 되었다. 티베트 민간의 설창 예인의 공연 수단도 아주 풍부하였으며, 이들은 설(說)·염(念)·음(吟)·송(誦)·창(唱)·무(舞) 등을 결합하여 각종 서사시·우언·불경고사·민간전설을 연출하고, 어떤 공연자는 백산양피 탈을 쓰기도 하였다. 이처럼 고사의 서술을 위주로 하는 설창예술은 희극의 탄생에 적극적인 촉진 작용을 하였다는 것은 의심할 여지없다. 또 한편으로 8세기에 남상〔濫觴〕한 사원 탈춤 '참'은 이때 이미 점점 성숙하게 발전되고 있었다. '참'의 발전 과정중에 민간가무와 백예의 영향을 받았으며, 또한 이와 반대로 민간가무와 백예에 영향을 주기도 하였다. 종교 예술과 세속 예술이 서로 충돌하고 침투하고 융합하면서, 희극의 영육과 맹아에 비옥한 토양을 제공하였다. 14세기를 전후로 장희의 탄생 조건이 이미 구비되었다. 티베트 사람들이 '철교라마'라 부르는 탕둥지에부는 장희의 탄생에 조산(助産) 작용을 하였다.

탕둥지에부는 14세기말에서 15세기말까지 생활하였으며, 그는 예술 재능을 갖춘 고승이면서 또 교량 전문가였다. 그는 티베트의 강과 하천에 다리를 놓아 중생에게 복을 주겠다는 서원을 세웠으며, 경비를 모집하기 위하여 설산초원을 두루 돌아다니며 보시를 받았다. 3년간 노력하였으나 효과가 미약하였다. 뒤에 그는 신도 중에 미모를 갖추고, 총명하면서 가무에 뛰어난 칠자매를 발견하고, 이들을 불러다 희반(戲班)을 조직하였다. 스스로 편찬한 불교 고사와 민간전설을 제재로 가무희를 연출하였다. 사람들은 이런 희극을 '아지라무〔阿吉拉姆〕'라 불렀으며, 그것은 선녀누나라는 뜻이다. 이것이 바로 장희의 추형이다. 장희의 출현은 티베트의 역사·문화·종교 발전의 필연적 결과이지만, 탕둥지에부 개인의 작용 또한 낮게 평가할 수 없다. 전통적인 장희《운승왕자(云乘王子)》 서문에 "이전에 우리 설역에서 가장 성취가 뛰어난 것은 탕둥지에부 적렬존자(赤列尊者)로써 춤으로 백성을 교화하였다. 기묘한 노래와 무용을 사용하여 우산과 큰 기처럼 모든 사람들을 뒤덮고, 다시 성결한 교법과 위인의 전기로 인심의 방향을 돌렸다. 궤의가 특히 묘한 아지라무가 여기에서 발단하였다……"고 하였다. 이런 평가는 아주 합당하다. 이 장희의 개산조사를 기념하기 위하여 장희 연출 장소에서는 모두 탕둥지에부의 화상이나 소상을 받들고, 출연자는 출장 전에 반드시 여기에 절하면서 연출의 성공을 기도한다.

탕둥지에부시대의 장희는 아주 유치하였으나, 뒤에 많은 민간 예인의 가공을 거쳐 충실해졌으며, 게다가 달라이 5세의 중시와 지지를 받게 되었다. 17세기에 이르자 창을 위주로 하면서, 창(唱)·송(誦)·무(舞)·표

(表)·백(白)·기(技)·예(藝)가 서로 결합된 초보적인 표현 정식(程式)을 갖추게 되었고, 직업적인 희반이 나오게 되었다. 초기의 장희는 백산양피탈을 쓰고 연출하였기 때문에 '백면구장희' 혹은 '백면구파'라고 부른다. 백면구장희는 공연·창 내지는 탈·도구가 모두 간단하고 조잡하였으므로, 이 개혁은 필연적인 추세였다. 개혁은 15세기말에서 16세기초에 시작되어 18세기에 이르러 정식으로 새로운 극종인 '남면구장희' 또는 '남면구파'가 형성되게 되었다. 남면구장희는 사냥꾼·어부가 출장하면서, 남색탈을 썼기 때문에 얻게 된 이름이며, 그 표현·창·탈·도구가 모두 백면구장희보다 풍부하고 성숙되었다. 이로 인하여 점차 백면구장희의 지위를 대체하고 장희 중에 영향력이 가장 크면서 유행하는 극이 되었다. 백면구장희는 남면구장희의 영향 아래 청해·사천·감숙의 티베트족 거주지와 티베트의 일부 지역에서 선후로 더거희·창두희·안둬희·무야희와 쟈룽희가 형성되었다. 이들은 이미 장희의 일반적인 특징을 갖추면서도 자신의 독특한 풍채를 구비하였으며 모두 장희 계통에 속한다. 이밖에 히말리야산 동남기슭의 문우지구에 살고 있는 먼바족(門巴, Monba) 또한, 장희의 극목을 연출하고 있다. 먼바희는 민족가무와 백예를 기초로 형성된 희극이다. 그러나 장희의 예술 형식을 빌려왔으므로, 그 복식·탈·무용·창은 모두 장희와 서로 다를 것이 없다.

2. 장희탈 소개

  장희 연출은 일반적으로 세 부분으로 나누어진다. 제1 부분은 '원바둔(溫巴頓)'으로 개장의 서막이며, 탈을 쓴 '원바'(사냥꾼이나 혹은 어부)와 '라무'〔拉姆, 선녀〕·'쟈루'〔甲魯, 장로, 국왕이나 혹은 왕자를 맡을 수 있다〕 등 10여 인이 출장한다. 이들은 관중을 위하여, 사악한 것을 물리치고 복을 받아들이는 가무와 제의를 공연한다. '원바'가 쓰고 있는 탈에는 백색과 남색이 있으며, 백색탈을 쓴 사람을 백면구파라 하고, 남색탈을 쓴 사람을 남면구파라고 한다. 제2 부분은 '슝[gzhung, 雄]'으로 정희(正戲)의 연출이다. 장희의 극목은 대략 2,30여 개이나 항상 연출하는 것은 8개로 속칭 '팔대장극(八大藏劇)'이라 한다. 이들은 〈문성공주(文成公主)〉 〈눠쌍법왕(諾桑法王)〉 〈랑사구냥(朗莎姑娘)〉 〈줘와쌍무(卓瓦桑姆)〉 〈쑤지니마(蘇吉尼瑪)〉 〈둔웨둔주(頓月頓珠)〉 〈츠메이군덩(赤美滾登)〉 〈백마원바(白馬文巴)〉이다. 정희의 탈은 각색이 비교적 많고, 각 극목은 일반적으로 모두 통용될 수 있으며, 유사한 희극 각색이 유형화되는 경향이 출현하게 되었다. 그러나 주인공은 통상 탈을 쓰지 않는다. 제3 부분은 '짜시(bkrashis, 扎西)'로 연출의 결미이며, 고별 의식이다. 가무로 관중에게 감사와 축복을 하고 모금을 한다. '짜시' 중에도 '원바' 탈이 출연한다.

장희탈은 그 기능과 조형에 따라 대체로 4개의 유형으로 나눌 수 있다.

제1 유형은 '원바' 탈이다. '원바' 탈은 모든 연출에 다 나오고 있으나, 주로 개장을 하는 서막에 사용된다. '원바둔' 중에 출장하는 '원바'는 4-8인으로 다르지만 이들이 쓰는 탈은 모두 양식이 하나이다. 백면구파의 '원바' 탈은 전문적으로 사육한 백산양피로 제작하며, 초기에는 전부 백색이었으나, 뒤에 오면서 황색으로 만들기도 하였다. 탈의 사방에는 아주 긴 산양털로 장식하여, 앞은 가슴 앞까지 내려오고, 뒤는 조끼 끝까지 닿으며, 형상이 원시적이고 고졸하다[그림 179]. 남면구파의 '원바' 탈은 종이판자나 여러 층의 무명을 붙여 만들었으며, 위에는 정미한 남색 무늬비단을 붙이고, 보병(寶瓶)·묘련(妙蓮)·금륜(金輪)·해라(海螺)·보산(寶傘)·금어(金魚)·동심결(同心結)·승리번(勝利幡) 등 8종의 길상도안으로 구성하고, 정수리에는 화살촉 모양의 장식을 하였으며, 위에는 흥왕의 보배인 〈분염말니(噴焰末尼)〉 도안을 수놓았다. 이마에는

[그림 179] 장희 백면구파의
'원바' 탈.

태양·달을 장식하여, 일월처럼 광채가 비친다는 뜻을 상징하고 있으며, 뺨과 아래턱에는 산양털로 제작한 흰 수염을 붙여 놓았다. 모든 탈은 제작이 정밀하고, 색채가 선명하며, 민족적인 특색을 농후하게 갖추고 있다[그림 180]. 백·남 양파의 '원바' 탈은 모두 탕둥지에부의 원형을 바탕으로 창작하였으며, 이 둘의 외형은 차이가 아주 커서 창작하는 사람의 독창적인 마음을 반영하고 있다.

제2 유형은 장희 각색의 탈이다. 이 유형의 탈은 또 평판가면(平板假面)과 입체가두(立體假頭)의 두 종류로 나눌 수 있다. 평판가면은 대다수가 세속 인물과 선옹(仙翁)·라마이

[그림 180] 장희 남면구파의 '원바' 탈.

며, 또 마귀와 무녀도 있다. 갖가지 신분과 성격을 가진 각색은 주로 색으로 구별된다. 홍색은 권력과 위력을 상징하며, 홍색탈은 국왕과 대신이 쓴다. 녹색은 준수한 아름다움과 자애를 상징하며, 녹색탈은 왕비나 목녀(牧女)가 쓴다. 황색은 선량과 신성을 상징하며, 황색탈은 대부분이 선옹이나 활불이 쓴다. 흑색은 흉악과 잔혹을 상징하며, 흑색탈은 대부분이 마녀나 요귀가 쓴다. 반백이나 반흑색은 간사와 교활을 상징하며, 반백이나 반흑탈은 대부분 축각이나 무당이 쓴다. 이것은 단지 개략적인 구분이며, 실제 사용하면서는 그렇게 절대적이지 않다. 평판탈은 일반적으로 양피·모직물·면포나 판지로 제작하며, 두 눈과 입은 구멍을 뚫어 놓고, 수염과 눈썹은 산양털이나 노루털로 장식하고, 코는 천을 재봉한 후에 달아 놓으며, 어떤 것은 영활하게 움직일 수 있게 만들어, 관중의 웃음을 이끌어 낸다. 그 중 녹색의 평판탈은 단지 손바닥만한 크기로 출연자가 이마나 정수리에 걸치고, 오관의 대부분은 밖으로 노출되어, 관중은 얼굴표정을 분명하게 볼 수 있다[그림 181]. 이런 탈은 원래가 이만했는지, 아니면 뒤에 오면서 변해온 결과인지는 지금까지 분명하게 알 수 없다. [그림 182]

[그림 181] 이마 위에 녹색 탈을 쓰고 있는
장희 배우.

[그림 182] 장희 중의 대신탈.

는 대신탈로 종이판지와 천으로 만들어졌으며, 평판가면 중에 대표성을 띠고 있다. 입체가두는 일반적으로 유포나 진흙으로 제작하며, 어떤 것은 면포로 만들어진 것도 있다. 대부분이 마귀나 요녀와 같은 유형의 각색이다. 예를 들면 〈백마원바〉 중에 나오는 구두나찰과 흑귀·백귀·황귀·홍귀 및 〈쥐와쌍무(卓瓦桑姆)〉 중의 마비(魔妃) 하쟝[哈江] 등이다. 그 조형은 대부분 이를 드러내고, 눈이 불거져 나와 징그럽고 공포스럽다. [그림 183]은 구두나찰탈로 9개의 마귀머리(모두 3열로 매 열마다 3개이다)로 만들어졌으며, 높이는 약 1미터쯤 된다. 이와 유사한 다두(多頭)탈은 중국에서 아주 드물며, 구두(九頭)탈은 단지 이 한 종만이 있을 뿐이다.

[그림 183] 장희 중의
구두나찰탈.

제3 유형은 동물탈이다. 장희 중에서

[그림 184] 장희 중의 원숭이탈. [그림 185] 장희 중의 목각 신무탈.

동물탈은 아주 풍부하다. 장희는 대부분이 불교 고사나 신화전설을 제재로 하였으므로, 극중에 적지 않은 동물 각색이 출연한다. 예를 들면 호랑이·코끼리·곰·표범·이리·노루·사슴·소·말·양·개·원숭이·닭·앵무새·까마귀·전갈 등이다. 동물탈은 대개 입체 가두로 그 중에 어떤 것은 독립된 탈로서 출연자의 어깨 부분까지 뒤집어쓴다. 어떤 것은 신체와 함께 연결되어 있으며, 실제로는 탈과 가형화장이 결합된 것이다. 이들은 진흙이나 유포로 제작하거나 혹은 부드럽고 연한 융단으로 만들어 진다. 융단가두를 머리에 쓰면 아주 가볍고 교묘하여, 사용하기 극히 편안하나, '참' 중에 이와 유사한 동물탈은 아주 적다[그림 184]. 창작 수법에서 장희의 동물탈은 사실에 중점을 두고 외형의 흡사함을 추구하고 있으므로, '참' 동물탈이 허무맹랑하게 과장된 것과는 크게 차이가 나며, 농후한 세속화 경향을 나타내고 있다.

제4 유형은 신무(神舞) 탈이다. 적지 않은 장희 극목 중에 모두 신무 공연이 끼어들고 있다. 예를 들면 〈랑사구냥(朗莎姑娘)〉 중의 대위덕금강무, 〈쑤지니마(蘇吉尼瑪)〉 중의 고루신무 등이다. 이들은 모두 사원 신무인 '참' 중에서 차용되었거나 이식되어 온 것이다. 장희 중의 신무는 희극의 정절과 연출 분위기에 따른다. 사원의 '참' 처럼 장엄하고 엄숙하거나, 신비하지도 않으며, 비교적 쾌활하고 활발하여 생활 분위기가 농후하다. 이 탈과 '참' 탈은 기본적으로 같으며 현저한 차이는 없다. [그림 185]는 장희 중의 목각 신무탈이다. 장희 중의 신무탈은 사원의 '참' 탈처럼 거의 대부분이 진흙과 유포로 제작되며 목각은 아주 드물다.[71]

제5절 근고 시기의 탈

근고 시기에 남아 있는 탈은 아주 많다. 전국적으로 보면 천 개가 넘을 것이며, 역사상 어떤 시기보다 많다고 할 수 있다. 이들은 두 부분으로 나눌 수 있다. 일부는 '죽어 있는' 탈로 고고학적인 발굴을 통하여 얻어진 것들이다. 이런 탈은 수량이 아주 적으며 연대에 대한 고증이 비교적 정확하다. 나머지는 '살아 있는' 탈로 현재까지 여전히 민간에 전해지고 있는 탈이다. 이런 탈은 수량이 아주 많으나 연대에 대한 고증이 비교적 어렵다. 일반적으로 단지 그 조형과 풍격, 부식과 훼손 정도에다 보존자의 구비전승을 통하여 대체적인 시기를 추론할 수 있다. 이런 추론은 주관적이기 때문에 비교적 오차가 크다. 여기에서는 단지 '죽어 있는' 탈에 대하여 소개하고 분석하도록 하며, '살아 있는' 탈은 뒷장에 서술하면서 오늘날 전국 각지에 전해지고 있는 탈춤·희극 등과 함께 기술하도록 한다.

1. 내몽고 소오달맹(昭烏達盟)에서 출토된 요대의 동면조

앞에서 말했듯이 요대 거란인은 면조를 사용하여 사자의 얼굴을 덮는 습속이 있었다. 이런 면조는 건국 전과 건국 후에 모두 출토되었다. 건국

---

71) 본서에서 장희 탈에 대한 논술은 劉志群의 〈我國藏劇面具藝術探討〉(《藝術動態》 1986년 제2기), 張鷹, 〈藏戲面具藝術〉(《中國美術報》 1987년 제41기), 曲六乙編, 《西藏神舞,戲劇及面具藝術》(臺灣淑馨出版社, 1990년판), 葉星生편, 《西藏面具藝術》(重慶出版社, 1990년판)을 참고하였다.

전에 출토된 면조는 대부분 국외로 유실되어 박물관이나 개인이 소장하고 있다. 일본학자가 이에 대하여 연구하였으므로 참고할 수가 있다.[72] 건국 후에 출토된 요대 면조도 비교적 많다. 불완전한 통계에 의하면 1990년대 초까지 모두 금면조 2건, 은면조 5건, 동면조 20여 건, 연질면조 1건이 출토되었다.[73] 그 중 발굴 시간이 비교적 빠르고 영향이 큰 것은 내몽고 소오달맹(昭烏達盟) 소류장자(小劉仗子)에서 출토된 동면조이다.

1959년 내몽고자치구 문물공작대는 소오달맹 영성현(寧城縣) 필사영 자향(必斯營子鄉) 소류장자에서 요대 말기 거란인의 무덤 5기를 발굴하였다. 여기에서는 대량의 삼색유(三色釉)와 쌍색유 자기(속칭, 요삼채(遼三彩)라고 한다.)·단색유자기·백자기·회색자기·동기·철기·옥기·골기·구슬꾸러미 등이 출토되었다. 동기 중에는 면조 4건과 동으로 만든 신발창 두 쌍이 있다. 동면조는 1·2·3·4호 묘에서 출토되었으며, 동으로 만든 신발창은 1호 묘에서 출토되었다.[74]

1호 묘에서 출토된 면조는 길이 21센티미터로 얼굴형이 비교적 갸름하고, 외부에는 금으로 도금을 하였으며, 두 눈은 굳게 감고 있고, 신태가 편안해 보인다. 두 귀는 동으로 만든 실로 시골(尸骨)의 귀 위에 묶어 놓았으며, 안에는 비단 흔적이 남아 있다[그림 186]. 2호 묘에서 출토된 면조는 길이 19센티미터로 얼굴형이 둥글고 납작하며, 아래턱이 떨어져 나갔고, 귀 부분에는 2개의 구멍이 뚫려 있다. 3호 묘에서 출토된 면조는 길이 20.5센티미터로 앞이마가

[그림 186] 내몽고 소오달맹
에서 출토된 요대 동면조.

72) 요대 상장탈에 대하여 연구한 일본학자의 논저는 濱田耕作의 〈古銀銅面具〉, 北川房次郎의 〈遼代的金面縛肢葬小考〉, 島田正郎의 〈遼的死面〉, 島田正彥의 〈滿洲國烈河省新出土古銀銅面〉 등이 있다.

73) 木易, 〈遼墓出土的金屬面具·网絡及相關問題〉, 《北方文物》, 1993年 第1期.

74) 內蒙古自治區文物工作隊, 〈昭烏達盟寧城縣小劉仗子遼墓發掘簡報〉, 《文物》, 1961年, 第9期.

널찍하고, 관골이 튀어나왔으며, 아래턱이 뾰족하다. 두 눈은 굳게 감고 있어 가는 선으로 되어 있으며, 귀는 따로 제작한 뒤에 붙여 놓았고, 귀 부분과 두 뺨에 작은 구멍이 나 있다. 4호 묘에서 출토된 면조는 길이 19.5 센티미터로 얼굴이 네모지고 평평하며, 눈이 작고 왼쪽 귀가 파손되었으며 아래턱이 없어졌다. 눈·코·입에는 모두 구멍이 뚫려 있으며, 우측 귀와 이마 옆쪽에 작은 구멍이 나 있다. 이상 4건의 면조는 얼굴 형태가 서로 다르다. 발굴 보고에서는 '사자의 얼굴 형태에 따라서 만들어졌을 것'이라고 하였는데 믿을 만하다.

지금 발굴된 요대의 면조는 대부분 동실이나 혹은 은실의 그물 망사와 함께 출토되고 있다. 그러나 소오달맹 수류장자에서 발굴된 5기의 요묘에서는 동실이나 혹은 은실로 만든 그물 망사가 발견되지 않았다. 단지 1호 묘에서 두 쌍의 얇은 동편을 오려서 만든 신발창이 출토되었으며, 한 쌍은 길이 29센티미터로 비교적 크고, 다른 한 쌍은 길이 19센티미터로 비교적 작다. 거란인은 샤머니즘을 신봉하였다. 사람이 죽은 뒤에 혼은 흑산(黑山)으로 돌아가 생전에 했던 것과 같은 생활을 한다고 여긴다. 무덤 안에 동으로 만든 신발밑창은 사자가 흑산으로 가는 도중에 사용할 물건이다. 거란인은 장례중에 손발에 그물 망사를 사용하거나 혹은 동신발창을 사용하는 것은 '원시 민족의 족적 숭배와 관련이 있을 것'이라고 하였다.[75]

2. 내몽고 호흠영(豪欠營)에서 출토된 요대의 동면조

내몽고자치구 찰합이우익전기(察哈爾右翼前旗) 호흠영대대(豪欠營大隊) 만자산(灣子山)에서는 남북길이 210미터, 동서길이 120미터의 묘지가 있다. 거기에는 10기의 무덤이 있었으며, 그 중 7기는 문혁 중에 파괴

---

75) 杜曉帆,〈契丹族葬俗中的面具·网絡與薩滿敎的關系〉,《民族硏究》, 1986年 第7期.

되었다. 1981년 10월 오란찰포맹(烏蘭察布盟) 문물공작점에서 요대무덤 3기를 정리하였다. 그 번호는 M2·M3·M6이고 그 중 제6호 묘에서는 "동실로 짠 그물 망사와 도금한 동면구 등의 특수한 수의를 입은 완전한 여자시신 한 구와 자기 등의 수장품"[76]이 발굴되었다.

동실 그물 망사는 여섯 부분에 11건으로 구성되어 있었다. 그것은 머리 망사, 가슴과 등 망사, 좌우 팔 망사, 좌우다리 망사, 좌우 손 망사, 좌우 발 망사 등이다. 동실 그물 망사는 이미 부분적으로 훼손되었으나, 여전히 기본적인 구조와 그물을 뜬 방법을 살펴볼 수 있다. 그물 구멍은 육각형을 위주로 하였으며, 각 부분마다 단독으로 제작한 후에 동실로 함께 연결시켜 놓았다.

면조는 시신의 얼굴 부위에 덮여 있으며, 동에다 금으로 도금하였다. 두께 1밀리미터, 길이 26센티미터, 너비 19센티미터이다. 두 눈은 지그시 감고 콧등이 길고, 두 뺨이 풍만하며 작은 입을 약간 벌리고 있고, 관골이 미미하게 위로 솟아 있으며, 귀 부위에는 아래위로 각기 구멍이 하나씩 뚫려 있다. 면조 상부에는 넓이 8센티미터의 모자 형태의 두건이 좌우·아래로 내려와 귀 윗부분까지 두르고 있다[그림 187]. 모자 형태의 두건 위에는 동실로 머리망사와 서로 이어져 있다. 머리를 덮는 망사는 이마 위로 씌어져 있어 반원의 공 모양이며, 뒷면은 목까지 내려와 목 망사와 서로 이어져 있다. 면조 안에

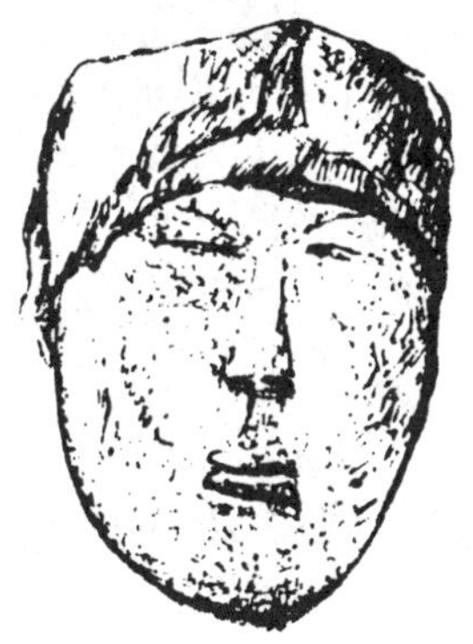

[그림 187] 내몽고 호흠영에서 출토된 요대 동면조.

는 4층의 비단직물이 덮여 있으며, 대략 면조가 사자의 얼굴에 닿아 찰과상을 입지 않도록 놓아두었다. 면조 아래턱 부분에는 안팎으로 띠 매듭이 있으며, 그 띠 매듭을 통해서 뒤로 띠를 묶어 놓았고, 한쪽마다 2개의 띠

---

76) 烏蘭察布盟文物工作站, 〈察右前旗豪欠營第六號墓淸理簡報〉, 《文物》, 1983年, 第9期.

[그림 188] 내몽고 호흠영의 동실 망사로 덮여 있는 여시(女尸).

로 귀에 달린 옥 귀고리에 꿰어두고 있다. 옥 귀고리에는 또 다른 비단 띠를 꿰어 뒤통수로 엮어 놓았다.

호흠영 6호 묘에서 출토된 여자 시신은 비교적 잘 보존되었기 때문에 요대 거란인의 장례 방식을 알 수 있도록 해준다. 특히 면조를 놓는 위치·착용 방법·그물 망사의 관계 등에 관하여 깊이 이해할 수 있도록 해준다[그림 188]. 요대 금속 그물 망사의 연원에 대하여, 사서에는 기록이 없으나, 한대 옥의 영향을 받았을 것으로 추측한다. 요대 금속 망사와 한대 옥의 형태·구조·기능 등을 비교해 보면, 이 둘은 아주 비슷한 것이 많다.

호흠영 제2호와 제3호에서도 동실망사와 금으로 도금한 동면조가 출토되었으나, 상세한 상황은 아직 보도되지 않고 있다.

3. 내몽고 해방영자에서 출토된 요대의 동면조

1970년 여름에 내몽고 옹우특기(翁牛特旗) 해방영자공사(解放營子公社)의 군중들은 수로를 수리하다가, 오단진(烏丹鎭) 동남쪽의 양장자하(羊腸子河) 북안의 자갈더미 퇴적층 속에서 요대의 석실목관 단실묘를 발견하였다. 석실은 원형으로 직경 7.5미터이며, 사방은 자연석을 다듬어 쌓아 놓았다. 목곽은 팔각형으로 벽면과 천장에는 채색 그림이 그려져 있으며, 내용이 풍부하고 완전하게 보존되어 있었다. 그림이 정밀하며 펼쳐놓으면 길이가 10여 미터나 되어 요대 벽화 중에 드물게 보이는 걸작이다. 묘는 부부 합장묘로 목상(木床)은 동서로 묘실 후벽을 향해 놓여 있고, 머

리는 동쪽으로, 발은 서쪽으로 향한다. 시신은 곧게 위로 누이고, 남자는
왼쪽에 여자는 오른쪽에 놓였으며, 얼굴엔 모두 동면조를 덮고 있다. 남자
시신의 머리에는 모자를 쓰고, 발에는 장화를 신었으며, 여자 시신은 머리
를 묶고, 발에는 뾰족한 신발을 신었다. 수장품 중에는 자기·목기·동
기·은기·장식품과 비단직물 등이 있다. 이 무덤의 규모는 비록 크기 않
으나, 실내 장식은 아주 호화로워 묘주인의 신분이 높았음을 알 수 있다.
《요사(遼史)·흥종본기(興宗本紀)》에 "1922년 6월 병오에 대대로 재상이
나 절도사를 지낸 가족과 절도사인 집들은 장례에 은기를 사용하도록 한
다"고 실려 있다. 이 묘에서 은잔·은주전자·은쟁반이 각기 하나씩 출토
되었으므로, 이 무덤의 주인은 귀족이라고 추측할 수 있다. 이 묘의 연대
에 관하여 묘 안에서는 어떠한 문자 자료도 남아 있지 않으나, 무덤의 형
태와 출토 기물로 추측해 보면, 대략 요대 중기 이후에서 도종(道宗,
1055-1101년 재위) 초년에 이를 것이다.[77]

  이 묘에서는 두 건의 면조가 출토되었다. 모두 얇은 동편을 두드려 만
들었으며, 성별 특징이 아주 명확하다. 남성 면조는 얼굴이 마르고 길며
오관이 거칠고, 눈썹·눈·코·입에 구멍이 뚫려 있으며, 머리와 아래턱
에도 각기 2개의 구멍이 뚫려 있어, 띠를 묶을 수 있도록 하였다. 여성
면조는 얼굴이 풍만하고
오관이 청수하며, 두 귀
에 구멍이 뚫려 있다. 조
형의 특징과 공예의 수
준을 살펴보면, 이 두 면
조는 아주 흡사하여 동
일한 장인이 만든 것 같
다[그림 189].

[그림 189] 내몽고 해방영자에서 출토된
요대의 동면조.

---

77) 翁牛特旗文化館·昭烏達盟文物工作站, 〈內蒙古解放營子遼墓發掘簡報〉, 《考
古》, 1979年, 第4期.

4. 내몽고 내만기에서 출토된 요대의 금면조

1986년 여름, 내몽고문물고고연구소 · 철리목맹(哲里木盟)박물관과 내만기(奈曼旗)왕부박물관은 내만기 청룡산에서 요대 진국공주와 부마 초소구(肖紹矩)의 합장묘를 발굴하였다. 묘장은 벽돌로 쌓은 다실묘로 널길〔墓道〕 · 천장 · 문루〔門樓〕 · 통로 · 좌우 옆방〔耳室〕과 널방〔主室〕으로 구성되어 있으며, 전장 16미터로 널길 양 벽에는 채색 벽화가 그려져 있다. 널방 북쪽에는 장방형 널받침 위에는 원래 비단장막이 드리워져 있었으나 이미 부식되어 버렸다. 널받침 위에 진국공주는 밖에 누워 있었고, 부마 초소구는 안쪽에 누워 있었다. 두 사람은 모두 금 · 은 · 옥으로 장식한 수의를 입고 있으며, 그 격식은 대체로 비슷하다. 머리에는 금도금을 한 은관을 쓰고 있고, 금꽃이 있는 은침을 베고 있으며, 얼굴에는 금면조를 덮고, 몸에는 은실망사로 씌웠으며, 허리에는 금옥대를 두르고, 발에는 금꽃이 있는 은 신발을 신고 있다.[78] 그 장례는 품격이 높아 이미 발굴된 요대 무덤 중에서 으뜸이다. 진국공주는 요 경종(景宗, 969-982년 재위)의 손녀이고, 요 성종(聖宗, 982-1031년 재위)의 질녀이며, 황태제 야율융경(耶律隆慶)의 딸이다. 초소구는 성종 인덕황후의 오빠이고, 관직은 태녕군절도사(泰寧軍節度使) · 검교태사(檢校太師)였다. 그러므로 이들은 존귀한 신분과 혁혁한 지위로 인하여 사후에 이처럼 후장을 하였다.

진국공주가 덮고 있는 금면조는 밖으로 볼록 나와 있고 안으로는 오목하게 들어가 있으며, 대략 호형(弧形)으로 굽어 있고, 얼굴은 풍만하며 둥글다. 두 눈은 앞을 응시하고 있으며, 곧은 코에 둥그스름한 입에다 두 귀는 밖으로 나와 있어, 젊은 여자의 부드럽고 우아한 분위기를 갖추고 있다. 면조는 금황색을 띠고 있으며, 단지 눈동자와 두 눈썹 · 이마 위에 있는 긴 선만이 담황색을 띠고 있다. 얇은 금조각을 두드려서 만들었으며,

---

78) 張郁, 〈遼陳國公主夫婦殯葬服飾小記〉, 《文物》, 1987年, 第11期.

면조 주위에는 구멍이 뚫려 있어 은실로 머리의 망사와 연결시킬 수 있도록 하였다[그림 190]. 그 크기는 발굴 보고서에서 아직 보도되지 않았다. 초소구가 덮고 있는 금면조는 높이 21.7센티미터, 넓이 18.8센티미터로 관골 부위가 약간 튀어나와 있으며, 아래턱이 뾰족하고 콧등이 길며, 얼굴 모습이 편안하다. 두 귀는 따로 만들어 리베트로 얼굴 부위와 하나로 연결시켜 놓았다. 눈동자·두 눈썹·그 위에 긴 선은 담황색이고,

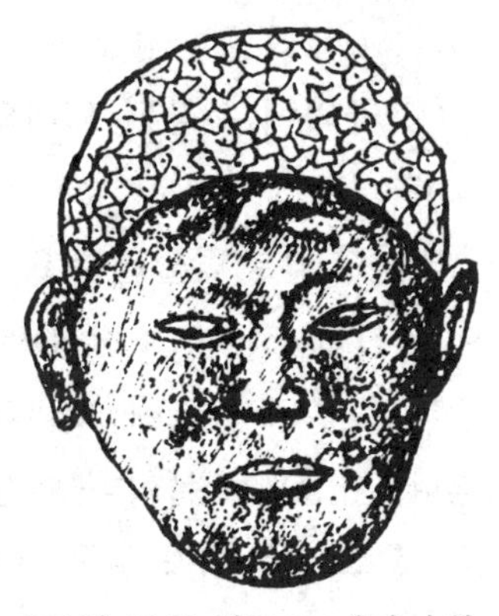

[그림 190] 내몽고 내만기에서 출토된 요대 금면조.

면조 주위에는 은실을 묶을 수 있는 작은 구멍이 있다. 이상 2건의 금면조는 눈·귀·코·입이 모두 뚫려 있지 않으며, 소우달맹과 호흠영에서 출토된 동면조와는 다르다.[79] 지금 알려진 요대 상장면구의 재질에는 동·은·금 세 종류가 있으며, 그 중에 동면구가 가장 많고, 은면조가 그 다음이며, 금면조는 아주 드물다. 진국공주묘에서 출토된 금면조는 요대 상장 습속의 연구나 중국 면구사의 연구에 있어서 모두 아주 높은 가치를 지니고 있다.

5. 국내외에 흩어져 있는 요대의 면조

요대의 상장 탈은 발굴을 통하여 얻은 것 외에도, 국내외에 적지 않게 흩어져 있다. 여기에서는 비교적 특색이 있는 탈 3개를 소개하도록 한다.

---

79) 內蒙古文物考古硏究所, 〈遼陳國公主駙馬合葬墓發掘簡報〉, 《文物》, 1987年, 第11期.

(1) 국외에 수장된 요대의 면조

국외의 일부 박물관은 요대의 상장탈을 소장하고 있다. 반소당(潘紹棠)
이 편찬한 《세계조소전집》에는 그 중 두 건이 소개되어 있다. 하나는 미국
필라델피아박물관에 소장되어 있으며, 재질은 은이고 크기는 상세하지
않다. 사진으로 분석해 보면 이 면조는 얇은 은 조각을 두드려서 만들어
진 것으로, 두 귀가 얼굴 부분과 하나로 이어져 있으니 한번에 완성된 것
이다. 눈썹은 세밀하게 새겨져 있어, 터럭도 모두 드러나 있다. 눈의 위치
는 정상인보다 높으며 한 눈은 감고 한 눈은 반쯤 뜨고 있다. 코는 가늘고
길며 콧방울이 그리 두드러지지 않는다. 입술은 미미하게 위로 올라가 있
고 구강에는 구멍이 뚫려 있다. 모든 작품은 고통스런 표정이 넘쳐나 사
람들에게 깊은 인상을 주고 있다[그림 191].

또 다른 하나는 동으로 주조하고 은을 상감한 것으로 높이 23.5센티미
터이며 소장하고 있는 곳은 상세하지 않다. 제작 공예는 앞의 것처럼 정교
하지 않으며, 눈썹이 없고 2개의 작은 구멍이 뚫려 있어 눈을 나타내고
있다. 코가 납작하고, 콧구멍이 뚫려 있으며, 입은 정상인 보다 작게 구멍
이 뚫려 있다. 두 귀는 따로 만들었으며, 위에는 작은 구멍이 여러 개 있

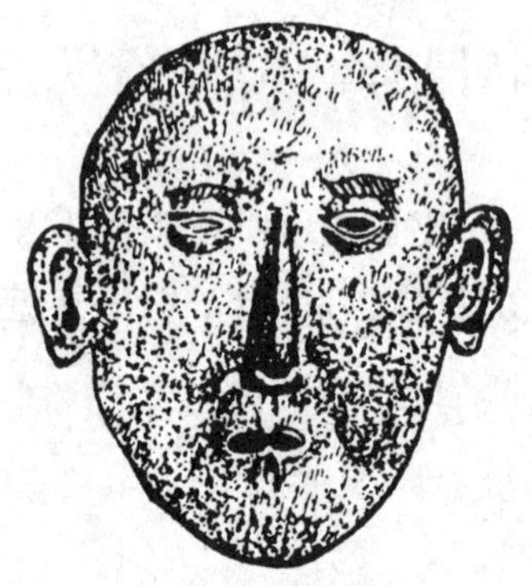

[그림 191] 미국 필라델피아대학에
소장된 요대 은면조.

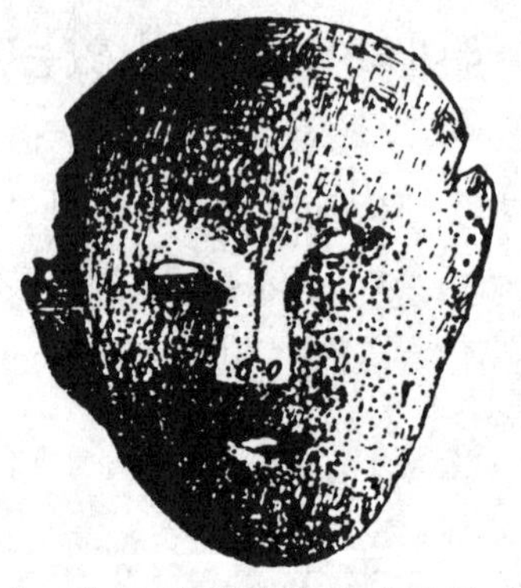

[그림 192] 외국에 흩어진 동에다
은 상감한 탈.

고, 오른쪽 귀와 오른쪽 뺨은 약간 훼손되었다. 전체 탈에는 공포스러운 표정이 가득한 전형적인 '사면'이다. 책 속에는 송대 종족이 사용한 탈이라고 하나 당연히 잘못된 것이다. 그 형태와 조형으로 분석하면, 요대 거란인의 상장탈이 틀림없다[그림 192].

(2) 북경 방산에서 출토된 요대의 동면조

1971년 북경 방산구(房山區) 동방홍(東方紅) 연료공장을 시공할 때, 금으로 도금한 은탈이 출토되었다. 두께 1.5밀리미터, 길이 31센티미터, 너비 22.2센티미터로 얼굴이 풍만하고 표정이 편안해 보이며 미골이 두툼하다. 두 눈은 감고 있으며, 콧등이 길고 아래턱이 둥글다. 입술은 가볍게 다물고 있으며 머리 위에는 두발 문양을 분명히 살펴볼 수 있다. 두 귀는 비대하여 길이 9.3센티미터, 너비 2.5센티미터로 귓불과 귓바퀴 위에 각기 둥근 구멍을 뚫어 놓아 끈을 묶는 데 사용하고 있다.[80] 이 탈이 사람의 주목을 끄는 이유는 두 가지가 있다. 첫째는 얼굴 아래에 6센티미터 길이의 목이 달려 있으며, 이것은 고대 탈에서 처음으로 발견된 것이다. 둘째는 얼굴 조형이 자상한 보살의 모습을 하고 있어, 요대 불감에 모셔 놓은 불상과 흡사하다[그림 193]. 그 연대와 성격에 대하여 수도박물관에서 거행한 〈북경간사(簡史)진열〉에서는 요대 거란족의 상장 탈이라고 단정하고 있으며 이는 신뢰할 만하다.[81]

[그림 193] 북경 방산에서 출토된 요대 은면조.

---

80) 首都博物館, 〈北京出土鎏金銀面具〉, 《文物》, 1983年, 第9期.
81) 群力, 〈北京歷史的再現 ― 北京簡史陳列巡禮〉, 《首都博物館叢刊》, 第1輯.

6. 영하 하란에서 출토된 서하의 토기 면상

1990년 7-9월 사이에 영하회족자치구(寧夏回族自治區) 문물관리부는 하란현(賀蘭縣) 반창향(潘昶鄉) 홍성촌(紅星村) 동쪽에 쓰러져 가는 굉불탑(宏佛塔)을 철거하면서 진기한 문물을 정리해 냈다. 굉불탑은 서하(西夏)시대의 건조된 것으로, 잔고 28.29미터로 누각식 탑과 복발식(覆鉢式) 탑이 서로 결합된 복합 건축이다. 탑 안에서는 비단 재질에 그려 놓은 불화 14폭과 서하문으로 쓰여진 목조잔편 2천여 개, 진흙으로 빚고 채색을 한 부처두상 6건, 부처면상 2건, 나한두상 18건, 역사면상 2건, 채회목조 보살상 1존, 서하문 목간 1매, 종이와 비단에 쓰여진 서하문 잔편 각 1편이 출토되었다. 이것은 건국 이래 서하문물의 중대한 발견이어서 학계의 관심을 끌었다. 그 중에 토기로 된 부처면상과 역사면상의 출토는 중국 탈 발전사의 공백을 메워 주고 있어, 그 의의를 낮다고 할 수 없다.

부처면상과 역사면상은 모두 조실(槽室) 안에서 출토되었다. 부처면상 2건은 조실하층 북부에 놓여 있었으며, 그 중 1건은 높이 21센티미터, 너비 18.8센티미터로 방원형의 얼굴에 법상이 장엄하다. 두 눈썹이 올라와 있으며, 미간에는 백호(白毫)가 있다. 두 눈은 가늘고 길며, 눈동자는 검게 빛난다. 곧은 코·큰 입에다 입술 위에는 먹으로 8자 수염을 그려 놓고, 아래턱에는 일월운상문(日月云狀紋)을 그려 놓았으나, 대부분 떨어져 나갔다. 얼굴에는 백분을 칠해 놓았으나 대부분 떨어져 나갔다[그림 194]. 다른 1건은 높이 22센티미터, 너비 17.5센티미터로 얼굴 형태와 표정은 앞의 것과 기본적으로 같으나 약간 파손되었다. 역사면상 2건은 조실 중층에 놓여 있었다. 그 중 1건은 높이 9.5센티미터, 너비 7.5센티미터로, 오

[그림 194] 영하 하란 굉불탑(宏佛塔)에서 출토된 서하의 도소(陶塑) 부처면상.

른쪽 이마가 조금 떨어져 나갔다. 두 눈썹을 찌푸리고 있으며 눈동자가 둥글게 튀어나와 있고, 표정이 흉맹하며 위엄이 있다. 다른 한 건은 잔고(殘高) 7센티미터, 너비 8센티미터로 단지 좌하측만 남아 있으나, 조형이 앞의 것과 흡사하다.[82]

이 부처면상과 역사면상의 용도에 대해서는 〈굉불탑청리간보(宏佛塔淸理簡報)〉에서 설명하지 않고 있다. 이 둘의 크기가 현격하게 다르다는 것으로 분석해 보면 그 용도도 서로 다를 것이다. 역사면상은 손바닥만하고, 위맹한 표정으로 어떤 기물에 장식으로 붙여 놓아, 요귀를 누르고 사귀를 몰아내는 법구로 사용되었을 것이다. 부처면상은 크기가 사람 얼굴만하고 표정이 단정하므로 불교 행사에 사용되던 도구였을 것이다. 고대 중국에서는 부처와 보살을 기념하는 날이 아주 많았다. 예를 들면, 그믐달 초8일은 석가모니의 성도일이며, 4월 초4일은 문수보살의 탄생일이며, 7

[그림 195] 영하 하란 굉불탑(宏佛塔)에서 출토된 서하의 도소(陶塑) 역사면상.

월 30일은 지장보살의 탄생일이고, 9월 19일은 관음보살이 출가한 날이다. 이때가 되면 절마다 갖가지 기념 활동을 거행하였다. 불상을 모시고 거리를 돌기도 하고, 가무백희를 연출하거나, 혹은 '욕불(浴佛)' 의식을 거행하기도 하고, 고승을 모셔다 설법을 열기도 하였다……. 이런 종교적인 정신과 세속 풍정이 성대한 집회에서 교차하면서 탈은 여기에서 빠질 수 없는 물건이 되었다.

일찍이 남북조 시기의 〈형초나무(荊楚儺舞)〉 중에서 불교의 호법신인 금강·역사의 탈이 나타났다. 뒤에 이 두 종류의 탈은 일본으로 유입되어, 기가쿠멘[伎樂面] 중에 보존되어 내려오고 있다. 중국 초기의 금강·역

---

82) 寧夏回族自治區文物管理委員會辦公室·賀蘭縣文化局, 〈寧夏賀蘭縣宏佛塔淸理簡報〉, 《文物》, 1991年, 第8期.

사 탈은 지금 이미 남아 있지 않으나, 남북조와 수당의 금강·역사·석불 조상과 금강·역사의 도용(陶俑)에서 그 대체적인 풍모를 추측하기는 어렵지 않다. 굉불탑에서 출토된 역사면상은 조형에서 이들과 아주 흡사하므로, 이 둘 사이의 전승 관계를 살펴볼 수 있다. 부처 탈은 고대 문헌 중에 기록이 없으나, 일본의 교도멘(行道面) 중에는 부처 탈이 있다. 굉불탑에서 출토된 부처면상은 중국 고대에도 이와 같은 탈이 전해져 왔다는 것을 증명해 주고 있으며, 문헌 기록의 공백을 메워 주고 있다. 이는 불교사와 탈의 역사를 연구하는 데 모두 아주 높은 가치를 지니고 있다.

7. 섬서 천양에서 출토된 금대의 토제 탄구

1993년 9월 보계시(寶鷄市) 고고대와 천양현(千陽縣) 문화관은 천양현 염가구(冉家溝)에서 금대의 무덤 1기를 발굴 하였다. 염가구는 천양현 서쪽에 위치하며, 현 소재지에서 약 6킬로미터 정도 떨어져 있다. 이 무덤은 마을의 남쪽 천양령(千陽岭) 북쪽 기슭의 완만한 대지 위에 자리잡고 있다. 무덤은 목조 건축 구조를 모방하여 벽돌로 쌓은 단실묘이다. 무덤은 동서로 향하였으며, 널길·통로·널방의 세 부분으로 구성되어 있다. 널길 끝을 정리하자, 널길 입구에는 긴 벽돌을 여기저기 쌓아 놓아 문을 봉해 놓았다. 통로 양쪽의 벽 위에는 동물과 화분도안을 부조로 새겨 놓은 벽돌을 박아 놓았다. 널방 평면은 정방형으로 한 변의 길이는 2.15미터, 높이 3.75미터 이며, 위는 활 천장으로 되어 있었다. 네 벽에는 채색으로 그린 부조화상전(浮雕畫像磚)을 박아 놓았으며, 그 내용은 말·사슴·양·화분·인물 이야기 등이다. 남·서·북 세 벽 측면의 정중앙 상부에 조각한 벽돌로 방목(倣木) 구조의 가묘(假廟) 문을 만들어 놓았으며, 문 양쪽에는 원조전(圓雕磚) 기둥이 있다. 문 위에는 각기 조형이 흉살맞은 '수면(獸面)'을 걸어 놓았다. 널받침은 벽돌을 두층으로 쌓아 만들어졌으며, 유골 네구가 나란히 놓여져 있었다. 중간의 두 구는 신장이 170센티미터로, 우측은 남성이며 묘 주인이고, 좌측은 여성으로 무덤 주인의 처이다. 남측에 있는 유골을 길이 1.45미터이고, 북쪽 유골은 길이 1미터로 아이들이다. 관목은 이미 부패되어 재가 되었다. 무덤에는 '수면' 외에도, 자기항아리 · 자기 잔 · 귀고리 · 매지권 등의 기물이 출토되었다. 매지권은 네모난 벽돌로 길이 30.5센티미터, 두께 5.5센티미터며, 해서체로 16행 226자가 음각되어 있다. 여기에서 무덤 주인의 이름이 조해(趙海)이고, 금 명창(明昌) 3년(서기 1192년)에 죽었으며, 그 다음해에 그 자녀들이 그와 아내를 이곳에 이장하였다. 매지권에는 다음과 같은 문자가 쓰여 있다. "수많은 이유가 있어도 사악한 기운의 정령은 괴이하게 거스릴 수 없다. 먼저 살고 있는 사람이 있으니, 영원히 만 리 밖으로 피하도록 하라. 만약 거역하면 스스로 화를 받으리라. 주인내외의 존망이 편안하고 길하리라. 급급하기가 오제의 사자와 같으니 너에게 율령을 청하노라."[83]

조해의 무덤에는 회갈색의 도기로 된 '수면' 3건이 있었다. 조형은 용같으면서도 용이 아니고, 머리에는 2개의 뿔이 나있으며, 두 귀는 위로 솟아 있고 눈알이 불거져 나왔다. 코는 대략 삼각형에다 입을 크게 벌려 이를 밖으로 드러내면서, 크고 둥근 혀를 밖으로 쭉 내밀고 있다. 입술 · 혀 · 눈 등의 부위는 붉은색으로 칠하였다[그림 196]. 3건의 '수면'은 형태가 서로 유사하며 크기만 다르다. 큰 것은 높이 20센티미터이고, 작은 것은 18센티미터이다. '수면'의 조형과 걸려 있는 위치, 그리고 매지권의 내용으로 분석해 보면 이는 탄구 유형에 속하는 탈로, 귀신을 몰아내고 무덤을 보호하는 기능

[그림 196] 섬서 천양 염가구에서 출토된 토제 탄구.

을 갖고 있다. 중국 상주(商周)와 양한의 무덤에는 흔히 청동이나 활석으

---

83) "有百故, 氣邪精不得忤怪, 先有居者, 永避萬里, 若違自當其禍, 主人內外存亡安吉. 急急如五帝使者, 女靑律令"(寶鷄市考古隊 · 千陽縣文化館〈陝西千陽發現金明昌四年雕磚畵墓〉, 《文博》, 1994年, 第5期).

로 만든 탄구가 놓여 있으나, 동한 이후에 진묘수(鎭墓獸)·무사용(武士俑)이 널리 유행하면서 '수면' 탄구는 무덤에서 사라졌다. 조해의 무덤에서 출토된 토제 탄구는 지금까지 알려져 있는 유일한 유물이다. 이것만 우연한 예외로, 이때 이 지역에서 이런 장례 풍속이 유행했는지에 관해서는 현재 결론을 내리기 어렵다. 이것은 지금까지 남아 있는 유일한 금대 탈의 실물로 중국탈의 역사에 응당 한 자리를 차지하고 있다.

8. 신강 신원에서 출토된 송원의 돌가면

1979년초, 이리(伊犁)지구의 이건단(二建團) 공정3대는 신강 신원현(新源縣) 공내사하(鞏乃斯河) 대교의 교각기초공사중에 돌로 된 탈 하나가 출토되었다. 탈은 현재 신강고구연구소에 보존되어 있다. 《신강고대민족문물》[84]에는 이 탈의 사진이 실려 있으며, 장옥충(張玉忠)은 글을 써서 이 탈을 소개하고 있다.[85]

[그림 197] 신강 신원현
공내사하에서 출토된
송원의 돌 가면.

돌탈은 길이 23.5센티미터, 너비 17.2센티미터, 두께 6센티미터로 재질은 세사암이며, 생동적인 조각에다 표면을 매끈하게 갈아 놓았다. 얼굴 형태는 위가 넓고 아래가 좁다. 둥근 눈은 아래로 들어가 있고, 눈동자는 구멍이 뚫려 있다. 콧등은 위로 솟아 있고 코끝은 약간 굽어 있으며, 입을 약간 벌리고 있다. 이 모습은 신강소수민족의 특징을 나타내고 있다. 탈의 가에는 둘레를 따라 오목한 홈을 파 놓았으며, 두 귀와 앞이마의 홈에는 직경 4밀리미터의 구멍 2개를

---

84) 新疆維吾爾自治區社會科學院考古研究所編·文物出版社, 1985년판.
85) 張玉忠,〈新疆鞏乃斯河畔出土石面具〉,《文物》, 1985年, 第1期.

뚫어 놓고 있어 끈을 끼우도록 되어 있다[그림 197].

이 탈은 공사중에 발견되었기 때문에, 그 출토 상황에 대한 상세한 조사와 기록이 남아 있지 않으므로, 연대를 단정하기에 아주 큰 어려움이 있다. 《신강고대민족문물》에서는 이것이 송대에서 원대 사이의 유물이라고 여긴다. 새로운 자료를 발견하여 이 결론을 뒤집기 전에는 잠시 이 설을 따르기로 한다.

현재 알고 있는 자료로 이 탈에 대한 결론을 내리기는 아주 어렵다. 이 탈은 야만스럽고 괴이하며, 사람에게 두려움을 주는 표정을 하고 있고, 인골·쇠사슬·긴 벽돌 등이 출토된 상황으로 보면, 어떤 무술(巫術) 탈일 가능성이 있다. 무당이 죽은 뒤에 명계에서 계속 사용하려고 무덤 속으로 가지고 들어간 것이다. 그러나 또 어떤 무용이나 민속에 사용되는 탈이었으나 후에 주인에 의하여 버려져 공내사하 옆에 흩어져 있었을지도 모른다. 이 탈이 요대의 상장탈에 속하지 않는다는 것은 의심할 의지가 없다. 그 이유는 다음과 같다.

첫째, 지금까지 발견된 요대의 상장탈은 금·은·동 세 종(그밖에 납으로 된 것도 있다)이며, 돌로 만들어진 것은 없다.

둘째, 일반적으로 요대의 상장탈은 동실이나 은실로 짠 망사와 함께 출토되며, 어떤 것은 동으로 된 신발창과 함께 출토되는데, 이 탈에는 이런 부속물들이 없다.

셋째, 요대의 상장탈은 거란인의 습속이며, 이 탈의 면상은 거란인이 아니라 서역 일대에 살았던 소수민족과 흡사하다.

넷째, 상장탈은 밖의 사물을 볼 필요가 없기 때문에, 두 눈을 모두 감고 있거나 작은 틈만 남겨 놓는다. 그러나 이 탈의 눈알에는 분명히 밖의 사물을 내다보기 위하여 구멍이 뚫려 있다.

이상의 이유로 보면 공내사하의 강둑에서 출토된 돌 탈은 살아 있는 사람의 얼굴에 쓰던 가면이며, 죽은 사람의 얼굴에 씌우던 면조가 아니라고 단정할 수 있다.

제6절 근고 시기 미술 작품 중에 나오는 탈의 그림

근고 시기에 남아 있는 미술 작품(회화나 조각) 중에 탈춤이나 희극을 그려 놓은 그림들이 적지 않다. 이들은 당시 탈의 형태·조형·착용 방식·사용 장소 등을 형상적으로 기록하고 있다. 이것은 부족한 역사 문헌의 기록을 보충해 주고 있으며, 이때 남겨진 탈과 서로 참조하면, 이 시기 탈문화 연구에 진귀한 자료가 된다.

1. 북송 소한신의 〈오서도〉

소한신(蘇漢臣)의 〈오서도(五瑞圖)〉는 채색 견본(絹本)으로 높이 1.7미터, 너비 1.1미터로 현재 대북고궁박물원에 수장되어 있다. 원 그림에는 제자나 관식이 없으나, 청 나진옥(羅振玉)의 《석거실급삼편(石渠室笈三編)》에는 소한신 작이라고 밝히고 있다. 소한신은 북송 때 하남 개봉(開封) 사람으로 선화연간(宣和年間, 1119-1125년)에 화원의 대조(待詔)가 되었다. 남으로 소흥으로 가 남송화원에 복관하였으며, 융흥초년(隆興初年, 1163년)에 승신낭(承信郎)을 받았다. 그의 그림은 스승인 유종고(劉宗古)를 배웠으며, 불교와 도교 인물에 뛰어나고, 특히 아이들 그림을 잘 그렸다.[86] 지금 남아 있는 작품에는 〈추정희영도(秋庭戱嬰圖)〉〈영희도(嬰戱圖)〉〈화랑도(貨郎圖)〉 등이다. 이들은 〈오서도〉처럼 모두 아이들이 노는 모습을 제재로 한 그림이다.

〈오서도〉는 분장한 5명의 아이들을 그린 것이며, 여기에는 가산·대나무·모란·돌난간이 있는 정원에서 노래하고 춤추고 있다. 이가서(李家瑞)의 고증에 의하면, 이 그림의 내용은 '오화찬농(五花爨弄)'[87]이라고

---

86) 夏文彦, 《圖繪寶鑑》, 卷四.

한다. '오화찬농'은 원본(院本)[88]의 별명으로, 원의 하정지(夏庭芝)는 《청루집지(靑樓集志)》에서

> 원본은 시작하면서 다섯이 나온다. 하나는 부정(副淨)이라 말하고 (…) 하나는 부말(副末)이라 하며 (…) 하나는 인희(引戲)라 하고 (…) 하나는 말니(末泥)라 하며 (…) 하나는 고(孤)라고 말한다.[89] 또 이를 '오화찬농'이라 말한다.[90]

고 하였다. '오화찬농'의 내력에 관하여 하정지와 원오몽(元烏蒙)·도선위부사(道宣慰副使) 이경(李京)은 모두 고대의 찬국(지금 운남 대리 일대)에서 나온 것이라고 한다. 그러나 하정지는 북송 휘종(徽宗, 1082-1135) 때, 중원에 들어왔다고 기록하고 있으나, 이경은 당대 천보연간(天寶年間, 742-756)에 중원에서 들어왔다고 한다. 요분(廖奔)은 두 사람의 설을 종합하여 "대개 당나라 때 찬국에서 들어왔으며, 배우가 이를 모방하여 극으로 만들었다. 송대 후기에 이르러 잡극은 5종의 각색을 형성하였다.

---

87) 李家瑞,〈蘇漢臣五花爨弄圖說〉,《云南大學學報》, 第一類, 第1號.

88) 금원본이라고도 한다. 원래 금대의 '행원(行院)에서 연출하던 극본'을 간략하게 원본이라 불렀으나, 뒤에 이런 종류의 공연 예술의 형식을 두루 가리켜 말한게 되었다. 형식은 송대의 잡극과 대체로 흡사하다. 원 도종의(陶宗儀)는 《남촌철경록(南村輟耕錄)》에서 '원본과 잡극은 사실 하나'라고 하였으며, 원본의 명목 7백여 종을 기록하고 있다. 금원본은 송잡극이 원잡극으로 넘어가는 과도기의 중간 형식으로 원잡극이 형성된 이후에 '잡극'이라는 개념이 서로 혼동되는 것을 피하기 위하여 원나라 사람들이 흔히 송잡극을 원본이라고 썼다. 후인들은 또 단막극을 원본이라고 불렀으니, 명대의 이개선(李開先)이 지은 《원림오몽(園林午夢)》을 원본이라고 한 것이 그 예이다.〔역주〕

89) 남송 오자목(吳自牧)의 몽양록(夢梁錄)에는 다섯 각색에 관하여 다음과 같이 기록하고 있다. "잡극 중에 말니(末泥)는 공연의 책임자로, 매 일장마다 4인 내지 5인이 등장하였다. (…) 말니는 공연을 관리하고 지휘하며, 인희(引戲)는 공연과 관계되는 일을 처리하고, 부정(副淨)은 해학적이고 과장된 동작으로 인물이나 사건을 연기해 내며, 부말(副末)은 우스개 농담을 하여 흥을 돋구고 웃음을 자아낸다. 간혹 한 사람을 더하곤 하였는데 장고(裝孤)라고 하였다(雜劇中末泥爲長, 每一場四人或五人 (…) 末泥色主張, 引戲色分付, 副淨色發喬, 副末色打諢, 或添一人, 名曰裝孤)."〔역주〕

90) 院本始作, 凡五人, 一曰副淨…一曰副末….一曰引戲, 一曰末泥, 一曰孤. 又謂之, 五花爨弄.

이것으로 찬농을 공연하였으며, 오화찬농이 되었다"[91]고 하였으니, 이 추론이 정리에 합당하다.

오화찬농의 공연 형식은 주로 답무(踏舞)이다. 답무는 또 '답찬(踏爨)'이라고도 하며, 다섯 사람이 길상과 희경(喜慶)을 공연하는 무용으로, 희극의 개장 시에 연출하는 것이 일반적이다. 〈오서도〉에서 그리고 있는 것은 성인의 '오화찬농' 공연을 어린아이들이 모방하여 노는 것을 그린 것으로, 무대의 정식 연출이 아니다. 그림 속에 나오는 5명의 아이들은 혹은 가면을 썼거나, 혹은 먹으로 그렸거나, 맨 얼굴이다. 동작이 과장되어 있으며, 유치하고 사랑스럽다. 분장 상황에 대하여 요분은 이를 아주 자세하게 기술하였으므로, 여기에 인용하도록 한다.

오른쪽 아래에 있는 한 사람은 교각복두(交脚幞頭)로 싸매고 푸른 천을 걸치고, 허리 속에 포두(袍肚)를 뒤집어 감고 띠를 매었으며, 죽간을 잡고 있으니, 관원으로 분장한 것이 드러나고 있으며, 응당 고(孤)로 분장한 것이다. 이 사람은 얼굴에 화검(花臉) 탈을 쓰고 있으며, 귀가 드러나 있고 귀고리를 차고 있다. 오른쪽 위에 있는 사람은 복두(幞頭)[92]를 쓰고 양쪽으로 깃이 있는 두루마기를 입었다. 머리 위로는 상점을 나타내는 표지나 이름을

---

91) 廖奔, 〈宋元戲曲文物與民俗〉, 文化藝術出版社, 1989年版, p.149.

92) 복두는 절상건(折上巾)·연과(軟裹)라고도 부른다. 사서에서는 북주(北周)에서 창시되었다고 하지만, 북제(北齊) 장숙유(張肅裕) 묘의 용에는 이미 이와 유사한 형상이 반영되고 있다. 원래 머리를 검은색 사직물로 싸매어, 상부는 약간 튀어나와 앞으로 기울어졌으며 두 띠로 동여매고 뒤로 이각(二脚)을 드리운다. 이런 형식은 당초에 정형화되었으므로 원명 사람은 이를 '당건(唐巾)'이라고 부른다. 뒤에 천이라 너무 연하므로 나무 테로 높이 치켜 올렸으며 이를 '군객두(軍客頭)'라고 하였다. 뒤로 드리운 각(脚)에도 금속 실을 넣어 위로 치켜 올리거나 아래로 꺾거나 옆으로 곧게 펴기도 하였다. 이런 형식에 따라 '장각(長脚)' '부사양(仆射樣)' '순풍식(順風式)' 등의 이름을 갖게 되었다. 오대 이후에 양각은 변화가 더욱더 많아지게 되었으며,' 조천복두(朝天幞頭)' '궁각복두(弓脚幞頭)' '교각복두(交脚幞頭)' '전각복두(展脚幞頭)' '권각복두(卷脚幞頭)' 등의 여러 명칭이 있게 되었다. 당 이전에는 군복이었으나, 당대에 성행하여 상하의 통복(通服)이 되었으며, 궁중의 여관(女官)과 여악(女樂)도 이를 사용하였다. 오대와 송원까지 이어져 내려왔으며, 명대에 '교각복두'는 황제의 전용물이 되었다.〔역주〕

쓴 깃발 초자(招子)를 메고 허리에 호로병을 차고 있으니, 암암리에 술집을 나타내고 있으며, 혹은 부말(副末)이 된다. 이 사람도 탈을 쓰고 있는 것 같으며, 긴 수염을 달고 있다. 중간에 있는 사람은 복두를 쓰고 채색으로 수를 놓은 옷을 걸쳤다. 얼굴에는 팔자 눈썹을 그려 놓았으며, 일자 코에 입가에는 검은색으로 둥글게 그려 놓았으니, 당연히 부정(副淨)이다. 이 사람과 오른쪽 위에 있는 사람은 모두 몸집이 크고 팔을 벌리고 몸을 굽히고 있어서 골계와 조소를 맡은 각색이라는 것을 분명하게 드러내고 있다. 왼쪽 아래에 있는 사람은 전각복두(展脚幞頭)로 매고 장삼을 입었으며, 허리에는 포두를 맸다. 이 사람은 미목이 청수하고 귀고리를 달고 있으니, 말니(末泥)로 분장한 것이라 생각된다. 오른쪽 위에 있는 사람은 곡각복두(曲脚幞頭)로 매고 두 손에는 각기 땡땡이와 북을 들고 있으며, 탈을 쓴 것도 같다. 인희(引戱)로 분장하였을 것이다?[그림 198]

〈오서도〉 중에 나오는 탈의 형태에 대하여, 요분은 설명하지 않으면서, 단지 통틀어 탈이라고 말한다. 어떤 연구자는 그것을 가두라고 하나 이는 잘못이며, 그 이유는 다음과 같다.

[그림 198] 북송 소한신의 〈오서도〉.

첫째, 가면의 크기는 흔히 일반 사람들의 얼굴과 비슷하며, 가두는 사람의 머리보다 훨씬 크다. 그렇지 않으면, 머리 전체에 뒤집어쓸 수가 없다. 〈오서도〉에서 탈을 쓴 세 사람과 탈을 쓰지 않은 두 사람의 얼굴 크기가 서로 비슷하므로, 이것은 가면이지 가두가 아니라는 증명이 된다.

둘째, 〈오서도〉 우하의 화검 탈을 쓴 사람은 귀에 귀고리를 달고 있으므로, 여자아이일 것이다. 사진으로 보면, 귀고리는 탈에 달려 있는 것이 아니라, 진짜 사람의 귀에 달려 있는 것이다. 이것으로 이 여자아이가 쓴 것은 가면이지 가두가 아니라는 것을 알 수 있다.

셋째, 〈오서도〉 좌상의 사람이 쓴 탈은 입 부분을 가리지만, 아래턱 부분은 그대로 노출되었으니, 민간에서는 이를 반쪽탈이라고 한다. 반쪽탈은 흔히 가면 속에 있으며, 가두에는 반쪽탈이 극히 적다.

2. 남송 주옥의 〈등희도〉

주옥(朱玉)의 〈등희도(燈戲圖)〉는 담채색 견본으로 현재 홍콩 조종연(趙從衍)의 집에 수장되어 있다. 《항주부지(杭州府志)》는 주옥의 생평을 간략하게 기록하고 있다. 주옥은 "전당(錢塘) 사람으로 세상에서는 유림주(柳林朱)라 부른다. 보우(寶佑) 연간에 화원의 초대를 받았으며, 천신과 뇌부병장(雷部兵將) 등의 귀신 그림에 뛰어났다"고 하였다. 〈등희도〉 좌측아래에는 '신주옥사(臣朱玉寫)'라는 네 글자가 있으며, 두루마기 그림 뒤에는 명대 서유정(徐有貞)과 장신(張申)의 관식이 있으며, 청대에 내부(內府)에 수장되었으므로, 체계적으로 전해져 내려온 작품이다. 〈등희도〉는 모두 25인을 그리고 있다. 13인은 무용대이고, 12인은 악대·심부름꾼·어린아이 등이다. 13인의 무용대 중에 우두머리가 되는 사람은 손에 '경상상원미경(慶賞上元美景)'이라는 6자가 쓰여진 채색패를 들고 있고, 허리춤에는 종이첩지를 꽂고 있다. 무용대의 수반으로 치사를 하고 극목을 말해 주는 직책을 맡고 있으며, 송원잡극 중의 〈인희(引戲)〉 각색과 유사하다. 이 사람 얼굴 우측의 눈썹과 눈 사이에는 검은색으로 한 줄기 선을 그려 놓고 있으니, 이는 도면화장이다. 그 나머지 12인은 모두 가두를 쓰고 있다. 그 분장 모습과 극목의 명칭에 대해서는 주화빈(周華斌)이《무림구사(武林舊事)》의 〈대소전붕괴뢰(大小全棚傀儡)〉 70항의 명목을 근거로 상세하게 고증하고 있으므로, 이를 참고할 수 있다.

　두번째 사람은 먹으로 입을 물들이고, 입 부분을 과장하였으며, 큰 입을 벌리고 즐겁게 웃고 있으니, '이대구(李大口, 원주에는 一字口)' 혹은 '동공취(洞公嘴)'와 흡사하다.

　세번째, 네번째 사람은 손에 모두 둥근 부채를 들고 있다. 두 사람의 보법이 일치하고 있으며, 서로 호응하고 있다. 뒷사람의 두건인 원과(諢裹) 옆에는 나방 한 마리가 있으며, 왼손으로 이를 쫓고 있다. 이 2명의 공연자는 '복호접(扑胡蝶)'을 연행하는 것 같다[그림 199, 상우 1, 우 2].

　다섯번째 사람은 어깨에 짐을 지는 막대기를 메고 있고, 막대기 위에는 물건을 묶는 끈이 걸려 있으며, 촌부로 분장한 것 같다. 여섯번째 사람은 표정이 우직하고 어깨에 푸른 대나무 싹 하나를 메고 있으니 이 또한 촌부이다. 이 두 사람의 춤 새는 서로 같으며, 마치 앙가(秧歌)를 추는 것 같고 '촌전악(村田樂)'과 흡사하다[그림 199, 상우 3, 우 4].

　일곱번째 사람은 의복이 단정치 못하며 표정이 바보 같은데다 머리 위에는 아이처럼 위로 머리를 땋아 올렸다. 이 뒤에 여덟번째 사람은 우산을 받쳐들고 있다. 이 두 사람이 공연하고 있는 것은 '대감아(大憨兒)' 혹은 '교택권(喬宅眷)' '교친사(喬親事)'인 듯하다[그림 199, 하우 1, 우 2].

　아홉번째 사람은 머리 위에 교각복두를 쓰고, 발에는 검은 천 신발을 신었으며, 오른쪽 눈이 애꾸이다. 그뒤에 있는 사람은 두건을 쓰고 촌부로 분장하였으며, 곤장을 잡고 이를 때리고 있다. 앞사람은 '할판관(瞎判官)'이고, 뒷사람은 '협봉(夾棒)'인 듯하다[그림 199, 하우 2, 우 4].

　열한번째 사람은 두건을 쓰고 두 어깨에 가마를 메고 있으니 '교의(交椅)'일 것이다.

[그림 199] 上 남송 주옥의 〈등희도〉.

[그림 199] 下 남송 주옥의 〈등희도〉.

열두번째 사람은 머리가 이상하게 길쭉하니 '장호검(長瓠臉)'이다(원주에는 長頭라고 되어 있다).

열세번째 사람은 할아범 형상으로 복두위에는 큰 꽃을 꽂고 있으며, 손에는 천으로 싼 둥근 부채를 들고 있다……. 이 사람의 쭈삣쭈삣 하는 모습으로 보면 '장태(裝態)'인 것 같다.[93]

열세번째 사람의 좌측에는 패루풍(牌樓風)이 있으며, 치마에는 해서로 '안경사격범무원체회해(按京師格范舞院體詼諧)'라는 10자가 쓰여 있다.

---

93) 周華斌, 〈南宋‘燈戲圖’說〉, 《中華戲曲》, 總第1輯.

패루풍 뒤에는 반주대와 일과 관계없는 사람들이 있다. 악대에는 징 하나・북 하나・박판(拍板) 하나・피리 셋이다.

무용대의 수반이 손에 '원소절의 아름다운 경치를 감상한다〔慶賞上元美景〕'는 채색 패를 들고 있으므로, 이 원소절 밤의 무용대 활동을 그렸다는 것을 알 수 있다. 중국에서 상원절(上元節)을 축하하는 기원은 아주 오래되었으며, 늦어도 수대에 이미 유행하였다. 수 문제(文帝) 시의 상서우부시랑(尙書虞部侍郞) 유욱(柳彧)은 《청금각저희소(請禁角抵戲疏)》에서 "서울에서 지방에 이르기까지 매번 정월 보름날 밤이 되면 거리와 논둑길을 가득 메우고 사람들이 모여 극을 연출하고 친구들과 거리를 돌며 논다. 북소리가 하늘을 가득 메우고 횃불이 땅을 비춘다. 사람은 짐승 탈을 쓰고 남자가 여자로 분장하며, 배우들이 잡기를 공연하는 데 형상이 기이하다……"[94]고 하였다. 송대에 이르러 원소절을 경하하는 풍속이 일시에 더욱 극성하였다. 북송 원소절의 성황은 《동경몽화록》에서 아주 자세하게 묘사하고 있다. 이 때 경사 변경의 성안에서는 채산(彩山)을 만들고 악붕(樂棚)을 설치하고 노대(露臺)를 만들었다.[95] 밤이 되면 선덕루(宣德樓) 앞의 어가(御街)에는 음악 소리가 뒤덮고 백희가 여기저기서 연출되며, 등화가 휘황하고 노닐러 나온 사람이 조수와 같았다. 궁중 교방 연기자와 '노대제자(露臺弟子)'가 노대에서 번갈아가며 잡극을 연출하며, "만 백성이 노대 아래에서 올려다 보았으며, 악인들은 시시로 온갖 사람들의 환호성을 끌어냈다."

남송은 동남쪽에 치우쳐 있으며 국세가 갈수록 기울어졌으나, 원소절의

---

94) 竊見京邑, 爰及外州, 每以正月望夜, 充街塞陌, 聚戲朋游. 鳴鼓聒天, 燎炬照地, 人戴獸面, 男爲女服, 倡優雜技, 詭狀異形…….

95) 송대에 오면 온갖 기예인들이 연희를 하는 장소인 노대가 출현하였다. 노대에는 고정적인 것과 임시적인 것이 있었다. 고정적인 것은 돌을 쌓아 만들고 임시적인 것은 나무를 쌓아 만들었다. 이것의 장점은 연기를 돌출시킨다는 점이다. 매번 명절에 공연을 하면 황제 일행은 노대 맞은편 높은 누대 위에서, 백성들은 아래에서 관람을 하였다.노대 사방은 낮은 난간을 설치하였으며 일반적으로 지붕은 없었으나, 어떤 노대는 상면에 악붕(樂棚)을 설치하기도 하였다.〔역주〕

번성은 북송에 뒤지지 않았다. 주밀(周密, 1222-1308)의 《무림구사》에는
이런 글이 실려 있다.

　　도성에서는 묵은해의 겨울 맹가가 돌아오면 어깨에 어린 여자아이를 태
우고 북과 악기를 부는 무관(舞綰) 수십 대가…… 이후부터 매일 저녁마다
모두 이와 같았다……. 원소절이 되면 대대는 사국조(四國朝) · 괴뢰 · 저가
(杵歌)와 같은 유형이 점차 성행하면서 많으면 수십에서 백 대로 불어난다
……. 그믐이 되면 불과 음악이 끊이지 않는다……. 오경이 되면 경윤이 작
은 가마를 타고 많은 무대(舞隊)가 차례대로 앞과 뒤에서 옹위하며 가는데
10여 리까지 이어진다. 금수가 메워지고 퉁소와 북소리가 울려 퍼지면서
이목이 쉴 틈을 주지 않는다.[96]

주옥의 〈등희도〉는 주밀의 묘사에 대하여 형상적으로 인증을 하고 있다.
〈등희도〉 중의 무용수의 몇 사람은 모자 위에 화초나 나비로 장식하고
있으며, 몇 사람은 이마나 뺨에 검은 점을 그려 넣고 있다. 이것은 탈춤에
서 흔히 볼 수 있는 장식이다. 그림 속의 12개 가두는 전부 세속 인물의 조
형이며, 골계스러운 표정에 생동적인 형상을 하고 있다. 민간예인은 탈의
구별과 오관의 변화에 따라서, 서로 다른 각색의 신분과 성격을 기묘하게
그려 놓고 있다. 이런 가두와 신강 고차(庫車)에서 출토된 당대 사리함에
그려진 '기두'와는 달리, 대부분이 종이판자나 천을 탈의 모형에 붙여서
만들어졌거나, 또는 진흙이나 종이 아교 등을 혼합한 후에 대나무로 엮은
틀 위에 붙여서 만든 것이다. 사용 시에는 직접 머리에 썼으므로, 그림에
서는 이어진 흔적을 찾아볼 수가 없다. 신강 고차에서 출토된 당대 사리
함의 '기두'는 천이나 비단 등의 부드러운 재료를 재봉질하여 만들어진

---

96) 都城自舊歲冬孟駕回, 則已有乘肩小女 · 鼓吹舞綰者數十隊……. 自此以後, 每
夕皆然…… 至 (元霄) 節後, 漸有大隊如四國朝 · 傀儡 · 杵歌之類, 日趨于盛, 其多至
數十百隊……. 終夕天街鼓吹不絶……. 至五更, 則京尹乘小提轎, 諸舞隊次第族擁前
後, 連亘十餘里, 錦銹塡委, 簫鼓振作, 耳目不暇給.

446 중국 탈의 역사

것으로, 사용 시에는 탈과 직물이 이어져 목까지 내려오게 되므로, 어떤 '기두'에서는 바느질자리 흔적을 분명하게 살펴볼 수 있다.

3. 남송 무명씨의 〈대나도〉

남송 무명씨의 〈대나도(大儺圖)〉는 채색 견본으로 북경고궁박물원에 수장되어 있다. 이전에는 여기에 그려진 그림이 '구나' 장면이라고 여겨졌으므로 이런 이름으로 불리게 되었다. 손경침(孫景琛)은 글을 써서, 이 그림이 봄을 맞이하는 사화의 무대(舞隊)라고 지적하고 있는데, 이 말이 옳다. 그림 속에는 모두 12인을 그리고 있으며, 이들이 탈을 쓰고 있는지 여부에 대하여, 학계에서는 두 가지 의견이 있다. 하나는 가두를 썼다고 하고, 다른 하나는 탈을 쓰지 않았다고 한다. 당연히 전자가 옳으며, 그 이유는 다음과 같다.

첫째, 그림 속의 12인은 머리부분이 모두 기이하게 커서 신체와의 비율로 보면 3분의 1을 차지한다. 만약 가두를 쓰지 않았다면, 이런 부조화가 나타나지 않았을 것이다.

둘째, 그림 속의 인물은 대부분이 긴 수염·큰 코·불거져 나온 눈으로 조형이 괴상하고 과장되어 있으며, 현실 속의 인물 형상과는 큰 차이가 있으니, 이는 탈을 써서 생긴 것이다[그림 200].

이 그림에서는 탈은 쉽게 분간해 낼 수 없는데, 이는 탈을 쓰지 않은 사람이 없기 때문이다. 주옥의 〈등희도〉는 탈을 쓰지 않는 악공과 일반사람들이 섞여 있어, 이를 비교해 보면 무용수들이 탈을 썼다는 것을 쉽게 알아볼 수가 있다.

〈대나도〉에서 그린 봄을 맞이하는 영춘 무용대 중에 9인은 머리에 매화·버드나무잎·소나무가지·새 깃털·나비·나방 등의 비녀를 꽂고 있으며, 어떤 탈은 이마·뺨·코 등의 부위에 먹으로 원형이나, 올챙이 형상의 문식을 그려 놓고 있다. 신춘을 맞이하는 설에는 채색 비단과 금·

[그림 200] 남송 무명씨의 〈대나도〉.

은박지로 꽃가지나 풀·곤충 등을 제작하여 장식하며, 당시에는 이를 '대승(戴勝)' '대번승(戴幡勝)' '대춘승(戴春勝)' '대채승(戴彩勝)〉 등이 라 불렀다. 그 목적은 이것으로 봄을 상징하고 봄이 오는 것을 맞이한다. 《사물기원》 권8 〈춘번(春幡)〉조에

지금 세상에서는 채색을 오려 '번승'을 만들었다. 비록 조정의 제도가 있으나 금은을 장식하거나 혹은 비단으로 이를 만들어 머리에 쓴다. 또한 이로 인하여 서로 이어져 내려왔다.[97]

---

97) 今世或剪彩錯緝爲 '幡勝,' 雖朝廷之制, 亦鏤金銀或繪絹爲之, 戴于首, 亦因此 相承設也.

《무림구사》에 또

　　원소절의 물건으로 부인은 모두 진주와 비취·나는 나방·옥매·설류·
보리잎·등구·소금합·수달·손가리개 등을 하였다……. 거리를 떠도는
부랑배는 흰 종이로 큰 매미를 만들고 이것을 밤나방이라고 불렀다.[98]

　　〈대나도〉 중의 무용대는 머리에 꽃가지나 풀·벌레를 꽂은 사람 외에
도, 대삿갓을 쓰거나, 혹은 키·말·버드나무가지로 엮은 물통을 쓰거
나, 소뿔로 장식하기도 하였다. 몸의 장식 또한 아주 특징이 있었다. 큰
조개껍질을 등에 쓰거나, 무릎을 하마로 장식하거나, 허리춤에 물바가지
나 빗자루를 꽂기도 하고, 두루마기에 개구리·거북·올챙이를 그려 넣
기도 한다. 이런 장속과 도구는 농사와 관련이 있으며, 암암리에 바람과
비가 적절하게 내려주고 창고에는 곡식과 생선이 가득 차기를 바란다는
의미를 띠고 있다. 이것을 근거로 이 그림에서 그리고 있는 것이 확실히
봄을 맞이하는 사화 무용대임을 증명할 수 있다.

4. 하남 초작의 금대 무덤에서 출토된 가두무용

　　1973년 하남 초작시(焦作市) 서풍봉촌(西馮封村)에서는 금대 무덤 1기
가 발견되었다. 무덤은 전후 2실로 나누어져 있으며, 벽돌로 쌓은 방목(倣
木) 구조 건축이다. 앞방의 벽면에는 원래 인물벽돌 용(俑) 여러 개가 박혀
있었으나, 무덤 벽이 허물어지면서 땅에 떨어져 내렸다. 정리를 거친 후에
벽돌용 18개를 얻었으며, 그 중 시종용이 6개, 잡극·기악용이 12개 이다.
뒷방 측백나무 목재 윗벽 사이의 아치형 안에 가두를 쓰고 춤을 추는 8개

---

98) 元夕節物, 婦人皆戴珠翠·鬧蛾·玉梅·雪柳·菩提葉·燈球·銷金合·蟬貂
袖……. 游手浮浪輩則以白紙爲大蟬, 謂之 '夜蛾.'

[그림 201] 하남 초작(焦作)
서풍봉촌(西馮封村) 금대
무덤에서 출토된 무도승용
(舞蹈僧俑).

의 용을 박아 놓은 벽돌이 발견되었다.

8개의 춤추는 용은 모두 아동으로 분장하였다. 높이가 한 척이고, 복식과 도구는 서로 각기 달랐다. 한 사람이 화상가두를 쓴 것 외에 그 나머지는 모두 쌍 상투가 있는 가두를 쓰고 있다.

무도승용(舞蹈僧俑): 대두화상 형상으로 목에는 염주를 걸고, 몸에 승복을 걸쳤으며, 아래에는 치마를 입고 허리에는 천으로 된 띠를 매었다[그림 201].

강기무용(扛旗舞俑): 위에는 짧은 소매에 허리까지 오는 저고리를 입고, 배에는 꽃을 수놓은 배두렁이를 싸맸다. 허리에는 채색 띠를 매고, 아래에는 짧은 치마를 입었다. 오른쪽 어깨에 깃발을 메고, 몸을 뒤틀면서 뛰어오르며 춤을 추고 있다.

부과무용(負瓜舞俑): 윗통을 벗고 채색 띠로 둘러 가슴 앞에 매듭을 한다. 아래에는 짧은 치마를 걸치고 부드러운 장화를 신었다. 어깨에는 긴 오이를 지고 뛰어오르며 춤을 추고 있다.

격고무용(擊鼓舞俑): 윗통을 벗고, 왼쪽 어깨에 비스듬히 채색 수건을 걸쳤으며, 허리에는 긴 띠를 나비 매듭으로 묶었다. 가에다 수를 놓고 단을 박은 짧은 치마를 걸쳤으며, 왼쪽 팔로 북을 허리춤에 끼고, 오른손으로 채를 잡고서 북을 친다.

취적무용(吹笛舞俑): 위에는 가슴까지 오는 짧은 저고리를 걸치고, 십자형 채색 띠를 둘렀다. 아래에는 짧은 치마를 걸쳤으며, 장화를 신고서 피리를 불고 있다.

타절판무용(打節板舞俑): 목에는 둥근 목걸이를 걸치고, 위에는 좁은 소매에 짧은 저고리를 걸쳤다. 아래에는 가에 수놓은 단을 박은 짧은 치마를 걸치고, 허리에는 채색 띠를 매고서, 두 손으로 절판을 친다[그림 202].

강패무용(扛牌舞俑): 가슴까지 오는 짧은 저고리를 풀어 젖히고, 허리에는 수놓은 배두렁이 치마를 둘렀으며, 발에는 장화를 신었다. 왼쪽어깨에 패를 메고, 오른 팔목에는 팔찌를 끼고 뛰면서 춤을 춘다.

강기무용(扛旗舞俑): 위에는 허리까지 오는 짧은 저고리를 걸치고, 가슴에는 수놓은 배두렁이로 싸고, 허리에는 채색 띠를 매었으며, 아래에는 짧은 치마를 입었다. 오른쪽 어깨에 깃발을 메고, 몸을 틀면서 춤을 추고 있다.[99]

[그림 202] 하남 초작(焦作) 서풍봉촌(西馮封村) 금대 무덤에서 출토된 타절판무용(打節板舞俑).

서풍봉촌의 이 무덤에는 명확한 연대 표기가 없기 때문에 연대를 단정하기 어려우나, 원대와 금대 두 설이 있다. 요분은 무덤 속에서 출토된 벽돌 '용'의 머리 모양, 모자와 악기의 양식으로 금대에 속한다고 고증하였으며,[100] 이것은 비교적 설득력이 있다. 그러나 요분은 이 '가두무용(假頭舞俑)'을 '가면무용(假面舞俑)'이라고 하였으나 이것은 잘못이다. 가면은 일반적으로 가두보다 훨씬 작으며, 춤추는 '용'의 신체와 두부의 비율로 분석해 보면, 가두를 쓰고 있는 것이지 가면이 아니다. 이것은 '무도승용(舞蹈僧俑)'으로 보는 것이 가장 분명하다.

5. 청대 귀주의 〈토인도귀도〉

청 강희 14년(서기 1675년)에 편찬한 《귀주통지(貴州通志)》에

---

99) 河南省博物館編,《河南省博物館》, 文物出版社, 1985年版.
100) 廖奔,〈宋元戲曲文物與民俗〉, 文化藝術出版社, 1989年版, p.199.

토착인이 있는 곳에는 대부분 이것이 있었다. 대개 역대의 이민은 광순·
신귀·신첨 사람으로 군민이 혼인을 통하여 세시 예절이 모두 같았다. 남
자 사이는 무역을 하고 부인은 힘써 경작을 하며, 작물을 심을 때 논에서 서
로 노래로 화답을 하고 슬픔과 원망이 다르다는 것을 들을 수 있다. 연초에
는 산소(山魈)를 맞이하여 촌에서 몰아내며 '나'라고 여긴다. 남자는 사화
처럼 장식을 하고 북을 쳐서 신가를 노래하고 집에 이르는 곳마다 모두 먹
고 마신다……[101]

고 하였다. 이것은 현재 알려진 귀주지희의 가장 오래된 사료이다. 강희
31년(서기 1692년)에 수정한 《귀주통지》에는 위와 같은 문자가 남아 있으
며, 아울러 〈토인도귀도(土人跳鬼圖)〉가 한 폭 인쇄되어 있다. 그림 속에
서 2명은 손에 큰칼을 들고, 머리에 가면을 쓴 연기자가 칼을 휘두르며
싸우고 있고, 옆의 두 사람은 징과 북을 치며 반주하고 있다. 그밖에 4명
의 관중이 있으며, 2명은 젊은
부녀자이고, 1명의 할머니와 아
이를 등에 업은 할머니 1명이 있
다[그림 203]. 지희는 민간에서
'도신(跳神)' 혹은 '도귀(跳鬼)'
라고 부른다. 《귀주통지》의 글과
이 그림에서 묘사하고 있는 것을
대조해 보면, 확실히 지희의 연출
이다. 그림 속에 연출하고 있는
묘사 또한 오늘날의 지희 연출과
흡사하다. 고륜(高倫)은 이 그림
을 분석하면서, "이 그림은 황충

[그림 203] 청대 귀주의 〈토인도귀도〉.

---

101) 土人所在多有之, 盖歷代之移民在廣順·新貴·新添者, 與民軍通婚姻, 歲時
禮節皆同. 男子間貿易, 婦人力耕作, 種植時, 田歌相答, 哀怨殊可聽. 歲首則迎山魈,
逐村屯以爲儺, 男子裝節如社火, 擊鼓以昌神歌. 所至之家, 皆飮食之……

과 관우가 장사대전에서 싸우는 생동적인 장면"[102]이라고 하였다.

〈토인도귀도〉는 지금까지 발견된 지희를 묘사한 그림 중에서 가장 빠른 회화 작품이다. 이 그림은 초기 지희의 연출 형식을 연구하는데, 아주 높은 참고 가치가 있다. 그림 속에서 출연자가 쓴 탈에는 세 가지 주의할 점이 있다. 첫째, 탈의 우령(羽翎)을 꽂지 않고 있으며, 이것은 오늘날 지희를 연출할 때, 무장탈은 대부분이 우령을 꽂는 것과 다르다. 둘째, 연출자의 머리에는 검은 천을 뒤집어쓰고 있지 않고 있다. 오늘날 지희를 연출할 때 출연자는 먼저 가슴 앞까지 내려오는 반투명의 검은 천을 머리에 뒤집어쓰고, 다시 그 위에 탈을 쓰는 것과 다르다. 셋째, 탈을 쓰는 위치가 비교적 낮아서 얼굴 정중앙에 위치한다. 지금 지희탈을 쓰는 위치는 비교적 높아 이마 위에 위치하고 있다. 이것으로 본다면, 청초 지희탈의 형태와 사용 방법이 지금과 완전히 일치하지는 않는다.

청대에서 묘사하고 있는 귀주 지희의 그림에는 그밖에 〈토인도(土人圖)〉와 〈귀주민족(貴州民族)〉이 있다. 〈토인도〉는 건륭 때 사람, 진호(陳浩)가 그린 〈백묘도(百苗圖)〉 중의 한 폭으로 그림에는 수건을 머리에 동여맨 남자가 오른손에 삼인도(三刃刀)를 들고, 왼손에 탈을 잡고서 앞으로 발을 내딛는 모습이다. 그 옆에는 한 여자가 두 손을 굽혀서 올리면서 몸을 앞으로 기울이고 있다[그림 204, 국부]. 〈귀주민족〉은 가경(嘉慶, 1796-1821년)년간에 무명씨가 그린 것이다. 그림은 모두 6인으로 두 사람은 출연자이고, 네 사람은 반주를 한다. 이 두 그림의 제기(題記)와 〈토인도귀도〉는 기본적으로

[그림 204] 청대 진호의 〈토인도〉.

---

102) 高倫, 《貴州地戲簡史》, 貴州人民出版社, 1985年版, p.21.

같다. 이것으로 여기에서 그리고 있는 것도 지희라는 것을 알 수 있다. 그림 속에서 출연자가 탈을 모두 손에 들고 있으며 얼굴에 쓰고 있지 않다는 것을 주목해야만 한다. 어떤 연구자는 이것이 입에 나무막대를 물려 소리내지 못하도록 한 '함매(銜枚)'의 방법이 탈에 반영된 것이라고 하는데, 이 설은 토론해 볼 만한 가치가 있다. 먼저 '함매'의 방법은 일반적으로 연출과 노래가 분리된 희극에서 사용된다. 지금까지 조기에 지희를 연출하면서 출연자는 단지 공연만하고, 다른 사람이 노래를 불렀다는 증거가 없다. 청대 중·전기의 지희탈은 지금도 귀주 안순 일대에 남아 있으며, 이들 탈 뒷면에는 '함매'의 어떠한 흔적도 남아 있지 않다. 정확한 해석은 이 두 그림이 그리고 있는 것이 결코 정식 연출 장면이 아니며, 탈을 분명하게 표현해 내기 위하여 탈을 손에 들고 있다. 탈을 얼굴에 쓰면 본인의 얼굴과 혼동되기 쉽기 때문이다.

제7절 부록

근고 시기의 탈과 관계가 가장 밀접한 것으로 검보(臉譜)만한 것도 없다. 검보는 탈과 마찬가지로, 모두 사람의 모양을 변화시키는 화장 수단이며 문화 부호이다. 다른 것은 탈이 동·나무·가죽·진흙 등의 재료로 만들어지는 조소성 화장인 데 반하여, 검보는 안료로 직접 얼굴에 그리는 회화성 화장에 속한다. 그러므로 어떤 학자는 또 검보를 '연성(軟性)탈'이라고 한다. 탈과 검보의 또 다른 구별은 다음과 같다. 탈은 인류의 보편적인 문화 현상이지만 검보는 중국 특유의 화장 예술이다. 검보는 크게 희극검보와 사화검보의 두 유형으로 나눌 수 있다. 희극검보는 또 서로 다른 극의 종류에 따라서 경극(京劇)검보·천극(川劇)검보·전극(滇劇)검보·기극(祁劇)검보·한극(漢劇)검보·민극(閩劇)검보·예극(豫劇)검보·월극(粤劇)검보·진강(秦腔)검보 등으로 나눌 수 있다. 사화검보와 희극검보는 서로 비슷한 점도 있고 다른 점도 있다.

1. 희극검보

검보의 기원은 원고 시기 원시 인류의 경면(黥面)과 문신의 습속으로 거슬러 올라갈 수 있으며, 그 직접적인 기원은 고대의 창우(倡優)와 여악(女樂)의 지분화장, 배우와 골계의 분묵화장이다. 지분화장은 선진 시기에 시작되었으며, 한대에 이미 아주 성행하였다. 환관(桓寬)의 《염철론(鹽鐵論)》에 "모장은 천하의 미인이라 해도 지분과 향기로운 화장품이 있어야 용모를 가꾸었다"[103]고 하였으며, 장형(張衡, 78-139년)의 《무부(舞賦)》에는 "분 바르고 눈썹 그리니 옥 같은 피부 찬란하고, 진주와 비취 빼어나니 검은 머리 흩어지네"[104]로 증명할 수 있다. 지분화장은 지분을 얼굴에 바르고 눈썹을 그리며 입술을 칠하는 화장 수단으로 사람 얼굴을 미화하는 것이며, 인물의 형상을 만들어 내어 그 신분·성격·품격·연령 등의 특징을 드러내는 것이 아니므로 검보와는 큰 차이가 있다. 그러나 지분화장의 일부 화장 수법과 화장 형식이 검보 예술에 일정한 영향을 주었다는 것은 의심할 여지가 없다. 당·오대(五代) 시기에는 악무와 희극중에 분묵도면(粉墨塗面)이 성행하였으며, 분묵장(粉墨裝)이라고도 한다. 온정균(溫庭筠, 812?-870년)의 〈건손자(乾巽子)〉에 육상선(陸象先)이 풍익태수(馮翊太守)를 맡을 때, 3명의 참군(參軍)이 그를 찾아가 희롱하면서, 그 중 한 사람이 "그 얼굴에 먹으로 칠을 하고, 녹색 저고리를 입고, 신으로 만들어 춤 한곡을 추면서 천천히 나간다"[105](《태평광기》 권496 인용)고 하였다. 손평중(孫平仲)의 《속세설(續世說)》에도 후당(後唐)의 장종(庄宗) 이존욱(李存勖, 885-926년)이 "스스로 분묵으로 칠하고 배우와 조정에서 함께

---

103) 毛嫱,天下之姣人也,待脂粉香膏而后容.
104) 粉黛施兮玉質燦,珠翠挺兮緇髮亂.
105) 墨塗其面, 著碧衫子, 作神, 舞一曲慢趨而出.

연극을 하였다"[106]고 하였다. 분명히 분묵으로 얼굴화장은 이미 더 이상 '아름답게 꾸미려는 것'이 아니고, 각색으로 분장하기 위한 것이다. 이 사이에는 이미 검보 예술의 요인을 함축하고 있다.

송·원·금의 3대는 잡극의 흥기와 번영을 따라 얼굴화장도 진일보하게 발전되었다. 당시 잡극 중에는 각색항당의 구분이 있으며, 이와 서로 적응하여 두 가지 기본적인 화장 형식이 형성되었다. 하나는 '소면(素面)' 화장이고, 다른 하나는 '화면(花面)' 화장이다. '소면' 화장은 또 '본검(本臉)' '길면(洁面)' 혹은 '준분(俊扮)'이라고 부르며, 인희(引戱)·장고(裝孤)·첩기(捷譏)·말니(末泥)·장단(裝旦) 등의 정면 각색에 쓰인다. 그 특징은 과장적인 색채와 선을 사용하지 않고 출연자의 본래 면목을 바꾸며, 단지 대략 채묵으로 눈썹과 눈을 그려 인물을 미화하는 효과를 거두고 있다. '화면' 화장은 또 '분묵' 화장 혹은 토회를 발라 화장하였다 하여 '말토차회(抹土搽灰)'로 부르며, 부정(副淨)·부말(副末) 등의 축각 혹은 반면각색에 사용된다. 그 특징은 과장된 색채(주로 흑백, 두 가지색)와 선·도안 등으로 출연자의 본래 모습을 바꾸어, 골계조소와 풍자의 목적을 달성하고 있다. 위의 기본적인 화장 형식 외에도 원 잡극에는 성격이 거칠고 호방한 정면 각색의 성격을 나타내기 위하여, 구검(勾臉)의 화장 형식을 사용하고 있다. 송·원·금 삼대의 검보 수고(手稿)는 아직까지 발견되지 않았으나, 이 시대에 남아 있는 희곡의 채용(彩俑)과 희곡벽화(유명한 것으로는 산서 후마시(侯馬市) 동묘(董墓)의 금대희곡 채용과 산서 홍동현(洪洞縣) 명응왕전(明應王殿)의 원대 희곡벽화)에서, 우리는 당시의 얼굴화장 형식을 대체로 이해할 수 있다.[107] 이런 자료로 송·금·원 잡극의 얼굴화장이 이미 검보의 기본적인 특징을 갖추고 있다는 것을 알 수 있다. 그러나 후세의 검보와 비교해 보면 아주 간략하여 검보의 추형이라고 할 수 있으며, 성숙한 희극검보라고 할 수는 없다.

명대 중엽에서 청대 중엽은 희극검보가 기본적으로 성숙된 시기였으며,

---

106) 自傅紛墨, 與優人共戱于庭.

희극검보를 성숙되도록 촉진시킨 원인은 두 가지가 있다. 첫째, 극본의 창작이 전에 없이 활발하였으며, 이 시기의 각색항당이 더욱더 완비되었다. 극본이 많으면 인물이 많아지게 되며, 무대에 출현하는 많은 인물의 신분·성격·품격 등을 분명하게 구분해 내려면, 천자백태의 검보를 창조해 낼 수밖에 없었다. 각색항당의 완비는 검보 예술의 성숙에 직접적인 영향을 주었다. 명대 중엽에서, 청대 중엽까지 중국 극단을 좌우한 주류는 곤산강(昆山腔)[108]과 익양제강(弋陽諸腔)[109]이었다. 이두(李斗)의 《양주화

<hr>

107) 산서 홍등현 광승사(廣勝寺) 명응왕전 벽화 〈대행산악충도수재차작장(大行散樂忠都秀在此作場)〉은 전형적인 예이다. 주화빈(周華斌)은 2002년 국립민속박물관의 국제학술 토론회에서 발표한 '동아시아 가면극'〈중국가면과 검보(假面與臉譜)〉라는 논문에서 이 벽화를 소개하고 있으므로, 이를 소개하도록 한다. "원 태정(태정) 원년(1324)의 이 벽화에서 앞열 5명의 연기자 중에서 중심 인물은 말니와 부정, 부말이다. 정중앙에 위치한 여배우 충도수는 관리로 분장하였는데 원대에는 정말이라고 불렀다. 좌측은 부말이고 우측은 부정이다. 외측의 시녀는 곧 장단이고 아역(아역)은 곧 첩기(절급)이다.
　흥미로운 점은 정말, 부말, 부정의 미간과 콧등에 모두 도안이 그려져 있다는 것이다. 정말 충도수의 콧등에는 작은 흰나비 모양의 도안이 그려져 있다. 부말의 눈썹은 약간 과장되었고, 눈썹과 눈 사이에는 흰 칠〔白眼圈〕이 그려져 있고 입에는 세 가닥 수염이 달려 있다. 부정의 눈과 눈썹도 극도로 과장되어 있고 마찬가지로 언저리에 흰칠이 그려져 있으며 입에는 찰염이 달려 있다. 그렇다고 해도 각항 각색의 조형은 끝내 생활과 동떨어질 수 없었는데, 유독 정색만은 넓고 괴이한 얼굴 모습, 안색이 번잡하고 눈을 부라린 과장된 골계 조형을 취하고 있다."(《동아시아 가면극》 발표논문집, 安祥馥역, pp.33~34에서 재인용)〔역주〕
　108) 곤곡(昆曲) 혹은 곤극(昆劇)이라고도 한다. 지금의 강소 곤산(昆山)에서 기원하여 이런 이름을 갖게 되었다. 일반적으로 곤산강은 명대 가정연간의 위량보(魏良補)가 염강과 익양강의 음악을 흡수하고, 이를 가공하여 향상시킨 뒤에 영향력이 점차 확대되었다고 한다. 위량보는 전기작가 양진어가 창작한 〈완사기(浣紗記)〉와 배합하여 곤강의 음률에 부합되는 각본을 만들어,곤곡의 전파에 추진 작용을 하였다. 곤산강은 남북곡을 집대성하여 그 장점을 살렸으며, 연창 기교도 치밀해져 극중 인물의 성격화와 희극화의 높은 경지에 이르게 되었다. 반주 악기의 배치와 조직도 더욱 풍부해지고 완비되어, 연출이 우미하고 무도성이 강하였다. 송원 이래의 희곡 유산을 총결하고 가장 완전한 연출 체계를 갖추었으므로, 점차 널리 유행되면서 많은 극종에 깊은 영향을 끼쳤다.〔역주〕
　109) 원대에 강서 익양 일대에서 기원하였다. 그 특징은 일인이 독창하고 중인이 방강하며, 단지 타악으로 반주를 한다. 명대 가정연간에 지금의 남경·북경·호남·광동·복건·안휘·운남·귀주 등지에 유행하였다. 당지의 언어와 민간의 곡조와 잘 결합하였으며, 이것은 직간접적인 영향으로 새로운 극종들이 만들어졌거나, 혹의 당지 희곡의 한 부분이 되어 일종의 성강 계통을 형성하였으며, 이를 흔히 고강(高腔)이라 부른다.〔역주〕

방록(揚州畵舫錄)》에는 곤산강의 부말(副末)·노생(老生)·정생(正生)·
노외(老外)·대면(大面)·이면(二面)·삼면(三面)·노단(老旦)·정단(正
旦)·소단(小旦)·첩단(貼旦)·잡(雜) 등 〈강호십이각색〉이 있었다.[110] 익
양제강의 각색항당은 곤산강과는 모두 같지 않으며, 분공 또한 아주 세밀
하다. 많은 각색항당 중에서 검보와 직접 관계가 있는 것은 정과 축이다.
이 시기의 정·축은 이미 대면(대정)·이면(이정)·삼면(소축)의 3개 항당
으로 분화되었으며, 대면이라는 항당 중에는 또 홍면·흑면·백면의 구
분이 있었다. 정·축 두 각색의 분업이 날로 세밀해지면서, 검보의 새로
운 예술을 촉진시켰다.

　명대와 청초의 검보 수고는 세상에 적지 않게 전해지고 있어서, 그 표현
수법과 예술 수준을 직접적으로 이해할 수 있게 해준다. 매란방(梅蘭芳)은
선조로부터 전해져 내려오는 명대와 청초의 검보를 수장하고 있으며, 그
중 일부분은 이미 산실되었으나, 현재에도 명대 검보 56종(인물검보 15
종·신선귀괴 41종·청초검보 15종)을 볼 수 있다. 이들은 색채에 따라 홍
검·흑검·남검·녹검·자검의 여러 종류로 나눌 수 있으며, 눈썹과 눈
부위의 그림이 굵거나, 곧거나, 넓거나, 좁은 흰색 선으로 그려서 인물의
형태와 성격 특징을 구분하고 있으며, 눈썹과 눈 자체의 형상에는 변화가
적다. 이마·뺨·콧방울·입아귀 등의 부위에는 거의 모두 이용하지 않고
있다. 이런 표현 수법은 고졸하면서 간략한 미를 구비하고 있으나, 또한
예술적인 상상력의 결핍을 나타내고 있다. [그림 205]는 포증(包拯)의 검
보로 이 중에서 명대 인물검보의 대체적인 풍격을 살펴볼 수 있다. 명대의
신괴검보는 비교적 생동적이고, 활달하며, [그림 206]은 용왕검보로 '상
형검(象形臉)'에 속하며, 매란방이 수장한 신괴검보 중에서 걸작이다.[111]

---

110) 이두의 《양주화방록》에 "이원에서는 부말이 개장을 담당하는데 극단의 우두머리
가 되며, 부말이하 노생·정생·노외·대면·이면·삼면까지 7인을 남자 각색이라고 한
다. 노단·정단·소단·첩단의 4인은 여자 각색이라고 한다. 우스개를 맡은 1인은 잡이
라 한다. 이들이 강호십이각색"이라고 하였다〔梨園以副末開場, 爲領班, 副末以下, ·老
生·正生·老外·大面·二面·三面, 七人謂之男角色. 老旦·正旦·小旦·貼旦, 四人謂
之女角色, 打諢一人, 謂之雜. 此江湖十二角色〕.〔역주〕

근년에 들어와 섬서 포
성현(蒲城縣)에서 발견된
《강해진강검보수고(康海
秦腔臉譜手稿)》는 초기
희극검보를 연구하는 중
요한 자료이다. 강해(서
기 1475-1540)는 저명한
명대의 희극가로 섬서 무
공현(武功縣) 사람으로,

[그림 205] 매란방
철옥헌(綴玉軒) 소장
명대 포증검보.

[그림 206] 매란방
철옥헌(綴玉軒) 소장
명대 용왕검보.

자는 덕함(德涵)이며, 홍치(弘治)년간에 진사가 되었다. 《강해진강검보수
고》는 1백30여 폭으로 종이에 그려졌으며, 현재 포성현 소방향(蘇坊鄉)
대련촌(大聯村)의 농민인 장신문(張新文)이 소장하고 있다. 이미 발표된
일부분의 검보로 보면, 매란방이 수장한 명대검
보보다 그림이 화려하여 더욱 후세의 검보에 근
접하고 있다.[112][그림 207]

곤산강과 익양제강은 대략 반세기 정도 성행하
였으며, 청 강희 말년에 점차 쇠락하였다. 이와
동시에 지방희가 우후죽순처럼 생겨났으며, 중
국희곡으로 하여금 이른바 '난탄(亂彈)'의 역사
시기에 접어들게 하였다. 청대중기 이후에, 지방
희는 전에 없이 번영하였으며, 경극을 대표로 하

[그림 207] 명대 강해의
진강 검보 수고.

는 대형 지방극이 형성되었다. 이들 신흥극의 검보는 곤강·익강의 전통
을 계승하고, 또 시대의 발전을 따라 창작을 하면서, 다양화·정밀화·
정형화의 방향으로 발전되었다. 이들은 서로 영향을 주면서 기염을 다투

---

111) 이 책에서는 희극 검보의 변천과 발전 상황에 관하여 논술하면서, 山西師範大學
戱曲文物硏究所編의 《宋金元戱曲文物圖論》과 張庚, 郭漢城主編, 《中國戱曲通史》의
관련 부분을 참조하였다.
112) 〈中國文化報〉, 1989년 5월17일, 제4판.

었으며, 중국검보 예술이 나날이 완성되도록 추진해 나가면서, 고도의 상 징성과 정형화된 무대화장 예술을 갖추게 되었다. 그 중에 보식(譜式)이 가장 풍부하고 예술이 가장 완미하여 거대한 영향을 끼친 것은 경극검보 이다. 아래에서는 경극검보의 분류 · 구회(勾繪)와 미학 특징에 치중하면 서 다른 극의 검보를 겸하여 논하도록 한다.

경극검보의 보식은 아주 복잡하여, 정검(整臉) · 쇄검(碎臉) · 왜검(歪 臉) · 노검(老臉) · 파검(破臉) · 원보검(元寶臉) · 육분검(六分臉) · 분백검 (粉白臉) · 삼괴와(三塊瓦) · 십자문(十字門) · 두부괴(豆腐塊) · 상형검(象 形臉) 등 10여 종이다. 정검은 얼굴 전체를 한 가지 색으로 칠하고 그 위에 눈썹 · 눈 · 코 · 입과 무늬를 그려 넣는 것으로, '단도회(單刀會)' 중의 관 우와 '찰미안(鍘美案)' 중의 포증과 같은 인물이다. 쇄검은 눈썹과 눈을 그리고, 얼굴에 주름을 첨가한다. 한 가지 색을 위주로 하고, 나머지 색은 부가적 색으로 하며, 아주 자잘한 문양을 그려 넣는 것이며, 《금사탄(金沙 灘)》 중의 양칠랑(楊七郎)과 《쇄오룡(鎖五龍)》 중의 단웅신(單雄信)과 같 은 인물이다. 왜검은 오관을 비정상적으로 그린 것으로, 삐뚤어진 입과 찌 그러진 눈의 형상들로 《심칠(審七)》 중의 이칠(李七), 《타과원(打瓜園)》 중의 정은(鄭恩)처럼 흉악하고 추악한 무부(武夫)에 많이 사용된다. 노검 은 눈자위가 아래로 처지고 흰 눈썹이 귀까지 길게 내려오게 그리며, 《군 영회(群英會)》 중의 황개(黃盖)나 《이진궁(二進宮)》 중의 서정소(徐廷昭) 같은 노년각색에 사용된다. 파검은 전체 얼굴에다 대략 몇 필의 문식이나 도안을 그려 놓아, '정(整)'을 깨는 것으로, 《천수관(天水關)》 중의 강유(江 維)처럼 반면 인물이거나, 정면 인물 중에 논란이 있는 사람에게 사용된 다. 원보검은 또 반절검이라고도 부르며, 이마에 피부 본래 색을 남겨 놓 고, 눈썹과 눈 아래에는 화검을 그려 놓아, 원보 상태를 만드는 것으로 《악 호촌(惡虎村)》의 왕동(王棟)과 《찰미안》 중의 마한(馬漢) 등에 사용된다. 육분검은 일반검보에 비하여 낮게 그리며, 윗부분은 미간 사이까지로 얼 굴 전체의 10분의 6을 차지하므로 이런 이름을 갖게 되었다. 예를 들면 《경덕장풍(敬德裝瘋)》 중의 위지공(尉遲公)이다. 분백검은 백분으로 얼굴 전체를 그리고 난 후에, 먹으로 오관에 근육을 그려내며 《타엄숭(打嚴嵩)》 중의 엄숭(嚴嵩)과 《야저림(野猪林)》 중의 고구(高俅)와 같은 간사한 무리에 사용된다. 삼괴와는 정검의 기초 위에 눈썹·눈·코 등의 안면 부위를 돌출시키고, 이마와 좌우 양 뺨에다 중요한 세 가지 색을 두드러지게 만든 것으로, 《자왕요(刺王僚)》 중의 전제(專諸)와 《수관승(收關勝)》 중의 관승처럼 영웅스러운 무장에게 사용된다. 십자문은 또 호접검이라고도 하며, 이마에서 코끝까지 긴 선으로 그리고, 다시 두 눈 위에 가로선을 그려, 십자 형태로 검보의 구도 골격을 만드는 것으로, 《초교관(草橋關)》 중의 요기(姚期) 같은 인물에 사용된다. 두부괴는 코와 눈 사이에 백분으로 네모난 두부 모양을 그려 넣어 이런 이름을 갖게 되었으며, 《군영회》 중의 장간(蔣干)처럼 축각의 검보에 사용된다. 상형검은 주로 각종 신마귀괴와 동물 등을 표현하는 데 사용되며, 모든 얼굴에 동물 형상을 그려 넣거나, 이마에 동물 도안으로 장식한다. 전자는 《뇨천궁(鬧天宮)》 중 손오공의 후면(猴面) 얼굴과 《화염산(火焰山)》 중 우마왕의 우면(牛面) 등이며, 후자는 《백사전(白蛇傳)》 중의 새우의 정령·게의 정령·거북 정령 등이다.[113]

경극검보의 그림은 구(勾)·말(抹)·유(揉)의 세 가지 방법으로 형(形)·신(神)·의(意) 등 삼자를 유기적으로 결합시키고 있다.[114] 채색과 도안은 엄격한 규범이 있으며, 또 유파에 따라 서로 다른 풍격을 보이고 있다. 갖가지 색에는 일정한 상징성을 갖추고 있어, 인물의 품격·기질·성격을 표현한다. 검보 예인은 구결로 이를 개괄하고 있다. "붉은색은 충성, 자색은 효, 흑색은 정의, 분홍색은 노인, 수백색은 간사, 유백색은 광오, 황색

---

113) 上海藝術硏究所, 中國戱劇家協會上海分會編, 《中國戱曲曲藝辭典》, 上海辭書出版社, 1981年.

114) 희곡에서 얼굴화장을 하는 방법에는 구검(勾臉)과 유검(揉臉)이 있다. 구검은 정각(淨脚)이 얼굴화장을 하는 방법이다. 연기자는 먼저 붓으로 색을 찍어 먼저 눈썹을 그리고, 그 다음에는 눈자위 코, 입 모서리와 검면(臉面) 전부를 그리고 난 후에 검문(臉紋)을 그린다. 일반적으로 정각은 대부분이 구검을 사용한다. 유검은 구검과 상대되는 말로 연기자는 손에 색을 묻혀 얼굴 전체에 골고루 문질러 색을 칠한 뒤에 붓으로 중요한 부분을 그리는 방법을 말한다.〔역주〕

은 사나움, 회색은 탐욕, 남색은 흉함, 녹색은 폭력이고 신선과 부처·정
령은 금은색이다." 주색 외에도 그밖의 부차적인 색으로 윤곽을 그리고
주변을 물들여 두드러지게 한다. 선을 그릴 때에는 필봉이 예리하여야 하
고, 선이 명확하여야만 한다. 얼굴의 결과 근육은 활발하고 영활하게 움직
여야 하며, 윤택하고 수려하여야 한다. 미간의 도안 장식은 그 형태와 흡
사하고 생동적이어야 한다. 검보를 그리기 전에 먼저 바셀린이나 혹은 글
리세린을 얼굴 위에 발라 물감이 피부를 손상하는 것을 방지하여야 하며,
검보를 다 그리고 나면 얼굴 위에 얇게 분을 한층 발라 놓아, 땀이 흘러내
리면서 화장이 지워지는 것을 방지하여야 한다.

경극검보는 일종의 희곡화장 수단이며, 인물 형상을 그려내는 예술적
기능을 갖추고 있다. 옹우홍(翁偶虹)은 이런 기능을 '오성(五性)'으로 귀
납하는데, 이것은 설명성·상징성·평론성·성격성과 상형성이다.[115] 이
'오성'은 각자 독립되어 있으면서도 서로 연관되어 있어 포폄(褒貶)을 함
축하고 있으며, 선악과 정사를 구별하는 작용을 하고 있다. 예술 수법에서
경극검보는 뜻으로 형상을 만들고, 형체로써 정신을 전하는 방식으로 대
담한 변형과 과장을 통하여 인물의 품격·성격·연령·신분 등을 표현해
내며, 중국 민족의 전통적인 미학적 특징을 충분히 구현해 내고 있다. 경
극검보는 모두 수백 종이 넘으나, 서로 다른 검보의 색채·문식·도안이
각기 달라 과장성·정식성·구조성과 표현성이 하나로 융합되고 있으며,
번잡하면서도 어지럽지 않고, 화려하면서도 속되지 않고, 허와 실 사이에
서 형과 신이 겸비된 예술적 효과를 갖추고 있어, 기이한 낭만성과 변화
무쌍한 미의 매력이 넘쳐나고 있다.

경극 역사상 아주 많은 표현 예술가들은 모두 검보를 그리는 데 뛰어났
으며, 경극검보의 형성·발전·정착에 크나큰 공헌을 하고 있다. 그 중 뛰
어난 사람으로는 황윤보(黃潤甫)·한악경(韓樂卿)·전복(錢金福)·학수
신(郝壽臣)·후희서(侯喜瑞)·금소산(金小山)·양소루(楊小樓)·구성용

---

115) 翁偶虹, 〈戲曲臉譜的特殊藝術〉, 《中國建設》, 1988年, 第9期.

[그림 208] 경극
요기(姚期) 검보.

[그림 209] 경극
손오공 검보.

[그림 210] 경극
관우 검보.

(裘盛戎)·원세해(袁世海)·이소춘(李少春) 등이 있다. 이들의 검보는 근엄하기도 하고, 호방하기도 하며, 정미하기도 하고, 번잡하기도 하며, 수려하기도 하고, 전아하기도 하다. 대개 개인적인 사승과 경력·기질이 서로 다르므로, 각자 독특한 품격과 특색을 형성하고 있다. 다음에 흔히 보이는 전형적인 경극검보 몇 가지를 소개한다. [그림 208]은 《초교관(草橋關)》 중의 요기(姚期)로 십자문에 속하고, [그림 209]는 《뇨천궁(鬧天宮)》 중의 손오공으로 상형검에 속하며, [그림 210]은 《단도회(單刀會)》 중의 관우로 정검에 속한다. 중국의 다른 지방극에 나오는 검보는 그 의상(意象)·구조·화법·기능 등에서 모두 경극검보와 일맥상통하고 있으며, 단지 구체적인 분류와 그림에서 약간의 차이가 난다. 예를 들면 천극(川劇)검보는 정각(淨角)검보와 축각(丑角)검보의 두 유형으로 나눈다. 정각검보는 또 포공검(包公臉)·패왕검(覇王臉)·위지검(尉遲臉)·관공검(關公臉)·팔보검(八寶臉)·오채검(五彩臉)·삼괴와(三塊瓦)·승검(僧臉)·태감검(太監臉)·장비검(張飛臉)·패이검(覇二臉)·분검(粉臉)·장송감(張松臉)·황단검(黃胆臉)·금검(金臉)·구비요자검(勾鼻鷂子臉)·상형검(象形臉) 등이 있고, 축각검보에는 방형검(方形臉)·장방형검(長方形臉)·타원형검(橢圓形臉)·매화형검(梅花形臉)·호접형검(蝴蝶形臉)·호로형검(葫蘆形臉)·방해검(螃蟹臉)·요자형검(腰子形臉)·이병자검(二餠子臉)·노검(老臉) 등이 있다.[116] 전극(滇劇)검보의 분류는 비교적

[그림 211] 예극 은교 검보.

간단하여 홍검(紅臉)·흑백검(黑白臉)·분검(粉臉)·삼괴와(三塊瓦)·오채검(五彩臉)·상형검(象形臉)·음양검(陰陽臉)·패아검(垻兒臉)·이병병(二柄柄)·소화검(小花臉) 등 수십 종이 있다.[117] 그밖에 기극검보·한극검보·월극검보·진강검보 등이 있으나 모두 대동소이하다. 검보와 탈은 흔히 연출중에 병용되며, 그 연출과 형식에는 두 종류가 있다. 첫째, 한 희극 속에 어떤 각색은 검보를 그리고, 어떤 각색은 탈을 쓰며, 이 둘이 동시에 무대에 출연한다. 둘째, 한 각색이 검보를 그리고 또 탈을 쓰고 있으며 이 둘을 동시에 병용한다. 전자가 비교적 흔히 보이며, 많은 극에서는 모두 검보와 탈이 한 무대에 연출되고 있다. 후자는 비교적 드물며 단지 소수의 극에서 개별적인 각색에만 남아 있다. 예를 들면 예극의 《무적기(無敵旗)》 중의 은교(殷郊)는 어깨 위에 머리가 3개 있다. 중간에 있는 것이 진짜이고 그 나머지는 검보로 그렸다. 진짜 머리 좌우에는 각기 가두가 하나씩 있으며, 이 탈을 사용하여 교묘하게 분장하고 있다[그림 211].

---

116) 于一等著,《川劇常識》, 1987年 2월 내부 출판.
117) 楊明·顧峰主編,《川劇史》, 中國戲劇出版社, 1986年版.

2. 사화검보

  사화검보는 사화(社火) 활동에 사용하는 검보이다. 사화는 명절의 영신 새회(迎神賽會)에서 분장하여 연출하는 각종 잡희·잡사(雜耍)를 가리키며, 옛날에는 또 '사호(射虎)'라 불렀고, 정의로 사악함을 누르고 길상을 기구한다는 뜻을 취하고 있다.

  사화는 고대에 사신(社神)을 제사 지내던 활동에서 기원하였으며, 농업 사회에서 토지를 숭배하던 것에서 나왔다. 중국은 세계에서 가장 오래된 농업국의 하나이며, 대략 5,6천 년 전에 농경시대에 진입하였다. 농업의 발전은 토지를 떠날 수 없으며 "땅이 없으면 설 곳이 없고, 곡식이 없으면 살 수 가 없다." 이로 인하여 토지와 토지신 숭배가 자연스럽게 생겨 나게 되었다. 토지신은 사신(社神)이며 또한 후토(后土)이며 혹은 지모(地母)로 사는 토지신을 제사하는 조직이다. 《효경위(孝經緯)》에 "사는 토지신으로 토지는 넓어서 다 제사 지낼 수 없으므로, 봉토를 만들어 사로 삼고 공을 보답하였다"[118]고 하였다. 《예기·월령》에 "중춘이 되는 달에…정월 초하루를 택하여 백성에게 사를 지내도록 하였다"[119]고 하였으며, 정현의 주에 "사는 후토(后土)이다. 백성으로 하여금 여기에 제사 지내도록 하였으며 농업신으로 삼았다"고 하였다.

  상고 시기에 천자는 매년 후토에게 제사 지내는 성대한 전례 의식을 거행하였다. 민간에서 토지신의 제사는 일반적으로 촌락을 단위로 하였으며, 무당이나 채노(寨老)가 촌민을 이끌고 화톳불을 에워싸고 돌면서 강신(降神)과 오신(娛神)을 하였으므로 사화라 부른다. 뒤에 오면서 사화에 제사지내는 신들이 점차 많아지면서 수많은 신을 제사 지내는 조직으로 변하게 되었다. 제사 규모도 점차 확대되어 몇 개의 촌락, 심지어는 몇십 개

---

118) 社者, 土地之神. 土地闊不可盡祭, 故封土爲社以報功也.
119) 仲春之月…擇元日命民社.

의 촌락이 연합하여 영신새회를 하였다. 도시에서는 대부분 관부에서 앞장서 지방의 사신(士紳)들을 연합하여 거행하였다. 이런 대규모의 사화 활동은 늦어도 당송 시기에 이미 아주 성행하였으며, 고인의 야사와 시문에서는 이에 대해 비교적 상세하게 묘사하였다. 범성대(范成大, 1126-1193년)는 "경박하게 노래 부르며, 사에서 미친 듯이 춤을 추었다"[120]라는 시를 썼으며 자신이 주에서 말하기를 "민간의 고악을 사화라 부르며 자세히 기록할 순 없으나 대개 골계로 웃음을 끌어낸다"[121]고 하였다. 이두(李斗)는 《양주화방록(揚州畵舫錄)》에서 "입춘 하루 전날에 태수는 번리관(蕃釐觀)에서 봄을 맞이하고 관기에게 명하여 사화로 분장하도록 하였다. 그것은 춘파(春婆) 일인, 춘저(春姐) 이인, 춘리(春吏) 일인, 조예(皂隸) 이인, 춘관(春官) 일인"[122]이라고 하였다. 사화의 화장에는 최초에 탈을 사용하였으나 뒤에 오면서 참군희·송잡극 등 얼굴화장의 영향을 받아서 비로소 얼굴에 집적 화장하는 것으로 바뀌었다. 이런 화장은 초기에 비교적 큰 수의성을 띠었으나 뒤에 오면서 점차 정형화되었으며 다채로운 사화 검보를 형성하게 되었다.

사화의 공연 형식은 매우 종류가 많고 풍부하고 다채롭다. 흔히 볼 수 있는 것으로는 솨사자(耍獅子)·솨용등(耍龍燈)·포려(跑驢)·각저(角抵)·화한선(划旱船)·채고교(踩高蹻)·기죽마(騎竹馬)·타화곤(打花棍)·뉴앙가(扭秧歌)·수청정(竪蜻蜓)·도백삭(跳白索) 등이다. 이밖에도 '군사화(軍社火)'와 '마사화(馬社火)'가 있다. 얼굴에 사화 검보를 그린 출연자는 수레 위나 혹은 말·소·노새를 타거나, 손에 칼·창·검·극 등의 도구를 들고 일정한 자세를 드러내며 고악의 반주하에 묵극식(啞劇式)의 유동(游動) 공연을 한다. 이런 공연에는 창(唱)·념(念)·주(做)·타(打)[123] 등의 정식이 없어서 더욱 조형 예술에 근접하고 있다. 사화 공연

---

120) 輕薄行歌過, 顚狂社舞呈.

121) 民間鼓樂謂之社火, 不可悉記, 大抵以滑稽取笑.

122) 立春前一日, 太守迎春于蕃釐觀, 令官妓扮社火, 春婆一, 春姐二, 春吏一, 皂隸二, 春官一.

은 대다수가 황제시대에서 아래로는 명청 시기에 이르기까지 역사연의·신화전설과 민간고사에서 취해 왔다. 비교적 많이 공연되는 사화희(社火戲)로는 《대우치수(大禹治水)》《예사구일(羿射九日)》《공공축융(共工祝融)》《훤원전치우(軒轅戰蚩尤)》《소식목양(蘇武牧羊)》《벽산구모(劈山救母)》및 《삼국연의(三國演義)》《봉신연의(封神演義)》《동주열국지(東周列國志)》《설정산정서(薛丁山征西)》《서유기(西遊記)》《수호전(水滸傳)》등이다.

과거 중국의 많은 지역에서 사화검보가 전해졌으나, 수백 년의 세월이 흐르면서 이미 대부분의 성에서 소실되었으며, 단지 서북의 소수 지역에만 남아 있다. 그 중에서도 섬서의 보계(寶鷄)·봉상(鳳翔)·부풍(扶風)·기산(岐山) 일대의 사화검보가 가장 풍부하다. 섬서의 사화검보는 대략 3백여 종이나 되며, 그 각색도 천태만상이다. 신선·귀괴·황제·성현·영웅·간신·승도·동물 등이 모두가 갖추어져 있으며, 심지어는 춘·하·추·동 사계와 금·목·수·화·토 오행과 심장·간장·비장·폐장·신장의 오장과 건·곤·감·리·진·간·손·태의 팔괘와 쥐·소·호랑이·토끼·용·뱀·말·양·원숭이·닭·개·돼지의 열두띠는 물론 바람·구름·번개·비·눈 등의 자연현상도 모두 사화검보에 들어 있다. 민간 예인의 낭만적이면서도 기이한 상상력은 사람을 탄복하게 만든다.

사화는 묵극식(啞劇式) 조형 연출의 일종이며, 도백(道白)이나 혹은 창강(唱腔)을 통하여 인물의 신분을 소개할 수 없으므로, 사화검보는 반드시 구체적이고 직관적이고 개성이 뚜렷해야 사람들이 보면 바로 누구인지 알 수 있어야 한다. 이러한 특징은 사화검보의 구도·구화·도색이 모두 고

---

123) 희곡을 표현해 내는 네 가지 연기 수단이며, 또한 희곡 연출의 네 가지 기본공이라고 말할 수 있다. 창은 노래를 가리키며, 념은 음악성을 갖춘 염백(念白)을 말한다. 이 둘이 서로 보충되어 가무화된 희곡 연출의 양대 요소의 하나인 '가(歌)'를 연출해 낸다. 주(做)는 무용화된 형체 동작이고 타(打)는 무술이나 몸을 뒤집고 구르는 기예를 말하며, 이 둘이 결합되어 가무화된 희곡 연출의 양대 요소 중 하나인 '무(舞)'를 구성하고 있다. 〔역주〕

정적인 보식(譜式)을 갖도록 결정해 준다. 어떤 각색은 그 성씨·외모·성격과 전고·구화(勾畵)를 근거로 어떤 특수한 표기가 필요하다. 현지의 백성들은 검보를 신성시하며 극히 경건하게 대한다. 검보를 그리기 전에 출연자들은 마을 부근의 사당 안에 모여 신에게 제사를 지내며, 신령이 인간 세상에 강림하도록 한다. 검보를 그린 후에는 이미 신령이 몸에 들어왔다는 표시이므로, 출연자들은 자기가 분장한 각색으로 변화하여, 일반 사람처럼 마음대로 말하거나 행동할 수 없다. 연출이 끝난 후에 다시 사당에 제사 지내고 나서야 본래의 면목을 회복할 수 있다. 이런 검보 숭배는 탈의 숭배와 아주 흡사하며, 이 중에서 이 둘 사이의 내재적 연계를 어렵지 않게 찾아볼 수 있다.

사화검보의 보식은 대체로 대검(對臉)·파검(破臉)·현검(懸臉)·쇄검(碎臉)·정검(定臉)·전검(轉臉)의 여섯 종류가 있다. 서로 대칭되는 색깔·문양·도안으로 구성되는 대검은 사화검보의 중요한 정식으로 충성스럽고 용감하며, 정직한 인물인 무적장군·염파(廉頗)·진명(秦明) 등을 표현한다. 대칭적인 격식을 파괴하는 파검은 인물 성격에 따라 그 형상을 그려내며, 강하고, 흉맹스런 인물인 치우·두이돈(寶爾敦)·개소문(盖蘇文) 등의 인물을 표현하고 있다. 쇄검은 얼굴에 주름을 가득 그려 놓고 있으며, 흉맹하고 용감한 인물인 양칠랑(楊七郎)·두월숙(寶越淑)·진영(秦英) 등을 표현하는 데 사용한다. 현검은 정해진 규칙과는 다른 특수한 검보로 흉악하고 신기한 인물인 이원패(李元覇)·하후돈(夏候惇)·성성단(腥腥胆) 등에 사용한다. 정검은 검보에 중점을 두며, 그 문식·도안·색채에 모두 법식이 정해져 있어 서로 대체할 수 없으며, 완소칠(阮小七)·포공(包公)·우고(牛皐) 등을 표현한다. 전검은 특색이 두드러지지 않아서 서로 대체할 수 있는 검보로 무천석(武天錫)·금올술(金兀術)·방연(龐涓) 등을 나타낸다.[124]

사화검보는 눈·눈썹·입·수염·코를 그리는 데 중점을 두며, 민간예

___

124) 胡百川編會, 《臉譜》, 陝西隴縣文化館, 1980年 내부 출판.

인들은 장기간의 창작 과정을 거치면서 일련의 개검(開臉) 규율을 만들어
냈다. 어떤 것은 기억하기 쉽게 구결로 만들어 대대로 전해지기도 한다.
예를 들면 눈을 그리는 화안결(畵眼訣)은 "충량하고 정직한 사람은 순안
(順眼)이고, 위로 치켜 올라간 눈은 용맹한 소년이고, 삼각형의 가느다란
눈은 간사한 사람이며, 흉악하고 사나운 사람은 짝짝이 눈으로 그린다"고
하였다. 눈썹을 그리는 화미결(畵眉訣)은 "누워 있는 누에눈썹은 성인의
얼굴에 그리고, 버들잎 눈썹은 지혜와 계략이 완전한 사람에게 그리고, 위
로 치켜 올라간 눈썹은 용맹한 맹장에게 그리고, 울툭불툭한 눈썹 또한 용
맹한 맹장에게 그린다. 녹용우양수(鹿龍牛羊獸)의 뿔 눈썹은 요마와 정령
의 얼굴에 그리며, 눈썹이 없으면 오관이 단정치 못하고, 때로는 두 눈썹
도 일반적이지 않다"고 하였다. 입 모양과 수염을 그리는 화구형(畵口形)
과 염구결(髥口訣)은 "징그러운 입에 긴 뻐드랑니가 삐져 나왔으며, 염구
(가짜 수염)는 뺨을 지나 아래턱에 걸리고, 치우는 염구 외에도 위로 말려
올라간 남색 수염을 입에다 그린다. 염구는 닭이나 원숭이에게 걸지 않고,
소년 영웅은 입가를 그리며, 검붉은색 화검에는 듬성듬성한 수염을 거는
데, 절대 위로 뻗친 살적은 꼽지 말아라" 하였다. 사화검보는 코 부분의 화
장도 아주 강조하고 있으며, 흔하게 사용되고 있는 문양은 운문(云紋)·
불수문(佛手紋)·우모문(羽毛紋)·회뢰문(回雷紋)·매화문(梅花紋)·화
묘문(火苗紋)·금전문(金錢紋)·와편문(瓦片紋)·성운문(星云紋)·유자
문(柳子紋) 등이 있다. 그림을 그린 후에는 진홍색 금첩을 붙여(현재는 금
분으로 그림을 그린다), 인물로 하여금 더욱더 풍채가 나도록 한다.[125]

　이마는 인물의 특수한 표기를 그리는 곳으로, 각색의 성격·지위·신분
등에 따라 이마 위에 상징적인 도안으로 표시하고 있다. 도안은 대체로
두 가지 유형으로 나눌 수 있다. 하나는 비교적 직관적이어서 한 눈에 검
보가 어떤 각색을 대표하는지 알아볼 수 있다. 예를 들면 거북 장군, 뱀

---

125) 李繼友, 〈陝西社火臉譜的淵源及其藝術特點〉, 《中國陝西社火臉譜》, 上海人民
美術出版社, 1989年.

[그림 212] 섬서 사화
완소칠 검보.

장군, 새우 장군, 게 장군은 이마에 거북·뱀·새우·게를 그려 넣고, 우고의 이마 위에는 '우(牛)'자를 써넣으며, 주창의 이마 위에는 '주(周)'자를 써넣는다. 또 다른 유형은 비교적 은유적이어서, 반드시 역사 전고와 신화 전설을 자세히 알아야, 검보와 각색을 연결시킬 수 있다. 예를 들면 두이돈은 쌍 갈고리로 황삼태가 던진 3개의 비표를 맞춰 떨어뜨린다. 그러므로 그 이마에는 쌍갈고리를 그려 넣는다. 방연은 손빈과 함께 병법을 배웠으나, 손빈의 재능을 질투하여 온간 방법으로 해를 끼치려 하므로, 그 이마에 전갈을 그려 놓아 마음과 손속이 독랄하다는 것을 표현한다. 양산박의 호한인 완소칠은 수전을 잘하여 항상 강물 속에서 출몰하므로, 이마에는 하마를 그려 놓았다[그림 212]. 헌원황제는 수륙양용차·나침판·천간지지(天干地支)를 발명하였으므로 이마에 흰 구름이 해를 떠받치고 있는 것을 그려 놓아 그 공이 일월을 꿰뚫고 있다는 것을 나타낸다.

사화검보의 색채는 대부분이 명쾌하고 선명한 원색이며, 이것은 민간예술이 갖고 있는 공통된 특징이다. 흔히 사용하는 색에는 홍색(주사)·녹색(공작석)·황색(석우황)·백색(연백분)·흑색(유연)과 남색·자색·분홍색·갈색·금색·은색 등이 있다. 갖가지 색은 모두 일정한 상징적 의미를 지니고 있으며, 서로 다른 각색은 서로 다른 색을 사용한다. 그 구결에 "홍색은 충성스럽고 용맹하며, 백색은 간사하고, 흑색은 강직하며, 청색은 용감하고, 황색은 맹렬하며, 남색은 경솔하고, 녹색은 의협심이 있으나 거칠고, 분홍색은 노년이며, 금색·은색은 색조가 밝아 전적으로 요마·귀신·판관을 그린다"고 하였다.

사화는 노천에서 돌아다니며 공연하므로 검보는 바람과 태양은 물론 땀과 비에도 견뎌야 하므로, 색깔의 제조에 아주 신경을 써야 한다. 그 방법은 먼저 꿀을 사용하여 갖가지 분말안료를 손으로 함께 비비고, 계란 흰

자와 설탕물을 배합하여 농도가 묽은 풀 정도
가 되도록 한다. 너무 진하면 붓이 뻣뻣하고 너
무 묽으면 안료가 쉽게 흘러내린다. 조제 비율
은 꿀 40퍼센트, 계란 흰자 30퍼센트, 설탕물
30퍼센트이다. 꿀은 접합 작용을 하여 안료를
얼굴에 고정시켜 떨어지지 않도록 하고, 계란
흰자는 색깔을 윤택하게 해주며 잘 응고시킨
다. 설탕물은 제1층 안료를 견고하게 고정시켜
주며, 상·하 양 층의 색깔이 서로 융합되지 않

[그림 213] 섬서 사화
청룡 검보.

도록 한다. 검보의 제작 방법에는 두 가지 방법이 있다. 하나는 먼저 바탕
색을 칠하고, 손바닥으로 바탕색을 골고루 잘 문지른 후에 다시 도안과
문양을 그리고, 선과 눈자위를 그린다. 또 다른 하나는 건조제를 사용하
여 얼굴의 기름기를 없애고 난 후에, 한 조각 한 조각 직접 그림을 그려
만든다. 이런 화법은 비교적 번거로우나 색조가 선명하고 쉽게 효과를
낼 수 있다. 그밖에 청룡·백호·치우 등의 각색은 징그럽고 위맹스런 형
상을 돌출시키기 위하여, 흔히 이마·미골·아래턱과 양 볼에 흰 마지를
붙인 계란껍질을 붙이고, 계란껍질 위에 채색으로 그림을 그린다. 이렇게
하면 머리 위에 뿔이 나거나, 얼굴에 혹이 나 있는 입체적인 검보를 만들
수 있으며 아주 탈과 흡사하다[그림 213]. 현존하는 사화검보의 밑그림은
가장 이른 것이 청대의 물건으로 지금 대략 1-200년이 되었다. 명대의 사
화검보의 밑그림은 아직 발견되지 않았으나, 사화검보의 출현이 명대 보
다 늦지 않을 것이며, 송대에 이미 그 추형을 갖추었다고 단정할 수 있다.
초기의 사화검보의 밑그림은 대부분이 아주 얇은 피지(皮紙)나 대나무종
이 위에 그려넣거나 혹은 단지 묵선으로 윤곽만 그려 넣기도 하고, 혹은
담채색을 그려 넣기도 하며, 소박하면서도 전아하다.

　사화검보의 구도 원리와 그림을 그리는 방법은 희극검보와 기본적으로
같다. 그 구별은 사화검보의 공예성이 비교적 강하며, 그 문식이 번잡하
고 공예가 세밀하며 색채가 선명하다. 도안이 직관적이고 구상적이어서

진정한 민간 예술이라 할 수 있다. 희극검보는 예술성이 비교적 강하며, 그 문식은 간략하고 개괄적이며, 색채는 화려하나 저속하지 않고, 도안은 비교적 추상적이어서 전형적인 무대 예술이다. 이런 차이를 형성하게 된 원인에는 세 가지가 있다. 작자의 문화 수준과 예술 수양이 다르다. 사화검보는 대부분이 민간예인의 손에서 나왔으며, 희극검보는 대다수가 저명한 연기자의 손에서 나왔으므로 이둘의 문화 수준과 예술 수양의 고저가 다르다. 둘째, 관상자의 심미적 관점과 예술적 취미가 다르다. 사화의 관중은 대부분이 농민·노동자·소상인·유랑민 등이고, 희극의 관중은 대부분이 관료·부유한 상인·문인·시민 등으로 이 둘의 심미적 관점과 예술적 취미에는 아주 큰 차이가 있다. 셋째, 연출 장소와 표현 형식이 다르다. 사화는 노천에서 연출하며 아극식의 조형 예술이나, 희극은 무대에서 현출하고, 창·염·주·타가 하나로 합쳐진 종합 연출로 이 둘의 얼굴화장에 대한 요구가 각기 다르다. 이상 세 가지는 사화검보와 희극검보가 예술적으로 문야(文野)·조세(粗細)·아속(雅俗)의 구분을 갖도록 해준다. 그러나 이것은 상대적인 말이며, 사화검보와 희극검보는 서로 통하는 것이 많으므로, 이 둘 사이에 건널 수 없는 큰 도랑으로 갈라져 있는 것은 아니다.

제8절 결론

근고는 중국탈의 번영 시기이다. 그 중에서 송·원 탈의 성취는 더욱 휘황하며, 중국탈의 역사에서 제3좌(또 최후의 1좌)의 고봉이라 할 수 있다. 송·원 이후에 비록 이들 탈의 품종과 종류 또한 뛰어난 성취를 거두었으나, 총체적으로 말한다면 송·원의 수준을 뛰어넘을 수는 없었다. 근고 시기의 탈은 다음과 같은 특징을 가지고 있다.

① 중국의 탈문화가 중고 시기 이전에는 자발적으로 종교적인 영향을

받아왔다. 초기의 무교·본교와 샤머니즘은 탈의 형성과 발전에 거대한 작용을 하였다. 당시 탈의 기본적인 기능 중의 하나는 바로 무당·분파(본교의 무당)와 샤먼이 사용하던 도구였다. 중고 시기부터 인위적인 종교의 영향이 점차 탈의 문화 속으로 스며들면서, 근고 시기에 이르러 그 영향은 이미 자발적인 종교를 초월하였다. 도교는 탈의 문화에 가장 큰 영향을 끼쳤으며, 한족이 모여 살고 있는 10여 개의 성과 서남의 광대한 소수민족지구에 두루 퍼졌다. 불교 중에서는 또 티베트 불교인 라마교의 영향이 가장 컸다. 그 영향은 주로 서장·청해·내몽고와 감숙·사천·운남·산서·화북·흑룡강의 일부지구에 미쳤다. 무교의 탈에 대한 영향도 낮게 평가할 수 없으나, 이때 무교는 이미 도교 속에 융합되었으며 이전의 독립성을 잃어버렸다. 유교는 진정한 종교를 형성한 적이 없었으므로 탈에 대한 영향도 도교·불교와 무교에 멀리 미치지 못한다.

② 근고 시기에 탈은 기능과 예술에서 두 가지 크나큰 전환을 완성하였다. 기능면에서 초기의 실용위주에서 심미위주로 바뀌었다. 예술에서는 초기의 유형화에 대한 추구가 개성화의 추구로 바뀌었다. 비록 이러한 전환이 중고 시기에 시작되었다고는 하지만, 최종적인 완성은 도리어 근고 시기였다. 탈이 희극 속에 널리 사용되면서 이런 전환을 촉진시키는 중요한 작용을 하였다. 희극무대에서 탈은 심미적 가치를 갖춘 화장 도구로 존재하였으며, 그것은 연기자가 각색으로 나아가는 교량이었고, 연기자가 분장하는 각색의 표지였다. 서로 다른 극목에는 서로 다른 각색이 있으며, 각색의 각기 다른 성별·연령·외모·신분·성격이 모두 차이가 났으며, 이런 많은 각색을 분명하게 구별하기 위하여 천자백태이며, 서로 다른 탈을 창조해 낼 수밖에 없었다. 근고 시기의 희극탈(주로 나희탈과 장희탈)은 과거 어떤 탈보다 예술화되고, 개성화되었다.

③ 근고 시기 이전의 탈은 일반적으로 관과 투구를 새겨 넣지 않았으며, 착용 시에 동·가죽·베·비단 등으로 제작한 관과 투구를 서로 배합시켰다. 예를 들면 난릉왕 탈은 투구와 함께 이어졌으며, 안락(安樂)탈은 가죽모자와 배합하여 사용하였고, 오공(吳公)탈은 머리에 동으로 만든 관

을 장식하였다. 송대부터 이런 상황이 변화되었으며, 많은 곳에서 관과 투구를 탈 위에 새겨 놓았다. 명청 시기에 이르면, 관과 투구는 탈과 떨어질 수 없는 일부분이 되었다. 흔히 볼 수 있는 복두·과피모[126)·전모(氈帽)·죽립·도관(道冠)·봉관(鳳冠)[127)·방건(方巾)[128)·평건(平巾)·끝이 뾰족한 투구[尖盔]·평 투구[平盔] 등의 유형이 있다. 어떤 탈에는 관모와 투구가 없으나, 아주 세밀하게 갖가지 머리 모양을 새겨 놓았다. 흔히 볼 수 있는 것으로는 높은 상투[高髻]·평 상투[平髻]·쌍 상투[雙髻]·둥근 상투[圓髻]·굽은 상투[歪髻]·길게 딴 댕기[蕃辮] 등의 종류가 있다. 관·투구와 발식은 한 사람의 직업·신분·직위·성별·연령 등의 중요한 표지이므로, 이들은 탈과 융합하여 통일되고 유기적인 전체가 되었다. 근고 시기의 봉건 등급 관념이 이미 탈문화 속에 깊이 침투하였으며, 탈이 나날이 세속화되어간다는 것을 표시해 주고 있다. 이 시기에 나무 재질로 된 탈의 보급과 탈의 제작 수준이 향상되면서, 탈의 관모와 발식도 정미하고 번잡하게 발전되어 나갔으며, 초기 탈의 질박하고, 간결한 특색을 잃어버리게 되었다.

---

126) 소모(小帽)라고도 하며, 6개의 천조각을 꿰매 맞추어 얼른 보기에 수박을 위 아래로 갈라 한쪽같이 보이는 차양이 없고 정수리에 둥근 손잡이가 있는 모자.〔역주〕
127) 봉황 모양의 장식을 단 관, 혼례식 예모.〔역주〕
128) 명대에 문인이 썼던 두건.〔역주〕

제6장

근대 이래의 탈

서기 1912년 이후

제1절 개설

'근고 이래'는 청조 멸망에서부터 지금까지 근 1세기로 그 시간은 근대에서 현대·당대까지 이어져 내려오고 있다. 다만 그 상한선은 아편 전쟁부터 시작되는 것이 아니라 중화민국의 성립에서 시작된다.

근대로 내려오면서 중국은 사회제도에 크나큰 변혁이 생기기 시작하였으며, 또한 전통 문화가 도전에 직면하고, 세계 문화의 대조류에 휩쓸려 충격을 받던 시대였다. 신해 혁명은 봉건제도를 뒤엎었다고는 하지만 결코 중국의 사회적 성질을 바꿔 놓지는 못하였다. 중화인민공화국의 탄생은 중국 역사의 신기원을 열어 놓았다. 건국 초기에 혁명과 건설은 모두 사람들의 주목을 끌 만한 성취를 거두었다. 뒤를 이어 중국은 좌경화의 착오 속에서 20여 년을 배회하게 되었다. 그러다 '문화대혁명'이 끝나면서야, 비로소 다시 정확한 궤도로 돌아올 수 있었다. 지금 유구한 역사를 지닌 중국의 대지에서는 바야흐로 개혁 개방의 날개를 펼치고 사회주의의 현대화를 향해 비상하고 있다.

근대 이래로 탈문화는 이미 전반적으로 쇠락의 길로 접어들고 있었다. 탈의 실용적인 기능은 더욱 위축되었으며, 탈의 사용 영역은 나날이 협소해졌고, 제작 수준도 갈수록 낮아졌다. 중국의 탈문화는 1만여 년의 발전을 걸치면서 이미 지난날의 발랄한 생명력을 상실하였으며, 옛것만을 지키면서 앞으로 나가지 못하고 정체되었다. 그러나 이것은 단지 문제의 한 측면일 뿐이다. 국부적으로 보면 근대 이래로, 특히 '문혁' 후에 나라의 문호가 열리고 신사조가 전해지면서 새로운 탈의 종류가 쏟아져 나왔다. 이들은 형태·재질·조형·기능 등에서 모두 전통적인 탈의 범주를 돌파하였으며, 탈문화는 새로운 역사적 조건 아래서 변화와 발전을 가져오게 되었다. 그러므로 근대 이래를 전반적인 탈의 쇠락기라고 보는 것은 합당하지가 않으며, 탈의 전환 시기라고 보는 것이 더욱더 객관적이며 사실에 부합된다. 근대 이래로 탈문화의 발전에 영향을 미친 요인은 주로 다음과 같이 두 가지로 볼 수 있다.

1. 현대 공업 문명과 과학 문화의 충격

탈은 본질적으로 수렵 문명과 농경 문명의 산물이며, 그 흥망과 성쇠는 수렵 문명과 농경 문명의 흥쇠와 서로 관계가 있다. 원고 시기에 중국의 탈문화는 주로 수렵 문명에 의하여 양육되다가, 하상(夏商)에서 명청(明淸) 시기에는 주로 농경 문명에서 자양분을 공급받았다. 근대 이래로 중국은 사회 구조에서 거대한 변화가 생겼으며, 자급자족하면서 폐쇄되고 보수적인 농업 사회가 점차로 개방화된 공업 사회(이 과정은 아직 미완성)로 들어가면서, 전통적인 탈의 생존 기반을 크게 뒤흔들어 놓았다. 또 '5·4 운동' 이래로 서양의 과학과 문화가 광범위하게 전해지고, 특히 진화론과 무신론 등의 유물사관이 들어와 귀신 관념으로 깊이 낙인찍혔던 탈문화에 강한 충격을 가하게 되었다. 즉 세계에 이미 귀신이 없다고 한다면, 귀신을 상징하고 대표하는 탈은 신성한 광채를 잃어버릴 수밖에 없었다.

그러나 위의 논지는 전국을 범주로 말한 것이다. 중국은 광활한 지역에다 많은 민족이 있으며, 각 성마다 경제와 문화 발전의 수준 차이가 아주 크다. 그러므로 현대 공업 문명과 과학 문명이 탈에 미친 충격은 아주 복잡한 양상을 나타내고 있다. 일반적으로 한족이 모여살고 있는 중원과 동남 연해의 각 성, 특히 대중도시는 충격이 비교적 큰 반면에, 서남·서북과 동북의 소수민족 지역은 충격이 비교적 덜하였다. 교통이 두절되어 궁벽하고 낙후된 산간 지역은 그 충격이 더욱 미약하였다.

2. 역대 혁명 운동과 정치 운동의 소탕

중국 고대에 통치자는 풍속의 교화를 유지하기 위하여 무교와 사교에 타격을 가하였으며, 자주 민간에서 연출하던 가무백희를 금지하였다. 아편 전쟁 이래로 역대 혁명 정권은 다시 민간의 가무백희(특히 종교 색채가 농후한 가무와 희극)을 혁명의 대상으로 삼아 엄하게 금지하였다. 장덕견(張德堅)은 《적정회찬(賊情匯纂)》에서 태평천국은 천경에 도읍을 정한 후에 포고문을 발포하여 "무릇 삿된 노래와 희극은 일률적으로 금지하며, 만일 사람들을 모아 연희를 하는 자는 전부 참수한다"고 하였다. 민국 시기의 위정자 또한 민간의 이런 '삿된 노래와 희극'의 금지에 여력을 아끼지 않았다. 민국의 《융안현지(隆安縣志)》에 "세속에는 남무·여무·사공의 삼교가 있는데, 민간에서는 흔히 이들을 믿는다. 병이 나면 기도에 의지하고, 재앙을 물리쳐 달라고 한다. 이는 금전의 소모뿐만이 아니라 민속과 인심을 크게 해친다. 민국 2년에 의회와 참의원에서 의결하여 일률적으로 이를 금지한다"고 하였다. 건국 이후에는 매번 정치 운동마다 나희·나무 등을 소탕하였으며, '문화대혁명'은 더더욱 그 절정에 달하였다. 나단(儺壇)과 나반(儺班)은 해산되고, 가사(歌師)와 희사(戲師)는 비판을 당하였으며, 탈과 연희에 쓰이던 복장(戲裝)과 극본은 불태워졌다……. 심지어는 가장 편벽한 산촌에서도 요행을 면하기 어려웠다. 탈문화가 받았던 파괴는 역사상 어느 시기보다 참혹하였다.

나희와 나무를 대표로 하는 민간의 탈과 가무희극은 대다수가 무교·도교·불교 등의 종교와 밀접하게 결합되어 있으며, 많은 것들이 미신에다 낙후되고 우매한 내용을 포함하고 있다. 이로 인하여 혁명이 고조될 때마다 이들이 받아야 할 충격과 소탕은 필연적인 추세여서 조금도 놀랄 만한 일이 아니었다. 다만 무기의 비판은 사상의 비판을 대체할 수 없으며, 간단하고 폭력적인 방법으로 고대문화유산을 대하는 것은 결코 취할 방법이 아니다. 정확한 태도는 역사유물주의의 관점을 운용하여, 그 찌꺼기는 버리고 정화만을 흡수하여 더욱더 높은 단계로 이를 널리 드날리고 발전시켜야 한다.

이상의 두 원인 외에도 근대 이래로 검보 예술이 고도로 성숙하였으며, 각종 악무와 희극에 널리 사용되었다. 문혁 이후에 아프리카 · 아메리카 · 대양주의 원시 부족의 탈이 전해졌으며(실물과 도상), 서양의 현대 예술 사조가 유행하면서 이들은 모두 서로 다른 측면에서 탈문화의 발전에 영향을 끼치게 되었다.

근대 이래의 탈은 대체로 양대 유형으로 나눌 수가 있다. 하나는 전통형이고 다른 하나는 비전통형이다.

(1) 전통형 탈

나무탈 · 나희탈 · 참탈 · 장희탈 및 민간 무용 · 민속탈 등은 주로 경제와 문화가 낙후된 농촌과 산간 지역 특히 소수민족이 모여 살고 있는 변경 지역에 전해져 오고 있다. 이들은 현지 농민이나 라마 혹은 민간 장인의 손에서 나왔다. 형태 · 재질 · 조형 · 배역 등이 모두 명청 탈의 기존형식을 이어받았으며, 농후한 봉쇄성과 보수성을 표현해 내고 있다. 탈은 비교적 거칠고 조잡하게 제작되었으며, 이것은 탈의 신성한 지위가 떨어졌다는 사실을 완곡하게 드러내 주고 있다. 또한 정교하게 만들어진 것도 좀 있으나, 장인의 기예는 드러나지만 영성(靈性)이 부족하여 명청 탈에서 보이는 신채와 풍운은 결핍되어 있다. 그밖에도 수천 년 내지는 1만여 년이 넘게 전해져 내려온 탈로 수렵탈 · 전쟁탈 · 상장탈(면조) 등이 이 시기에는 이미 자취가 끊어졌으며 어떤 것은 바야흐로 소실되어 가고 있다. 전통형 탈의 쇠락은 심각한 사회적인 원인과 역사적인 원인을 갖추고 있으며, 근대 이래의 정치 · 경제 · 문화 발전의 필연적인 결과이다.

근대 이래로 전통형 탈은 예술적인 성취가 높지 않음에도 불구하고, 수량은 상당히 많았다. 이들은 명청 양대에 남아 있는 탈과 함께 뒤섞여 있어서 민간에 깊이 뿌리를 내리고 있으며 전국 각지에 분포되어 있었다. 송원 이전의 지하에서 출토된 '죽은' 탈과는 달리 명청 및 근대 이래의 탈은 '살아 있는' 형태로 각종 희극 · 무용과 민속 활동 중에 보존되고 있다. 이를 통하여 우리는 탈의 제작 · 보관 · 전승 · 착용 방법 및 탈에 관한 금기 · 의식 등을 연구하는 데 아주 좋은 조건과 기회를 제공하고 있다.

(2) 비전통형 탈

또 예술탈과 상품탈[1]의 두 종류로 나눌 수가 있다.

예술탈은 예술가의 창작물로 사람들이 감상하고 소장하도록 만든 탈이다. 일반적으로 호텔 · 상점 · 회의실 등의 공공장소나 혹은 박물관 · 미술관과 개인이 수장하고 있다. 재질은 아주 다양하여 나무 · 동 · 가죽 · 천 · 대나무 등의 재료 외에도 토기 · 자갈 · 석고 · 삼끈 · 플라스틱 · 도자 · 유리 등이 모두 예술탈의 제작에 쓰이고 있다. 예술가들은 이런 유형의 탈을 창작하면서 전통에 구속받지도 않으며, 또 전통에서 벗어나지도 않는다. 어떤 것은 아프리카 · 미주 · 대양주 원시 부족의 탈 중에서 영감을 얻기도 하며, 혹은 서양의 현대 예술에서 표현 수법을 빌려오기도 한다. 이로 인하여 작품에는 강렬한 시대적인 분위기와 새로운 창조 의식이 있다. 이런 유형의 탈에서 예술적인 성취가 비교적 높은 것으로는 인광중(尹光中)이 흙으로 구워낸 탈과 이계우(李繼友)가 그린 마작탄구(馬勺呑口),[2]

---

1) 송대(宋代)에 탈을 상품으로 판매하였다는 기록이 있으나, 그때 판매한 탈은 아이들의 완구를 제외하고는 대부분이 구나 활동에 사용되었다. 현대의 상품탈은 주로 장식과 완상 혹은 친구에게 선물로 보내는 예물로, 이 둘의 성격은 아주 커다란 차이가 있다.

2) 마작은 섬서 일대에서 유행하는 것으로 나무로 만든 물주걱에다 채색으로 그린 탄구.〔역주〕

요지혜(廖志惠)가 나무와 바가지를 조합하여 만든 벽에 걸어 놓는 탈, 진백추(陳白秋)·육원명(陸遠明)이 원목을 사용하여 만든 장식탈 등이 있다.

어떤 예술가들은 현대 희극을 위하여 탈을 설계하고 창조한다. 이 또한 예술탈의 범주에 넣을 수가 있다. 이것을 나희탈·장희탈 등의 전통적인 희극탈과 비교하면, 이런 유형의 탈은 배역의 내심 세계를 나타내는 데 중점을 두고 있어서 독창성은 풍부하지만 공식화나 개념화가 되지 않았다는 폐단을 갖고 있다. 소병(蘇兵)의 말처럼 "현대 희극, 더욱이 현대파 희극은 더욱 높은 단계로 올라가기 위해서 탈 고유의 우월성과 특색, 매력을 살리려고 '복귀'를 위한 노력을 하고 있다"[3] 1980년대 중기에 북경 무대에서 상연된 화극(話劇) 〈야인(野人)〉 〈죽은 자의 산자에 대한 방문〔一个死者對生者的訪問〕〉 〈십오장 이혼안의 조사분석(十五椿離婚案的調査剖析)〉 등은 모두 탈을 뛰어나게 사용하였다. 이들 극 중에서 탈은 옛날부터 있어왔던 양식을 타파하고, 새로운 성격을 부여하여, 전통 희극탈의 현대적인 전환과 재생을 가져왔다.

상품탈은 영리를 목적으로 대량으로 생산하는 탈을 가리킨다. 이를 다시 두 종류로 나눌 수가 있다. 하나는 어린이를 판매 대상으로 삼고 있으며, 대다수가 현대 공예(프라스틱 성형)로 생산되고, 배역이 풍부하고 다채로우며 격식에 구애받지 않는다. 외국의 만화 영화 속에 나오는 미키마우스·도널드·아톰·변신 로봇에서 중국 고전 소설 속의 손오공·저팔계·제갈량·노지심 등은 아이들이 좋아하는 동물과 인물로 모두 일일이 탈로 만들어지고 있다. 이들은 통상 설날 전후로 시장에 나오며 계절성이 아주 강하다. 또 하나는 여행객을 대상으로 판매하는 것으로, 지희탈과 나당희탈의 복제를 위주로 하며 관광지에서 판매하고 있다. 이들 탈은 크기와 용도가 각기 다르다. 큰 것은 책상 위에 놓고 완상할 수 있으며, 작은 것은 벽사로 몸에 차고 다닐 수 있다. 또 일종의 토템주도 있어 높이가 한 자에서 몇 미터까지도 있으며 기둥에 탈을 가득 새겨 놓았다. 이들

---

3) 蘇兵, 《儺蜡之風 ─ 長江流域宗敎戲劇文化》, 江蘇人民出版社, 1992, p.404.

은 농촌의 민간 예인이 제작하기도 하고, 도시 속의 공예품 회사에서 생산하기도 하며, 수준이 서로 각기 다르다. 어떤 것은 일방적으로 경제적인 이익만을 추구하며 공예가 비교적 조잡하다.

예술탈과 상품탈이 널리 유행한 것은 개혁 개방 이후이다. 지금은 단지 십 몇 년의 역사뿐이어서 그 생명력과 발전 추세가 어떨지는 시간이 지나야 알 수 있다. 이들은 민간의 문화·민속·종교등과 깊은 관계가 없고 중국 탈문화의 주류에서 멀리 벗어나 있으므로 본서에서는 자세히 논하지 않겠다.

아래에서는 근대 이래의 나탈·티베트탈과 그 밖의 악무탈, 민속탈을 중점적으로 소개하도록 하겠다.

제2절 근대 이래의 나 탈

근대 이래의 나희(나무와 나무희 등을 포함)는 종류가 아주 다양하여, 이미 알려진 것만 해도 대략 2,30종에 이른다. 그 중에 일부 얼굴화장은 이미 도면(塗面) 혹은 정면(淨面)으로 바뀌었으나, 대부분의 나희는 여전히 탈을 가장 중요한 특징으로 삼는다. 이들은 주로 서남의 검(黔, 貴州)·전(滇, 云南)·천(川, 四川)·계(桂, 廣西) 및 장강 중하류의 상(湘, 湖南)·환(皖, 安徽)·공(贛, 江西)·악(鄂, 湖北) 등의 성(구)에 분포되어 있다. 각 지역의 나희는 형태상 차이가 아주 크며, 대체로 '촌사나(村社儺)'(혹은 '가족나'라고 부른다), '무사나(巫師儺)'와 '군나(軍儺)'의 세 가지 유형으로 나눈다. '촌사나'는 일반적으로 마을이나 혹은 가족을 단위로 연출하며, 배우는 모두 그 마을이나 자기 친족의 보통 백성들로 전문적으로 무업에 종사하는 인원은 없다. '무사나'는 무당이 연출하며, 대다수는 사기를 누리고 물리치는 충나와 소원을 들어준 신에 대한 감사를 드리는 환원의 방식으로 진행되고, 종교 색채가 아주 강렬하다. '군나'는 고대에 둔

전하였던 군대의 후예 중에서 보존되고 있으며, 전쟁을 소재로 하는 '무
희(武戱)'만을 연출하고, 공안희·애정희 등의 '문희(文戱)'는 연출하지
않는다. 이밖에 아직 발육이 제대로 되지 않은 나희도 있으며, 이들은 '아
나희(亞儺戱)' 혹은 '전나희(前儺戱)'에 속한다. 본서에서 소개하는 11종
의 나희는 단지 현존하는 나희중의 일부분에 지나지 않으나, 이들이 담고
있는 의미가 비교적 전형적이고 남아 있는 탈도 다양하면서 특색이 있다.

1. 강서 나희 및 그 탈

강서는 중국 나희가 가장 잘 보존되어 있는 성 중 하나이다. 이곳의 구
나 활동은 한대까지 거슬러 올라갈 수 있다. 서한의 장사왕(長沙王) 오예
(吳芮)는 남월을 정벌하고, 남풍현 군산에 주둔하였다. 그리고 부장을 파
견하여 산에 제사 지내며, "나를 전하여 요기를 눌렀다"[4]고 하였으니, 이
것이 공나(贛儺)에 관한 최초의 기록이다. 1천여 년의 변천을 거치면서 남
송 때에 강서에서는 이미 간단한 이야기를 갖춘 나희가 출현하게 되었다.[5]
다만 뒤로 오면서 강서의 나희는 발전이 아주 완만하였으며, 건국 전에 이
르러서도 기본적으로는 여전히 무협희(舞夾戱)의 단계에 머무르고 있었
다. 호남의 '삼녀희(三女戱)'(《맹강녀(孟姜女)》《방씨녀(龐氏女)》《용왕녀
(龍王女)》)와 안휘 귀지(貴池)의 《유문룡간고(劉文龍赶考)》 같은 대형 극목
의 연출은 없었다. 이로 인하여 현지 백성은 대다수가 이를 '도나(跳儺)'
혹은 '귀무희(鬼舞戱)'라 불렀으며, 강서학자는 이를 '나무(儺舞)' 혹은
'나무희(儺舞戱)'라고 부른다.
강서의 나희는 분포 지역이 아주 넓으며, 그 중에서도 강서 동북의 무원
(婺源), 동쪽의 남풍(南豊), 서쪽의 평향(萍鄕), 중부의 만재(萬載) 등 현과

---

4) 淸同治南豊縣金沙村,《余氏族譜·儺神辨記》.
5) 南宋劉鏜,〈觀儺〉詩에서는 江西 나희에 대하여 생동적으로 묘사하고 있다. 자세한
것은 제1장 제2절의 분석을 참조하시오.

시에 가장 많이 전해지고 있다. 예를 들면 무원현은 역사상 '36나반과 72
사반(三十六儺班, 七十二獅班)'이라고 불렸으며, '나무의 고향〔儺舞之
鄉〕'이라 일컬어지던 남풍현에는 지금도 여전히 1백10개의 나반이 남아
있다.[6] 각지의 나희는 연출 형식이 서로 다르며, 대체로 다음 세 가지 유
형으로 귀납할 수 있다.

첫째는 먼저 '나'를 한 후에 당지에서 유행하는 희곡을 연출하는 것이
다. 이런 형식은 고대의 궁정나대와 강서의 민간희곡이 결합된 것으로 북
쪽의 수수(修水)·정안(靖安)·봉신(奉新) 등의 현에서 전해지고 있다. 행
나를 정안·봉신에서는 또 '탄나(撣儺)'라고도 부른다. 나신보살을 태우
고 거리를 돌며 마을 사람들을 위하여 사악함과 역귀를 쫓아내는 것을 가
리킨다. 나신보살은 모두 5개가 있으며, 이들은 일장군(一將軍, 몸과 수족
이 있는 보살상으로 검은 얼굴을 한 나신주이다), 이장군(二將軍, 붉은 얼굴
에 수염이 있다), 삼장군(三將軍, 붉은 얼굴에 수염이 있다), 면산장군(面山
將軍, 붉은 얼굴에 수염이 있다), 장장군(長將軍, 또 양면장군(兩面將軍)이
라고 부르며 앞은 검은 얼굴에, 뒤는 붉은 얼굴을 하고 있다)이다. 그밖에 한
폭의 당명황(唐明皇) 그림이 있으며, 이를 괘각장군(挂角將軍)이라 부르
고, 목조로 된 아이의 상 하나는 당태자라 부른다. '탄나' 시에 나두(儺頭)
는 당태자를 품에 안고 전면에서 걸어가고 그 다음에는 가마에 일장군을
태우고, 가마문 옆에는 당명황 그림을 걸어 놓는다. 가마 뒤에는 사람들
이 이장군·삼장군과 면산장군의 탈을 나누어 등에 지고 따르며, 다시 뒤
에는 두 사람이 긴 대나무 장대 위에 장장군을 묶어 놓고 이를 받쳐 들고
간다. 이어서 악대와 출연자가 검은 띠로 장식한 삼각형의 큰 홍기를 들
고 대오를 따른다. 매번 한 지역에 이를 때면, 마을 사람이 분향하고 나대
를 영접하여 집으로 맞이한다. 5개의 장군은 대청에 모시고 나두는 먼저
개장(開場)을 알리는 대사〔白〕를 읽고 난 연후에 나를 놀기 시작한다. 등

---

6) 曾志鞏, 〈江西省南豊縣上甘村神儺〉, 1994년 澄江, 《中國云南儺戲儺文化國際學
術硏討會》 논문.

장하는 배역에는 토지·화합(和合)·소낭자(小娘子)·조앙신(灶神) 등이
있다. 놀기를 마치면 삿됨을 물리치고 길상을 받아들이는 '십보(十保)' 사
(詞)를 한수 부른다. 저녁에는 현지에서 유행하는 희곡을 연출하며, 절대
다수의 극목에는 탈을 쓰지 않는다.

둘째는 '개구나(開口儺)'라 부르는 나희로, 나신에게 기복과 소재(消災)
를 원하는 집에서 나반을 청하면 그 집에 가서 연출하는 것이다. 이런 형
식은 강서 서쪽의 만재·평향·의춘 등의 현과 시에 전해오고 있다. 매년
그믐 24일이 되면 각 나반은 나신묘로 가 나신에게 '출동(出洞)'을 청한
다. 그 의식은 초를 밝히고 포를 쏘며, 도사가 제단을 차려 제사를 지낸 후
에, 나수(儺首, 또는 案首라고도 한다)는 신감 위에서 대보살 나신인 구양
금갑대장군(儺神歐陽金甲大將軍)을 청하고, 새 천과 맑은 물로 탈을 깨끗
이 씻긴 다음에, 풍모(風帽)를 새로 바꿔 입힌 뒤 신안 위에 모신다. 그 나
머지 탈과 복장·도구 등은 모두 상자에 담아 놓는다. 정월 초이틀에 도
나(跳儺)를 시작한다. 나반은 묘를 나설 때에 빨갛게 타고 있는 목탄을 곡
주 안에 넣어서 증발되는 술의 증기로 요기를 몰아낸다. 대오 전면에는 특
별히 만든 가마에 머리에는 자색금관을 쓰고 위에는 붉은 풍모를 걸친 나
신구양금갑대장군을 모시고 가며, 그밖의 예인은 손에 탈과 갖가지 도구
를 들고 그뒤를 따른다. 호호탕탕히 집집마다 다니며 '소당(掃堂)'으로
정화를 하고 나희를 연출한다. 그 극은 《화관삭과 포삼랑(花關索與鮑三
娘)》《도원삼결의(桃園三結義)》(이미 실전되었다) 등의 희극미가 비교적
농후한 극목과 《판관착귀(判官捉鬼)》《개산출순(開山出巡)》《토지공파(土
地公婆)》 등의 나무를 연출한다. 정월 16일에는 '봉동(封洞)'을 하면서,
도사를 모셔다 제단을 차리고 제사를 지내고, 나신묘 안에서 밤을 새워 나
희를 연창한다.

셋째는 오락성이 비교적 강하고 이야기의 줄거리가 비교적 복잡한 나무
희로 '무귀(舞鬼)' 혹은 '귀무희'라고도 부른다. 강서 동쪽의 남풍·의황
(宜黃)과 동북의 무원 등 현에 전해지고 있다. 나무희는 민간나의 영향을
비교적 깊이 받았다. 당송 궁정나의 분장은 없으며, 그 연출 중 어떤 것

은 당송의 민간나무에 연원을 두고 있어, 고졸하고 질박하다. 예를 들면 《나공나파(儺公儺婆)》《판관취주(判官醉酒)》《개천벽지(開天劈地)》 등이다. 어떤 것은 지방 희곡에서 많은 영양분을 흡수하였으며, 동작이나 음악이 모두 풍부하다. 예를 들면 《관공마도(關公磨刀)》《주창세마(周倉洗馬)》《장비제도(張飛祭刀)》 등이다. 이상의 '나무'는 단지 뛰기만 하며 창은 하지 않으나, 이미 거의 완전한 인물의 형상과 생동적인 이야기를 갖추고 있다. 그 중 무원현의 《무화(舞花)》는 압축된 귀무희에서 나왔으며, 전체 극은 모두 5장으로 나누어져 있다. 진시황의 장자인 부소(扶蘇)가 간적에 의하여 독주를 마시고 죽음을 당한 이야기를 표현하고 있으며, 부소·몽염(蒙恬)·이사(李斯) 등의 인물이 등장하고 있다. 남풍·무원 등의 나무희는 연출중에 갖가지 제사 활동이 전 과정에 들어있다. 예를 들면 남풍현 석우촌(石郵村)의 '도나(跳儺)'는 '기나(起儺)' '연나(演儺)' '수나(搜儺)' '원나(圓儺)'의 네 부분으로 구성되어 있다.[7] '연나'에 관중을 즐겁게 해주는 나무 공연이 있는 것 외에, 그 나머지는 모두 삿된 것을 물리치고 길상을 받아들이는 의식이다. 각 나반에서 공양하고 있는 나신은 대부분 청원묘도진군(淸源妙道眞君) 조욱(趙昱)이나, 어떤 곳에서는 당태자를 모시고 있으며, 당태종 이세민의 아들이라고 전해진다.[8]

강서 나희의 종교 색채는 비교적 옅어서 대개 전문적인 종교인은 참가하지 않는다(소수 지역의 개별적인 의식 제외). 연출을 주관하는 사람과 출연자는 모두 농민이 맡으며, 연출 장소에는 〈삼청도(三淸圖)〉〈사단도(師壇圖)〉 같은 유형의 화축을 걸지 않으며, 연출중에도 번잡한 무교와 도교의 의식을 연출하지 않는다. 이것은 안휘·복건의 나희와 비교적 근접하고 있으며, 모두 '촌사나'에 속하는 것으로, 나희 중에는 상당히 원시적이고 고졸한 종류에 속한다.

강서의 많은 현과 시에는 모두 나신묘가 있으며, 평소에는 탈을 묘의 신단 위에 모셔 놓고 있다. 탈을 공양하는 방식은 지역에 따라 다르며, 다른 성과도 아주 다르다. 평향·만재의 신단은 전후 양 단으로 나누어져 있으며, 뒷단은 돌을 잘라 시렁식의 돌침대를 만들고 위에는 순서대로 각종

탈을 공양하고 있다. 흔히 볼 수 있는 각색에는 관공·포공(包公)·판관·
천장(天將)·장룡(張龍)·조호(趙虎)·개산(開山)·안량(顏良)·나타(哪
吒)·뇌공(雷公)·전모(電母)·종규(鐘馗)·토지 등이다. 석상 아래에는
3개의 구멍을 파 놓고 있으며, 이를 ‘병동(兵洞)’이라고 부르며, 안에는
오창(五猖)에게 바치는 차·술·곡식·돈 등의 물건을 공양하고 있다. 앞
단은 일자로 신을 모신 3채의 가마를 늘어놓고 있으며, 가마의 상층에는
대장군·이장군과 삼장군의 탈을 모셔 놓고 있다. 평향에서는 이를 당
(唐, 玄)·갈(葛, 雍)·주(周, 武) 장군이라 부르고, 만재에서는 그 중 대장
군을 구양금갑장군이라 부른다. 남풍현 석유촌에서는 장군 탈을 신단 앞

---

7) 남풍 석유촌(石郵村)의 나무는 그 원형이 잘 보존되어 있는 곳이다. 이곳의 나무(儺
舞)의 전 과정을 살펴보면 강서 나무를 좀더 이해할 수 있을 것이다. 이 마을 나반(班)은
옛부터 시종 8명으로 구성되었다. 가장 장자가 일을 주관하며 이를 대백(大佰)이라 부르
고 그 다음은 이백, 삼백…… 팔백으로 부른다. 나반 중에 어떤 사람이 죽어 결원이 생기
면 중의를 거쳐 새로 제자를 받아들여 보충하며, 이 사람은 팔백의 자리를 차지한다. 매
년 정월 초하루에서 16일까지 나의를 연행하며 그 순서는 대략 다음과 같다.
　① 기나(起儺): 정월 초하루에 나반의 제자 8명이 모두 나신묘에 모여 향을 사르고 ‘성
상(聖相, 13개의 탈)’을 모셔다가 간단하면서도 장엄한 기나 의식을 거행한다. 그런 후에
도나(跳儺)가 시작된다.
　② 도나(跳儺)의 절목은 다음과 같은 순서로 진행된다.
‘개산(開山)’: 붉은 저고리에 검은 바지를 입고 개산신 탈을 쓴 사람이 손에 큰 도끼를
들고 징과 북소리에 맞춰 장내로 나와 강하고 힘 있게 도끼를 좌우로 찍는데, 반고가 천지
를 개벽하는 것이라고 한다. ‘지전(紙錢)’은 장수 탈을 쓴 사라이 손에 새끼줄을 들고 나
와 춤을 추며, 여왜가 인간을 만들어 낸 일을 형용하며, ‘뇌공(雷公)’은 검은 얼굴에 뾰족
한 주둥이를 한 탈을 쓰고 정과 망치를 들고 나와 하늘을 쪼아 비를 내리게 한다. 뒤를 이
어 ‘나공나파(儺公儺婆)’ ‘종규취주(鐘馗醉酒)’ ‘쌍백랑(雙佰郎)’ ‘관공과도(關公過刀)’
등의 절목을 연행한다.
　③ 수나(搜儺, 收儺, 圍儺). 정월 16일 밤에 3발의 총성이 울려 퍼지면 대백이 8명의 제
자를 이끌고 탈을 쓰고 북광 징을 울리며, 나신묘에서 장엄한 제사를 올린다. 그 내용은 신
에게 감사를 드리는 사나신(謝儺神), 기복 소재를 기원하는 복괘(卜卦), 그리고 구귀축역
(驅鬼逐疫)이 이어진다. 종규가 대귀(대귀)와 이귀(이귀)를 앞세우고 손에 쇠사슬과 횃불
을 들고 북과 징을 울리며 각 집을 돌며 귀신을 몰아낸다. 다음날 여명전에 마을앞 강가에
모여 간단한 의식을 거행하고, 다시 마을로 돌아오는 길에 탈을 벗어 상자에 넣고 들어다
가 사당안에 모셔 놓는다(王惠云〈論南豊儺舞的舞蹈構成與發展〉,《上饒師專學報》, 1995
년 제4기).〔역주〕
　8) 毛禮鎂·流沙,〈江西的跳儺和儺戲〉,《中華戲曲》, 총 제12집.

편의 나무 시렁에 모시고 있으며, 각색에는 개산·판관·뇌공·양전(楊
戩)·나공·나모·소귀 등이 있다.[9]

　강서의 나반은 매년 연출 전과 연출 후에 '개상(開箱)'과 '봉상(封箱)'
의식을 하며, 그 의식도 아주 특색이 있다. 무원현을 예로 들면 매년 10월
15일 진시에 '개상'('개주(開櫥)'라고도 부른다)을 한다. 먼저 탈이 가득 들
어 있는 큰 궤짝을 사당의 정당 앞에 놓고 분향과 소지를 한 후에 전체 출
연자가 모두 절을 한다. 그리고 궤짝 양옆으로 나누어 늘어서면 그 중에서
두 어른이 각기 궤짝의 한쪽 편에 서서 손가락으로 고리를 잡고 서서히 궤
짝을 연다. 사람들은 궤짝을 바로 마주 대할 수 없다. 만일 궤짝 안에서 쏟
아져 나오는 삿된 기운에 쏘이면 죽거나 병이 난다고 한다. 개상에서는 폭
죽을 터뜨리고 징과 북을 치면서 귀신을 쫓아내고 신을 맞아들인다. 먼저
6개의 제후 탈을 꺼내어 탈을 쌓던 피지(皮紙)를 풀어내고 손으로 탈을 가
볍게 한번 닦는데 이를 '세검(洗臉)'이라 한다. 그리고 위에 깃털을 꼽고
집안 양편의 조벽(照壁)에 걸어 놓는다. 다시 승상과 소귀 탈은 종이를 풀
어 세검을 하고 그 뒤에 걸어 놓는다. 이후에 여전히 이런 방법으로 궤짝
위층에다 팔십대왕과 몽염장군 탈을 늘어놓고, 아래층에는 유랑보살(柳郎
菩薩)과 야차선봉(夜叉先鋒) 탈을 놓는다. 그 나머지 탈은 궤짝 안에 놓아
둔다. 꺼내는 순서와 걸어 놓는 위치는 모두 엄격하게 규정되어 있으며 뒤
섞이면 안 된다. 마지막은 제사를 지내고 끝을 맺는다. 매년 연출이 끝나
면 '봉상(封箱)' 의식(또 '봉주(封櫥)'와 '수나(收儺)'라고 부른다)을 거행하
며, 이 방법은 비교적 간단하다. 모든 탈은 피지로 잘 쌓아 놓고 복장은 세
탁하여 정결하게 다려 상자 안이나 궤짝에 넣어 사당 안에 모셔둔다.[10]

　강서에서 현재 남아 있는 탈은 모두 나무로 만들어진 것이나, 과거에 동
면이 유행했었다고 한다. 무원현의 단신향(段莘鄕) 경원촌(慶源村)에는
이런 이야기가 전해지고 있다. 옛날 이 마을의 무귀희는 모두 천자팔반(天

---

9) 田仲一成,《中國巫系演劇硏究》, 제1편의 관련 부분 참조, 東京大學出版會, 1993.
10) 楊浩·胡紅平,〈贛東北婺源山區的 '舞鬼戲'〉,《民俗》畵刊, 1989, 제7기.

子八班), 제후육반(諸侯六班), 대부사반(大夫四班)의 3개 반자가 있었다고 한다. 이 3개 희반의 탈은 모두 동으로 만들어졌었다. 청 건륭 연간에 어떤 예인의 외조카가 '천자팔반'의 탈 하나를 쓰고 놀았다. 그러나 끝내 탈을 벗을 수가 없었다. 모든 사람이 신령에게 꿇어 앉아 기도하고 용서를 빌었으나 여전히 벗을 수 없었다. 끝내 이 아이는 죽고 말았으며, 탈과 함께 마을 밖의 사당 앞에 묻히게 되었다. 그리고 남은 탈도 전부 함께 매장하였으므로 이후 천자팔반의 탈은 모두 실전되었다. '제후육반'과 '대부사반'의 동 탈도 이일로 인하여 감히 쓸 수가 없게 되었다. 후에 본래 형상에 따라 전부 목조 탈로 만들어 사용하게 되었다고 한다.[11] 이 전설은 비록 믿을 만한 근거는 없다고 하지만 근대에 와서도 많은 농민의 마음속에서 탈은 여전히 신성한 물건으로 여겨지고 있다는 사실을 말해 주고 있다.

강서성에는 오래된 탈이 아주 많이 남아 있다. 현재까지 알려진 자료에 의하면 그 수량이 귀주 다음으로 전국에서 제2위이다. 1956년 무용가 성첩(盛婕)이 강서 무원·남풍·낙안(樂安)·여천(黎川)·수천(遂川)의 5개 현에서 나희를 조사하면서, 오래된 탈의 사진 수백 장을 찍었으며, 이 중 50여 종은 《무도학습자료(舞蹈學習資料)》 제11집에 발표하였다. 현재는 단지 평향 한 현에만 민간에서 2백여 개의 명청 시기 탈을 보존하고 있다.[12] 이밖에 무원·만재 등의 현 또한 옛날 탈이 적지 않게 남아 있다. 민간에 전해지고 있는 탈의 연대를 감정하는 일은 여전히 어려운 문제이다. 강서 나희의 탈은 웬만큼 세월이 지나면 새로 칠을 했으며, 훼손되면 다시 칠을 하였으므로 칠의 색깔로는 쉽게 판단할 수가 없다. 그래도 믿을 만한 것은 탈의 풍격과 신운(神韻)이다. 청대 중엽 이전의 탈은 대체로 졸박하고 기개가 있으며 후덕하고 관식(冠飾)이 간결하다. 다시 목질의 부식 정도와 보존자의 구술로 그 제작 연도를 대체로 판단할 수 있다. 어떤 탈에는 뒷면에 명문이 쓰여져 있다. 무원현 장경촌(長徑村)의 제후탈 뒷면에

---

11) 金邦杰, 〈婺源 '舞鬼戲' 槪述〉, 《江西文化界》, 총 제4기.
12) 簡木根·劉千, 〈萍鄉儺舞〉, 《江西畵報》, 1992, 제4기.

는 건륭 19년(서기 1754년)이란 새로 칠한 문자가 남아 있어서, 탈의 제작 연대를 감정하는 중요한 근거가 된다.

그밖의 성과 서로 비교할 때 강서의 나희탈은 다음과 같은 점에 주의 하여야 한다.

① 귀주·호남 일대의 나공과 나모는 사람을 만들어 낸 복희와 여와이며, 동산성공(東山聖公)과 남산성모(南山聖母)라고도 부른다. 이들은 탈이 아니라 목조로 두상을 만들어 나단의 신안에 나신으로 모셔 놓고 있다. 다만 강서 남풍 일대의 '나무'에는 《나공나파》의 극목이 있어서, 2명의 출연자가 나공과 나파의 탈을 쓰고 연출을 한다. 나공은 섭선을 들고 춤을 추고 나파는 지팡이를 집고 있다. 두 사람은 때때로 조소하기도 하고 입을 맞추기도 하면서 갖가지 우스꽝스러운 동작을 해내고 있으니, 세속의 영감과 할머니의 형상이다.

② 강서 나희 중에서 일부 무장 탈은 머리에 투구를 쓰지 않으나 양 뺨에는 투구의 귓날개로 장식되어 있어서, 귀주 지희 중의 무장 탈과 비슷하다. 서로 다른 것은 강서의 이런 유형의 탈은 투구의 귓날개가 비교적 넓고 비대하며 문식이 간단한데, 귀주는 투구의 귓날개는 수척하고 좁으면서 문식이 비교적 복잡하다. 귀주 민간전설에 지희는 명초에 강남 둔군(屯軍)이 귀주에 들어온 것이라고 한다. 강서나희의 무장 탈과 귀주 지희 무장 탈에 모두 투구의 귓날개가 있다는 사실은 이 전설에 증거를 제시해 주고 있다.

③ 강서 나희탈 중에 소수는 신단위에 받들어 모시는 물건으로 연출에 사용하지 않으며, 면상 유형의 탈에 속한다. 이 탈은 보통 나면보다 훨씬 크며, 그 중에서도 금갑대장군과 당·갈·주장군의 탈은 길이와 너비가 일반적으로 반미터 이상이다. 어떤 것은 눈과 입에 모두 구멍을 뚫지 않거나 혹은 작은 구멍 하나만을 남겨 놓고 있어 연출에 사용하는 탈과 명확하게 다르다. 광서와 호남에도 전문적으로 모시는 탈이 있으나, 크기가 모두 작아서, 강서의 구양금갑대장군과 같은 '대면'은 드물다.

다음은 대표성을 지닌 3건의 강서탈을 소개하도록 한다. [그림 214]는

[그림 214] 강서 무원 나희
탈 팔십대왕(八十大王).

무원현 장경촌의 팔십대왕(八十大王) 탈이
다. 팔십대왕은 진시황의 장자인 부소로 호
해와 조고에게 독사되어 백성의 동정을 샀기
때문에 무원 일대에서 구나(驅儺)의 주인공
이 되었다. 연출 장소에서 군중들은 항상 팔
십대왕으로 분장한 출연자의 신변으로 몰려
들며, 그는 '개산부(開山斧)'를 사용하여 머
리 위를 상징적으로 몇 번 긁어 주면서 복을
빌어 준다. 이 탈의 형상은 화상(和尙)과 유
사하며, 미간에는 '팔십' 두 자가 쓰여 있다.

얼굴에는 동전과 화염·자잔한 꽃 도안을 그려 놓았으며, 조형이 생동적
이고 고박하여 청대 중엽 이전의 유물인 것 같다. [그림 215]는 만재현 사
교(沙橋)의 구양금갑대장군 탈로 길이는 60센티미터, 너비 50센티미터쯤
된다. 구양금갑대장군의 원명은 구양황(歐陽晃)으로 당말 오대 사람이다.
일찍이 촉나라에서 선휘사(宣徽使)를 지냈으며, 후당(後唐, 923-936년)
의 위왕(魏王) 이계급(李繼岌)이 촉을 칠적에 제왕(齊王) 종필(宗弼)에 의
하여 죽음을 당하였다.[13] 그에 관한 전설이 민간에 많이 전해지고 있으며,
대다수가 황당무계하다. 이 탈은 검은 얼굴에 큰 입, 눈은 튀어나오고 눈
썹이 곧추섰으며, 눈알은 검은 자기 구슬로 상감하여 형형하게 살아 있
다. 머리에는 금색 자금관을 쓰고 관 위에는 붉은 피풍을 쓰고 '금교의(金
交椅)'에 모셔 놓고 있어 나신의 위의를 갖추고 있다. [그림 216]은 만재
현 마안산(馬鞍山)의 사대천장 탈 중의 하나이다. 길이는 28센티미터, 너
비 24센티미터로 큰 입과 코에다, 입에는 긴 이빨이 뻗어 나와 있고, 눈썹
은 타오르는 화염같으며, 얼굴색은 주홍색이다. 양 뺨에는 투구의 귓날
개가 있고, 투구 위에는 신인이 하나 앉아 있다. 조형이 기이하며 신채가
생동적이고, 칠색은 회암색으로 변하였으며, 부식되어 떨어져 나간 곳도

---

13) 《十國春秋》, 卷37 '前蜀三.'

[그림 215] 강서 만재 나희탈
구양금갑대장군.

[그림 216] 강서 만재 나희탈
사대천장.

있으나, 대략 명말 청초의 작품이다.

2. 안휘(安徽) 귀지(貴池) 나희와 그 탈

안휘 귀지 지역의 나희는 현재 남아 있는 중국의 나희 중에서 완전하게
보존되어 있고 개성이 풍부한 나희 중 하나이다. 주로 불교의 성지인 구화
산(九華山) 아래의 유가(劉街) · 요가(姚街) · 매가(梅街) · 당계(棠溪) · 요
파(姚坡) · 원사(元四) · 모단(茅坦) · 주호(渚湖) 등의 촌에서 행해지며, 유
가에 가장 집중되어 있다. 귀지 나희는 대략 명대 중엽에 이미 기본적으로
정형화되었다. 명 가정(嘉靖, 1522-1566년)의《지주부지(池州府志)》에서
이렇게 말하고 있다.

촌락에서는 (정월) 13일부터 16일 밤까지 같은 친족끼리 서로 번갈아 가
며 집에 사신(社神)을 맞아들인다. 그리고 죽마를 구르거나, 혹은 사자 형상
을 본떠 놀거나, 혹은 둥근 등을 굴리기도 하고, 신상을 치장하고 잡희를 연

희하면 논다. 징과 북소리가 진동하고, 떠들썩한 소리가 이에 화답한다. 사람들이 놀기를 다 하면 사신을 사당으로 되돌려 보낸다.[14]

이 글 속에서는 비록 '나희'라는 단어를 사용하고 있지 않지만, 그 기록은 오늘날 귀지 나희의 연출 형식과 극히 비슷하므로, 나희라고 단정하여도 틀림없을 것이다.

다른 지역의 나희와 서로 비교해 보면 귀지 나희는 두 가지 점에서 사람의 주목을 끌고 있다. 하나는 제사(祭社)와 제조(祭祖)를 목적으로 하며, 종족을 연출 단위로 삼는다. 각 종족마다 극본·창강(昌腔)·탈·복식 및 연출 일정·상연 극목의 순서 등이 모두 차이가 있어, 폐쇄성을 명확하게 표현해 내고 있다. 다른 하나는 극본과 신을 청하는 말[請神詞] 중에 불교에 관한 내용이 적지 않다. 예를 들면 《유문룡간고(劉文龍赶考)》의 극안에는 '출관음(出觀音)'이란 회목이 있으며, 송신사(送神詞) 중에도 '아미타여래 등의 부처님'께 예불하는 축어가 있다. 이런 사실은 귀지의 나희가 불교의 영향을 깊이 받았다는 것을 나타내 주고 있다.

귀지 지역에 남아 있는 나희 극목에는 〈유문룡간고(劉文龍赶考)〉〈진주수미(陳州粜米)〉〈화관삭(花關索)〉〈맹강녀(孟姜女)〉〈요전수(搖錢樹)〉〈장문선(章文選)〉〈설인귀동정(薛仁貴征東)〉 등 7종이다. 그 중에서 〈유문룡간고〉〈맹강녀〉 두 극은 대다수 종족 모두 연출하며, 그밖의 극목은 단지 개별적인 종족만이 연출한다. 현존하는 나무의 절목에는 〈산무(傘舞)〉〈타적조(打赤鳥)〉〈무고노전(舞古老錢)〉〈괴성점두(魁星點斗)〉〈무회회(舞回回)〉 등이다. 연출 중에는 신에게 빌고 길상을 받아들이는 작은 항목을 끼워 넣었으니, 〈신년재(新年齋)〉〈문토지(問土地)〉로 당지에서는 이를 '길상사'라고 부른다. 나희·나무와 길상사를 막론하고 연출에는 모두 탈을 써야 하나, 어떤 곳에서는 얼굴화장을 하는 곳도 있다. 탈을 귀지

---

14) 《池州府志》: 凡村落自(正月)十三至十六夜, 同社者輪迎社神于家, 或踊竹馬, 或肖獅象, 滾球燈·妝神像·扮雜戲, 震以鑼鼓, 和以喧號, 群飮畢, 返社神于廟.

에서는 '나신(儺神)' '용신(龍神)' '사신(社神)' '희신(戱神)' '보살'이라
경칭하며, '전검자(全臉子)'와 '반검자(半臉子)' 두 종류가 있다. 전검자
는 크기가 대략 사람 얼굴보다 크고, 오관을 전부 가린다. 반검자는 단지
얼굴의 상부만을 가리고, 입 이하는 밖으로 드러나 대사를 말하거나 노
래를 부르는 소리가 분명하다. 그 중의 어느 각색들(예를 들면 옥황·이
랑·토지)은 단지 모시기만 할 뿐, 극중의 인물로 분장하지 않으며, 이를
'진신(眞神)' 혹은 '정신(正神)'이라고 부른다.

　귀지 나희탈은 종족에 따라 서로 다르기 때문에 각색이 풍부하며 수량
이 많아서 탈 한 벌은 18괴(塊)·24괴·28괴·36괴·42괴로 서로 다르
다. 그 호칭도 통상 역사와 종교명사가 함께 이어져 있다. 예를 들면 18학
사·24제천·28성숙·32방위성신·36금강 등이다. 각 종족마다 연출하
는 극목이 서로 달라서 탈의 각색도 그 차이가 두드러진다. 예를 들어 같
은 36괴 탈도 어떤 종족은 옥제(玉帝)·관제(關帝)·관음(觀音)·천관(天
官)·지관(地官)·수관(水官)·화선(和仙)·합선(合仙)·문곡(文曲)·무
곡(武曲)·토지(土地)·토지모(土地母)·사공(社公)·장원(壯元)·악장
(岳將)·조장(趙將)·진경(秦琼)·위지공(尉遲公)·포공(包公)·유문룡
(劉文龍)·범기량(范杞良)·소녀(蕭女)·송백(松白)·송중(宋中)·매향
(梅香)·선생(先生)·동자(童子)·유공(劉公)·대낭(大娘)·소낭(小娘)·
노화상(老和尙)·소화상(小和尙)·대회자(大回子)·소회자(小回子)·회
자일(回子一)·회자이(回子二)다. 어떤 종족은 진시황(秦始皇)·한무제
(漢武帝)·이세민(李世民)·유비(劉備)·공명(公明)·관공(關公)·장비
(張飛)·포공(包公)·양계업(楊繼業)·범기량(范杞良)·맹강녀(孟姜
女)·번왕(番王)·합합(哈哈)·회두(回頭)·대회(大回)·소회(小回)·부
단(夫旦)·낭낭(娘娘)·태백금성(太白金星)·괴성(魁星)·판관(判官)·
조공명(趙公明)·종규(鍾馗)·영관(靈官)·화선(和仙)·합선(合仙)·노
랑(老郞)·사공(社公)·토지(土地)·천관(天官)·성황(城隍)·대화상(大
和尙)·소화상(小和尙)·니고(尼姑)·도사(道士)·대귀(大鬼)다. 귀지 나
희중의 진시황·한무제·이세민·회두·회자 등은 탈들은 다른 지역에

서 찾아보기 힘들다. 그리고 개산·선봉처럼 다른 지역에서 유행하는 탈들이 귀지에서는 도리어 찾아보기가 어렵다.

귀지 지구에서 지금까지 전해져 내려오는 오래된 탈은 아주 적으며, 지금까지 알려진 것은 단지 27면이다. 이들은 원래 '문혁' 중에 파괴되어야 할 '사구(四舊)'의 전시품이었다. 뒤에 뜻 있는 사람이 문화관의 천장 속에 감추어 놓아 보존될 수 있었으며 현재 지주시문화국(池州市文化局)에 수장되어 있다. 건국 이래 정치 운동의 소탕 외에도 과거 귀지 지구에서는 탈을 묻는 습속이 있었다. 이 또한 탈이 세상에 많이 전해지지 않았던 중요한 이유이다. 왕조건(王兆乾)과 여광군(呂光群)의 조사에 의하면 현재 남아 있는 탈은 유가향의 세 종족에서 나왔으며, 제작 연대는 대다수 청대 중기와 말기이고, 그 중 일부는 명대 유물일 수도 있다. 그 각색에는 황제·번왕·초혼사자·장비(張妃)·노승상(老丞相)·노화상·토지·관공·유문룡·포공·산동(傘童) 등이다. 탈의 귀는 대체로 아주 비대하여 아래 뺨까지 내려오고 있다. 유문룡·노화상·토지 등의 각색은 면상이 풍만하고 만면에 웃음을 가득 머금고 있어서 미륵불·여래불의 조상과 아주 흡사하다. 장비는 단정하고 수려하면서 상냥하고 친절하여 관음상에서 나온 듯하다. 귀지는 불교 성지 구화산에서 멀지 않으므로, 조각하는 예인도 불교 문화에 깊이 젖어 있어 영향을 받지 않을 수가 없었으므로 무의식중에 불가의 사상이 탈에서 나타나고 있다.[15] 이 탈들 중에서 두 건의 작품은 특히나 신채가 풍부하다. 한 건은 관우로 머리에 관모를 쓰고 얼굴은 주홍색에 누에 눈썹, 봉의 눈, 긴 귀에 아름다운 수염은 민간 전설 속에 나타난 관우의 형상과 합치되고 있다. 수법이 사실적이고 기운이 생동하여 귀지탈 중의 걸작이다[그림 217]. 또 뛰어난 작품 중 하나는 초혼사자로 검은 얼굴에 붉은 투구, 큰 입에 둥근 눈, 눈썹은 화염과 같으며, 근육이

---

15) 본서에서 貴池 각 儺班이 탈을 모셔 놓고 제사 지내는 의식과 貴池 古儺面의 논술은 黎承剛, 〈池州儺戲表演記略〉(臺灣《民俗曲藝》 제70기), 呂光群, 〈安徽貴池儺戲面具赤形式特徵及其象徵意義〉(《中國云南儺戲儺文化國際學術研討會》 논문), 田仲一成, 《中國巫系演劇研究》, 제2편의 관련 부분을 참고하였다.

불룩 튀어나왔다. 입술 주위에는 원래 수염이 있었으나 지금은 이미 떨어져 나갔고, 단지 수염을 박았던 작은 구멍만 남아 있다[그림 218].

귀지 각 나반에서 사용하는 탈은 모두 근래 십 몇 년 사이에 새로 만들어진 것들

[그림 217] 안휘 귀지 나희탈 관우.

[그림 218] 안휘 귀지 탈 초혼사자.

이다. 남자 각색은 대부분 관모를 쓰고 흑·남·홍의 여러 색을 칠하였으며, 여자 각색은 머리를 틀어 올리고 그 위에 꽃과 새로 장식하고 있다. 무장이나 귀신 혹은 특정한 각색은 흑검·남검 혹은 홍검을 하고 있으며, 그 밖에 일반적인 생(生)과 단(旦) 각색은 얼굴 부위가 모두 우웃빛에다 뺨은 불그스름하고 입술은 빨갛게 칠하였다. 이를 옛탈과 비교하면 새로 만들어진 탈은 제작 공예에서 크게 뒤떨어진다. 중요한 결점은 조형이 판에 박은 듯하고 색채가 저속하며, 형상이 비슷하여 신운(神韻)이 결핍되었다. 그 중에서 비교적 특색이 있는 것은 장비·조호·천리안·순풍이 등의 흉상 탈이다.

귀지 나희탈의 예술 성취는 비록 강서·귀주·호남·광서 등보다 못하지만, 현지 촌민의 탈에 대한 융중한 제사와 의전은 전국에서도 찾아보기 드물다. 이는 귀지 나희가 종족을 단위로 연출하는 것과 관련이 있다. 전에 기술한 것과 같이 귀지 지구에서 나희를 연출하는 목적은 제사(祭社)와 제조(祭祖)로 그 활동은 대략 '대사(大社)'의 범위 안에서 이루어지고 있다. 풍우조순과 길상평안을 구하기 위하여 매년 연출 전에 족장은 씨족을 이끌고 종사(宗祠)에서 신과 선조에게 제사를 지낸다. 탈은 신이고 선조의 화신인 우상이니, 자연히 엄숙하게 제사를 지내야 한다. 그 제전은

종족 내에서 대대로 서로 전해 내려오면서 몇 백 년 이래 거의 변화가 없었다. 유가향 모탄촌의 요씨종사(姚氏宗祠) 안의 무대 양측에는 한 폭의 대련이 붙어 있다. "제도와 예의는 옛 법도를 따르고, 소리와 음악은 전해져 내려오는 기풍을 지켜 연주한다"[16]고 하였으니, 이 말이 생생하게 설명해 주고 있다. 탈의 제전은 주로 신을 맞이하는 '영신하가(迎神下架)'와 신을 보내드리는 '청신상가(請神上架)'로 되어 있다.[17]

(1) 영신하가

정월 초엿새 밤에, 족장은 몇 사람을 데리고 살그머니 사당 안으로 들어가(열조 · 열종을 놀래지 않게 하기 위하여), 분향하고 소지한 후에, '용정(龍亭)' 하방의 나무궤짝을 열고 궤짝 안에서 탈을 꺼낸다. 그리고 아직 사용한 적이 없는 '생포(生布)'를 사용하여 단향이나 측백나무가지를 담근 맑은 물로 탈을 씻는데, 이를 속칭 '개검자(開臉子)'라고 한다. 아울러 정성스레 용정과 교자, 그리고 각종 의장 기계 등을 잘 청소한 연후에 탈은 나무궤짝에 넣고 사공(社公)탈은 홀로 용정 윗층에 모셔 놓고 다음날 사제(社祭) 지낼 준비를 한다. 이렛날 저녁에 족장은 오색 조각이 펄럭이는 '신산(神傘)'을 들고 등과 횃불을 든 친족들을 이끌고 사당에 도착하여 제물을 바치고 제사를 지낸다. 그리고 용정 위에서 사공 탈을 모셔 검은 비단으로 눈을 가리고 붉은 천을 씌운 목판 위에 놓는다. 폭죽과 징 · 북 · 화총을 울리면서 촌 밖의 사단(社壇)으로 모셔오고, '용정'은 사람들이 메고 그뒤를 따른다. 제사 시에는 사석(社石) 앞에서 분향소지하고 닭을 잡아 피를 뿌리며, '기성사(起聖詞)'와 '함산단(喊傘斷)'을 읊는다. 이 목적은 뭇 신들이 강림하셔서 연출이 성공하고 마을의 평안과 길한 일이 생기도록 도와주시라는 것이다. 청해진 신은 유교, 불교, 도교의 삼교 신과 수

---

16) 制度禮儀遵古法, 聲音接奏守遺風.
17) 주 13)과 同.

많은 산과 구릉·하류·교량·사묘(寺廟)·영전(靈田)의 자연신과 장곤노랑(長棍老郎)·단곤노랑(短棍老郎)·금화소저(金花小姐)·매화소낭(梅花小娘)·청음동자(淸音童子)·고판낭군(鼓板郎君) 등 가무 기예의 조사신이다.[18] '기성사'는 호남·귀주 나희의 '신문(申文)'[19] 법사 중에서 읊조리는 송사(誦詞)와 흡사하다. '함산단(喊傘斷)'은 또 '산시(傘詩)'라고 부르며, 한 소리로 모두 화답하니 그 가사는 이렇다.

> 정월 이레 신령스러운 날을 기쁘게 맞아
> 모든 집안 모여 정성스레 신을 맞이하니
> 집집마다 날아오를 듯한 즐거움은 큰 못을 적시고
> 사악한 역귀 물리치고 안녕을 보장하네
> 신과 사람 모두 즐거운 이것이 곧 인생이니
> 문을 닫고 신을 맞아 신명을 공경한다.
> 다만 원하옵기는 길하고 경사스러운 일 집 안에 가득하고
> 바람과 비 순조로와 천하가 태평하고 즐겁기를.[20]

끝없는 함성 속에 족장은 '신산'을 잡고 상하로 돌리면서 춤을 춘다. 이렇게 하여야 뭇 신들이 우산을 타고 인간에 내려온다고 한다. 옛 사람들은 천상의 신령이 높은 산에 있는 신령스러운 나무[建木]로부터 이 세상에 강림한다고 여겼다. 《회남자》에 "건목은 도광에 있으며, 뭇 신들이 오르내리는 곳이다"[21]고 하였다. '신산'은 처음부터 끝까지 탈을 씌우고 좌우를 떠나지 않는다.

---

18) 王兆乾, 〈貴池儺舞 '舞傘' 考析〉, 《中華戲曲》, 총 제12집.
19) 신에게 표를 올려 나희를 하는 일을 소상하게 알리는 것을 신문이라 한다.〔역주〕
20) 欣逢七日是靈辰, 合社虔誠迎聖神.
　　萬戶騰歡沾巨澤, 驅邪逐疫保安寧.
　　神喜人歡是人生, 合門迎聖敬神明.
　　但願滿門多吉慶, 風調雨順樂太平.
21) 《淮南子》: 建木在都廣, 衆帝所上下.

사제가 끝나면 사공은 탈을 '용정'의 윗층에 놓아두고 그 나머지는 '용정' 아래의 궤 속에 넣고 네 사람이 든다. 과추(瓜錘) · 부월(斧鉞) · 채기(彩旗) · 궁등(宮燈) 등의 의장대가 앞에서 길을 열고, 규정된 노선을 따라서 온 마을을 돈다. 지나가는 집집마다 문 앞에 향안을 차려 놓고 있다가, 행렬이 도착하면 풀과 대가지를 태우고 폭죽을 터뜨리면서 공손히 맞이한다. 그 나머지 용등 · 사자춤 · 한선(旱船) · 고교(高蹺) 등도 흐드러지게 춤을 추면서 호호탕탕히 탈 즉 신을 사당으로 맞아들인다. 한 사람이 "이랑희신께서 문으로 들어와 자리하소서"라고 외치면 폭죽 · 징과 북, 화총이 일제히 울리고, 집사는 손을 씻고 분향하고 나서 '용정' 위의 탈들을 꺼내어, 붉은 비단으로 제작한 '용상' 위에 놓는다. 내려놓을 때는 일정한 순서에 따라야 한다. 탈은 몇 줄로 나누어 놓으며 각 줄에 어느 각색을 놓아야 하는지는 모두 엄격하게 규정되어 있다. 이를 탈을 자리에 모셔 놓는다고 한다. 예를 들면 귀지시 청계향 공(鞏)씨 성의 나반에는 모두 28괴의 탈이 있으며 그 배열 순서는 다음과 같다.

제1열: 노승상 · 범기량 · 포승상 · 이랑성제 · 적장군 · 노승상 · 소고낭낭(小姑娘娘).

제2열: 유문룡 · 선생 · 무관노회자(務官老回子) · 황제 · 순랑이회자(巡郎二回子) · 회파파(回婆婆) · 고낭(姑娘).

제3열: 장문현 · 소회자 · 노화상 · 운신공(云神公) · 철두산(鐵斗山) · 길파파(吉婆婆) · 수수(嫂嫂).

제4열: 송중 · 강서변자(江西辮子) · 전배노랑(前背老郎) · 사사(社司) · 후배노랑(後背老郎) · 삼회자 · 매향.

탈의 배열이 끝나면 집사는 '신산'을 '용상' 앞에 세우고, 다시 탈과 '신산'에 제사를 지낸다. 그 다음에 비로소 출연진들이 탈을 쓰고 연출을 준비한다.

(2) 청신상가

귀지 나희는 정월 초이레에서부터 정월 보름까지 연출하며, 보름날 저녁에는 정희(正戲)의 연출이 완전히 끝난다. 출연자들은 저녁을 먹고 나서 신에게 감사의 제사를 올리고 좋은 일을 받아들이려는 〈신년재(新年齋)〉혹은 〈문토지(問土地)〉를 공연한다. 끝으로 분향소지하고 폭죽을 터뜨리며, 징과 북을 치면서 신을 제자리로 보내드린다. 신을 보내드리는 송신사는 각 종족이 대동소이하며, 모두 길상과 행복을 축복하는 말들이다. 예를 들면

일 년 일 년이 흥하여
말을 사서 밭에 풀어 두고
온 가족이 입신 출세하고
부귀가 영원히 이어지리.[22]

기원이 끝나면 탈을 나무 상자나 혹은 '용정' 중에 넣어두고 사당 신대 위에 공손히 모시니, 이를 '송신가상' 이라고 한다. 어떤 나반은 송신사를 낭송한 후에, 한 사람이 '신산' 을 사당 문 앞으로 모시고 나가 향지에 불을 붙여 신산을 태워 버려, 신령이 이미 우산을 타고 가 버렸다는 것을 표시한다.

귀지 외에도 안휘성에는 일부 지역에서 나희가 유전되고 있으나, 그 보존이 귀지처럼 풍부하지 않으며 발굴도 충분하지 못하다.

---

22) 一年興一年, 買馬置庄田,
　　合門齊發迹, 富貴永綿綿.

3. 복건 나무와 그 탈들

복건은 월문화권에 속하며 옛날부터 '귀신을 믿고 제사를 좋아하는' 곳
이었다. 서진 말년 영가의 난〔永嘉之亂〕[23] 이래로 주민들이 대량으로 남쪽
으로 이주하여 중원 문화가 민(閩) 지역으로 들어가게 되었다. 북송 양극
가(梁克家)가 지은 《삼산지(三山志)》에는 북송시에 복주(福州) 일대에 '삿
되이 떠들며 귀신을 몰아내는 희극'[24]이 성행하였으며, 민간에서는 이를
속칭 '타야호(打夜狐)'라 하였다. 명대 이후에 팔민(八閩)의 대지에는 나
문화가 더욱 보편화되어 널리 전해졌으며, 관부에서는 한 차례 금지한 적
도 있었다. 광서(光緒, 1874-1908년) 《장정현지(長汀縣志)》에서는 이렇
게 말하고 있다.

군에서는 봄을 맞이하여 서리와 품팔이꾼들은 귀신탈을 빌려 뇌신으로
분장하였는데, 현에서는 매년 이장을 선발하여 필요한 물품들을 공급해 두
었다. 입춘 삼일 전에는 봄의 천둥을 시험한다 말하고는 무리를 지어 끌고
다니면 명망 있는 집에서는 닭을 잡아 상을 내렸다. 또 시정에서는 정월 12
일부터 원소절까지 소귀를 춤추는 자들이 있었으며, 거리를 따라 집집마
다 다니며 춤을 추었다. 명 숭정 7년 봄에 암행어사 장응량이 해당 관청을
조사하고 살펴서 이를 금하였다.[25]

복건은 나문화의 발굴이 비교적 늦었으며, 근년에 들어와 이쪽의 글들

이 발표되기 시작하였다. 현재 알려진 자료에 의하면, 이곳은 여전히 나의
(儺儀)와 나무(儺舞) 단계에 머물러 있으며, 아직까지 성숙한 나희로는 발
전되지 못하였다. 민중(閩中)의 '사오제(祀五帝)'와 '신도(神道),' 민남의
'유팔민(游八閩)'과 민동남의 '제해(祭海),' 건구(建甌)의 '주가(舟歌)' 및
성 전체에 보편적으로 퍼진 '사자무[獅舞]'가 가장 특색이 있다. 이밖에
포전(莆田)의 포선희(蒲仙戲)·용암(龍岩)의 도사희(道士戲)·천주(泉州)
의 타성희(打城戲) 등의 극종 중에서도 구나와 관련된 극목으로 〈무출발
(武出魃)〉〈수미혼귀(收迷魂鬼)〉 등이 보존되어 있다.[26] 이상의 나문화 중
에서 일부는 지금 이미 명맥이 끊어졌으며, 일부는 탈을 사용하지 않고
얼굴화장을 하고 있다. 여기서는 단지 지금까지 탈을 사용하는 민북의 나
무와 용암의 황사무, 민중의 신도를 소개하도록 한다.

(1) 민북의 나무(儺舞)

민북의 '나무'는 원소무부(原昭武府)에서 관할하는 소무(昭武)·광택
(光澤)·건녕(建寧)·태녕(泰寧)의 4현에 분포되어 있으며, 중요한 극목
에는 〈도번승(跳幡僧)〉〈도팔마(跳八馬)〉〈도미륵(跳彌勒)〉〈도오종(跳五
種)〉 등이 있다. 민북에서 '나무'가 유행한 것은 그 지리적 ·사회적 원인
과 깊은 관련이 있다. 민북은 지리적인 위치가 편벽하고 경제가 낙후되었
으며, 의약이 결핍되었으므로 역사상 온역이 창궐했다. 남송 덕우(德祐)
원년(1275년)에 소무현에서 역병이 크게 돌아 '죽은 자가 거의 반'[27]이었
다. 서기 1888년에서 1949년까지 민북 지구에서 역병으로 죽은 자가 3
만여 명에 달하였다.[28] 사람들은 역신의 방자한 학살을 면하기 위해서는
단지 신령의 도움을 빌 수밖에 없었다. 청 함풍(咸豊) 《소무현지(昭武縣

---

26) 葉明生, 〈八閩儺文化槪述〉, 《藝術論叢》, 총 제7기.
27) 淸咸豊, 《昭武縣志》, 卷18, 〈祥異志〉.
28) 建陽地委政硏室編, 《閩北槪貌》, 楊慕震, 《昭南儺舞及其相關文化背景》(未刊)에
서 재인용.

志)》에 "사람들이 병이 나면 무당을 불러 굿을 하고 빌었다. 머리를 풀어 헤치고 횃불을 들고, 밤새도록 북과 징을 쳤으며, 이를 보안(保安)이라 불렀다"[29]고 하였다. 민북은 강서 '나무'의 마을인 남풍현과 이웃인 것도 '나무'가 유행한 중요한 원인이다.

〈도번승(跳幡僧)〉은 일명 〈도번승(跳番僧)〉이라고 하며 소무시 남쪽의 각 향과 태녕현(泰寧縣)의 주구진(朱口鎭)에 유행하며, 각 지역의 연출 형식도 서로 다르다. 소무시 대부강(大阜崗) 하원촌(河源村)의 〈도번승〉에는 모두 개로신 · 미륵 · 당승 · 손오공 · 저팔계 · 사화상의 6개 각색이 있으며, 전부 오동나무로 조각한 반투두상(半套頭狀) 탈을 쓰고 머리 뒤로는 붉은 천으로 묶는다. 개로신은 붉은 얼굴에 입에는 이가 뻗어 나오고, 형상이 위맹하다[그림 219]. 미륵은 흰 얼굴에 인자하고 선한 눈과 눈썹에다 만면에 미소를 띄고 있다. 당승의 스승과 제자는 희곡의 검보에 나오는 조형과 같다. 복식은 모두 백삼에 붉은

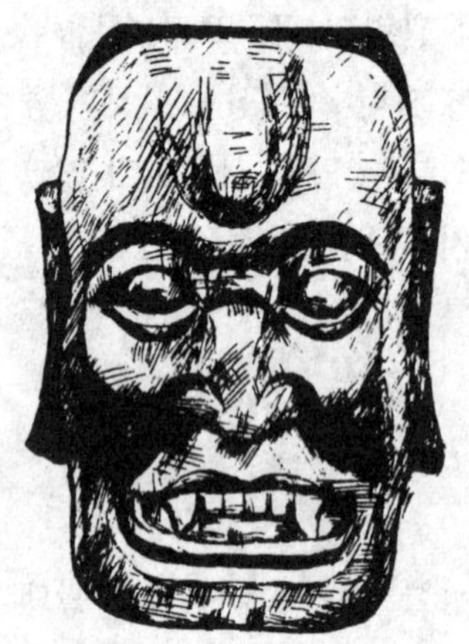

[그림 219] 복건 소무의
나무 〈도번승〉탈.

바지 · 짚신을 신고 있다. 개로신은 두 손에 각기 나무로 된 굴대(채찍 비슷한 병기)를 잡고, 미륵은 왼손에 목어를 잡고 오른손에는 채를 잡고 있다. 당승 사도는 각기 등에 경전을 짊어질 수 있는 '경단(經担)'을 어깨에 메고 있으며, '경단' 앞에는 납작한 북을 걸고 뒤에는 누런 깃발을 걸고 있으며, 위에는 '경(經)'자를 써 놓았다. 춤을 출 때는 사람들이 손에 든 도구를 치면서 박자를 맞추면서 구궁팔괘보로 걷는다. 그 내용은 개로신과 미륵의 보호하에 당승 사도가 서천에서 진경을 취하여 순조롭게 돌아온다는 것을 표현하고 있다[그림 220]. 화평진(和平鎭) 감하촌(坎下村)의 〈도번승〉은 미륵공 · 미륵파와 동자 4인으로 원래는 6명의 각색이 모두

---

29)《昭武縣志》: 人疾病延師巫祈禳, 披髮執炬, 徹夜鳴鑼擊鼓, 謂之保安.

[그림 220] 복건 소무의 나무 〈도번승〉.

탈을 사용하였으나, 지금은 이미 얼굴화장으로 바뀌었다.

〈도팔마(跳八馬)〉는 또 〈도팔단(跳八蠻)〉이라 부르며, 소무시의 하원(河源)·장석(將石)·대령(大岑) 및 건덕현의 초미(楚尾) 등의 향촌에 유행하고 있다. 각지에서 표현하는 형식은 대동소이하다. 각색은 모두 8명으로 개로신·미륵·홍검신·녹검신 각 둘로, 미륵신을 제외하고는 모두 공포스러운 형상을 한 탈을 쓰고 있다. [그림 221]은 소무시에 보존되어 있는 〈도팔마〉 탈로 길이는 35센티미터, 너비 23센티미터이며, 연대는 대략 청동치(同治) 연간(1862-1874년)이다. 〈도팔마〉의 복식과 공연은 모두 〈도반승〉과 서로 비슷하며, 서로 다른 점은 후자가 불교 색채가 아주 농후한 데 반하여, 전자는 선명한 무도(巫道) 색채를 띠고 있다. 장석촌에서 〈도팔마〉를 공연할 때, 함께 공연하는 제의에는 24인으로 된 '신고대(神鼓隊)'가 있으며, 모두 이마 위에 백색 흉상 탈을 쓰고 몸에는 '신의(神衣)'를 입고, 가슴 앞에는 큰 북을 걸고 있어 기세가 극히 위엄이 있고 장관이다.

〈도미륵〉은 소무시 대부강촌과 화평촌 등지에서 유행하며, 등장인물은 단지 미륵공과

[그림 221] 복건 소무의
〈도팔마〉탈.

미륵파 두 사람이다. 미륵공은 머리에 나무나 혹은 종이 재질로 된 탈을 쓰고 가사를 걸치고 있으며, 복부에는 대나무 키를 넣어 배를 불룩나오게 만들고, 손에는 불진이나 헤진 파초선을 들고 있다. 미륵파는 원래 탈을 썼으나, 지금은 이미 얼굴화장으로 바뀌었다. 옷은 요염하게 입고 손에는 큰 수건을 든다. 과거에 미륵공과 미륵파는 대부분 향리에서 행동이 불량한 자가 맡았으나, 적합한 사람을 뽑을 수 없으면 거지나 교잣꾼에서 뽑는다. 공연시에 두 사람은 광솔 불빛 아래에서 서로 희롱하고 시시덕거리기도 하고 혹은 갖가지 우스꽝스러운 동작을 하여 관중의 웃음을 자아내도록 한다. 춤의 자태는 강서 '나무' (나공나파)와 서로 비슷하다. 공연이 끝나면 무용수는 탈과 복식을 벗고 횃불과 · 파초선 · 키 등을 물가에 버리고 돌아온다.

〈도오신(跳五神)〉은 건녕현 계원향(溪源鄕)에 유행하며 5인이 홍 · 백 · 녹 · 흑 · 황의 여러 색 탈을 쓰고 공연하며, 탈은 여러 층의 기름 천으로 제작하고, 위에는 각종 도안을 그리는 데 형상이 흉악하고 공포스럽다[그림 222]. 전해지는 말로는 당초 오곡신이 오곡의 종자를 사람들에게 넘겨준 후에, 사람들은 매년 풍성한 수확을 걷을 수 있었다. 이로부터 사람들은 더 이상 양식을 아끼지 않게 되었으며, 심지어는 양식을 밟고 짭쌀로 떡처럼 만든 츠바를 아이들이 앉

[그림 222] 복건 건녕의 나무 〈도오신〉탈.

는 자리로 삼았다. 오곡신은 대노하여 쥐에게 양식의 종자를 전부 거둬오게 하였다. 사람들은 징벌을 받자, 매년 오곡신의 생일(음력 5월 25일)에 〈도오신〉을 공연하고 오곡신에게 사죄를 드리자, 신은 오곡의 종자를 인간에게 되돌려 주었다.[30]

---

30) 이상 閩北 儺舞 의 개술은 楊慕震, 〈閩北儺舞及儺文化活動〉, 《群文學硏究》, 제11집과 葉明生, 〈論閩北儺舞及其文化意義〉, 《民族藝術》, 1993년 제2기를 참고하였다.

민북 나무의 탈은 두드러진 특징이 하나 있다. 〈도오신〉탈이 오동나무 기름을 칠한 방습포로 만들어진 가면이라는 것 외에, 그밖의 대다수가 높게 돋을새김을 한 반투두식(半套頭式) 나무 탈로, 그 두께는 일반 가면보다 훨씬 두껍고, 뒤통수까지 덮어씌운다. 다만 그 뒷부분은 막힌 부분이 없어, 가운데 구멍이 나 있는 구형(球形)이 아니므로 가두에 넣기는 마땅치 않다. 단지 일종의 특수한 가면이라고 할 수 있다. 탈을 쓸 때는 끈으로 묶을 필요가 없으며, 머리를 직접 탈 속에 넣으면 된다. 뒤통수는 밖으로 노출되므로 붉은 천으로 가린다.

(2) 용암(龍岩)의 황사무(黃獅舞)

사자무는 중국 민간에서 흔히 어디에서나 볼 수 있고, 중국인이 좋아하는 무용이다. 각 지역의 사자무는 서로 다른 문화적인 내함을 지니고 있으며, 복건에서는 '나의'와 긴밀하게 연관되어 있다. 민국 《장평현지(漳平縣志)》에 "원단에 (…) 소년들은 사자와 공포스러운 귀신으로 분장하고 다른 사람 집에서 논다. 이를 발사·발귀라고 부르며, 또한 옛날에 역귀를 쫓아낸다는 의미가 있다"[31]고 하였다. 민동 수녕현(壽寧縣)의 백성은 사자무를 직접 〈향인나〉라고 부른다. 팔민의 대지에 두루 퍼져 있는 사자무 중에서 용암 일대의 〈황사무〉는 아주 특색이 있다.

황사무는 속칭 〈삼선희사(三仙戱獅)〉라 부르며, 간단하게 〈파사(擺獅)〉라고도 부른다. 과거에 〈파사〉는 대부분 향리의 무관(武館)에 속해 있었으며, 각 무관에서는 음력 정월에 모두 사자대를 출동하여 마을 집집마다 다니며 놀이를 하였다. 지금은 무관이 거의 없어졌으므로, 매년 설에 노는 〈파사〉는 군중이 여가 활동으로 즐기는 놀이가 되었다. 황사무는 5인이 연출하며, 사자 안에 2인, 사자 머리에 1인, 사자 꼬리를 흔드는 데 1인이

---

31) 《漳平縣志》: 元旦 (…) 少年裝扮獅猊獰鬼之屬, 向人家演弄, 謂之跋獅 · 跋鬼, 亦古逐疫意也.

[그림 223] 복건 용암 〈황사무〉의 사자머리.

들어간다. 〈삼선(三仙)〉은 3인으로 이들은 대두선(大斗仙)·삼불전(三不全)과 원숭이〔猴子〕이다. 사자 꼬리를 흔드는 사람을 제외하고는 모두 탈을 써야만 한다.

사자머리는 대나무로 엮고 종이를 붙인 투두(套頭)로 이마는 노랗고 뺨은 푸르며, 턱에는 긴 수염이 나 있다. 미간에는 태극도가 그려져 있고, 눈은 마음대로 움직일 수가 있다[그림 223]. 그밖에 1장 2척 길이의 노란 천으로 사자를 덮어 서로 잇고, 끝부분에는 가는 마로 된 실로 만든 황색 꼬리로 장식한다. 대두선은 웃는 얼굴을 한 붉은색 투두를 쓰고, 삼불전은 살색에 입이 비뚤어진 투두를 쓰는 데 모두 대나무로 엮어 종이를 붙였으며, 앞뒤에는 각기 붉은 천을 엮어 놓았다. 원숭이는 붉은 얼굴에 누런 털 뾰쪽한 입에 이가 드러난 가면을 쓴다. 이 가면도 대나무로 엮고 종이를 붙였으며, 귀에서 아래턱까지 붉은 천으로 엮어 놓았다[그림 224].

종전에 무관에서는 설에 사자가 나가기 전에 '개광(開光)' 의식을 거행하였다. 먼저 사자머리와 〈삼선〉탈을 정당의 신감 앞에 있는 탁자 위에 모신다. 권사(拳師)가 제자와 함께 향을 사르고 절을 하면서 신을 모신 뒤에, 닭 피를 사용하여 탈의 '개광'을 한다. 병기에도 피를 묻혀 벽사(辟邪)를 하고 모두 닭 피가 든 술을 마신다. 제사가 끝나면 먼저 무관 안에서 한번 연습을 하고 또 사당에서 마을 어른들에게 몇 마당을 공연한다. 그리고 예약된 '금사조부(金獅造府)'의 노선에 따라서 집집마다 돌며 역귀를 쫓는다. 사자대가 출행할 때 권사는 향촉을

[그림 224] 복건 용암 〈황사무〉의 원숭이.

휴대하고 앞에서 길을 열며, 손에 무관의 당호를 쓴 기를 든 기수가 그뒤를 따르고, 이어서 사자·삼선과 징과 북, 끝으로는 손에 도·창·검·곤을 든 무술대가 따른다.

황사무는 세 마당으로 되어 있다.

제1마당: 대두선은 북과 징소리 속에 등장하며, 작은 대나무 빗자루로 사자를 이끌고 나온다. 사자를 놀려 뛰고 구르고 기도록 하며, 사자가 화를 내면 대나무 빗자루로 사자코를 때리며 길들인다. 사자를 놀리다 싫증이 나면 하품을 하고 대두선은 사자 등 위에 올라타고 존다.

제2마당: 삼불전과 원숭이가 나온다. 삼불전은 사자가 졸고 있는 것을 보고는 보배 우산(寶傘)으로 사자를 약 올린다. 사자가 깨어 화를 내면서 대두선을 사자 등에서 내동댕이치고 삼불전도 놀라 땅에 자빠진다. 원숭이는 이 기회를 틈타 '이선'의 대나무 빗자루와 보배 우산을 사자에게 먹인다. 또 사자를 위하여 가려운 데를 긁어 주고 이를 잡아 주면서 사자를 항복시켜 말을 듣도록 훈련시킨다. 원숭이는 또 사자 입에다 선도(仙桃)를 물게하고 고삐를 만들어 사자를 끌고 가려하지만, 힘이 부치자, 두 신선을 모셔다 서로 힘을 합하여 사자를 끌고 들어간다.

제3마당: '삼선'이 다시 등장하여 탁자 위에서 뛰노는 '도탁(跳桌)'을 연출한다. 원숭이는 동작이 민첩하여 탁자 위에서 마음대로 몸을 뒤집으나, 대두선은 동작이 굼떠 온갖 추태를 보인다. 삼불전은 '이선'의 도움으로 가까스로 탁자에 기어 올라가나 기뻐 날뛰다가 뒤집어 버린다. 사자무는 여기에서 끝나고 징과 북소리가 울리면서 장면이 바뀌어 무술대가 등장하여 무술 공연을 한다.

매년 2월초 '수사(收獅)'를 연출할 때가 되면 '사사(謝獅)' 의식을 거행해야만 한다. 사자대는 먼저 그 마을의 사당에서 몇 마당을 연출하고 난후에 무관으로 돌아와 조사인 관부자(關夫子)에게 감사를 드리며 재연한다. 공연이 끝나면 권사는 사자머리와 삼선 탈을 탁자 위에 모시고 향을 피우고 절하며 금사자에게 감사드린다. 이어서 대사형은 사람들을 이끌고 징과 북을 치면서 그 해에 상으로 받은 가장 큰 깃발을 권사의 집으로 보낸다. 끝으로 참가인원 모두가 모여 그 해에 사자가 나가 대길대리하였음을 축하하며 식사를 한다.

황사무의 내력에 대하여 용암 일대에서는 다음과 같은 말이 전해지고 있다. 옛날에 페스트를 일컫는 홍조괴(紅蚤怪)의 피해로 많은 사람들이 죽었다. 점을 치자 '파사'를 하면 역병을 물리칠 수 있으며 영원히 평안하리라고 하였으므로, 이때부터 대대로 전해졌다고 한다. 다만 근대 이래로 새로운 사조의 충격을 받아서 황사무의 종교적인 색채가 이미 아주 약해지면서, 명절에 사람들이 즐기는 무용이 되었다.[32]

(3) 민중의 신도(神道)

'신도'란 신을 모셔다 감사의 제사를 드리는 의식으로 일종의 '구나' 성격을 띠고 있다. 복건의 많은 지역에서 이런 풍속이 성행하는데 그 중에서도 민중(閩中)이 으뜸이다. 매년 7·8월 사이에 그 지역의 사대부와 백성들은 평일에 사당에서 받들던 여러 신들을 모시고 나와 거리를 돌면서 역귀를 몰아내어 지역과 백성의 평안을 기원한다. 모셔오는 신은 지위가 높은 무성묘(武聖廟)의 오공(五公)·온부상서(瘟部尙書)·곽성왕(郭聖王)·삼선고(三仙姑)·제천대성(齊天大聖)·동악제(東岳帝)·병령왕(炳靈王)·포효숙(包孝肅)·성성황(省城隍) 등은 모두 가마를 탄다. 중급 이하의 신은 단지 걸음으로 가마를 대신하며, 거리를 걸어다닌다. 가마에 타는 신은 목조나 진흙으로 빚은 우상이고, 보행 신은 출연자가 분장한다. 중하급 신으로 분장하는 연출자를 속칭 '신각(神脚)'이라 하며, 상반신에는 가벼운 목조로 만든 반절신상을 쓴다. 신체의 중앙은 비어 있으며 외면에는 두루마기를 입고 가슴 부위에는 '대창(大窓)'이라는 둥근 구멍을 뚫어 놓아 연출자가 밖을 내다 볼 수 있도록 하였다. 많은 신들 중에서도 장야(長爺)와 왜야(倭爺)가 가장 특색이 있다. 장야와 왜야는 흑무상과 백

---

32) 劉遠, 《龍岩黃獅舞源流初探》, 미간.

무상으로, 염라대왕 수하에서 인간의 수명을 거둬가는 작은 귀신으로, 복
건지역 사람들은 이들을 두려워하여 가장 경건하게 제사 지낸다. 사당마
다 모두 장야와 왜야가 하나씩 있으므로, 거리에도 가장 많이 나오고 있
다. 장야는 높이 약 3미터가 넘어 거리에서 다니면 일반 사람보다 배는 커
서 닭 무리 속에 학이 서 있는 것 같다. 그뒤에는 흔히 의관이 서로 비슷한
작은 장야가 따르는데 모두 장야의 양아들이다. 왜야는 높이가 약 3척으
로 아이들이 분장하는데, 머리는 소쿠리만하고 형상이 흉악하다. 그 눈·
혀·손에는 모두 기관이 있으므로 눈으로는 좌우를 볼 수 있고, 혀는 자유
롭게 신축할 수 있으며, 손은 아래위로 굽히고 펼 수 있다. 왜야는 많은
신들 중에서도 가장 활발하고 장난을 잘 치며 앞뒤로 뛰거나 혹은 행인을
쫓아 가기도 하고, 행인의 머리를 쓰다듬기도 하
며, 행인의 등을 두드리기도 한다. 그래서 여기
에 놀란 사람들이 자주 병이 나기도 한다.

　여러 신들은 거리를 돌다가 도중에 서로 만나
면 일정한 의례에 따라 대화한다. 신 자신은 말을
할 수 없으므로, 이들을 수행하는 '향두(香頭)'
가 대신 말을 한다. '향두' 사이의 대화는 '관리
가 서로 겸양하는 어투를 모방하거나, 혹은 매끄
러운 허풍을 떠는 어투'로 길으면 몇 시간이 걸
리기도 한다. 만약 서로 만난 신의 지위가 다르면
직급이 낮은 자는 길가로 물러나 길을 양보해야
하며, 무릎을 굽혀 인사를 올려야 한다. 급이 높
은 향두는 흔히 신의 위엄을 빌려 상대측 '신각'
을 훈계하거나 꾸짖으며, 심지어는 곤봉으로 때
려 사사로운 분을 풀기도 한다.[33] 어떤 연구자는
'신도' 의식 중의 대화와 공연은 이미 희극적인

[그림 225] 복건 영덕의
〈신도〉 장야 신각.

---

33) 胡朴安,《中華全國風俗志》, 下編, 河北人民出版社, 1988, pp.305-307.

요소를 갖추고 있으며, 일종의 '아나희(亞儺戲)' 형태라고 한다.[34]

신도 의식중에 사용되는 신상은 민간에서 '신각(神殼)' 혹은 '투두면각(套頭面殼)'이라 부르며, 탈과 가형(假形)이 하나로 합쳐진 분장 형식이다. [그림 225]는 영덕현의 장야(長爺)로 머리에는 관모를 쓰고, 손에는 영전(令箭)을 잡고 있으며, 탈 뒷면은 오색 띠로 묶었다. 누런 얼굴에 눈이 튀어나오고, 혀는 반쯤 내밀고 눈썹은 뒤집어진 팔자형으로 보는 사람으로 하여금 두려움이 생겨나게 만든다.

4. 귀주 나당희(儺堂戲)와 그 탈

나당희는 나희의 중요한 종류 중 하나이다. 대다수가 나당(儺堂, 원주(愿主)의 집)안에서 행해지므로, 이런 이름을 갖게 되었다. 그것은 또 나원희(儺愿戲) · 나단희(儺壇戲) · 단공희(端公戲) · 귀검각희(鬼臉殼戲) 등의 명칭이 있다. 나당희의 특징은 그 출연자 모두 전직 혹은 반전직의 무당으로, 연출은 전부 사기를 물리치거나 누르는 충나(沖儺)이거나, 소원을 들어준 신에 대한 감사의 제의를 올리는 환원(還愿)을 둘러싸고 행해지며 종교 색채가 아주 농후하다. 귀주 외에 사천 · 호남 · 호북 · 운남 등의 성에 모두 나당희가 전해지고 있다.

귀주 나당희는 분포 지역이 아주 넓어 모든 성의 대부분 현과 시에 모두 퍼져 있으며, 그 중에서 특이 검동(黔東)의 덕강(德江) · 사남(思南) · 연하(沿河) · 인강(印江) · 송도(松桃) · 강구(江口) · 동인(銅仁) · 석천(石阡), 검북(黔北)의 도진(道眞) · 무천(務川) · 미담(湄潭), 검동남(黔東南)의 잠공(岑鞏) · 황평(黃平), 검서북(黔西北)의 납옹(納雍) · 대방(大方) 등의 현이 가장 풍부하다. 민족으로 말하면 한족 · 투쟈〔土家, Tujia〕 · 무람〔仡佬, Mulam〕 · 브위〔布依, Bouyei〕 · 먀오〔苗, Miao〕 · 둥〔侗, Dong〕 등의 민족

---

34) 葉明生, 〈八閩儺文化形態槪述〉, 《藝術論叢》, 제7기.

중에는 모두 나당희가 남아 있다. 귀주 역사상 형초 문화(荊楚文化)와 파촉 문화(巴蜀文化)의 영향이 아주 깊으며, 근원을 추구해 보면 귀주의 나당희는 호남·호북·사천에서 전해 들어왔으며, 그 시간은 대략 명초 혹은 그보다 더 빠를 것이다.

　나당희의 연출시에 삼엄하고 엄숙한 분위기를 만들어 관중을 신비하고 황홀한 종교적인 경계로 끌고 들어가기 위하여, 토노사(土老師, 무당)는 정성을 다하여 나당의 신안(神案)을 배치하여야 한다. 신안은 또 향안(香案) 혹은 조사안(祖師案)이라 부르며, 대다수가 집 안에 배열하나 또한 정원 안에 배열하기도 하는데, 이는 연출 지점을 보고 결정한다. 신안의 배치에는 일정한 격식이 있다. 당옥의 바로 맞은 편에는 대나무로 엮은 채루패방(彩樓牌坊)을 세우는데, 이를 '삼청전(三淸殿)' 혹은 '삼보감(三寶龕)'이라 부른다. 패방 앞에는 신안 탁자를 놓고 탁자 위에는 나를 관장하는 큰 신인 나공과 나모의 목조두상과 번단소산(翻壇小山)과 건신대제(健身大帝)의 목조상을 모신다. 번단소산은 신공표(申公豹)로 오창(五猖)의 제자이며, 신통력이 광대하고 변화를 잘하여 요마나 괴이한 귀신이 어느 곳에 숨어 있든지 모두 이들을 잡아 낼 수가 있다. 건신대제는 또 태자라 하며, 몸에 의복을 걸치고 사지를 활동할 수 있는 목우로, 아이가 없거나 혹은 아이에게 좋지 않은 일이 있을 때 행하는 충나원(冲儺愿)에는 반드시 이 신을 신안 탁자 위에 모셔야 한다. 신안 탁자 위에는 그밖에 영패·신괘(神卦)·사도(司刀)·옥인(玉印)·패대(牌帶)·두찰(頭扎)·우각(牛角)·마편(馬鞭) 등의 법기를 모신다. 신안 탁자 아래에는 지나소산(地儺小山)과 그 처자의 목조신상을 모시며, 어떤 곳에서는 쇠사슬 하나를 두고 있는데, 그것은 지나소산이 귀신을 잡을 때 사용하는 것이다. 탁자 아래 사방 주위에는 탈과 칼·창·궁·검 등의 도구를 놓아둔다. 패방 정면과 당옥 양편의 벽 위에는 약간의 채색으로 그린 화축을 걸어 놓는데 민간에서는 이를 '안자(案子)'라 부르며, 이 중에서 가장 중요한 것은 〈삼청도〉와 〈사단도〉이다.

　〈삼청도〉는 종이 위에 그린 3폭의 채색 그림으로 1폭마다 주신 한 분과 작은 신들이 그려져 있다. 3명의 주신이 누구인지는 각 지역마다 설이 다르다. 옥청원시천존(玉淸元始天尊)·상청영보천존(上淸靈寶天尊)·태청도덕천존(太淸道德天尊)이라고도 하고, 혹은 공부자(孔夫子)·이노군(李老君)·석가불(釋迦佛)이라고도 한다. 세 분의 주신을 제외하고도 삼청도에는 1백여 위의 신들이 그려져 있으며, 나단마다 서로 받드는 신이 다르다. 흔히 볼 수 있는 신에는 옥황대제·중천성주(中天星主)·태백금성·남극선옹·해결두모(解結斗母)·삼원반고(三元盤古)·병령후왕(炳靈侯王)·진무조사(眞武祖師)·오악대제(五岳大帝)·오명황후(五明皇后)·동산성공(東山聖公)·남산성모(南山聖母)·왕령관(王靈官)·마원수(馬元帥)·십이전염왕(十二殿閻王)·십이화원저매(十二花園姐妹) 및 뇌공·풍백·좌부(左簿)·우판(右判)·성황·오창 등등이다. 이들 신에는 도교 계통의 신도 있고 불교 계통의 신도 있으며, 무교 계통의 신도 있다. 토노사들은 이 신들이 어떤 종교에서 나왔는지는 따지지 않으며, 단지 법사의 위력을 향상시킬 수 있고, 관중의 신임을 받을 수 있으면, 이 신들을 모두 다 나당으로 모셔왔다. 이것은 민간 종교 신앙의 실용주의와 다원화라는 특징을 반영하고 있다. 〈사단도〉는 역대 조사의 신위도로 상면에는 상세하게 나단 역대 조사의 전승표를 써놓고 있다. 나당희는 일반적으로 입과 귀로 전승되며 사승 관계가 아주 엄격하고, 제자는 사부와 사조를 깊이 존경한다. 매번 연출하기 전에 토노사는 모두 경건하게 사단도에 제사를 지내며 역대조사께서 순조롭게 연출하도록 보호해 주시고 연출중의 잘못을 너그럽게 용서해 주도록 빈다. 연출이 끝나면 〈사단도〉 앞에서 스승에게 감사드리는 의식을 거행한다. 만약 원주가 닭을 제물로 바치면 닭털 몇 개를 사단도 위에 붙여 역대조사를 안위한다.[35]

　나당희의 연출은 내단과 외단의 두 부분으로 되어 있다. 내단은 전부 사기를 물리치거나 누르는 충나(沖儺)이거나, 소원을 들어준 신에 대한 감

---

35) 貴州 나당 신안의 배치에 관해서는 顧朴光, 〈儺堂戲與宗敎〉, 《戲劇》, 1989, 제2기에 상세하다.

사의 제의를 올리는 환원(還願)의 각종 법사를 하고, 외단은 각종 오신(娛神)과 오인(娛人)의 극목을 연출한다. 지역마다 내단 법사의 명칭과 순서, 내용은 여러 면에서 대동소이하다. 법사 시간의 장단은 주로 원주 집의 경제적인 상황으로 정해진다. 짧으면 하루 낮 하루 밤이고, 길으면 3일 이상이다. 미담현에서 하루 법사는 모두 12단으로, 개단(開壇)·신문(申文)·입루(立樓)·청신하마(請神下馬)·타하마괘(打下馬卦)·영생(領牲)·상숙(上熟)·발병(發兵)·초혼(招魂)·점등(占燈)·송선(送船)·송신(送神)이다. 도진현(道眞縣)에서 성대한 법사는 23단으로 이들은 개단·신문·포공조(跑功曹)·입루찰채(立樓扎寨)·영교(迎橋)·교표합회(交標合會)·포나(抛儺)·개동(開洞)·타동(打洞)·영관진대(靈官鎭臺)·주진(走陣)·출신(出神)·화상검재(和尙檢齋)·차병발표(差兵發票)·병령영생(炳靈領牲)·산왕도(山王圖)·최원절원(崔愿折愿)·회숙(回熟)·장군통병(將軍統兵)·양관(禳關)·구원(勾愿)·조선권모(造船勸茅)·유나송성(游儺送聖)이다. 이상의 법사를 하는 것은 두 가지 목적이 있다. 하나는 천상에 있는 각 분야의 신선을 나당으로 모셔다 제물을 흠향하도록 하여 '나'로서 신의 은혜에 감사드렸음을 증명하려 한다. 두번째는 요마와 사귀·질병과 재난을 몰아내어 주인 집의 부귀와 길상, 가택의 평안을 기원한다. 토노사는 법사를 할 때, 머리에는 법관을 쓰고 몸에는 법의를 걸치며, 어깨에는 패대(牌帶)를 걸치고 노래하며 춤춘다. 이들은 때로 우각(牛角)을 불고, 죽괘(竹卦)로 점치며, 때로는 영패를 치고, 사도(司刀)를 흔든다. 그 사이에 '결법(訣法)'을 하고, '자휘(字諱)'를 긋고, '우보(禹步)'를 걸으며, '주어(咒語)'를 외는 등의 신비한 동작이 끼어들어간다. 이 일체는 극히 쉽게 관중을 음산하고 공포스러운 귀신의 세계로 끌고 들어가며, 유혹하는 힘이 막대하다.

개단법사를 마치고 나면 이어서 바로 외단의 극목을 상연한다. 외단 극목의 연출에는 탈을 써야 하며, 탈은 도원상동(桃園上洞), 중동과 하동 안에 있으며 열쇠로 채워져 있다고 전해진다. 그러므로 첨각장군(尖角將軍)이 열쇠를 관장하고 있는 당씨태파(唐氏太婆, 어떤 지방에서는 장씨태파(蔣

氏太婆)와 대씨태파(戴氏太婆)를 더하고 있다)를 청하여, 도원삼동의 열쇠를 열도록 한다. 그리고 24개의 탈(24 출신희(出神戲)를 대표)을 모셔낸 후에 비로소 놀이를 할 수가 있다. 외단의 극목은 그 내용과 성질에 따라서 크게 정희(正戲)와 삽희(插戲)의 두 종류로 나눌 수 있다. 정희는 도원 삼동 중에서 모셔내 온 24출신희로 또 반당희(半堂戲)와 전당희(全堂戲)로 나눌 수 있다. 반당희는 12극목이고, 전당희는 24극목이다. 그 중에 적지 않은 극목이 직접 신을 모셔오는 청신(請神)과 소원을 들어준 신에 대한 감사를 드리는 환원(還愿)을 위해 봉사하고 있다. 놀이 중에는 제사가 끼어 있으며, 이 중에서 분명하게 나제에서 나희로 향하는 과도기적인 흔적을 살펴볼 수 있다. 예를 들면 '개로장군'과 '구부판관' 등이다. 삽희는 정희 사이에 끼어 연출하는 놀이로 또 쇠희(耍戲)·잡희(雜戲)와 화화희(花花戲)로 불리며, 이들은 갖가지 사회 생활을 제재로 하고 있으며, 놀이 중의 주연은 더 이상 나당 중의 신들이 아니고 생활 속의 평민 백성이다. 우수한 극목에는 〈곽노요차처회문(郭老幺借妻回門)〉〈소저저선혼(蘇姐姐選婚)〉〈장소자타어(張少子打魚)〉 등이 있다.

　귀주 나당희 탈에는 '반당희 12탈, 전당희 24탈'의 설이 있으며, 각 지역 탈의 각색은 차이가 약간 있다. 덕강현의 반당희 탈에는 당씨태파(唐氏太婆)·도원토지(桃源土地)·관우(關羽)·영관(靈官)·인병토지(引兵土地)·압병선사(押兵仙師)·개로장군(開路將軍)·선봉소저(先鋒小姐)·소재화상(消灾和尙)·양산토지(梁山土地)·왜취진동(歪嘴秦童)·감생(甘生)이 있고, 전당희 탈에는 여기에다 다시 개산망장(開山莽將)·겹시선생(掐時先生)·복괘선사(卜卦仙師)·국궁노사(鞠躬老師)·요아식부(幺兒媳婦)·이룡(李龍)·양사(楊泗)·유의(柳毅)·향약보장(鄕約保長)·구부판관(勾簿判官)·관부자(關夫子)·진동낭자(秦童娘子) 등이 더해진다. 실제 연출 중에는 24개 탈이 충분하지 않을 경우가 많으므로, 민간예인은 극정의 필요에 따라서 다른 탈들을 더 첨가하고 있다. 탈은 일반적으로 백양나무이나 버드나무로 제작한다. 백양나무는 재질이 가볍고 쉽게 균열이 가지 않으며, 버드나무는 벽사를 할 수 있다고 전해지기 때문

이다. 탈을 쓰는 방식은
강서·안휘 등지가 서로
달라, 길이는 1장여에 너
비는 1척쯤 되는 천(대부
분 백색이며 또 흑색이나
혹은 홍색도 있다)으로,
탈 주위를 따라 머리끝에
서 아래턱까지 잘 싸매고
난 후에 뒤통수에서 묶는
다. 민간에서는 이를 태

[그림 226] 귀주 나탕희 탈의 착용 방법.

(바탕)를 싸매는 천이라는 뜻으로 '포태포(包胎布)'라고 부르며, 그 뜻은
보통사람을 싸맨다는 것으로 출신상(出神相)이다. 실제로는 양 뺨이 탈
에 의하여 찰과상을 입지 않도록 보호하기 위함이다[그림 226].

귀주 나당희 탈의 조형은 풍부하고 다채로우며, 인물 성격을 제대로 드
러나도록 조각하고 있다. 남·여·노·소·문·무·귀·신·승·도·
축등의 많은 각색들은 대체로 세 유형으로 나눌 수 있다.

첫째 유형은 '정신(正神)'으로 양산토지·당씨태파·선봉소저·소재
화상·이룡과 유의 등이다. 이들은 모두 정직하고 선량하며 온화한 신들
로 그 형상은 대다수가 자상한 눈썹에 큰 눈, 넓은 얼굴에 긴 귀, 얼굴에
미소를 띠고 있으며 색채 또한 비교적 부드럽고 조화를 이룬다. 이 신들
이 사람들에게 주는 느낌은 결코 높이 올라가서 인간의 향화를 받기만 하
는 신이 아니라, 생활 중에 자주 보는 늙은 할아범·할멈과 소녀이다. 이
유형의 탈 중에는 선봉소저가 특히 대표성을 띠고 있다.

선봉소저는 정희(正戲)《패왕창선봉(覇王搶先鋒)》중의 주연으로 원래
이름은 최양옥(崔良玉)으로 최홍(崔洪)과는 친남매이다. 남매는 어려서
서로 헤어졌다가 후에 최홍은 이룡산(二龍山) 낙초(落草)에서 산적 대왕
이 되었다. 양옥은 도원에서 도를 배워 도원선봉에 봉해졌으며, 산대왕을
항복시키라는 명을 받았다. 도중에 토지신은 그녀에게 참요검과 신선을

[그림 227] 귀주 덕강 토가족
나당희 탈 선봉.

잡아 묶을 수 있는 곤선승(梱仙繩)을 주었다. 이룡산에서 최양옥은 힘든 싸움을 치른 뒤에 최홍을 잡을 수 있었다. 심문을 하다가 오빠인 사실을 알게 되으며, 남매는 산채에 불을 지르고 함께 도원으로 돌아왔다. 극중에서는 선봉소저의 외모를 다음과 같이 묘사하고 있다. "눈썹은 둥글게 굽어 있어 용이 물을 희롱하는 듯하고, 앵두 같은 작은 입에는 하얀 이가 드러난다……. 분장이 아주 세밀하고 우아하여 남해의 관세음보살과 겨룰 만하다." 민간예인은 이를 근거로 머리에 봉관을 쓰고 면상이 풍만하며, 미목이 수려하고 미려한 소녀로 조각해 놓고 있다. [그림 227]은 덕강현 민족사무위원회에서 소장한 선봉소저의 탈로 길이는 28센티미터, 너비 15.6센티미터이며, 대략 청대 말기의 물건이다.

둘째 유형은 '흉신'으로 압병선사 · 한조장군 · 개산망장 · 구부판관 · 영관 · 이랑신 등이다. 이들은 용모가 뛰어나고 흉악하며 위맹한 신들로, 나당희에서는 요괴를 진압하고 역귀를 몰아내는 겁사(祛邪)의 직책을 맡고 있다. 이런 유형의 탈이 공통적으로 지니고 있는 특징이 선이 거칠고 분방하며, 색채가 대담하고 강렬하면서 형상이 낭만적이고 괴이하며, 기세가 사람을 핍박한다. 그 중에 개산망장의 탈은 사람들에게 더욱 깊은 인상을 준다.

개산망장은 도원동 중에서 요괴를 진압하는 맹장으로, 손에는 금광월부를 들고 있으며 오방의 사마를 전문적으로 찍어 죽인다. 전설에 그는 키가 1장 2척으로 머리에는 날카로운 붉은색 뿔 한 쌍이 자라고 있다. 한 끼에 소 한 마리를 먹어 치울 수 있으며 움직이면 산과 땅이 흔들린다. 용모는 비록 흉악하지만 백성들을 위하여 삼두육비의 요괴를 없애 준다. 민간 예인은 대담하고 과장된 수법으로 곧추선 두 뿔과 공포스러운 뻐드렁니로,

흉악하고 위맹스러움을 돋보이게 하며, 튀어
나온 눈과 열화 같은 눈썹은 악을 원수처럼 미
워하는 성격을 표현해 주고 있다. [그림 228]
은 연하현(沿河縣)의 개산망장 탈로 길이 25센
티미터, 너비 15센티미터로 대략 청대 중기에
제작되었으며, 신채가 극히 풍부한 작품이다.

셋째 유형은 세속 인물로, 이런 유형의 탈은
크게 정면 인물과 어릿광대역인 축각(丑角)의
두 유형으로 나눌 수 있다. 정면 인물로는 강
사(姜師)·안안(安安)·암주(庵主)·국궁노사
(鞠躬老師)·매주낭자(賣酒娘子) 등이다. 조

[그림 228] 귀주 연하(沿
河) 투쟈족의 탈 개산.

형은 대다수가 오관이 단정하고 미목이 청수하며, 순박하고 충후한 개성
을 드러내고 있다. 수법이 사실적이고 변형과 과장이 없어서 '정신' 탈이
더욱 세속화된 것과 유사하다. 어릿광대역은 진동(秦童)·진동낭자(秦童
娘子)·추고파(秋姑婆)·당이(唐二)·연로구(攆路狗) 등으로, 이들은 모
두 익살스러운 동작이나 우스갯소리로 사람을 웃기는 삽과타혼(插科打
諢)[36]의 각색이다. 민간에는 "축각을 떠나면 놀이가 이뤄지지 않으며, 징
과 북이 없으면 극이 이뤄지지 않는다"는 속담이 있으니, 축각이 나당희
에서 중요한 위치를 차지하고 있음을 알 수 있다. 이런 유형의 탈은 삐뚤
어진 입과 주름진 코, 가는 눈썹과 작은 눈, 밖으로 드러난 뻐드렁이나,
없어진 아래턱 등으로, 황당한 가운데 제작자의 풍부한 상상력을 표현해
내고 있다. 그 중에 진동의 형상이 가장 생동적이다.

진동은 정희《감생간고(甘生赴考)》중의 각색으로 그는 집안 형편이 빈

---

36) 과혼(科諢)이라고도 한다. '과'는 특히 골계스러운 동작이나 표정을 가리키며, '혼'
은 우스갯소리를 말한다. '과혼'은 희극 공연중에 사람들의 웃음을 자아내기 위하여 끼어
들어가며, 대부분이 정, 축 두 항의 각색이 사용한다. 때때로 출연자는 즉흥적으로 창조
한 교묘한 삽과타혼으로 주제를 심화시키고, 인물을 선명하게 드러내기도 하며, 분위기
를 띄우는 작용을 하고 있다.〔역주〕

[그림 229] 귀주 인강
투쟈족의 탈 진동.

한하고 생김새가 추악하다. 감생이 서울로 과
거를 보러 가면서 그를 짐꾼으로 고용하였다.
경성에 도착한 후에 감생은 낙방을 하고 진동
은 운을 시험해 봤다가 도리어 황방(皇榜)에
높이 걸리게 된다. 극중에서 진동은 기지와 유
머가 있으며 묘한 말이 끊이지 않는다. 때로는
무뢰한처럼 굴기도 하며 희극적인 색채가 충
만되어 있다. [그림 229]는 인강현의 진동 탈
로 대략 청대 말기의 유물이다. 머리에는 상투
를 비스듬히 틀고 코와 입이 삐뚤어져 있으며,
눈은 한쪽은 가늘게 뜨고 한쪽은 둥글게 뜨고
있으며, 표정이 우스꽝스러워 한번 보면 잊기
어렵도록 만들어 준다.

이상 세 유형의 탈을 제외하고도 나당희 중에는 우두(牛頭)·마면(馬
面)·얼룡(孽龍)·백원(白猿) 등의 동물 탈이 있으나, 수량이 많지 않으
며 단지 개별적인 극목에 사용된다.

인물의 성격과 연출 효과를 강하게 하기 위하여, 민간예인은 흔히 나당
희 탈을 '활구탈〔活口面具〕'과 '반쪽탈〔半截面具〕'로 만들기도 한다.
'활구탈'는 또 '동안단악'과 '동안조악'의 두 유형으로 나눈다.[37] 흔히 볼
수 있는 '활구탈'에는 토지·진동·산왕 등이고, '반쪽탈'는 대다수가 사
람들의 웃음을 이끌어 내는 축각으로 당이, 반로구 등이다. 이밖에 어떤
탈(예를 들면 얼룡과 이랑신 등)은 멧돼지의 어금니를 입에다 박아 위맹한
기세를 더해 주기도 한다. 산왕(삼왕이라고도 한다) 탈의 양쪽 뺨에는 포이
신(抱耳神)을 새겼으며, 반고왕의 세 화신이라는 것을 표시하고 있다. 이

---

37) 나당희 탈 중에는 인물의 성격을 드러내고 연출의 효과를 강하게 하기 위하여 눈과
아래턱을 움직일 수 있게 하여, 줄과 대막대기로 본체 부분에 연결한 것이 있는데(토지,
이랑 등), 이를 활구탈이라고 한다. 연희시에 이 탈을 쓰고는 혀끝으로 줄을 조종하여 눈과
아래턱 부분을 위아래로 붙었다 떨어졌다 하게 만들어 관중들의 웃음을 자아낸다. 〔역주〕

들은 비교적 특수한 예이기는 하지만 민간예인이 탈을 제작할 때, 확실히 세심하게 설계를 하였으며, 아주 고심하고 있다는 것을 보여준다.[38]

귀주에 현존하는 옛 나희탈(나당희탈과 지희탈을 포함)은 수량이 전국에서 으뜸이다. 아마도 전성기에는 수천 개가 넘었을 것이며, 이 중 덕강현에만 6백40여 개나 된다.[39] 그 나머지 도진·연하·인강·사남·잠공·안순 등의 현에 남아 있는 것도 많다. 이들 중 어떤 것은 나단의 '조법사(雕法師)'가 만든 것이기도 하고, 어떤 것은 환원하는 사람이 돈으로 사서 준 것도 있다. 어떤 것은 토노사가 사부와 사조를 통하여 일대일로 계승되어 온 것도 있다. 그 중의 절대 다수는 청대와 민국 시기의 작품이며, 개별적으로는 명대의 유물도 있다. 적지 않은 탈에는 전해 내려온 내력이 있으며, 가장 오래된 것은 20여 대를 거슬러 올라갈 수 있으니, 20년을 1대로 계산하면 대략 이미 400년의 역사를 갖고 있다.

5. 사천 나희와 그 탈

사천의 나희는 별칭이 아주 많다. 천동남의 유양(酉陽)·수산(秀山) 일대에서는 나원희(儺愿戱)·양희(陽戱)라 부른다. 천남의 노주(瀘州)·합강(合江) 등의 지역에서는 단공희(端公戱)·사도희(師道戱)라 부르며, 천북의 재동(梓潼)에서는 재동희(梓潼戱)라 부른다. 광원(廣元)에서는 제양희(提陽戱)라 부르며, 남충(南充)에서는 나단희(儺壇戱)라 부르고, 중경(重慶)·파현(巴縣)·창계(蒼溪)·노산(蘆山) 일대에서는 경단(慶壇)이라고 부른다.[40] 이밖에도 귀검각희(鬼臉殼戱)·토지희(土地戱)·신희(神戱)

---

38) 貴州 나당희 탈의 제작·분류와 예술적인 특징은 顧朴光, 〈貴州儺戱面具〉, 《美術研究》, 1988, 제3기에 자세히 보인다.

39) 李華林主編, 《德江儺堂戱》, 貴州民族出版社, 1993, p.30.

40) 于一, 《〈四川儺戱簡述〉, 中國戱曲志四川卷編, 《〈四川燈戱·四川儺戱〉에 실렸으며, 이 책은 내부발행이다.

등의 호칭이 있다. 갖가지 명칭에는 모두 일정한 내력이 있다. 예를 들면 재동희는 받드는 희극신이 재동제군이기 때문에 이런 이름을 갖게 되었으며, 경단이라는 명칭은 단을 만들고 제사를 지내기 때문이다. 단공희는 천남의 무당을 단공(端公)이라 부르기 때문에 이런 이름을 갖게 되었다. 제양희는 실로 목우[提線木偶]를 조종하여 양희(陽戱)와 함께 연출하므로, 이 둘 중에서 한 자씩 취하여 제양희라고 부른다. 이상의 나희는 명칭이 모두 다르지만 성격은 대부분 서로 비슷하며, 이들은 모두 종교 색채가 아주 농후한 무사나(巫師儺)에 속한다.

사천의 나희는 무교와 도교의 영향을 깊이 받고 있다. 요원한 잠총시대(蠶叢時代)에 촉(蜀)사람들은 무격을 믿어 왔다. 광한(廣漢) 삼성퇴(三星堆)에서 발견된 상주의 대형 제사무덤 두 곳이 바로 유력한 증거이다. 동한 순제(順帝, 125-144년) 때에 장릉(張陵)은 사천의 대읍현(大邑縣) 경내의 학명산(鶴鳴山)에서 '오두미도(五斗米道)'를 창건하였으니, 이것은 원시도교의 양대 교파 중 하나이다(또 다른 교파는 장각(張角, ?-184년)이 세운 '태평도(太平道)' 이다). 한대 이후에 무교와 도교의 기풍이 파산촉수(巴山蜀水)에서 갈수록 깊어져 사천의 나문화에 거대한 영향을 끼쳤다. 사천에서 나문화가 언제 시작되었는지에 관한 문헌 기록이 없으므로 확실하게 고증하기는 어려우나, 남송 부릉(涪陵)에 〈천잡극〉이 유행했던 사실로 분석해 보면 아마 시간이 너무 늦지는 않을 것이라 생각된다. 천잡극의 '신두귀면(神頭鬼面)'의 분장 형식은 나희와 아주 흡사하므로 둘 사이에는 당연히 어떤 연원 관계가 있을 것이다. 명청 시기에 사천에서는 나희 연출이 아주 보편적이었다. 청 동치 2년(서기 1863년) 《유양직례주총지(酉陽直隷州總志)·풍속지(風俗志)》에 다음과 같은 기록이 있다.

직례주에는 박수가 많으며, 여자 무당은 사낭자(師娘子)라고 부른다. 이들은 주문과 춤으로 신에게 복을 빈다. 단지 박수 1,2인이나 혹은 3,4인을 쓰며, 병이 나으면 감사의 치성을 올리는데 이를 양희(陽戱)라고 부른다. 많으면 10여 명에 이르며, 생단정축이 모두 있고, 옷과 모자 관복이 빠짐없이 갖추어져 있다. 남자가 여단(女旦)으로 분장하면 이원(梨園)에 있는 배우들처럼 미색으로 사람을 매혹시킨다.[41]

도광(道光, 1821-1850년) 연간에 사천에 머물었던 강서의 문인 황근업(黃勤業) 또한 《촉유일기(蜀游日記)》에서 이렇게 기술하고 있다.

깊은 밤, 여관에 앉아 있는데, 갑자기 이웃집에서 북과 음악 소리가 크게 울렸다. 대개 촉나라 풍속에 병자가 있는 집안에서는 의약을 찾지 않고, 무당을 불러다 신에게 빌고 있다. 무당은 의복이 괴이하며 흡사 포노(鮑老)가 등장하는 것 같은데, 이를 '도단공(跳端公)'이라 부른다.[42]

사천 각지의 나반이 신봉하고 있는 교파에는 크게 차이가 있다. 천서의 노산 일대에서는 모산파(茅山派) 혹은 매산교(梅山敎)를 신봉한다. 이 두 교파는 귀신을 몰아내고 요귀를 없애지만, 모산교는 감화와 설복을 위주로 하고, 매산교는 무력 진압을 위주로 한다.[43] 천남의 노주 지역에서는 대부분 용문파(龍門派)를 신봉하고, 그 다음은 수산파(隨山派)이다. 각 파 제자의 법명과 배분은 그 파의 돌림자에 의하여 엄격하게 전승되고 있다. 노현 용문파의 자자는 다음과 같다.

도덕통현정,진상수태청,일양래복본,합교영원명,지리종성신,숭고사법흥,세경영유무,희미연자녕(道德通玄靜, 眞常守太淸, 一陽來復本, 合敎永圓明, 至理宗誠信, 崇高嗣法興, 世景榮帷懋, 稀微衍自寧).[44]

---

41) 案州屬多南巫, 其女巫則謂之師娘子, 凡咒舞求佑,只用南巫一二人或三四人, 病愈還愿,謂之陽戲. 多則至十餘人, 生旦淨丑, 袍帽冠服, 無所不具, 僞飾女旦, 亦居然梨園弟子, 以色媚人者(《酉陽直隸州總志 · 風俗志》).

42) 夜深坐旅舍中, 忽聞隣人鼓樂大作, 盖蜀俗抱病之家不事醫藥, 請人祈神, 祈者衣飾詭異, 極似鮑老登場, 名跳端公.

43) 周曰璉,〈蘆山 '慶壇' 簡介〉,《四川燈戲 · 四川儺戲》.

각 지의 나반은 모두 나신(儺神) 혹은 단신(壇神)을 모시고 있다. 유양(酉陽)·수산(秀山)·팽수(彭水)·검강(黔江) 일대의 나원희에서는 나공과 나모를 받들고 있으며, 천북의 양희반에서는 삼성(三聖)인 천주(川主)·토주(土主)와 약왕을 모시고 있다. 노산(蘆山)·의롱(儀隴) 낭중(閬中) 등의 경단에서 받드는 단신은 7,8이나 되며, 가장 흔히 볼 수 있는 것은 조후조사(趙侯祖師)와 나공조사(羅公祖師)이다. 조후조사는 조욱(趙昱)으로 수나라 말기에 가주(嘉州) 태수를 했다가 교룡을 죽여 백성들의 해악을 제거하였으므로 신으로 받들어지고 있다. 나공조사는 나예(羅藝)·나성(羅成)·나통(羅通)·나보(羅寶)라는 몇 가지 설이 있으며, 이들은 모두 당대에 혁혁하게 이름난 대장들이다. 조후와 나공 외에도 관우·이빙(李冰)·오현(五顯) 등을 '단신'으로 모시고 있다. '단신'을 모시는 방식은 두 종류가 있다. 하나는 돌절구 중앙에 목제로 만든 단창(壇槍)을 꽂은 후에 흙으로 메우고, 단창 위에 단신의 성명을 써 놓은 것으로 '확와단(確窩壇)'이라 부른다. 다른 하나는 항아리 곁에다 대나무 자리로 엮어 놓고, 오곡과 소금·차·동전·재를 넣고 항아리 위에 단창을 세우고 위에다 받드는 신의 성명을 써 놓은 것으로 '두두단(筻筻壇)'이라 부른다. 단을 놓는 위치도 정해진 규칙이 있다. 확와단은 당옥 상방의 좌측 모서리에 안치하고, 두두단은 당옥 정면의 왼쪽 서까래에 걸어 놓는다.

사천 나희의 연출 순서는 여전히 영신(迎神)-수신(酬神)-송신(送神)의 틀로 되어 있다. 다만 지역마다 갖가지 유형의 나희는 법사와 연출 극목이 완전히 같지는 않다. 예를 들면 노주 지구 경단의 법사는 청수(請水)·발첩(發牒)·타곤(打棍)·양로(亮路)·발안(發案)·영생(領牲)·조기(造旗)·점병(點兵)·조교(造橋)·영선(迎仙)·안영(安營)·양병(陽兵)·오창(五猖)·전도(展刀)·상단(上壇)·하단(下壇)·공망(空亡)·화련(花蓮)·회살(回煞)·수병(收兵)·송신(送神)·송성(送聖) 등으로 되어 있

---

44) 童祥銘,〈四川瀘州儺戲調査〉, 顧朴光, 潘朝霖等編,《中國儺戲調査報告》, 貴州人民出版社, 1992年.

다.[45] 합강협 사도희의 법사는 참조(參灶)·영성(迎聖)·발첩(發帖)·청칙(請勅)·방조(放詔)·개방(開方)·파옥(破獄)·초청(招請)·설연(設宴)·안위(安位)·상표(上表)·배창(拜唱)·원만(圓滿)으로 구성되어 있다.[46] 또 사천 동쪽의 유양과 수수(秀水) 일대의 나원희에서 연출하는 잡희(또는 쇄희)의 극목에는 〈남산경전(南山耕田)〉〈목동간우(牧童看牛)〉〈안안송미(安安送米)〉〈취향하서(翠香下書)〉〈매룡희봉(梅龍嬉鳳)〉 등이 있고,[47] 동일한 지역의 양희에서 연출하는 잡희의 극목에는 〈충효기(忠孝記)〉〈망교기(蟒蛟記)〉〈앵가기(鸚哥記)〉〈주사기(朱砂記)〉〈인귀정동(仁貴征東)〉〈설강반당(薛剛反唐)〉 등이 있다.[48] 사천에서는 옛날부터 민간의 소희(小戲)인 등희(燈戲)가 성행하였으며, 나희의 연출 중에도 자주 등희의 극목이 끼어들어갔으므로, 민간에서는 '나단 1절에는 등희 1절[一折壇一折燈]'이란 설이 있다.

사천나희 중에 가장 특색 있는 것은 재동희와 제양희이다. 재동희는 재동현 일대에 유행하고 있으며, 제양희는 광원현(廣元縣) 사전향(射箭鄕)에 유행하고 있다. 이 둘은 모두 목우와 양희가 같은 무대에서 연출되며, 목우는 '천상삼십이희(天上三十二戲)' 또는 '음희(陰戲)'라 부른다. 양희는 '지상삼십이희(地上三十二戲)'라 부른다. 천희(天戲)와 지희(地戲)가 끝나면, 이어서 '화희(花戲)'가 이어진다. 화희는 민간의 등희(燈戲)와 소희(小戲)로 오락과 우스개에 중점을 두고 있다. 천희는 32개의 목우가 갖가지 신령과 귀졸로 분장하고 있으며, 각 희반의 각색에는 대략 차이가 있으나, 대체로 소귀(小鬼)·대귀(大鬼)·토지(土地)·간마동자(赶馬童子)·춘우(春牛)·결사랑(結事郎)·화사노자(和事老者)·진뇌(陳牢)·원후(猿猴)·병풍소저(屛風小姐)·승도이선(僧道二仙)·매화저매(梅花姐

---

45) 童祥銘, 〈四川瀘州儺戲調査〉, 顧朴光, 潘朝霖等編, 《中國儺戲調査報告》, 貴州人民出版社, 1992年.
46) 劉俊明, 〈師道戲〉, 《四川燈戲·四川儺戲》.
47) 蔣營, 〈儺愿戲〉, 《四川燈戲·四川儺戲》.
48) 蔣營, 〈陽戲〉, 《四川燈戲·四川儺戲》.

[그림 230] 사천 광원
제양희의 목우 약왕.

妹)·삼성(三聖)·문창(文昌)·봉관(鳳冠)·유청(柳靑)·관공(關公)·한신(韓信)·화합이선(和合二仙)·대백(大伯)·이백(二伯)·삼백공파(三伯公婆)·진공사조(陳公師祖)·양사장군(楊四將軍)·이랑신(二郞神)·판관(判官) 등이다. 지희의 연출에는 일반적으로 탈을 써야 하며, 그 수는 32개로 부족하지만, ‘지상삼십이희’라 말하는 것은 대강의 수를 가리키는 것이다. 흔히 쓰이는 탈에는 영관(靈官)·이랑(二郞)·토지(土地)·판관(判官)·종규(鐘馗)·장군(將軍)·조사(祖師)·얼용(孽龍)·소귀(小鬼) 등이다. 어떤 지희에서는 연출시에 탈을 쓰지 않고 얼굴화장을 하기도 한다. [그림 230]은 광원시 사전향 제양희의 목우로된 약왕이다. 머리에는 관모를 쓰고, 발에는 검은 신발을 신고 있으며, 얼룩무늬 맹호를 타고 있으니, 이는 민간에서 전해지는 약왕의 모습과 같다.

사천에서는 옛날부터 탈이 성행하였다. 광한 삼성퇴에서 출토된 상주시대의 청동탈이 가장 빠른 예이다. 중고 시기에 사천에서는 탈이 널리 유행하였으며, 중강현(中江縣) 광복향(廣福鄕) 감길양자(柑桔梁子)에서 근래에 발견된 동한석각(東漢石刻)의 탈 그림이 이를 증명해 주고 있다.[49][그림 231] 남송의 부릉 일대서 연출하고 있는 〈천잡극〉에

[그림 231] 사천 중강 동한 마애석각의
탈 형상.

---

49) 范小平,〈四川中江東漢崖石雕〉,《美術》, 1991年 第7期.

도 귀신탈을 사용하고 있다. 다만 사천나희의
발굴이 비교적 늦기 때문에, 지금까지 알려진
오래된 '나'탈이 많지 않다. 1989년 4월, 광
원시에서 열린 〈사천성나희학술토론회〉에서,
18개의 나희탈이 전시되었다. 그 중에 오래된
탈은 10개가 있었다. 이들은 창계현의 잠사야
(蠶絲爺)·잠사파(蠶絲婆)·춘우(春牛)·이랑
(二郞)·뇌공(雷公)·토지(土地)·영관(靈
官)·얼용(孼龍)·무재신(武財神)과 검각현(劍

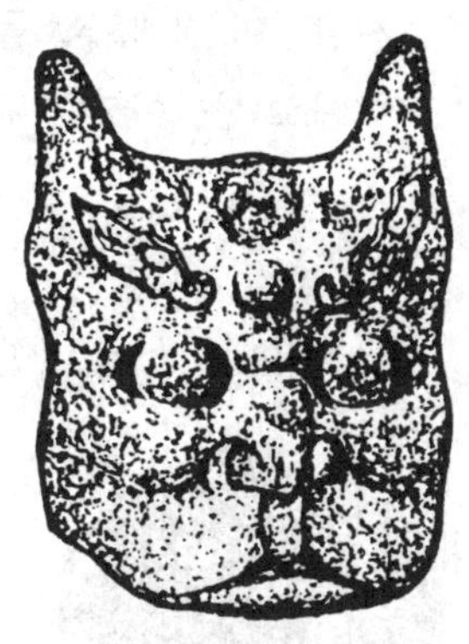

[그림 232] 사천 창계
나희탈 춘우.

閣縣)의 이랑(二郞)이다. 이밖에 유양현에서 새
로 만든 탈도 8개가 있었으며, 이들은 관우·장비·황생(皇生)·안안(安
安)·포공(包公)·영관·소귀·이화검(二花臉)이다. 창계현의 탈들은 색
깔이 얼룩덜룩하고 나무재질이 오래되어 삭았으나, 조형이 생동적이고
선명한 특징을 지니고 있으므로, 대략 청대 중기 혹은 말기의 작품으로
여겨지며, 창계현 문화관에 보존되어 있다. [그림 232]는 춘우탈(어떤 학
자는 이 탈이 나나(儺儺)라고 한다)로 길이 28센티미터, 너비 19센티미터
이다. 머리에는 두 뿔이 나 있으며, 눈은 둥글면서 크고, 아래턱에 없으
며, 소의 순박하고 온순한 성격을 아주 잘 그려내고 있다. 재동희 중에는
《출춘우(出春牛)》라는 〈천희(天戲)〉가 나오는데, 희극 중에 이런 노래를
부르고 있다.

목으로 천근의 쟁기를 끌면서
삼 채찍 등 위에 떨어져 내리네
소는 산 속에서 온갖 풀을 뜯고
밭에 심은 곡식은 사람들이 거두네
……
여름에는 모기와 벌레 물어뜯고
겨울에는 매서운 바람 속에 매어 있네

이 노래에는 소에 대한 동정이 가득 차 있으며, 춘우 탈에서 표현하고자 하는 뜻과 잘 합치되고 있다. [그림 233]은 잠사야 탈로 길이 30센티미터, 너비 17센티미터이다. 머리에는 관모를 쓰고, 이마에는 주름이 쪼글거리며, 눈은 가늘게 뜨고 있다. 입을 벌리고 웃고 있어, 두 입술이 벌어져 있고, 턱 아래에는 드문드문 수염이 나고 있어서, 자상하고 선량한 모습을 나타내고 있다. 사천에서는 예로부터 촉의 비단이 유명하여, 잠사 생산은 농촌 경제 중에 중요한 위치를 차지하고 있다. 잠사야나 잠사파 탈의 유행은 현실 생활이 나희 속에 반영된 것이다. [그림 234]는 얼용 탈로 길이 36센티미터, 너비 18.5센티미터이다. 머리에는 뿔이 셋 나 있고, 눈이 튀어나와 있으며, 눈썹이 거칠다. 코가 아주 크고, 아래턱이 없으며, 변형된 용의 형상을 하고 있다. 얼용 탈은 〈이랑기(二郎記)〉라는 극에 사용되며, 이

[그림 233] 사천 창계 나희탈 잠사야.

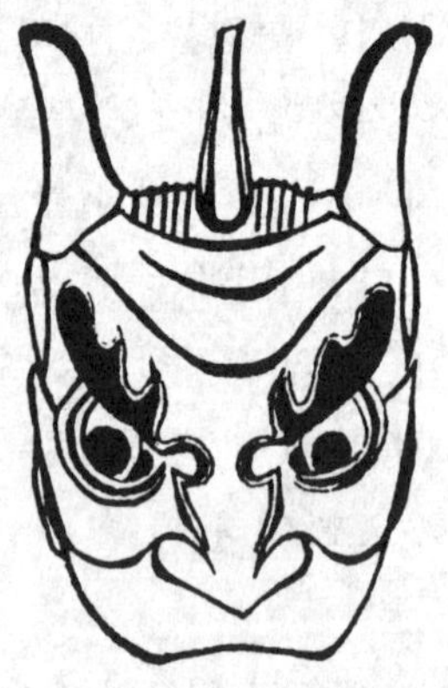

[그림 234] 사천 창계 나희탈 얼용.

---

50) 項下拽梨千斤重, 又使麻鞭背上抽,
   牛在山中吃百草, 種的田苗你家收,
   ……
   夏天又被蚊虫咬, 冬天栓在冷風頭,
   勸人切莫輕賤牛, 時時辛苦未曾收.
51) 黃道德·于一主編, 《梓潼陽戲》, 1991年 내부 출판, p.69.

극은 〈관구신주이랑(灌口神主二郎)〉(李冰 혹
은 趙昱)이 파도를 일으키고, 세상을 어지럽
히던 얼용을 항복시킨 이야기를 표현하고 있
다. 오대 시기에 사천에서는 무극(武劇) 〈관
구신대(灌口神隊)〉가 유행하였는데, 관구이
랑이 천병과 천장을 이끌고, 두 용을 항복시
킨 이야기를 연출하고 있으며, 이 사이에 두
용이 싸우는 이야기가 끼어들어간다. 〈관구
신대〉에서 탈을 사용하였는지는 고증할 수
없으나, 이것과 나희의 〈이랑기〉와는 분명한
연원관계가 있음을 알 수 있다. 검각현의 이
랑 탈은 크기가 아주 커서, 길이 35센티미터,

[그림 235] 사천 검각
나희탈 이랑.

너비 23센티미터, 두께 14.5센티미터이다. 머리에는 관모를 쓰고, 면상
은 흉악하며, 이마에는 눈이 하나 달려 있다. [그림 235] 탈 뒷면은 회색
을 띠고 있으며, 정면은 칠의 색깔이 선명하니, 후에 다시 색을 칠한 것이
다. 예술적인 품격과 나무 재질의 부패 정도를 분석해 보면, 제작 연대는
창계현의 탈보다 조금 늦어서, 대략 청말 민국초의 유물로 보여진다.

사천 각지에는 옛날 나희탈들이 흩어져 있다. [그림 236]과 [그림 237]

[그림 236] 사천 합강 나희탈 토지.

[그림 237] 사천 합강 나희탈 화상.

은 합강현의 단공인 권씨가 소장하고 있는 토지와 화상탈로 청 건륭황제
때 만들어진 것이라고 전해진다.[52] 토지는 이빨이 빠지고, 입을 벌려 웃고
있으며, 윤곽이 분명하고, 도법이 세련되었다. 화상은 조형이 독특하며,
형상이 우스꽝스럽고, 입과 아래턱은 모두 생략된 반쪽탈이다.

6. 호남 나희와 그 탈

호남도 나희가 비교적 풍부하게 남아 있는 성이다. 호건국(胡建國)의 조
사에 의하면, 상서(湘西) · 상북(湘北) · 상남(湘南) · 상중(湘中)의 한족 ·
먀오족 · 둥족 · 야오족 · 투쟈족 등의 민족에게 모두 나희가 분포되어 있
으며, 그 중에서도 상서에 가장 완전하게 보존되어 있다. 서로 다른 지역
과 민족에서는 나희의 호칭도 다르다. 상서에서는 나당희(儺堂戲) · 나원
희(儺愿戲) · 나희(儺戲)라 부르며, 상남에서는 사도희(師道戲) · 사자희
(獅子戲) · 검자희(臉子戲)라 부르고, 상북에서는 사도희 · 나원희 · 강여
아희(姜女兒戲)라 부르며, 상중에서는 노군희(老君戲)라 부른다.[53] 신황
(新晃)의 둥족에서는 동동태(哆哆推)라 부른다. 이밖에도 강보살(杠菩
薩) · 강보살(降菩薩) · 환나원(還儺愿) 등의 속칭이 있다. 각 지역과 민족
마다 나희의 명칭이 서로 다르며, 연출 형식도 차이가 있지만, 이들의 성
격은 아주 흡사하여, 모두 무사나(巫師儺)의 범주에 속한다.

호남 나희의 연원은 전국시대의 〈구가(九歌)〉로 거슬러 올라갈 수 있으
나, 이 책에서는 〈구가〉를 나희의 추형(雛形)이라고 보는 논점에는 찬동
하지 않는다. 다만 구가에 어떤 요소가 포함되어 있다는 것을 부인하지는
않는다. 남북조 시기에 형초(荊楚)의 나무(儺舞)는 호남을 포함한 장강 중

---

52) 童祥銘, 〈四川瀘州儺戲調查〉, 顧朴光 · 潘朝霖等編, 《中國儺戲調查報告》, 貴
州人民出版社, 1992年.
53) 湖南省戲曲研究所編, 〈湖南地方劇種志叢書〉 之二 《儺堂戲志》, 湖南文藝出版
社, 1989年.

하류 지역에 널리 유행하였으며, 송대 이후에 호남의 나사(儺事) 활동은
더욱더 극성하였다. 문천상(文天祥)《형주상원기(衡州上元記)》에는 이렇
게 말하고 있다.

　　한해의 정월 보름이 되면 (…) 헌수를 하며, 형주의 백성들은 백희의 춤
　을 추고, 북을 치며 피리를 불고, 흐드러진 '나반'은 앞에 서며, 혹은 탈을
　쓰기도 하는데, 극히 속되고 천하지만 이를 즐거움으로 삼는다……. 이때
　가 되면 춤추는 자는 '나'처럼 날뛰며 소리치는데 그 음란스러움을 알지
　못한다.[54]

그러나 이상의 글에서는 송대 호남의 나가 여전히 '나제'와 '나무'의
단계에 머물러 있다는 사실을 말해 주고 있다. 늦어도 명대에 이르면, 호
남의 나는 이미 나희로 발전되었다. 가정(嘉靖, 1522-1566년)《상덕부지
(常德府志)》에 이렇게 말하고 있다.

　　섣날 그믐에 한 해가 며칠 남지 않으면, 향촌에서는 대부분 무당들이 붉
　은 치마에 귀신탈을 쓰고, 징을 치고 북을 울리며 시끌벅적하게 밤새워 춤
　을 추는데, 이를 '환나'라고 한다.[55]

이 글 속에서 비록 나희라는 두 글자를 쓰고 있진 않으나, 환나(還儺)라
는 단어를 사용하고 있다. 이것은 지금 민간에서 사용하는 나희의 호칭과
흡사하다. 청 건륭 연간에 편찬된《영순현지(永順縣志)》에서는 호남의 나
희에 대하여 상세히 기록하고 있다.

　　영순의 습속에는 신에게 감사를 드리려면 반드시 연진군(廷辰郡)의 무사

---

54) 歲正月十五 (…) 及獻酬, 州民爲百戲之舞, 擊鼓吹笛, 爛班而前, 或蒙供焉. 極
其俚野, 以爲樂……. 當是時, 舞者如儺之奔狂之呼, 不知其褻也.
55) 歲除, 歲將盡數日, 鄕村多用巫師, 朱裳鬼面, 鑼鼓喧舞竟夜, 名曰還儺.

가 나희를 연창하여야 한다……. 밤이 되면 나희를 공연하는데 (…) 징을 치고 북을 울리며 사람들은 각기 종이 탈 하나씩 썼다. 여자로 분장한 사람은 맹강녀(孟姜女)라 말하고, 남자로 분장한 사람을 범칠랑(范七郎)이라고 말한다.[56]

청대 중엽 이후에 호남의 나희는 진하(辰河)의 고강(高腔)과 화고희(花鼓戲) 등 지방극의 창강(唱腔)과 극목을 흡수하여, 나날이 성숙하게 변하였다. 당시 농촌의 거의 모든 향진(鄕鎭)에는 하나 혹은 몇 개의 나반들이 있었으며, "나가 없으면, 마을이 이루어지지 않는다"는 말이 나오게 되었다.
호남 나희는 모두 무당이 연출하며, 무당은 현지에서 '토노사(土老師)'라 부르고, 투쟈족은 '티마〔梯瑪〕'라고 부르며, 먀오족은 '파다이〔巴代〕'라 부른다. 무당의 조직은 '당자(堂子)' 혹은 '단문(壇門)'이라 부른다. 그 연출 순서와 극목은 지역마다 서로 다르나, 번잡한 종교 의식을 벗어날 순 없었다. 1930년대초에 민족학자인 능순성(凌純聲)·예일부(芮逸夫)가 상서에서 조사를 하면서, 영수(永綏·지금의 花垣) 먀오족 지역의 '환나원' 법사 30절(節, 堂)을 조사하였다.[57] 호남학자의 조사에 의하면, 마양(麻陽) 일대의 나단법사에는 포단(鋪壇)·찰조(扎灶)·발고(發鼓)·발공조(發工曹)·청신(請神)·개광점상(開光點像)·하마(下馬)·상표(上表)·전표(傳表)·보관(保管)·개하동(開霞洞)·개희동(開戲洞)·송신(送神) 등의 20여 당이 있다고 한다.[58] 무강현(武岡縣)·주가단(朱家壇)의 법사는 모두 47당이고, 소동현(邵東縣)·요가단(姚家壇)의 법사는 모두 36당이다.[59] 위의 법사는 적으면 하룻밤 하루 낮을 연출하고, 많으면 칠일 밤 칠일 낮을 연출한다.

---

56) 永俗酬神, 必廷辰郡巫師唱演儺戲……. 至晚, 演儺戲 (…) 敲鑼擊鼓, 人各紙面一, 有女裝者, 曰孟姜女, 男扮者, 曰范七郎.
57) 凌純聲·芮逸夫, 《湘西苗族調査報告》, 商務印書館, 1939年.
58) 李懷蓀, 〈湘西儺戲調査報告〉, 《中國儺戲調査報告》.
59) 向緒成·劉中岳, 〈湖南邵陽儺戲調査〉, 《中國儺戲調査報告》.

호남 각지의 법사에는 모두 희극 연출이 끼어들어간다. 나희의 극목은 주로 정희(正戱)와 본희(本戱) 두 종류로 나누어진다. 정희는 나당법사가 변하여 발전된 것으로, 이야기와 구성이 아주 간단하며, 단지 희극의 꼴을 갖추고 있을 뿐이다. 극목에는 〈반개산(搬開山)〉〈반선봉(搬先鋒)〉〈반팔랑(搬八郎)〉〈반산장(搬算匠)〉〈반사낭(搬師娘)〉〈반동아(搬童兒)〉 등이 있다. 본희는 법사 중에서 독립되어 나온 것으로, 신을 즐겁게 해드리고 사람들을 즐기게 해주는 오신(娛神)과 오인(娛人)에 사용되며, 희극화 정도가 비교적 높다. 극목에는 〈맹강녀(孟姜女)〉〈방씨녀(龐氏女)〉〈용왕녀(龍王女)〉〈칠선녀(七仙女)〉 등이 있다. 정희와 본희를 제외하고도, 짧으면서 생활 분위기가 농후한 소희(小戱)가 있는데, 이런 유형의 극목은 비교적 복잡하다. 어떤 것은 정희에서 발전되어 나온 것도 있고, 어떤 것은 세간의 이야기를 개편하여 만든 것도 있다. 그 극목에는 〈발병(發兵)〉〈노군훈도(老君訓徒)〉〈소화상화재(少和尙化齋)〉〈라자투우(癩子偸牛)〉〈초선(貂嬋)〉〈화타매약(華陀賣藥)〉 등이 있다.

귀주 나단희처럼 호남 나희 또한 '개(희)동(開(戱)洞)' 법사가 있다. 무당이 도원동을 열고 열쇠를 꺼내어, 동굴 속의 탈을 꺼낸 뒤에 연극이 시작된다. 호남 나희탈의 재질에는 종이, 나무, 대나무, 소가죽 등 여러 종류가 있으나, 종이탈과 나무탈이 가장 보편적이다. 각 지역과 민족에서 사용되는 탈은 수량이 일정하지 않다. 상남은 7괴(塊) 반이고, 다릉(茶陵)은 12괴이고, 소양은 36괴이고, 신황의 동동추는 36괴이며, 이를 36교목(交目)이라고도 부른다. 상남의 7괴 반 탈은 토지(2괴)·여검(女臉)·왕선(王善)·마원수(馬元帥)·은교(殷郊)·조공면(趙公明)과 1괴는 아래턱이 없는 반검이다.[60] 신황 동동추의 36교목은 강양(姜良)·강매(姜妹)·유비·관우·장비·관평·주창·왕충·초선·여포·화타·채양·감부인·미부인·유고·수재·토지·뇌공·뇌파·소귀공·소귀파·과정(瓜精)·

---

60) 湖南省戱曲硏究所編, 〈湖南地方劇種志叢書〉 之二, 《儺堂戱志》, 湖南文藝出版社, 1989年.

관원·심부름꾼·병정(5괴)·무당·왕파(王婆)·강도·문둥이·숫소·
암소·개 등이다.[61] 과거, 어떤 지역에서는 '반당희 12탈, 전당희 24탈' 라
는 설이 전해졌으나, 어떤 각색들이었는지는 지금 알 수 없다.

호남 민간에서 전해지는 탈은 많지 않으며, 오래된 탈이 남아 있는 것은
더욱 적다. 그 원인은 세 가지가 있다. 첫번째는, 옛날 탈들이 대부분 종이
로 만들어졌기 때문이다. 건륭 《영순현지》에, 사람마다 각기 종이탈 하나
씩 가졌다고 한 말은, 종이로 만든 탈을 착용하였다는 것이다. 동치(同治)
《용산현지(龍山縣志)》에 "남녀 나신 두 형상을 방에 모셔 놓고, 희생을 바
쳐 제사를 지낸다. 무당은 종이로 된 탈을 쓰고, 옛날 일을 연출하는데, 마
치 배우와 같았다"[62]고 하였다. 종이탈은 쉽게 훼손되었으므로, 지금까지
보존되기가 어려웠다. 두번째는 청대 말기 이래로, 호남의 나희는 다른 연
극의 영향을 받아 많은 각색들이 얼굴화장으로 바뀌었으며, 어떤 나반은
심지어 모든 탈을 없애 버리기도 하였다. 이런 변화는 호남나희의 공연 기
예가 발전할 수 있는 계기를 가져왔으나, 탈예술은 점차 쇠퇴의 길로 접어
들게 되었다. 세번째는, 건국 이래 여러 차례 정치 운동의 소탕과 특히, 문
화 대혁명이 휩쓸면서 오래된 탈들은 대부분 불태워져 버렸다. 이런 인위
적인 파괴는 상중·상남·상북에서 심했다. 상서는 산이 높고, 지역이 멀
며, 민족들이 잡거하고 있어서, 그 충격이 상대적으로 적었다. 그러므로 소
수의 오래된 탈이 다행히 겁난을 피하여 지금까지 보존되고 있다.

1991년 10월, 호남 길수에서 거행된 '중국소수민족나희국제학술토론
희' 기간에 상서 투쟈족먀오족자치주 박물관에서 탈을 전시했었다. 그 중
고대탈은 33개로 그 각색은 토지(土地, 1개)·개산(開山, 5개)·진동(秦
童, 2개)·판관(判官, 6개)·선봉(先鋒, 3개)·화상(和尙, 6개)·산장(算
匠,2개)·도사(道士, 1개)·팔랑(八郞, 1개)·소귀(小鬼, 1개)·개동(開洞,
1개)·태자(1개)·개산소장(開山小將, 1개) 등이었다. 부분적인 탈은 조형

---

61) 李懷蓀, 〈湘西儺戲調査報告〉, 《中國儺戲調査報告》.
62) 供儺神男女二像于堂, 荐牲牢饌禮, 巫者戴紙面具, 演古事如優伶.

이 고졸하고 색채가 퇴색되었으며, 나무재질
이 부패되었고 벌레가 가득 먹었다. 대략 청대
중기나 말기에 제작된 것들이고. 그밖에 다른
탈들은 민국 시기의 작품으로 추정된다. 이들
탈은 각색의 명칭이나 조형 품격이 모두 검동
의 탈과 서로 비슷하나, 약간의 차이가 있다.
예를 들면 검동의 선봉탈은 머리 위에 모두 봉
황새로 장식을 하고 있으나, 상서의 선봉탈은
호랑이 머리로 장식하고 있다 [그림 238]. 또
검동의 개산탈은 머리 위에 두 뿔이 나 있으나,
상서의 개산탈에는 뿔이 하나이다. 검동의 턱

[그림 238] 호남 길수의
나희탈 선봉.

이 없는 '단악탈' 중에는 선봉이라는 각색이 없으나, 상서의 선봉이란 각
색에는 도리어 '단악탈'이 들어 있다. 총체적으로 말하면, 상서의 검동과
탈은 대동소이하다. 이것은 상서와 검동이 지리적으로 붙어 있으며, 또 모
두 투쟈족, 먀오족과 둥족이 모여살고 있는 지역으로, 역사상 동일 문화
권에 속하기 때문이다.

　이들 탈은 두 가지 특징에서 사람의 주목을 끌고 있다. 첫째, 화원현 동
마고(董馬庫)에서 수집한 8개의 탈(그 각색은 개산·화상·개동(開洞)·팔
랑(八郎)·판관 등이다)은 눈과 입에 모두 구멍이 뚫려 있지 않다. 이들은
나당(儺堂) 안에 모셔 놓은 것으로, 이들의 소개에 의하면 출연자 얼굴에
쓰는 것이 아니라, 모셔 놓는 면상(面像)에 속한다. 전에 말한 것처럼 강
서의 탈 중에는 제사에 사용된 면상이 있다. 그러나 강서의 면상은 보통
탈보다 몇 배 더 큰 것이 일반적인데, 길수에서 전시된 이들 면상의 크기
는 보통탈과 큰 차이가 없다. 둘째, 봉황현(鳳凰縣) 삼강(三江)에서 수집
한 진동탈 하나는 소가죽으로 만들어졌으며, 탈의 길이는 20센티미터, 너
비16센티미터 정도이다. 머리에는 검은색 모자를 쓰고 있으며, 누런 얼굴
에 오관이 단정하고, 판에 박은 듯이 표정에 변화가 없다. 일반 진동탈이
삐뚤어진 입에, 찌그러진 눈을 한 모습과는 크게 다르다. 중국 고대에는

[그림 239] 호남 무강
나희탈 음사공공.

가죽으로 구나탈을 제작하였으니, 방상
시에서 쓴 기두가 가장 유명한 예이다. 다
만 명청 이후에 가죽을 재질로 한 탈이 갈
수록 희소해졌으며, 소가죽으로 만든 탈
은 더욱더 찾아보기 힘들어졌다. 상서 남
쪽에 자리한 소양 또한 오래된 탈이 비교
적 많이 남아 있는 지역이다. 소양의 나희
는 한·먀오·야오·둥·투쟈 등의 민족
중에 퍼져 있으며, 한족의 나(漢儺)를 위
주로 하고 있다. 소양의 한족 '나' 탈은 모
두 36개이다. 현재 무강현에는 완전하게
보전되어 있으나, 다른 현에는 3,5개 내

지 7,8개 등이 남아 있을 뿐이다. 현재 무강현에 남아 있는 '나' 탈로는 음
사낭낭(陰師娘娘), 음사공공(陰師公公, 2개), 대랑, 이랑, 삼랑, 황비호(黃
飛虎), 수흑호(崇黑虎), 판관, 소귀, 관성제군, 진노화상(陳老和尙), 초재
낭군(招財郎君), 선봉, 송자토지(送子土地), 진단토지(鎭壇土地), 왜취(歪
嘴), 문종(門宗), 성황, 감생팔랑(甘牲八郎), 개산, 용왕 등 22개이다. 유실
된 탈로는 음사공공, 음사낭낭(2개), 진보낭군(進寶郎君), 살생칠랑(殺牲
七郎), 왕영관(王靈官), 종규, 남악식, 서악신, 중악신, 조공원수(趙公元
帥), 탐자(探子), 사랑(四郎), 오랑(五郎) 등 14개이다.[63] 이들 탈은 수법이
사실적이며, 조각이 세밀하고, 세속 색채가 아주 농후하여, 민국 시기 작
품인 듯하다. [그림 239]는 음사공공으로 〈접낭낭(接郎郎)〉과 〈영성(迎
聖)〉 중에 사용되었다. 머리에는 삼청법관을 쓰고, 오관은 세밀하게 새겨
져 있으며, 생김새가 현실 속의 무당과 아주 흡사하다. [그림 240]은 왜
취로 세속에서는 모파파(毛巴巴)라 불리며, 〈항감생(降監牲)〉이란 극에
사용된다. 머리에는 수건을 두르고, 가지런한 눈썹에 눈짓을 하고 있으

---

63) 向緖成·劉中岳,〈湖南邵陽儺戲調査〉,《中國儺戲調査報告》.

[그림 240] 호남 무강
나희탈 왜취.

[그림 241] 호남 무강
나희탈 개로선봉.

며, 입은 삐뚤어지고 콧주름이 가득하여, 교활하고 간사한 모습을 나타내고 있다. 귀주의 왜취 진동탈이 우스꽝스럽고 유머가 있는 것과는 사뭇 다르다. [그림 241]은 선봉으로 개로선봉이라고도 한다. 직책은 염탐꾼(탐자)으로 〈영성〉〈타동(打洞)〉〈강감생〉에 사용된다. 머리에는 투구를 쓰고, 이마에는 붉은 점을 찍었으며, 눈과 눈썹을 치켜 올리고 있어, 뛰어난 기개가 드러나고 있다. 뺨 주위에는 장식물을 두르고 있으며, 투구에 높이 솟아 있는 귓날개와 일체를 이루고 있어, 영준한 기운을 더해 주고 있다.

호남 나희탈은 일반적으로 모두 연출자가 얼굴에 직접 쓰는 것으로, 〈포태포〉를 사용하여, 감는 것은 아주 드물다. 오직 〈동동추〉만이 특수하여, 연출자들은 머리에 3미터 정도 길이의 띠를 두르고, 양끝은 뒤 꼭지에서 길게 땅으로 늘어뜨린다. 연출 시에 연출자들은 두 손에 각각 긴 띠를 하나씩 잡고 춤을 추면서, 수염을 쓰다듬거나, 말을 타는 동작을 표현하고 있으며, 자태가 아주 아름답다.[64] 이전에 호남에서는 나신묘가 있었으며, 평소에는 탈을 사당에 모셔두었다. 주신은 백기(伯奇)로 방상씨에서 변하여 나온 것이다. 좌신(佐神)은 형상이 흉악한 탈로 '표두(彪頭)'라고도 부른다. 연출 시에 무당은 북과 징을 치면서, 탈을 향주집으로 맞아들이고 제단을 설치하였으나,[65] 지금은 이미 나신묘를 찾아볼 수가 없다.

7. 광서 사공희와 그 탈

사공희(師公戲)는 일명, '시공희(尸公戲)'라 부르며, 사공(尸公)이 연출하는 나희이다. 청 건륭 시기의 《영산현지(靈山縣志)》에 "6월 6일이 되면 대부분 시공을 불러다, 토고를 치면서 토지신[田祖]을 맞이하고 사람들은 땅에 앉아 술을 마신다"[66]고 실려 있다. '시'는 상고 시기에 제사를 지내면서 사람을 신의 형상으로 분장시킨 것이며, 신령을 대표하여, 제사를 받았다. 《통전(通典)》 권48에 "주나라 이전에 천지와 종묘사직의 모든 제사에는 무릇 시를 세웠다"[67]고 하였다. 춘추전국 이래로 '시'는 관청의 제사에서 점차 폐지되었으나, 민간의 제사에서는 여전히 '제사에 시를 세우는 입시(立尸)'의 유풍이 남아 있었다. 사공희는 호칭에서 시공희와 서로 통한다. 이것은 고대의 '시'와 밀접한 관계가 있음을 말해 주고 있다.

사공희는 광서에서 유행할 뿐만 아니라 광동에서도 유행한다. 광동의 사공희는 널리 퍼져 있지 않으며, 지금은 대부분 탈을 사용하지 않는다. 광서의 사공희는 계북(桂北)·계중(桂中)·계서(桂西)·계남(桂南)의 한족·쫭족[壯族, Zhuang]·야오족[瑤族, Yao]·먀오족[苗族, Miao]·마오난족[毛難族, Maonan]·무람족[仡佬族, Mulam]에 전해지고 있다. 민족에 따라서 한족사공희·쫭족사공희[壯師戲]·마오난족사공희[毛南戲]·무람족사공희와 야오·먀오사공희 등으로 구분된다. 언어의 구분에

---

64) 吳聲, 〈新晃侗族儺戲簡介〉, 湖南省戲曲研究所編《湖南地方戲曲史料》, 제4집, 1982년 내부 발행.

65) 唐愍, 〈楚文化孕育的儺文化〉, 《楚風》, 1991년 증간호.

66) 六月六日, 多延尸公, 擊土鼓以迓田祖, 衆皆席地而飲.

67) 自周之前, 天地宗廟社稷一切祭享, 凡皆立尸.

따라, 백화(白話, 粵語)사공희 · 평화(平話, 남녕 근교의 방언)사공희 등으로 나누며, 지역에 따라서 귀현(貴縣)사공희 · 남녕(南寧)사공희 · 내빈(來賓)사공희 · 무선(武宣)사공희 등으로 나눈다.[68] 광서의 '나' 활동은 대략 진한에서 시작되었으며, 군대를 따라 중원에서 영남으로 전해졌으며, 북송 시기에는 이미 보편적으로 민간에 유행하였다. 주거비의 《영외대답》에 당시 계림에는 경사(京師)의 〈정강제군나(靜江諸軍儺)〉가 유명하였을 뿐만 아니라, 각 마을과 촌락마다 '백성나'가 널리 퍼져 있었다고 하였다. 그 의장대의 장식은 중원 지역보다 훨씬 뛰어났다. 청대 중엽 이전에 광서의 '나' 활동은 여전히 사공이 춤과 노래를 하던 단계에 머물러 있었다. 그러므로 또, '창사(唱師)' 혹은, '도사(跳師)'라고 불렀다. 도광(道光, 1821-1850년) 연간에 귀현의 양염부(梁廉夫)는 《죽지사(竹枝詞)》에 "멀리 제단에서 울리는 토고소리 들으니, 절기마다 오는 좋은날인 줄 알겠네……. 삼삼오오 무리지어 손 잡고 가면서, 마을 제사에 사공(跳師) 보러 간다고 말하네"[69]라고 하였다. 청대 중 · 말기에 사공의 가무는 점차 사공희로 변했으며, 대략 신해혁명을 전후로 하여, 진정한 사공희가 형성되었다.[70] 현재의 사공희 중에도 사공희 가무가 아주 중요한 비중을 차지하고 있다.

　광서 사공희는 농후한 종교 색채를 띠고 있으며, 사람들은 이를 이용하여 기도를 들어준 신에게 감사를 올리고, 액막이를 하며 삿됨을 몰아내는 데 사용하고, 인축의 평안과 오곡의 풍성을 기원하였다. 연출자는 대다수가 종교 활동에 종사하는 직업적인 사공(시공)이었다. 사공들은 자칭 '삼원교(三元敎)'(또 '사교(師敎)' 혹은 '매산교(梅山敎)'라고 부른다)에 속한다고 하며, 주로 당도양(唐道揚) · 갈정응(葛定應) · 주호정(周護正)의 '삼

---

68) 郭秀芝, 〈廣西師公戱縱橫談〉, 廣西藝術硏究所編, 《廣西儺藝術論文集》, 文化藝術出版社, 1990年.

69) 遙聞瓦鼓響壇壝, 知是良辰九九期, 三五成群携手往, 都言大社看跳師.

70) 顧樂眞, 〈從 '古儺' 到師公戱〉, 貴州省民委文敎處編, 《中國儺文化論文選》, 貴州民族出版社, 1989年.

원조사'를 숭배하고, 동시에 상청(上淸)·옥청(玉淸)·태청(太淸)의 '삼
청진군'을 모신다. 당·갈·주는 주조(周朝, 일설에는 唐朝)의 동모이부
(同母異父)형제라고 전해지며, 뒤에 매산에 들어가 술법을 배워 득도하여
삼원교의 시조가 되었다고 한다. 사공희에서는 개장 시에 반드시 먼저 '삼
원'의 신세를 노래하고, 노래가 끝난 뒤에야 다른 극목을 연출할 수 있다.

광서 사공희의 극목은 아주 풍부하다. 그 중에는 역대 조사와 천상신의
신세와 공적을 찬양하고 있다. 예를 들면 《삼원진군(三元眞君)》《음양사
부(陰陽師父)》《반고왕(盤古王)》《북제(北帝)》《뇌왕(雷王)》 등이다. 다른
신은 현지 백성들에게 좋은 일을 해주어, 사람들이 받드는 토속신들로 《감
왕(甘王)》《막일대왕(莫一大王)》《풍사(馮四)》《삼계(三界)》 등이 있다.
또, 사람들이 좋아하는 민간전설과 역사 이야기로는 《맹강녀》《동영(董
永)》《설강반당(薛剛反唐)》《설인귀정동(薛仁貴征東)》 등이 있다. 노동에
종사하는 백성들의 생산과 생활을 반영한 것으로는 《방직낭(紡織娘)》《경
종낭(耕種郎)》 등이 있다. 건국 이후에 일부 사공극단에서는 《백모녀(白毛
女)》《매화고낭(賣花姑娘)》 등의 현대적인 극을 연출하기도 하였다. 옛날
사공희의 연출에는 모두 탈을 썼으나, 뒤에 오면서 극목이 점차 확충되면
서, 원래 있던 탈은 수요를 만족시킬 수 없었으므로, 점차 얼굴화장이 성
행하게 되었다. 사람들은 탈을 쓴 사공희를 '목면사(木面師)'라 부르며,
얼굴화장한 사공희를 '분면사(粉面師)'라 부른다.

광서는 역사적으로 유명한 탈의 고장이다. 남송의 유명한 문인인 육유(陸
游, 1125-1210)와 범성대(范成大, 1126-1193)·주거비(周去非) 등은 모두
계림의 탈에 대해 매료되어 칭찬을 아끼지 않고 있다. 청 가경(嘉慶, 1796-
1820년)의 《임계현지(臨溪縣志)》에 다음과 같은 중요한 기록이 있다.

지금의 향인나(鄕人儺)는 10월에 하는데, 무당이 이를 맡아서 하며 이를
도신(跳神)이라고 말한다. 그 신은 수십이나 되며 영공(슈公)이 가장 존귀
하다. 가면을 쓰고 옷과 갑옷을 걸치고 빙빙 돌며 춤추고, 순서대로 서서 노
래하며, 신을 맞이하고 보내는 사(詞)로 삼으니 초사의 유풍을 갖추고 있으

나, 비속하고 천할 따름이다. 그 가면은 모두 현지 촌민들이 만들며 나무로 만들고 종이를 쓰지 않는데, 아주 정교하게 깎고 아로 새겼다.[71]

이 글은 송대에서 청대까지 광서에서 탈이 줄곧 성행하였으며, 아주 높은 예술적 수준을 유지하고 있음을 설명해 주고 있다.

사공희 탈은 평소에 '36신, 72상'이란 설이 있다. 이것은 도교의 36천강성(天罡星)과 72지살성(地煞星)에서 변화된 것이다. 학계에서는 36신, 72상에 대하여 여러 가지 해석이 있다. 첫째, 36신에는 72개의 신상(面具)이 있다는 것을 말한다. 둘째, 36신은 각기 하나씩 탈이 있고, 72신은 탈이 없다고 한다. 셋째, 사공희 탈은 적으면 36개이고, 많으면 1백8개라고 한다. 어떤 설이 정확한지는 현재까지 정론이 없다. 그러나 사공희탈은 의심할 여지없이 적어도 36개는 된다. 광서의 각 지역과 민족은 36신, 72상에 대한 취사(取捨)가 일정치 않으며, 통일된 이름이 없다. 그러므로 각 지역과 민족마다 탈의 각색이 서로 다르다. 공통된 탈로는 삼원조사(三元祖師), 삼광(三光), 관등마조사수(關鄧馬趙四帥), 장천사(張天師), 영관, 염왕, 사왕(社王), 뇌왕, 조왕(灶王), 토지, 공조(功曹), 산소(山魈), 개산(開山), 노반(魯班), 백마고낭(白馬姑娘), 화파(花婆), 영낭(靈娘) 등이 있다. 각 지역에 특수한 탈로는 계림지역의 영공(令公), 무파(武婆), 도천왕야(都天王爺)가 있고, 쫭족 지역에는 삼계, 풍사, 감왕, 막일대왕이 있으며, 마오난족 지역에는 요왕(瑤王)이 있고, 먀오족 지역에는 묘공(苗公)과 묘파(苗婆)가 있다.[72] 고악진(顧樂眞)은 탈의 노소와 미추에 따라, 선상(善相)탈·흉상(凶相)탈·축상(丑相)탈 세 가지 탈로 나눈다. 그 중 선상탈은 또, 노년문상〔文相〕·청년문상·노년무상〔武相〕·청년무상·노년여상·청년여상의 몇 종류로 나누어져 있다.[73] 이전에 광서 나탈은 아주 널

---

71) 今鄕人儺, 率于十月, 用巫者爲之, 謂之跳神, 其神數十輩, 以令公爲最貴; 戴假面, 著衣甲, 婆娑而舞, 倫佇而歌, 爲迎送神詞, 具有楚詞之遺, 第鄙俚耳, 其假面皆土人所制, 以木不以紙, 雕鏤有極精者.

72) 江平,〈廣西儺面具的發展〉,《美術界》, 1991年, 第2期.

리 퍼져 있었으나 태평천국과 신해 혁명 시기에 사공 가무와 사공희는 심한 타격을 받았으며, 많은 탈들이 훼손되었다. 다만 건국 초기에 민간에는 여전히 오래된 탈이 적지 않게 남아 있었다. 1957년 유은백(劉恩佰)·손경침(孫景琛)이 광서에서 사공희를 조사하면서, 계림 등 5개 시와 현에서만 2백70여 장의 서로 다른 탈의 사진을 찍을 수 있었다. 그 중 대다수는 명청 시기의 작품으로 분류될 수 있다.[74] 문화대혁명의 겁난 이후에, 광서의 옛날 탈들은 대부분이 없어졌다. 대표적인 작품을 아래에 소개한다.[75]

나성(羅城) 무람족자치현의 탈은 대략 청대 초기의 유물로 지금 이미 300여 년의 역사를 지니고 있다. 그 각색에는 삼계·뇌신·관음·토지·오왕(吳王)·양왕(梁王)·창왕(蒼王)·위덕태자(威德太子)·화림태자(花林太子) 등 모두 15명이다. 단단한 나무 재질로 제작되었으며, 적갈색에다 대부분 머리 장식이 되어 있다. 조각은 거칠고 호방하며, 품격은 고졸하고, 신채가 뛰어나나, 오관의 조각이 대부분 비슷하고 개성이 두드러지지 않는 것이 결점이다. [그림 242]는 뇌신의 탈로 면상이 흉악하고 이마에 뿔이 나 있으며, 입에는 송곳니가 뻗어나와 있고, 귀는 어깨까지 내려와 있는 뛰어난 작품 중 하나이다. [그림 243]은 관음탈로 머리에 화관을 쓰고,

[그림 242] 광서 나성 무람족 사공희 탈 뇌신.

[그림 243] 광서 나성 무람족 사공희 탈 관음탈.

---

73) 顧樂眞, 〈桂林戲面:廣西儺面具的演變〉, 《廣西儺藝術論文集》.

74) 劉恩伯·孫景琛, 〈桂北 '跳神'〉, 《舞蹈叢刊》 제4집.

75) 본서는 광서 나면의 논술에 대하여 광서예술연구소가 촬영한 비디오와 《美術界》 1991년 제2기 '廣西儺面具藝術專輯' 을 참조하였다.

얼굴은 풍만하며, 미목이 수려하고, 오똑한 코에 작은 입을 가진 농촌의
소부(少婦)처럼 생겼다.

　청대 중기와 말기의 작품으로는 환강(環江) 마오난족자치현과 계림시·
귀항시(貴港市)·하지시(河池市)의 탈 몇 개가 있다. 조각 기교로 보면 나
상현의 탈보다 한 발
앞서 있으며, 그 특징
은 관모장식이 복잡하
고, 인물의 개성이 선
명하며, 색채가 아름
답다. 결점으로는 작
품의 신태가 직접 드
러나 있으며, 내재적
인 기질이 떨어진다.
어떤 작품은 색이 너
무나 선명하여, 오히
려 촌스러움이 두드러

[그림 244] 광서 환강
마오난족 사공희 탈 요왕.

[그림 245] 광서 계림
사공희 탈 산소(山魈).

진다. [그림 244]는 환강현의 요왕탈로 요왕은 마오난족 민간전설에서
삼림을 주관하는 신으로, 〈선관가교(仙官架橋)〉〈요왕동화탑교(瑤王揀花
搭橋)〉〈만세낭낭송금화(萬歲娘娘送金花)〉 등에 나오고 있다. 이 탈은 끝
이 뾰족하게 솟은 모자를 쓰고 있으며, 두 귀는 기이하게 길고, 눈썹과 눈
은 둥글게 아래로 내려와 있으며, 크게 벌린 입에는 앞니 2개만 있어서,
사람들에게 웃음을 자아내게 하는 우스꽝스런 모습을 하고 있다. [그림
245]는 계림시의 산소(山魈)탈로, 산매(山魅)는 기(夔)이며, 또는 강양(岡
兩), 혹은 방량(方良)이다. 온몸에 긴 털이 나 있으며, 사람을 잡아먹는 정
령이다. 이 탈은 머리에 흰 관을 쓰고 있으며, 관 위에는 원형의 도안이
있고, 얼굴은 청남색 바탕에 눈썹·눈자위·입술은 짙붉은 색으로 칠해
져 있다. 입에는 2개의 흰색 송곳니가 뻗어나와 있어서, 산소의 공포스럽
고 징그러운 형상을 아주 충분하게 그려 넣고 있다.

민국 이래로 광서 사공희가 몰락하면서, 탈의 제작 공예도 점차 조잡해졌다. 관모 장식도 간단해지고, 인물의 형태도 딱딱해져, 지난날 탈의 풍채를 잃어버리고 있다. 문혁 이후에는 종이로 만든 탈이 나오게 되었으며, 심지어는 종이 위에다 신상을 그려 얼굴에 쓰고 있으니, 이는 단지 각색을 상징하는 일종의 부호일 따름이다.

사공희 탈 중에서 가장 중요시해야 할 것은 이중탈과 삼중탈이다. 이중탈은 다른 성에서도 찾아볼 수 있으나, 삼중탈은 오직 광서에서만 전해져 오고 있다. 다중탈의 관모 부분은 고정되어 있으나, 얼굴 부분은 자유롭게 열고 닫을 수 있어서, 평소에는 대나무 못으로 2면 혹은 3면을 고정시켜 놓았다가, 공연할 때 극의 변화에 따라서, 탈을 한 겹씩 벗기거나, 덮어쓰기도 하여, 변검의 작용을 하고 있다. 다중탈은 탈의 표정이 단순하고, 고정되어 있다는 한계를 타파하고 있으며, 인물 표정을 살아나게 하고 있다. 이런 변검의 기교는 사천의 극 속에서 충분히 발전되고 있다. 천극의 변검은 종합적인 예술로, 탈 외에도 얼굴화장을 사용하며, 그 양식에는 '말폭안(抹暴眼)' '취분(吹粉)' '차검(扯臉)' '첩검(貼臉)' 등 네 종류가 있다. 앞의 두 종류는 얼굴화장에 속하고, 뒤의 두 종류는 탈과 관련이 있다. 《금산사(金山寺)》에서 자금요발신(紫金鐃鉢神)은 '차검'의 기교를 사용하여 녹·백·홍·흑·자색 등 7,8장의 얼굴로 변할 수가 있어, 사람들을 탄복하게 만든다.

광서의 이중탈로 현재 찾아볼 수 있는 것으로는, 북제조사(北帝祖師)·개산·이전(二殿, 銀殿과 鈺殿)·양오(梁吳)·이랑(二郎) 등이 있다. 일반적으로 제1층은 백면(白面)의 본상(本相)이고, 제2층은 적면(赤面)이나 녹면(綠面)의 내상(內相)이다. 본상은 선량하고 온화하며, 내상은 흉악하고 징그럽다. 지금까지 발견된 삼중탈은 단지 영공(令公)뿐이다. 영공은 일설에 이영공 이정(李靖)이라고 하며, 또 다른 설에는 양영공 양열(楊熱)이라고도 한다. 또는 이위공(李衛公)·곽분양(郭汾陽) 혹은 비산왕(飛山王) 양재사(楊再思)라고도 한다. 응당 앞의 설이 옳다. 이정의 본명은 약사(藥師)로 수나라 말기에 마읍군의 승상을 맡았으며, 후에 당나라로 들어와,

고종 때 영남도무위대사(岭南道撫慰大師)·계주대총관을 맡았으며, 태종 때는 병부상서·상서우부사(尙書右仆射) 등의 직책을 맡았다. 신화소설인 《봉신연의(封神演義)》 중에는 상(商)나라의 진당관(陳塘關)을 지키던 장수로 그려졌으며, '탁탑천왕(托塔天王)'으로 불렸다. 이정은 영남을 경략하면서 "호령이 엄숙하였으며, 추호도 법을 범하지 않았다."(《월서총재(粤西叢載)》) "지나치는 곳마다 백성들의 질고를 살피고 장노들을 만나 보고 천자의 은혜로운 뜻을 선포하였으므로 원근의 모든 백성들이 기뻐하면서 복종하였다."[76](《신당서·이정전》) 이로 인하여 계림 일대의 백성들은 이정을 신으로 받들었으며, 사당을 세우고 제사를 지냈다. 민간전설에 이정은 머리가 3개고, 팔이 6개라 하였으므로, 그 탈은 모두 삼중으로 머리 3개를 상징하고 있다. 또 무장탈 하나는 두 귀에 2개의 작은 머리를 조각해 놓아, 머리 3개를 상징하기도 한다. 계림시에 남아 있는 명말 청초의 삼층탈 하나는 조각이 아주 세밀하여, 영공탈의 대표라 할 수 있다. 제1층은 영공의 본상으로, 눈썹이 두껍고, 둥근 눈, 불그레한 얼굴에 검은 수염이 나 있다. 제2층은 백면의 선상으로 버드나무 눈썹에 자상한 눈, 오똑한 코에 작은 입으로, 온화한 표정을 하고 있으며, 영공이 옥황상제의 성지를 받들어 인간 세계에 내려와 백성을 위로할 때의 얼굴이라고 전해진다. 제3층은 금면의 흉상으로 독수리눈에 사자코, 빗자루 같은 두 눈썹에다 입에는 송곳니가 뻗어나와 있으니, 영공이 요마와 격투할 때의 얼굴이라고 전해진다. 이 탈의 투구는 세밀하고 화려하게 제작되어 있으며, 투구 위에는 나타뇨해(哪咤鬧海) 도안이 조각되어 있다. 투구의 양쪽에는 두 용이 꽈리를 틀고 있으며, 좌우의 귀에는 원형의 죽통이

[그림 246] 광서 계림 사공희 삼중탈 영공.

76) 所過問疾苦, 延見長老, 宣布天子恩意, 遠近歡服.

[그림 247] 벗었을 대의 영공 삼중탈.

달려 있어, 우령(羽翎)을 꽂을 수 있으며, 요마의 두개골이 장식되어 있고, 금색 얼굴에 노한 눈으로 흉악한 형상을 하고 있다. 이 탈은 범성대가 "기술이 지극히 교묘하여, 한매에 만전의 가치가 있다"라는 말로 형용하고 있는데, 조금도 과장된 말이 아니다. [그림 246]은 겹쳐졌을 때의 영공탈이고, [그림 247]은 벗었을 때의 영공탈이다.

1990년대초에 계림시 교외의 이당향(二塘鄕)·낙가촌(駱家村)에서 36개의 옛날 탈들을 발견하였다. 탈은 모두 녹나무로 만들어졌으며, 이미 수십 대를 전해 내려왔으며, 현지 촌민들은 보물로 생각하고 있었다. 건국 초기에 마을의 노인들이 비밀리에 영공사당의 천장 위에 감추어 놓았으나, 뒤에 사람들이 잊어버려 40여 년간 누구도 건드리지 않았었다. 발견 당시 탈은 검은 회색에 이미 부분적으로 썩어 있었다. 어떤 탈은 과거에 가에다 철테를 둘렀었으나, 지금 이 철테는 이미 부식되었거나 녹아 버렸다. 그 중에 삼중탈이 하나 있고, 이중탈은 두매가 있었다. 삼층탈은 영공탈로 관모는 당송장군의 투구이고, 얼굴 부분은 조각이 거칠고, 호방하며, 힘이 있어, 마치 살아 있는 듯하다. 이중탈의 각색은 이미 고증하기 어려우며, 그 나머지 탈도 대다수가 일명(佚名)이다. 이 탈의 연대를 텔레비전이나 신문 등의 방송매체에서 보도할 때, 모두 송대탈이라고 소개했다. 이미 발표된 사진으로 판단해 보면, 송대보다 약간 빠를 것도 같다. 다만 이 탈들은 조형이 힘이 있고, 신채가 뛰어나니 응당 명대 중기보다 늦지 않을 것이다. 이것은 현존하는 중국의 탈에서 가장 오래된 목질탈 중 하나이다. 사공희 탈은 착용할 때, 3미터 길이의 '포태포'를 사용하여, 탈의 가장자리를 따라, 정수리에서 아래턱까지 감싸고 있다. 이것은 귀주·사천 나당희 탈의 착용 방식과 서로 같다. 결국 누가 누구에게 영향을 미쳤는지는 분명하지 않다.

　광서의 흠주(欽州)·영산(靈山)·포북(浦北)·합포(合浦) 일대의 농촌에서는 '도령두(跳岭頭)'라고 하는 탈놀이가 유행하고 있다. 도령두는 대다수가 마을 단위로, 매년 음력 8월에서 10월에 거행된다. 그 목적은 명절을 축하하고, 사마를 몰아내며, 풍년에 감사드리는 것이다. 마을 밖 고갯마루에 설치된 간단한 묘단(廟壇)에서 진행되기 때문에, 이런 이름을 갖게 되었다. 이 축제를 주관하는 마을에서는 한 반〔一班〕의 '귀사(鬼師)'(혹은 영두대(岭頭隊)라고도 한다)를 불러온다. 먼저 고갯마루에다 제단을 설치한 뒤에 신을 놀리며 〈도삼사(跳三師)〉 〈도사랑(跳師郞)〉 〈포운제(抛云梯)〉 〈도하강(跳下江)〉 등을 연출한다. 멀고 가까운 이웃 마을사람들이 소식을 듣고 모두 구경오며, 제사를 주관하는 마을에서는 제물을 잡고 술을 준비하여 연회를 베푼다.[77] 도령두는 이틀 이상을 거행하며, 날을 새면서 아주 요란한 축제 분위기를 연출한다. 밤이 되면 화톳불이 활활 타오르며, 북과 징소리가 천지를 울리고, 춤이 고조에 달하면 구경하던 사람들이 앞다투어 참가한다. 연출이 끝나는 마지막 날에는 '수(살)정(收 '殺'精)'을 공연한다. 조원수가 요정을 죽인 후에, 요정의 탈을 용선 안에다 넣고 불태운다. 만약 역병이 든 해에는 집집마다 돌아다니면서, 역귀를 몰아낸다. 도령두는 사공희와 큰 차이가 있지만, '나'의 범주에 속한다. 사료의 기록에 의하면, 적어도 명대 중엽 이전에 도령두 활동이 있었다고 한다. 명 가정《흠주지(欽州志)》에 "팔월 중추절이 되면 가명으로 신에게 제사 지내어 알리며, 귀신의 형상으로 분장하고 고갯마루에서 춤을 추는데 이를 도령두라고 말한다. 남녀가 모여 구경하면서 노래 부르며 서로 화답

---

77) 楚夫, 〈廣西古老民間歌舞節 — 跳峇頭〉,《民族藝術》, 1991年, 第1期.

[그림 248] 광주 흠주의
도령두 마분지 탈.

한다. 음락을 즐기며 거짓 부부 노릇을 하는데 부모형제도 이를 편안하게 받아들이며 탓하지 않는다"[78]라고 하였다. 도령두 탈은 속칭 '상(相)'이라고 한다. 대나무를 엮어 만든 상과, 나무로 만든 상이 있다. 대나무를 엮어 만든 상을 '명상(明相)'이라고 하며, 그 위에다가 평면으로 신상을 그린다. 공연 때에 이마 위에다 쓰며, 도제(徒弟)나 도동(道童)이라는 제3인칭을 사용하여 공연한다. 목각상(木殼相)은 또 '암상(暗相)'이라 하며, 나무에다 돋을새김으로 신의 얼굴을 만들며, 공연 때에는 얼굴 전체를 가리고, 모든 신들은 제1인칭을 사용하여 공연한다.[79] 근래에 들어와, 나무와 대나무 탈은 갈수록 희소해 지며, 판자에다가 종이를 댄 탈이 나타나고 있다[그림 248]. 도령두 탈에서 흔히 사용되는 각색은 삼원·삼개·천세왕·천세파·토지·사수·요정 등이다.

8. 운남 소통의 단공희와 그 탈

중국 서남의 변경 지역에 자리잡고 있는 운남성은 나문화가 아주 풍부하게 누적되어 있는 곳이다. 사람들이 잘 알고 있는 관삭희(關索戲) 외에도 근래에 들어와, 많은 나희와 '나무' 그리고, '나'와 유사한 활동이 발견되고 있다. 보산현(保山縣)의 향동희(香童戲), 유서현(維西縣)의 대사회(大詞戲), 문산(文山) 지역의 재동희(梓潼戲), 쌍백현(雙栢縣) 이족의 도호절(跳虎節), 이문현(易門縣) 이족의 도아파(跳啞巴), 원양현(元陽縣) 하니족의 구제헌(九祭獻), 난평현(蘭坪縣) 바이족의 배일왕(杯日往), 경홍현

---

78) 八月中秋, 假名祭報, 妝粉鬼象于岭頭跳舞, 謂之跳岭頭, 男女聚觀, 唱歌互答, 因而淫樂, 逐假夫婦, 父母兄弟, 恬不爲怪.
79) 鄧飛, 〈談 '跳岑頭'〉, 《廣西儺藝術論文集》.

(景洪縣) 지노족의 아모송철제(阿嫫松鐵祭) 등이 있다. 그 중에 비교적 발굴이 잘 되었으며, 탈에 특색이 있는 것으로는, 소통(昭通)지구의 단공희(端公戲)를 꼽을 수 있다.

소통의 단공희는 주로 진웅(鎭雄)·이량(彝良)·대관(大關)·위신(威信)·염진(鹽津)·교가(巧家)·영선(永善)·수강(綏江)·소통(昭通) 등의 9개 현과 시의 변경 지역 산간 지역에 분포되어 있다. 그 연출은 단공(이 지역에서 무당을 부르는 호칭)이 주관하므로, 이런 이름을 얻게 되었다. 민간에서는 또 '타나(打儺)' '경단(慶端)' '경보살(慶菩薩)' '도단공(跳端公)' 등으로도 부른다. 민국 시기 《수강현지(綏江縣志)》에 "남자를 박수라 하며 세속에서는 단공이라 부른다. 여자를 무당이라 하며 민간에서는 사낭자라 부른다. 각기 개인 집에다 신당을 마련해 놓고 있다……. 역귀를 몰아내고 귀신 쫓아내는 것을 일로 삼으니, 시골의 우둔한 사람들은 병이 나면 처음에는 부적을 쓰고 점을 쳐 물어보고, 계속하여 이들을 집에 불러다 갖가지 이상한 짓들을 한다. 타라(打鑼)·경단(慶壇)·뇌신(酹神)·송귀(送鬼)·항기(降騎)·주음(走陰)·관화(觀花)·소태(燒胎) 등을 행한다. 이런 기풍이 시골 사이에서 가장 성행하고 있다"[80]고 하였다. 민국 시기 《대관현지(大關縣志)》에는 또, "본 현의 사당에 도사가 주지하고 있는 곳이 있으나, 다른 사람에게 상례에 관한 일을 하지 않는다. 집에 있는 속인들이 대략 도교의 경전을 읽을 줄 알면 또 도장이라 부르며, 또 단공희라고도 부르고, 다른 사람을 위하여 신에게 제사를 드리고 삿된 것을 몰아내는 굿을 한다"[81]고 하였다. 이것으로도 알 수 있듯이, 단공희는 종교색채가 농후한 '무사나'였다.

단공희는 결코 현지에서 생겨나고 성장한 것이 아니라, 내지로부터 전

---

80) 南曰覡, 俗號端公, 女曰巫, 俗稱爲師娘子, 各就私人住宅說有巫堂……. 以逐疫驅鬼爲事, 凡鄉愚患病, 初則書符問卜, 繼則延之家中作種種異狀. 有打鑼·慶壇·酹神·送鬼·降騎·走陰·觀花·燒胎等節目. 此風鄉間最盛.

81) 本縣廟宇有以道士主持者, 且未與人作齋事, 有在家俗人略讀道經, 亦稱道場, 亦號端公戲, 爲人作酬神驅邪之術.

해져 들어온 극이다. 전래된 통로는 주로 강서·사천·호광의 세 갈래 길이었다. 강서 계통은 명나라 초엽에 흘러들어 왔으며, 시간이 가장 빠르다. 청초에서 청말까지는 사천과 호광 계통이 대량으로 전해졌다.[82] 모든 전파 과정은 명청의 통치자들이 국토를 개척하고, 변방 지역에 둔전을 하면서 이주시켰던 정책의 영향을 받았다. 예를 들면 진웅현 발기향(潑機鄕)의 추씨 단공의 단문(壇門)은 그 선조인 추노공(鄒魯公)이 원래 강서 임강부(臨江府) 청강(靑江) 사람으로 "도교와 무교의 법술을 좋아했으며, 사교에 정통하였다"(《추씨가보(鄒氏家譜)》)고 한다. 명말초에 주원장은 부우덕(傅又德) 등의 장군을 파견하여, 군대를 이끌고, 남으로 운남을 정벌하도록 하였다. 홍무 16년(서기 1383년)에 추노공은 진웅의 둔전에 파견되었다. 그 자손들은 "농사를 근본으로 삼고, 교를 업으로 삼는다"는 조상의 가르침을 받들어 왔으며, 지금까지 21대를 전해져 내려왔다.

　소통의 단공은 일반적으로, 단문(壇門)이라는 조직으로 활동하고 있으며, 매단마다, 10여 명에서 수십 명까지 그 수가 다르다. 단문은 또, 교문(敎門)이라고도 부르며, 그 연원과 유파에 따라, '도문(道門)'과 '불문(佛門)'의 구분이 있다. 그래서 민간에는 '도교단공'과 '불교단공'이라는 말이 있다. 그러나 실제로는 도문이나 불문을 막론하고, 대부분이 무교도 있고, 도교도 있고, 불교도 섞여 있어 순수하게 도교나 혹은 불교만을 신봉하는 곳은 아주 적다. 단공의 종교 활동은 대체로 '음단(陰壇)'과 '양단(陽壇)'의 두 종류로 나눈다. '음단'은 장례의 제사 활동을 가리킨다. 예를 들면 망자가 음간으로 떠나는 길을 가르쳐 주는 개음지로(開陰指路), 관을 돌면서 영혼에게 하직인사를 하는 요관사령(繞棺辭靈), 망령을 초도하는 활동 등이 있다. '양단'은 사람들을 위하여 재난을 물리쳐 주고, 역귀를 쫓아내며, 신에게 감사의 기도를 드리고, 복을 받으려는 제사들을 말한다. '음단'과 '양단'의 중요한 구분은 다음과 같다. 첫째, '음단'은 연

---

82) 楊榮生, 〈昭通端公戲源流初識〉, 《云貴川戲曲源流沿革硏討會文集》, 1987年, 成都, 내부 간행.

희를 할 수 없으며, 단지 '양단'만이 극을 연출한다. 둘째, '음단'은 계절의 제한을 받지 않으며, 일이 닥치면 하는 것으로, 단공의 일상적인 생계는 이것에 의존하고 있다. '양단'은 계절성이 아주 강하여, 일반적으로 겨울에 행해지므로, 민간의 속담에는 "단공은 전부 겨울에 생계를 위지하며, 5,6월은 황량하여 굴뚝에 연기가 나지 않는다"고 한다.

소통의 단공희는 단공이 주관하고 연출하는 나제·나희와 나무를 가리킨다. 이 세 가지는 흔히 서로 교차하고 융합하여 하나로 결합되어 있다. 제사 속에는 춤이 있고, 춤 속에는 제사가 있으며, 제사 속에는 희극이 있고, 희극 중에는 제사가 있다. 나제는 단공희의 영혼이고, 나무와 나희는 단공희의 날개이다. 영혼(나제)이 없으면, 단공희는 생명을 잃어버리게 되며, 날개(나무·나희)가 없으면, 단공희는 널리 전해질 수가 없다. 소통의 단공희 제사는 그 명칭이 아주 많으나, 흔히 볼 수가 있는 것은 아래와 같은 세 종류이다.

(1) 타나제사(打儺祭祀)

또 전당나(全堂儺)와 반당나(半堂儺)로 나눠진다. 전당나는 태평나(太平儺)라고도 부른다. 규모가 성대하며, 마을을 위한 나제 활동이다. 통상 마을의 화재, 메뚜기의 재해나 역병이 돌았을 때 거행하며, 그 의미는 재앙과 역병을 몰아내고 마을의 평안을 기원하는 것이다. 중요한 법사로는 개단(開壇)·포마(跑馬)·진대(鎭臺)·감로(砍路)·양로(亮路)·수온(收瘟)·진화(鎭火)·압괴(壓怪) 등이 있다. 반당나는 또, '반당설송(半堂設送)'과 '타나과관(打儺過關)'이라고 부르며, 규모가 비교적 작고, 집안을 위한 나제 활동이다. 현지 풍속에 의하면, 집안 사람이 몸이 허약하거나, 병치레를 자주하면서, 오랫동안 치료해도 잘 낫지 않으면, 귀신이 붙은 것이나, 살을 맞은 것이라고 하여, 단공을 불러다 액막이를 하거나 귀신을 쫓아낸다. 중요한 법사로는 짚으로 사람을 만들어 제웅으로 삼아 대신 귀신을 내보내는 모인채대(茅人替代)나, 과도관(過刀關) 등이 있다.

(2) 경단

이것은 원시적 색채를 띤 진택무술(鎭宅巫術) 활동으로, 제단을 모시고 단신을 받드는 집에서만 거행할 수 있다. 단신에는 조후성주(趙侯聖主)·오통맹왕(五通盟王)·나공법사(儺公法師)·주공법사(朱公法師)·백학성낭(白鶴聖娘) 등이 있으며, 각 집마다 모시고 있는 단신이 다르므로, 제사의 목적 또한 차이가 있다.[83] 가택의 평안을 빌기도 하고, 후사를 빌거나, 장수를 빌거나, 혹은 재물과 운수의 창성을 빌기도 한다. 단을 모신 집에는 3,5년마다 반드시 '경단'을 한 차례씩 해야 하며, 그렇지 않으면 영험하지 않다고 한다. 제사 의식은 단과 단신을 주위로 행해지며, 일반적으로는 3일 이상이 되어야 완성할 수가 있다. 중요한 법사로는 단병(團兵)·조석(造席)·살단방병(撒壇放兵)·개단(開壇)·낙초(落草)·찰돈(扎墩)·배회산(排灰山)·조정(造井)·조창(造槍)·배병(排兵)·분강(分罡)·안단(安壇)·초병(招兵)·제창(祭猖)·원단(圓壇) 등이 있다.

(3) 양희(陽戲)

또 '양희(楊戲)'라고도 하며, 사기와 병을 물리치고, 장수를 기원하는 제사 활동이다. 제사를 지내는 신은 주로, 천주(川主)·토주(土主)와 약왕

---

83) 민국의 《염진현지(鹽津縣志)》에 의하면 "집안에서 단신을 받드는 사람들은 매번 집에 어려움이 있거나, 식구가 병이 들면 단신이 빌미한 것이라 말하고, 집안이 흥성하고, 자식을 낳으면 단신의 은혜를 입어서 그렇다고 하면서, 집으로 단공을 청하여 기도를 한다. 아울러 화장을 하고 연희를 하는데 이를 경단이라고 한다"고 하였다. 단신을 받드는 집에서는 돌을 우묵하게 한 척쯤 쪼아서 중간에 쌀과 양식을 놓고 향을 피우는 '향단(香壇)'을 설치하고, 이것으로 단신을 상진하여 모신다. 경단은 모시는 단신이 다르므로 '재동단' '조후단' '나공단' '오통단' '장선단' 등이 있으나, 어떤 신을 모시든지, 모두 동시에 '나신'과 '도립오창(倒立五猖)'의 신을 모셔야 한다. '나신'은 동산성공, 화산성모이며, 또 복희 여와라고도 한다. '도립오창'은 또 '소삼보살'이라고도 하며, 단공의 행업신으로 돌아다니면서 삿된 귀신을 몰아낸다.〔역주〕

이다. 그 명칭의 내력에는 두 가지 설이 있다. 하나는 음양이 서로 대치하며, 양은 수를 주관하므로 '양희'라고 부른다. 다른 하나는 제사 지내는 신이 천주이고, 이 신은 이랑신인 양전(楊戩)이므로, '양희'라고 부르기도 한다.

위에 기술한 단공제사는 또 나제로 모두 서로 다른 형태와 서로 다른 층차의 단공희 즉 나희를 포함하고 있다. 현지 백성들은 단공희를 정희(正戲)와 쇄희(耍戲) 두 종류로 나눈다. 정희는 또, '예청정희(禮請正戲)'라고도 부른다. 이는 단공희가 그 본질적인 의미에서 희극 형태를 갖추고 있으며, 그 극목은 제사 활동을 둘러싸고 밀접하게 스토리가 전개된다. 연출 시에 단공은 탈을 써야만 한다. 정희는 또 두 종류로 나눈다. 하나는 출검자(出臉子)라고 하며, 주로 한 신만이 출장하여 양상(亮相)[84]과 공연을 하며 구성이 아주 간단하여, 나희 발전의 추형기에 속한다. 극목에는 〈출영관(出靈官)〉〈방상감로(放相砍路)〉 등이 있다. 또 하나는 비교적 구성이 생동적이며, 비록 공연이 제사에 의존하고 있으나, 종교성이 약하고, 예술성이 증가되었다. 극목에는 〈봉황영(鳳凰營)〉〈삼선배(三仙配)〉〈수얼용(收孼龍)〉〈대전홍산(大戰洪山)〉 등이 있다. 쇄회는 '화희(花戲)' '춘희(春戲)' '소단(笑壇)' 등으로 불리며, 세속화 경향이 농후한 희극이다. 주로 사람을 즐겁게 하는 데 사용하며, 법사 중에 틈을 메꾸거나 시간을 연장하거나, 분위기를 띄우는 작용을 하고 있다. 공연이 생동적이고 활달하며, 장엄하고 조화롭기도 하고, 우스꽝스럽게 사람들을 웃기기도 하면서, 임의성이 강하다. 극목은 대부분이 다른 극에서 이식되어 온 것이다. 흔히 공연하는 것으로는 〈노화훈자(蘆花訓子)〉〈춘난송주(春蘭送酒)〉〈왕대낭보항(王大娘輔缸)〉 등이 있다. 사희도 연출 시에 탈을 써야 한다. 다

---

84) 배우가 등장하고 퇴장할 때나 혹은 일단의 춤이나 일절의 무타(武打)를 끝냈을 때에, 극중 인물이 잠깐 멎는 자세를 취하여 인물의 형상을 두드러지게 하는 것으로, 양상은 1인이 할 수도 있고, 2인 혹은 여러 사람이 할수도 있다. 인물의 신분이나 지위에 따라서 갖가지 변화와 배합하고 있다. 예를 들면 '관공희'에서 관우가 양정상(亮正相)을 하면 관삭과 주평은 양편상(亮偏相)을 한다. 무타 양상시에는 싸움에 패한 자가 '패식(敗式)' 양상을 하여 승자를 부각시킨다.〔역주〕

만 그 탈은 대부분이 세속적인 형태로 만들어지고 있어, 정희의 탈처럼 위맹형(威猛型)이 아니다.[85]

　단공희 탈은 문혁 중에 심하게 파손되었으나, 여전히 일부분이 보존되어 있다. 현재 소통 등의 각 현에서 이미 탈 1백여 개를 수집하였으니, 이는 운남에서 탈이 가장 많이 남아 있는 지역이다. 1994년 8월에 〈중국운남나희나무나국제학술토론회〉가 징강현(澄江縣)에서 열렸으며, 회의 기간에 68건의 단공희 탈이 전시되었다. 그 중 약 50여 건은 청대와 민국 시기의 작품이다. 이들 탈은 대부분이 정목(丁木)·백양나무[楊木]·버드나무[柳木]·패다나무로 만들어졌으며, 소수는 종이로 만든 것도 있으나, 연도가 비교적 늦다. 각색에는 개산·영관·토지·화상·개성·얼용·후자·치우·수성·묘노삼(苗老三)·소진재(小進財)·대이마(大姨媽)·이이마(二姨媽)·통병원수·팔만장군(八蠻將軍)·광광노자(筐筐老者)·칠성장군(七姓將軍) 등이 있다. 다른 성의 나희탈과 서로 비교해 보면, 다음과 같은 특징을 지니고 있다.

　① 탈의 크기가 비교적 작으며, 일반적으로 길이는 30센티미터, 너비는 20센티미터를 초과하지 않고, 소수의 작품은 길이와 너비가 12센티미터, 10센티미터 이하이다. 탈의 조각에는 호선이 비교적 적다. 머리부분의 장식이 아주 간단하며, 정교하고 번잡한 투구나 머리 모양이 드물어서, 간결하고 소박하며 대범하다.

　② 턱이 분리할 수 있도록 만들어진 탈과 반절탈이 비교적 많으며, 대략적인 통계에 의하면, 턱이 분리되는 탈 10개와 반절탈 20개로 전체 탈의 반수에 해당된다. 어떤 각색(예를 들면 영관)은 다른 성에서 모두 일반 탈이나 단공희에서는 턱이 분리되는 탈로 만들어졌다.

　③ 소통의 단공희 탈 중에는 지역 문화 색채가 풍부한 각색이 있다. 하나는 팔만장군이고, 다른 하나는 묘노삼이다. 전자는 이족의 신령이고,

---

85) 이 책에서는 소통 단공희의 논술에 관하여 王勇의 〈昭通儺戲簡論〉(劉體操·郭思九主編, 《云南儺戲儺文化論集》, 云南人民出版社, 1994年), 王勇의 〈云南昭通地區的端公及其藝術〉(《民族藝術研究》, 1994年, 第4期) 등의 글을 참조하였다.

후자는 먀오족 동포이다. 소통은 한·이·먀오
등 다민족이 잡거하는 지역으로, 역사상 특정한
민족이 이 두 탈을 잉태해 냈다.

④ 단공희 탈 중의 각색으로, 칠성장군은 기린
장군이라고도 부르며, 재동제군이 타는 다니는
것으로, 전적으로 사람들을 위하여 자손을 보내
주는 역할을 한다.그 조형은 아주 신기하여, 어
떤 것은 단지 눈·코·눈썹·이마만이 있고, 그
나머지 부분은 대강 생략하고 있다. 이와 유사
한 탈은 중국의 다른 지역에서 아직 발견되지
않고 있다.

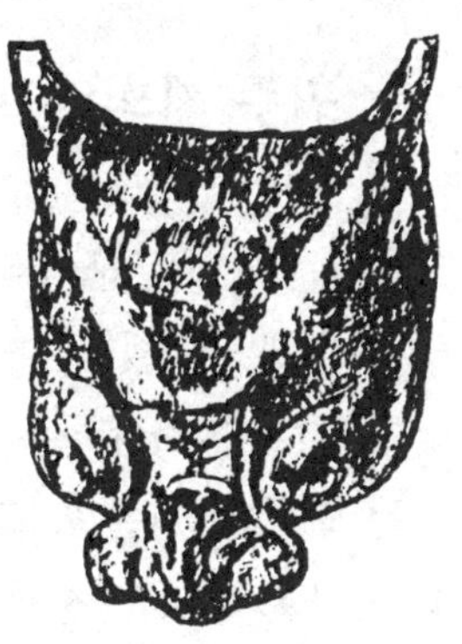

[그림 249] 운남 진웅
단공희 탈 칠성장군.

다음에 소개하는 3건의 탈은 대표적인 소통의 단공희 탈로 [그림 249]
는 칠성장군이고, [그림 250]은 괴성이며, [그림 251]은 얼용으로 모두
청대 말기의 작품이다.

[그림 250] 운남 진웅
단공희 탈 괴성.

[그림 251] 운남 진웅
단공희 탈 얼용.

9. 귀주 지희와 그 탈

지희는 고대 둔군의 후예 속에서 전해져 내려온 나희이다. 공연 시에 희극 무대가 필요없고, 마을 들판의 공터에서 공연되기 때문에 이런 이름을 갖게 됐다. 민간에서는 '도귀(跳鬼)' 혹은 '도신(跳神)'이라고 부른다. 지희는 귀주의 안순(安順)·귀양(貴陽)·평파(平壩)·보정(普定)·진영(鎭寧)·자운(紫云)·청진(淸鎭)·광순(廣順)·귀정(貴定)·육지(六枝)·수성(水城)·필절(畢節) 등의 현과 시의 농촌에서 전해지고 있으며, 특히 안순현에 가장 집중되어 있다. 통계에 의하면, 안순 경내에 있는 지희가 모두 1백80여 당이 넘으므로, 사람들은 습관적으로 귀주 지희를 안순 지희라고 부른다.

민간전설에 의하면, 지희는 명초에 부우덕이 주원장의 명을 받들어 운남과 귀주를 정벌하기 위하여, 강남의 둔군을 이끌고 귀주에 들어오면서 함께 들어왔다고 한다. 지희를 강서·안휘 등의 나희와 비교해 보거나, 또 안순에 있는 많은 '둔보인(屯堡人)' 촌채의 족보로 인증해 보면, 이 전설은 믿을 만하다. 명대에 둔군이 전해온 나희와 지희는 아주 큰 차이가 있다. 오늘날 우리가 볼 수 있는 지희는 강남의 나희와 귀주의 토착 문화가 융합하여 발전된 결과이다. 현재 자료에 의하면 지희의 형성은 청대 초기보다 늦지 않다. 이것은 강희의 《귀주통지(貴州通志)》의 기록과 그뒤에 붙어 있는 〈토인도귀도(土人跳鬼圖)〉에서 실증할 수 있다. 지희라는 단어는 도광 7년(서기 1827년) 《안평현지(安平縣志)·풍속지(風俗志)》에 처음으로 보인다.

원소절에 북과 음악이 울리고 불꽃과 폭죽이 터지면서 이야기를 연출하는데, 용등·사자등·화등·지희의 음악이 있다.[86]

---

86) 元宵遍張鼓樂, 燈火爆竹, 扮演故事, 有龍燈·獅子燈·花燈·地戲之樂.

최초에 지희는 단지 강남 둔군의 후예인 둔보인(또는 '노한인(老漢人)'이라 부른다) 중에서 유행하였다. 뒤에 점차 부근의 브이족〔布依族, Bouyei〕과 먀오족 사이에 전해졌으나, 둔보인처럼 보편적으로 유행되진 않았다.

일반적으로 지희는 매년 두 번 연출한다. 한번은 설 기간에 연출하는 〈완신춘(玩新春)〉이며, 또 한번은 벼가 반쯤 피어 꽃이 날리는 7월에 연출하는 도미화신(跳米花神)이다. 지희 반자(班子)는 통상 20여 명으로 구성되며, 이들은 모두 향촌의 농민으로 무업을 직업으로 삼는 사람은 없다. 지희의 연출 순서는 '개상(開箱)' '도신(跳神)' '소장(掃場)' 등 세부분으로 나누어진다. 소장은 또 '소개장(掃開場)' '소수장(掃收場)'으로 나뉜다. 연출 과정중에는 흔히 '개재문(開財門)' '송태자(送太子)'라는 민속 활동이 끼어들어 가기도 하지만, 지희 구성에서 고정된 부분은 아니다.

개상은 '청검자(請臉子)'라 부르며, 연출 전에 거행하는 일종의 의식이다. 새해에 지희의 연출이 끝난 후에, 예인들은 탈을 박엽지로 잘 싸고, 나무상자 안에 넣고 다음에 사용할 때까지 잘 봉해 놓는다. 개상 의식은 길일을 선택하여 거행하며, 이때 연출자들 모두 나희 복장을 차려입고, 탈이 담긴 나무상자를 연출 장소로 옮겨놓는다. 연출 장소에는 신안(神案)을 설치하고, 위에는 갖가지 공물을 늘어놓는다. 정파의 원수로 분장한 연출자가 나무상자 앞에서 분향과 소지를 하며, 그 나머지 연출자는 양옆으로 늘어서 있는다. 지전을 다 태우고 나면, 원수는 나머지 연출자를 이끌고 나무상자를 향하여 꿇어앉아 절을 하고, 신을 모셔오는 시문을 읊는다. 이 의식이 끝나면, 일어서고, 원수는 술을 받쳐 들고 여러 신들에게 제사를 지낸다. 아울러 수탉의 벼슬을 베어(혹은 수탉 한 마리를 잡아) 닭의 피로 나무상자의 각 부분에 칠한 뒤에, 다음과 같이 노래한다.

닭아 닭아,
비범한 닭이 아니라
머리 정수리에는 구궁팔괘
몸에 오색 털옷을 걸치고

낮에는 곤륜산위에서 울고
밤에는 인가 조롱 속에서 우네.
오늘 제자의 손에 붙들려
개상 흥왕닭이 되었네.
수탉의 머리 끄덕이니
마을 백석 백수를 하고
수탁이 허리를 찧으니
오곡이 풍성하여 창고가 가득
수탉이 다리를 찧으니
재물이 굴러 들어오고 복록이 많다네.
……
개상이 끝났으니
온갖 일 대길하시길.

　이어서 원수는 상자를 열고 탈을 끄집어 내며, 연출자는 각자 맡은 각
색에 따라 탈을 쓰고, 대열을 지어, 마을의 공공장소인 우물·물가·사
원 등으로 돌아다니면서 역귀를 몰아낸다. 한곳에 이를 때마다 분양소지
하고 폭죽을 터뜨린다. 관중들은 그뒤를 따라다니며 구경하여, 장면이 아
주 시끌벅적하다.

　‘소개장’은 ‘정희’ 연출 전에 거행한다. 징과 북소리 속에 관중들은 계
속하여 연출 장소로 모여든다. 이때 머리에 탈을 쓴 2명의 아이들이 손에
부채와 수건을 들고 마당으로 들어서면, 사람들이 갈라지면서 춤을 추고
‘소개장’의 시문을 노래한다. 그 시문은 각 희반이 모두 대동소이하며,
모두 길상스러운 말로 되어 있다.

　‘소개장’이 끝나면, 바로 ‘도신(跳神)’이 시작된다. 이것은 지희의 주요
부분으로, 또 ‘정희(正戲)’라고도 부른다. 연출 시간은 적으면 3일에서 5
일이고, 길면 반달이다. 극목의 내용은 모두 고대의 전쟁에 관한 정벌이
야기이므로, ‘도신’의 모든 투로(套路)[87]는 전부 전쟁의 장면을 모방하여

이루어지고 있다. 그 과정은 대체로 교전하는 쌍방의 군주나 혹은 원수가 마당에 만들어진 허구의 '영방(營房)' 위치에 단정히 앉아 있고, 그 나머지 연출자는 마당가에 서 있다가, 분분히 '출마문(出馬門)'을 나서 모습을 잠깐 나타내 보이면서, 한 단락의 시문을 노래하고, 스스로의 성명을 밝힌다. 이렇게 잠깐 배우를 소개하는 '양상'이 끝나면, 극이 시작된다. 극은 대부분이 임금을 알현하는 '조왕(朝王)'으로 시작되며, 천조의 군왕이 대전에 올라 조회를 시작하면, 문신과 무장이 줄줄이 들어오면서, 군왕에게 절을 하고 양옆으로 갈라선다. 군왕은 중신에게 "일이 있으면, 나와 아뢰고, 일이 없으면 주렴을 걷고 퇴청하라고 한다."[88] 그 말이 끝나자, 번방의 사자가 반란을 일으킨다는 표문(反表)을 올린다. 군왕은 이를 보고, 발연대노하여 사자를 참수하거나, 혹은 두귀를 잘라 버리고 돌려보낸다. 이어서 성지를 내려, 원수와 선봉을 선발하고, 연병장에서 병사들을 점검하고 깃발을 제사 지내면서, 번방을 토벌하기 위하여 출정한다. 이리하여, 이야기가 하나하나 전개되기 시작한다.

정희는 연출이 끝난 후에, '소수장(掃收場)' 의식을 거행한다. 모든 연출자는 무대 복장을 갖추고 적대적인 쌍방이 서로 마주 보고 대치한다. 화상과 토지가 출정하여, 역귀를 몰아내고 평안을 가져온다는 시문을 읊는다. '소장'이 끝나면, 쌍방의 원수가 병사를 점검하고, 각 병장들은 폭죽소리 속에 마당을 세 바퀴 돈 후에, 희극의 복장을 벗는다. 수탉 한 마리를 잡고, 분향소지한 후에 신에게 감사의 기도를 올린다. 그런 뒤에 백면지로 탈을 하나하나 싼 후에, 나무상자에 넣고, 탈을 보존하는 연출자의 집으로 가져다 놓으면, 모든 연출 활동이 이것으로 끝난다.

탈은 지희에서 가장 중요한 예술 특징 중 하나이다. 나이든 예인들은 "지희에서 놀리는 것은 바로 검자(탈)"라고 말한다. 지희탈은 일반적으로 백양나무·은행나무·정향나무로 만든다. 이런 나무들은 재질이 세밀하

---

87) 하나의 체계를 갖춘 무술이나 희극의 동작. 〔역주〕

88) 有事出班啓奏, 無事卷帘退朝.

고 인성이 강하여, 쉽게 갈라지지 않으며, 조각하기도 수월하다. 지희탈
은 연료에서부터 완성품에 이르기까지 세 단계의 순서를 거친다.

① 새로 잘라온 나무 재료를 바람이 잘 통하고 그늘진 곳에서 8일 내지
10일정도 말린다. 반쯤 건조된 후에 톱으로 40센티미터 정도로 자르고,
나무껍질을 벗긴 후에, 3일에서 5일쯤 말린다. 그런 뒤에 둥근 나무 토막
을 반으로 갈라내어, 탈을 만드는 재료로 삼는다. 생나무를 뜨거운 햇빛
아래 그대로 놓아두면 나무가 갈라진다. 탈이 갈라지거나 벌레 먹는 것을
방지하기 위하여, 잘 잘라낸 재료를 솥에 넣고 뜨거운 물에다 삶으며, 이
때 물 속에 석회를 약간 집어넣는다.

② 준비된 재료에다 투구와 얼굴의 비례 및 오관의 위치에 따라 큰 윤곽
을 그려내어 파내며, 이를 조배(粗胚)라 부른다. 각 부위의 비율과 오관의
조형에 대하여 민간에서는 다음과 같은 구결이 전해져 오고 있다. "투구와
얼굴 부위는 각기 반씩 하고, 자기의 손마디를 척도로 하며, 이마는 세마
디, 코도 세마디, 코끝에서 아래턱까지는 다섯 마디로 하며, 눈썹을 세우
고 코에 주름을 주고, 눈을 불거져 나오게 한다." 조배를 3일에서 5일 동
안 말린 뒤에 다시 이배(二胚)를 조각한다. 이배는 투구와 귀 부분의 도안
과 문양을 분명하게 만들고, 서로 다른 각색에 따른 표정과 분위기를 드
러내도록 만들어 준다. 투구에다 무슨 도안이나 문식을 넣는가는 각색에
따라 달라지며, 지희 속에 나오는 중요한 각색은 모두 하늘에 있는 별들
이 인간 세계에 내려왔다고 전해지므로, 투구에는 흔히 별들의 도안이 장
식된다. 예를 들면 악비는 대붕성이 하계로 내려온 것이므로, 그 투구에
는 반드시 대붕금시조를 새겨야 한다. 번리화는 옥녀가 인간 세계에 태어
난 것이므로, 그녀의 투구에는 옥녀의 장식을 사용한다. 소수의 정교한 탈
은 다시 한번 더 새겨야 하며, 탈의 새밀한 부분까지 자세히 가공해야 하
므로, 이를 삼배(三胚)라 한다.

③ 탈을 잘 갈아 광택을 내고, 도안과 장식을 그린 뒤에 채색을 하여야
한다. 채색은 유성과 콜로이드, 두 종류로 나눈다. 유성은 남동광이나 석
록 등의 가루 형태의 안료에다 니스를 배합한 후에 칠을 한다. 이 방법을

사용하면 채색이 선명하고 쉽게 퇴색되지 않으나, 원가가 높이 들어가므로 일상적으로 사용되진 않는다. 콜로이드는 광고에 사용되는 안료나 분말 안료를 아교와 배합하여 채색한다. 이 방법을 쓰면 색깔은 선명하지 않고 쉽게 퇴색되지만 원가가 싸지므로, 예인들은 흔히 이 방법을 사용한다. 지희탈의 얼굴을 그리는 것은 신경을 아주 많이 쓴다. 어떤 각색은 한 가지 색깔만 칠하기도 하고, 어떤 각색은 상부하부, 좌부와 우부를 각기 다른 색으로 칠하는데, 이를 '음양검'이라 한다. 어떤 각색은 얼굴에 벌·나비·물고기·덩쿨 등의 도안으로 장식을 한다. 눈썹을 그리는 화법에 "여자 장수는 버들잎 눈썹, 젊은 장수는 대잎 눈썹, 무장은 고슴도치 눈썹"으로 그린다. "여장은 실과 같고, 소장은 활과 같으며, 무장은 화염과 같이 한다"는 구결이 전해진다. 위에 채색이 끝나면, 다시 기름을 입혀 사포로 잘 한번 문질러 닦아내며, 이렇게 하면 채색이 더욱더 선명해진다.

지희탈은 종류가 풍부하고, 각색이 많으므로, 한 당(堂)에서 지희탈은 적으면 3,40개이고, 많으면 1백 개 이상이 된다. 서로 다른 조형에 따라서, 다음과 같은 유형으로 나눌 수 있다.

첫째, 무장(武將). 무장은 지희 중에 아주 중요한 지위를 차지하고 있으며, 정파장군과 반대파 장군의 구분이 있으며, 또 문장(文將)·무장(武將)·노장(老將)·소장(少將)과 여장(女將)의 구분이 있다. 무장 탈의 공통된 특징은 투구와 귀 부분의 제작을 아주 중시한다는 것이다. 투구는 일반적으로 용과 봉으로 장식하며, 남장은 대부분 용투구이고, 여장은 봉황 투구가 많다. 어떤 투구에는 대붕·백호·귀두(鬼頭)·박쥐·나비·까치·잉어·연꽃 등과 '성숙(星宿)'·꽃·새로 장식한다. 투구의 귀날개는 대부분이 용과 봉 그리고, 갖가지 길상스러운 화초 도안으로 장식한다. 조각 기법에서는 옅은 돋을새김과 투각이 서로 결합되어 있으며, 조각이 정밀하면서도 번잡하지 않다. 색채는 금을 붙이거나, 은을 칠한 밝은 색 위주에다 붉은색·남색·황색·녹색·흙색 등으로 보충하고 있다. 때로는 원형의 유리거울을 붙여 놓아 금벽이 휘황하고, 색채를 찬란하게 만들어 농민들의 심미적인 취미와 감상에 대한 습관을 충분히 구현하고 있다.

얼굴 조각은 투구의 화려하고 세밀한 품격과는 다르게 간결·명료하며, 윤곽이 분명하고, 조형이 사실적이면서도 과장되어 있다. 각 무장의 유형은 얼굴 표정과 눈동자의 자태로 구분되고 있다. 예를 들면 여장은 단정하고 우아하며, 봉황과 같은 눈을 지긋하게 뜨고 있으며, 소장은 뛰어난 용모에다 소탈하면서 표범 눈을 둥글게 뜨고 있고, 반대파 장군은 무자비한 얼굴에 노한 눈을 치켜뜨고 있다. 얼굴 부위의 색깔은 대부분 강렬한 원색을 사용하며, 일반적으로 한 가지색으로 바탕을 칠한 후에, 위에 눈썹과 눈, 그리고 갖가지 도안과 문양 등을 그려 넣는다. 정파와 반대파 인물의 착색에는 고정된 틀이 없으며, 거의 어느 색깔이나 모두 얼굴에 사용할 수 있다. 각종 색깔은 일정한 상징적 의미를 지니고 있다. 일반적으로 홍색 얼굴은 충성스럽고 용감하며, 강직한 장군들인 관우·설인귀(薛仁貴) 등이다. 분홍색 얼굴은 영준하고 나이가 어린 장군들로, 악운(岳云)·나성(羅成) 등이고, 푸른색 얼굴은 대부분이 흉악하고 용맹스런 장군들로 개소문(盖蘇文)·소보동(蘇寶童) 등이다. 녹색 얼굴은 힘이 세고 용맹한 장군들로 웅해관(熊海寬)·맹회원(孟懷元) 등이며, 여러 가지 색깔로 분장한 화검(花臉)은 간사하고 악독한 문장들로 조조·진회 등이다. 이밖에도 이화검(二花臉)은 관문을 지키는 총병이 대부분이며, 삼화검(三花臉)은 편장·부장 등이 대부분이다.

둘째, 도인(道人). 도인은 지희 중에 비교적 많이 출현하는 형상으로, 대부분이 반대파 군영 중의 군사나 혹은 싸움을 도와주러 온 선인들로, 투구나 도관을 쓰지 않는 것이 두드러진 특징이다. 도인의 탈에는 정해진 틀이 없으며, 비교적 자유롭게 만들어진다. 민간 예인들은 각 도인의 외형적인 특징을 잡아서, 그 유형에 따라 정신적 기질을 두드러지게 표현하여, 사람들에게 깊은 인상을 주고 있다. 예를 들면 계취도인(鷄嘴道人)은 사람 얼굴에 닭의 부리를 하고 있으며, 도관은 변형된 닭날개와 닭꼬리로 조합되었으며, 조형이 사람과 닭의 특징을 겸하고 있어 괴이함 속에 교활한 성격을 내포하고 있다[그림 252]. 어취도인(魚嘴道人)은 물고기 주둥이를 하고 있으며, 물고기 꼬리 형상의 도관에다 주둥이에는 2개의 긴 수염이

[그림 252] 귀주 안순 지희탈　　　[그림 253] 귀주 안순 지희탈
　　계취도인(鷄嘴道人).　　　　　　어취도인(魚嘴道人).

나있고. 이마에는 물고기 비늘을 그려 놓아, 삼푼은 사람 같고, 칠푼은 물고기 같으며, 충후함 속에 사랑스런 느낌을 나타내 주고 있다[그림 253]. 그밖에도 비발도인(飛鉢道人)·오귀도인(烏龜道人) 등이 있으며, 이들도 모두 생동적이며, 기묘한 분위기를 나타내 주고 있다.

　셋째, 축각(丑角). 지희 중에 가장 흔히 볼 수 있는 축각은 왜노이(歪老二)이며, 또 노왜(老歪) 혹은 왜취노묘(歪嘴老苗)라고 부르며, 옛날에 부우덕이 운남과 귀주를 정벌할 때, 소수민족 중에서 찾아낸 안내인이며 간첩이었다고 전해진다. 희극 중에서는 익살스러운 동작이나 우스갯소리로 웃음을 자아내게 만드는 삽과타원(插科打諢)의 활발한 인물이다. 조형은 비뚤어진 입에다 주름진 코, 이를 드러내 놓고 눈을 일그러뜨리고 있다. 상투에는 나무비녀를 꽂고 있으며, 어떤 것은 턱수염 몇 개가 나 있기도 하다. 얼굴 부분은 일반적으로 홍색이나 남색을 칠하고, 코끝과 인중에는 흰

[그림 254] 귀주
안순 지희탈 왜노이.

반점을 찍어 놓고 있어, 우스꽝스런 느낌을 더해 주고 있다[그림 254]. 지희 중의 축각에는 그밖에도 소정자(小頂子)·소희희(笑嘻嘻)·협설파(夾舌巴)·아편각각(鴉片殼殼)·안경 선생(眼鏡先生) 등이 있다.

넷째, 동물. 지희 등의 동물탈은 아주 많으며, 흔히 볼 수 있는 것으로, 용·호랑이·사자·소·말·돼지·개·원숭이·기린·다람쥐 등이 있다. 이들 동물은 대부분 수련을 거쳐 득도한 영물들이다. 민간 예인들은 이들을 그려내면서, 대부분 그 특징을 잡아내고 있다. 예를 들면 호랑이는 위맹하고, 말은 날렵하며, 원숭이는 장난끼가 있고, 돼지는 미련하여, 그 형체와 의미를 모두 갖추고 있으며, 각기 그 묘함을 다 발휘하고 있다.

지희탈은 위 네 가지 유형 외에도, 토지·화상·계집종·노모·소동·심부름꾼 등이 있다. 이들 탈의 면상은 온화하고 조형이 사실적이며, 농후한 세속 색채와 인정미를 가지고 있다. 이들은 신기하고 괴이한 무장·도인·축각·동물탈 들과는 큰 차이가 있다.

귀주 민간에 전해지고 있는 지희탈은 그 수량이 풍부하여, 적어도 귀주성 안에만도 만면 이상이 된다. 그 중 대부분은 건국 이후에 제작된 것이나, 이전에 제작된 탈도 적지 않다. 지금 볼 수 있는 옛날 지희탈로 가장 빠른 것은 청대 중기나 전기의 것이며, 명대의 작품은 아직 발견되지 않고 있다. 청대 이래로, 지희탈의 예인들 중에는 많은 명가들이 출현했다. 이들 작품에는 선명한 개인적 품격이 들어나 있으며, 아주 뛰어난 예술적 성취를 이루고 있다. 명가들마다 모두 추종자나 계승자가 있어서, 품격이 각기 다른 유파를 형성하고 있다. 유명한 유파로는 제이파(齊二派)·호개청파(胡開淸波)·오소회파(吳少懷派)·황병영파(黃炳榮波) 등이 있다.[89]

지희탈의 착용 방식은 아주 기이하다. 먼저 반투명의 검은 비단을 머리에 뒤집어쓰고, 그 위에 다시 탈을 쓴다. 탈은 이마 위에 쓰므로, 그 위치

---

89) 지희와 그 탈의 상세한 상황에 관해서는 高倫, 《貴州地戲簡史》(貴州人民出版社, 1985년), 沈福馨, 《安順地戲》(貴州人民出版社, 1989년), 顧朴光, 〈安順縣的地戲〉(后藤淑, 廣田律子編, 《中國少數民族假面劇》, 日本東京木耳社, 1991년)을 참조하였다.

가 비교적 높으며 연출자는 탈
의 눈을 통해서 밖을 보는 것이
아니라, 탈의 콧구멍이나 입을
통해서 밖의 사물을 보고 있다.
[그림 255] 현지 백성들은 이에
대하여, 두 가지 해석을 하고 있
다. 하나는 지희 중의 각색이 대
부분 신이므로, 신에 대한 존경
을 표시하기 위하여, 사람의 이
마 위에 쓴다고 한다. 다른 하
나는, 지희가 대부분 야외에서
연출하므로, 탈을 높이 써야,

[그림 255] 귀주 안순 지희탈의 착용 방식.

산 위에 서서 보는 관중들이 보기가 편하고, 연출자의 음성도 탈에 가로
막히지 않으므로, 멀리 전달될 수 있다고 한다. 이 두 가지 원인은, 전자
는 신앙에서 나왔으며, 후자는 실용에서 나왔으므로, 모두 이치에 맞는
말이다. 먼저 비단을 머리 위로 뒤집어쓰고, 다시 탈을 머리 위에 쓰는 것
은, 피부를 보호하여, 탈에 의한 철과상을 입지 않기 위해서이다. 왜냐하
며, 지희 중에는 무기를 들고 싸우는 장면이 많고, 그 동작이 격렬하기 때
문이다.

지희의 성질에 관하여, 과거에 사람들은 보편적으로 군나에 속한다고
하였다. 그 이유로는 첫째, 지희는 명대의 둔군이 전한 것이며, 지금도 주
로 둔군의 후예인 둔보인 중에 전해지고 있어, 둔병의 뜻이 남아 있다. 둘
째, 지희에서 연출하는 극목은 모두 전쟁의 이야기로, 《삼국》《설악》《양
가장》《설강반당》 등이며, 생활 희극이나 공안희·애정희 등이 없다는 것
이다. 그러나 1991년 8월에 안순에서 개최된 〈중국군나연토회〉에서 어떤
학자는 현재 있는 자료에 근거하여, 지희를 군나에 편입하는 것은 근거가
부족하다고 하였다. '군나'라는 단어는 최초에 남송 주거비의 《영외대답》
에 보이나, 무엇이 군나이고, 어떤 특징이 갖고 있는지에 대해 학계에서

아직까지 정론을 내리지 못하고 있다. 지희의 성질에 대해서는 더욱더 깊이 연구하고, 토론하여, 학계의 공통된 인식을 얻어내야 한다.

10. 운남 징강의 관삭희와 그 탈

관삭희(關索戲)는 운남 징강현(澄江縣)에서 전해지는 나희의 종류 중 하나이다. 그것은 노남주(路南州)에서 징강현으로 전해져 왔다고 하며, 현재는 단지 양종향(陽宗鄕) 소둔촌(小屯村)에서만 연출된다. 관삭희라는 이름을 갖게 된 이유로 다음과 같은 세 가지 설이 있다. 첫째, 민간전설에서는 제갈량이 남중을 평정하면서, 관우의 아들인 관삭을 선봉으로 삼아 지금의 소둔춘에 주둔하였다고 한다. 도광 연간에 소둔촌 일대에 역병과 지진이 발생하였으며, 점을 쳐보니 "관삭희를 노래하면 사람과 가축이 평안하다"고 하였다. 이리하여 매년 설마다 관삭희를 연출하니, 과연 영험이 있었으므로, 이러한 이름을 갖게 되었다고 한다. 둘째, 관삭은 운남과 귀주 일대에서 아주 숭고한 위망을 지니고 있으며, 많은 지역에는 모두 관삭명·관삭채·관삭성·관삭묘 등이 있다. 이처럼 관삭에 대한 숭배는 진강에서 더욱 심하였으므로, 관삭희라는 이름을 갖게 되었다. 관삭희는 삼국 시기에 촉한의 군신이 나라를 일으키고 승리를 거둔 극목들인 〈유비점장(劉備點將)〉〈삼전여포(三戰呂布)〉〈수황충(收黃忠)〉〈고성회(古城會)〉 등으로 현지 군중들은 이런 유형의 극들을 관삭희라 부르고 있다.[90]

관삭희는 매년 음력 정월 1일에서 16일 사이에 연출되며, 연출자는 전부 소둔촌의 농민들로 전문적으로 무업에 종사하는 사람들은 없다. 연출 전에 모든 연출자들은 섣달에 길일을 선택하여 오현묘(五顯廟)에 모여, 악왕(樂王)에게 융중한 제사를 올린다. 이때에 붉은 종이 위에 '칙봉유감풍화악왕(勅封有感風火樂王)'이라고 쓴 종이를 정전(正殿)의 신위에다 붙

---

90) 高峰, 〈一支獨特而稀有的儺戲 — 關索戲〉, 《戲劇藝術》, 1985年, 第3期.

이고, 그 중에 '화' 자는 뒤집어서 쓰는데, 바로 쓰면 화재가 발생한다고 한다. 모든 연출자는 신위 앞에 꿇어앉아 촛불을 밝히고 분향하며, 닭은 잡아 제사를 올린다. 입으로는 "악왕대장이시여, 금년에 우리 모두 성심 성의로 노인네를 놀려드리겠습니다"고 말한다. 의식이 끝나면 극에 대한 연습을 하며, 새로운 제자들을 받아들여 희극을 배우도록 한다. 그믐날이 되면, 모든 연출자는 사당 안에서 가마솥에 물을 끓여, 세 번 목욕을 하고, 몸을 깨끗이 한 후에 사당 안에 머문다. 밥을 먹을 때 외에는 집으로 돌아가지 못하고, 특히 부부가 합방할 수 없다. 정월 16일이 되어 연희가 끝나야만 비로서 금기가 해제된다. 정월 초하루나 연출 전에는 다시 오현 묘에 모여, 제사를 거행하며 〈영생사(領牲詞)〉를 부른다.

관삭 악왕의 관삭경,
세상에 전해져 중생에게 들리니,
유비와 관우 그리고 장익덕,
도원결의 만고에 이름났네.
동분서주해도 친족의 정 없어,
제갈공명 삼고초려하여 성군 돕도록 하고,
사천 성도에서 왕실을 일으켜,
범같은 다섯 장군 조정을 보위하네.
유씨 집안 천하에 가득하니,
충신의사 헛되이 마음쓰고
충신이 세상 떠나 천계로 돌아가니,
상제께서 삼성군으로 봉하고
십팔대장을 신으로 봉하여
백성을 보호하여 안녕을 얻는다.
어느 곳에나 높이 받들면 보호받으니
선남선녀 한 마음으로 비네.
불신하여 신을 범하면

즉시 재앙의 별이 강림하리니
선남선녀 한 마음으로 믿음을 굳게 하면
사람과 가축 보우하여 평안해지리.[91]

   이 노래가 끝나면 수탉을 잡고, 닭피를 지전에 뿌리면서 신령에게 제사를 지낸다. 그런 뒤에 사당에 놓아두었던 상자 속에서 연극의 복식과 탈을 꺼내어, 상자 앞에 있는 자리 위에서 옷을 입고 탈을 쓰는데, 이때 두 발이 땅에 닿아서는 안 된다. 그리고 두 사람이 한조가 되어 규칙에 따라 서로 마주 보고 절을 한다. 예를 들면 관우와 주창, 장비와 가짜 장비, 마초와 황충 등으로 서로 순서가 틀려서는 안 된다. 입고 쓰고, 절을 하는 의식이 끝나면, 대열을 지어 사당을 나온다. 대열의 양쪽에는 비호방기(飛虎方旗)가 인도하고, 관삭과 장비가 앞에서 길을 열며, 공명과 유비가 뒤에서 통제하고, 그 나머지는 순서에 따라 중간에서 걸어간다. 차례대로 집집마다 들어가, 새해를 축하하니 이를 〈채가(踩家)〉라고 한다. 〈채가〉 시에는 중요한 연출자들이 당옥으로 들어가, 둥글게 서서 사회자가 4구로 된 축사를 읊는다. "문을 들어서니 방방이 밝게 빛나고, 오방의 용신이 중앙을 진압하네. 오늘부터 봉함을 받았으니, 오곡이 풍성하여 창고가 가득하네"[92] 축사는 축하받는 대상에 따라, 마음대로 지어질 수 있으나, 2,3구는 고정불변이고, 1,4구만 바꿀 수 있다. 축사가 끝나면 주인은 담배와

---

91) 關索樂王關索經, 傳與世上衆生聽,
　　劉備關羽張翼德, 桃園結義萬古名.
　　東奔西走無親誼, 三請孔明佐聖君,
　　四川成都興王室, 五虎上將保朝廷.
　　只因劉家天下滿, 忠臣義士枉費心,
　　忠臣逝世歸天界, 上帝封爲三聖君.
　　十八大將封爲神, 保護人民得安寧,
　　哪處頂戴保哪處, 善男信女要齊心.
　　若有不信冒犯者, 當時灾星降來臨,
　　善男信女齊定信, 保佑人畜得淸平.
92) 進得門來亮堂堂, 五方龍神鎭中央, 自從今日封贈過, 五穀豊登糧滿倉.

차로 대접하고 선물을 준다. 온 마을 1백여 호를 모두 돌고 나서, 광장에 모여 연출한다. 마을에서 하루 이틀 연출한 후에, 부근의 마을이나 도시로 나아가 연출하는데, 이를 '채촌(踩村)' '채가(踩街)'라고 한다. 16일에 연출이 끝나면 '송악왕(送樂王)' 의식을 거행한다. 의식은 깊은 밤에 거행하며, 수탉 한 마리를 잡아 제사를 지내고, 악왕의 신위 앞에 꿇어앉아, "악왕대장이어, 우리는 성심성의껏 어르신을 놀려드리고, 지금은 집으로 보내드립니다"고 한 후에, 붉은 종이 위에 새겨진 악왕의 신위를 떼어낸다. 한 사람이 이를 모시고, 다른 사람들은 모두 향을 하나씩 들고 열을 지어, 마을 옆에 있는 '남담(南潭)'이라는 샘으로 가, 악왕의 신위를 태워서, 신이 이미 떠났다는 것을 표시한다. 송신 의식이 끝나면, 모든 연출자는 대열을 지어 마을로 돌아온다. 도중에 아무 소리도 내어서는 안 되며, 머리를 돌려 뒤를 바라봐도 안 된다. 악왕을 보내드리기 전에 모든 복장과 탈은 일정한 순서에 따라, 특별히 만들어진 상자 속에 놓아두며, 열쇠를 채워 놓고, 내년에 사용할 때를 대비한다.[93]

관삭희 탈은 현재 20개가 남아 있으며, 그 각색에는 유비·관우·장비·조운·마초·황충·제갈량·위연·주창·관삭·포삼낭·감미이부인·가장비(假張飛)·초룡(肖龍)·황산악(黃山岳)·장천(張千)·공고(鞏固)·진교(秦蛟)·장방(張邦)과 백화공주이다. 관삭희에는 극목이 많아 '현재 남아 있는 극목은 35출(出)'이며, 20개의 탈로는 충분히 사용할 수 없으므로, 탈 하나로 몇 개의 각색을 분장하고 있다. 예를 들면 오국태(吳國太)는 백화공주의 탈을 사용하여 분장하고, 하후연(夏候淵)은 장방의 탈로 분장한다. 관삭희 탈은 원래 목각이었으나, 뒤에 탈이 화재로 불탔으므로, 지금은 진흙 모형 위에다 종이를 층층이 붙여 만들었다. 소둔촌에서 가장 오래된 탈은 1920년대 만들어진 것이며, 지금 징강현 문물실에 보존되어 있다. 지금 연출에 사용되는 탈은 근년에 들어와 이탈들을 본떠서 복제한 것 이다. 1994년 8월에 징강에서 거행된 〈중국운남나희나문

---

93) 顧峰, 〈云南澄江關索戲〉, 《中國儺戲調查報告》.

[그림 256] 운남 징강
관삭희 탈의 관삭.

[그림 257] 운남 징강
관삭희 탈의 포삼낭.

화국제학술연토회〉에서 옛날 관삭희 탈을 전시했었다. 다음은 대표적인 2개의 작품을 소개한다.

관삭: 길이 40센티미터, 너비 26센티미터, 높이 21센티미터로, 관삭은 관삼낭으로 본래는 역병을 관장하는 귀신이었다가, 뒤에 관우의 셋째아들로 변하였다.[94] 관삭의 탈은 얼굴 부분이 간장색이고, 아래턱은 흰색으로 칠해져 있으며, 눈썹이 곧추서고 작은 눈에다 관목 위에는 붉은색·분홍색·짙은 남색의 융단으로 만든 공으로 장식하고 있으며, 아울러 은박을 붙여 놓고 있다[그림 256].

포삼낭: 길이 30센티미터, 너비 22센티미터, 높이 23센티미터로, 민간 전설에 포삼낭은 포가장(鮑家庄) 포삼(鮑三)의 딸이라고 전해진다. 무예가 출중하여, 누구든 그녀를 이길 수 있으면, 그 사람에게 시집을 가겠다고 하였다. 뒤에 관삭이 그녀를 이겨 아내로 맞이하였을 뿐만 아니라, 포가장의 보갑(寶甲)을 얻었다. 포삼낭의 탈은 경극 중의 소단(小旦)과 유사하며, 미목이 청수하고 얼굴에는 지분을 발랐으며, 입술에는 붉은색을 칠

---

94) 王兆乾, 〈關索和關索戲〉, 《藝潭》, 叢第32期.

하고, 머리 위에는 갖가지 색깔의 꽃들로 장식하였다[그림 257].

　관삭희 탈은 네 가지 면에서 주의할 가치가 있다. 첫째, 대부분의 탈은 관모와 상투에 모두 융단으로 된 공·채색 꽃·둥근 거울과 같은 장식물이 붙어있어, 부귀와 화려함을 드러내고 있어서, 농민들의 세속적인 심미관념을 나타내고 있다. 둘째, 색채에는 '구검(勾臉)'과 '유검(揉臉)'의 두 가지 수법을 채용하고 있으며, '구검'을 위주로 한다. 어떤 각색의 얼굴에는 흰색·황색·홍색 등의 선으로 나비 문양·구름 문양·호로 문양을 새겨 놓아 인물의 성격과 분위기를 표현하고 있다. 이것은 관삭희 탈이 근대 희극 검보(주로 전극(滇劇) 검보)의 영향을 받았다는 것을 말해 주고 있다. 셋째, 탈의 크기가 거대하여 탈을 쓰면 뒤꼭지까지 덮어 버린다. 안휘 낭계(郎溪)의 '도오창(跳五猖)' 탈과 흡사하며, 모두 반투두식(半套頭式)탈에 속한다. 단지 후자는 나무 재질이고, 전자는 종이 재질로 되어 있다. 넷째, 관삭희 탈을 현지에서는 '호(虎)'라고 부르며, 민간인은 '노남의 대둔 35호, 징강의 소둔 20호'[95]라는 설이 있다. 이런 호칭과 안휘 탈의 호칭이 서로 같으며, 관삭희의 탈을 고증하는 데 실마리를 제공해 주고 있다. 일부 학자들은 창강(唱腔)·극목·연출 형식과 탈의 호칭 등으로 분석하면, 관삭희는 안휘 지주 일대의 나희와 관련이 있다고 여겨진다. 명초에 둔군을 따라, 귀주를 거쳐 운남으로 전해져 왔으며, 운남 희극과 융합하여, 마침내 새로운 나희의 종류가 형성되었다고 한다. 그것이 소둔촌에 전해진 것은 대략 청 강희에서 도광 연간에 해당되며, 지금 약 200여 년의 역사를 지니고 있다. 관삭희의 성질에 대하여, 학회에서는 두 가지의 의견이 있다. 하나는 그 연출극목이 모두 삼국 시기의 전쟁 이야기이고, 또, 둔군이 전해 온 것이므로, 그것을 군나 계통으로 넣고 있다. 다른 하나는 이런 의견에 동의하지 않으며, 위 두 가지 근거로는 군나에 속한다고 보기에 증거가 부족하다고 한다.

---

95) 路南大屯三十五虎, 澄江小屯二十虎.

11. 귀주 위녕의 ‘춰타이지’와 그 탈

‘춰타이지〔撮泰吉〕’는 귀주 위녕현(威寧縣) 판저향(板底鄉) 나알촌(裸戛村) 이족 중에 전해지고 있는 탈을 쓰고 하는 희극의 일종으로, 발음의 번역이 달라서 ‘춰천제〔撮襯姐〕’ ‘춰터지〔撮特基〕’ ‘춰촌지〔撮寸己〕’ 등으로도 불린다. 이족의 언어 중에 ‘춰’라는 뜻은 사람 혹은 귀신이며, ‘타이’는 변화한다는 의미이고, ‘지’는 유희 혹은 놀이라는 뜻이다. 그러므로 이 뜻을 번역하면 인류가 막 변해 온 시대, 혹은 인류 변화에 관한 희극이며, 간결하게 말하면 ‘변인희(變人戲)’라 부른다.[96]

‘춰타이지’의 성격에 대하여 학계에서는 여러 가지 의견이 분분하며, 이를 귀납하면 대체로 ‘나희설’ ‘고대 희극설’ ‘창세 희극설’ ‘원시 희극설’ ‘민속 활동설’ 등의 몇 가지 의견들이 있다. 나희설은 공육을이 《나희학을 세우면서 들어가는 말〔建立儺戲學引言〕》이라는 글 속에서 제일 먼저 제시한 것이다.[97] 이런 관점은 학계에서 보편적으로 받아들여지고 있다. 당연히 춰타이지와 전통적인 나희는 서로 다르며, 그것은 결코 방상씨가 귀신을 쫓는 것에서 변해온 것이 아니라, 여전히 원시적인 단계에 처해있다. 단지 나희의 꼴은 갖추고 있으나, 성숙한 나희라고 할 수 는 없다. 이런 이유로 뒤에 와서 공육을은 그의 관점을 수정하고 보충하였다. “과거에 내가 발표한 글 속에서 귀주 위녕 이족의 춰타이지를 나희의 추형이라고 하였으나, 지금 나는 이를 ‘아나희(亞儺戲)’ 혹은 ‘전나희(前儺戲)’라고 부르는 것이 비교적 가깝다고 여긴다. 왜냐하면 아직 정식으로

---

96) 潘朝霖은 〈貴州威寧縣 ‘撮泰吉’ 調查報告〉(《中國儺戲調查報告》)에서 ‘춰타이지’ 속에 담겨진 의미는 귀신으로 변한 조상이 당초에 이주하고 황무지를 개간했던 힘든 장면을 반영하고 있으며, 아울러 조상의 위력을 빌려 사마와 역귀를 몰아내어 후예를 보우하려는 것이다. 이로 인하여 ‘춰타이지’라는 의미는 “귀신으로 변한 노조종을 모셔다가 후예를 보우해 달라고 청하는 유희” 혹은 “사람이 변한 귀신의 유희”라고 하는 것이 아마도 더욱 합당할 것이라고 하였다.

97) 곡육을의 이 글은 《貴州民族學院學報》, 1987년, 제2기에 실려 있다.

희극의 품격이 형성되지 않은 저급한 예술 형태이기 때문이다. '아나희'
는 통상 나희보다 더욱더 많은 원시 나문화의 특징과 정보를 담고 있기 때
문에, 특수한 연구 가치를 지니고 있다."[98] '아나희'와 '전나희'라는 용어
의 제시는 '춰타이지'의 실제에 더욱 근접하고 있다.

'춰타이지'는 일반적으로 매년 음력 정월 초3일에서 15일까지 연출하
며, 사악함을 몰아내고 길상스러움을 맞이하고, 풍성한 수확을 기원하는
것이다. 대부분 밤에 연출하며, 천재나 인화를 만났거나 혹은 수확이 좋
지 않으면, 몇 년 건너 한번 거행한다. 출연자는 13인으로 6인은 인물로
분장하고, 3인은 동물로 분장하며, 2인은 소로 분장하며, 2인은 징과 발
을 친다. 6인의 인물은 산림노인 러거아푸〔惹戛阿布〕로 무당이 분장하고,
탈을 쓰지 않는다. 아푸마(阿布摩)는 1700세로 흰 수염이 달린 탈을 쓴
다. 아다무(阿達姆)는 여자로 1500세이며, 수염이 없는 탈을 쓴다. 마홍
마(麻洪摩)는 1200세로 검은 수염이 달린 탈을 쓴다. 머푸〔嘿布〕는 1000
세로 토끼입술 탈을 쓴다. 아안(阿安)은 어린아이로 수염이 없는 탈을 쓴
다. 모든 희극은 4부분으로 나누어지며, 그 중
제4부는 정월 15일날 연출한다.

(1) 제사

아푸마 등 4명의 '춰타이' 노인은 탈을 쓰고,
나무지팡이를 집고, 삼림 속에서 아주 힘들게 걸
어나온다. '춰타이' 노인은 수건을 머리에 둘러
뾰족한 상투 형상으로 묶고, 온몸에는 검은 옷과
검은 바지를 걸치고, 흰 천으로 허리·등·가
슴·다리를 감아 놓아 나체를 상징한다. 안짱다
리로 비틀거리며 걸으면서 원시인들이 직립할 수

[그림 258] 산림 속에
서 걸어나오는
춰타이지 노인.

---

98) 曲六乙, 〈漫話儺文化圈的分布與儺戲的生態環境〉, 臺灣, 《民俗曲藝》, 第69期.

없었다는 것을 표현하고 있으며, 숨을 들이마셔 성대에 충격을 주면서 원숭이와 같은 소리를 낸다[그림 258]. 공터에 도착하면 '춰타이' 노인은 손에 든 나무지팡이를 내려놓고, 얼굴은 서쪽(이족은 서쪽에서 위녕으로 이주해 왔다고 한다)으로 향하고, 천지·조상과 사방의 신령에게 기도를 드린다.

(2) 경작

희극 전체의 핵심적인 부분으로, 이족 조상들의 이주와 농경, 번영의 역사를 반영하고 있다. 전반부는 러거아푸와 아푸마의 대화를 통하여, 옛날 나알촌에 해마다 재앙이 들었다. 아푸마는 등에다 양식종자를 메고, 구주발(溝湊發, 운남 경내)에서 출발하여, 많은 지역들을 지나다가 마침내 나알촌에 도착한다. 이곳에서 백성들에게 황무지를 개간하고, 농사짓는 법을 가르쳐 주어, 재앙을 넘어가도록 해준다는 이야기를 서술하고 있다. 이어서 아푸마는 무용 동작으로 이족 조상들이 농경중에 소를 사고, 밭을 갈며 써래질을 하고, 재를 뿌리며, 파종하고, 수확하고, 탈곡하는 농사과정을 재현한다. 일을 하는 중간중간에 담배를 피우거나, 젖을 먹이거나, 교합을 하는 동작을 끼워 놓고 있다. 후반부는 풍성한 양식을 거두어 '춰타이' 노인이 큰 창고, 착은 창고를 가득 채우고, 러거아푸가 술을 땅에 뿌리면서, 천지와 신령, 그리고 양식에게 기도를 드린다.

(3) 경사

사자를 놀리는 사람이 막대기를 휘두르며 사자를 희롱하고, 마당에서 너울너울 춤을 추면서 양식의 풍성한 수확을 축하한다. 현지 이족 사람들의 말에 의하면, 이 부분은 원래 없었으나 근대에 들어와 희극 속에 삽입된 것이라고 한다.

(4) 소채(掃寨)

  화성(火星)을 슬어 버린다는 뜻으로, 이족어로는 '미퉈치우[米奪秋]'라
고 한다. 정월 15일에 연출이 거의 끝나가면 러거아푸는 '춰타이' 노인을
이끌고 마을을 돌아다니면서 재난과 역병을 물리치고, 인축의 흥왕과 오
곡의 풍성을 기원한다. 한 집에 도착할 때마다, 모두 화덕 옆에서 길상스
런 축사를 하고, 주인에게 계란과 마(麻)를 요구하며, 떠날 때는 초가집 네
귀퉁이에서 이엉을 엮은 짚을 한 줌씩 빼낸다. 그런 뒤에 마을가의 길 입
구에서 계란 3개를 흙 속에 묻고 짚에다 불을 붙여, 나머지 계란을 익힌
다음 나누어 먹으면서 "화성이 떠났다, 화성이 떠났다"고 소리친다. 며칠
지나서 '춰타이' 노인은 땅에 묻었던 계란을 꺼내어, 그해의 수확과 화복
을 점친다.

  '춰타이지'는 아주 오래된 극으로 이 극 속에는 많은 원시적인 성분들
이 녹아있다. 원시 인류의 분장이나, 길을 걷는 모습, 마을과 남녀의 교
합 등의 표현은 연구자의 깊은 흥미를 자아내게 한다. '춰타이지'가 만들
어진 연대에 관하여, 학계에서는 중론이 분분하다. 본서에서는 이것이 결
코, 어느 한 시기에 만들어 진 것이 아니라, 길고긴 세월 속에서 점차 형
성된 것이라고 여긴다. 구체적으로 말하면, 대략 동한 초기에 이미 그 꼴
을 갖추었으며, 이후 끝없이 보충되고 완비되면서, 청대 중엽에 들어와
기본적인 형태가 갖추어져, 오늘날 볼 수 있는 모습을 지니게 되었다.[99]
  탈은 '춰타이지' 중에서 중요한 작용을 하고 있다. 극 중의 '춰타이' 노
인의 나이는 1000세 이상으로, 이들은 모두 조상 신령의 화신이거나, 재
현이다. 탈은 이들에게 있어 음계와 양계를 연결해 주는 도구일 뿐만 아
니라, 사망과 생명을 이어 주는 교량이기도 하다. '춰타이' 노인이 탈을
쓰면, 1천 년 이상의 세월이 연기처럼 사라져 버리고, 조상신의 신분으로

---

99) 顧朴光, 〈變人戲産生年代考〉, 《貴州民族學院學報》, 1988年, 第3期.

세속 사람들의 눈앞에 나타나며, 대화와 무용으로 이족 조상들의 이주와
농경·번영의 역사를 말해 주고 있다. 아울러 가가호호마다 다니면서 이
족의 자손들을 위하여, 사악한 마귀와 역귀를 몰아내 준다. 여기에서 과
거와 현재, 역사와 현실이 교묘하게 하나로 합쳐져 관중들로 하여금 환상
같기도 하고, 진실 같기도 한 느낌을 갖도록 해준다.

'취타이지' 탈은 일반적으로 진달래·옻나무와 같이 고산에 살고 있는
나무로 제작되며, 공예가 아주 간단하다. 먼저 둥근 나무를 일 척 정도로
잘라내고, 둘로 쪼개어, 도끼로 간단하게 반제품을 만든다. 그런 뒤에 제
작자는 대담한 상상력으로 거칠게 오관을 조각해 내면 탈이 완성된다. 얼
굴은 남녀노소를 구분하지 않고, 수염의 유무에 따라 성별과 연령을 나눈
다. 색채가 단순하며 유채로 정성스럽게 그리지도 않고, 단지 먹물이나
숯으로 마음가는 대로 검은색으로 칠해 놓아, 고졸하고 순박한 느낌을 준
다. 연출 전에 석회나 분필로 얼굴과 이마 위에 줄줄이 흰 선을 그려 넣는
다. 흰 선은 탈마다 서로 다르며, 횡으로도 그리고 종으로 그리기도 하며,
거칠기도 하고 세밀하기도 하며, 방사선 모양도 있고 물결 모양도 있다.
그 의미에 관하여 현지 이족사람들은 '취타이' 노인이 연세가 많아서 그
렇다고 말하기도 하며, 어떤 사람은 인물의 성격과 특징을 표시한다고도
한다. 어떤 학자는 이족 조상들의 토템 숭배와 관련 있다고도 한다. '취타
이지' 탈의 조형 특징은 앞이마가 불쑥 튀어나와 있고, 코가 곧고 길며 원
숭이 얼굴을 하고 있다. 눈동자와 이빨이 없으며,
단지 대응되는 부분에 3개의 구멍을 뚫어 놓아 눈
과 입을 표시한다. 전반적인 품격은 단순·유치·
조잡·괴이라는 말로 개괄할 수 있으며, 사람의
마음을 흔들게 하는 예술적인 힘을 가지고 있다.
[그림 259]는 아다무탈로 위녕현 민족사무위원
회에 보관되어 있다. 길이 25센티미터, 너비
14.5센티미터, 두께 6.5센티미터이며, 이 중에서
'취타이지' 탈의 품격을 대략 살펴볼 수 있다.

[그림 259] 귀주 위녕
이족의 취타이지 탈.

나알촌 이족의 마음속에 '춰타이지' 탈은 귀신과 조상의 화신으로 이에 대한 존경과 두려움을 지니고 있다. 과거에 탈은 마을과 동굴 속에다 보관하였으며, 지금은 마을 옆에 있는 연출자 집안에 놓아두는데, 이것은 귀신이 마을 속에서 해를 끼치지 않게 하기 위해서이다. 탈을 쓸 때 외부인이 보아서는 안 되며, 그렇지 않으면 화가 미친다고 한다. 특히 연출자의 본명을 부를 수 없으며, 단지 각색의 이름만 부를 수 있다. 본명을 부르면 혼백이 탈에 의하여, 딸려간다고 한다. 탈을 쓴 후에 먼저 천지와 조상에게 제사를 드리고 난 후에, 연출을 할 수 있으며, 그렇지 않으면 재난이 닥친다고 한다.

제3절 근대 이래의 티베트탈

문자로 해석해 보면 티베트탈에는 세 가지 의미가 함축되어 있다. 첫째, 지역적인 의미로 티베트고원에 전해지는 탈을 가리킨다. 둘째, 민족적인 의미가 함축되어 있으며, 티베트 민족 중에 전해지는 탈이라는 의미이다. 문화적인 의미로 티베트 불교와 본교(苯敎)에서 잉태되고 양육된 탈을 가리킨다. 앞의 두 가지 의미는 비교적 협소하며, 뒤의 의미가 비교적 광범위하다. 이 책에서는 뒤의 의미를 취하도록 한다.

티베트탈의 종류에는 '참' 탈과 장희탈이 있다. 앞장에서 이미 두 가지 탈에 대하여 개략적으로 논술하였으나, 지역에서는 주로 티베트지구에 국한하였다. 여기에서는 다른 성의 '참' 탈과 티베트 먼바족〔門巴族〕의 '창무(嗆木)' 탈을 중점적으로 소개하도록 한다. 장희탈은 '참' 탈처럼 유포지역이 광범위하지 않으며, 게다가 각 지역의 장희탈은 각색·형태·조형·제작 공예 등이 모두 비슷하므로 여기에서는 기술하지 않도록 한다.

1. 북경 옹화궁의 〈도포찰〉과 그 탈

옹화궁은 북경 동성에 위치하며, 원래 청 옹정황제 윤정(允禎)이 등극하기 전에 살던 저택으로 최초에는 '정패륵부(禎貝勒府)'라 불렀으며, 뒤에 '옹친왕부'로 이름을 바꾸었다. 윤정이 즉위한 후에 옹친왕부는 '옹화궁(雍和宮)'이라 개명하였다. 옹정 11년(서기 1735년), 윤정이 급사하자 건륭 9년(서기 1744년) '홍력(弘歷)'이 옹화궁을 라마사원으로 바꾸고, 황실의 예불 장소로 만들었다.

과거 옹화궁에는 매년 설마다, '참'을 공연하였으며, 몽고어로는 〈도포찰(跳布扎)〉이라 불렀고, 중국어로는 '송수(送崇)'라 하였으며, 속칭 '타귀(打鬼)'라 하였다. 〈도포찰〉의 내력에 관하여 두 가지 설이 있다. 하나는 황교의 조사인 '총카파〔宗喀巴〕'가 전한 것이라 하고, 다른 하나는 강희황제가 티베트를 침범한 가얼단〔噶爾丹〕을 물리치고, 황교의 중흥을 경축하면서, 외적이 재차 티베트을 침범하지 못하도록 황교 라마 등에게 시시각각으로 경각심을 일깨워 주기 위하여 만든 것이라고 한다.

[그림 260] 북경 옹화궁 도포찰의 백귀 공연.

옹화궁의 〈도포찰〉은 3일 동안 공연한다. 음력 정월 29일은 예연(預演)으로 이를 '연귀(演鬼)'라 부르고, 정월 30일은 정식으로 연출한다. 2월 1일은 머리에 탈을 쓰고, 몸에 화포(花袍)를 걸친 연출자들이 각종 신불로 분장을 하고, 무리지어 사원을 나와, 민간에 숨어 있는 마귀를 수색하면서, 대오를 지어 사원을 돌므로 '요사(繞寺)' 또는 '전사(轉寺)'라고 한다. 정식 연출은 모두 13막으로 나누어져 있다.

제1막은 '도백귀(跳白鬼)'라 한다. 4명의 어린 라마가 몸에 흰옷을 걸치고, 머리에는 백색 고루탈을 쓰며, 손에 짧은 막대기를 들고, '백귀(白鬼)'로 분장한다. 이들은 천왕전 앞의 광장으로 나와, 먼저 '정단(淨壇)'을 한다. 큰 나팔과 태평소(哨嗦) · 소발 · 징과 북의 반주에 맞추어 신명나게 춤을 춘다. [그림 260]

제2막은 '도흑귀(跳黑鬼)'라 부른다. 4명의 어린 라마가 흑색 옷을 입고, 흑색 고루탈을 쓰고, 손에는 짧은 막대기를 들고, '흑귀'로 분장한다. 이들은 백귀가 아주 신나고 빠르게 춤을 추고 있을 때, 장내로 들어와 춤추면 백귀는 한쪽으로 물러나 휴식을 취한다. 몇 분 뒤에 다시 무용단에 합류하여, 흑귀와 백귀가 합무(合舞)를 한다.

제3막은 '도라신(跳螺神)'이라 부른다. 4명의 라마가 몸에 수를 놓은 비단옷을 걸치고, 머리에는 얼굴이 추악하면서 웃는 모습을 한 탈을 쓰고, 탈에는 짙은 녹색의 소라 모양 모자를 쓰고 나온다. 이들은 물 속의 물고기 · 새우 · 고동과 같은 동물을 표시한다. 손에는 짧은 막대를 들고, 백귀와 흑귀가 신나게 춤을 추고 있을 때, 장내로 들어와 춤을 춘다. 백기와 흑기는 한쪽으로 물러나 휴식을 하고 있다가, 몇 분 뒤에 무용대에 참가하여, 12인의 합무를 춘다. 제4막은 '도접신(跳蝶神)'이라 부른다. 8명의 라마가 몸에 꼭 끼는 무늬 있는 저고리를 걸치고, 수를 놓은 치마를 입고, 머리에는 눈이 둥글고 입이 거대하며, 얼굴이 추악하게 생긴 탈을 쓰고 나온다. 탈 위에는 고루로 장식된 오불관을 쓰고, 두 귀에는 각기 오색나비 형태의 날개가 달려 있다. '백귀' '흑귀' '나신'의 합무가 한창 무르익을 때, 8명의 접신이 두 손을 펼치고, 비무(飛舞) 상태로 장내로 들어와 춤을 춘다. '백귀' '흑귀' '나신'은 한쪽으로 물러나, 쉬다가 몇 분 뒤에 다시 들어와 20인의 합무를 춘다.

이상 4막은 〈도포찰〉의 서곡이다. 내용은 대체로, 세상에 살고 있는 인류가 '마수(魔祟)'에 짓밟혀서 살아나갈 수 없게 되자, 불교의 여러 신들이 인류를 위하여, '마수'를 제거하고, 태평한 날들이 오게 되었다. 세상에 살아 있는 사람들이 흥에 겨워 춤출 뿐만 아니라, 지하에 살고 있는 죽은 사람과 물 속의 물고기, 하늘을 나는 곤충들까지도 기쁨에 겨워 신나게 춤을 춘다는 뜻이다.

제5막은 '도금강(跳金剛)'이다. 4명의 라마가 금빛 채색의 비단 두루마기를 걸치고, 머리에 탈을 쓰고, '사대금강'으로 분장한다. 이들은 각기 사자머리·원숭이의 일종인 공후의 머리·코끼리 머리·야차 머리의 탈을 쓴다. 모두 눈이 3개에다 귀에는 금 귀걸이를 걸고, 고루가 달린 오불관을 쓰고 있다. '도금강'은 정식으로 〈도포찰〉이 시작되는 것이며, 약 10여 분 넘게 진행된다.

제6막은 '도성신(跳星神)'이다. 4명의 라마가 사나운 눈을 부릅뜨고, 고루로 장식된 탈을 쓰고, '사성신(四星神)'으로 분장한다. 그 중 두 사람은 주단 두루마기를 걸친 '문성(文星)'이고, 두 사람은 갑옷과 투구를 쓰고 전투용 티베트 장화를 신은 '무성(武星)'이다. 이들은 천왕전에서 나와, '사대금강'의 춤에 합류한다. 제 일막은 때때로, 10인·12인·28인이 나오며, 이를 '십천간(十天干)' '십이지지(十二地支)' '이십팔숙(二十八宿)'이라 부르나, 흔히 볼 수 있는 것은 아니다.

제7막은 '도천왕(跳天王)'이라 한다. 4명의 라마가 고리눈에 큰 입을 하고, 징그러운 탈과 옛날 천축(天竺)식 금빛 투구를 쓰고, 황금갑옷에다 전투용 장화를 신고, '사대천왕'으로 분장한다. 네 사람은 힘차게 광장으로 나와, '사대금강' '사성신'과 합무를 한다.

이상의 3막은 석가모니가 선후로 '사대금강' '사성신' '사대천왕'을 파견하여 '마수'를 제거하려 하였으나, 마왕'의 세력이 커서 제대로 손쓰기가 어려우며, 그 그림자도 찾지 못하고 있다.

제8막은 '도호법신(跳護法神)'이다. 호법신으로 분장한 라마는 적으면 8인이고, 가장 많으면 16인이다. 전부 금색실로 수를 놓은 무늬 있는 비단 두루마기를 걸치고, 갖가지 동물탈을 쓰고 있으며, 단지 하나만 사람 형태와 비슷하다. 우두머리는 소머리 탈을 쓴 '환희불' 중의 대위덕금강(大威德金剛)이다. 모든 호법신이 장내로 나와 '금강' '성신' '천왕'의 대열에 합류하여 한 차례 합무를 하고, 또 한 차례는 단무(單舞)를 한다. 이처럼 합무와 단무를 수차례 반복한 후에, 꽃사슴 탈을 쓴 '마왕'이 무용대에 들어오며, 천신들이 이를 발견하고, 즉시 중간에 에워싸고 춤을 춘다. 광장 밖에서 쉬고 있던, '백귀' '흑귀' '나신' '접신' 등도 대열에 합류하여 춤을 춘다. 몇 분 뒤에 꽃사슴은 겹겹이 싸인 포위망을 뚫고 나가, 천왕전 속으로 숨어들어간다.

제9막은 '도백구도(跳白救度)'라고 한다. '백구도'는 관세음보살의 화신으로 얼굴이 청순하게 생긴 라마가 분장한다. 그 수는 일정치 않으나 적어도 13인 이상으로, 전부 흰 옷, 흰 신발, 흰 모자에다 탈을 쓰지 않는다. 먼저 '백구도' 부처님의 본신인 한 사람이 출장하여, 여러 신들과 한 차례 합무한 뒤에, 꽃사슴이 다시 장내에 출현한다. '백구도'가 몇 번 휘청거리면, 다시 12명의 똑같이 분장한 각색들이 출현하여, 첫번째 '백구도'의 화신이 되어, 꽃사슴을 겹겹이 에워싼다. 다른 신불들도 싸움을 도우며 함께 춤을 춘다. 한바탕 춤을 추다가 꽃사슴은 또 천왕전으로 도망친다.

제10막은 '도록구도(跳綠救度)'이다. 녹구도는 문수보살의 화신이다. 분장한 사람의 수는 '백구도'와 같다. 단지 옷·신발·모자만 녹색으로 바뀌었다. 춤추는 방법도 앞의 9막과 같으며, 꽃사슴은 포위되었다가 다시 도망친다.

이상 3막은 '마왕'을 둘러싸고 벌어지는 격렬한 전쟁이 이미 시작되었으나, 잠시 승리를 얻지 못하고 있다는 것을 표시하고 있다.

제11막은 '도미륵(跳彌勒)'이라 부르며, 또 '착귀(捉鬼)'라고도 한다. 7명의 성년 라마가 미륵으로 분장한 것을 '대미륵'이라 하고, 7명의 어린 라마가 미륵의 제자로 분장한 것을 '소미륵'이라고 한다. 모두 대머리 화상 탈을 쓰고 있다. 7인이 장내에서 한참 춤을 추고 있을 때, 꽃사슴이 다시 나타난다. 대·소 '미륵불'에다가 앞에 나왔던 출연자까지 모두 80여 명이 이를 포위하고 줄로 꼭꼭 묶는다. 이 1막의 의미에는 두 가지 설이 있다. 한 설은 만일 미륵불의 역량이 없었다면, 마왕을 정복할 수 없었다고 한다. 다른 한 설은 만일 강희황제 부자가 없었다면, 갈이단에게 승리를 거둘 수 없었으며, 황교도 티베트에서 부흥하기 어려웠다고 한다.

제12막은 '참귀(斬鬼)'라고 하며, 속칭 '타귀(打鬼)'로 〈도포찰〉의 중요한 1막이다. 꽃사슴이 사로잡힌 후에, 모든 출연자와 라마들이 음악 속에서 티베트 불경을 외운다. 2명의 황의를 걸친 라마가 삼각형의 나무상자 하나를 들고 무대 중앙으로 나온다. 상자 안에는 향유와 밀가루로 빚은 남자 하나가 들어 있다. 머리·목구멍·가슴·팔·다리 등의 부위에 모두 동침을 꽂아 놓아, 꽃사슴으로 변장했던 마왕이 이미 원형을 드러냈다는 것을 상징한다. 이때 북과 음악이 일제히 울리면서, 모든 출연자들이 함께 춤을 춘다. 금강하나가 '대미륵'의 손에서 도끼 모양의 칼을 받아들고, 밀가루로 만든 사람의 머리를 잘라내어 백성들에게 해를 끼치고, 황교를 어지럽혔던 '마왕'을 참수한다.

제13막은 '송수(送祟)'라 부른다. 광란의 춤 속에 2명의 황의 라마가 법륜전 속에서 세모꼴 접시 형태의 코뿔소 의자 위에, 수수로 엮은 삼각형 시렁을 올려 놓고, 시렁 위에는 종이를 붙여 만든 '금비전(金鈚箭)'을 꽂아 놓은 것을 들고 나온다. '마왕'이 참수된 후에, 석가모니께서 '금비전'으로 그 영혼을 삼각 시렁 안에 꽂아 놓았다는 것을 의미한다. 황의 라마는 삼각 시렁을 들고, 천왕전을 거쳐 소태문(昭泰門) 밖으로 나가, 불경 소리와 음악소리 속에서 이를 불태운다. 이 1막은 '마왕'이 이미 소멸되고, 이로부터 태평한 날이 왔음을 표시한다. 〈도포찰〉의 정식 연출은 이것으로 끝을 맺는다.[100] 옹화궁의 〈도포찰〉은 청대에서부터 줄곧 건국 초기까지 이어졌으며, 북경의 가장 유명한 민속 활동 중 하나였다. 1950년대 중기 이후에, 옹화궁에서는 〈도포찰〉이 정지되었으나, 연출에 사용되던 탈은 여전히 보전되어 왔다. 1984년에 옹화궁의 계태루(戒台樓)에 그 중 일부분이 전시되었으며, 근년에 들어와 옹화궁에서는 다시 〈도포찰〉 활동이 회복되었다.

---

100) 魏開肇, 《雍和宮漫錄》, 河南人民出版社, 1985年.

2. 청해 타얼스의 〈법왕무〉와 그 탈

타얼스(塔爾寺)는 청해 황중현(湟中縣) 노사이진(魯沙爾鎭)에 위치하고 있으며, 명 가정 39년(서기 1560년)에 세워지기 시작하여, 만력(萬歷) 5년 (서기 1577년)에 낙성되었다. 이곳은 티베트 불교 겔룩파〔格魯派〕의 6대 총림 중 하나이다. 겔룩파의 창시인인 총카파〔宗喀巴〕가 현재 타얼스가 있는 곳에서 태어났으므로, 타얼스는 몇백 년 동안 흥성하여 왔으며, 티베트 불교의 중심지가 되었다.

타얼스는 매년 4번의 대묘회가 열린다. 정월의 대묘회를 티베트어로는 '지에추만란〔劫處曼蘭〕'이라 하며, 그 뜻은 신변(神變)기도대회라고 한다. 4월의 대묘회는 티베트어로 '두이칭쑹총〔對慶松總〕'이라 하며, 3절 (節)이 구비되었다는 뜻이다. 6월의 대묘회는 석가모니의 탄생과 미륵불의 출생을 기념하는 것이고, 9월의 대묘회는 석가모니부처의 〈삼전법륜 (三轉法輪)〉을 기념하는 것이다. 앞 3개의 대묘회 기간에는 〈법왕무(法王舞)〉를 춘다. 그 시간은 음력 정월 14일, 4월 14일, 6월 7일이다. 뒤 3개의 대묘회 기간에는 〈마수금강무(馬首金剛舞)〉(또는 〈견상무(堅桑舞)〉라 부른다) 시간은 음력 4월 15일, 6월 8일, 9월 23일이다.[101] 〈법왕무〉와 〈마수금강무〉는 티베트어로 '까첸'이라 하고, 속칭 '라마사화(喇嘛社火)'라 하며, '참'의 범주에 속한다. '구간전(九間殿)' 앞의 변경원(辯經院)에서 공연한다. 출연자는 일반적으로 80여 명이고, 규모가 성대할 때는 1백여 명이 넘으며, 모두 이 사원의 대·소라마가 맡는다. 무용 과정중에 요귀를 참수하고 마귀를 물리치는 의식을 거행하며 보리가루로 빚거나, 천 위에 '요마'를 그리거나, 지전으로 사람 형태를 만든 '랑카(부적)'를 기름 솥에 집어넣어, 대중들 앞에서 불사른다. 이렇게 하면, 1년의 평안과 길상을 얻을 수 있다고 한다.[102]

---

101) 李志武, 劉勵中, 《塔爾寺》, 文物出版社, 1982年.

〈법왕무〉는 모두 5장으로 나누어진다.

제1장은 〈퉈간무〔托干舞〕〉, 즉 고루무이다. 빠르고 즐거운 북과 음악소리 속에 10세쯤 되는 4명의 어린 라마가 출장하여 춤을 춘다. 이들은 입이 귀까지 찢어지고, 눈과 귀가 움푹 들어간 고루형 탈을 쓰고, 몸에는 고루 도안을 한 짧은 옷을 걸치고, 발에는 티베트식 신발을 신는다. 분위기가 음산하여 두려움을 준다.

제2장은 〈파우무〔巴吾舞〕〉로 천계 용사무이다. 6명의 성년 라마가 공연한다. 이들은 긴 눈썹에 큰 귀를 하고, 귀걸이로 장식한 용사탈을 쓴다. 그 중 3개의 황색탈을 '파오'라 하고, 3개의 녹색탈을 '파모(巴莫)'라 하며, 천계의 남녀 용사를 대표한다. 모두 몸에 남색으로 된 법의를 걸쳤으며, 동작이 독특하고 춤의 자세가 위맹스러워 경외감을 준다.

제3장은 〈샤야무〔夏雅舞〕〉로, 녹무(鹿舞)와 우무(牛舞)이다. 15세 전후의 라마 6명이 공연한다. 그 중 3명은 녹두(鹿頭)탈을 쓰고, 나머지 3명은 우두(牛頭)탈을 쓴다. 모두 오른손에 검을 잡고 있으며, 살기가 등등하다. 티베트식 옷과 신발에다, 고대 무장의 바람막이를 걸쳤다. 사슴은 길상을 표시하고, 소는 위맹을 암시한다. 6인이 절주 있게 도약하며, 각종 동작을 공연하는데, 유목민 춤의 특징을 지니고 있다.

제4장은 〈뒤얼다무〔多爾達舞〕〉로 사신무(死神舞)이다. 14세 전후의 라마 4명이 공연한다. '뒤얼다'에 쓰는 탈은 '퉈간'과 유사하나, 5개의 작은 고루가 장식되어 있어, 형상이 더욱더 공포스럽다. 몸에는 비단 의복을 걸치고, 백색 구슬을 달아 놓아, 춤을 출 때, 서로 부딪치면서 미묘한 소리를 낸다. 소매부리와 바지 밑단에는 홍·록·남 삼색의 주름을 잡고, 손발에는 백색의 홍심수와 족투를 낀다. 무용 중에 '파모' 1명이 네모진 카펫을 끌고 나와 무대 중간에 깔고, 이어서 또 다른 '파모'가 네모진 나무 쟁반을 들고 나온다. 4명의 '뒤얼다'가 그것을 카펫 위에 올려 놓고, 쟁반

---

102) 劉凱, 〈一个由寺院儺演化的儺戱類型藏戱劇目 — '米拉日巴勸化記'〉, 1991년 10월 湖南 吉首에서 개최한 〈중국 소수민족 나희 국제학술토론회〉 논문.

을 둘러싸고 춤을 춘다. 무용 자세가 괴이하고, 형상이 흉악하다.

제5장은 〈치엔망무[欠芒舞]〉, 즉 대합무(大合舞)이다. 6명의 아동탈을 쓴 어린 라마가 작은 노복으로 분장하고, 자상한 용모를 한 대시주를 모시고 출장한다. 그는 먼저 '파모'에게 절을 한 후에, 의자 위에 앉고 어린 노복들은 양측으로 갈라서서, 서로 귀와 머리를 잡고 웃으면서 장난친다. 이어서 2명의 나팔수와 손에 향로를 든 사람 둘이 연이어 출장하며, 그 중 '치엔번[欠本, 그 원의 주지]'이라 부르는 사람이 향을 피우고, 법왕을 맞이하여 출장한다. 법왕은 지장왕보살이라고도 전해지며, 무용교사로 분장한다. 머리에는 5개의 해골로 장식된 우두탈을 쓰고, 몸에는 긴 법의를 걸쳤다. 오른손에는 죽은 사람의 두개골로 장식한 지팡이를 집고 있는데, 티베트어로는 '퉈유 [托由]'라 부른다. 왼손에는 두개골로 만든 그릇을 들고 있으며, 티베트어로는 '퉈위 [托玉]'라 부르고, 그 안에는 요마의 심장 과 간을 상징하는 물건이 담겨 있다. [그림

[그림 261] 청해 황중 타얼스의 법왕무.

261] 법왕의 뒤에는 각기 2명씩의 비사문천선(飛沙門天神)·의고명왕(依牯明王)·파모(巴莫)·염왕(閻王)이 서 있다. 법왕은 춤을 이끌며, 8명이 따라서 춤춘다. 법왕은 〈참마(斬魔)〉 무용 동작을 한다. 이후에 3개의 새끼사슴 '녹고(鹿羔)'가 춤을 춘다. 끝으로 '치엔번'이 의장대를 이끌고 분향하고, 퇴장하면 무용은 이것으로 전부 끝을 맺는다.

〈마수금강무〉와 〈법왕무〉는 서로 비슷하나, 출연하는 각색만이 다르다. 모든 무용은 '아가라'가 이끌며, 마수금강이 법왕을 대신하여 춤춘다.[103]

---

103) 韓生魁, 〈靑海塔爾寺的喇嘛舞蹈〉, 《民族藝術》, 1989年, 第2期.

3. 흑룡강 〈차마〉와 그 탈

흑룡강성의 〈차마(查瑪)〉는 눈강(嫩江) 유역의 몽골족 중에 전해지고 있
다. 요·금 시기에 몽골의 두얼바이터[杜爾佰特] 씨족과 궈얼뤄쓰[郭爾羅
斯] 씨족은 눈강 유역으로 이주하여 유목 생활을 하였다. 명 가정 26년(서
기 1547년), 칭기스 칸의 동생인 하사얼[哈薩爾]의 14세 손인 퀘이멍커
[奎孟克] 타스하라[塔斯哈喇]가 부족을 이끌고 막북(莫北)의 후룬베얼
[呼倫貝爾]에서 동쪽으로 이주해 와 눈강 지역에 도착하였다. 그 후예인
아민(阿敏)이 눈강 중류 우안(右岸)에 주둔하였으며, 그 부족을 자라이터
[扎賚特]라 불렸으며, 아이나가[愛那嘎]와 우파스[烏巴什]는 눈강의 중
류 좌안과 하류 양안 지역에서 유목하면서, 요·금 시기에 이곳에 정착한
몽골의 명칭을 이어받고 있다. 자라이터·두얼바이터·궈얼뤄쓰 이 세
부족은 눈강 초원을 400여 년간 통치하였다.

몽골족은 원래 버어교[勃額敎, 샤머니즘]를 믿어 왔다. 16세기 중엽에
라마교의 겔룩파가 막북 초원에 전해진 후에, 버어교와 격렬한 투쟁을 벌
였다. 이후 라마교는 버어교를 대신하여 몽고족이 신앙하는 중요한 종교
가 되었다. 17세기 중엽에 라마교가 눈강 유역으로 스며들면서, 차마 문화
도 이를 따라 들어오게 되었다. 청대에 흑룡강성에는 모두 30여 곳의 라
마사원이 있었으며, 그 중 10곳에서 차마가 전해져 왔다.

차마의 내력에 관하여, 민간에서는 다음과 같은 전설이 전해지고 있다.
고대에 낭다얼마[郞達爾瑪]라 부르는 국왕이 있었는데, 천성적으로 성격
이 잔혹하여, 악한 일들을 수없이 저질렀다. 그는 몸이 장대하고 힘이 세
었으며, 무예가 고강했다. 투구와 갑옷을 걸치면 칼과 창이 들어가지 못했
으며, 단지 인후 한 곳에만 화살이 들어갈 수 있었다. 평소에 낭다얼마는
가무를 즐겼다. 활을 잘 쏘는 머르건[莫日根]은 백성을 위하여 왕을 죽이
기로 결심하고, 무용수로 분장하였다. 헐렁한 옷에 소매가 넓은 무용복을
걸치고, 활과 화살을 소매 속에 감추고 나서, 궁으로 들어가 춤을 추었다.

국왕은 그의 힘세고 호방한 무용을 보면서, 고개를 들고 크게 웃었다. 머르건은 국왕이 머리를 들고 웃을 때를 틈타, 소매 속에서 화살을 꺼내어 인후로 쏘았으며, 낭다얼마는 활에 맞아 죽었다. 후세 사람들은 머르건을 기념하기 위하여, 그의 춤을 불교의 춤으로 만들어 전하였다고 한다.

흑룡강성의 〈차마〉는 일반적으로 51명이 공연하며, 큰 사원에서는 70명이 공연한다. 각색은 모두 8조로 나뉘며, 전부 탈을 쓴다.

제1조는 21 도모(度姆)로 몽고어로는 '다라어꺼〔達喇額客〕'라 부른다. 색깔에 따라 21상(相)으로 구분하며, 백도모(白度姆)와 녹도모(綠度姆)가 가장 높다. 탈은 표정이 온화하고 자상하며, 머리에는 채양이 있는 큰 태양모를 쓰며, 모자 위에는 5개의 장끼 털을 꽂는다. 춤을 이끄는 도모는 7개의 장끼 털을 꽂는다. 오른손에는 강철 고리를 들고, 왼손에는 사람의 두개골을 들며, 목에는 나무로 만든 염주를 걸친다.

제2조는 녹신(鹿神)으로 몽고어로는 '바오꺼〔寶格〕'라 부른다. 두 사람이 남색의 녹두(鹿頭)탈을 쓰고, 오른손에는 검을 들며, 왼손에는 강철 띠를 들었다.

제3조는 해라신(海螺神)으로 몽고어로는 '아쓰얼〔阿斯爾〕'이라 부른다. 모두 4명으로 대하라신 2명은 자색의 소라(海螺)탈을 쓰고, 소하라신 2명은 황색의 소라 탈을 쓴다.

제4조는 팔부귀중(八部鬼衆)으로 몽고어로는 '어얼버하이〔額爾伯亥〕'라 부른다. 건달파(乾闥巴)·식혈육귀(食血肉鬼)·염매귀(厭魅鬼)·아귀(餓鬼)·제룡(諸龍)·열병귀(熱病鬼)·야차(夜叉)·첩역귀(捷疫鬼)로 모두 백색 고루탈을 쓴다. 등에는 황색 삼각기를 꽂고, 오른손에는 작은 가죽 북을 들었으며, 왼손에는 둥글게 굽은 북채를 들고 있다.

제5조는 여귀(厲鬼)로 몽고어로는 '두후머〔都呼莫〕'라 부른다. 모두 네 사람으로, 대여귀 2인, 소여귀 2인이다. 모두 고루탈을 쓰고, 오른손에는 법봉을 잡고 있으며, 그 위에 오색 띠가 달려있다.

제6조는 칠살신(七煞神)으로 몽고어로는 '두거스더〔都格失得〕'라 부른다. 첫째는 흑살신으로 청색 삼목(三目) 귀두탈을 쓰고, 둘째는 백살신으

로 백색 삼목 귀두탈을 쓴다. 셋째는 허잉하이루아신[哈盈海如阿神]으로
홍색 삼목 귀두탈을 쓰고, 넷째는 자무쑤룽신[扎木蘇榮神]으로 탈의 양
식이나 색깔은 자세하지 않다. 다섯째는 사자신으로 삼목의 사자머리 탈
을 쓰고, 여섯째는 악어신으로 홍색의 악어머리 탈을 쓰며, 일곱째는 봉
황신으로 청색 봉황두 탈을 쓴다. 이상의 여러 신은 강철 띠·갈고리·망
치·금강저 등의 법기를 들고 있다.

제7조는 음조지부(陰曹地府)이다. 모두 4인으로 첫째, 염왕은 청색 삼
목 우두(牛頭)탈을 쓰고, 둘째, 염왕이 타고 다니는 동물은 소 같기도 하
고 기린 같기도 한 남색탈을 쓴다. 셋째, 염왕의 처(일설에는 염왕의 누이
동생)는 소 같기도 하고 아닌 것 같기도 한 삼목의 청색탈을 쓰고 있으며,
넷째, 여신은 입으로 어린아이 하나를 물고 있는 탈을 쓰고 있다. 이상의
각색은 손에 강철 띠·고루·쌍날 검·금강저 등의 법기를 들고 있다.

제8조는 할애비(老翁)로 몽고어로는 '어부건[額布根]'이라 부른다. 긴
수염이 난 황색 노인 탈을 쓰고 있으며, 두 손에는 아무것도 들고 있지
않다.

만일 70인이 출현하는 〈차마〉를 추려면, 이밖에도 낭다얼마 칸과 그 시
종, 19인이 출현한다. 첫째, 칸은 흉상탈을 쓰고, 머리가 없는 대머리이
며, 둘째, 시동 16인은 화려한 색깔의 아이들 옷을 입고 있다. 셋째, 노복
2인은 사람 형상의 홍색탈을 쓰고 있다. 51인이 추는 〈차마〉에는 이런 각
색들이 출장하지 않는다. 연출 시에 가장 먼저 출장하는 것은 낭다얼마 칸
이다. 그는 시동과 노복을 이끌고, 한바탕 춤을 춘 후에, 무대 한편에 앉
으며, 시동과 노복은 엄숙하게 양편에 갈라선다. 이어서 21도모가 출장한
다. 이들은 각기 자태를 들어낸 후에, 일자로 벌려 서서 무대 중앙을 부채
꼴 모양으로 에워싼다.

다음에는 녹신·해라신·팔부귀중·사여귀·칠살신·음조지부의 순
서로 차례대로 등장한다. 매조의 각색은 무대로 나온 후에, 21도모 면전
에서 무위(武威)를 드러내야 하며, 자기의 실력을 과시한다. 자신의 특수
한 기능으로 도모와 결투를 벌이는데, 모두 도모에 의하여 정복된다. 최

후에 출장하는 것은 할아범으로 모든 요마와 귀신이 도모에 의하여 정복되는 것을 보고, 불법이 무한하다는 것을 믿게 된다. 이리하여 불문에 귀의하고 충실한 신도가 된다. 낭다얼마 칸은 1막 1막의 싸움을 지켜보면서, 간담이 서늘해져, 몰래 무대 옆면을 통하여 도망친다. 차마는 이것으로 끝을 맺으며 이어서 귀신을 몰아내는 의식이 이어진다.[104]

흑룡강성에서 마지막으로 〈차마〉를 거행한 것은 1956년이었다. 이후에 사원은 파괴되고, 라마는 환속하여 〈차마〉는 정지되었을 뿐만 아니라, 탈과 도구 또한 모두 사라져 버렸다.

4. 티베트 먼바족〔門巴族〕의 〈창무(嗆木)〉와 그 탈

먼바족〔門巴族, Monba〕은 고대 문우(門隅) 지역의 토착민·티베트족과 그밖의 다른 민족이 오랜 세월을 거치면서 융합하여 형성된 민족으로, 현재 인구는 7천4백여 명이다. 먼바족은 역사적으로 서기 7세기에 토번 왕조에 통치되다가, 13세기부터 티베트 봉건농노 제도 아래에서 농노로 전락되었다. 그러나 건국 전까지 그 사회 내부에서는 완전한 씨족공사제를 유지하고 있었다. 이런 복합적인 사회 형태는 먼바족으로 하여금 이원적 종교 신앙인 본교 신앙과 라마교 신앙을 갖도록 해주었다. 먼바족의 〈창무(嗆木)〉(그 의미는 신들린 무당이 춤추고 노래한다는 '도신(跳神)'이다)는 바로 본교와 라마교가 공동으로 배양한 민간무용이다. 〈창무〉는 신에 대한 존경과 신의 감응을 얻기 위하여 연출하는 것이다.

먼바족의 〈창무〉는 연출 형식과 내용에 따라 다음의 몇 가지 유형으로 나눌 수 있다.

① 〈씨에창무〔謝嗆木〕〉. 새춤인 조무〔鳥舞〕라는 의미이다. 2인이 꿩의

---

104) 波·少布, 〈黑龍江省 '查瑪' 文化淺析〉(《黑龍江民族叢刊》, 1989년 제4기)과 〈淺析勃額敎與喇嘛敎·儺的關係〉(《民族藝術》 1990년 제4기)를 참고하였다.

암수로 분장한다. 장끼는 머리에 두 뿔이 나 있고, 붉은 벼슬에다 털로 짠 모직물로 두 날개를 만들어, 날아다니는 모습을 표현하며, 까투리는 뿔이 없다. 이 두 새는 서로 좋아하면서 장난질치거나, 사랑하는 모습을 표현한다. 〈씨에창무〉는 원고시대의 새 토템 숭배에서 기원하였으며, 사랑의 즐거움과 생식 관념을 내포하고 있다. 본교의 탄생과 라마교가 전해진 뒤에 새를 쫓거나, 새를 죽여 희생에 받치는 내용이 증가하였으며, 천신과 부처에 대한 제사를 표시하고 있다.

② 〈쟈바오창무〔角包噲木〕〉. 소춤인 우무(牛舞)라는 의미이다. 대나무로 거대한 소머리를 만들고, 진짜 소뿔 2개를 달고, 꼬리에는 진짜 야크 꼬리를 달아 놓았다. 머리에서 꼬리까지는 흙색이나 홍색의 모직물로 서로 이어 놓아 몸체를 표시한다. 한 사람은 소머리를 조종하고, 한 사람은 소꼬리를 흔든다. 한 사람은 몸통을 받치면서, 손에는 긴 나무 막대기를 잡고, '소'의 어깨 부위로 뻗어내어 막대기의 끝에 달린 귀신의 머리를 흔들고 있다. 다른 한 사람은 전설에 나오는 먼바적 목축의 시조인 타이버까리에〔太波嘎列〕로 분장하여, 소를 끌고 장내를 돌면서 춤을 춘다. 〈쟈바오창무〉는 농업의 풍성한 수확을 위하여 연출하며, 연출 시에 주위에 있는 관중은 서로 다투어 소에게 '하다'[105]를 바친다.

③ 〈파창무〔帕噲木〕〉. 돼지춤인 저무(猪舞)라는 의미이다. 한 사람이 나무로 만든 돼지탈을 쓰고, 몸에는 검은 옷을 걸치며, 두 손에는 '러바'(烈巴, 마귀를 상징하는 붉은색 머리)를 잡고, 머리를 뒤를 젖히면서, 미친 듯 춤을 춘다. 돼지는 토지신이라고 전해지며, 마귀를 지옥으로 쫓아내어 세상의 평안을 가져왔다고 한다. 〈파창무〉의 연출은 토지신에게 제사 지내는 것이다.

④ 〈둥진창무〔東金噲木〕〉. 두 사람이 공연하며, 돼지와 황소탈을 쓴다. 손에는 긴 칼을 잡고, 머리에는 '러바'를 달고, 마귀와 싸우는 모습을 표

---

105) 티베트족이나 몽골족이 경의나 축하의 뜻을 나타내기 위하여 바치는 흰색 · 황색 · 남색의 얇은 비단 수건.〔역주〕

현한다. 마침내 마귀에게 승리를 거두고, 마귀를 지옥으로 몰아넣는다.

⑤ 〈쟈충창무〔甲窮嗆木〕〉. 대붕무(大鵬舞)라는 의미이며, 두 사람이 공연한다. 한 사람은 고루탈을 쓰고, 악마로 분장하며, 한 사람은 붉은 깃털에 독수리 주둥이를 하고, 머리에는 뿔이 둘 나 있으며, 긴 댕기를 늘어뜨린 대붕으로 분장한다. 대붕은 악마와 접전을 벌이면서, 악마를 땅에 쓰러뜨린 뒤에, 대붕이 악마를 쪼아 먹는다. 대붕은 본교와 불교에서 모두 길상스러운 신조(神鳥)로 여기며, 〈쟈충창무〉는 길상여의를 기원하고 있다.

⑥ 〈마이룽창무〔麥榮嗆木〕〉. 개의 춤인 견무(犬舞)라는 의미이며, 6인이 공연한다. 모두 신령스런 개의 탈을 쓰고, 몸에는 붉은 옷을 걸치며, 허리에는 조개껍질로 된 요대와 수건을 걸쳐, 개의 꼬리와 작은 곰의 꼬리로 분장한다. 춤을 출 때 두 손을 허리춤에 대고, 몸을 꾸부리고 도약한다. 일반적으로 〈쟈충창무〉와 앞뒤로 연결되어 있으며, 대붕이 악마에게 승리를 거둔 후에 신견이 악마의 뼈를 먹는다는 뜻을 내포하고 있다.

⑦ 〈둥더창무〔東德嗆木〕〉. 무술(巫術) 무용으로, 8인이 공연한다. 상상 속의 신의 형상으로 홍색탈을 쓰고, 종이로 만든 법모를 쓰고 있다. 무용자태는 느릿느릿하고, 완만하면서도 가볍게 흐르는 것 같다.

⑧ 〈판창무〔潘嗆木〕〉. 무술 무용으로, 8인이 공연한다. 정령의 탈을 쓰고, 오색 수술을 늘어뜨린 옷을 걸치며, 손에는 경번(經幡)을 들고, 노래하며 춤을 춘다. 무용자태는 미친 듯, 취한 듯하며 격렬하게 움직인다.

⑨ 〈전창무〔枕嗆木〕〉. 칼춤인 도무(刀舞)로, 8인이 공연한다. 머리에는 '러바'로 장식하고, 정령의 탈을 쓰며, 오색 수술을 늘어뜨린 옷을 걸친다. 손에는 긴 칼을 들고, 춤추면서 입으로는 주어(咒語)를 왼다.

⑩ 〈아창무〔阿嗆木〕〉. 북춤인 고무(鼓舞)로, 8인이 공연한다. 탈을 쓰고, 붉은 옷을 걸친 신으로 분장한다. 사람마다 양면 북을 잡고, 장내를 돌면서 춤을 춘다. 무용자태는 분방하면서 사람의 마음을 뒤 흔들어 놓는다.

⑪ 〈펀런창무〔噴任嗆木〕〉. 무술 무용으로, 8인이 공연한다. 남자가 여장을 하고, 색동옷을 걸친다. 사람마다 한 손에는 법령(法鈴)을 잡고, 다른 한 손으로는 양면 북을 잡는다. 원형으로 대열을 이루면서, 각자 즉흥적

으로 공연한다.

⑫ 〈리에언창무〔列恩嗋木〕〉. 귀신의 춤이라는 뜻의 귀무(鬼舞)로, 22인이 공연한다. 염왕(閻王)·백선(白仙)·흑귀(黑鬼)·사혼(死魂), 황소의 정령, 뱀의 정령, 호랑이 정령, 돼지 정령, 말의 정령, 양의 정령, 원숭이 정령, 사자 정령, 대붕 정령 등으로 분장한다. 무용으로 지옥의 풍경을 표현해 내며, 권선징악 관념을 선전하고 있다.[106]

제4절 근대 이래의 기타 악무와 민속탈

‘나’ 탈과 티베트탈의 두 계통 외에도, 근대 이래로 전국 각지에서는 수백 수천 종의 탈이 전해지고 있다. 이들은 형태·지질·조형·각색이 각기 다르며, 그 기능도 서로 다르다. 장례 의식에 사용되는 것도 있고, 성년 의식에 사용되는 것도 있다. 징과 북을 치면서 각종 잡극을 연출하면서 신을 맞아들이고 복을 기원하는 제의에 사용되기도 한다. 명절의 제의에 사용되기도 하며, 귀신과 역귀를 몰아내는 데에 사용되기도 하고, 진택과 벽사 등에 쓰이기도 한다. 탈들은 제각기 형형색색으로 다르게 사용된다. 그 중 대부분은 어느 한 민족이나, 협소한 일부 지역에 전해지고 있으므로, 문화 유형에 따라 과학적으로 분류하기가 아주 어렵다. 그러므로 논의를 편하게 하기 위하여, 이 책에서는 이를 통칭하여, 기타 악무와 민속탈로 부르기로 한다. 이 들 중 일부분은 나문화와 아무런 관계가 없거나, 혹은 ‘나’ 계열에 속하는지 여부에 대하여는 학계의 의견이 일치하지 않으므로, 이 절에다 놓아 소개하도록 한다.

---

106) 于乃昌의 〈神靈感應中的人體文化 — 論門巴族的宗敎舞蹈〉,《西藏民族學院學報》1998年 第4期와, 林吟의 〈門巴族民間舞蹈 ‘嗋木’〉,《民族藝術》1990年 第4期 참고.

1. 흑룡강 오로첸족의 〈이허나런무〉와 그 탈

오로첸족〔鄂倫春族, Oroqen〕은 중국에서 인구가 가장 적은 민족 중 하나이며, 주로 흑룡강 남안의 대·소 흥안령(興安嶺) 일대에 살고 있다. 오로첸족의 사회 발전은 아주 완만하여, 17세기 중엽까지 가정공동체가 완전하게 보전되었다. 뒤에 사유제의 발전과 출현으로 인하여, 가족공동체가 점차 해체되고 마을공동체로 접어들게 되었다. 19세기말 20세기초에 오로첸족은 이미 계급 사회의 과도 단계에 접어들었으나, 여전히 원시 사회의 특징들을 많이 보존하고 있었다. 원시적이면서 거칠은 〈이허나런무〔依和納仁舞〕〉는 바로 씨족사회가 남겨 놓은 오래된 의식의 일종이다.

19세기 말기 이전에 오로첸족은 항상 씨족 회의를 열었다. 오로첸어로 씨족은 '머쿤〔莫昆〕'이라 부르며, 형제나 같은 성을 가진 사람이란 뜻이다. 씨족 내부의 중요한 일들은 모두 선거를 하거나, 씨족장을 소환하여 결정한다. 예를 들면 혈친을 위한 복수를 하거나, 다른 씨족을 성원으로 받아들이거나, 씨족의 공동묘지에 대한 제사나 보호 등에 관한 일들이다. 씨족회의를 열면 전체 씨족성원이 협의하여 해결한다. 족보를 전수하고 배분을 나누는 씨족회의는 3년마다 한 차례씩 열리며, 이런 회의를 여는 일은 아주 큰일이었다. 모든 씨족성원은 소매가 넓은 전통적인 복장을 하고, 11인이 한 조가 되어 탈을 쓰고, 〈이허나런무〉를 춘다. 이 춤에는 엄격한 규정이 정해져 있다. 반드시 10인이 손에 손을 잡고 밖을 둘러싸며, 한 사람은 그 안에 서 있어야 한다. 만약 밖을 둘러싼 10인이 모두 소년이면, 그 중간에 선 사람은 반드시 머리가 하얀 노인이여만 한다. 밖을 에워싼 사람이 모두 청장년이면 중간에 선 사람은 동년배이거나 혹은 연령이 좀 많은 사람이면 된다. 춤이 시작되면 밖을 둘러싼 사람과 중앙에 선 사람 모두 쪼그려 앉아 펄쩍펄쩍 뛰는 동작을 한 후에 일어선다. 밖을 둘러싼 사람들은 여전히 손에 손을 잡고 뛰면서 중앙에 있는 사람을 에워싸고 한 방향으로 돈다. 중앙에 선 사람은 노래하고 춤추면서 밖에 있는 사람

[그림 262] 흑룡강
오로첸족의
〈이허나런무〉 탈.

과 화답한다. 족보를 전수하고 배분을 나누는 일은
이런 흥겹고 즐거운 의식 속에서 진행된다.[107]

〈이허나런무〉에 사용되는 탈은 제작 기술이 아주
간단하다. 사람 얼굴과 크기가 서로 비슷한 나무를
쪼개어 탈의 반제품으로 만들며, 위에다 눈과 입·
코를 파내면 완성된다. 눈에는 눈동자가 없으며, 입
에도 치아가 없고, 귀·눈썹·관식들이 전혀 없다.
그 조형과 제작 기술은 귀주 위녕의 이족 〈변인희〉
의 탈과 아주 흡사하다. 단지 이 탈에는 먹이나 아
궁이의 재를 사용하여 검은색으로 칠하지도 않았
고, 분필이나 석회로 이마나 뺨에 줄로 된 문식을 그리지도 않았기 때문
에, 더욱더 유치하고 단순해 보인다[그림 262].

2. 내몽고 에벤키족의 〈아오미나링〉과 그 탈

에벤키족〔顎溫克族, Ewenki〕 또한 중국에서 인구가 아주 희소한 민족
중 하나로, 대다수는 내몽고자치구의 후룬베얼맹에 살고 있으며, 일부분
은 흑룡강성과 신강위그르자치구 경내에 살고 있다. 경제 생활은 유목과
수렵을 위주로 하며, 어떤 씨족은 건국 전까지 여전히 원시 사회 말기의
역사적 단계에 머물러 있었다. 종교 신앙은 샤머니즘이 가장 보편적이며,
라마교와 동정교도 전파되었으나, 그 세력이 미약하였다. 샤먼의 사회적
지위는 아주 높았으며, 매 씨족이나 대가족은 모두 자기의 샤먼이 있었다.
샤먼은 세습이나 혹은 신령의 계시, 혹은 샤먼의 선발 등을 통하여 생겨나
게 되었다. 새로운 샤먼은 스승을 모시고, 무업을 익히는 과정 속에 〈아
오미라렁〔奧米拉楞〕〉이라는 춤을 추며 신에게 제사 지내는 제전(祭典)을

---

107) 秋浦,《鄂倫春社會的發展》, 上海人民出版社, 1978年, p.153.

거행하였다. 이런 제전은 동시에 또 모든 씨족의 종교적 집회였으며, 오락을 즐기는 축제이기도 하였다.

〈아오미나렁〉은 에벤키의 음역으로 속칭 '사월회(四月會)'라고도 한다. 일반적으로 음력 4월에 거행하며, 어떤 곳에서는 8월에 거행하기도 한다. 그 지점은 통상 씨족 샤먼의 집에서 행해지며, 자기 씨족 샤먼이 제사를 주관하고, 일명 배제(陪祭)라 부르는 외족의 씨족 샤먼을 초청한다. 그 주제는 모든 씨족의 평안과 행복을 기원하는 것이다. 각 지역의 의식은 대동소이하다. 어얼구나하[額爾古納河] 초원지대에서는 제전을 거행하기 전에, 샤먼마다 모두 탈을 쓰고, 법의를 걸치고, 신고(神鼓)를 울리며, 샤먼 곡조를 부르는 사람들과 함께, 집집마다 찾아다니면서 구사납길(驅邪納吉)을 하고, 제사의 제물을 준비한다. 한 집에 도착할 때마다 모두 태양이 도는 방향을 따라, 몽고파오를 세 바퀴 돌고 나서, 서남쪽 모서리에 선다. 이때 주부는 우유 한 그릇을 들고 몽고파오 위로 뿌리면서, 탈을 쓴 사람과 샤먼에게 차와 담배를 바친다. 매번 제사 때마다 유목민들은 모두 샤먼에게 소와 양·피륙·전차(磚茶)·유당(油糖)·돈 등을 바친다. 그리고 샤먼 집 주위에는 1백20그루의 작은 자작나무를 세워 놓고, 나뭇가지 위에는 샤먼이 병을 치료했던 사람들이 바친 오색 천과 각종 예물을 걸어 놓는다.

굿의 제전은 탈을 쓴 자질이 높은 샤먼이 주관하며, 그밖의 샤먼은 몸에 법의를 걸치고 굿을 한다. 여기에 모인 군중은 샤먼의 집 앞 초지에서 열 몇 개의 둥근 원을 그리면서, 춤을 추고 노래하거나 혹은 씨름을 한다. 그밖에 샤먼에게 병을 치료받았던 사람 중 9명은 밤낮으로 샤먼을 따라 작은 숲 속을 돌면서 노래하고 춤춘다. 이튿날 소를 한 마리를 끌고 와, 젊은이들이 소를 땅에 쓰러뜨리고 그 위에 올라타고 앉으며, 어린이와 부녀자들은 소의 주위를 둘러싸고 앉는다. 이때 2명의 샤먼은 오소리 가죽으로 만든 띠로, 사람들을 에워싸고는 줄을 조이기도 하고, 느슨히 풀기도 하면서 세 차례 반복한다. 사람들은 이 줄 안으로 끼어들어가 재난을 면하고 병을 내보낸다. 그런 후에 이 가죽 끈의 길이가 원래보다 길어졌으면, 씨족에 사람이 불어날 조짐이라고 여긴다. 굿은 3일 동안 밤낮으로 계속되며, 마지막 날에 샤먼이 탈과 법의를 나무 위에 걸어 놓고, 제사는 이것으로 끝을 맺는다. 모든 의식 과정 속에서 새로운 샤먼은 줄곧 제사를 주관하는 샤먼의 조수 위치에 처하며, 〈아오미나렁〉 제전 중의 도신과 제사 등을 배운다. 샤먼마다 몇 번 〈아오미나렁〉에 참가하였는지는 그 '신모(神帽)'로 구별할 수 있다. 한 번 참가한 사람은 신모의 사슴뿔이 6개이고, 이후 한 차례 참가할 때마다 신모의 사슴뿔이 2개씩 불어난다. 4번 참가했다면, 신모의 사슴뿔은 12개가 된다.[108]

어얼구나하 삼림 지역에서 제사는 대부분이 삼림 속 공터에서 진행된다. 사방에는 신령이 좋아하는 소나무나 자작나무가 있어야 하며, 여기에다 약간의 작은 나뭇가지들은 꽂아 놓는다. 두 그루의 큰 나무 사이에 짐승가죽으로 만든 띠를 걸어 놓고, 여기에 신에게 바치는 제물로 순록이나 오소리와 같은 발굽이 있는 동물의 머리·혀·심장·폐·사지와 꼬리를 걸어 놓으며, 발톱이 있는 상서롭지 못한 동물은 절대 제물로 쓸 수 없다. 짐승의 머리는 나무꼭대기에 걸린 조상의 신우(神偶)·신상(神像)과 마주 보아야 한다. 이밖에도 동쪽나무 위에는 태양신상을 걸어 놓고, 서쪽나무 위에는 달의 신상을 걸어 놓으며, 양쪽에는 나무로 새겨 놓은 토템동물인 큰 기러기와 뻐꾸기를 걸어 놓는다. 이들 나뭇가지 위에는 짐승피를 발라 놓아 신령이 흠향하였음을 표시한다.[109]

에벤키 샤먼이 사용하는 탈은 흔히 동으로 제작하는데 지금은 이미 그 자취를 찾아보기 어렵다. 그러나 에벤키 사람들이 받드는 탈신의 형

[그림 263] 내몽고 에벤키족 〈더링거띵신〉 탈.

108) 呂光天, 《鄂溫克族》, 民族出版社, 1983年, pp.71, 78, 79.
　　　烏丙安, 《神秘的薩滿世界》, 上海三聯書店, 1989年, pp.208-209.
109) 宋恩常編, 《中國少數民族宗敎初探》, 云南人民出版社, 1985年, pp.22-23.

상으로 그 대체적인 풍모는 어렵지 않게 알 수 있다. 휘하(輝河) 지역의 탈신은 '마오무티에〔毛木鐵〕'라 부르며 철판을 오려 만들었다. 대가족 중에는 탈신을 하나만 받들 수 있으며, 동일한 씨족 중에서는 가장 오래된 가족만이 모실 수 있다. 아륜하(阿倫河) 지역의 탈신은 '더린거띵〔德力格丁〕'이라 부르며, 홍동이나 자작나무 껍질로 만들어진다. 사람 얼굴에 긴 수염이 나 있으며, 실내나 혹은 문 위에 걸어 놓는다[그림 263].

3. 내몽고 적봉 몽골족의 〈후투커친〉과 그 탈

내몽고자치구인 적봉시(赤峰市) 오한기〔傲漢旗〕 살력파〔薩力巴〕 오란소〔烏蘭召〕 일대의 몽골족 중에는 탈놀이인 〈후투커친〔呼圖克沁〕〉이 전해져 내려오고 있다. 〈후투커친〔呼圖克沁〕〉은 몽고어로 축복과 구자(求子)라는 의미이다. 또 다른 명칭은 〈하오더꺼친〔好德歌沁〕〉으로 어릿광대인 축각(丑角)이라는 뜻이다. 〈후투커친〉은 매년 음력 정월 13일에서 16일 사이에 연출되며, 일반적으로 3년을 연출하면 3년은 쉰다. 출연자는 6인으로 모두 탈을 쓴다. 이들은 다음과 같다.

백노두(白老頭): 이름은 아린차간우부건〔阿林査干烏布根〕으로, 북방의 늙은이라는 뜻이다. 흰 턱수염과 눈썹에다 흰 가죽옷에 흰 두건을 쓰고, 손에는 지팡이를 짚고 있으며, 염주를 걸고 있다.

흑노두(黑老頭): 이름은 펑쓰커〔朋斯克〕로 백발노인의 양아들이다. 수염과 눈썹이 검고, 검은 가죽옷에 검은 두건을 쓰고, 손에는 검은 지팡이를 짚고 있다.

조문대(曹門代): 백발노인의 처로, 두건을 쓰고 남색 옷을 입었다.

화일(花日): 백발노인의 딸로, 두건을 걸치고 붉은색 옷을 입었다.

손오공: 손에 금색 테를 두른 봉을 들고 있다.

저팔계: 쇠스랑을 들고 있다.

연출 전에 탈을 사당 안에 모셔 놓고, 향을 사르고 제사를 지낸다. 현지에서는 이를 경신(敬神)이라 부른다. 연출자들은 목욕을 하고, 몸을 깨끗이 하여, 신령을 모독하지 않도록 한다. 공연 내용은 네 부분으로 나누어진다.

① 채가(踩街). 공연자는 탈을 쓰고, 마을의 골목과 길에서 노래하고 춤춘다. 손오공과 저팔계는 앞에서 길을 열며 백노두가 가운데 서고, 그 나머지는 뒤를 따른다.

② 구사(驅邪)・기복(祈福). 공연자는 매번 한 집에 들어설 때마다, '반장(盤腸)' 도안을 둘러싸고, 길상 가무를 연출한다. 백노두가 지팡이를 휘두르고 춤추면서, 사방을 가리키며 주인을 위하여 사악함을 물리치고 축복을 빌어준다.

③ 축원・송자(送子). 손오공과 저팔계는 마당에 남아 있고, 나머지 사람은 집안으로 들어가 주인을 위하여, 축복을 빌어준다. 주인은 담배와 차로 사람들에게 대접하고, 상으로 돈도 준다. 젊은 부부는 백노두에게 자식을 빌면, 백노두는 흰수염 한 털을 뽑아 동전에 매달아 준다. 젊은 부부는 낮에 그것을 가슴속에 품고 있다가, 밤에는 이부자리 속에 놓아둔다. 이렇게 하면, 다음해에 아들을 얻을 수 있다고 전해진다.

④ 사별(辭別). 연출대는 〈청조가(靑鳥歌)〉를 부르며, 떠날 때 주인은 고의로 백노두의 처를 붙잡아두면, 백노두는 다급하게 〈구정가(求情歌)〉를 부르며, 주인에게 자기 처를 놓아 달라고 사정한다. 주인집을 떠나면, 연출대는 또 다른 집으로 가 축복을 하면서, 온 마을을 한 바퀴 돈다.

[그림 264] 내몽고 몽고족 〈후투커친〉 백노두 탈.

〈후투커친〉의 연출이 끝나면, 송신 의식을 거행한다. 둥둥 울려퍼지는 북소리 속에서 백노두는 〈송신사(送神辭)〉를 부르고, 탈을 화톳불 속에 던져 태우면서, 신령이 승천하여 떠났다는 것을 표시한다. 신령은 북방에서 청해 왔으므로, 반드시 북방으로 돌려보내야 한다. 〈후투커친〉의 공연은 우스꽝스럽고 생동적이어서, 몽골족 민간가무의 특징을 띠고 있고, 한족 앙가(秧歌)의 영향을 받고 있다. 그 자체에서도 몽골족 종교희인 〈미라(米

拉)〉의 흔적을 찾아볼 수 있다. 고증에 의하며 〈후투커친〉은 18세기 중엽에 만들어졌으며, 이미 250여 년의 역사를 지니고 있다고 한다.[110]

〈후투커친〉의 탈은 종이를 붙여 압축시켜서 만든 것이어서, 얼굴에 쓰면 아주 가볍다. 손오공과 저팔계 외에, 다른 탈들은 조형이 모두 아주 사실적이다. 특히 백노두 탈은 미목이 자상하고, 흰 수염을 날리면서, 웃음 지을 때는 수염을 쓰다듬는 것이 완전히 세속 노인의 형상이다[그림 264].

4. 청해 투족의 〈살호장〉과 그 탈

청해성 민화(民和) · 관형(官亨) 일대의 투족[土族, Tu] 중에는 소박하고 거칠면서도, 형식이 독특한 탈 악무인 〈살호장(殺虎將, 또는 살화가(殺禍稼)라고도 부른다)〉이 전해지고 있다. 〈살호장〉은 일반적으로 전통적인 묘회인 '칠월회(七月會)'에서 연출되면, 출연자는 7인으로 모두 탈을 쓰고 있다. 그밖에도 임시로 군중 몇 사람이 무대에 출연한다. 이 무용은 간단한 스토리를 가지고 있다. 소머리 탈을 쓴 2명의 연출자가 무대에 올라와, 소의 동작을 모방하거나, 혹은 장내를 돌면서 뛰어다니기도 하고, 혹은 펄쩍펄쩍 뛰면서 장난을 치기도 한다. 이어서 호랑이머리 탈을 쓴 2명의 연출자가 나와 호랑이 동작을 모방하며, 펄쩍 뛰며 물구나무를 서기도 하고, 땅을 뒹굴기도 한다. 이 호랑이가 소를 발견하고는 달려들면, 소가 뿔로 받으며 드재비질을 하면서 힘을 겨룬다. 소의 체력이 점점 지탱하지 못하다가 끝내는 땅에 쓰러져 호랑이에게 잡혀먹었다는 것을 나타낸다. 이때 북소리가 급하게 변하면서, 무대 밖에 있는 사람 사이에서 소동이 일어나며, 사람들은 젊은 사람에게 올라가 호랑이를 쓰러뜨리라고 소리친다. 고함소리 속에서 날렵하고 건장하게 생긴 2명의 청년이 올라가, 담력과 용

---

110) 烏國政 · 李寶祥, 《試論蒙古族民間歌舞 〈呼圖克沁〉》, 1990년 4월 山西 臨汾의 〈中國儺戲學國際學術討論會〉 논문과, 何迺强 의 〈蒙古族戲劇初探〉, 《民間藝術》, 1986年 第2期 참조.

[그림 265] 청해 투족의
〈살호장〉 탈.

기를 믿고 호랑이와 싸움을 벌인다. 이들이 서로 뒤엉켜 업치락뒤치락 하면서 승부를 가리지 못한다. 이때에 한 노인이 무대로 걸어나와 한 옆에 서 있던 〈살호장〉에게 한 장의 첩지를 전해 주면서 호랑이를 항복시켜 백성의 해를 제거해 달라고 부탁한다. 〈살호장〉은 몸에 짧은 옷을 걸치고, 손에 도검을 잡고, 소머리 탈을 썼다[그림 265]. 그는 첩지를 받아들자, 옆에 있는 2명의 여장수를 이끌고, 검을 휘두르며 등장한다. 〈살호장〉은 호랑이에게 검을 겨누면서 점점 다가가고, 두 여장수는 짐승모양의 방패를 잡고, 좌우에서 호랑이를 에워싼다. 몇 번의 싸움이 계속되다가 마침내 호랑이가 죽음을 당한다. 장 밖에서는 일시에 갈채가 쏟아지며, 사람들은 살호장의 승리에 환호한다.

민화와 관형 일대에는 과거에 원시삼림이 끝없이 펼쳐지고, 풀들이 무성하여, 항상 호랑이와 표범·늑대가 출몰하여 사람들과 가축을 해쳤다. 그러므로 투족 백성들은 살호장처럼 무예가 고강한 영웅이 출현하여, 사람과 가축을 평안하게 보호해 주길 갈망하였다. 살호장이 백성들을 위하여, 환란을 제거해 주었으므로, 사람들은 그를 신령인 산신령으로 받들었다. 건국 전에 현지의 마을 사당에서는 흔히 산신령 형상이 모셔졌다. 산신령은 형상이 위맹스럽고, 손에는 쌍날검을 잡고 있으며, 암석에 쪼그려 앉아 있다. 발 아래의 나무말뚝에는 쇠사슬로 진흙으로 빚은 호랑이를 묶어 놓고 있다. 이 소상이 살호장의 화신이다.[111]

살호장 중에는 이미 소와 호랑이가 싸우는 스토리가 있으며, 사람과 호랑이가 싸우는 장면이 있어서, 연출 형식이 한대의 각저희와 비슷하다.

---

111) 馬光星, 〈一出古朴粗獷的舞蹈 — 評土家族面具舞 ‘殺虎將’〉, 《青海民族學院學報》, 1986年 第4期.

출연하는 7명의 연출자 중에서 2명의 여장수를 제외하고는 모두 짐승 모양의 가두를 썼다. 가두는 종이판자로 만들어졌으며, 조형이 사실적이고, 형상이 생동적이다. 가두를 쓰면 얼굴 전부를 뒤집어쓰므로 연출자는 탈의 눈 틈새를 통하여, 밖의 사물을 볼 수가 있다.

5. 산서 수양의 〈솨귀〉와 그 탈

〈솨귀(耍鬼)〉는 본명이 〈애사(愛社)〉이고, 또 〈요귀(鬧鬼)〉라고도 부른다. 일종의 민간 사화(社火)중에 공연되는 민속탈 무용이다. 최초에는 산서 수양현(壽陽縣) 평두진(平頭鎭) 구북촌(溝北村)에서 전해지다가 민국 초년에 한구촌(韓溝村)으로 전해졌다. 지금 구북촌에서는 이미 연출되지 않으며, 한구촌에만 남아 있다. 〈사귀〉는 상고시대 황제(黃帝)와 치우(蚩尤)가 전쟁을 벌인 이야기를 연출하고 있으며, 매년 음력 7월 13일, 헌원(軒轅)황제 탄생 시에 연출한다. 이날 이외에도 날이 가물어 기우제를 지낼 때에도 흔히 연출하고 있다. 출장하는 각색은 모두 24명으로 그 중 대귀 6명, 소귀 18명이며, 소귀는 진을 펼치고, 대귀는 주연(主演)을 한다. 대귀는 머리에 탈을 쓰고, 위에는 검은색에다 가에 흰색을 두른 저고리를 걸치고, 아래에는 검은색 긴 바지를 입으며, 밖에는 자홍색 융단으로 된 전포를 걸치고, 발에는 바닥이 연한 검은 신발을 신는다. 등에는 갖가지 색의 비단 띠로 장식된 나무시렁을 지고, 오른손에는 오색으로 수놓은 물고기를 들고, 왼손에는 백색 수건을 잡고 있다. 소귀의 옷과 바지는 대귀와 비슷하나, 탈을 쓰지 않고, 시렁을 짊어지지 않는다. 머리에는 백색수건을 동여 메고, 손에는 작은 꽹가리를 잡고 있다. 〈사귀〉가 비록 황제와 치우의 전쟁을 표현하고 있지만, 대귀와 소귀는 전부 헌원 황제의 장병을 대표하며, 18명의 소귀는 ‘┌┐’이런 형태의 방형진(方形陣)을 펼치고 있으며, 6명의 대귀는 2명씩 짝을 지어, 방형진 속에서 징과 북소리에 맞추어 춤을 춘다. 소귀는 쉴새없이 꽹과리를 두들겨, 분위기를 띄워 준다.

연출은 모두 6부분으로 나누어진다.

① 도상장(倒上墙). 호안권(護眼拳)·사인권(四人拳)·이자장(二字墙)·도상장(倒上墙) 등의 일정한 법식이 있으며, 1인 공연에서 점차 6인 공연으로 증가되면서, 대형을 변환시켜 성 아래에서 성을 공격할 준비가 되었음을 표현한다.

② 직장(直墙). 뱀이 허물을 벗는 격식으로 1인이 성을 공격하였다가 물러나면, 다른 한 사람이 계속 성을 공격하는 것을 표현한다.

③ 소장(小場). 측신(側身)·하차(下叉)·십자족(十字足)·주팔괘(走八卦) 등의 법식으로 1차 공성(攻城)이 실패한 후에, 다시 새롭게 포진하여 성곽을 포위한다.

④ 과관(過關). 권대삼보(拳大三步)·납궁방전(拉弓放箭)·탈기(奪旗)·추문(推門) 등의 법식으로 귀문관(鬼門關)을 부수고, 성 안으로 들어갔다.

⑤ 대진(對陣). 둘씩 마주 보고 싸우는 법식으로, 성을 부순 뒤에 쌍방이 대진하고 있으며, 최후에는 황제가 승리를 거둔다.

⑥ 쇄탁(耍桌). 치우를 대파한 후에, 백성들은 거리에 늘어서서, 공물을 늘어놓고 장사들에게 상을 내린다. 또 타차(打叉)·후세(猴勢) 등의 동작으로 승리를 거둔 후의 즐거운 심정과 기쁨에 겨운 장면을 표현한다.[112]

쇄귀는 위의 여섯 마당 중 어느 한 마당의 시작이나 끝이나, 처음과 끝이 서로 물고 물리면서 끊임없이 반복하여 공연되고 있다. '귀신'의 특징을 두드러지게 하기 위하여, 연출중에 항상 '두'(抖, 얼굴을 좌우로 떠는)라는 동작을 한다. 때때로 출연자는 탈을 벗고, 제사를 받는 신과 양옆의 관중과 교류를 하는데, 이를 '말각(抹殼)'이라고 한다.[113]

'애사'의 의미는 다음과 같은 몇 가지 설이 있다. 첫째, 사직을 열렬히 사

---

112) 張之中, 〈山西儺戲的流變與分布〉, 《中國儺戲調查報告》, 貴州人民出版社, 1992年.

113) 白天, 陳麗萍, 〈黃土高原儺文化的新發現 — 壽陽溝北儺舞 '愛社' 調查〉, 《中華戲曲》, 總第12輯.

랑한다. 둘째, 토지를 열렬히 사랑한다. 셋
째, 어느 한 지역의 사화(社火)의 명칭이다.
어느 것이 옳고 그른지는 아직까지 정론을
얻지 못하고 있다.

〈쇄귀〉의 탈은 가두 유형에 속하며, 종이를
붙여 판자로 만들어 사용한다. 눈썹이 튀어나
오고 눈이 들어갔으며, 귀에는 귀걸이를 하
고 있다. 이마 중간에는 은박지로 오린 하마
를 붙이고 있으며, 머리 위에는 소꼬리를 염
색하여 만든 붉은 머리카락을 날리고 있다.

[그림 266] 산서 수양의
〈쇄귀〉 탈.

양 볼에는 오색종이 꽃을 꽂아 놓고 있어, 길게 뻗은 2개의 뿔과 같다. 혀
는 철판으로 만들었으며, 자유롭게 신축하고 움직일 수 있다[그림 266].
여섯 매의 탈은 홍·자·녹·회·남·분홍 등의 색으로 나누어져 있다.

6. 광서 쫑족의 〈마과이무(螞拐舞)〉와 그 탈

마과이는 청개구리로 쫑족의 길상물이며, 쫑족 마을의 위사(衛士)이다.
쫑족의 민간전설 속에서 청개구리는 원래 뇌왕의 아들로, 뇌왕은 그를 인
간 세상에 사자로 파견하였다. 매년 봄이나 여름에 사람들이 비를 필요로
할 때면 청개구리에게 부탁을 한다. 청개구리가 공중을 향해 울면 이 소리
를 듣고, 뇌왕은 곧 구름을 몰고 와 비를 내려주며, 대지를 적셔 가뭄을 해
갈해 준다. 청개구리의 울음소리로 비를 내리게 할 수 있으며, 청개구리가
해충을 잡아먹어, 농작물의 풍성한 수확을 거둘 수 있게 하므로, 쫑족은
청개구리를 토템으로 모신다. 현재 광서의 홍수하(洪水河) 유역에 살고 있
는 쫑족은 매년 음력 정월에 〈마과이절〉을 지내면서, 청개구리를 기념하
고 있다. 이때 쫑족 백성들은 동고를 울리고 나팔을 불며, 명절에 입는 성
장을 하고, 갖가지 성대한 경축 활동을 벌인다. 이 축제는 한 달 정도 되며

그 순서는 개구리를 찾는 조마과이〔找螞拐〕, 개구리를 장사 지내며 문상을 받는 효마과이〔孝螞拐〕, 개구리 시신을 모셔 놓고 상갓집에서 노래하는 요정창가(鬧亭唱歌), 개구리를 운구하며 논밭을 도는 유전동(游田峒), 개구리를 묻는 매마과이〔埋螞拐〕, 개구리춤을 추는 도마과이무(跳螞拐舞), 그리고 대두인이 귀신을 쫓아내는 수조(綉照) 등으로 이루어진다. 그 중, 마과이무는 모두 11마당의 춤으로 구성되었으며, 내용에 따라 세 가지 유형으로 나눌 수 있다.

① 제사무용. 마과이신과 요왕(堯王)·우왕(禹王)에게 경배하며, 행복과 평안을 내려주길 바란다.

② 전쟁무용. 마과이신이 적을 물리친 영웅적인 기개와 위대한 공적을 찬송한다.

③ 노동무용. 마과이신이 써래질을 하고 해충을 잡는 노동 장면을 묘사하며, 오곡의 풍성한 수확을 기원한다.

〈마과이절〉의 마지막 절목인 수조는 머리에 대나무로 엮어 만든 모자를 쓴 대두인(大頭人)이 역병을 몰아내며, 2명의 노인이 전설 속에 사람과 개구리가 교미한 이야기를 말하면서 성교하는 동작을 한다.[114] 〈마과이무〉를 공연할 때, 일반적으로 모두 탈을 쓴다. 탈에는 두 종류가 있다. 하나는 개구리 머리 모양으로 만들었으며, 큰 입에 눈이 튀어나왔고, 귀와 코가 없다. 이 탈은 종이판자나 천을 재단하여 만든다[그림 267]. 또 하나는, 사람 얼굴 모양으로 나무를 조각하여 만든다. 나무 탈에는 두 종류가 있다. 하나는 거칠고 유치하며, 공예도 간단하다. 마음대로 나무토막 하나를 찾아서 도끼로 갈라 사람 얼굴 크기로 만든다. 위에다 두 눈을 파고 다

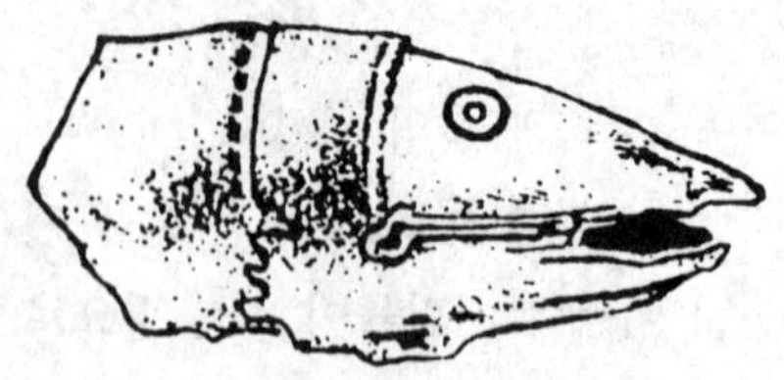

[그림 267] 광서 쫭족
〈마과이무〉 탈1.

---

114) 羅仁德,陳祖華 〈壯族螞拐節〉, 《民族藝術》, 1988年 第3期.
　　金濤, 〈廣西民間舞蹈的形式與特點〉, 《民族藝術》, 1989年 第2期.

시 검은색이나 황토색으
로 수염과 눈썹·입을 그
리면 된다[그림 268]. 또
한 종류는 가공이 정밀하
며, 오관을 세밀하게 조각
할 뿐만 아니라, 희극의
검보처럼 얼굴에 색색으
로 도안과 문식을 그려 놓
는다[그림 269].

[그림 268] 광서 좡족
〈마과이무〉 탈2.

[그림 269] 광서 좡족
〈마과이무〉 탈3.

　유명한 광서 화산(花山)의 바위 그림 중에 크고 작은 청개구리 형상을
한 사람이 많이 그려져 있다. 이들은 탈을 쓰거나, 혹은 깃털을 꼽고, 너
울너울 춤을 추고 있다. 일부 학자는 이것이 〈마과이무〉의 장면을 표현한
다고 믿는다. 만약 이런 추측이 틀리지 않다면, 〈마과이무〉는 적어도 1천
년 이상의 역사를 지니고 있다.

7. 광서 융수 먀오족의 〈망하오춤〉과 그 탈

　'망하오〔芒蒿〕'는 먀오족의 민간전설 속에 나오는 조상신과 보호신으
로 외모는 추악하나 마음이 선량하여, 먀오족의 깊은 사랑과 존경을 받고
있다. 매년 설에 광서 융수(融水)의 먀오족자치현에서는 〈망하오춤〉을 연
출하여, 돌림병과 역병을 물리치고, 마을의 평안을 가져다주며, 사람이
흥왕하고, 민족이 번영하기를 기원한다.
　〈망하오춤〉으로 분장한 연출자의 수는 제한되어 있지 않으나, 반드시
홀수여야만 한다. 공연도 반드시 홀수여야 하며, 짝수가 되어서는 안 된
다. 현지의 먀오족은 홀수가 길하며, 짝수는 불길하다고 여긴다. 〈망하오
춤〉의 준비 작업은 아주 비밀스럽게 이루어진다. 연출자들은 채노(寨老)
의 지시에 따라, 공연 며칠 전에 친지를 방문한다거나, 혹은 사냥을 나간

다는 구실을 대고, 마을을 떠나 은밀히 숨는다. 연출 전날 밤에 부근 산 위에 있는 동굴에 모여 채노가 주는 탈을 쓰고, 볏짚이나 칡덩굴로 엮은 옷을 걸치고, 손발에는 재나 숯으로 검게 칠하여 괴이하고도 무서운 모습으로 분장한다.

〈망하오춤〉은 통상 마을을 단위로 추며, 한 마을에서 〈망하오춤〉을 추면 주변 마을 사람들이 모두 설날의 명절 복장을 하고 구경하러 온다. 노생소리가 울려 퍼지면, '망하오'들은 숨어 있던 동굴 속에서 나와 공연장소로 온다. 〈망하오무〉는 암·수의 구별이 있다. 숫 '망하오'는 손에 곤봉을 들고, 암'망하오'는 등에 바구니를 짊어진다. 이들은 먼저 농경이나 어렵을 나타내는 춤을 춘 후에, 숫 '망하오'는 손으로 짚을 엮어 만든 양물을 잡고, 논두렁 안에서 진흙(정액)을 묻히고 젊은 아가씨들을 쫓아가면서, 갖가지 음란스러운 동작들을 한다. 아가씨들은 화를 내지 않으며, 반쯤은 떠밀고 반쯤은 안기며, 숨기도 하고 나오기도 하면서, 만약 누구의 옷에 진흙이 묻으면, 나중에 자식을 많이 낳게 된다고 믿는다. 노인·어린아이·남자들의 몸에 진흙이 묻어도 크게 길하다고 믿는다. 한바탕 크게 웃고 떠들고 나서 '망하오'들은 다시 공포스러운 모습으로 아이들을 울린다. 어머니들은 말을 잘 듣지 않는 아이들을 끌어안고, '망하오'가 어루만지도록 하는데, 이렇게 하면, 아이들이 착하게 변하여 말을 잘 듣는다고 한다. 어떤 먀오족 청년들은 '망하오'를 끌어안고 드잽이질을 하여 사람들의 웃음을 자아낸다. 저녁이 되면 '망하오'들의 짚으로 만든 옷이 거의 다 해지게 되며, 동굴로 돌어와 옷을 갈아입고 아무 일도 없었다는 듯이 집으로 돌아간다. 그리고 '망하오'로 분장한 일에 대해서는 절대로 입에 올리지 않는다.[115]

'망하오' 탈은 삼나무나 혹은 다른 나무로 제작하며, 숫 '망하오' 탈은 검은색 바탕에 위에는 거칠게 흰 선으로 그려 놓았으며 형상이 흉악하다.

---

115) 覃桂淸, 〈苗族古代的生殖崇拜〉, 《民間文學論壇》, 1986年 第3期.
　　　顧建國, 〈苗族'芒蒿'的文化審美意識〉, 《民族藝術》, 1993年 第2期.

[그림 270] 암 '망하오' 탈은 검은색 속에 붉은색과 노란색이 섞여 있으며 표정이 온화하다. 연출자들은 탈과 짚으로 엮은 옷으로 '망하오'를 본떠 분장을 한다. 이것으로 자기가 이미 '망하오'의 화신이 되었으며, '망하오' 처럼 건강하고 장수한다고 여긴다. 또 이런 분장으로 자기의 용모를 가려서 다른 사람이 알아보지 못하도록 한다. 이렇게 하면 사람들 앞에서 상징적으로 성교하는 동작을 해도, 얼굴이 붉어지거나 부끄러워하지 않아도 된다. 중국에 이미 알려진 민간무용으로 〈망하오춤〉와 서로 유사한 것은 오직 상서(湘西) 길수(吉首) 투쟈족의 〈마오구스춤[茅古斯舞]〉이다. 〈마오구스춤〉 또한 농경 생활과 어렵 생활을 표현하고 있으며, 농후한 생식 숭배 의식을 나타내고 있다. 공연자도 칡넝쿨이나 볏짚으로 만든 옷을 걸치고, 하반신에는 남성 생식기와 유사한 물건을 달고 있다. 다른 점은 〈망하오춤〉이 나무로 만든 탈을 쓰고 있는 데 반하여, 〈마오구스춤〉은 볏짚으로 얼굴을 가린다[그림 271].

[그림 270] 광서 융수 먀오족 〈망하오무〉 탈.

[그림 271] 호남 길수 투쟈족의 〈마오구스춤〉.

8. 광서 야오족의 〈도계〉와 그 탈

〈도계(度戒)〉는 야오족 중에 널리 전해지고 있는 성인식으로 통상 〈환반왕원(還盤王愿)〉과 함께 행해진다. 야오족의 종교 신앙 중에 남자는 〈도계〉를 거쳐야만 사회에서 성인으로 인정되며, 성인으로서의 갖가지 권리를 누릴 수 있다. 그리고 법을 배우고 사공(師公)을 맡을 수 있는 자격이 주어지므로, 다른 사람을 위하여 신을 부르고, 귀신을 몰아낼 수 있으며, 복을 빌고 재앙을 물리칠 수 있다. 사후에는 하늘로 올라가 신선이 될 수 있으며, 본 집안의 〈조상신〉이 되어 제사를 받을 수 있다. 그러므로 모든 야오족 남자들은 〈도계〉를 인생에서 반드시 거쳐야 할 큰 일로 여기고 있다. 〈도계〉의 형식은 야오족의 지계와 거주 지역에 따라 약간의 차이가 있다. 여기서 소개하는 것은 광서 대요산(大瑤山) 야오족의 〈도계〉 활동이다.

〈도계〉는 사공 몇 명이 주관하며, 그 우두머리를 주초사(主醮師)라 부른다. 일반적으로 음력 10월에서 다음해 정월 사이에 거행하며, 시간은 짧으면 하루 밤낮이 걸리고, 길면 삼일 밤낮으로 거행한다. 야외에서 무대(巫臺)를 세우고, 의식을 거행하는 사람을 도사(度師)라고 하며, 사공의 집에서 거행하는 사람을 도도(度道)라고 한다.[116] 〈수계〉를 받는 사람의 수는 제한되어 있지 않으며, 한 사람이 단독으로 받을 수도 있고, 몇 사람이 한꺼번에 받을 수도 있다. 연령은 대부분이 20세 이하이다. 〈도계〉 기간에 도남(度男, 수계자 또는 사남(師男)이라고도 부른다)에게는 많은 금기가 있다. 비린 것을 먹을 수 없고, 방사(房事)를 치를 수 없으며, 여자들과 농담을 해서도 안 되고, 대소변을 보러 문을 나설 때에도 비웃을 써야 하며, 머리를 들어 하늘을 쳐다보아선 안 된다.[117] 〈도계〉에는 번잡한 의식들이 갖추어져 있다. 주요한 과목(科目)에는 설단(設壇) · 접사(接師) · 봉재(封

---

116) 任繼愈主編,《宗敎詞典》, 上海辭書出版社, 1981年版, p.817.
117)《廣西瑤族社會歷史調查》, 第6冊, 廣西民族出版社, 1987年版, p.290.

[그림 272] 야오족 〈도계〉 음양상 의식.

齋)·청성(請聖)·입번(立幡)·주표(奏表)·발소(發疏)·수음상(睡陰
床)·괘등(掛燈)·도조(渡漕)·상도제(上刀梯)·과화련(過火鏈)·봉관가
직(封官加職)·유향주도(游鄉走道)·부처화압접인(夫妻花押接印)·개대
당금(開大堂禁)·사성개재(謝聖開齋) 등이다.[118] 이런 의식은 원시 종교와
도교가 하나로 융합된 것으로 신비하면서도 괴이하다. 그 중에서 사람의
주목을 끄는 것은 〈수음상〉과 〈괘등〉의 두 가지 의식이다.

〈수음상〉은 〈도계〉 다음날 오전에 거행하며, 이때 도남을 사공이 데리
고 대문 밖을 나가, 문 앞에 놓아둔 네모진 탁자 위에 서고, 어깨 위에는
저울과 빈 바구니를 메도록 한다. 사공은 입으로 경서를 외우면서 옥황대
제가 인간 세상으로 내려오셔서 도남이 이미 수계를 받았다는 것을 증명
해 주시도록 청한다. 이어서 사공은 법인(法印)을 도남에게 전수하며, 지
금부터 다른 사람의 재액을 물리칠 수 있다고 선고한다. 집 안으로 들어
와 사공은 도남의 얼굴에 탈을 씌우고 관을 돌며 춤을 춘 후에, 미리 풀을
깔아놓은 침상 위에 누워 자도록 한다[그림 272]. 사공이 옆에서 주문을

118)《中國各民族宗敎與神話大詞典》, 學苑出版社, 1990年版, p.635.

외우면, 잠시 후에 도남은 입에서 흰 거품을 토하면서 인사불성이 된다. 이때 도남의 혼백은 이미 자신의 몸을 떠나, '매산(梅山)'으로 간다. 거기서 야오족의 조상인 반왕과 이미 돌아가신 선조들을 만나며, 이들에게 갖가지 법술과 주어(呪語)를 배운다고 한다. 사공은 혼미하여 깨어나지 못하는 도남의 몸 위를 넘나들면서 경서를 왼다. 수십 분 후에 비로소 법술을 거두어 도남이 깨어나도록 하고, 방 안에서 춤을 추도록 한다. 다른 한 사공은 손에 단도를 들고 앞뒤로 뛰면서 칼을 휘두르고, 입으론 웅웅 소리를 내면서 귀신을 쫓아낸다.[119]

〈괘등〉의식은 〈수음상〉을 행한 날 밤에 거행하며, 그 방법은 다음과 같다. 긴 대나무 장대 상단에 구멍을 몇 개 뚫어 놓고, 층층이 대나무로 조리개처럼 만든 기물을 꽂아 놓는다. 그 안에다는 술잔을 넣어두며, 잔 속에 기름을 담아 등을 밝힌다. 도남은 손에 등을 켜들고 방 안에 단정히 앉는다. 사공 1명이 경을 외고, 사른 사공 몇 명은 빙글빙글 돌고 춤을 추면서 법술을 행한다. 〈괘등〉은 점등한 등잔 수에 따라서, 〈괘삼태등(掛三台燈)〉〈괘칠성등(掛七星燈)〉〈괘십이성등(掛十二星燈)〉 등으로 구분한다. 〈괘삼태등〉은 〈도계〉의 초보적인 형식이며, 도남은 이 의식을 거친 후에, 성인이 되었음을 정식으로 인정받게 된다. 이후에 사공이 수여한 법명을 갖게 되고, 작은 법사를 치를 수 있다. 〈괘칠성등〉은 〈도계〉의 중급으로 도남은 이 의식을 거친 후에, 중급사공의 자격을 얻을 수 있고, 법명 앞에 '낭(郎)'이라는 칭호를 붙일 수 있으며, 환원(還愿) 등의 중형법사를 주관할 수 있다. 〈괘십이성등〉은 또 〈괘대라등(掛大羅燈)〉〈대도계(大度戒)〉라 부르며, 도계의 고급 형식이다. 도남은 이 의식을 거친 후에, 고급사공의 자격을 얻을 수 있으며, 모든 종교 법사를 주관할 수 있다.[120] 〈괘등〉의식 중에 사공은 탈을 쓰고 귀신과 소통한다.

야오족은 탈을 '신두(神頭)'라고 부른다. 흔히 볼 수 있는 탈은 20여 면

---

119) 胡起望・范宏貴, 《盤村瑤族》, 民族出版社, 1983年版, p.248.
120) 《中國各民族宗敎與神話大詞典》, 學苑出版社, 1990年版, p.636.

으로 삼청(三淸)·삼원(三元)·옥황(玉皇)·반
왕(盤王)·사수(四帥)·영공(令公)·사왕(社
王)·뇌왕(雷王)·공조(工曹)·토지(土地)·선
봉(先鋒)·오상(五傷)·구낭(九娘)·삼계(三
界)·양왕(梁王)·오왕(吳王)·태위(太尉)·본
경(本境) 등이다. 대부분이 종이에다 채색으로
그린 것이다. 탈마다 칠촌 정도로 네모지고, 눈
과 입에 모두 구멍을 뚫지 않으며, 양옆에 끈이
달려 있다. 신두에 그리는 신은 그 형상이 야오
족 도교 의식에서 걸어 놓는 신상과 일치한다.

[그림 273] 야오족 사공
풍재적 신두.

신두의 뒷면에는 그 신의 이름을 써놓기도 하고, 사공이나 혹은 도남의 이
름을 쓰기도 한다. 〈도계〉 의식 중에 사공과 도남이 모두 신두를 사용하
여야 하지만, 탈을 쓰는 위치와 종교적 기능은 서로 다르다. 사공의 신두
는 이마 위에 쓰고, 그가 어떤 신의 신두를 썼는지에 따라서 그 신이 이미
몸에 들어왔다는 표시이므로 그 신을 대신하여 말을 전하고, 법술의 위력
을 크게 증가시킨다. 도남의 신두는 평소 이마 위에 탈을 쓰지만 〈수음상〉
시에는 끌어당겨 얼굴 부위를 가리고, 영혼이 육체를 떠나 야오족의 도교
성지인 '매산' 으로 간다. '매산' 에 살고 있는 신과 조상은 도남이 쓰고 있
는 신두에 따라서 그가 자기의 동족이고 자손임을 인정하여, 그에게 갖가
지 법술과 주어를 가르쳐 주고, 영혼을 환골탈태하여 새로운 생명을 얻도
록 해준다. 그러므로 도남에게 신두는 피안의 세계를 건널 수 있는 통행
증이며, 신과 조상에게 인가를 받을 수 있는 신분증이기도 하다.

9. 사천 백마장인의 〈도십이상〉과 그 탈

〈도십이상(跳十二相)〉은 또 '주우(咒偶)' 라고도 부르며, 사천의 남평(南
坪)·평무(平武) 일대에 살고 있는 백마장인(白馬藏人, 티베트족의 한 지방의 지계) 중의 민속 제사 무용이다. 이 무용은 매년 음력 정월·4월·10월의 제삿날에 연출하며, 그 목적은 요마와 귀신을 몰아내고, 산채의 번영과 사람들의 장수와 풍년을 기원하는 데 있다. 〈도십이상〉시에 제사장소의 중앙에는 푸른 종이에다 적갈색으로 가를 두른 기를 세워 놓는다. 그 기 위에는 어깨에 호피를 걸치고, 오른손에는 돌도끼를 휘두르며, 왼손에는 어린아이를 안고, 두 발로는 전쟁포로를 밟고 있는 남자를 그려 놓고 있다. 그 머리 위에는 두개골로 장식한 모자를 쓰고 있으며, 그 형상이 위맹하며 공포스럽다. 기의 네 모서리에는 각기 정령을 하나씩 그려 놓고 있다. 이 깃발에 그려진 그림의 내용을 분석해 보면, 화면의 중심에 그려진 남자는 부락의 보호신이고, 손에 아이를 안고 있는 것은 부락의 생식과 번영을 보호한다는 의미이다. 손에 돌도끼를 휘두르고 전쟁포로를 밟고 있는 모습은 부락의 평화와 안녕을 보호한다는 의미이다. 머리에 두개골 화관을 쓰고 있는 것은 분파교의 영향을 받은 것이다.[121]

〈도십이상〉에 사용되는 탈은 모두 12개로 사자·호랑이·소·용·봉·양·곰·말·대귀남상(大鬼南相)·소귀남상(小鬼南相)·대귀여상(大鬼女相)·소귀여상(小鬼女相) 등이다. 연출 시에 산채마다 서로 다른 동물로 자기의 토템 표지로 삼는다. 갑(甲) 산채는 〈도십이상〉시에 자기 산채를 대표하는 동물의 형상을 제일 앞에 놓고, 그 나머지는 차례대로 배열한다. 을(乙) 산채는 〈도십이상〉시에 자기 산채를 대표하는 동물의 형상을 제일 앞에 놓고 나머지는 순서대로 배열한다.[122] 백마장인은 5인·7인·9인·11인 무로 춤을 추며, 12인무는 추지 않는다. 기본적인 무용은 네 종류로, 봉무(鳳舞)·후무(猴舞, 원숭이 동작이긴 하지만 원숭이탈은 없다)·소귀무(小鬼舞, 산양의 동작을 모방)·파종무(播種舞) 등이다.

〈도십이상〉의 탈은 대부분이 황양목이나 피나무 혹은 양각수(羊角樹)로 만든다. 그 재질이 질기고 가벼워 쉽게 갈라지지 않는다. 제작 전에 목재

---

121) 徐學書, 〈南坪 '白馬藏人' '十二相' 祭祀舞探索〉, 《西藏藝術硏究》, 1988年, 第2期.

122) 〈'曹盖' '十二相' 辨析〉, 《四川文物》, 1991年, 第1期.

를 소금물에 넣고, 하룻밤을 삶은 뒤에 음지에다 말린다. 탈을 조각하고 잘 문질러 광택을 낸 후에 채색으로 그리며, 그 색깔에는 일정한 상징성을 지니고 있다. 예를 들면 홍색은 불의 상징으로, 위엄과 맹렬을 상징하고, 녹색은 평화와 온순을 표시하며, 황색은 장중과 존엄을 나타내며, 요귀는 검은색으로 그린다.[123] 사천성 민위 민족문물진열실에는 〈도십이상〉탈 한 벌이 수장되어 있다. 조각이 정밀하고 형상이 기이하며 색채가 선명하여, 탈 중의 정품이라고 할 수 있다. 이를 소개하도록 한다.

① 사자상〔獅相〕. 높이 42센티미터, 너비 23센티미터로 조형은 사실적이면서도 변형되어 있다. 크게 벌린 입에 혀를 빼물고 있으며, 눈이 튀어나오고 귀가 쫑긋 섰다. 얼굴은 홍·남·황 삼색으로 칠해져 있으며, 이마와 뺨에는 국화꽃 문양의 그려져 있다. 눈썹은 오돌오돌한 원점으로 만들어 졌으며, 형상이 위맹하고 힘이 충만해 보인다[그림 274].

② 호상(虎相). 높이 30센티미터, 너비 25센티미터로 조형은 입을 벌리고 포효하는 모습이다. 큰 입에 둥근 눈을 하고 있으며, 두 눈썹은 밖으로 튀어나와 있다. 콧등 양옆으로 짙은 호랑이 눈썹이 그려져 있으며, 이마 중간에는 붉은색으로 '왕' 자를 써놓고 있다. 형상이 과장되어 있으며 기세가 사람을 핍박한다.

[그림 274] 사천 백마장인 〈도십이상〉 사자탈.

[그림 275] 사천 백마장인 〈도십이상〉 소탈.

③ 우상(牛相). 높이 48센티미터, 너비 23센티미터로 얼굴에는 몇 개의 가로 줄무늬가 새겨져 있고, 이마에는 태극도 문신이 있다. 콧날이 크고,

---

123) 尙云川, 〈平武白馬藏族近代木雕 '曹盖' 十二相〉, 《四川文物》, 1991年, 第1期.

[그림 276] 사천 백마장인
〈도십이상〉용탈.

두 뿔은 안으로 휘어졌으며, 혀로 윗입술을 핥고 있고, 눈썹이 밖으로 도드라져 나왔다. 면상이 온화하고, 신태가 편안하다[그림 275].

④ 용상(龍相). 높이 43센티미터, 너비 22센티미터, 뿔 길이 20센티미터로 머리 위로 두 뿔이 솟아 있으며, 이마 중간이 뾰족하게 튀어나왔다. 큰 눈과 입술에다 코는 평평하고, 이마와 얼굴 부위에 채색으로 비늘을 그려 놓고 있으며, 눈썹은 물결무늬로 만들어져 있다. 조형이 낭만적이면 형상이 괴이하다[그림 276].

⑤ 봉상(鳳相). 높이 52센티미터, 너비 23센티미터로 머리 위로 두 뿔이 솟아 나와 밖을 향해 굽어져 있고, 중간에 뾰족한 돌기가 나 있다. 둥근 눈에 거대한 부리를 하고 있으며, 코는 작고, 눈썹은 화염무늬로 만들어져 있다. 얼굴에 금빛 깃털이 그려져 있고, 조형이 과장되어 있으며, 상상력이 풍부하다.

⑥ 양상(羊相). 높이 60센티미터, 너비 27센티미터로 가늘고 긴 두 뿔이 밖을 향해 굽어 있으며, 얼굴에는 각종 장식 도안이 그려져 있다. 눈썹은 거칠고 짙으며, 눈은 작으면서 둥글다. 뾰족 튀어나온 입에는 자디잔 이빨이 나 있다. 조형이 사실적이며 온순하다.

⑦ 웅상(熊相). 높이 40센티미터, 너비 22센티미터로 두 귀가 위로 솟아 있고, 입에는 송곳니가 튀어나와 있다. 이마 중간이 뾰족 튀어나와 있으며, 얼굴에는 눈썹과 코 부분이 흰색이고, 나머지는 검은색으로 칠해져 있다. 조형이 사실적이며 천진한 모습을 하고 있다.

⑧ 마상(馬相). 높이 40센티미터, 너비 22센티미터로 말의 얼굴은 홍·남·황·백 등의 색깔로 칠해져 있으며, 둥근 눈이 밖으로 튀어나와 있고, 긴 코에 거친 눈썹에다 작은 귀에 머리가 위로 튀어나왔다. 형상은 과장

이 심하고 변형되어 있다.

⑨, ⑩ 대귀남상·소귀남상: 대귀남상은 높이 36센티미터, 너비 23센티미터, 소귀남상은 높이 32센티미터, 너비 23센티미터로 두 탈의 조형은 대체로 비슷하다. 얼굴 부위는 모두 흑색으로 칠해져 있으며, 눈과 코가 크고, 입에는 송곳니가 튀어나와 있다. 이마 중간에는 원형의 기호가 찍혀있으며 형상이 징그럽고 공포스럽다. 다른 것이 있다면 대귀남상의 정수리에는 작은 용이 또아리를 틀고 있고, 입의 양쪽에는 구멍이 나 있다. 소귀남상의 정수리에는 용이 없으며, 입의 양쪽에도 구멍이 없다.

⑪, ⑫ 대귀여상, 소귀여상: 둘 다 모두 높이 28센티미터, 너비 20센티미터로 얼굴에는 홍색·남색·황색의 선과 도안이 그려져 있다. 눈은 둥글고 콧구멍이 크며, 두 눈썹은 거칠다. 다른 것은 대귀여상은 입으로 혀를 반쯤 내밀고 있으며, 얼굴이 비교적 소박한 데 비하여, 소귀여상은 혀를 내밀고 있지 않으며 얼굴이 화려하다.

10. 사천 백마장인의 〈도차오까이〉와 그 탈

〈도차오까이(跳曹盖)〉는 또 주조(咒鳥)라고도 부르며, 사천 평무현(平武縣) 백마장인에게 전해지는 종교 제사 무용이다. 백마장인은 탈을 '차오까이'라 부르며, 〈도차오까이〉는 검은곰 신인 '다나스제(達納尸界)' 형상의 탈을 쓰고 춤을 추며 귀신을 쫓는 것이다.[124] 이 춤은 일반적으로 음력 정월초4일 저녁에 시작되며, 초5일 오후에 끝을 맺는다. 때로는 청명절에 추기도 한다. 연출 지점은 대부분이 개울가 공터를 선택하며, 사전에 탈과 가죽옷·양초·지전·소와 양·술과 고기를 준비한다. 이밖에도 소나무와 측백나무의 작은 나뭇가지를 '신수(神樹)'에 묶어 놓는다. 초4일 저녁에 명절 복장을 차려입은 백마장인들은 화총·폭죽·징과 북소리

---

124) 鴻飛, 〈白馬藏人的原始綜合藝術〉, 《民間文學論壇》, 1989年, 第6期.

가 울려 퍼지는 가운데, 사방에서 냇가로 몰려든다. 밤의 장막이 내려오기를 기다렸다가 공터 위에 화톳불을 피우고 주최자가 〈도차오까이〉가 시작된다고 선포한다. 사람들은 신수를 들고 가장 높은 곳에 모셔 놓고, 소·말·술과 고기 등으로 제사를 지낸다. 제사가 끝나면 연출자들은 탈을 쓰고 양피 가죽을 뒤집어 입는다. 징·북·우각(牛角)·폭죽 소리가 울려 퍼지면서 화톳불을 둘러싸고, 거칠고 힘 있게 〈차오까이〉를 추기 시작한다. 나머지 사람들은 옆에서 박수를 치고 함성을 지른다. 사람들은 〈도차오까이〉춤 중간 쉬는 틈을 이용하여 아름답고 즐거운 원권무(圓圈舞)와 과장무(鍋庄舞)를 춘다.

광란의 하룻밤이 지나고 태양이 떠오를 때, 백마장인은 '산신'에 대한 제사를 지내기 시작한다. 산신은 '백마어르신(白馬老爺)'이라 부르는 신산으로, 백마어르신은 원래 감숙 문현(文縣)의 신선이었다. 한번은 사천 아미산에 일을 보러 갔다가, 도중에 평무현 나통구(羅通垻)를 지날 때 갑자기 폭우가 쏟아지고 강물이 불어났으며, 산이 무너지고 땅이 꺼졌으므로, 백마어르신은 백마장인을 구하기 위하여 시간을 지체하였다가, 이곳에서 높은 산으로 변하였다고 한다. 백마장인은 '백마어르신'을 아주 존경하며 산채의 보호신으로 모신다. 산신을 제사 지내는 대열은 제물과 신수를 들고 '버까이〔白該, 무당〕'의 인도 아래 '백마어르신'의 앞에 이른다. 사람들은 신수와 제물을 바치고, 다시 〈차오까이〉와 원권무·과장무를 추면서 오후가 되어 흥이 다하면 그제서야 마을로 돌아온다.[125]

〈도차오까이〉탈은 주로 자작나무로 만들며, 공예가 거칠고 조형이 괴상하면서 유치하고도 투박하다. 이것은 조각이 세밀하고 정교

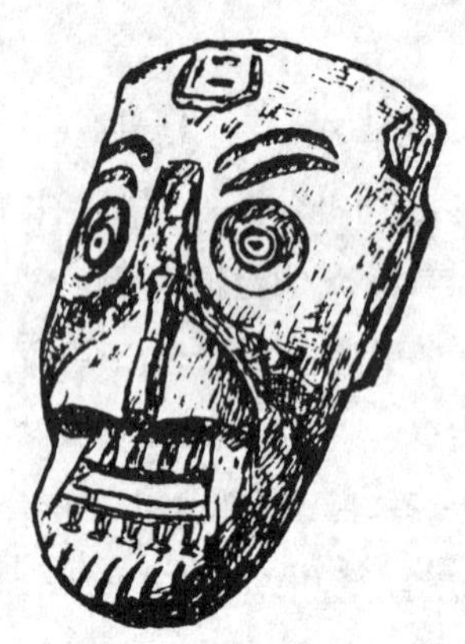

[그림 277] 사천 평무 백마장인 〈도차오까이〉 탈1.

---

125) 〈古朴的民風,神奇的 '曹盖'〉, 臺灣, 《民俗工藝》, 第70期.

[그림 278] 사천 평무 백마장인 　[그림 278] 사천 평무 백마장인
　〈도차오까이〉 탈2.　　　　　　　 〈도차오까이〉 탈3.

한 〈도십이상〉탈과는 크게 차이가 있다. 평소에는 문턱에 걸어 놓아 구귀
진택(驅鬼鎭宅)의 탄구로 사용하므로, 아주 튼튼하고 두껍게 만들며, 심
지어는 거칠고 투박해 보인다[그림 277]. 〈도차오까이〉탈은 각색의 구체
적인 명칭이 없으며, 남상〔曹跪〕·여상〔曹牝〕으로만 구분하지만 이런 구
분도 그리 명확하지는 않다. 탈의 색채는 대부분이 아주 강열하여, 홍색
을 위주로 하고, 황색·녹색·흑색·남색 등의 색으로 보충한다. 이것은
백마장인이 선명한 색을 좋아하는 심리적인 습성을 나타내고 있다. 그러
나 어떤 탈은 나무 재질의 본래 색을 그대로 유지하고 있어, 질박하고 신
선한 느낌을 주기도 한다. 〈도차오까이〉탈의 특징 중 하나는 탈의 머리부
분에 관모를 조각하지 않고 각종 자연물로 장식한다는 것이다. 이것은 양
뿔이기도 하고[그림 278], 새의 깃이나 혹은 들꽃을 묶어 머리카락을 대
신하기도 한다[그림 279]. 자연물로 탈을 장식하는 방법은 다른 곳에서
아주 찾아보기 힘들다. 이것은 산촌의 분위기를 더해 주고 있으며, 〈도차
오까이〉의 신운과 풍채를 더욱 두드러지게 만든다.

11. 운남 초웅 이족의 〈솨대도〉와 그 탈

운남 초웅(楚雄) 이족자치주의 녹풍현(祿豊縣) 일대에서는 〈솨대도(耍大刀)〉라는 민속 활동이 전해지고 있다. 이 활동은 음력 6월 횃불제(火把節)에 행해지며, 3년 동안 연속하여 행해지다, 3년 동안은 쉬고, 다시 3년 동안 거행한다. 〈솨대도〉의 내력에 관하여 현지에서는 갖가지 전설이 전해지고 있다. 널리 퍼진 전설로는 삼국시대 촉나라의 승상이었던 제갈량이 남만을 평정하러 군대를 이끌고, 초웅을 정벌하였다. 이족의 수령인 맹획(孟獲)을 칠종칠금(七縱七擒)하여 촉한에 귀순시켰다. 이후 제갈량은 관우의 대도 칠십이법을 현지 군민에게 전하였으며, 동시에 선진적인 농경 기술도 전수하였다. 맹획은 촉한에 귀순한 후에 민간의 질고에 관심을 기울여 백성들의 깊은 사랑을 받았다. 맹획이 죽은 뒤에 초웅의 이족들은 그가 병으로 세상을 떠난 다음 날, 맹획을 추모하는 정기적인 집회를 열어 애도를 표시하였다. 이 습속은 지금까지 계속 전해오면서 이족의 전통적인 민족 축제가 되었다.

24일에 집집마다 닭과 양을 잡고 조상에게 제사를 지내며, 저녁에는 횃불놀이를 하는데, 이를 '횃불맞이(迎火把)'라고 부른다. 다음날 정오에 현지 이족들은 명절에 입는 성장을 하고, 징·북·날라리와 대나무를 엮어 종이를 붙이고 채색으로 그린 3개의 큰 탈을 들고 화파산(火把山)으로 올라간다. 음악과 폭죽소리 속에서 〈개광점정(開光點睛)〉 의식을 행한다. 이족은 용맹하고 건장한 중년 남자 1명을 선발하여, 수탉 벼슬을 물어뜯게 하고, 닭피로 백색·흑색·홍색으로 만들어진 3개의 탈에 눈·귀·코·입 위에 점을 찍으면서 입으로 다음과 같은 말을 읊다.

왼쪽 점은 태양이고, 오른쪽 점은 달님
눈에 점을 찍으니, 눈으로 사방을 보고
귀에 점을 찍으니, 귀로는 사방의 소리를 들으시네.

코에 점을 찍으니, 코로는 온갖 향내 맡으시고
입에 점을 찍으니, 입으로 돼지와 양을 잡수시네.

탈에 닭피를 찍고 나면 탈은 영성을 갖추게 되어 신령의 화신이 된다. 3
개의 탈에서 백색은 제갈량을 대표하고,
홍색은 관우를 대표하며, 흑색은 맹획을
대표한다. 일설에는 백만(白蠻)·홍만
(紅蠻)·흑만(黑蠻)의 수령을 대표한다
고도 하며, 태양·달·토지 신을 대표한
다고도 한다. 탈은 높이가 약 120센티미
터, 너비가 약 80센티미터이다. 얼굴 부
분은 조형이 괴이하고, 머리에는 채색 도
안을 그린 뾰족한 관을 쓰고 있다. 귀에
는 인두(人頭) 2개가 달려 있으며, 이를

[그림 280] 운남 초웅 이족의
〈쇄대도〉 탈 맹획.

'포이신(抱耳神)'이라 부른다. 맹획의 뇌문(惱門)에는 눈이 하나 더 있으
며, 이 눈으로는 음간의 일을 살펴보면서 마귀를 진압하고 사악함을 물리
칠 수 있다고 전해진다[그림 280]. 〈개광점정〉 의식이 끝난 뒤에 토포가
세 번 울려 퍼지면서, 날쌔고 건장한 남자들이 큰 깃발을 높이 치켜들고,
길이 약 5척쯤 되는 나무로 만든 큰 칼을 휘두르면서, 산 정상을 향하여
쳐들어가 연습과 훈련을 한다.

세번째 날에 수십 명의 젊은이들이 조를 짜서 만든 도무대(刀舞隊)와 3
명의 중년 남자로 이루어진 탈춤 대오가 징과 북소리에 맞추어 마을 안으
로 들어와 집집마다 돌아다니며 역귀를 몰아낸다. 가는 곳마다 촌민들은
담배·술·사탕·과일 등으로 대접한다. 무용대와 제갈량·관우로 분장
한 사람은 집 안으로 들어가 역귀를 수색하고, 오곡의 풍성한 수확과 복
이 가득하기를 축복해 준다. 맹획으로 분장한 사람은 집 안으로 들어갈
수 없으며, 집 밖을 지키는 임무를 맡고 있다. 그와 동시에 이족의 무당인
'비머(畢摩)'를 불러다 《구귀제사경(驅鬼除邪經)》을 읽는다.

27일은 축제가 고조에 달하는 날로, 주위 몇 십 리 안에 살고 있는 이족·리수족·먀오족·후이족·한족 등이 너도나도 화파산으로 몰려와 〈횃불보내기〔送火把〕〉와 〈솨대도〉 공연을 관람한다. 화파산 정상의 평지 위에는 먼저 석회로 직경 약 8미터 정도의 둥근 원을 수십 개 그려 놓으며, 원하나마다 1백 미터 정도 떨어져 있다. 〈횃불보내기〉의 대열은 3명의 노인이 길이 약 2미터 정도 되는 백송을 묶어서 만든 횃불을 들고 전면에 서며, 뒤에는 작은 횃불을 들고 있는 횃불대와 얼굴에 백색·홍색·흑색으로 검보를 그린 도무대가 따르고, 그뒤로는 탈 반·채기대(彩旗隊)·고악대(鼓樂隊) 등이 따른다. 대열이 화파산 북쪽 기슭에 전부 모이고 난 뒤에, 축제를 주관하는 사람의 호령하에 사람들은 신속하게 산 정상으로 뛰어 올라가면서, 석회로 그린 둥근 원 속에서 반복하여 서로 전쟁하는 훈련을 한다. 탈을 쓴 세 사람은 탈을 머리 위로 높이 쳐들었다가 때때로 가슴 위로 치켜 올려 백색·홍색·흑색의 도무대를 지휘한다. 〈솨대도〉 공연은 두 시간 동안 하다가 끝을 맺으며, 〈송신〉 의식을 거행한다. 탈을 맡은 세 사람은 탈을 산등성이 동쪽 편의 수풀 속으로 가져가 태워 버린다. 일부 이족 노인·부녀·아가씨들은 이들을 따라 수풀 속으로 들어와 치마와 모자·앞치마를 벗어서 화톳불 위로 세 번 돌리고 난 후에 꿇어 앉아 절을 하고, 한해의 행운을 빌면서 불이 꺼지기를 기다렸다가 떠나간다.[126]

〈솨대도〉에 사용되는 탈은 모양이 가면과 유사하나, 크기가 크기 때문에 얼굴에 쓸 수는 없다. 단지 머리 위나 가슴 앞으로 들어 올려 춤을 추는 데 사용한다. 이 탈은 마포나 종이를 사용하여 진흙으로 빚은 모형 위에 풀로 붙여 형태를 만들고 채색으로 그린다. 머리 장식은 대나무를 엮어 만들고, 탈의 뒷면은 대나무로 보호대를 만들어 견고하게 한다.

---

126) 施志諡, 〈火把山上耍大刀〉, 《云南畫報》, 1989年, 第3期.
史岳靈, 〈祿豊高峰彝族的送火把儀式〉, 云南省民族硏究所編, 《民族調査硏究》, 1985年, 第3期.

12. 운남 이문 이족의 〈도아바〉와 그 탈

이문현(易門縣)은 전중(滇中)고원 서부에 위치하며 애뢰산맥(哀牢山脈) 서쪽에 자리하고 있다. 이 현의 벽다촌(碧多村)에 살고 있는 이족들은 지금까지 아주 특색 있는 민속 활동인 〈도아바(跳啞巴)〉를 보존하고 있다. 그 기원에 관해서는 다음과 같은 전설이 전해지고 있다. 옛날에 한 쌍의 이족 남녀가 서로 사랑하였는데, 여자의 미모가 뛰어나 아적(峨滴, 국왕)에 의해 궁으로 끌려갔다. 여자는 벙어리 행세를 하며, 3년 동안 한마디 말도 하지 않았다. 젊은이는 그 여자를 구하기 위하여 벙어리 행세를 하면서, 백조의(百鳥衣)를 걸치고, 궁중으로 들어가 여자와 힘을 합쳐 아적을 죽였다. 두 사람은 산채로 돌아와 부부가 되었다. 후에 이족 사람들은 이들을 신으로 받들고, 〈도아바〉를 거행하게 되었다.

〈도아파〉는 음력 정월 초4일 날 거행하며, 3년을 연속하여 거행한 뒤에, 3년은 쉬면서 3년 주기로 끊임없이 반복한다. 모든 활동은 마을 태평회(太平會)의 '춘관(春官)'이 조직하며, 14명으로 이루어진다. 그 중에 '아바공(啞巴公)'과 '아바모(啞巴母)'가 각기 1인씩이고, 악대 6인과 가수 2인, 잡부 4인으로 되어 있다. 〈도아바〉전에 '아바공'으로 분장하는 사람은 '아바석'이라 불리는 바위 위에서 '아바공'의 면상을 그려야 하며, 꼴망태나 마대 주머니로 탈을 만든다. '춘관'들은 대나무 조각과 나무판자로 소외양간의 모형을 만들고, 안에는 진흙으로 목동이 등 위에 타고 있는 물소(우신의 화신)를 빚어 놓는다. 〈도아바〉활동은 여섯 부분으로 구성된다.

① 제신(祭神). 마을신과 봄신을 맞아들인다는 두 가지 의미를 지니고 있다. 제사 지점은 마을 서쪽의 넓은 공터에서 지내며, 제사 전에 먼저 '아바신'을 분장해야 한다. '아바공'은 탈을 쓰고, 윗옷에 종려나무 조각을 이어 만든 도롱이를 뒤집어쓰고, 손에 대나무 지팡이를 든다. '아바모'는 탈을 쓰지 않으며, 남자가 여자로 분장을 하고 손에 종려나무를 든다. 분

장이 끝나면 제사를 주관하는 사람(춘관 중에 연장자가 맡는다)과 아바신
은 선후로 동·서·남·북 사방의 신령에게 술을 올리고 난 후에, 제관이
봄신을 맞이하는 축사를 읽는다. 이로써 모든 마을의 인축이 평안하고
오곡이 풍성하기를 기원한다.

　② 기단(起壇). ‘아바석’ 앞에 네모진 탁자를 놓고 소외양간을 탁자 위
에 올려 놓은 뒤에, 분양하고 등을 밝히고 나서 술과 고기 등의 제물을 올
린다. 제관은 사방의 신령에게 술을 올린 뒤에 모든 춘관들은 탁자를 둘
러싸고 〈호로생무〉를 준다. 춤이 끝나면, 일렬종대로 외양간을 든 사람
이 앞에 서고 ‘아바신’이 뒤를 따르며, 춤과 노래를 부르며 마을로 돌아
와 〈도아바〉를 한다.

　③ 도아바. 춘관대가 한 집에 이를 때마다 ‘아바신’은 문 밖을 지키고,
그 나머지 사람들은 집 안으로 들어가 소외양간을 탁자의 중앙 위에 올
려 놓는다. 제관은 사람들을 이끌고 주인에게 세배를 하고 축복을 하며,
주인은 춘관에게 술을 올리고, 춘관대에게 돼지고기를 선물로 준다. 춘관
들이 떠나간 후에, 문 밖을 지키고 있던 ‘아바공’과 ‘아바모’는 질풍같이
주인의 집 안으로 들어가 대나무 막대기와 종려나무 잎으로 사방을 치면
서 사악한 기운을 몰아낸다. 그런 뒤에 주인이 손을 잡고 집 안을 돌면서
춤을 춘다. ‘아바신’이 떠날 때 주인은 약간의 돈을 주어야 한다. 주부는
‘아바공’을 잡아당기면서, 그가 입고 있는 도롱이에서 한두 장의 종려나
무 조각을 떼어내어 가축이 돌림병에 걸리지 않도록 축사의 문 위에 걸어
놓는다.

　④ 살아바(殺啞巴). ‘아바신’이 마을의 마지막 집을 나서면, 온 마을의
역병과 잡귀가 이미 ‘아바신’에 의하여 쫓겨나 그의 몸에 붙었다고 여긴
다. 춘관대는 마을 동쪽의 탈곡장에 모여 아바를 죽인다. 춘관 하나가 하
늘에다 화약총을 쏘고, ‘아바공’ ‘아바모’는 이 소리에 응하여 땅에 쓰러
져 죽어간다. 이것은 역병과 사악한 기운이 이미 없어졌다는 것을 상징한
다. 제관은 폭죽소리 속에서 술을 땅 위에 뿌리면서 ‘아바신’에게 추모의
제사를 지낸다.

⑤ '아바고기' 먹기. 아바 죽이기가 끝나
면 춘관대는 탈곡장 중앙에 탁자를 놓고 위
에 외양간을 올려 놓으며, 탈곡장가에다 아
궁이 2개를 만들고, 집집마다 보내준 고기를
솥에 넣어 끓인다. 춘관 2명은 고기를 잘게
썰며, 제관이 그 장내에 있는 사람들에게 각
기 세 조각씩을 준다. 이것을 '아바고기'라
고 하며, 이 고기를 먹으면 1년 동안 모든
일이 평안해진다고 한다.

⑥ 경하(慶賀). '아바고기'를 나누어 먹고,
제관은 탁자 앞에서 신에게 감사드리는 제사
를 지낸다. 제사가 끝나면 춘관은 외양간을

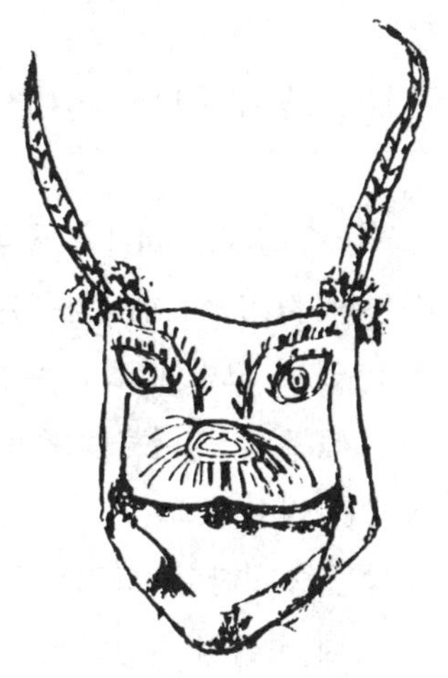

[그림 281] 운남 이문
이족의 〈도아바〉 탈.

마당 밖으로 들고 나가 태워 버리고, 진흙으로 빚은 소와 사람은 부셔서
버린다. 끝으로 이 마을 사람과 다른 마을에서 온 사람들이 손에 손을 잡
고 춤을 추며, 마을 안에서 역병과 사기를 몰아내고 승리를 거둔 것을 경
축한다.[127]

〈도아바〉에 사용되는 탈은 등에 짊어지는 꼴망태(혹은 마포자루)를 조금
가공하여 만든 것으로, 양쪽에 모두 전설에 나오는 '아바공'의 얼굴을 그
려 놓는다. 조형은 유치하고 괴이하며, '아바석' 위에 그려 놓은 그림과 흡
사하다. 오관은 남색·홍색·백색의 가는 선으로 그리며, 이마 양쪽에는
꿩 깃털 몇 개를 꽂아 놓는다. 공연 시에 꼴망태 혹은 마포자루를 얼굴에
뒤집어쓰고, 그 망태줄이 가슴 앞으로 내려온다. 탈의 눈 부위에는 구멍을
뚫어 놓지 않았으므로 꼴망태 속에 잡초와 나뭇잎 등을 넣어두어 사람 얼
굴과 탈 사이에 공간이 생기도록 하며, 이것을 통하여 밖을 보도록 한다.

---

127) 李貴良·劉體操, 〈云南易門 '跳啞巴' 調査報告〉, 《民族藝術研究》, 1994年,
第4期.

13. 운남 지노족의 〈아모송티에제〉와 그 탈

지노족〔基諾, Jino〕은 중국 남방에 살고 있는 오래된 민족으로 운남성 서쌍판납〔西雙版納〕 태족자치주 경홍현(景洪縣) 지노산(基諾山)에 모여 살고 있다. 그밖에 소수는 경홍현 맹왕구(勐旺區)·맹양구(勐養區)·맹납현(勐臘縣)의 맹륜구(勐侖區)·상명구(象明區) 등지에 분포되어 있다. 지노족은 원시 종교를 믿으며 만물에 영혼이 있다고 여기고, 자연·귀신과 조상을 숭배한다. 그러므로 종교 제사 활동이 빈번하며, 그 중에서도 특히 장례 의식이 가장 융중하다.

지노족의 창세 신화에서 인류와 세상의 만물은 모두 여신 아모야오바이〔阿嬤腰白〕가 창조한 것이며, 아모야오바이는 오랫동안 지노산 일대에서 활동하다가 여기에서 죽었다고 한다. 이로 인하여 지노족은 지노산 부근의 쓰제쥐미〔司杰卓米〕를 조상이 거주하는 곳으로 여긴다. 정상적으로 사망한 사람들의 영혼은 모두 여기로 돌아와 조상과 모여 산다고 한다. 그러나 명계로 통하는 길에는 높은 산과 나루터·관문들이 있어서 망혼은 아주 쉽게 길을 잃어버리게 된다. 그러므로 지노족은 사람이 죽으면 무당인 '머피〔莫조〕'를 모셔다가 집에서 〈송혼가〉를 부르며, 사자가 조상이 살고 있는 마을로 찾아가는 길을 밝혀 준다.[128] 어떤 마을에서는 '쓰먼'〔司們, 안식이라는 뜻〕과 '쓰미'〔司米, 안장이라는 뜻〕, '타커궈'〔打克鍋, '도죽편(跳竹片)'이란 뜻〕' 등의 상장무를 추어 사자의 혼령을 위로하고 귀신을 몰아내며 애도를 표시한다. 맹왕구 보원향(補遠鄕)에 전해지고 있는 〈아모송티에제〔阿嬤松鐵祭〕〉는 이런 상장무 중에서 가장 특색이 있다.

〈아모송티에제〉라는 의미는 오늘밤 귀신을 놀린다는 말이며, 마을의 고령인 장자 '칠로(七老, 마을 사무를 총관하는 사람)'가 죽었을 때에만 이 춤을 출 수 있다. 일반적으로 4,5일을 춰야 하므로 '칠로'가 세상을 떠난 날

---

128)《中國各民族宗敎與神話大詞典》,〈基諾族部分〉.

저녁부터 출상날까지 추게 된다. 3인이 1조가 되
며, 모두 3조로 이루어진다. 매조는 1인이 춤을 이
끌고, 2인이 따라 춤을 춘다. 모두 남자가 여장으
로 분장을 하며, 알록달록한 지노족의 여자 복장을
걸치고 아래에는 치마를 입으며, 종아리는 흰천과
말방울을 묶고 신발은 신지 않는다. 머리에는 방울
을 쓰고, 얼굴에는 탈을 쓴다[그림 282]. 춤을 이
끄는 사람은 손에 징채〔鉦槌〕를 들고 반무자(伴舞
者)와 삼각형을 만든다. 반무자는 두 손으로 긴 죽
통을 옆으로 들고 서로 마주 보며 춤을 춘다. 죽은
사람의 집에서 춤을 추며, 마당 중앙에는 망라(鉦
鑼)를 걸어 놓고(혹은 사람이 들고 있다), 땅에는 나
무판을 놓는다. 춤을 출 때 벙벙하는 소리가 울려
퍼지며, 이에 맞춰 슬픈 노래를 부른다.

[그림 282] 운남 지노
족 〈아모송티에제〉탈.

죽통 소리 울리니 춤을 추자.
죽통소리 퍼지니 뛰어 보자.
세 발 뛰지 않으면 박자 안 맞고
세 발을 뛰니 박자가 맞는다네.
춤추지 못하는 사람 들어오지 말고
춤추지 못하는 사람 들어오지 마라.
몸놀림 익숙한 사람 뛰어 보고
노래하며 출출 사람 빨리 들어와라.[129]

　〈아모송티에제〉의 탈은 죽순껍질로 제작하며, 죽순껍질에 2개의 구멍을

---

129) 云南西雙版納傣族自治州文化局編,《基諾族民間舞蹈》, 國際文化出版公社,
1989年, pp.64-68.

뚫어 놓아 눈을 표시한다. 또 숯으로 입·코·눈썹 등을 그리며, 공포스러운 모습을 하고 있다. 탈을 쓸 때에는 얼굴 위로 뒤집어쓰고, 뒤통수에도 죽순껍질을 대고, 끈으로 2개의 죽순껍질을 하나로 묶는다. 탈의 주위에는 다시 작은 나뭇가지를 장식하여, 더욱더 생동적으로 보이도록 한다.

14. 귀주 브이족의 〈아면〉과 그 탈

귀주 브이족[布依, Bouyei]의 〈아면(啞面)〉은 장례 의식중에 공연되는 탈 무용 중 하나이다. 브이족은 백월(百越) 민족의 한 갈래로 사서에서는 요(僚)·만(蠻)·중묘(仲苗) 등으로 불렸으며, 현재 인구는 2백50만 정도 된다. 주로 귀주 남부와 서남부의 남·북 반강(盤江) 유역에 거주하고 있다. 〈아면〉이란 이름을 갖게 된 것은 탈을 쓰고 동작만 연출하며 노래를 부르지 않기 때문이다. 그 연출은 관을 돌면서 행해지기 때문에 〈요관(繞棺)〉이라고도 부른다.

브이족의 장례 의식은 아주 융성하며 지역마다 방법이 약간씩 서로 차이가 난다. 일반적으로는 입관(入棺)·설령(設靈)·개로(開路)·전장(轉場)·송선(送仙) 등의 명목이 있다. 장례 의식은 '부머[布摩, 무당]'가 주관하며, 의식중에 〈빈왕경(殯王經)〉〈개명로경(開冥路經)〉 등의 경문을 읽으면서 망령을 조상들이 살고 있는 길로 인도한다. 부유한 집에서는 장례에 소를 잡아 제사 지내며, 어떤 집은 '부머'를 불러다 '칼 사다리를 걸어 올라가기[上刀山]'나 빨갛게 '불에 달군 가래 입으로 물기' 등의 위험한 묘기를 보이기도 한다.

〈아면〉은 주로 노인이 세상을 떠난 후에 귀신과 역병을 몰아내는 데 쓰이며, 징을 치는 사람 하나와 남녀 몇 명이 출연한다. 징을 치는 사람 외에 공연자는 모두 양피를 걸치고, 사지는 종려나무 조각으로 감싸며, 머리에는 탈을 쓴다. 공연은 모두 세 단락으로 나누어져 있다.

① 한 사람이 징을 들고 앞에서 길을 인도하며, 나머지 몇 사람은 손에 나

무막대기를 들고 뒤를 따른다. 이들은 망자의 관
을 돌면서 춤을 추면서 사악한 귀신을 몰아낸다.

② 여전히 징을 치는 사람이 길을 인도한다. 한
사람은 거지로 분장하고 바구니를 등에 짊어지
고, 절뚝절뚝거리면서 불시에 갖가지 우스꽝스
런 동작을 하여 조문 온 사람들을 웃긴다. 그 나
머지 몇 사람은 손에 나무 막대기를 들고, '인로
(引路)'의 인솔하에 관을 몇 바퀴 돌면서 사악한
귀신을 쫓아낸다.

③ 여전히 징을 잡은 사람이 앞에서 길을 인도

[그림 283] 귀주 브이족
〈아면〉 죽순껍질탈.

하고, 그 나머지 사람들은 손에 나무막대기를 들고 이것을 쳐서 일정하게
율동을 맞추거나, 혹은 관을 돌고 막대기를 휘두르며 춤을 추기도 하고,
혹은 서로 쫓고 쫓기며 싸우기도 한다. 끝으로는 '인로'가 징을 쳐 길을
열면 이미 귀신을 모두 몰아냈으며 망혼이 천당으로 올라갔음을 표시한
다.[130]

어떤 〈아면〉은 공연이 비교적 단순하다. 먼저 연출자가 관 앞에서 나무
막대기를 치면서 귀신을 쫓은 연후에 시계 방향으로 관을 세 번 돌고, 다
시 반대 방향으로 세 번 돈다. 시계 방향으로 세 번 도는 것은 망혼을 보내
는 것이고, 시계 반대 방향으로 세 번 도는 것은 천당으로 보낸 망혼이 이
세상으로 돌아오는 길을 알지 못하도록 하는 것이다.

〈아면〉에 쓰이는 탈은 나무·대나무·나무껍질 등 세 종류가 있다. 과
거에는 대부분 나무 탈을 사용하였으나, 지금은 대부분이 대나무 혹은 나
무껍질로 만든 탈을 사용한다. 잘게 쪼갠 대나무 조각을 엮어서 틀을 만
들고, 여기에다 종이를 붙이고 채색으로 그림을 그린다. 나무껍질로 만든
탈은 제작이 아주 간단하다. 죽순 껍질을 판판하게 누르고 위에다 눈과 입

---

130) 一丁, 〈布依儺與布依戲析辨 ― 兼談 '布依儺戲探秘' 一文〉, 《貴州民族研究》,
1991年, 第2期.

을 파내고, 다시 먹으로 코와 눈썹을 그리면 완성된다. 연출 분위기를 띠우기 위하여, 어떤 연출자는 공연 시에 대광주리 같은 물건을 머리에 쓰고 나와, 우스꽝스럽고 괴상하게 보이도록 하기도 한다[그림 283].

15. 안휘 낭계의 〈도오창〉과 그 탈

〈도오창(跳五猖)〉은 오래된 민간 제사 무용으로 과거에는 강남의 각 성에 널리 전해져 왔으나, 지금 남아 있는 것은 별로 많지 않다. 그 중 안휘 낭계현(郎溪縣)에 가장 완전하게 보존되어 있다. '오창' 신의 유래에 관하여 민간에서는 두 가지 설이 있다. 첫째, 주원장이 진우량(陳友諒)을 정벌할 때, 꿈에 전장에서 죽은 장병들이 하소연하는 것을 보고, 강남의 백성들에게 '척오소묘(尺五小廟)'를 만들도록 명하여, 전몰장졸 5인을 1조로 만들어 제사 지내도록 하였다. 둘째, '오창'은 "사산신전(祠山神殿) 아래의 여러 장수"라고 하며, '사산신'은 서한 때 사람 장발(張渤)로, 그 선조는 우임금을 도와 치수를 하면서, 장흥(長興, 절강)의 물을 끌어다가 광덕(廣德)의 논에 대었으므로, 사후에 백성들은 그 공덕을 기리기 위하여 '사산묘(祠山廟)'를 세우고 이를 제사 지냈다. '오창'은 사당 양쪽에 받드는 신이다.[131]

〈도오창〉은 본래 음력 2월 장발이 탄생한 날에 추다가, 뒤에 오면서 재앙이나 전염병이 돌면 제사를 지내고 신에게 발원하면서 연출하였다. 그 각색은 모두 9인으로 '오창'은 '정신(正身)'이며 모두 5인으로, 오방(동·남·서·북·중)·오행(금·목·수·화·토)·오색(청·황·적·백·흑)이다. 그밖에 4인의 '부신(副身)'과 서로 배합하니, 이들은 판관(생사를 주관)·토지(오곡의 풍성을 주관)·도사(도사)·화상(화상, 소재강복(消灾降福)을 주관) 이다. 정신인 오신은 모두 가면을 쓰고, 투구와 갑옷을 걸

---

131) 桑盛庭, 〈郎溪民間神舞 '跳五猖'〉, 《東南文化》, 1991年, 第2期.

쳤으며, 머리에는 꿩털을 꼽고, 등에는 영기를 꽂았으며, 손에는 쌍도를 들었다. 판관은 가면을 쓰고, 손과 발에는 동으로 만든 방울을 매달고, 두 손에는 지마(紙碼)를 들고 있다. 토지는 가면을 쓰고, 한 손에는 지팡이를 들고 있으며, 다른 한 손에는 불전을 들었다. 도사는 가면을 쓰고, 머리에는 상투를 틀었으며, 몸에는 도포를 걸치고, 한 손에는 염주를 들고, 한 손에는 불전을 잡았다. 화상은 가두를 쓰며, 웃는 얼굴에다 널찍한 저고리를 걸치고, 목에는 염주를 매고, 손에는 종이우산을 들었다. 이밖에 치무(値務) 2인이 있으며, 말을 타고 있다. 무차(舞叉, 또 완당(玩鐺)이라고도 한다)는 10인에서 20인이 된다.

〈도오창〉은 광장에서 행해지며, 중앙에 향안(香案)을 설치하고, '사산신'의 위패를 모신다. 공연이 시작되면 말을 탄 2명의 치무와 삼지창을 든 당대(鐺隊) 무차가 앞에서 길을 열면서 여러 신과 악대를 인도하여 공연 장소로 들어온다. 신들은 원형으로 배열된 9개의 네모난 탁자 위에 나누어 서고, 치무와 당대가 양측으로 나누어 선다. 제사가 끝나면 신들은 탁자 위에서 아래로 뛰어 내려와 순서대로 공연한다. 극목에는 〈조찰(朝札)〉〈요청(邀請)〉〈대무(對舞)〉〈독무(獨舞)〉 등이 있다. 공연이 끝나면 치무는 모든 대열을 이끌고 마을을 돌면서 삿된 것들과 역귀를 몰아낸다.[132]

낭계현 정부진(定埠鎭)에는 원래 〈도오창〉탈 한 벌이 있었다. 청대의 물건으로 모두 10개이다. '정신'인 5신과 '부신'인 4신을 제외한 하나는 사당 속에 모셔 놓고 사람들이 참배하는 간가화상(看家和尙)탈이다. 이 탈은 문혁중에 대부분이 훼손되었으며, 단지 2개만이 요행히 보존되어 내려오고 있다. 하나는 중앙신인 반투두식(半套頭式) 가면으로 백양나무로 만들었다. 원래는 황색이었으나 문혁이 끝난 후에 보수를 하면서, 붉은색으로 칠해 놓았다. 이 탈은 조형이 위맹스럽고 머리 장식이 복잡하다[그림 284]. 또 다른 하나는 간가화상의 가두로 백양나무로 만들어졌으며, 둥근

---

132) 茆耕茹〈儺儀 '跳五方' 中的陰陽五行說〉, 1991年 10月, 湖南吉首, 〈中國少數民族儺戲國際學術討論會〉, 論文.

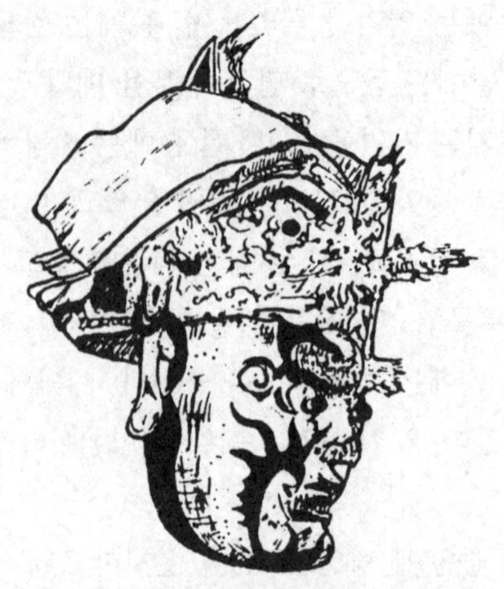

[그림 284] 안휘 낭계 〈도오창〉
중앙신 탈.

[그림 285] 안휘 낭계 〈도오창〉
화상탈.

눈썹에 이를 드러내고 얼굴에 미소를 띄우고 있다[그림 285]. 나무로 만든 가두는 아주 찾아보기 힘든데, 이는 제작이 어렵기 때문이다.

16. 전국 각지에 전해지고 있는 진택탄구

탄구는 본래 진택탄구와 진묘탄구 두 종류가 있다. 한대 이후에 진묘탄구는 찾아보기 어렵지만 진택탄구는 아주 보편적으로 전해졌다. 지금도 많은 지역에서는 문설주에 탄구를 거는 습성이 있으며, 그 중에서도 서남의 여러 성에서 가장 성행하고 있다. 탄구의 별칭은 여러 가지로, 강서에서는 '초산(哨山)'이라 부르고 대만에서는 '수패(獸牌)'라 부르며, 섬서에서는 '벽사(辟邪)'라 부르고 운남·귀주·사천 일대에서는 '탄(呑)' '천구(天口)' '분구(噴口)' '노호패(老虎牌)' 등으로 부른다. 각 지역의 탄구는 재질도 다르고 조형도 다르지만, 모두 다음과 같은 특징을 지니고 있다.

① 대부분 호랑이머리 모양으로 만들며, 소수는 사자머리 모양으로 만들기도 한다. 큰 입에 불거져 나온 눈, 뻗어나온 이빨에 혀를 빼물고 있어

서 형상이 흉맹하고 징그럽다. 어떤 것은 이마 위에 '왕(王)' 자를 써 놓아 백수의 왕인 호랑이의 화신임을 표시하고 있다.

② 입 안에는 대부분 요귀를 베는 날카로운 검을 물고 있으며, 어떤 것은 검 위에 7개의 별을 그려 놓아 칠성보검이라는 것을 표시하고 있다. 이 것은 도교의 영향을 받은 것으로, 검은 도사가 법술을 행할 때 빠질 수 없는 일종의 법기이기 때문이다.

③ 혀 위에는 '태산석감당(泰山石敢當)' 혹은 '석감당(石敢當)' 등의 주문을 써 넣고 있다. '석감당'은 본래 마을 입구나 길 옆 혹은 다리 위에 놓아두어 마귀를 몰아내고 사악한 기운을 진압하는 데 사용하는 돌 비석이나 돌로 만든 사람이었다. '석감당' 등의 글자를 탄구에 써놓는 것은 벽사를 하고 흉한 것을 막아내는 위력을 증가시키기 위한 것이다.

④ 이마·코·아래턱 등에 통상 팔괘도 혹은 태극도를 그려 놓거나, 혹은 이 둘을 함께 그려 놓기도 한다. 팔괘와 태극도는 모두 도가의 표지로 탄구 위에 그려 놓는 것은 도교의 법력을 빌어 귀신들이 침범해 오는 것을 물리치기 위함이다.

⑤ 눈과 입에는 일반적으로 구멍을 뚫어 놓지 않는다. 탄구는 사람 얼굴에 쓰는 것이 아니므로 구멍을 통하여 밖의 사물을 보고, 노래를 하거나 말을 할 필요가 없기 때문이다. 일부 지역(예를 들면 사천 평무현과 귀주의 안순현)에서는 가면과 탄구를 혼용하고 있으므로, 이런 제한을 받지 않는다.

탄구의 제작이나 걸어 놓는 방법에는 일정한 법식이 있다. 나무 재질의 탄구는 대부분 복숭아나무로 만든다. 복숭아나무는 벽사 작용이 있기 때문이며, 제작 시간은 호랑이 해, 호랑이 달, 호랑이 날, 호랑이 시를 가장 길하다고 여긴다.[133] 탄구를 만든 후에는 〈개광〉 의식을 거행하여 신성과 생명을 부여한다. 그 방법은 일반적으로 탈의 개광 의식과 서로 유사하다. 이때 향을 피우고 지전을 태우며, 수탉 한 마리를 잡는다. 무당은 닭털에

---

133) 唐楚臣, 〈虎頭葫蘆瓢的秘密〉, 《民族藝術》, 1999年, 第2期.

다 피를 묻혀 탄구 위에 붙이고, 입으로 주어를 외는데, 그 내용은 "길한 날 좋은 시간에 주인이 개광을 하오니 크게 길하고 번창하소서"와 같은 유형이다. 탄구를 걸 때도 분양소지하고, 주어를 외는데, 각 지역의 주어는 서로 다르다. 운남 수이족의 주어는 다음과 같다.

혁혁양양하신
태양, 동쪽에서 떠오르시고
내게 이 부처님 내리셔
상스럽지 못한 일 쓸어 버리시네.
입으로 산맥의 불 토하시고
부처께서 문으로 끌어온 빛 날리시고
세상 두루 괴이한 귀신 잡으시며
돌림병 깨쳐 금강에게 먹이시며
요괴와 사자를 항복하여
길상으로 변화시키시네
태상노군의 율령처럼 급급하노라.[134]

주어 중에 두 번 불(佛)자가 나오면서, 또 도교의 교주인 태상노군의 율령이라는 말을 쓰고 있다. 이것은 불교와 도교가 일체화된 방법으로 민간 종교인 민속 신앙의 중요한 특징이다.

탄구의 재질은 아주 복잡하다. 흔히 볼 수 있는 것으로는 나무·대나무·천·진흙·호로·옹기 등이 있다. 섬서 일대의 탄구는 대부분 물을 뜨는 나무바가지(현지에서는 마작(馬勺)이라 부른다)에다 그림을 그려 놓거나, 혹은 진흙을 빚어서 반제품을 만들고, 다시 채색으로 그려 완성한다. 귀주와 사천의 탄구는 대부분 통나무로 완성한다. [그림 286]은 안순현의 유명한 탈 예인 황병영(黃炳榮)이 제작한 탄구로 그 조형은 변형된

---

134) 楊新旗, 〈云南水族呑口初探〉, 《珠江源》, 1990年, 第5期.

 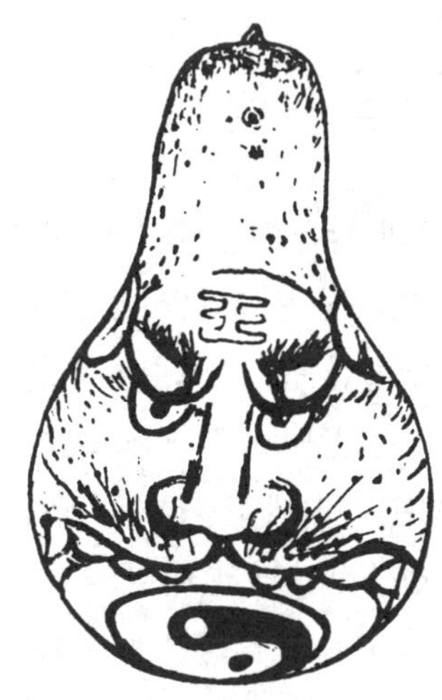

[그림 286] 귀주 안순 목조 탄구.　[그림 287] 운남 초운 이족의 호로 탄구.

호랑이머리이다. 조각이 정밀하고, 색채가 선명하며, 보검·주문·태극
도가 모두 갖추어져 있는 전형적인 진택탄구이다. [그림 287]은 운남 초
웅 이족의 호로탄구로 호로 위에다 먹으로 그려서 만든 것이다. 구도가 대
담하고 상상력이 풍부하며 아주 특색이 있다. 중국 남방의 많은 민족에게
는 모두 상고 시기에 홍수가 범람하여 복휘·여와 남매가 호로박 속에 숨
어 들어가 다행히 목숨을 건졌다는 신화와 전설이 있다. 어떤 민족은 호로
를 토템물로 숭배하고 있다. 그러므로 호
로로 탄구를 제작하는 것은 재료를 찾기
쉬울 뿐만 아니라, 그림을 그리기 쉽다는
우수한 점 이외에도 심층적인 문화적 의
미를 함축하고 있다. [그림 288]은 귀주
반현의 민간 예인인 이사현(李思賢)이 점
토를 빚어 구운 옹기탄구로 기이하고 신
비하며 특이한 풍도를 지니고 있다.

[그림 288] 귀주 반현의
도기 탄구.

제5절 결론

　중국의 탈문화는 맹아에서 성장·성숙·번영에 이르기까지 길고 휘황한 발전 과정을 지나왔다. 근대 이래로 특히 국가가 개방된 후에 현대 문명의 맹렬한 충격 아래 또 다른 전환기에 접어들게 되었다. 지금 탈은 다음과 같은 선택에 직면하고 있다. 옛것을 답습하여 쇠락의 길을 걸어가든지, 혹은 시대에 순응하여 새롭게 만들어 내든지 해야 한다. 어떤 상황이던지 전통적인 탈은 이미 그가 짊어진 역사적 임무를 완성하였다. 본서에서는 이 책을 끝맺으면서 그 특징에 대한 개략적인 결론을 내릴 필요가 있다. 세계의 다른 나라나 지역의 탈과 서로 비교해 보면 중국의 탈에는 다음과 같은 선명한 특징을 지니고 있다.

　① 중국의 탈은 생활 속의 많은 영역에 널리 퍼져 있다. 예를 들면 수렵·전쟁·무술·제사·상장·기우·무용·희극·구나·진택·진묘·장식·토템 숭배·성인 의식 등등이다. 사회적 기능이 많고 사용 범위가 넓어서 물질 생활과 정신 생활에 막대한 영향을 끼쳐 왔으니, 이는 세상에 드문 일이다.

　② 중국의 탈은 그 재질로 보면 가죽·나무·진흙·토기·돌·옥·동·철·은·금·천·종이·대나무·풀 등으로 아주 풍부하며, 구조로 보면 보통탈·반절탈·다층탈·동안단악탈 등이 모두 있다. 형태로 보면 가면·가두·면식·면조·면상이 모두 갖추어져 있다. 그 품종과 유형이 번잡하고 다채로워 사람들을 감탄하게 만든다.

　③ 중국의 탈은 역사 이전에서 현대에 이르기까지 줄곧 끊이지 않고 전승되어 내려오면서 쇠퇴하지 않았다. 수천 년 내지 1만여 년이 넘는 시간 속에서 고르게 발전되어 오지 않았으며, 그 사이에는 높은 산도 있고 깊은 골짜기도 있으나, 전국적으로 보면 중단된 적도 없고 소실된 적도 없었다. 중국 탈은 끝없이 이어져 내려온 기나긴 역사를 지니고 있으며, 세계 어느 나라도 이것과 비교하기 어렵다.

④ 중국의 탈을 그 각색으로 보면 동물·귀신·영웅·세속 인물 등의 네 가지 유형으로 나눌 수 있다. 이 네 가지 유형의 탈 중에 세속 인물은 사실을 위주로 하며, 그 나머지는 비록 변형되고 과장되어 있으나, 일반적으로 각색의 원형과 한도를 벗어나지는 않고 있다. 외국의 원시 부족 중에서 흔히 볼 수 있는 극단적인 추상성과 상징적인 구조를 지닌 탈은 중국 각지에서 거의 발견되지 않고 있다.

위의 특징으로 보면 중국 탈을 이렇게 개괄할 수 있다. 널리 퍼져 있으며 품종과 종류가 많고, 역사가 유구하면서 조형이 사실적이다. 이와 같은 특징을 형성한 원인은 다음과 같다.

① 중국은 다민족으로 이루어진 국가이다. 전국 56개 민족 중의 절대다수에서는 모두 탈이 전해지고 있으며, 각 민족의 역사·문화·종교·풍속 등의 차이도 아주 크고, 경제 발전 속도가 일정치 않으므로 탈도 서로 다른 민족 속에서 그 사회적 기능과 사용 범위가 크게 차이가 난다.

② 중국은 지역이 광활한 국가이다. 전국 28개 성(구)에서는 하나도 예외없이 모두 이 탈이 전해지고 있다. 각 성마다 모두 독특한 지리적 조건과 자연 자원을 지니고 있으므로, 사람들은 탈을 제작하는 재료를 선택할 때에도 나무·대나무·진흙·가죽 등등으로 비교적 자유롭다. 대다수가 지리적 조건에 합당하게 만들었으므로, 탈의 종류 또한 풍부하고 다채롭다.

③ 중국은 오래된 농업국가이다. 원시 사회 말기에 중국은 농경 사회로 진입하였다. 진·한 이후 봉건 소농 경제와 혈연—지역 관계가 서로 결합되어 고도로 안정되었으며, 자급자족하는 농업 종법 사회를 형성하여 탈 문화의 성장·번영과 전승에 비옥한 토양을 제공하여 왔다.

④ 중국은 미학 전통이 유구한 국가이다. 중국 예술(민간 예술을 포함)은 역사적으로 '형(形)'과 '신(神)' '문(文)' '질(質)'의 관계를 중시하였으며 "형체에다 정신을 옮겨 놓으며〔以形寫神〕" "모양과 정신을 함께 갖추고〔形神兼備〕" "밖으로 드러난 것과 내재된 바탕의 통일〔文質統一〕"을 제창하였다. 이런 심미적인 경향은 중국 탈의 조형을 결정하게 되었으며, 사실적인 풍격을 드러내게 되었다.

　　중국의 탈문화는 중국의 독특한 자연 생태 환경과 사회적인 인문 환경이 양육해 내었으며, 중화 민족의 역사·문화·종교와 미학사상으로 예술의 꽃을 피워 놓았다. 이것은 세계의 탈 속에서 중요한 위치를 차지하고 있으며 아주 다채롭고도 찬란하게 빛나고 있다.

　　세상 일에는 신진대사가 있으며, 고금왕래가 있다. 수천 년의 발전을 거치면서 전통적인 탈문화의 황금시대는 이미 사라져가고 있다. 그러나 역사에 깊이 뿌리박고 있으며, 민간에 널리 전해지는 예술과 문화로 결코 쉽게 하룻밤 사이에 없어질 게 아니다. 지금 현대 공업 문명과 사회사조의 충격에 직면하여 탈의 기능·재질·형태·조형에서 내재적인 의미·의식·금기 등이 계속 변해가고 있다. 이제는 시대적인 요구에 적응하면서 변화 속에서 생존과 발전을 모색해야만 한다.

　　중국의 탈문화는 도도하게 흐르는 강물과 같아서 요원한 고대에서 흘러 내려오면서, 주위의 풍광이 수려하고 기상이 만변하였다. 미래의 여정이 얼마나 험난하고 굴곡이 있다 해도, 한시도 쉬지 않고 앞으로 나갈 것이다.

1990년 4월 초고

1991년 8월 2고

1992년 12월 3고

1993년 12월 4고

1994년 12월 수정

후 기

　5년이란 시간에 네 번이나 원고를 고쳐 왔던《중국 탈의 역사(중국면구사)》가 마침내 끝을 맺었다. 5년 동안 자료를 수집하기 위하여 중국의 반을 돌아다녔으며, 버려 버린 원고만도 백만 자나 되었다. 일요일도 쉬어 본 적이 없으며, 설과 추석에도 붓을 놓아 본 적이 없다. 허리띠가 느슨해져도 후회해 본 적 없고, 책을 내기 위해 사람은 초췌해져만 갔다.

　필자의 학식과 재주가 모자라며, 탈에 관한 연구도 막 시작되는 단계여서, 학술적인 성과가 많이 누적되지 않았다. 그러므로 본서는 어설프지만 황무지를 개척한다는 생각으로 출판하게 되었으며, 이 중에는 오류도 적지 않을 것이다. 나는 충심으로 독자와 학자들의 비평을 듣고자 한다.

　이 책을 쓰면서 많은 친구들의 지지와 도움을 받았으므로 진심으로 감사의 뜻을 전한다.

　중국나희학연구회 회장인 곡육을(曲六乙) 연구원은 책을 시작하고부터 격려와 지지를 아끼지 않았으며, 3고가 완성된 후에는 원고를 전부 읽고서 귀중한 의견을 주셨다.

　중국예술연구원 부원장인 풍기용(馮其庸) 교수는 호남 길수에서 탈문화와 나문화의 연구에 대하여 지도를 아끼지 않았으며 본서의 서명에 제자를 해 주었다.

　일본소화여자대학 后藤淑 교수, 일본 동경대학 田仲一成 교수, 한국 서울대학 이두현(李杜鉉) 명예교수, 강소회음사전의 소병(蕭兵) 교수, 운남사회과학원의 곽정(郭淨) 부연구원은 여러 가지로 자료를 제공해 주어 이 글을 쓰면서 많은 도움을 받을 수 있었다.

　강서 응담사범학교의 전불(錢茀) 선생과 지금까지 만나지도 못한 유원(劉遠) 선생은 이 글을 쓰던 몇 년간 여러 가지로 도움을 주셨다.

......

　감사드릴 분들은 많으나 편폭이 제한되어 일일이 열거할 수가 없다.

　책에 쓰여진 2백88폭의 흑백 삽화는 내 아들 설도(雪濤)와 딸 설연(雪蓮)이 몇 년 동안 틈틈이 그려 주었다. 이들은 각종 보고서와 사진을 대조하면서 그렸다. 40여 장의 사진은 필자가 찍거나 수집한 것도 있고 친구들이 제공해 준 것도 있다. 그 중에도 서주 청동가면은 미국 캘리포니아예술학원에서 기증하여 주었다. 이 사진을 졸저에 사용하도록 허락해 주었으며, 사용시에는 캘리포니아예술학원 판권 소유로 허락없이는 전재할 수 없다는 것을 밝혀 달라고 했다.

　본서는 귀주성출판기금위원회의 도움으로 출판하게 되었으며, 특히 이에 감사를 드린다. 귀주성출판국 도서처의 주진원(周珍元) 처장, 이리(李莉) 여사 귀주민족출판사 완지현(宛志賢) 사장, 총편집 금단(今旦), 부사장 조송생(趙松生), 책임 편집 공연군(孔燕君), 미술 편집 여봉오(呂鳳梧), 기술설계 장성위(張聲偉) 등은 이 책이 출판되기까지 많은 심혈을 기울였으므로 모두에게 감사드린다.

고박광

1994년 12월 31일　일우귀주민족학원(一于貴州民俗學院)

참고 서목

1. 고대 전적

《詩經》(주)

《尙書》(주)

《老子》(춘추, 李耳)

《論語》(춘추)

《左傳》(춘추 ,左丘明)

《管子》(춘추 ,管仲?)

《皇帝內徑素問》(춘추–전국)

《周禮》(전국)

《竹書紀年》(전국)

《穆天子傳》(전국)

《荀子》(전국, 荀況)

《墨子》(전국, 韓非)

《楚辭》(전국, 屈原等)

《山海經》(전국–한초)

《世本》(전국–한)

《呂氏春秋》(秦, 呂不韋)

《事記》(한, 司馬遷)

《鹽鐵論》(한, 桓寬)

《准南子》(한, 劉安)

《禮記》(한, 戴聖)

《張河間集》(한, 張衡)

《揚子云集》(한, 揚雄)

《漢書》(한, 班固)

《白虎通》(한, 班固)

《漢文解子》(한, 許愼)

《論衡》(한, 王充)

《楚辭章句》(한, 王逸)

《風俗通義》(한, 應邵)

《三國志》(진, 陳壽)

《列子》(진, 張湛)

《拾遺記》(진, 王嘉)

《抱朴子》(진, 葛洪)

《西京雜記》(진, 葛洪)

《華陽國志》(진, 常璩)

《後漢書》(육조, 宋范)

《荊楚歲時記》(육조, 梁宗懍)

《小說》(육조, 梁殷芸)

《述異記》(육조, 梁任昉)

《洛陽伽藍記》(북위, 楊衒之)

《魏書》(북제, 魏收)

《隋書》(당, 魏征等)

《普書》(당, 房玄齡等)

《北齊書》(당, 季百葯)

《南史》(당, 季延壽)

《敎坊記》(당, 崔令欽)

《隋唐嘉話》(당, 劉餗)

《朝野金載》(당, 張鷟)

《通典》(당, 杜佑)

《樂府雜彔》(당, 段安節)

《酉陽雜俎》(당, 段成式)

《集異記》(唐, 薛用弱)

《大業拾遺記》(당, 杜宝)

《秦中歲時記》(당, 李倬)

《劉賓客嘉話錄》(당, 韋絢)

《封氏見聞記》(당, 封演)

《太白陽經》(당, 李筌)

《舊唐書》(오대, 劉昫等)

《北夢瑣言》(오대, 孫光憲)

《樂書》(송陳, 暘)

《歲時廣記》(송, 陳元靚)

《鷄肋篇》(송, 庄綽)

《東京夢華錄》(송, 孟元老)

《夢梁錄》(송, 吳自牧)

《岭外代答》(송, 周去非)

《老學庵筆記》(송, 陸游)

《路史》(송, 羅泌)

《事物紀原》(송, 高承)

《夷堅志》(송, 洪邁)

《桂海虞衡志》(송, 范成大)

《虜延事實》(송, 文惟簡)

《太平广記》(송, 李昉)

《三山志》(송, 梁克家)

《文山集》(송, 文天祥)

《大覺禪師語录》(송, 冉道隆)

《樂府詩集》(송, 郭茂倩編)

《武林旧事》(송, 周密)

《宋史》(원, 脫脫等)

《遼史》(원, 脫脫等)

《圖繪宝鑒》(원, 夏文彦)

《靑樓集志》(원, 夏庭芝)

《元史》(명, 宋濂等)

《水滸傳》(명, 施耐庵)

《金瓶梅詞話》(명, 蘭陵笑笑生)

《花当閣叢談》(명, 徐復祚)

《陶庵夢憶》(명, 張岱)

《涌幢小品》(명, 朱國楨)

《揚洲畵舫泉》(청, 李斗)

《檐曝雜記》(청, 趙翼)

《里語徵實》(청, 唐訓方)

《湖埭雜記》(청, 陸次云)

《癸巳存稿》(청, 俞正燮)

《賊情匯纂》(청, 張德堅)

《蜀游日記》(청, 黃勤業)
《弄譜》(청, 李調元)
《周禮正義》(청, 孫詒讓)
《尸子輯本》(청, 孫星衍)
《淸史稿》(민국, 趙爾翼等)

2. 지방사지

明景泰,《桂林郡志》.
明嘉靖,《池洲府志》
明嘉靖,《常德府志》
明嘉靖,《池欽洲志》
淸康熙,《貴州通志》
淸乾隆,《灵山縣志》
淸乾隆,《永順縣志》
淸乾隆,《健昌府志》
淸乾隆,《南丰縣志》
淸减丰,《邵武縣志》
淸同治,《龍山縣志》
淸同治,《兪陽直隸洲總志》
淸光緖,《長汀縣志》
民國,《綏平縣志》
民國,《隆安縣志》
民國,《綏江縣志》
民國,《大關縣志》

3. 저서

郭淨,《中國面具文化》, 上海人民出版社, 1992.
叶星生編,《西藏面具藝術》, 重慶出版社, 1990.
曲六乙編,《西藏神舞 · 戲劇及面具藝術》, 台湾淑馨出版社, 1990.
李継友繪,《中國陝西社火》, 上海人民美術出版社, 1990.
胡百川編繪,《臉譜》, 陝西隴縣文化館長, 1980년 내부 출판.

曲六乙,《儺戲·少數民族戲劇及其他》, 中國戲劇出版社, 1990.

　人民出版社, 1985.

　民出版社, 1989.

　宗敎戲劇文化》, 江蘇人民出版社, 1992.

　術的交響-中國儺文化研究》, 貴州人民出版社,

　文化》, 文化藝術出版社, 1989.

　之謎》, 湖南師范大學出版社, 1992.

　戲曲之活化石》, 黃山書社, 1992.

　儺藝術論文集》, 文化藝術出版社, 1990.

　貴州民族出版社, 1993.

　儺戲調查報告》, 貴州人民出版社, 1992.

　國儺文化論文問選》, 貴州民族出版社, 1989.

　儺戲儺文化論集》, 云南人民出版社, 1994.

　《四川灯戲·四川儺戲》, 1987년 성도 내부 출판.

　南地方劇种志·儺堂戲志》, 湖南文藝出版社,

　南儺堂戲資料匯編》, 1982年, 長沙 내부 출판.

　史》, 中國戲劇出版社, 1980.

　籍出版社, 1984.

　中國戲劇出版社, 1984.

　究所編, 《宋金元戲曲文物圖論》, 山西人民出版

　谷》, 文化藝術出版社, 1989.

　中國戲劇出版社, 1986.

　出版社, 1983.

　戲劇出版社, 1984.

　87, 내부 출판.

　林出版社, 1991.

　》, 鷺江出版社, 1986.

　·東方部分》, 上册, 河南美術出版社, 1989.

張榮生編譯,《非洲雕刻》, 上海人民美術出版社, 1986.

朱伯雄主編,《世界美術史》, 第1卷, 山東美術出版社, 1984.

李浴, 《中國美術史綱》, 上卷, 遼宁美術出版社, 1984.

孫景琛, 《中國舞蹈史·先秦部分》, 文化藝術出版社, 1983.

王克芬, 《中國舞蹈史·隋唐五代部分》, 文化藝術出版社, 1987.

王克芬, 《中國舞蹈史·明淸部分》, 文化藝術出版社, 1984.

歐陽予倩主編, 《唐代舞蹈》, 上海文藝出版社, 1980.

鄭振澤, 《中國俗文學史》, 上册, 上海書店, 1984.

李翊灼, 《中國佛敎史》, 中華書局, 1933.

叶大兵, 《中國百戲史話》, 浙江人民出版社, 1985.

傳起凰, 傳騰龍, 《中國雜技史》, 傷害人民出版社, 1989.

袁珂, 《中國神話史》, 上海文藝出版社, 1988.

岑家梧, 《圖騰藝術史》, 學林出版社, 1986.

趙國華, 《生殖崇拜文化論》, 中國社會科學出版社, 1991.

何星亮, 《中國圖騰文化》, 中國社會出版社, 1992年版.

朱狄, 《原始文化硏究》, 三聯書店, 1988.

朱狄, 《藝術的起源》, 中國社會科學出版社, 1982.

戴維英, 《原始崇拜綱要》, 中國民間文藝出版社, 1989.

徐一靑, 張鶴仙, 《信念的活史: 文身世界》, 四川人民出版社, 1988.

王大有, 《龍鳳文化源流》, 北京工藝美術出版社, 1988.

烏丙安, 《神秘的薩滿世界》, 三聯書店, 1989.

張紫晨, 《中國巫術》, 三聯書店, 1990.

林河, 《〈九歌〉与沅湘民俗》, 三聯書店, 1990.

傳芸子, 《白川集》, 東京文求堂正, 1943.

張光直, 《中國靑銅時代》, 三聯書店, 1983.

秋浦, 《鄂倫春社會的發展》, 上海人民出版社, 1980.

胡起望, 范宏貴, 《盤村瑤族》, 民族出版社, 1983.

宋恩常編, 《中國少數民族宗敎初編》, 云南人民出版社, 1985.

徐吉軍, 賀云翺, 《中國喪葬礼俗》, 浙江人民出版社, 1991.

賈蘭坡, 《終歸猿人》, 龍門聯合書局, 1950.

魏開肇, 《雍和宮漫彔》, 河南人民出版社, 1985.

胡朴安, 《中華全國風俗志》, 河南任免出版社, 1988.

李志武, 劉劉勵中編, 《塔爾寺》, 文物出版社, 1982.

云南西双版納傣族自治州文化居編, 《基諾族民間舞蹈》, 國際文化出版社, 1989.

陳麟書, 《宗敎學原理》, 四川大學出版社, 1986.

郭沫若主編, 《中國史稿》, 第1册, 人民出版社, 1976.

宋兆麟等編, 《中國原始社會史》, 文物出版社, 1983.

盖山林, 《陰山岩畵》, 文物出版社, 1986.

汪宁生, 《云南滄源崖畵的發現与研究》, 文物出版社, 1985.

凌純聲, 芮逸夫, 《西苗族調査報告》, 商務印書館, 1939.

任継愈主編, 《宗敎詞典》, 上海辭書出版社, 1981.

郭宝鈞, 《浚縣辛村》, 科學出版社, 1964.

于省吾, 《甲骨文字釋林》, 中華書局, 1983.

王延林, 《常用古文字字典》, 上海書畵出版社, 1987.

梅益主編, 《中國与日本文化研究》, 第1集, 中國大百科全書出版社, 1991.

周國興, 《人怎樣認識自己的起源》, 上册, 中國靑年出版社, 1977.

潘菽主編, 《人類的只能》, 上海科技出版社, 三聯書店香港分店, 1983年版.

《广西左江流域崖壁畵考察与研究》, 广西民族出版社, 1987.

《中國石窟·敦煌莫高窟》, 第1卷, 文物出版社, 1982.

《滿城漢基發堀報告》, 文物出版社, 1978.

《新疆古代民族文物》, 文物出版社, 1985.

《河南省博物館》, 文物出版社, 1985.

《靑海柳湾》, 文物出版社, 1984.

《宝鷄北首岭》, 文物出版社, 1983.

《云南靑銅器論叢》, 文物出版社, 1981.

《鄂溫克社會歷史調査》, 內蒙古人民出版社, 1986.

《中國各民族宗敎与神話大詞典》, 學苑出版社, 1990.

《中國戲曲曲藝辭典》, 上海辭書出版社, 1986.

《辭海》, 上海辭書出版社, 1979.

《現代漢語詞典》, 商務印書館, 1985.

《中國民間文學三套集成·貴州德江縣卷》, 1987年 德江 내부 출판.

4. 외국 문헌

《馬克思恩格斯選集》, 第4卷, 人民出版社, 1972.

《費爾巴哈哲學著作選集》, 下册, 三聯書店, 1962.

列維-布留爾, 《原始思維》, 商務印書館, 1985.

弗雷澤,《金枝》, 中國民間文藝出版社, 1986.
列維-斯特勞斯,《面具的奧秘》, 上海文藝出版社, 1992.
格羅塞,《藝術的起源》, 商務印書館, 1987.
利普斯,《事物的起源》, 四川民族出版社, 1982.
烏格里諾維奇,《藝術与宗敎》, 四川民族出版社, 1982.
O·V 魏勒,《性宗拜》, 中國文聯出版社公司, 1988.
霍夫曼,《西藏的宗敎》, 中國科學院民族研究所, 1965.
野間淸六,《日本假面史》, 藝文書院, 昭和十八年版.
后藤淑編,《假面》, 岩崎美術社, 1988.
后藤淑,《中世假面的歷史的民俗學的研究》, 多賀出版社, 昭和六十二.
后藤淑,《日本的古面》, 木耳社, 1989.
田仲一成,《中國巫系演劇研究》, 東京大學出版會, 1993.
熱田神宮編,《特別展 日本的假面》, 昭和五十四年版.
國立能樂堂編,《先行藝能的假面》, 昭和五十九年版.
李杜鉉,《朝鮮藝能史》, 東京大學出版會, 1990.
李杜鉉,《朝鮮假面劇》, 漢城大學出版部, 1994.

5. 학술 잡지

《文藝研究》
《民族研究》
《美術研究》
《美術史論》
《美術》
《戲劇》
《戲劇藝術》
《中華戲曲》
《舞蹈》
《舞蹈論叢》
《民間文學論壇》
《民俗》
《文物》
《考古》

《文博》

《北方文物》

《四川文物》

《文物天地》

《考古与文物》

《中原文物》

《民族藝術》

《民族藝術研究》

《民間美術》(叢刊)

《美術界》

《藝術論叢》

《東南文化》

《貴州文化》

《西藏藝術研究》

《江西文藝界》

《藝潭》

《中央民族學院學報》

《云南民族學院學報》

《貴州民族學院學報》

《青海民族學院學報》

《西藏民族學院學報》

《北京大學學報》

《云南大學學報》

《思想戰線》

《貴州民族研究》

《黑龍江民族論叢》

《宁夏社會科學》

《民族研究動態》

《群文學研究》

《楚風》

《收藏家》

《中國建設》

《珠江源》

《江西畫報》
《云南畫報》
《美術研究》(日本)
《民俗曲藝》(台灣)
《中國美術報》
《光明日報》
《新民晚報》
《中國文化報》

역자 후기

중국 문학으로 발을 들여놓았다가 이제는 다른 사람들의 발길이 많이 닿지 않았던 산간벽지를 돌아다니고 있다. 하루가 다르게 변해가는 중국에서 소수민족이라고 예외가 있을 수 없다. 자료를 보다가 직접 그 지역으로 들어가면 이미 책 속에서나 나오는 이야기들이 되어 버린 곳이 대부분이다. 그러다가 이상적인 지역을 발견하면 그곳에서 주저앉아 새로운 세계에 대한 갈증을 해소하고 있다. 조사지에서 생활하다 돌아와 수첩을 펴놓고 다시 정리를 하다 보면 새로운 문제가 발견되고는 한다. 별수 없이 다시 방학이 되면 배낭을 지고 그 지역에서 돌아다니고 있는 자신을 보게 된다. 무슨 일이든 한번에 모든 문제를 깨끗하게 해결할 수 있으면 얼마나 좋을까? 공부를 하면서 번역을 해온 책들이 적다고 할 수 없는데도 이런 느낌은 여전히 끈질기게 따라오고 있다.

탈은 중국문화에서 소홀히 할 수 없는 부분이다. 단지 주의를 기울이는 사람들이 많지 않아 문화의 한 모서리에서 먼지를 뒤집어쓰고 잊혀져 가고 있었다. 다행히도 1980년대 후반에 들어서면서 중국에서도 문화에 대한 관심이 고조되면서 다시 구석에 팽겨쳐졌던 것에 주의를 기울이는 사람들이 생겨나게 되었다. 《중국면구사》는 아무도 되돌아보지 않던 탈문화에 대해 체계적으로 정리해 놓은 책으로 중국의 면구에 대한 면모를 제대로 파악할 수 있는 중요한 서적으로 자리매김하게 되었다.

이 책을 번역하겠다는 생각을 하고 2004년에 귀주민족학원으로 저자를 찾아갔다. 퇴직을 하고 집에 있던 저자는 몸이 좋지 않아 함께 지회를 조사하지 못하는 것을 못내 아쉽게 생각했다. 올 7월 원고를 모두 끝내고 다시 귀주에서 저자를 만날 수 있었다. 짧은 시간 동안 총총한 만남이었으나, 귀주 지역의 민족에 대한 이야기들을 나누면서 서로 함께 조사할 날을 약속하였다. 원고를 출판사에 넘기고 나자 여러 가지 걱정이 생긴다. 이 책은 원고시대에서 현대에 이르기까지 탈에 대한 모든 내용을 언급하고 있기 때문에 제대로 번역이 되었는지 모르겠다는 우려를 금할 수 없다.

학술 용어에 대한 검토를 하면서 국내의 연구 성과나 개념을 최대한 수용하려고 노력하였다.그러나 국내 가면 연구와 중국의 나희 부분에서 서로 대응되는 개념이 없어서 새로운 용어의 정립을 필요로 하는 부분들도 많이 있다. 최대한 원저의 의미를 되살리도록 노력하였으며, 독자들이 이해하기 어려운 용어나 개념에는 최대한 역주로 보완하려고 노력하였다.

인명이나 지명 등의 고유명사에 대한 우리음 표기에 대한 문제는 지금도 곤혹스럽게 만들어 주고 있다. 처음에는 교육부의 외래어 표기법에 따라 자국어의 발음에 따라 표기하는 것을 원칙으로 삼았다. 그러나 이 원칙에 따라 번역하다 보니 인명과 지명 같은 고유명사의 많은 부분들이 중국어에 익숙한 역자조차도 번역 후에는 생소하게 느껴지는 부분이 많으며, 음가 표기의 적절성에 대한 문제가 항상 대두되게 되었다. 이 문제는 독자들의 가독성에도 큰 영향을 줄 수 있으므로, 원고를 수정하면서 한국 한자음을 그대로 살려 번역하였다. 단지 소수민족명, 소수민족 언어를 음역한 지명, 인명은 원발음에 충실하여 표기하도록 하였다.

3년이 넘게 틈나는 대로 번역해 온 《중국 탈의 역사》를 끝냈다. 언제나 미진함이 남는 것은 어쩔 수 없는 일인가 보다. 언제까지 손에 잡고만 있을 수 없어서 세상에 내보내려고 한다. 이런 학술 서적은 언제나 제 몸값도 못하는 미운 존재지만 늘상 아무말없이 받아 주시는 동문선 신성대 사장님께 감사드린다.

2007년 10월 홍 희

홍 희

　1957년 공주에서 출생하였으며, 성균관대학 중어중문학과를 졸업하였다. 대학원에서는 고문자학을 연구하면서 《신의 기원》 《중국 고대사회》 《예의 정신》 등을 번역하였다. 한중수교 후 중국의 중앙 민족대학에서 민족학을 연구하여 박사학위를 받았다. 현재는 대진 대학교 중국학과 교수로 재직하고 있으며, 중국의 소수민족을 연구하고 있다.

문예신서
347

중국 탈의 역사

초판발행 : 2007년 10월 30일

東文選

제10-64호, 78. 12. 16 등록
110-300 서울 종로구 관훈동 74번지
전화 : 737-2795

편집설계 : 李姃昗

ISBN 978-89-8038-617-8 94380

84 조와(弔蛙)　　　　　　　　　　金教臣 / 노치준·민혜숙　　　　　8,000원
85 역사적 관점에서 본 시네마　　J. -L. 뢰트라 / 곽노경　　　　　8,000원
86 욕망에 대하여　　　　　　　　M. 슈벨 / 서민원　　　　　　　8,000원
87 산다는 것의 의미·1—여분의 행복　　P. 쌍소 / 김주경　　　　7,000원
88 철학 연습　　　　　　　　　　M. 아롱델-로오 / 최은영　　　8,000원
89 삶의 기쁨들　　　　　　　　　D. 노게 / 이은민　　　　　　　6,000원
90 이탈리아영화사　　　　　　　L. 스키파노 / 이주현　　　　　8,000원
91 한국문화론　　　　　　　　　趙興胤　　　　　　　　　　　10,000원
92 현대연극미학　　　　　　　　M. -A. 샤르보니에 / 홍지화　　8,000원
93 느리게 산다는 것의 의미·2　P. 쌍소 / 김주경　　　　　　　7,000원
94 진정한 모럴은 모럴을 비웃는다　　A. 에슈고엔 / 김웅권　　8,000원
95 한국종교문화론　　　　　　　趙興胤　　　　　　　　　　　10,000원
96 근원적 열정　　　　　　　　　L. 이리가라이 / 박정오　　　　9,000원
97 라캉, 주체 개념의 형성　　　B. 오질비 / 김 석　　　　　　　9,000원
98 미국식 사회 모델　　　　　　J. 바이스 / 김종명　　　　　　7,000원
99 소쉬르와 언어과학　　　　　P. 가데 / 김용숙·임정혜　　　10,000원
100 철학적 기본 개념　　　　　R. 페르버 / 조국현　　　　　　8,000원
101 맞불　　　　　　　　　　　　P. 부르디외 / 현택수　　　　　10,000원
102 글렌 굴드, 피아노 솔로　　M. 슈나이더 / 이창실　　　　　7,000원
103 문학비평에서의 실험　　　C. S. 루이스 / 허 종　　　　　　8,000원
104 코뿔소 〔희곡〕　　　　　　E. 이오네스코 / 박형섭　　　　8,000원
105 지각 — 감각에 관하여　　　R. 바르바라 / 공정아　　　　　7,000원
106 철학이란 무엇인가　　　　E. 크레이그 / 최생열　　　　　8,000원
107 경제, 거대한 사탄인가?　　P. -N. 지로 / 김교신　　　　　7,000원
108 딸에게 들려 주는 작은 철학　R. 시몬 셰퍼 / 안상원　　　7,000원
109 도덕에 관한 에세이　　　　C. 로슈·J. -J. 바레르 / 고수현　6,000원
110 프랑스 고전비극　　　　　　B. 클레망 / 송민숙　　　　　　8,000원
111 고전수사학　　　　　　　　G. 위딩 / 박성철　　　　　　　10,000원
112 유토피아　　　　　　　　　T. 파코 / 조성애　　　　　　　7,000원
113 쥐비알　　　　　　　　　　A. 자르댕 / 김남주　　　　　　7,000원
114 증오의 모호한 대상　　　　J. 아순 / 김승철　　　　　　　8,000원
115 개인 — 주체철학에 대한 고찰　A. 르노 / 장정아　　　　　　7,000원
116 이슬람이란 무엇인가　　　M. 루스벤 / 최생열　　　　　　8,000원
117 테러리즘의 정신　　　　　J. 보드리야르 / 배영달　　　　8,000원
118 역사란 무엇인가　　　　　존 H. 아널드 / 최생열　　　　8,000원
119 느리게 산다는 것의 의미·3　P. 쌍소 / 김주경　　　　　　7,000원
120 문학과 정치 사상　　　　　P. 페티티에 / 이종민　　　　　8,000원
121 가장 아름다운 하나님 이야기　A. 보테르 外 / 주태환　　　8,000원
122 시민 교육　　　　　　　　　P. 카니베즈 / 박주원　　　　　9,000원
123 스페인영화사　　　　　　　J.- C. 스갱 / 정동섭　　　　　8,000원
124 인터넷상에서 — 행동하는 지성　　H. L. 드레퓌스 / 정혜욱　9,000원
125 내 몸의 신비 — 세상에서 가장 큰 기적　　A. 지오르당 / 이규식　7,000원

【東文選 文藝新書】

1	저주받은 詩人들	A. 뻬이르 / 최수철·김종호	개정근간
2	민속문화론서설	沈雨晟	40,000원
3	인형극의 기술	A. 훼도토프 / 沈雨晟	8,000원
4	전위연극론	J. 로스 에반스 / 沈雨晟	12,000원
5	남사당패연구	沈雨晟	19,000원
6	현대영미희곡선(전4권)	N. 코워드 外 / 李辰洙	절판
7	행위예술	L. 골드버그 / 沈雨晟	절판
8	문예미학	蔡 儀 / 姜慶鎬	절판
9	神의 起源	何 新 / 洪 熹	16,000원
10	중국예술정신	徐復觀 / 權德周 外	24,000원
11	中國古代書史	錢存訓 / 金允子	14,000원
12	이미지 ─ 시각과 미디어	J. 버거 / 편집부	15,000원
13	연극의 역사	P. 하트놀 / 沈雨晟	절판
14	詩 論	朱光潛 / 鄭相泓	22,000원
15	탄트라	A. 무케르지 / 金龜山	16,000원
16	조선민족무용기본	최승희	15,000원
17	몽고문화사	D. 마이달 / 金龜山	8,000원
18	신화 미술 제사	張光直 / 李 徹	절판
19	아시아 무용의 인류학	宮尾慈良 / 沈雨晟	20,000원
20	아시아 민족음악순례	藤井知昭 / 沈雨晟	5,000원
21	華夏美學	李澤厚 / 權 瑚	20,000원
22	道	張立文 / 權 瑚	18,000원
23	朝鮮의 占卜과 豫言	村山智順 / 金禧慶	28,000원
24	원시미술	L. 아담 / 金仁煥	16,000원
25	朝鮮民俗誌	秋葉隆 / 沈雨晟	12,000원
26	타자로서 자기 자신	P. 리쾨르 / 김웅권	29,000원
27	原始佛教	中村元 / 鄭泰爀	8,000원
28	朝鮮女俗考	李能和 / 金尙憶	24,000원
29	朝鮮解語花史(조선기생사)	李能和 / 李在崑	25,000원
30	조선창극사	鄭魯湜	17,000원
31	동양회화미학	崔炳植	18,000원
32	性과 결혼의 민족학	和田正平 / 沈雨晟	9,000원
33	農漁俗談辭典	宋在璇	12,000원
34	朝鮮의 鬼神	村山智順 / 金禧慶	12,000원
35	道敎와 中國文化	葛兆光 / 沈揆昊	15,000원
36	禪宗과 中國文化	葛兆光 / 鄭相泓·任炳權	8,000원
37	오페라의 역사	L. 오레이 / 류연희	절판
38	인도종교미술	A. 무케르지 / 崔炳植	14,000원
39	힌두교의 그림언어	안넬리제 外 / 全在星	9,000원
40	중국고대사회	許進雄 / 洪 熹	30,000원
41	중국문화개론	李宗桂 / 李宰碩	23,000원

42 龍鳳文化源流	王大有 / 林東錫	25,000원
43 甲骨學通論	王宇信 / 李宰碩	40,000원
44 朝鮮巫俗考	李能和 / 李在崑	20,000원
45 미술과 페미니즘	N. 부루드 外 / 扈承喜	9,000원
46 아프리카미술	P. 윌레뜨 / 崔炳植	절판
47 美의 歷程	李澤厚 / 尹壽榮	28,000원
48 曼茶羅의 神들	立川武藏 / 金龜山	19,000원
49 朝鮮歲時記	洪錫謨 外/李錫浩	30,000원
50 하 상	蘇曉康 外 / 洪 熹	절판
51 武藝圖譜通志 實技解題	正 祖 / 沈雨晟·金光錫	15,000원
52 古文字學첫걸음	李學勤 / 河永三	14,000원
53 體育美學	胡小明 / 閔永淑	18,000원
54 아시아 美術의 再發見	崔炳植	9,000원
55 曆과 占의 科學	永田久 / 沈雨晟	14,000원
56 中國小學史	胡奇光 / 李宰碩	20,000원
57 中國甲骨學史	吳浩坤 外 / 梁東淑	35,000원
58 꿈의 철학	劉文英 / 河永三	22,000원
59 女神들의 인도	立川武藏 / 金龜山	19,000원
60 性의 역사	J. L. 플랑드렝 / 편집부	18,000원
61 쉬르섹슈얼리티	W. 챠드윅 / 편집부	10,000원
62 여성속담사전	宋在璇	18,000원
63 박재서희곡선	朴栽緒	10,000원
64 東北民族源流	孫進己 / 林東錫	13,000원
65 朝鮮巫俗의 硏究(상·하)	赤松智城·秋葉隆 / 沈雨晟	28,000원
66 中國文學 속의 孤獨感	斯波六郎 / 尹壽榮	8,000원
67 한국사회주의 연극운동사	李康列	8,000원
68 스포츠인류학	K. 블랑챠드 外 / 박기동 外	12,000원
69 리조복식도감	리팔찬	20,000원
70 娼 婦	A. 꼬르벵 / 李宗旼	22,000원
71 조선민요연구	高晶玉	30,000원
72 楚文化史	張正明 / 南宗鎭	26,000원
73 시간, 욕망, 그리고 공포	A. 코르뱅 / 변기찬	18,000원
74 本國劍	金光錫	40,000원
75 노트와 반노트	E. 이오네스코 / 박형섭	20,000원
76 朝鮮美術史研究	尹喜淳	7,000원
77 拳法要訣	金光錫	30,000원
78 艸衣選集	艸衣意恂 / 林鍾旭	20,000원
79 漢語音韻學講義	董少文 / 林東錫	10,000원
80 이오네스코 연극미학	C. 위베르 / 박형섭	9,000원
81 중국문자훈고학사전	全廣鎭 편역	23,000원
82 상말속담사전	宋在璇	10,000원
83 書法論叢	沈尹默 / 郭魯鳳	16,000원

84 침실의 문화사	P. 디비 / 편집부	9,000원
85 禮의 精神	柳 肅 / 洪 熹	20,000원
86 조선공예개관	沈雨晟 편역	30,000원
87 性愛의 社會史	J. 솔레 / 李宗旼	18,000원
88 러시아미술사	A. I. 조토프 / 이건수	22,000원
89 中國書藝論文選	郭魯鳳 選譯	25,000원
90 朝鮮美術史	關野貞 / 沈雨晟	30,000원
91 美術版 탄트라	P. 로슨 / 편집부	8,000원
92 쿤달리니	A. 무케르지 / 편집부	9,000원
93 카마수트라	바짜야나 / 鄭泰爀	18,000원
94 중국언어학총론	J. 노먼 / 全廣鎭	28,000원
95 運氣學說	任應秋 / 李宰碩	15,000원
96 동물속담사전	宋在璇	20,000원
97 자본주의의 아비투스	P. 부르디외 / 최종철	10,000원
98 宗敎學入門	F. 막스 뮐러 / 金龜山	10,000원
99 변 화	P. 바츨라빅크 外 / 박인철	10,000원
100 우리나라 민속놀이	沈雨晟	15,000원
101 歌訣(중국역대명언경구집)	李宰碩 편역	20,000원
102 아니마와 아니무스	A. 융 / 박해순	8,000원
103 나, 너, 우리	L. 이리가라이 / 박정오	12,000원
104 베케트연극론	M. 푸크레 / 박형섭	8,000원
105 포르노그래피	A. 드워킨 / 유혜련	12,000원
106 셸 링	M. 하이데거 / 최상욱	12,000원
107 프랑수아 비용	宋 勉	18,000원
108 중국서예 80제	郭魯鳳 편역	16,000원
109 性과 미디어	W. B. 키 / 박해순	12,000원
110 中國正史朝鮮列國傳(전2권)	金聲九 편역	120,000원
111 질병의 기원	T. 매큐언 / 서 일·박종연	12,000원
112 과학과 젠더	E. F. 켈러 / 민경숙·이현주	10,000원
113 물질문명·경제·자본주의	F. 브로델 / 이문숙 外	절판
114 이탈리아인 태고의 지혜	G. 비코 / 李源斗	8,000원
115 中國武俠史	陳 山 / 姜鳳求	18,000원
116 공포의 권력	J. 크리스테바 / 서민원	23,000원
117 주색잡기속담사전	宋在璇	15,000원
118 죽음 앞에 선 인간(상·하)	P. 아리에스 / 劉仙子	각권 15,000원
119 철학에 대하여	L. 알튀세르 / 서관모·백승욱	12,000원
120 다른 곳	J. 데리다 / 김다은·이혜지	10,000원
121 문학비평방법론	D. 베르제 外 / 민혜숙	12,000원
122 자기의 테크놀로지	M. 푸코 / 이희원	16,000원
123 새로운 학문	G. 비코 / 李源斗	22,000원
124 천재와 광기	P. 브르노 / 김웅권	13,000원
125 중국은사문화	馬 華·陳正宏 / 강경범·천현경	12,000원

126	푸코와 페미니즘	C. 라마자노글루 外 / 최 영 外	16,000원
127	역사주의	P. 해밀턴 / 임옥희	12,000원
128	中國書藝美學	宋 民 / 郭魯鳳	16,000원
129	죽음의 역사	P. 아리에스 / 이종민	18,000원
130	돈속담사전	宋在璇 편	15,000원
131	동양극장과 연극인들	김영무	15,000원
132	生育神과 性巫術	宋兆麟 / 洪 熹	20,000원
133	미학의 핵심	M. M. 이턴 / 유호전	20,000원
134	전사와 농민	J. 뒤비 / 최생열	18,000원
135	여성의 상태	N. 에니크 / 서민원	22,000원
136	중세의 지식인들	J. 르 고프 / 최애리	18,000원
137	구조주의의 역사(전4권)	F. 도스 / 김웅권 外 I · II · IV 15,000원 / III	18,000원
138	글쓰기의 문제해결전략	L. 플라워 / 원진숙 · 황정현	20,000원
139	음식속담사전	宋在璇 편	16,000원
140	고전수필개론	權 瑚	16,000원
141	예술의 규칙	P. 부르디외 / 하태환	23,000원
142	"사회를 보호해야 한다"	M. 푸코 / 박정자	20,000원
143	페미니즘사전	L. 터틀 / 호승희 · 유혜련	26,000원
144	여성심벌사전	B. G. 워커 / 정소영	근간
145	모데르니테 모데르니테	H. 메쇼닉 / 김다은	20,000원
146	눈물의 역사	A. 뱅상뷔포 / 이자경	18,000원
147	모더니티입문	H. 르페브르 / 이종민	24,000원
148	재생산	P. 부르디외 / 이상호	23,000원
149	종교철학의 핵심	W. J. 웨인라이트 / 김희수	18,000원
150	기호와 몽상	A. 시몽 / 박형섭	22,000원
151	융분석비평사전	A. 새뮤얼 外 / 민혜숙	16,000원
152	운보 김기창 예술론연구	최병식	14,000원
153	시적 언어의 혁명	J. 크리스테바 / 김인환	20,000원
154	예술의 위기	Y. 미쇼 / 하태환	15,000원
155	프랑스사회사	G. 뒤프 / 박 단	16,000원
156	중국문예심리학사	劉偉林 / 沈揆昊	30,000원
157	무지카 프라티카	M. 캐넌 / 김혜중	25,000원
158	불교산책	鄭泰爀	20,000원
159	인간과 죽음	E. 모랭 / 김명숙	23,000원
160	地中海	F. 브로델 / 李宗旼	근간
161	漢語文字學史	黃德實 · 陳秉新 / 河永三	24,000원
162	글쓰기와 차이	J. 데리다 / 남수인	28,000원
163	朝鮮神事誌	李能和 / 李在崑	근간
164	영국제국주의	S. C. 스미스 / 이태숙 · 김종원	16,000원
165	영화서술학	A. 고드로 · F. 조스트 / 송지연	17,000원
166	美學辭典	사사키 겡이치 / 민주식	22,000원
167	하나이지 않은 성	L. 이리가라이 / 이은민	18,000원

168 中國歷代書論　　　　　　　　郭魯鳳 譯註　　　　　　　　　　25,000원
169 요가수트라　　　　　　　　　鄭泰爀　　　　　　　　　　　　15,000원
170 비정상인들　　　　　　　　　M. 푸코 / 박정자　　　　　　　25,000원
171 미친 진실　　　　　　　　　　J. 크리스테바 外 / 서민원　　　25,000원
172 玉樞經 硏究　　　　　　　　　具重會　　　　　　　　　　　　19,000원
173 세계의 비참(전3권)　　　　　　P. 부르디외 外 / 김주경　　　각권 26,000원
174 수묵의 사상과 역사　　　　　　崔炳植　　　　　　　　　　　　근간
175 파스칼적 명상　　　　　　　　P. 부르디외 / 김웅권　　　　　22,000원
176 지방의 계몽주의　　　　　　　D. 로슈 / 주명철　　　　　　　30,000원
177 이혼의 역사　　　　　　　　　R. 필립스 / 박범수　　　　　　25,000원
178 사랑의 단상　　　　　　　　　R. 바르트 / 김희영　　　　　　20,000원
179 中國書藝理論體系　　　　　　熊秉明 / 郭魯鳳　　　　　　　23,000원
180 미술시장과 경영　　　　　　　崔炳植　　　　　　　　　　　　16,000원
181 카프카—소수적인 문학을 위하여　　G. 들뢰즈·F. 가타리 / 이진경　18,000원
182 이미지의 힘—영상과 섹슈얼리티　　A. 쿤 / 이형식　　　　　　13,000원
183 공간의 시학　　　　　　　　　G. 바슐라르 / 곽광수　　　　　23,000원
184 랑데부—이미지와의 만남　　　J. 버거 / 임옥희·이은경　　　18,000원
185 푸코와 문학—글쓰기의 계보학을 향하여　　S. 듀링 / 오경심·홍유미　26,000원
186 각색, 연극에서 영화로　　　　A. 엘보 / 이선형　　　　　　　16,000원
187 폭력과 여성들　　　　　　　　C. 도펭 外 / 이은민　　　　　18,000원
188 하드 바디—할리우드 영화에 나타난 남성성　　S. 제퍼드 / 이형식　18,000원
189 영화의 환상성　　　　　　　　J. -L. 뢰트라 / 김경온·오일환　18,000원
190 번역과 제국　　　　　　　　　D. 로빈슨 / 정혜욱　　　　　　16,000원
191 그라마톨로지에 대하여　　　　J. 데리다 / 김웅권　　　　　　35,000원
192 보건 유토피아　　　　　　　　R. 브로만 外 / 서민원　　　　20,000원
193 현대의 신화　　　　　　　　　R. 바르트 / 이화여대기호학연구소　20,000원
194 회화백문백답　　　　　　　　湯兆基 / 郭魯鳳　　　　　　　20,000원
195 고서화감정개론　　　　　　　徐邦達 / 郭魯鳳　　　　　　　30,000원
196 상상의 박물관　　　　　　　　A. 말로 / 김웅권　　　　　　　26,000원
197 부빈의 일요일　　　　　　　　J. 뒤비 / 최생열　　　　　　　22,000원
198 아인슈타인의 최대 실수　　　　D. 골드스미스 / 박범수　　　　16,000원
199 유인원, 사이보그, 그리고 여자　　D. 해러웨이 / 민경숙　　　　25,000원
200 공동 생활 속의 개인주의　　　F. 드 생글리 / 최은영　　　　20,000원
201 기식자　　　　　　　　　　　M. 세르 / 김웅권　　　　　　　24,000원
202 연극미학—플라톤에서 브레히트까지의 텍스트들　　J. 셰레 外 / 홍지화　24,000원
203 철학자들의 신　　　　　　　　W. 바이셰델 / 최상욱　　　　　34,000원
204 고대 세계의 정치　　　　　　　모제스 I 핀레이 / 최생열　　　16,000원
205 프란츠 카프카의 고독　　　　　M. 로베르 / 이창실　　　　　　18,000원
206 문화 학습—실천적 입문서　　　J. 자일스·T. 미들턴 / 장성희　24,000원
207 호모 아카데미쿠스　　　　　　P. 부르디외 / 임기대　　　　　29,000원
208 朝鮮槍棒教程　　　　　　　　金光錫　　　　　　　　　　　　40,000원
209 자유의 순간　　　　　　　　　P. M. 코헨 / 최하영　　　　　16,000원

336	외쿠메네 ─ 인간 환경에 대한 연구서설	A. 베르크 / 김웅권	24,000원
337	서양 연극의 무대 장식 기술	A. 쉬르제 / 송민숙	18,000원
338	百濟伎樂	백제기악보존회 편	18,000원
339	金剛經六祖解	無居 옮김	14,000원
340	몽상의 시학	G. 바슐라르 / 김웅권	19,000원
341	원전 주해 요가수트라	M. 파탄잘리 / 박지명 주해	28,000원
342	글쓰기의 영도	R. 바르트 / 김웅권	17,000원
343	전교조의 정체	정재학 지음	12,000원
344	영화배우	J. 나카시 / 박혜숙	20,000원
345	취고당검소	陸紹珩 / 강경범·천현경	25,000원
346	재생산에 대하여	L. 알튀세르 / 김웅권	23,000원
347	중국 탈의 역사	顧朴光 / 洪 熹	30,000원
1001	베토벤: 전원교향곡	D. W. 존스 / 김지순	15,000원
1002	모차르트: 하이든 현악4중주곡	J. 어빙 / 김지순	14,000원
1003	베토벤: 에로이카 교향곡	T. 시프 / 김지순	18,000원
1004	모차르트: 주피터 교향곡	E. 시스먼 / 김지순	18,000원
1005	바흐: 브란덴부르크 협주곡	M. 보이드 / 김지순	18,000원
1006	바흐: B단조 미사	J. 버트 / 김지순	18,000원
1007	하이든: 현악4중주곡 Op.50	W. 딘 주트클리페 / 김지순	18,000원
1008	헨델: 메시아	D. 버로우 / 김지순	18,000원
1009	비발디: 〈사계〉와 Op.8	P. 에버렛 / 김지순	18,000원
2001	우리 아이들에게 어떤 지표를 주어야 할까?	J. L. 오베르 / 이창실	16,000원
2002	상처받은 아이들	N. 파브르 / 김주경	16,000원
2003	엄마 아빠, 꿈꿀 시간을 주세요!	E. 부젱 / 박주원	16,000원
2004	부모가 알아야 할 유치원의 모든 것들	N. 뒤 소수아 / 전재민	18,000원
2005	부모들이여, '안 돼'라고 말하라!	P. 들라로슈 / 김주경	19,000원
2006	엄마 아빠, 전 못하겠어요!	E. 리공 / 이창실	18,000원
2007	사랑, 아이, 일 사이에서	A. 가트셀·C. 르누치 / 김교신	19,000원
2008	요람에서 학교까지	J.-L. 오베르 / 전재민	19,000원
2009	머리는 좋은데, 노력을 안 해요	J.-L. 오베르 / 박선주	17,000원
2010	알아서 하라고요? 좋죠, 하지만 혼자는 싫어요!	E. 부젱 / 김교신	17,000원
2011	영재아이 키우기	S. 코트 / 김경하	17,000원
2012	부모가 헤어진대요	M. 베르제·I. 그라비용 / 공나리	17,000원
2013	아이들의 고민, 부모들의 근심	D. 마르셀리·G. 드 라 보리 / 김교신	19,000원
3001	《새》	C. 파글리아 / 이형식	13,000원
3002	《시민 케인》	L. 멀비 / 이형식	13,000원
3101	《제7의 봉인》 비평 연구	E. 그랑조르주 / 이은민	17,000원
3102	《쥘과 짐》 비평 연구	C. 르 베르 / 이은민	18,000원
3103	《시민 케인》 비평 연구	J. 루아 / 이용주	15,000원
3104	《센소》 비평 연구	M. 라니 / 이수원	18,000원
3105	〈경멸〉 비평 연구	M. 마리 / 이용주	18,000원

【기 타】

모드의 체계	R. 바르트 / 이화여대기호학연구소	18,000원
라신에 관하여	R. 바르트 / 남수인	10,000원
說 苑 (上·下)	林東錫 譯註	각권 30,000원
晏子春秋	林東錫 譯註	30,000원
西京雜記	林東錫 譯註	20,000원
搜神記 (上·下)	林東錫 譯註	각권 30,000원
경제적 공포〔메디치賞 수상작〕	V. 포레스테 / 김주경	7,000원
古陶文字徵	高 明·葛英會	20,000원
그리하여 어느날 사랑이여	이외수 편	4,000원
너무한 당신, 노무현	현택수 칼럼집	9,000원
노력을 대신하는 것은 없다	R. 쉬이 / 유혜련	5,000원
노블레스 오블리주	현택수 사회비평집	7,500원
딸에게 들려 주는 작은 지혜	N. 레흐레이트너 / 양영란	6,500원
떠나고 싶은 나라—사회문화비평집	현택수	9,000원
미래를 원한다	J. D. 로스네 / 문 선·김덕희	8,500원
바람의 자식들—정치시사칼럼집	현택수	8,000원
사랑의 존재	한용운	3,000원
산이 높으면 마땅히 우러러볼 일이다	유 향 / 임동석	5,000원
서기 1000년과 서기 2000년 그 두려움의 흔적들	J. 뒤비 / 양영란	8,000원
서비스는 유행을 타지 않는다	B. 바게트 / 정소영	5,000원
선종이야기	홍 희 편저	8,000원
섬으로 흐르는 역사	김영회	10,000원
세계사상	창간호~3호: 각권 10,000원 / 4호: 14,000원	
손가락 하나의 사랑 1, 2, 3	D. 글로슈 / 서민원	각권 7,500원
십이속상도안집	편집부	8,000원
얀 이야기 ① 얀과 카와카마스	마치다 준 / 김은진·한인숙	8,000원
어린이 수묵화의 첫걸음(전6권)	趙 陽 / 편집부	각권 5,000원
오늘 다 못다한 말은	이외수 편	7,000원
오블라디 오블라다, 인생은 브래지어 위를 흐른다	무라카미 하루키 / 김난주	7,000원
이젠 다시 유혹하지 않으련다	P. 쌍소 / 서민원	9,000원
인생은 앞유리를 통해서 보라	B. 바게트 / 박해순	5,000원
자기를 다스리는 지혜	한인숙 편저	10,000원
천연기념물이 된 바보	최병식	7,800원
原本 武藝圖譜通志	正祖 命撰	60,000원
테오의 여행 (전5권)	C. 클레망 / 양영란	각권 6,000원
한글 설원 (상·중·하)	임동석 옮김	각권 7,000원
한글 안자춘추	임동석 옮김	8,000원
한글 수신기 (상·하)	임동석 옮김	각권 8,000원

東文選 文藝新書 9

神의 起源

何 新 지음
洪 熹 옮김

문화란 단층이나 돌연변이를 낳지 않는다. 따라서 중국의 상고시대에 대한 연구는 신화의 바른 해석에서부터 시작되어야 하며, 그 방법은 고고학·인류학·민속학·민족학은 물론 언어학까지 총동원되어야 한다. 그래야만 과학적 접근을 통한 인간 삶의 본연의 모습을 오늘에 적용할 수 있기 때문이다.

중국의 소장학자 何新이 쓴 《神의 起源》은 문자의 훈고와 언어 연구를 기초로 한 실증적 방법과 많은 문헌 고고자료를 토대로 중국 상고의 태양신 숭배를 중심으로 중국의 원시신화, 종교 및 기본적 철학 관념의 기원을 계통적으로 거슬러 올라가 탐구하고 있다.

'뿌리를 찾는 책'이라는 저자의 말처럼 이 책은 중국 고대 신화계통에 대한 심층구조의 탐색을 통하여 중국 전통문화의 뿌리가 되는 곳을 찾아보려 하고 있다. 즉 본래의 모습을 찾되 단절되거나 편린에 그친 현상의 나열이 아님을 강조한 것이다.

이 때문에 그는 이 책의 체제도 우선 총 20여 장으로 나누고 있다. 그 속에는 원시신화 연구의 방법론과 자신의 입장을 밝힌 十字紋樣과 太陽神 부분을 포함하고, 민족문제와 황제, 혼인과 생식, 龍과 鳳에 대한 재해석, 지리와 우주에 대한 인식, 음양논리의 발생, 숫자와 五行의 문제 등을 고대문자와 언어를 과학적으로 분석하여 근거로 제시했으며, 여러 문헌의 기록도 철저히 재조명해 현대적 해석에 이용하고 있다.

그외에도 원시문자와 각종 문양 및 와당의 무늬 등 삽화자료는 물론, 세계 여러 곳의 동굴 벽화까지도 최대한 동원하고 있다. 특히 도표와 도식·지도까지 내세워 신화와 원시사회의 연관관계를 밝힌 점은 아주 새로운 구조적 분석이라 할 수 있다. 이렇게 하여 그는 일반적 서술 위주의 학술문장이 자칫 범하기 쉬운 '가시적 근거의 결핍'을 극복하고 있다.

東文選 文藝新書 85

禮의 精神

柳　肅 지음
洪　憙 옮김

　이 책에서 다루고 있는 〈예〉는, 현재 의미상의 문명적인 예의 뿐만 아니라 사회의 도덕가치·민족정신·예술심리·풍속습관 등 여러 방면에 이르는 극히 넓은 문화적 범주를 뜻한다.

　〈예〉는 인류 문명의 자랑할 만한 많은 것들을 창조하였지만, 동시에 후인들로 하여금 지금까지 내던져 버리기 어려운 보따리를 짊어지게 하였다고 전제하고, 어떻게 하면 이 둘 사이에서 적합한 문명 발전의 길을 찾느냐를 모색하고 있다.

　정신문화상으로는 동양의 오랜 문명과 예의를 가지며, 물질문화상으로는 서양의 선진국가를 초월하여 동서양 문화의 성공적인 결합을 이루고자 함에 있어 그 정신을 다시 한번 되짚는다.

　또한 이 책은 〈예〉라는 한 각도에서 그 문화적인 심층구조와 겉으로 드러난 형태 사이의 관계를 논술하면서 통치자인 군주의 도덕윤리적 수양을 비롯하여, 일반 평민의 가족관계를 유지하고 사회의 안정을 유지하는 기초적인 조건에 이르기까지 저마다 자각하고 준수해야 할 도덕규범을 민족정신과 문화현상을 통해 비교분석하고 있다.

　【주요 내용】禮의 기원과 작용 / 예의 제도와 禮樂의 교화 / 예와 중국의 민족정신 / 예악과 중국의 정치 / 국가와 가정 / 예의 권위 / 체제와 직능 / 윤리화된 철학 / 조상 숭배와 천명사상 / 儒學의 연원 / 예의 반란 / 종교감정과 현실이성 / 신화와 전통 / 士官의 문화와 巫祝의 문화 / 美와 善의 합일 / 詩敎와 樂敎 / 예의 형상 표현 / 정치윤리 / 집단주의 / 여성의 예교와 여성의 정치 / 예의의 나라 / 윤리강령의 통속화 / 가족과 정치 / 예악의 문화 분위기 / 민족정신의 확대 / 정치적 곤경

東文選 文藝新書 32

生育神과 性巫術

宋兆麟
洪　熹 옮김

　인류 사회의 발전은 기본적으로 두 갈래의 큰 줄기가 있다.

　하나는 물질적 생산으로 산식문화(産食文化)라 하고, 다른 하나는 사람의 생산으로 생육문화(生育文化)라 한다. 본서는 중국의 생육문화, 즉 연애·결혼·가정·임신과 생육·교육은 물론 더 나아가 생육에 대한 각종 신앙, 이를테면 생육신화·생육신·성기신앙·예속·자식기원 무속 등 생육신앙을 탐색한 연구서이다.

　한국과 중국은 고대로부터 오늘날까지 유구한 역사적 관계를 가지고 있다. 특히 민속문화에 있어서는 많은 공통점과 차이점이 있다. 그럼에도 불구하고 그동안 이 방면의 학문적 교류가 거의 단절되어 왔다.

　본서의 저자인 송조린 교수는 오랫동안 고대사·고고학·민족학에 종사한 중요한 학자로서 직접 현장에 나가 1차 자료를 수집한 연후에 그것을 역사문헌·고고학 발견과 결합시키고, 많은 학문 분야와 비교 연구하여 중국의 생육문화의 발전 맥락 및 그 역사적 위상을 탐색하고 있다.

　본서는 중국의 생육문화를 살피는 것은 물론 우리의 생육문화 탐구에 많은 공헌을 할 것임에 틀림없다. 또한 우리의 민속학·민족학의 연구 방향과 시야의 폭을 넓혀 줄 것이다.

東文選 文藝新書 48

만다라의 신들

立川武藏 지음
金龜山 옮김

살아 있는 종교 현상으로서의 만다라에 대한 총체적 이해.

만다라는 '聖'을 본질로 하는 종교적 심상을 도형화한 것이다. 불교에서는 예배의 대상으로서 서기 1세기 말경에 불상과 보살상 등이 조성되었는데, 이것은 곧 후기에 만다라를 발생시킨 근원이 되었다.

불상은 처음에는 단순히 大覺을 이룬 불타의 명상하는 모습을 예술적으로 표현한 彫像이었지만 차츰 다양한 양상으로 표현되면서 각각 다른 印相에 의미가 부여되었고, 마침내 밀교의 교리로 발전하였다.

기도를 하기 위한 신성한 장소로서 토단을 쌓아올리고 호마의 作法을 행하던 힌두교의 의식이 불교에 수용되었는데, 만다라는 처음에 이 토단을 지칭한 것이었다. 그것이 후에는 佛·菩薩 들을 모시는 그림으로 표현되었다. 이들을 대상으로 기도가 행해지면서 차츰 의제가 정비되었던 것이다.

만다라는 단순한 교의학적 도상이 아니라 비시간적·비공간적 우주체험의 시각적 표상이며, 반대로 우주적 체험이 표상화된 만다라의 도상은 종교 의례를 통하여 내면화하면서 우주와의 합일에 도달하게 하는 메커니즘이다. 그러므로 만다라는 살아 숨쉬는 진리의 실천적 국면이다.

본서에서 저자는 만다라의 구조와 도상학을 해석하고, 종교 체험의 '聖'과 '俗'의 관계를 해설함으로써 불타나 보살의 변형된 형태에 대한 이해를 돕고 있으며, 힌두교의 신들이 불교에 수용된 역사적 배경과 형식을 자세히 논하고 있다. 특히 전문적 지식을 갖지 않은 사람들이 접근하기 어려운 불보살들의 형태의 변형이며, 불타나 보살 및 諸神들이 소지한 持物이며, 혹은 타고 앉은 乘物의 상징성 등을 도상과 함께 해설해 주고 있다.

東文選 文藝新書 29

조선해어화사
(朝鮮解語花史)

李能和 지음 / 李在崑 옮김

일제 식민통치 중엽인 소위 그들의 문화정치 시대에 출간된 이 《朝鮮解語花史》는 여러 종류의 典籍에서 자료를 수집·발췌하여, 고대에서 근대에 이르기까지 주관적인 입장에서 서술한 우리나라 文獻史上 최초의 妓生史로서 풍속·제도사적인 위치에서 그 가치관을 찾을 수 있다.

본서의 특징은 방대한 자료수집이다. 위로는 實錄에서부터 개인의 私撰인 稗官文學에 이르기까지 많은 자료를 발굴하여 紀傳體 형식으로 편찬하였다는 데 있다. 한 가지 아쉬운 점은 논술이 좀 산만하다는 즉, 자료로서의 가치를 더 느낀다는 점이다. 이것은 개화기와 현대화의 중간인 과도기적 학문이기 때문이라는 것으로서 이해가 된다.

본서를 내용면으로 보면 고려와 조선시대의 기생은 賤人 계급에 속하였다. 그러나 이들은 위로는 王候將相에서부터 아래로는 無名의 閑良에 이르기까지 귀천의 차별을 두지 않았다. 국제적 외교 要席이나 국내 政界 要人의 要席에까지 중요한 역할을 하였음을 볼 수 있으며, 특히 詩歌를 비롯해서 전통무용 등은 그 일부가 그들에 의해 계승 발전되었음을 느끼게 한다. 관계 분야에 관심 있는 분들에게는 적잖은 도움이 되리라고 믿는다.

우리나라 민속학의 선구자인 李能和 선생은 漢語學校를 졸업하고 官立 法語學校를 修學하였으며, 여러 학교 교관으로 전전하다가 1912년에 能仁普通學校 校長으로 있으면서 《百敎會通》의 출간을 시작으로 1921년에는 朝鮮史編修委員이 되면서 많은 자료를 접할 수 있는 계기가 마련되었을 것으로 추측된다.

東文選 文藝新書 5

남사당패 연구
男寺黨牌研究

沈雨晟 지음

　우리는 일반적으로 演戲를 그저 하나의 여흥 수단으로 넘겨 버리는 옳지 못한 습성을 갖고 있다. 예술을 생활을 떠난 관념의 소산으로 아는 인습이 조선왕조의 폐쇄적 道樂思想 등으로 하여금 더욱 고질화시키는 역할을 해온 것 같다. 道樂的 審美欲의 노예가 되어 민중의 생활과는 아무런 관계도 없이 그 함수 관계를 차단하며 다분히 통치 권력의 지배 수단으로 發牙한 향락적·예술적 형태와는 달리, 오히려 이들과 대립 관계에 서면서 이 땅의 원초적 民主平等思想을 바탕으로 한 民衆藝術로 부각되어 나타난 것을 남사당놀이로 보는 것이다.

　남사당패란 우리의 오랜 역사에서 민중 속에서 스스로 형성, 연희되었던 流浪藝人 集團을 일컫는 것으로 그 배경은 말할 것도 없이 민중적 지향을 예술로서 승화하여 온 진보적 구성으로 보아야 할 것이다. 그것은 反人的 自然과 人性에 대한 대립적 존재로서 민중의 實生活史와 같은 맥락을 갖는 것이다. 그들의 형성 배경에 대한 사소한 부정적 異見들은 가시덤불의 민중사를 통찰해 보면, 뜨거운 애정으로 감싸질 畫蛇添足에 불과한 것이라 하겠다.

　■ 남사당패의 형성에 대하여 / 풍물놀이考 / 버나(대접돌리기) 演戲考 / 살판(땅재주)에 관한 考察 / 어름(줄타기) 演戲考 / 덧뵈기 演戲考 / 덜미(꼭두각시놀음)에 관한 考察 / 덜미 採錄本의 종류